우리 문자 우리 역사

일러두기

- 지명은 우리말 한자 독음을 우선적으로 적었다.
- 중국인의 인명은 우리말 한자 독음으로, 일본인은 일본 한자 독음으로 적었다.
  북한의 인명은 북한 표기에 따랐다. 단 인용문의 경우는 원저자에 따랐다.
  그외에 『일본서기』처럼 관용화된 말은 그대로 따랐다.
- 기원전, 서기전의 연대표기는 BCE로 적었다. 단 인용문의 경우는 원저자에 따랐다.
- 문장부호는 학술논문의 경우 학술논문 규정에 따랐으며,
  『 』는 단행본이나 학위논문, 「 」는 일반논문에 표기하였다.
- 학술지에 투고되었던 1, 2부의 논문은 가능한 원본대로 게재하였으며,
  논문 말미에 '추기'를 넣어 새로운 견해를 보완하였다.
  3부의 칼럼부분은 '공람의견서'를 제외한 본문은 내용을 일부 보완하였다.
- 단군을 부정하고 기자조선을 고조선이라고 왜곡한 동북공정에 대항하여
  '고조선'은 곧 '단군조선'이라는 입장에서 둘을 혼용하여 사용하였다.

우리 문자
우리 역사

동북공정과 식민사관 극복의 길
부록/ 배달족역사, 남북역사학자 공동보도문 등

이찬구 지음

글마루

머리말

　천부경과 주역을 공부하다가 철학을 본격적으로 연구하고 싶었다. 철학을 연구하며 한국사상사를 읽다가 단군사상이 허구적인 신화로 홀대받는 것에 의문을 갖기 시작했다. 그래서 한국사에 관심을 갖게 되었고, 그 중에서도 고대사와 고대문자에 눈이 꽂혔다.

　첫 과제가 첨수도와 명도전의 화폐문자 연구였다. '돈'자 모양의 첨수도가 지니고 있는 신비는 아직도 다 풀리지 않았다. 역사는 유적지 현장에서 배워야 한다는 말이 있다. 홍산문화 우하량유적지를 탐방하고 단군조선(고조선)에 대한 새로운 인식을 할 수 있었다.

　이번에 발간하는 책은 이런 생각을 정리한 논문과 칼럼들을 모은 것이다. 1부는 우리 문자편이고, 2부는 우리 역사편이다. 3부는 우리 사회편이다. 1, 2부는 『역사와 융합』 등 학술지에 발표한 논문들이고, 3부는 기고한 칼럼들이다. 칼럼은 사건의 현장에서 쓴 기사들이다. 기문·다라 유네스코사태와 『전라도천년사』 사태를 맞아 시민운동의 현장에서 직접 목도하며 역사적 관점으로 고발한, 다소 거친 표현도 있으나 현장의 느낌을 그대로 전달하기 위해 쓴 글들이다. 훗날에는 사료로 쓰이길 바란다. 혹 앞뒤의 기록이 중복될 수도 있으나 그런대로 상호 보완을 해줄 것이라 믿고 독자의 양해를 구한다. 말미에는 몇 가지 자료를 더했다. 1, 2부가 부담되시는 분은 3부부터 읽으셔도 무방할 것으로 본다. 특별히 박기용 교수님께서 문자편을 먼저 읽으시고 발문을 보내주셨다. 개인적으로는 더 없는 영광이다.

끝으로 어려운 가운데서도 출판을 허락해준 하영권 사장님과 편집부에 감사를 드리면서 강호제현의 질정을 바라마지 않는다.

4358(2025). 7.
古稀를 맞아
이찬구 識

※ 이 책을 마무리할 즈음인 6월 29일, 한뫼 윤내현 교수님이 별세하셨습니다. 삼가 고인의 별세를 애도하고 명복을 빕니다. 한뫼님은 저에게 사마천의 『사기』에 없는 이전 역사를 연구해 보라고 하셨으며, 그 말씀에 따라 저는 홍산문화를 연구하게 되었고, 지금은 홍산문화를 단군조선(고조선)에 어떻게 연결할 것인가를 두고 연구하고 있습니다. 한뫼님의 영면을 두 손 모아 기원합니다.

차례

머리말 · 004
역사·지리편 · 013

1부/ 우리 문자 (논문)

01. 적봉지역 하가점하층문화에서 발굴된 고문자 𢀓(저)와 墉(용) 고찰 · 023
-殷의 갑골문보다 앞서 사용한 '단군조선(고조선)' 문자일 가능성 검토

두패자 청동시루에 있는 고문자의 주인은? · 025
하가점하층문화 두패자유적 청동시루의 고문자 고석 · 028
    하가점하층문화의 청동시루 발견과 판독 · 028
    두패자 청동시루에 새겨진 고문자 𢀓과 墉의 고석 · 034
𢀓와 墉의 해독 · 039
    『설문』과 『이아』에 의한 해독 · 039
    경전에 의한 해독 · 043
갑골문으로 본 𢀓(저), 墉(용)과 단군조선 · 047
    요(堯)와 같은 시기의 단군조선 하가점하층문화 · 047
    갑골문으로 본 𢀓(宁), 墉과 단군조선의 읍(邑)설치 · 055
하가점하층문화와 단군조선 천자문화 · 064

02. 고대화폐 첨수도에 나타난 '원시형태 한글'의 이해 · 077
-훈민정음 기원설을 중심으로

첨수도의 문자는 단군조선의 문자인가? · 079
고대화폐에 대한 기존의 연구 성과 · 085
    고대 화폐 개설서 · 085
    문자학 연구 · 088
첨수도의 유래와 문자들 · 090
    첨수도의 유래와 가치 · 090
    첨수도의 출토지 · 094
    첨수도의 문자들 · 097
첨수도에 새겨진 한자의 해석 · 100
    무문(無文) 첨수도 · 101
    九(구)와 八(팔)자 첨수도 · 102
    工(공)자 첨수도 · 104

　　　　王(왕)자 첨수도 · 105
　　　　日(일)자 첨수도 · 107
　　첨수도에 새겨진 원시형태 한글의 해독 · 109
　　　　원시 한글 ㅗ, ㅏ 첨수도 · 109
　　　　이좌현의 『속천회』에 실린 'ㅏ' 첨수도 · 114
　　　　원시 한글 첨수도의 출토지와 주조자 문제 · 116
　　　　글자의 조합과 발음의 전승문제 · 122
　　　　자방고전설(字倣古篆說)에 대한 이해 · 129
　　훈민정음 이전의 단군조선문자일 가능성 · 137

03. 『한요부 타숨오해』의 발견과 '古한글'에 대한 고찰 · 147

　　훈민정음 이전에도 古한글이 있었나? · 149
　　훈민정음의 자방고전과 최만리 상소문의 전조(前朝) · 154
　　　　훈민정음의 자방고전(字倣古篆) · 154
　　　　최만리 상소문의 전조(前朝) · 156
　　훈민정음 이전의 문자들 · 158
　　　　고려의 한자와 속용문자 · 158
　　　　고려 「한송정곡」을 새긴 거문고의 문자 · 163
　　『한요부 타숨오해』와 古한글의 내용 · 168
　　　　『한요부 타숨오해』의 출현 · 168
　　　　『한요부 타숨오해』의 체계와 내용 · 170
　　　　　1. 타숨오해도 아래 아(ㆍ) 사용… 10세기경 존재 · 173
　　　　　2. 타숨오해는 1자 1음절이 아닌 2음절도 있음 · 174
　　　　　3. 타숨오해는 天(천)을 '안', 地(지)를 '뉘', 人(인)을 꽤라 표기 · 175
　　　　　4. 타숨오해는 4자음 합용병서가 1음절 역할 · 177
　　　　　5. 타숨오해는 '가림토(또는 첨수도)에 있는 자음' 사용 · 177
　　　　　6. 한타부에 나오는 중요한 구절 · 180
　　소리글자 1000년의 공백 메우기 · 180

　　　● 우리 문자 논문에 대한 발문_박기용 · 189

2부/ 우리 역사 (논문)

04. 요서 홍산문화와 환웅 조이족의 귀속 관계 · 195

차단된 조이족 논의에 대한 문제 제기 · 197
홍산문화와 조이족과의 관계 · 203
홍산문화에 나타난 옥조의 공통성 · 208
   나사대 유적의 옥조 · 208
   우하량 유적의 옥조 · 212
『산해경』의 웅상과 수리부엉이 · 218
홍산문화는 황제족이 아닌 환웅 조이족의 문화 · 226

05. 고대 정전제의 시원 문제와 고조선 · 235
-맹자가 말한 하은주 시대와의 비교를 중심으로

정전제의 시원이 하은주에 있는가? · 237
맹자와 주역의 정전론 · 242
   하은주의 정전제 · 242
   주역의 정전제 · 245
우(禹)와 주대(周代)의 정전제에 대한 분석 · 249
   『오월춘추』의 우(禹)와 주신(州愼)의 공덕 · 249
   공류(公劉)와 주대(周代) 정전제에 대한 분석 · 253
   고려의 기자 정전제에 대한 분석 · 256
단군조선 정전제와 하가점하층문화의 '정전벽돌' · 258
   『조선상고사』의 우(禹)와 부루의 정전제 · 258
   『제왕운기』와 『단군세기』의 단군조선 정전제 · 260
   하가점하층문화의 '정전벽돌' · 264
정전제의 시원에 대한 전면적인 검토 · 269
   공류와 융적의 관계로 본 周의 정전제 재검토 · 270
   정전벽돌이 출토된 하가점하층문화의 정치체 검토 · 272
   부루(夫婁)가 우(禹)에 정전제 전수 가능성 검토 · 275
하가점하층문화의 정전제는 곧 단군조선의 구정제 · 279

06. 문헌 비교로 본 최씨낙랑국의 실체 · 287
　　- 『삼국사기』·『북부여기』·『후한서』·『태백일사』를 중심으로

　낙랑군과 다른 낙랑국의 실체는? · 289
　최씨낙랑국에 대한 쟁점별 이해 · 292
　　평양의 낙랑국과 평양 밖의 낙랑군 · 292
　　요동의 살수 이남과 염사읍 · 295
　문헌 비교를 통한 낙랑과 낙랑국에 대한 재인식 · 298
　　『삼국사기』로 본 낙랑과 최리낙랑국 · 298
　　　1. 『삼국사기』중 초기 「신라본기」에 나타난 낙랑 기록 · 299
　　　2. 『삼국사기』중 「백제본기」에 나타난 낙랑의 기록 · 300
　　　3. 『삼국사기』중 「고구려본기」에 나타난 낙랑의 기록 · 303
　　『북부여기』로 본 최숭의 낙랑국 건국 · 305
　　『후한서』의 낙랑과 염사읍 · 308
　　『태백일사』로 본 평양과 요동의 낙랑국 · 310
　낙랑국의 실체와 멸망 · 313
　　문헌 종합으로 본 최씨낙랑국과 염사읍 · 313
　　　1. 최씨낙랑국의 실체 · 313
　　　2. 염사읍의 실체 · 316
　　낙랑국의 멸망과 재건 · 321
　수백년 존속한 낙랑왕국의 의의 · 327

3부/ 우리 사회 (비평)

07. 식민지 비판학 서설 · 339
- 식민지 지배 잔재의 해체와 역사주권 복원

식민지 비판학1 : 조선사편수회의 역사왜곡 비판 · 341
   총독부의 조선사편수회가 역사왜곡 주도 · 342
   정한론과 식민사학의 학술적 계보 · 350
   평생동지, 이병도와 신석호 그리고 스에마쓰 · 355

식민지비판학2 : 일제가 왜곡한 『조선사-』에 대한 신채호의 비판 · 359
   식민사학을 비판한 신채호의 『독사신론』, 『조선상고사』 · 363
   일본 군국주의의 단군 죽이기에 맞선 신채호 · 368
   『조선상고사』에 대한 서평 · 375

식민지 비판학3: 강제 병탄을 저격한 박은식의 『한국통사』 · 381
   박은식의 『한국통사』와 총독부의 『조선반도사』 · 383
   광산 채굴권, 어업권, 포경권을 강제로 빼앗았다 · 386

식민지 비판학4 : 이토를 저격한 안중근의 역사전쟁 · 389
   군대 해산을 당하자 일어난 대일항전 · 390
   우리 안의 이토를 저격하라 · 396

식민지 비판학5 : 소설 『파친코』로 본 일제의 식민지 수탈사 · 397
   일제의 토지조사 사업과 소설 『파친코』 · 397
   일제의 쌀 생산 증식 계획과 『파친코』 · 400
   한국인 신사참배 거부와 『파친코』 · 405

식민지 비판학6 : 식민사학의 극복과 민족사학 구축 · 410
   갈등의 원조는 정한론에서 나온 단군신화론 · 410
   총독부의 식민사관과 임시정부의 민족사관 대립 · 412
   식민사학의 실체 – 세 가지 악(惡)의 축 · 414
     1. 제1악 평양 대동강 한사군설 · 414
     2. 제2악 남해 지역의 임나일본부설 · 416
     3. 제3악 국경선 축소 · 424
   임시정부의 환국선포와 범대륙 민족독립사관 · 426
   해방의 혼란과 민족사학의 위기 · 433

08. 한국 역사학계의 현 주소와 성찰 · 439

　제 얼굴에 침뱉기… 식민사학이 급조한 '사이비 역사학?' · 441
　　친일 식민사학 옹호하는 '역사비평', 제정신인가! · 442
　　넓은 고조선이 두려운 세력들의 망동 · 449
　　　1. 1981년 재야사학의 등장과 윤내현 · 451
　　　2. 김철준과 김용섭·윤내현 · 456
　　송호정과 이덕일 · 461
　　　1. 고조선은 국가로 보기 어렵다는 송호정 · 467
　　　2. 임나일본부와의 재판에서 이긴 이덕일 · 470
　　　3. 왜왕 무(武)가 백제에 돌아와 25대 무령왕이 되었다 · 474
　바꿔야 할 한국사 쟁점들 · 476
　　한민족의 국통(國統)에서 기자, 위만, 한사군은 빠져야 · 476
　　　1. 우리 민족은 식민 지배로부터 시작됐다는 잘못된 시각 · 477
　　　2. '조선현'과 '봉기자(封箕子)'의 착각이 빚은 가짜 기자조선 · 479
　　고구려의 광개토왕릉비와 임나 · 482
　　　1. 동북공정으로부터 고구려를 지키기 위한 세 가지 조건 · 485
　　　2. 광개토대왕릉비와 일제의 비문왜곡 · 488
　　　3. 임나의 실체 찾기와 말로국 · 492
　　　4. 정인보… '조선의 얼'로 식민지 극복 · 496
　　악의 축, '국경선 축소' – 새 철주(鐵州) 찾기 · 502
　　　1. 문제풀이, '철주를 지나며' 한시의 배경 · 503
　　　2. 철주에 대한 각종 사료 · 506
　　　3. 고려 국경과 강동 6주 조작과 본래의 국경선 찾기 · 509
　끝나지 않은 역사 전쟁 · 515
　　큰 조선, 작은 조선 · 515
　　　1. 신채호의 민족사학을 함께 짓밟은 진보와 강단사학 · 516
　　　2. 신채호의 大고조선 vs 하야시·이병도의 小고조선 · 518
　　　3. 윤내현·신용하의 등장, 이병도·스에마쓰의 사망 · 523
　　　4. '한민족을 살린 윤내현', 적수가 못된 이기백·서영수 · 528
　　　5. 만주·난하·한반도를 아우른 大고조선에서 민족의식 형성 · 532

개천절과 단군 이해 · 534
    1. 단군역사의 기원 – 또 다른 이름 '압록강문명' · 535
    2. 단군조선(고조선) 건국… 천지인으로 나라를 세운 것 · 538
    3. 경축식전에서 요(堯)를 성군이라 망언 · 540
단군조선(고조선)이 두려운 자들… 다 망가뜨린 '춘천중도 유적지' · 542
    1. 개발에 밀린 문화재구역… 이제야 '사적지 지정' 신청 · 542
    2. 문화재 보존이냐 개발이냐 유치한 논쟁 · 545
    3. 잡석 처리된 단군조선(고조선)의 고인돌들 · 548

09. 식민사학의 실제상황 · 551

임나 지명을 사용한 국립중앙박물관과 유네스코신청서(2019) · 553
    국가기관들이 주도한 기문·다라의 임나 지명 · 555
유네스코, 등재 이후 '기문·다라 실체적 오류' 수용(2023) · 564
    ICOMOS, 기문 다라의 편집상의 변경을 인정한다 · 565
역사왜곡한 『전라도천년사』 폐기 투쟁(2022~) · 569
    쓰다 소키치… 경상도를 임나 지명으로 처음 바꾸다(1913) · 573
    조선총독부는 보통학교 『국사』 교과서에 '임나' 그려 · 575
    스에마쓰 야스카즈… 전라도를 임나 지명으로 바꾸다(1949) · 576
    이마니시 류의 '남원-기문'설을 추종한 한국학자들 · 580
    창씨개명과 같은 임나지명들 · 581
역사왜곡에 대한 공람의견서 제출과 답변 · 583
    공람의견서 1 : '단군조선'의 건국 연대의 축소에 대한 비판 · 584
    공람의견서 2 : 고조선 없는 전라도의 청동기와 고인돌 비판 · 588
    공람의견서 3 : 임나일본부설과 그 지명(침미다례)들 비판 · 594
    공람의견서 4 : 임나가라를 김해로 보는 설과 고령으로 보는 설 비판 · 602
고조선(단군조선) 역사문화권 신설의 필요성 · 606
    일제 식민사관에 기반을 둔 현행 특별법 · 606
    고조선(단군조선)역사문화권 신설이 필요한 이유 · 608
    첨부1 : '역사문화권 정비 등에 관한 특별법'의 개요(약칭 역사문화권정비법) · 610
    첨부2 : "고조선 역사문화권" 법안 발의안 (발의제안 : 이찬구) · 615
    첨부3 : 『배달족역사』(대한민국임시정부 교과서, 1922) · 617
    첨부4 : 남북역사학자 공동보도문(2002) · 634

색인 · 636

역사 지리편

단군조선(고조선) 후기의 강역도 (윤내현, 1994)

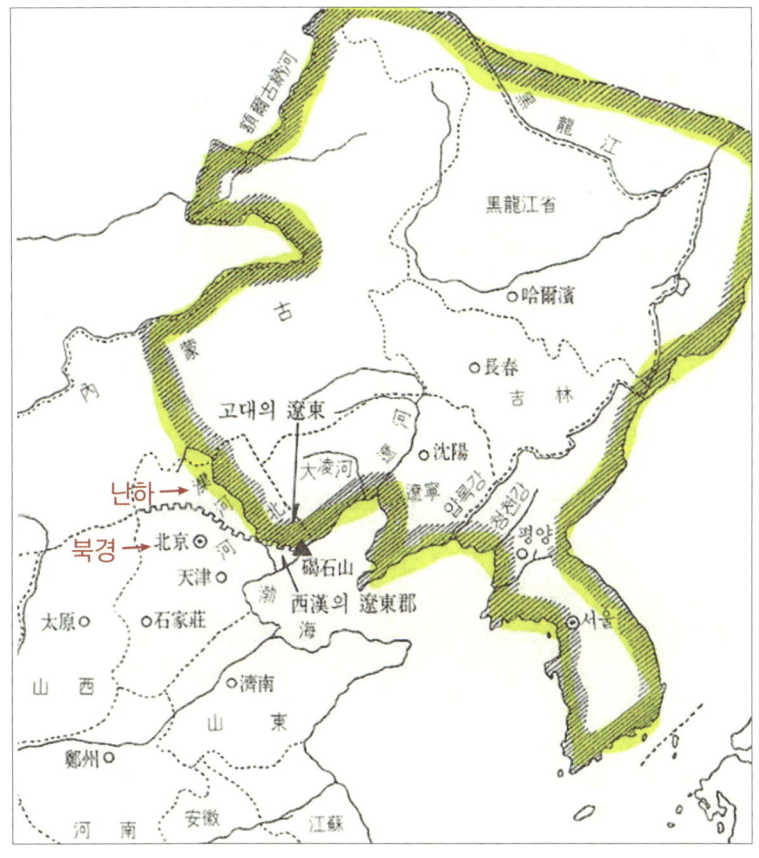

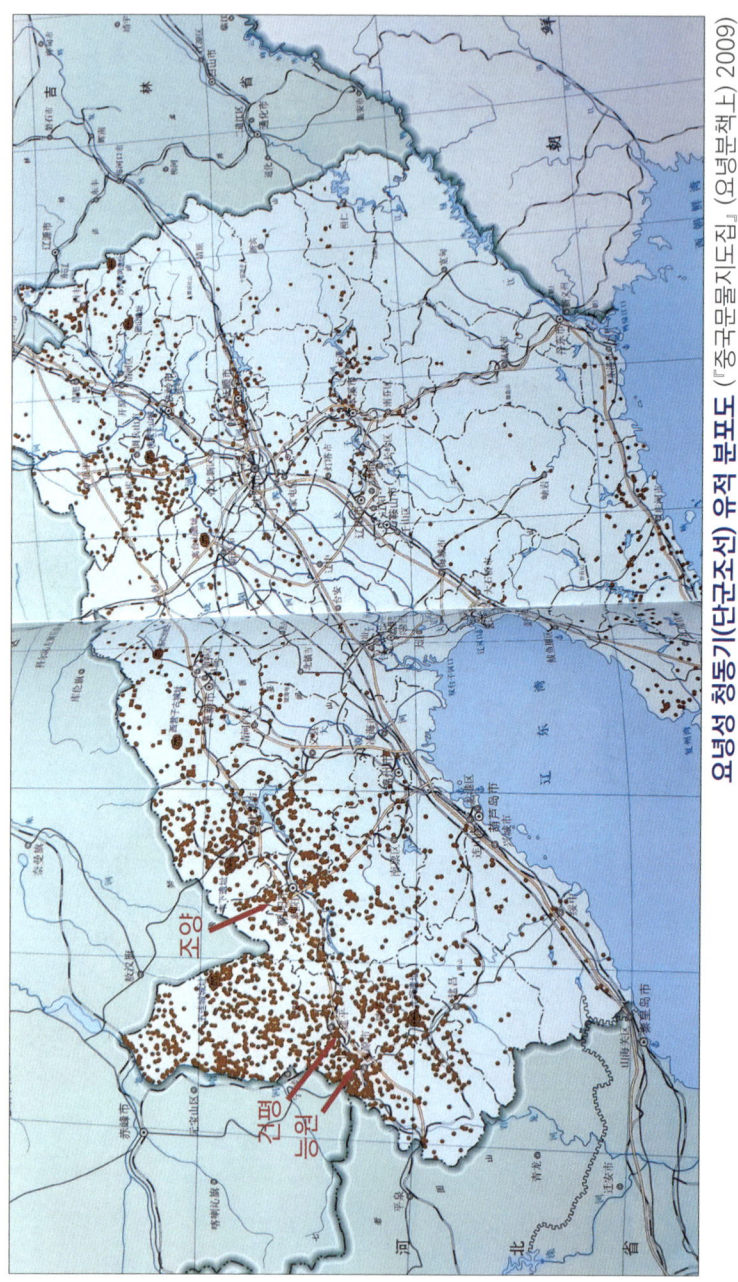

요녕성 청동기(단군조선) 유적 분포도 (『중국문물지도집』(요녕분책上) 2009)

5200여 곳에 달하는 하가점하층문화 유적 분포도

(박진호, 『하가점하층문화 취락…』, 2020)

적봉 옹우특기 두패자 마을 지도와
출토된 두패자 청동시루

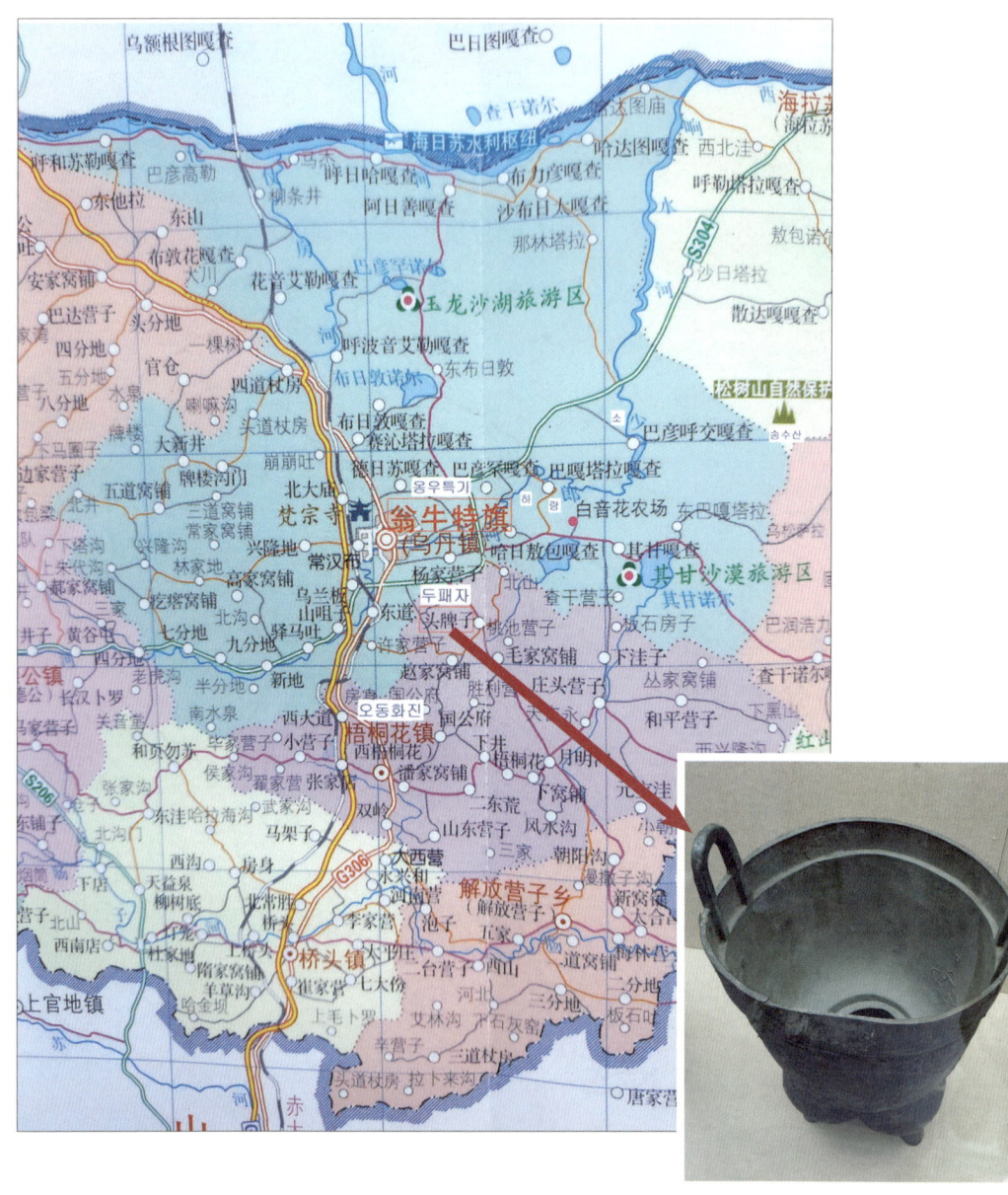

홍산문화 우하량유적 지도와 16지점에서 출토된 구정제 벽돌

애매한 고등학교 교과서 단군조선(고조선) 문화 범위
(비상교육 『한국사』 2020년도)

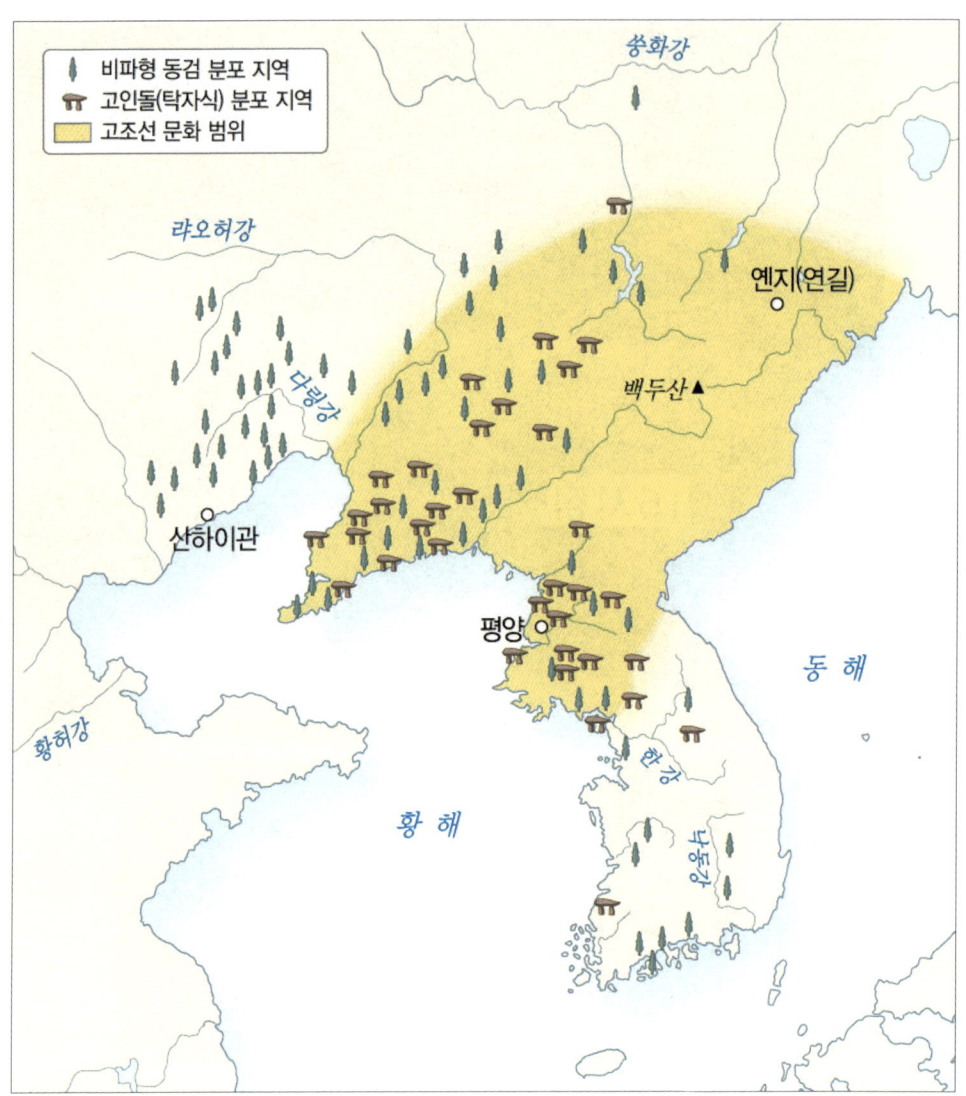

※ 최소한 한강 이남과 요서 지역을 모두 포함해야 한다 (이찬구)

우리 땅에 가짜 한사군을 그린 자가 누구인가?
분노하지 않으면 우리 역사를 바로잡을 수 없다

(담기양, 『중국역사지도집』 3, 1990)

우리 문자 우리 역사 · 19

브리태니카 사전에 실린 한(漢)… 조선을 지운 자 누구인가?

(britanica.com/2025.7 최종 업데이트)

1부
우리 문자
(논문)

01

적봉지역 하가점하층문화에서 발굴된 고문자 中宁(저)와 墉(용) 고찰

殷의 갑골문보다 앞서 사용한 '단군조선 문자'일 가능성 검토

두패자 청동시루에 있는 고문자의 주인은? · 025
하가점하층문화 두패자유적 청동시루의 고문자 고석 · 028
中宁와 墉의 해독 · 039
갑골문으로 본 中宁(저), 墉(용)과 단군조선 · 047
하가점하층문화와 단군조선 천자문화 · 064

하은주(夏殷周)는 물론이고 요(堯)에 견줄 수 있는
동북방의 '강대한 방족'으로
초기 청동기 문명을 형성한 정치체는 누구인가?

01
적봉지역 하가점하층문화에서 발굴된 고문자 宁(저)와 埇(용) 고찰*

– 殷의 갑골문보다 앞서 사용한 '단군조선 문자'일 가능성 검토

두패자 청동시루에 있는 고문자의 주인은?

  이 논문은 요서(遼西)의 적봉시(赤峰市) 두패자(頭牌子)유적에서 출토된 하가점하층문화(夏家店下層文化)의 두 문자를 고석하여 은허 갑골문자와 비교하고, 그 문자가 출토된 지역과 시대적 배경을 기초로 은(殷)의 갑골문(甲骨文) 이전에 사용된 고조선(古朝鮮), 즉 단군조선문자일 가능성을 검토하는 데 목적이 있다.

  우리는 한자(漢字)를 사용하면서도 언제 어떻게 만들어졌나에 의문을 제기하지 않고 있지만, 한편에서는 "한자(漢字)라는 이름이 주는 일반적인 선입견은 한대(漢代)에, 한족(漢族)에 의해 만들어진 문자라는 착각에 빠지게 한다."[1]는 그 태생적인 한계에 대한 지적도 없지 않았다.

---

* 『역사와 융합』 제22집 (2024.10)

1) 陳泰夏, 「漢字와 東夷族의 淵源」 『한글한자문화』 Vol.24, 전국한자교육추진총연합회, 2000, 20쪽

이형구는 동이민족이 한문을 만들어냈다고 극단적인 말을 하는 것은 아니라면서도, "한문을 만들어내는 데 우리도 적극적으로 동참하였으며, 중요한 역할을 했을 것"[2]이라고 한자 창안에 일정한 역할이 있었음을 강조했다.

유창균은 『예기』(「왕제」)에서 말한 이(夷)의 피발문신(被髮文身)[3]을 근거로 문(文)의 자형을 만든 사람은 동이족이라는 가설을 제기했다.[4] 그렇지만 한자의 한반도 전래시기에 대해 "한무제(漢武帝)가 B.C.108년에 한반도 지역에 한사군(漢四郡)을 설치한 이후에 한자가 대거 유입되었을 것"[5]이라는 생각이 통설로 자리잡고 있다.

미국 덴버(Denver)대 사라 넬슨은 "동북지역은 또한 중국의 중심부와 관계 혹은 유목 문화의 관계 속에서만 연구되어서는 안 되고, 그 자체 연구의 중심이 되어야 하기도 한다"[6]며 동북지역의 중요성을 강조했다.

저자가 이번 논문에서 적봉시 옹우특기 두패자(頭牌子)유적에서 발굴된 하가점하층문화의 청동시루에 새겨진 금문의 고석(考釋)과 함께 그 문자가 고조선과 어떤 관계인지 그 문자를 사용한 주민은 누구인지를 밝히고자 한다. 이 과정에서 은(殷)[7]의 갑골문을 만나게 될 것이다. 대개 갑골문을 포함한 한자의 성립 시기를 BCE 14세기경

---

2) 이형구,『발해연안문명』, 상생출판, 2015, 276~277쪽
3) 『예기』「왕제」: "東方曰夷 , 被髮文身 , 有不火食者矣". 被髮文身은 머리를 풀어 헤치고 몸에 문신을 한다는 뜻.
4) 유창균,『문자에 숨겨진 민족의 연원』, 집문당, 1999, 48쪽
5) 최영애,『한자학 강의』, 통나무, 2000, 31쪽
6) 사라 넬슨, 「신석기 및 청동기 시대 중국 동북 지역에 대한 서양의 견해」『中國史硏究』第51輯, 2007.12 원 논문명 Sarah Milledge Nelson, Western Views of Northeast China in the Neolithic and Bronze Ages (University of Denver, USA)
7) 이 글에서 은(殷)의 국명은 인용문의 내용에 따라 상(商), 또는 은주(殷周), 상주(商周)를 같은 의미로 사용하였다. 갑골문을 말할 경우에는 殷을 중심으로 한다.

(거금 약 3300~3400년 전)으로 보고 있는데,[8] 청동시루의 금문이 이 갑골문과의 선후가 어떻게 되는지도 알아볼 것이다. 이 청동시루의 문자가 은주의 금문보다 앞선 하가점하층문화의 청동 문자일 경우 '고금문'(古金文)으로 부를 수 있을 것이다.

저자는 고문자의 고석을 위해 명문(銘文)의 기초적인 독음(讀音)에 대하여는 소혁(蘇赫, 1925~1999)의 논문과 저작을 주로 참고하였다.[9] 곽대순도 이 명문에 대해 "더 많은 역사적, 문화적 의미가 있다"[10]고 평한 바 있다. 아울러 국내외의 갑골문 연구성과를 참고하고, 부족한 부분은 유교 경전에 기초하여 해석할 것이다. 또 이 지역의 정치체에 관하여는 곽대순 왕혜덕 등이 말한 숙신과 동이문화의 관계, 그리고 윤내현 신용하 등의 고조선 연구성과를 비교하여 설명할 것이다.

하가점하층문화의 중심권인 요서 적봉(赤峰)지역의 암각화를 연구한 최광식은 방패형 또는 검파형 암각화(한국형 암각화)를 고리로 적봉 지역과 한반도와의 친연성을 강조했다.[11] 이런 면은 하가점하층문화가 시작되는 BCE 2300년이 마침 고조선 건국 연대와 일치한다는 점에서 더욱 주목된다.

이번 하가점하층문화에서 출토된 문자들에 대한 연구가 고문자에

---

8) 시라카와 시즈카(白川靜), 윤철규 옮김, 『한자의 기원』, 이다미디어, 2009, 27쪽
9) 蘇赫, 「從昭盟發現的大型青銅器試論北方的早期青銅文明」, 『內蒙古文物考古』 第2期, 1982年, 108~111쪽; 蘇赫, 「從昭盟發現的大型青銅器試論北方的早期青銅文明」, 『中國考古集成』 東北卷6,青銅時代(1), 北京: 北京出版社, 1997, 639~642쪽; 蘇赫, 『蘇赫文集』, 「從昭盟發現的大型青銅器試論北方的早期青銅文明」, 中國文史出版社, 2022, 95~105쪽. 출전은 앞의 논문 중심으로 서술함.
10) 郭大順, 「蘇赫先生學術成就的點滴回顧」 『紅山文化研究』4, 瀋陽, 遼寧人民出版社, 2017, 22쪽
11) 최광식, 「韓國 青銅器時代 岩刻畵의 起源에 대한 試論:內蒙古 赤峰일대 岩刻畵와의 관계를 중심으로」 『한국사학보』 37, 고려사학회, 2009, 408~409쪽; 이형구 이기환, 『코리안루트를 찾아서』 성안당, 2009 참조

대한 이해를 넓히고, 나아가 고조선 강역에서 나온 고문자(한자)의 발견으로 고조선 주민들이 문자를 사용했다는 것을 입증하는 계기가 되길 기대한다.

하가점하층문화 두패자유적 청동시루의 고문자 고석

하가점하층문화의 청동시루 발견과 판독

인류는 석기시대에서 금속시대로의 이행으로 역사상 큰 진보를 이루었다. 청동이란 구리와 주석의 합금이다. 중국의 경우 하대(夏代) 시기만 하더라도 널리 보급되지 못했고, 은대(殷代) 시기에 혁명적인 변화를 가져왔고, 찬란한 청동문화를 이루었다.[12]

하가점하층문화에 대한 고고학 연구가 심화됨에 따라 서요하(西遼河) 유역에서 연산(燕山) 남쪽 기슭까지 적지 않은 소형청동기가 발견되었으나 대형기물은 극히 적었다. 1958년 적봉 대서우파라(大西牛波羅)에서 출토된 동언(銅甗)과 1973년 극십극등기(克什克騰旗) 천보동(天寶同)에서 출토된 동언(銅甗)과 연계하여 서요하 상류인 서랍목륜하(西拉木倫河)와 노합하(老哈河) 유역에 초기 청동문화가 이미 존재한다는 것을 알기 시작했다.

1981년 5월, 내몽고 소오달맹(昭烏達盟, 적봉시) 옹우특기(翁牛特旗)의 오동화공사(오동화진梧桐花鎭) 두패자(頭牌子) 대대 오포산(敖包山) 앞에서 3점의 대형 청동기가 출토되었다. 이는 청동문화 이해에 중요한 단서가 되었다. 두패자(頭牌子)는 적봉시로부터 직선거리

---

12) 尹盛平, 『殷周 文明の原點』 大阪:創元社, 2007, 72쪽

로 북쪽 66km에 인접해 있다. 두패자유적의 청동기는 50cm가 넘는 크기의 1언(甗)과 2정(鼎)의 3점이 출토되었고, 큰 놋쇠 두 개도 있었다.[13] 과거 인근 삼성타라촌에서는 BCE 3000년경의 C자룡[14]이 발견된 곳이다.

중국학자 소혁(蘇赫)은 발굴된 그 이듬해에 두패자유적에서 출토된 3점의 청동기에 대한 견해와 청동기의 두 글자 명문(銘文)에 대한 견해까지 제시한 시론적 논문을 발표해 청동기를 직접 볼 수 없는 일반인들에게 중요한 정보를 제공해 주었다.[15] 저자도 소혁의 논문을 중심으로 살펴보되 이 글의 목적상 동언(銅甗) 즉 '청동시루'만 주로 언급하고자 한다.

청동시루의 동색(銅色)은 진한 붉은색을 띠고 복부와 발 부위에는 검은색의 스모크 자국이 있으며, 시루 밑에 까는 발이 없고, 가랑이 부위가 파손되어 구멍이 났다. 높이 66㎝, 구경 41㎝, 복심(腹深) 36㎝, 무게 14㎏이다. 복벽(腹壁)이 얇고 두께가 0.5㎝이다.

시루 복벽(腹壁) 안쪽에는 두 글자의 명문(銘文)이 있다. 돌출된 양문(陽文)이다. 돌출되었다는 것은 각명(刻銘)이 아니라 주명(鑄銘)이다. 두패자유적에서 나온 청동 3기에 대해 소혁은 이 지역에 매우 발달한 초기 청동 문화가 있었다는 것이 증명된다고 강조했다.[16]

임운(林澐)은 북방 청동기의 등장은 유목민족에 의한 것이 아니라 농경 정착민의 문화라며, 은대(殷代)보다 이른 하대(夏代)에 해당하는 시기로 보았다.[17] 이공독은 청동기가 출토된 이곳 적봉의 소오달맹(昭烏達盟)에 대해 홍산문화, 소하연문화와 하가점하층문화의 연

---

13) 蘇赫, 앞의 논문, 1982, 108쪽
14) 賈鴻恩, 「內蒙古翁牛特旗三星他拉村發現玉龍」 『文物』 1984.06.29., 11쪽
15) 蘇赫, 앞의 논문, 1982, 108~111쪽
16) 蘇赫, 앞의 논문, 109쪽
17) 林澐, 복기대 역, 『북방고고학』, 학연문화사, 2013, 168쪽

결고리를 강조했다.[18]

곽대순(郭大順)은 4000년 전, 이곳 동북지역에도 청동기시대로 진입했다며, 이 전기 청동기의 하가점하층문화는 지금으로부터 4000~3500년 전 하대(夏代)부터 상대(商代) 전기까지의 청동기문화에 해당한다고 언급했다.[19] 소혁(蘇赫)은 하가점하층문화가 일반적으로 상대(商代)의 제품으로 간주되는 것에 반대하고, 하가점하층문화의 유적지에서 새로운 재료가 끊임없이 나타나고 있고, 탄소14 측정연대가 갈수록 정확해지고 있다는 면에서 하가점하층문화의 탄소측정연대인 기원전 20세기부터 기원전 14세기까지를 충분히 가능한 연대로 판단했다.[20]

예컨대, 청동시루의 발굴지가 적봉시 인근인데, 적봉시 지주(蜘蛛)산 유적의 경우 상한선이 나이테 교정연대로는 BCE 2410년, 탄소14 측정연대로는 BCE 2015년으로 나왔던 것이다. 소혁은 이상을 기준으로 "기원전 19세기경에 하가점하층문화는 이미 야동(冶铜)기술을 장악하였다"[21]고 분석했다. 그 근거로 옹우특기 두패자 3점의 청동기가 그 조형(造型)이 원시적이고 기술이 거칠며(粗糙) 범심의 위치 확정 방법이 아직 합리적이지 못해 하가점하층문화 청동기술의 초기 단계로 본 것이다. 특히 현문정의 경우 주석과 납과 아연을 함유한 청동임이 데이터에 의해 분석되었다. 옹우특기 북부에는 6곳의 고대동광(古代銅礦)이 존재했다.[22]

손수도(孫守道)도 1986년 우하량 제2지점 제4호총에서 작은 홍동

---

18) 李恭篤 高美旋, 「夏家店下層文化若幹問題研究」『遼寧大學學報』총69기,1984. 5기, 55~56쪽
19) 郭大順, 張星德, 東北文化與幽燕文明』,南京: 江蘇教育出版社, 2005, 291쪽
20) 蘇赫, 앞의 논문, 1982, 110쪽
21) 위의 논문, 110쪽
22) 위의 논문, 111쪽

품(紅銅品)이 나왔고, 지금으로부터 4000년을 전후하여 홍산문화에 이은 하가점하층문화가 훨씬 진보되었다고 평가했다.[23] 현재 중국 학계는 종전과 달리 공식적으로 나이테 교정연대인 BCE 2300년부터 BCE 1600년까지를 하가점하층문화 연대로 인정하고 있다. 이에 따라 청동시루의 주조 연대를 하가점하층문화의 초기기술로 볼 때, BCE 2000년경 전후 시기로 봐도 무리가 아니라고 본다. 이는 한국의 고조선 초기에 해당된다.

임운(林澐)은 국내에 소개한 논문을 통해 "1981년 소오달맹(昭烏達盟) 옹우특기(두패자유적)에서 출토된 청동시루(甗)에는 '저용(宁埔)'이라는 두 글자가 새겨있었는데, 이들은 현지의 방국 수령이 주조했을 것이며, 늦은 상대(商代) 시기의 청동기"라고 간략히 소개했다.[24]

이어 김악(金岳)은 이 청동유물을 저용언(宁庸甗)이라 이름하고, 만상(晚商) 제2기에 제작한 청동기로 보았다.[25] 왕혜덕(王惠德)도 두 글자의 탁본을 제시하고 상대(商代) 어느 방족(方族)의 명칭으로 보았다.[26] 상대(商代) 만기(晚期)의 청동기로 본 곽대순(郭大順)은 두 글자의 모사본을 소개했고,[27] 『동북문화와 유연문명』[28]에는 소개하지 않았으나 다른 글에서 소혁을 북방 초기 청동문명 연구자로 회고하며 두패자 청동기에 대해 다시 언급하기를 "시대는 상(商)나라 말기

---

23) 孫守道, 『孫守道考古文集』, 「試論中國北方靑銅文化的起源」, 瀋陽:遼寧人民出版社, 2017, 140쪽
24) 林澐, 「중국 동북지방 청동기시대의 새로운 고고학적 연구」『東아시아의 靑銅器文化』국립문화재연구소, 1994, 29쪽
25) 金岳, 『北方民族方國歷史硏究』, 「宁庸甗時代和宁方庸族考」, 鄭州:中州古籍出版社, 1996, 171~179쪽
26) 王惠德, 『夏家店下層文化石城硏究』北京:國際華文出版, 2001, 156쪽
27) 郭大順, 『龍出遼河源』天津:百花文藝, 2001, 214~216쪽
28) 郭大順, 張星德, 『東北文化與幽燕文明』, 南京: 江蘇教育出版社, 2005

보다 약간 빨랐고, 형태 및 주조 기술도 어떤 지역 특성을 보여주었으며, 9cm 크기의 '용(墉)'자 양문은 금문 중 가장 큰 글꼴로 알려져 있다."29)고 평했다.

고모토 야사유키(甲元眞之)는 동북아 출토 청동기를 제작연대가 중원지역의 문물과 대비가 가능한 은대의 후기 대형청동기로 두패자유적의 3점을 소개하고 있고,30) 특히 청동시루를 '현문동언(弦紋銅甗)'으로 소개했다. 하가점하층문화에 대하여는 설명하지 않았다.

그러면 국내는 어떻게 소개되었는가. 신용하는 옹우특기 오포산(두패자) 청동기 등을 사진으로 소개하고, 이를 요서 지역 '고조선 청동기시대 문화'의 형성 발전으로 보았다.31) 송호정은 옹우특기 두패자

 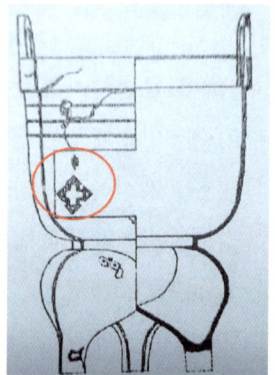

높이 66cm 두패자 청동언(필자 촬영 사진)32)과 두패자 청동언 모형도(소혁)

---

29) 郭大順,「蘇赫先生學術成就的點滴回顧」『紅山文化硏究』4, 瀋陽, 遼寧人民出版社, 2017, 22쪽
30) 甲元眞之,『東北アジアの靑銅器文化と社會』, 東京:同成社, 2006, 46쪽
31) 신용하,『고조선문명의 사회사』, 지식산업사, 2018, 542쪽. 신용하는 여기에 당산 대성산 유적을 포함했다.
32) 필자가 박물관을 방문하여 현장 실물 촬영(2024. 8. 24.). 박물관측은 이를 "청동언 하가점하층문화"라고 소개했다. 소장 박물관측 목록에는 "1981年, 翁牛特旗出土。通高68厘米，口徑42厘米。甗上體較大，深腹較直，口圓形，平沿內色，立耳，下體矮挡，三足内上端中空，末端呈圓柱狀，腹内底部有兩个銘纹"이라고 적혀있다(百度百科). 蘇赫의 논문에 비해 높이가 2cm차이가 난다.

의 청동기에 '宀庸' 명문이 있다고 간단히 기록했고,[33] 조진선은 이 청동시루를 두패자(頭牌子) 유적에서 출토된 3점의 청동기 중의 하나로 소개하며 '은허 전기'에 해당된다고 적고 있다.[34]

소혁은 이 청동시루 안벽에 있는 두 글자를 1982년에 나름대로 음독(音讀)하여 발표했다. 양문의 돌출된 명문(銘文)을 宁와 ✥으로 판독했다.[35] 그는 宁자는 갑골문에서 '貯'(저, 저장)라고 읽는다고 했고, 금문에서 '宁'(저)라고 음독한 것은 아마 확실하지 않을 것이라고 했으나, 그 뜻을 밝히지는 않았다. 반면에 ✥자에 대하여는 과거로부터 '郭'(곽) 또는 '墉'(용)으로 음독되었다고 했다. 소혁은 이와 관련한 갑골문의 용례를 일일이 나열하고, ✥은 ✥을 성씨로 하는 상족(商族)과 관계된 어떤 강대한 방족(方族)의 족명으로 보았다.[36] 특히 宁와 ✥을 저용족(宁庸族)으로 해석한 김악(金岳)은 이 저용언(宁庸甗)을 용인(庸人)들이 휴대하고 영지(令支)로 가져온 후 다시 영지에서 적봉 옹우특기에 유입되었을 것으로 보았으나,[37] 곽대순은 두패자 동기 안에 광사(礦砂) 등이 아직 남아 있다는 이유로 현지에서 민들어진 것으로 추정했다.[38] 이는 소혁과 같이 청동기가 외지에서 이동했을 가능성을 부정한 것이다. 『은주금문집성』은 이 청동언(792번)을 '宁曩甗(저용언)'[39]이라고 이름했다. 殷의 경우 청동기 금

---

33) 송호정, 「大凌河流域 殷周 靑銅禮器 사용 집단과 箕子朝鮮」 『韓國古代史硏究』 38, 한국고대사학회, 2005, 11쪽, 宁墉(庸)인 듯
34) 조진선, 「요서지역 청동기문화의 발전과정과 성격」 『요하문명의 확산과 중국 동북지역의 청동기문화』, 동북아역사재단, 2010, 154쪽
35) 蘇赫, 앞의 논문, 1982, 111쪽
36) 위 논문, 111쪽
37) 金岳, 앞의 책, 179쪽; 사마천 『사기』(주본기)에 용(庸)나라가 나오지만, 김악의 해석과 일치하는지는 별개의 문제다.
38) 郭大順, 『龍出遼河源』 天津:百花文藝, 2001, 216쪽
39) https://pic.guoxuemi.com/yzjwjc/00792.JPG (은주금문집성). 이 '宁曩甗'은 '저곽언' 또는 '저용언'이라고 할 수 있다.

문은 중기 무렵부터 나타난 것으로 보고 있다. 처음 청동기 명문(銘文)에는 종족명이나 조상 이름, 개인 이름이 주로 등장했던 것이 사실이나,[40] 이에 대해 필자는 『예기』, 『주례』 등 경전에 근거하여 해석할 것이다. 이는 양수달(楊樹達)이 고문자 파악에 있어서 경전과 대조한 점을 유의한 것이다.[41]

두패자 청동시루에 새겨진 고문자 ᄂ와 ✥의 고석

이제부터 필자가 두 고문자를 한자 사전에 의해 1차 고석(考釋)해 보겠다. 이 명문을 알아볼 수 있도록 다시 그리면 아래와 같다. 먼저 현재의 갑골문과 금문에서 그 유사성을 찾아볼 것이다. 첫 발견자인 소혁이 제시한 宁(저)와 貯(저), 墉(용)과 郭(곽)자의 자원변천 과정을 현행 사전류에서 검토해 보겠다.

자원(字源)의 변천 과정을 알 수 있는 사전으로 『中文대사전』과 단국대 『漢韓대사전』, 인터넷 『漢典』, 인터넷 『字源』[42]에서 소혁이 제시한 한자를 우선적으로 검토했다.

두패자 청동언의 명문탁본(소혁)과 필자가 재편집한 두 고문자

---

40) 王輝, 곽노봉 역, 『상주금문』, (상), 학고방, 2013, 4쪽
41) 陳煒湛 唐鈺明, 강윤옥 옮김, 『중국 고문자학의 이해』, 현학사, 2005, 69쪽
42) https://hanziyuan.net/#home (字源)

宁자는 갑골문과 금문의 '貯'(저, 저장)와 '宁'(저)를 각각 검토 대조한 결과 모두 갑골문 '宁'(저)에 가까웠다. 또 ❊자는 갑골문과 금문의 墉(용)과 郭(곽)을 각각 검토 대조한 결과 곽(郭)과 墉(용)으로 나뉘었다. 『中文대사전』에는 郭(곽)과 용(墉)은 화살표(성루)가 똑같이 상하 두개만 있으나 다른 자료에는 화살표(성루)가 네 개 온전히 나온 것도 있다. 이를 곽(郭)이라고도 하고,[43] 또 용(墉)이라고도 했다.[44] 그러면 현행 갑골문사전류에서는 宁와 ❊이 어떻게 검색이 되는가를 확인할 필요가 있다.

먼저 중국사회과학원의 『갑골문편』에는 宁=宁(저)로 일치하나, ❊은 墉(용)과 郭(곽) 어느 것도 표제어에 없다.[45] 서중서(徐中敘)의 『갑골문자전』에는 宁=宁(저)는 일치하나, 郭(곽)은 표제어에 없고 𩫖 = ❊으로 보았으며, 𩫖을 곽(郭)의 전문(篆文)이며 용(墉)의 고문(古文)으로 설명했다. 墉(용)은 화살표 문양이 상하 𩫟로만 나타났고, 은허 능묘의 ✢亞(아)를 갑골문 墉(용)❊에 근거한 것으로 보았다.[46] 또 이를 亞(아)자의 이구(異構)로 보고 인명이나 족칭으로 설명한 것도 있나.[47] 갑골문에 ❊의 사방 화살표의 잔형이 남아 있는 것은 나진옥의 『은허서계전편』(8권10-1)의 ▨이 유일한 증거자료이며, ▨처럼 약간 변형된 것도 있다.

도방남(島邦男)은 『갑골복사종류』에서 宁=宁(저)와 ❊=용(墉)으로 각각 보았고, 𩫟도 용(墉)으로 보았다.[48] 또 가이즈카 시게키(貝塚茂

---

43) 許進雄, 하영삼 역, 『갑골문고급자전』, 도서출판3, 2021, 233쪽
44) https://www.zdic.net/hans/%E5%A2%89 (漢典)
45) 중국사회과학고고연구소편, 『갑골문편』 北京:中華書局, 1989, 539쪽
46) 徐中敘, 『甲骨文字典』成都:四川辭書出版社, 1989, 596, 1458, 1520, 1523~1525쪽
47) 朱歧祥, 『殷墟卜辭句法論稿』臺灣學生書局, 民國79, 188쪽
48) 島邦男, 『殷墟卜辭綜類』東京:汲古書院, 1975, 412, 265, 266, 588쪽

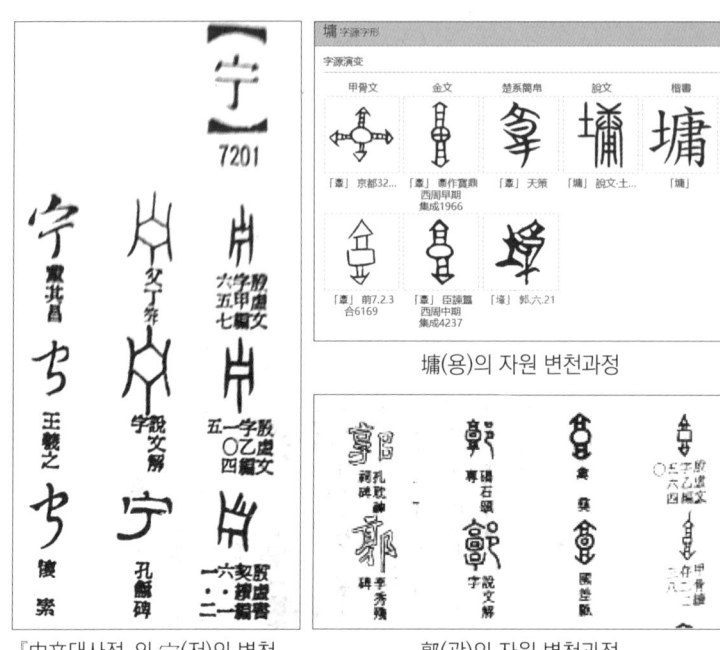

『中文대사전』의 宁(저)의 변천 郭(곽)의 자원 변천과정

『漢典』의 墉(용)과 『중문대사전』의 郭(곽)

樹)도 인명이나 국족명으로 ㅂ=저(宁)가 나오고, 도성(都城)의 사문(四門)이 밖으로 돌출된 모양을 형상화한 것이 =용(墉)이라고 부연했다.[49] 당야택(唐冶澤)도 외형상 사방에 각각 문이 있고, 그 문 위에 성루(城樓)를 지은 것을 용(墉)이라고 했다.[50] 또 『갑골문합집』 4713에는 宁(저)가 , 墉(용,)이 6169에 으로 약간 변형돼 나오는데,[51] 고명(高明)도 이를 용(墉)의 고문(古文)으로 고석했다.[52]

---

49) 貝塚茂樹, 『京都大所藏 甲骨文字(본문편)』 京都大인문과학연구소, 1960, 331, 749쪽
50) 唐冶澤, 『甲骨文字趣釋』 重慶:重慶出版社, 2004, 67쪽
51) https://www.guoxuedashi.net/jgwhj/?bhfl=1&bh=4713&jgwfl= (갑골문합집) 외

이처럼 宁이 ☒宁(저)(4713)와 ☒貯(저)(4702번)로 분화되었다는 것을 알 수 있다.

이제 금문을 보자.『은주금문집성』1166에는 저정(宁鼎)의 宁(저)가 ☒, 1364번 향저정(鄕宁鼎)의 宁(저)가 ☒로 나오고,[53] 4237(1966)에 墉(용)을 ☒□(𦅪)라 하였다.[54] 또『금문대자전』에는 宁저(宁)의 자형이 ☒로 변형되었고, 용(墉)과 곽(郭)을 성(城)戜으로 설명하고 서로 구별하지 않았다.[55] 이처럼 금문에 이르러서는 자형(字形)이 큰 차이로 변했다는 것을 알 수 있다. 곽말약은 은주 청동기의 전성기를 은상 후기~서주 초기로 보고 있기 때문에 시기적으로 비교하면 은주 갑골문이 은주 금문보다 이르다고 할 수 있다.[56] 따라서 宁, ☒의 자형이 은주(殷周)의 금문(金文)과 다르지만 갑골문과 유사한 점에서 은주 금문보다 이른 시기의 금문으로 판단되기 때

『갑골문합집』4713 宁

『갑골복사종류』墉(左),『갑골문합집』6169 墉

---

52) 高明,『中國古文字學通論』, 北京:북경대학출판사, 1996, 275쪽
53) https://www.guoxuedashi.net/yzjwjc/?bh=1166 (은주금문집성) 외
54) https://www.guoxuedashi.net/yzjwjc/?bh=4237&jgwfl= (은주금문집성) 외
55) 戴家祥,『金文大字典』, 上海:新華書店上海發行所, 1995, 4180, 1607~1608쪽
56) 陳煒湛 唐鈺明, 강윤옥 옮김의 앞의 책, 169~170쪽

 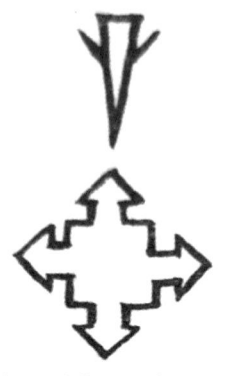

『은계수편』367(上)과　　〈그림 1〉『금문편』(부록上)
『은허서계 前』(8권10-1)墉

문에 '고금문'(古金文)으로 보는 것이 합당할 것이다. 이 고금문은 성격상 '갑골문형 고금문'이라 할 수 있다.

한편 용경(容庚)의 『금문편』에는 〈그림 1〉과 같이 약간 변형된 합체형 ✧이 나오고,[57] 다른 금문에서는 사방 화살표를 계(癸)로 보기도 했다.[58] 그리고 왕국유(王國維)가 ✧을 중앙에 사각(□)을 넣은 ✧로 표기하여 4옥1정(四屋一庭)이라 했고,[59] 을 그 생략형으로 본 것은 외형적인 분석에 지나지 않는다고 할 수 있다.

---

57) 容庚, 『金文編』(영인), 北京: 中華書局, 1992, 1123쪽
58) 王延林, 『常用古文字字典』上海: 上海書局, 1987, 755쪽
59) 朱芳圃, 앞의 『甲骨學:文字編』, 文5-11쪽

宁와 庸의 해독

『설문』과 『이아』에 의한 해독

『설문해자』는 宁(宁)에 관해 아래와 같이 '변적물(辨積物)'이라고 했다.[60]

> 宁(저)는 '물건을 갖추어 쌓아 놓는 것'(辨積物) 또는 그런 기구를 말한다. 상형이다. 宁(저)부에 속하는 한자는 모두 宁(저)의 뜻을 따른다. 直呂의 반절(져)이다.[61]

이에 대해 나진옥(羅振玉)은 저(貯, 㝉)는 저(宁, 宁)의 가운데에 조개(貝)가 들어있는 것으로 설명하고, 가운데가 비어 있는 저(宁)는 "상하급양방유지주(上下及兩旁有楮柱) 중공(中空) 가저물(可貯物): 상하 양 곁에 지주가 있고, 가운데가 비어서 물품을 저장할 수 있는 곳"[62]을 상형한 것이라 했다. 이는 저(宁)와 저(貯)를 한 글자로 설명한 것이다. 또 허진웅(許進雄)은 어떤 물건을 보관하기 위한 궤짝으로 설명했다.[63] 한 걸음 나아가 왕귀민(王貴民)은 '저(宁)'에 대해 "사실상 왕실이 각지에서 '변적물'을 위해 전문적으로 설치한 기구로서 일반적인 공납이 아니라 관상(管商)일 가능성이 높으며 왕실의 수요에 따라 그들이 물품을 제공한다."[64]고 해석했다. 고대 사대부 집에

---

60) https://www.zdic.net/hans/%E5%AE%81 (한전)
61) 『설문해자』 宁: 辨積物也。象形。凡宁之屬皆从宁。直呂切 願詞也。从丂盜聲。奴丁切
62) 羅振玉, 『(增訂)殷虛書契考釋』 東方學會, 1927, 中-문자5-12쪽; 朱芳圃, 『甲骨學文字編』, 臺北: 商務印書館, 民國54[1965], 文14-6쪽; 손예철, 『간명 갑골자전』 박이정, 2017, 657쪽
63) 許進雄, 앞의 『갑골문고급자전』, 267쪽
64) 王貴民, 「淺談商都殷墟的地位和性質」 『甲骨文與殷商文化研究』 鄭州, 中州古籍出版社, 1992, 194쪽

서도 두 숙(塾) 사이 공간이 바로 대문 뒤쪽과 맞은 편 공터인데 이를 저(宁)라고 불렀다.[65]

이어『설문해자』에서 용(墉)은 성의 벽(城垣성원)이라고 했다.『강희자전』에서 당중의 북쪽 담을 용(墉)이라 했고, 반면에 곽(郭)은 내성외곽(內城外郭)의 곽(郭)이며, 국명(國名), 성(姓) 등으로도 설명하고 있다.『中文대사전』과『大漢和사전』도『설문해자』의 풀이와 차이가 없다.

이제 宁(저)와 墉(용) 또는 곽(郭)의 의미를 탐색하고자 한다. 우선 宁에 대해『설문해자』와는 다른 견해를「설문해자주」에서 찾을 수 있다.

(1) '辨(변)'자는 지금 속자(俗)로는 '辦(판)'자로 쓴다. 이때의 '辨(변)'자는 갖춘다[具(구)]는 뜻이다. 분별하여 갖추어 놓는다는 뜻이기 때문에 '辨(변)'자가 '刀(도)'로 구성되었다.

(2)『이아爾雅·석궁(釋宮)』에서는 "門屛之間曰宁(문과 병풍 사이를 '저'라 한다)"라고 하였으며, 곽박(郭璞)은 "임금이 조회를 볼 때 서 있는 곳(人君視朝所宁立處)이다."라고 하였다.

(3)『시(詩)·모전(毛傳)』에는 "宁立(저립)은 오래도록 서 있는다(구립, 久立)는 뜻이다."라고 하였다. 그렇다면 宁立(저립)이라는 말은 바로 물건이 쌓여 있다는 뜻에서 확대된 말이다. 잘못된 佇(저:우두커니), 竚(저:우두커니) 등이 속자(俗字)로 쓰인다. (잘 쌓아놓으면) 오래 서 있을 수 있으므로 저(宁)라고 한다.[66]

---

65) 鄭彦野,「《爾雅·釋宮》所反映的古代建築文化」, 한국외국어대 석사논문, 2008, 33쪽: 손민정,「爾雅의 語彙意味論的 硏究」,서울大 박사논문, 2004
66)「설문해자주」宁: "辨積物也。辨今俗字作辦。音蒲莧切。古無二字二音也。周禮: 以辨民器。辨, 具也。分別而具之, 故其字从刀。積者, 聚也。宁與貯葢古今字。周禮注作㝉。史記作積著。釋宮: 門屛之間曰宁。郭云: 人君視朝所宁立處。毛詩傳云: 宁立, 久立也。然則凡云宁立者, 正積物之義已引申。俗字作佇, 作竚, 皆非是。以其可宁立也, 故謂之宁。齊風作著。象形。其旁有禦, 其下有阯, 其上有顚, 辨積之形也。直侶切。五部。凡宁之屬皆从宁"

이상에서 보듯이『설문해자』에서 宁(저)를 변적물(辨積物)이라고 한 것과는 달리「설문해자주」에서 주목할 것은『이아爾雅·석궁(釋宮)』에 나오는 곽박(郭璞)의 주석인데, 이제『이아』를 살펴보고자 한다.

『이아』「석궁」(釋宮)의 원문에는 宁(저)와 墉(용)을 모두 궁궐 관련 용어로 열거하고 있다.「석궁」편에 저(宁)는 "(宮의) 문병지간 위지저(門屛之間謂之宁, (궁전의)문(門)과 병(담, 병풍) 사이를 '저'라 함)"라 했고, 곽박(郭璞)의 주(注)에 "인군시조 소저립처(人君視朝所宁立處, 임금이 조회를 볼 때 머물러 서 있는 곳)"라 했으며, 그 소(疏)에 "로문지외 병수지내(路門之外 屛樹之內, 路門의 밖과 屛樹=담의 안)"에서 임금이 조회 볼 때 서 있는 곳을 말했고, 이로 인하여 저(宁)라 말한 것이다. 또 용(墉)은 (宮)의 "장위지용(牆謂之墉, 궁궐의 담을 '용'이라 함)"이라 했다.[67]

따라서 宁, 墉의 해석은『설문해자』가 아닌, 가장 오래된『이아』(「釋宮」)에 근거할 필요가 있다. 2세기경 허신(許愼 58~147)도 몰랐던 것을 4세기경의 곽박(郭璞)이 옛적의 본뜻을 살려냈고, 이를 단옥재(段玉裁 1735~1815)가「설문해자주」에 재인용해 오늘날 우리가 '人君視朝所宁立處(인군시조소저립처)'를 알 수 있게 되었다. 그러므로 저(宁)는 '임금이 조회를 받을 때 (궁전의 문과 병 사이에) 서 있는 자리'라는 뜻이다. 다시 말해 '임금이 제후들의 조회받는 자리'가 곧 ❖=宁(저)가 된다는 뜻이다. 더 자세한 설명은 다음 경전에서 찾을 수 있다.

그러면 墉은 墉(용), 郭(곽) 중에서 어느 음을 선택해야 하는가. 여기서 중요한 것은 청동시루의 특성상 宁(저)를 중심으로 墉(용),

---

67) 『爾雅』釋宮: 門屛之間謂之宁 [人君視朝所宁立處] [云門屛之間謂之宁者 謂路門之外 屛樹之內 人君視朝所宁立處 因名爲宁] 牆謂之墉[書曰旣勤垣墉][牆者室之防也 一名墉 李巡曰 謂垣牆也], 路門은 궁성의 5개 문 중에 가장 안쪽의 문.

郭(곽)이 어떤 관계를 맺고 있나를 찾는 일이다.

『설문해자』에 용(墉)은 성(城)의 담(垣)이라고 했다. 그런데 「설문해자주」에서 '墉 城也(용 성야)'라고 하였다. 성(城)의 담(垣)이었던 용(墉)은 성(城) 그 자체였다는 뜻이다. 특히 「석궁」편과 같이 저(宁)와 연결된 ✥=墉(용)은 '임금의 궁성'이 되고, 곧 '임금이 조회받는 궁전'이라는 뜻이 된다. 이처럼 궁전(궁실)의 관점에서 ✥을 해석한 사람이 주방포(朱芳圃)이다. 그는 궁실이 있은 후에 성곽이 있었다면서 4동(棟)의 옥(屋)은 ✥자가 생기기 이전부터 있었던 최고(最古)의 궁실제도였다고 강조했다.[68]

다만 용(墉)은 후에 곽(郭)이라 불렸다. 『설문해자』에 곽(郭)은 제나라 곽씨의 터(齊之郭氏虛)라고 했다.[69] 곽(郭)이 백성들이 모여 사는 곳, 즉 외성(外城)이란 뜻은 𩫖이란 옛 글자를 해설할 때 나온다. 『자통』에 초문(初文)은 𩫖이며 후에 분화하여 墉과 郭이 되었다고 했다.[70] 「설문해자주」에 𩫖(곽)은 "택(度, 백성들이 거주하는 곳)의 뜻이고, 고문은 용(墉)이다. 옛 소리는 용(庸)과 같고, 진(秦) 이후에 곽(郭)으로 읽었다"고 했다.[71] 곽박은 宁(저)를 통해 궁전의 의미를 강조했고, 이 궁전이라는 특성 때문에 郭(곽)보다는 墉(용)이 강조되는 것이다.

따라서 청동시루의 두 글자는 최고(最古)의 사전인 『이아』에서 말한 궁궐(궁전)용어로서 宁은 곧 宁(저), ✥은 곽(郭)과 용(墉)이 통용이 가능하나 일단 용(墉)으로 보는 것이 타당하다고 할 수 있다.[72] 고

---

68) 朱芳圃, 앞의 『甲骨學:文字編』, 文5-11쪽
69) 『설문해자』: 齊之郭氏虛。善善不能進，惡惡不能退，是以亡國也.
70) 『字統』: 初文作「𩫖」, 後分化為「墉」和「郭」;https://zi.tools/zi/%E9%83%AD
71) 『설문해자주』𩫖 𩫖: 古文墉。度也。民所度凥(居)也。字音古博切。此云古文墉者、葢古讀如庸。秦以後讀如郭
72) 朱芳圃, 『甲骨學:文字編』, 臺北:商務印書館, 民國54[1965], 文5-11쪽

구려 집안 환도성 궁전 터에서 나온 기와 문양 중에 변형된 ▨ (4-354), ▨(4-338) 부호들이 나와 주목된다.[73]

참고로 우리나라『전운옥편』에는 宁(져): '문병간시조처(門屛間視朝處; 궁전의 문과 병 사이에서 조회 보는 곳)'라고 했고,『명문대옥편』(1996년판)에는 '조회 받는 곳', '우두커니 섰을' 저(宁)라고 했으며, 용(墉)을 "신선 사는 궁전 즉 선궁(仙宮)"이라 했다.『漢韓대사전』(단국대)에는 저(宁)는 고문(古文), 저(貯)는 금문(今文)이라고 설명했다.

경전에 의한 해독

이제 앞의『이아』「석궁」과「설문해자주」가 해독한 내용이 타당성 있는지를 교차 검증하기 위해 경전인『예기』와『주례』를 인용해 보겠다.

『예기』(「곡례하」)는 저(宁)에 대하여 상세한 설명을 하고 있다.『예기』는 "천자가 조회 받는 자리에 서고, 삼공(三公)이 동쪽에 서며, 제후가 서쪽에 서서 알현(謁見)함을 조(朝)"[74]라고 했다. 이때 천자가 삼공과 제후들의 조회를 받기 위해 자리에 오르는 것을 '당저'(當宁)라 하고, 그 자리를 저위(宁位)라 했다. 이처럼 저(宁)는 천자에 관한 설명으로 그 자체가 '신성한 공간', '절대공간'이었다.

또 "천자가 의(依: 도끼 병풍)를 등지고 서면, 그 앞에 선 제후가 북면하여 천자를 알현(謁見)하는 것을 근(覲)"[75]이라 했다. 주대(周代)

---

73) 고광의,『고구려의 문자문화』, 동북아역사재단, 2023, 317~318쪽. 고구려 광개토태왕비문에 '천제지자'(天帝之子)라는 표현이 있다.
74)『예기』「곡례하」: "天子當宁而立 諸公東面諸侯西面曰 朝"
75)『예기』「곡례하」: "天子當依而立 諸侯北面而見(현)天子曰 覲". 근례에는 依, 조례에는 저(邸, 四圭有邸)를 붙여 놓고 한다. 이곳의 천자론은 향후 고조선과 관련하여 주목할 필요가 있다.

에는 명당(明堂)에서 조근례(朝覲禮)가 행하여졌다. 그 소(疏)에 "'의(依)'는 그 모양이 병풍(屛風)과 같은 것으로, 붉은색 천으로 바탕을 짜며, 그 높이 8(尺)이 되고, 동서 방향으로 문(戶)과 들창 사이에 세워 두며, 그 모양이 도끼와 같다"[76]고 했다. 근례(覲禮)에 도끼를 그린 병풍인 의(依)가 사용된다면, 조례(朝禮)에는 사규(四圭)로 사방을 표시한 저(邸)가 사용된다.

이어 『예기』「교특생」는 "임금이 남면할 때 북쪽 성벽(北墉) 아래에 서는데, 그 성벽을 용(墉)[77]이라고 했다. 이처럼 임금이 용(墉) 앞에 서 남면하는 이유에 대해, "임금이 남향을 하는 것은 하늘의 태양에 보답하는 것이요, 신하가 북면(北面)하는 것은 임금에 보답하는 것"[78] 이라고 말했다. 용(墉)은 임금이 서는 성벽을 말하지만, 「설문해자주」에 용(墉)은 곧 성(城)이라 했고, 저(宁)에 천자가 등장하므로 용(墉)의 개념도 이에 따라가게 된다. 따라서 용(墉)은 성벽에서 나아가 궁성, 궁궐을 의미하며, 여기서는 천자국의 궁성(궁궐)을 상징한 것이라 할 수 있다.

또 ✥이 열 십(十)자 사방을 기본 꼴로 한 것은 조례에 사용하는 저(邸, 四圭有邸)와 같고, 『주례』(周禮)(권1 「天官冢宰」)에 "유왕건국(惟王建國) 변방정위(辨方正位)"라 한 것에서도 알 수 있다. 왕이 처음에 나라를 세우면 도읍을 정하고 도성을 짓는데, 그 동서남북을 변별하는 것이 최우선이라는 말이다. 그래서 그 주(注)에 "사방을 구별하여 임금과 신하의 자리를 바로 잡는 것(別四方 正君臣之位)"이라 했다.

---

76) 『예기집설대전』「곡례하」 (공영달 소): "依,狀如屛風,以絳爲質,高八尺, 東西當戶牖之間,繡爲斧文,繡爲斧文,亦曰斧依,天子見諸侯,則依而立負之,而南面以對諸侯也."
77) 『예기』「교특생(郊特牲)」: "君南向于北墉下 答陽之義也"
78) 『예기』「교특생」: "君之南鄕 , 答陽之義也。臣之北面 , 答君也…社祭土而主陰氣也。君南鄉於北墉下 , 答陰之義也。日用甲 用日之始也"

『예기』(「교특생」)에도 천자가 천하를 순수할 때에도 사방을 간다(天子適四方)라고 표현했다. 『漢語대사전』에도 용성(墉城)을 용궁(墉宮)이라고 한 것처럼 『서전』(「요전」)에 나오는 광피사표(光被四表), 화급만방(化及萬方)은 왕궁을 중심으로 천자의 권위가 사방(만방)에 떨치는 것을 상징한 것으로 보인다. 이는 천자의 광화(光化)가 태양처럼 온 세상에 널리 퍼진다는 뜻이다. 본래 고대신화에서 열 십(十)자형은 태양이 비추는 네 개의 방위를 표시하며, 문양으로서의 ✤은 태양(태양신)을 상징하는 무늬와 연결된다.[79]

이처럼 경전에 의하면, 청동시루에 새겨진 宁宀(저)와 ✤墉(용)이 천자의 예제(禮制)와 직결된다는 점이 특징이다. 따라서 宁=宀(저)는 곽박(郭璞)과 단옥재(段玉裁)가 전해준 대로 '천자가 제후의 조회(알현)를 받는 자리'이고, ✤=墉(용)은 어떤 방족(方族)이 아니라, '천자가 조회 받는 궁전, 궁성'이 된다.[80] 즉 宀(저)에 의해 墉(용)이 '천자 계신 궁전' 즉 '천자국의 궁성', '궁성의 4대문'이라는 뜻으로 해독될 수 있다. 宀의 직사각형은 천하의 중심을 상징한 것으로 볼 수 있다. 『예기』(「곡례 하」)에 '천하에 임금 노릇하는 자를 천자'(君天下, 曰天子)[81]라 했다. 특히 ✤은 "갑골문의 궁(宮, 𠂤)이 여러 개의 방을 형상화한 것"[82]과는 차원이 다른 의미를 지니고 있다는 것을 알 수 있다.

이제 천자(天子)의 조근례(朝覲禮)를 보면, 『주례』(권5 「춘관 대종

---

79) 何新, 홍희 역 『神의 기원』, 동문선, 1990, 31~33쪽. 이런 유사문양이 앗시리아 바빌론에도 나온다. 한편 王其格은 홍산제문화의 +자형과 북방암화의 +자형은 놀라운 유사점과 공통점이 많다고 했다(「红山文化卍形符号与北方民族+形崇拜」『內蒙古民族大學學報』(社会科学版) 33-1, 2007年02月,15쪽
80) 이는 『符都誌』의 4보단과 관련하여 생각해 볼 수 있고(이찬구 『고조선의 오행과 역법연구』, 한누리미디어, 2021, 200쪽), 태양을 상징하는 열 十자와 같다.
81) 권근, 『예기천견록』 곡례 下 권2에서 '君天下, 曰天子'를 곡례 하의 서두에 옮겨 실었다.
82) 羅振玉, 앞의 『(增訂)殷虛書契考釋』, 中-문자5-11~12쪽

백」)에 "봄에 천자를 뵙는 것을 조(朝)라 하고, 여름에 천자를 뵙는 것을 종(宗)이라 하고, 가을에 천자를 뵙는 것을 근(覲)이라 하고, 겨울에 천자를 뵙는 것을 우(遇)라 한다. 그리고 때때로 뵙는 것을 회(會), 함께 뵙는 것을 동(同)"[83]이라 하는데, 이를 6례(禮)라 한다. 조(朝)는 로문(路門) 밖의 치조(治朝)에서 자리 잡고 있다가 차례차례 나아가는 것이고, 근(覲)은 정전의 밖에 자리 잡고 있다가 차례대로 들어가는 것이다.[84] 회(會)와 동(同)은 비정기적인 조근이다.『주례』(권2「천관 대재」)에 "대회동을 위한 조근을 행할 때에 대재(大宰)는 왕을 도와 제후들이 올리는 옥폐, 옥헌을 받고, 왕을 위해 옥궤를 진설하고, 옥작받는 것을 돕는다"[85]고 했다. 『예기』(「곡례하」)에는 조례(朝禮)할 때 천자가 남면하면 자연히 천자를 중심으로 삼공(三公)

조근례 추정도

---

83) 『주례』 권5「춘관 대종백」: "春見曰朝 夏見曰宗 秋見曰覲 冬見曰遇 時見曰會, 殷見曰同"
84) 『예기집설대전』「곡례하」(정씨 주): "朝者 位於內朝而序進 覲者 位於廟門外而序入"
85) 『주례』 권2「천관 大宰」: "大朝覲會同 贊玉幣獻玉几玉爵"

이 동쪽에 서고, 제후가 서쪽에 서는 것을 좌동우서(左東右西)라 했다.[86] 천자를 바라보고 삼공(三公)이 동쪽에 서며, 제후가 서쪽에 서게 되는 것이다. 또 근례(覲禮)할 때에는 천자가 남면하고 서면 그 앞에 제후가 북면하여 천자를 뵙는다. 『예기』(「곡례하」)의 조근례에 맞추기 위해 필자가 그림(「조근례 추정도」)[87]으로 그려 보았다. 이는 천자의 예제(禮制)문화를 반영한 것이다.[88]

한편 『시경』(「3편 대아, 황의」)에도 '숭용흘흘'(崇墉仡仡)이라 하여 용(墉)은 크고 높은 흘흘(仡仡)에 비유할 정도로 큰 성임을 알 수 있다. 용(墉)의 고자(古字)는 용(庸;작은 성)이다. 성(城)과 달리 용(墉)은 그 밖으로 담장을 갖춘 것이 다르다. 『맹자』(「공손추 하」)에도 삼리지성(三里之城)과 칠리지곽(七里之郭)을 언급했다. 『예기』(「왕제」)의 주(注)에 소성(小城)을 용(墉)이라 불렀다.

갑골문으로 본 宁(저), ✣(용)과 단군조선

요(堯)와 같은 시기의 단군조선 하가점하층문화

2015년 6월, 중국은 황하 중하류의 도사(陶寺)유적을 중심으로 새로운 단계인 '왕국문명(王國文明) 단계'로 발전하게 되었다고 강조한다. 중국 최초의 국가 사회는 하(夏)나라가 아니라 '제요방국(帝堯邦

---

86) 『예기』「곡례하」: "天子當宁而立 諸公東面諸侯西面曰 朝"
87) 필자가 그린 추정도에서 宁(저)자를 왼쪽으로 기울게 그렸다. 원본도 기울기가 있는 것으로 보였다. 비록 천자일지라도 남면할 경우에는 태양을 바라보므로 약간 비스듬히 서서 공경과 겸양을 동시에 표현한 것으로 추정된다.
88) 천자와 제후의 큰 차이는 "천자는 천지에 제사하고, 제후는 사직에 제사하는 것"이다.

國)'⁸⁹⁾이라고 주장했다. 도사유지(陶寺遺址)는 현재의 산서성(山西省) 임분시(臨汾市) 양분현(襄汾縣) 도사진(陶寺鎭) 도사향(陶寺鄕)에서 발견된 신석기 용산문화(龍山文化) 도사유형(陶寺類型) 유적지의 주거지로, 측정연대가 기원전 2451년~기원전 2140년으로 보았다.⁹⁰⁾ 출토된 토기에 문자편호(文字扁壺)⁹¹⁾등이 있는 것으로 보아서 '역사시대'에의 진입을 의미한다고 주장했다.

특히 1984년 봄철, 거주지역 Ⅲ구의 한 도사문화 말기(2조) 재구덩이 H3403내에서 기물표면에 주서(朱書)문자가 있는 편호잔기(扁壺殘器) 1건(그림 2)을 발견하였다. 편호 복부의 불거져 나온 한 면에는 글자 한 자가 쓰여 있는데, 그림 우측 ✗글자는 '문(文)'자로 고석되며, 언뜻 한글처럼 보이는 좌측 ▨글자는 '堯(요, ▨)', '邑(읍, ▨)' '易(역, 昜)'으로 고석하고 있다.⁹²⁾ '文'의 경우 갑골문보다 6~7백년이나 이른 것으로 분석하고 있고,⁹³⁾ 이 문자의 토기는 B.C.2000~B.C.1900년으로 보고 있다.⁹⁴⁾ 이 문자의 발견에 대해 주서(朱書)의 도문(陶文), 최초의 한자(最早漢字)라 주장하고 "농사 역법의 발명, 한자의 사용, 천하의 중심이라는 관념적 발명 등이 하상주 왕국문명에 의해 계승되었다"⁹⁵⁾며 역사의 계승성을 주장했다. 나아가 '文'(문)의 발견을 내세워 요순의 문덕(文德)정치와 협화만방(協和萬邦)의 정신을 강조했다. 본래 문(文)의 갑골체에는 가슴 부위에 대

---

89) 霍文琦,「陶寺遺址考古成果發布-堯都從傳說走向信史」『中國社會科學報』, 2015. 6.24., 第 A01版
90) 중국사회과학원고고연구소, 산서성 임분시문물국, 『襄汾陶寺: 1978~1985年 고고발굴보고』, 북경:文物出版社, 2015.12, 3책, 1114쪽
91) 위의 책, 1122쪽
92) 위의 책, 1122쪽. 또는 明, 命으로 보는 주장도 있다.
93) 위의 책, 1127쪽
94) 위의 책, 1149쪽
95) 霍文琦, 앞의 논문, 第 A01版

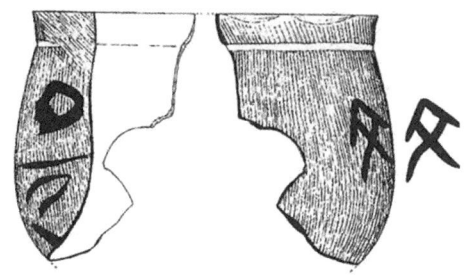

〈그림 2〉 도사 편호문자 (산서박물원 모본)

체로 무늬 ✦가 있는데,[96] 아무런 무늬도 없는 것으로 보면 큰 大와도 가깝거나 무늬가 사라진 文이고, 왼쪽의 글자는 금문으로 보면 邑(읍, ⎍)에 가깝기도 하지만, 만약 堯(요)로 본다면 본래 요는 머리에 흙덩이를 많이 지고 있는 힘센 사람(✦, 흙덩이 2개)을 상징하는데, 편호문자의 ⎍처럼 머리 위에 흙덩이가 하나인 것은 권좌에서 물러난 堯로 해석할 수 있다. 갑골문에서 요(堯)는 인명인지 지명인지 알 수 없을 정도로 사용빈도가 낮은 글자 중의 하나다.[97] 『설문해자』에서도 요(堯)는 고(高)라 하면서도 인명으로 설명하지 않았다.[98]

문(文)	갑골: ✦ ✦	금문: ✦ ✦
요(堯)	갑골: ✦	금문: ✦
읍(邑)	갑골: ⎍ ⎍	금문: ⎍ ⎍

요(堯)의 문자 비교표

---

96) 조옥구는 이 무늬가 정수리 문 또는 心 문양이라고 했고(조옥구, 『21세기 설문해자』, 백암, 2005, 118~120쪽), 다른 책에는 꽃무늬(花紋)라고 했다(左民安, 『細說漢字』, 北京:九州出版社, 2005, 222쪽).
97) 손예철, 『갑골학연구』, 박이정, 2016, 630~631쪽. 당시 사람들이 堯를 성인으로 숭배하지 않았다는 뜻으로 해석된다.
98) 『설문해자』堯: "高也。从垚在兀上, 垚高遠也。古文堯。吾聊切文二　重一"

그런데 도사유적에는 동북방의 하가점하층문화와 달리 청동기유물이 없기 때문에 신석기시대로 분류되고 있다. 도기, 옥석기, 석기, 골기, 도정(陶鼎), 도언(陶甗), 채회도호(彩繪陶壺) 등이 출토되었다.[99]

이런 면에서 하가점하층문화에 해당하는 옹우특기 청동시루의 두 고금문(古金文)은 요(堯)의 편호 도기의 두 글자보다 우위에 있다. 거수국과 후국(侯國)을 거느리는 통치자의 면모를 드러내고 있는 中=宁(저, ?)는 천자의 통치와 유관함을 의미한다. 그러면 요(堯)가 아닌, 동북지방에 요(堯)와 같은 시기의 또 다른 나라가 있었는가?

소혁은 이 청동시루와 관련하여 "인구가 많고 발달한 문화와 강대한 세력이 있어 상(商)과 어깨를 나란히 할 수 있는 방국이다. 하가점하층문화의 정교한 동기(銅器)와 금기(金器)와 연기(鉛器), 현란하고 다채로운 채색도기, 정교하게 조각된 옥기, 발달한 농업과 수공업, 소오달맹(적봉) 남부 오한기 3개 공사에서만 380여 곳의 밀집된 거주유적을 발견하는 등 모두 강대한 상족(商族)과 동시에 공존하고 밀접한 관계를 가질 수 있는 조건을 갖추었으며 상대(商代)의 북방에 '강대한 방족(方族)'이 있었다"[100]라고 설명하였으나, 하은주(夏殷周)가 아닌 그 '강대한 방족'의 정치체를 말하지 않았다. 이어 그는 하가점하층문화의 기물에서 발견된 두 글자는 상나라 말기의 복사(卜辭)에서 볼 수 있다고 말하고 "이 몇 개의 동기의 출현은 일찍이 기원전 20세기에 시작되었으며, 수백 년의 점진적인 발전을 거쳐 북방 서요하 유역과 연산 남북 지역에서 초기의 청동 문명을 형성했음을 보여준다고 생각한다"[101]고 결론지었다. 이처럼 하가점하층문화가 처음에는 BCE 20세기에 시작되었다고 했으나, 그 후 연구의 진전에 따

---

99) 앞의 『양분도사(襄汾陶寺): 1978~1985년 고고발굴보고』, 4책, 도판
100) 蘇赫, 앞의 논문, 1982, 111쪽
101) 蘇赫, 앞의 『소혁문집』, 105쪽

라 BCE 24세기(지금으로부터 4400년 전)까지 올라가고 있다.[102] 이리두(二里頭)문화를 BCE 1900년으로 상한 연대를 잡는다고 하더라도 최소한 100년이 앞선다. 문자뿐만 아니라 복골도 하가점하층문화가 상대의 복골보다 빠르다고 했다.[103]

대개 하가점하층문화는 연산(燕山) 이남과 이북으로 나뉘는데, 곽대순은 연산 이북의 요서형(遼西型)이 숙신(肅愼)족의 유존(遺存)일 것이라는 주장을 인정했다.[104] 이어 주초(周初) 숙신의 서쪽 경계는 분명히 요하와 산해관(山海關) 사이에 미쳤을 것으로 보았다.[105] 하광악은 숙신과 조이의 관계에 대해 '숙신은 조이의 일파로 동이집단'[105]이라 했고, 리지린은 『사기』의 "조이피복(鳥夷皮服)"에 근거하여 조이를 고대의 숙신으로 해석하고, 나아가 '고대 숙신의 거주 지역은 고조선의 영역(기원전 4세기 이전)의 일부와 일치한다'고 서술했다.[107] 안재홍은 고(故)숙신성이 고(古)조선성이라고 했고,[108] 신용하도 "숙신은 발숙신으로 고조선의 별칭이었고 만주지방의 지역 별칭이었다"[109]고 보았다. 따라서 중국인들이 고대로부터 곽대순(郭大順)에 이르기까지 북방으로 설명한 숙신은 곧 고조선으로 이해할 수 있을 것이다.

반면에 하가점하층문화를 담당한 주민집단을 숙신으로 보기 어렵

---

102) 복기대, 『요서지역의 청동기시대 문화연구』, 백산자료원, 2002, 69쪽; 강승우, 「서요하유역 하가점하층문화 사회발전단계연구」 인하대 대학원, 박사학위논문, 2022. 3월, 21~22쪽
103) 이형구, 「갑골문화의 기원과 한국의 갑골문화」 『한국학』 5-4, 한국학중앙연구원, 1982, 196쪽
104) 郭大順, 張星德, 앞의 책, 375쪽.
105) 위의 책, 374쪽.
106) 何光嶽, 「肅愼族의 起源與北遷」 『黑河學刊』 40, 1991.07, 2기, 97쪽
107) 리지린, 이덕일 해역, 『리지린의 고조선연구』, 말, 2018, 435~439쪽
108) 안재홍, 『조선상고사감』 우리역사연구재단, 2014, 350쪽
109) 신용하, 『고조선국가형성의 사회사』 지식산업사, 2010, 279~280쪽

다면서 그 종족들은 융적(戎狄)의 조상일 것이라는 주장도 있다.[110] 그런데 "융적은 비교적 큰 민족 집단을 형성하였으며, 이들이 중국 북방계 청동문명을 육성해냈다"[111]는 연구결과가 있다. "당시 하은주를 능가하는 북방의 큰 민족 집단으로서 견이(畎夷)의 군사는 고조선 군대"[112]였다며 융적과 견이를 같은 고조선의 주민집단으로 보았다. 하가점하층문화는 경제수준이 높고 매우 발달한 청동문명으로 은(殷)문화의 원천이 되었다고 본 왕혜덕(王惠德)은 그 선민(先民)을 이인(夷人)이라고 했고, 은족도 새토템의 동이집단에 포함된다고 밝혔다.[113]

아울러 『전국책』 29권에 "연(燕)은 동쪽에 조선 요동이 있다"[114]고 했고, 『사기』「진시황본기」 26년조에 진(秦)의 동쪽 국경에 대해 "땅이 동쪽으로 바다와 조선에 이르렀다(地東至海暨朝鮮)"라고 했으며, 그 「정의」에 이를 '동북조선국'(東北朝鮮國)이라고 주석했다. 또 『산해경』「해내북경」에 "조선은 열양(列陽)의 동쪽에 있는데, 바다의 북쪽, 산의 남쪽에 있다. 열양은 연(燕)에 속한다"[115]고 한 구절을 보면 조선(朝鮮)은 '연(燕)에 속한 열양'의 동쪽 너머에 있었기 때문에 중국의 연(燕)과는 근접하지만, 서로 무관한 독립된 나라이다.

---

110) 송호정,「요하유역 고대문명의 변천과 주민집단」『중국동북지역 고고학연구현황과 문제점』, 동북아역사재단, 2008, 37쪽
111) 許成 李進增,「東周時期的戎狄靑銅文化」『考古學報』1993.1기, 10쪽
112) 이찬구,「고대정전제의 시원과 고조선」『역사와 융합』20, 2024.06, 40쪽
113) 王惠德,『夏家店下層文化石城硏究』北京:國際華文出版, 2001, 148쪽
114) 『전국책』29권: "燕東有朝鮮遼東, 北有林胡樓煩·西有雲中九原·南有嘑沱易水"; 『사기』「권69 소진열전」. 저자는 이때가 연 문후(文侯, BCE 361년 즉위) 시기로 요동과 요서의 기준은 큰 나라인 단군조선(고조선)에서 나왔기 때문에 요동(遼東)은 단군조선의 요동일 것으로 보며, 이 요동은 현재의 요동이 아닌 북경 근방일지도 모른다.
115) 『산해경』「해내북경」: "朝鮮在列陽東 海北山南 列陽屬燕". 열양은 여러 설이 있으나 현재의 난하로 보며, 산은 난하(灤河)의 상류의 북쪽에 있는 적봉 대광정자산으로 본다.

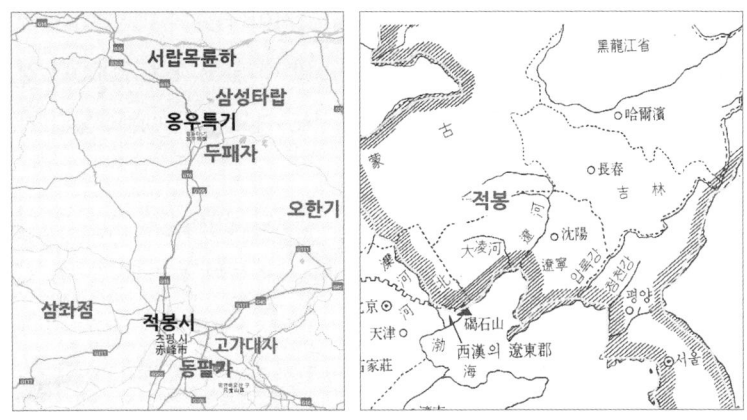

내몽고 적봉시 두패자, 삼좌점,오한기 일대의 지도와
단군조선(고조선) 후기 강역도 (윤내현 1994년)

다시 말해 조선이 연(燕), 진(秦)과 동서로 연(連)해 있으면서 동시에 발해의 북쪽에 있다고 했다. 따라서 『전국책』과 『사기』, 『산해경』이 제시한 단군조선의 강역은 하가점하층문화의 영역과 윤내현의 강역 지도와 일치하거나 더 클 수 있다.[116]

그러면 소혁이 말한 하은주(夏殷周)는 물론이고 요(堯)에 견줄 수 있는 동북방의 '강대한 방족'으로 초기 청동기 문명을 형성한 정치체는 누구인가?

『삼국유사』에는 「위서(魏書)」를 인용해 "지금으로부터 2천년 전에 단군왕검이 아사달에 도읍을 정하고 나라 이름을 조선이라 불렀다. 이는 요(堯)와 같은 시기였다"고 서술했다. 원문에는 '여고동시(與高同時)'라고 했다. 여기의 고(高)는 요(堯)를 말한다. 또 같은 『삼국유사』의 「고기」에는 단군왕검이 요의 당(唐) 즉위로부터 50년 뒤에 평양성에 도읍을 정하고 비로소 조선이라 불렀다고 했다. 인용한 두 문헌 자료에 약간의 시차는 있으나 단군과 요는 동시대 건국이라는 점

---

116) 윤내현, 『고조선연구』, 일지사, 1994, 291쪽

을 강조하고 있는 것을 보면, 단군의 고조선이나 요의 나라(唐國) 세움이 같은 시기였다는 것을 문헌으로도 알 수 있고, B.C.2000년 경으로 추정되는 堯의 도문 글자를 통해서도 여요동시(與堯同時)의 가능성을 확인할 수 있다.

이처럼 요(堯)에 견줄 수 있는 요서의 '방국단계의 대국' 혹은 '문명고국'이 존재했다면 고조선(단군조선)일 가능성이 높다고 할 수 있다.[117]

이에 대해 윤내현은 단군조선만이 고조선이라 규정했고, 이 고조선은 제후국을 거느린 봉건제 국가였다고 설명했다.[118] 신용하는 고조선의 단군은 '소국의 왕이 아니라 황제의 성격을 가진 제왕'이었으며, "고조선은 동아시아 최초의 고대연방제국"[119]이라고 밝혔다. 그렇다면 상(商)나라 북방에 일찍부터 있었던 요(堯)에 견줄 수 있는 '강대한 방족'의 정치체는 단군의 고조선이라 할 수 있다. 고조선이 천자가 다스린 나라였다면 그에 상응한 천자의 위세품이 있었을 것이다. 그 중의 하나가 책력(冊曆)일 것이다.[120]

곽대순(郭大順)은 문자사용, 도시의 출현, 청동기 발명 등 문명의 3대 표지와 함께 또 하나의 표지로 예제(禮制)를 강조했고,[121] 왕혜덕도 성보(城堡), 문자, 청동기를 문명기원의 3요소로 들고 문자의 중요성을 강조했다.[122]

---

117) 우실하, 『고조선문명의 기원과 요하문명』, 지식산업사, 2018, 672쪽
118) 윤내현, 앞의 『고조선연구』, 426쪽
119) 신용하, 『고조선문명의 사회사』, 지식산업사, 2018, 184쪽; 신용하, 「고조선문명의 개념과 인류문명사에서의 위치」『왜 지금 고조선문명인가』, 나남, 2019, 31~32쪽
120) 『예기』「왕제」注: "王者必班曆 以天下正朔". 단군(檀君)은 28일 달력을 사용했다는 주장이 『부도지』에 실려있다.
121) 郭大順, 『紅山文化』 문물출판사, 2005, 189쪽. 곽대순은 문명의 3대 요소 외에 예제(禮制)를 강조했는데, 고조선은 이 4대 요소를 갖추었다고 할 수 있다.
122) 王惠德, 앞의 『夏家店下層文化石城研究』, 139쪽

갑골문으로 본 宁(宁), 庸(墉)과 단군조선의 읍(邑) 설치

이제 갑골문을 통해 더 깊은 의미를 찾아보자.

宁(宁)의 갑골문 석의를 보면, 나진옥이 가저물(可貯物)이라 한 이래 주로 저장(貯藏), 저적(貯積)의 뜻과 함께 자형도 좌우변이 길어졌고 그 안에 내용을 담은 [그림]로 변했으며, 다저(多宁)에서 보듯이 직관명(職官名), 또는 방국명 혹은 인명으로 쓰였다.[123] 심지어 갑골문 복사의 정인(貞人) 이름으로도 사용되었으며,[124] 금문에서는 주(鑄)자와 통용되었다.[125] 이런 갑골, 금문의 뜻은 '천자가 조회받는 곳'이라는 의미와는 거리가 먼 것이다. 마찬가지로 가이즈카(貝塚茂樹)는 저(宁)와 저(貯)를 구별하지 못한 채 단옥재(段玉裁)가 곽박을 인용해 설명한 저(宁)의 해석(宮門屛間)이 오류라고 지적하고, 저(貯)는 보패(寶貝)를 보관하는 상자가 원의(原義)라고 주장했다.[126] 그러나 이런 주장은 은나라에 천자문화가 없었다는 것과 갑골문에 '天子'(천자)라는 말이 쓰이지 않았다는 것을 입증해주는 것과 같다.[127]

또 庸(용)을 갑골문에서 중앙의 혈거(穴居)와 곁의 대계(臺階, 사다리)로 설명하고 있으나,[128] 이는 외형적 설명에 지나지 않을 뿐 실체에 접근하지 못한 해석이다. 그나마 가이즈카(貝塚茂樹)가 '~乎(呼)出庸(墉)'을 '~부름을 받아 도성(都城)을 나갈 수 있을까?'로 해

---

123) 徐中敍, 앞의 『甲骨文字典』, 1521쪽; 嚴志斌외, 『은허청동기』 상해대학출판사, 2008, 204쪽; 손예철, 앞의 『갑골학연구』, 657쪽
124) 高明, 『中國古文字學通論』, 북경:북경대학출판사, 1996, 262~263쪽
125) 方述鑫외, 『甲骨金文字典』, 성도, 파촉서사, 1993, 1142쪽
126) 貝塚茂樹, 앞의 『경도대소장 갑골문자(본문편)』, 331, 724쪽
127) 林澐, 「甲骨文中的商代方國聯盟」 『고문자연구』6, 北京:중화서국, 2005, 81쪽. 『갑골문합집』에도 天子는 검색되지 않는다. 혹은 上子(상자)가 천자의 대체어라는 주장도 있다.
128) 徐中敍, 앞의 『甲骨文字典』, 1458쪽; 방술흠(方述鑫)외 앞의 『甲骨金文字典』, 1051~1052쪽

석한 것이 돋보인다.[129]

저자는 宁와 侯의 갑골문 예문을 통해 실체에 접근해보겠다.(侯의 경우 복사마다 처럼 글자의 모양이 조금씩 다르지만 島邦男 貝塚茂樹의 견해에 따라 侯로 통일하여 표시함)

① 宁 저장의 의미: 壬辰卜王貞令侯取豕宁涉(『철운장구』 62-1)
▶ 임진일에 점을 쳐 왕이 묻습니다. 제후에게 돼지를 취해 저장하고 오라고 명령할까요?

② 宁 정인(貞人)의 이름: 丁巳卜宁貞 王賓(『갑골문합집』 30558)
▶ 정사일에 점을 쳐 저(宁)가 묻습니다. 왕이 빈례를 … 할까요?

③ 侯 나라의 제후1: 己未貞 王其告 其比(從)侯(『은계수편』 367)
▶ 기미일에 점을 묻습니다. 왕이 (神에게) 고하고, 侯에게 따를까요?

④ 侯 나라의 제후2: 己卯卜侯來月至(『은계수편』 1273)
▶ 기묘일에 점을 칩니다. 侯가 이달까지 올까요?

① 저장의 저(宁)-『철운장구』 62-1   ③ 나라제후1侯-『은계수편』 367
② 정인의 저(宁)-『갑골문합집』 30558   ④ 나라제후2侯-『은계수편』 1273

---

129) 貝塚茂樹,『京都大所藏 甲骨文字(本文篇)』京都大인문과학연구소, 1960, 331, 749쪽

저장과 정인의 용례로 쓰인 ①②의 ᄇ(宁)와는 달리 ③④의 ❖은 나라의 개념을 찾을 수 있어 주목할 만하다. 『갑골문합집』은 ③④의 ❖을 숭(崇)으로 고석했고,[130] 가이즈카(貝塚茂樹)는 앞에서 설명한 대로 도성(都城)으로 보았다. ③의 殷 왕이 '❖侯'를 공경스럽게 대하는 태도를 보면 ❖은 갑골문의 혈거나 대계, 『설문』의 성벽이 아니라, 殷의 외교적 국가를 상징한 것으로 볼 수 있다. 즉 자국의 도성(都城)이 아니라 타국의 도성으로 보아야 한다. 도방남(島邦男)은 ③④를 근거로 '❖侯'를 하남(河南)에 있는 殷에 속한 제후라고 했으나,[131] 은의 제후가 아니라 다른 나라 제후로도 볼 수 있다는 것이다.[132] 따라서 '❖侯'를 殷의 제후라기보다는 타국의 제후라고 본다.

『단군세기』(23세 단군아홀)에 보면 고조선과 殷 사이에 6읍(邑) 설치에 관련한 기사로 서로 다툼이 나오는 구절이 있다. 이를 통해 '❖侯(용후)'의 의미를 다시 짚어 보겠다.

> ㉠ 고조선 아홀단군 원년 갑신(B.C.1237). 은나라 땅에 여섯 읍(邑)을 설치할 때, 은나라 사람과 서로 다투어 결판이 나지 않으므로 병력을 진입시켜 이를 격파하였다.[133]
>
> ㉡ 고조선 아홀단군 재위 2년 을유(B.C.1236). 은나라 성책을 부수고 오지로 깊숙이 들어갔다. 회대 땅을 평정하고…방고씨를 회(淮)에 봉하니 은인이 겁내어 감히 근접하지 못했다.[134]

---

130) https://www.guoxuedashi.net/jgwhj/?bh=32807&bhfl=1 (『갑골문합집』)
131) 島邦男, 앞의 『殷墟卜辭研究』, 431쪽
132) 최명희, 「갑골문의 신관을 통해 본 帝와 方의 관계연구」 국제뇌교육종합대 박사학위논문, 2024, 89쪽
133) 『단군세기』 23세 檀君阿忽: "甲申元年…置六邑於殷地 殷人相爭不決 乃進兵攻破之"
134) 『단군세기』 23세 檀君阿忽: "乙酉二年…破殷城柵深入奧地 定淮垈之地…分封…邦古氏於淮殷人望風惶怵莫敢近之"

그런데 이 『단군세기』 기사대로라면 殷의 무정(武丁)[135]에 해당되는 시기라고 할 수 있다. 이것과 직접 관련되었다고 말하기는 어렵지만 당시 '邑의 설치'[136]는 양국 간에 중대한 문제였다. 『갑골문합집』에는 邑을 놓고 帝의 허락 여부를 묻는 관련 복사가 반복적으로 30회 등장한다.

> ㉢ 貞王作邑 帝若?
> ▶ 묻습니다. 왕(王)은 읍(邑)을 건설하려고 하는데 제(帝)께서 허락하실까요?[137]
>
> ㉣ 丙子卜爭貞 帝弗若?
> ▶ 병자일에 점을 쳐서 쟁(爭)이 묻습니다. 帝께서 허락하지 않을까요?[138]
>
> ㉤ 貞 帝弗冬茲邑。四
> ▶ 묻습니다. 帝께서 이 邑을 끝내는 것을 허락하지 않을까요? 네번째 물었다.[139]

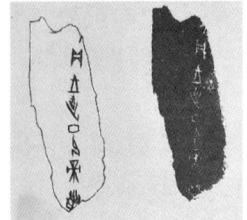  

㉢ 作邑의 貞1　　㉣ 作邑의 貞2　　㉤ 作邑의 貞3

---

135) 殷 武丁 재위연대 기원전 1250년 ~ 기원전 1192년 추정; 동작빈(董作賓)의 갑골 기년표에서는 무정을 기원전 1339년~1281년으로 보고 있다. 단대공정에서는 商이 기원전 1046년에 멸망했다고 한다.
136) 윤내현, 『한국고대사론』, 만권당, 2017, 269~271쪽. 윤내현은 상을 邑制국가로, 邑을 건설된 소규모 취락으로 보았다.
137) 유악(劉鶚), 『鐵雲藏龜』, 臺灣:藝文印書館, 1959, 220엽 3편 유악(劉鶚), 138) 앞의 『철운장구』 61엽 4편
138) 유악(劉鶚), 앞의 『철운장구』 61엽 4편
139) https://www.guoxuedashi.net/jgwhj/?bhfl=1&bh=14210&jgwfl= (갑골문합집) 14210 상단 일부 발췌

ⓗⓐ ❋侯   〈그림 3〉『금문편』(부록상)

다만 복사의 대상인 帝가 상제(上帝)인가 아니면 현실의 제왕(帝王)인가 하는 점이 문제로 남는다. 이어 아래에 관련 복사를 실제대로 열거하면 다음과 같다. (◎은 앞의 ③과 같은 내용임)

> ⓗ 戊寅卜允來❋侯(갑골문합집 32804-2, 하단)
> ▶ 무인일에 점을 칩니다. ❋侯가 진실로 올까요?
> ⓐ庚辰卜不來❋侯(갑골문합집 32804-3, 상단)
> ▶ 경진일에 점을 칩니다. ❋侯가 오지 않을까요?
> ◎ 己未貞 王其告 其比(從)❋侯(『은계수편』367, 앞의 ③하단)
> ▶ 기미일에 점을 묻습니다. 왕이 고하고 ❋侯에게 따를까요?
> ⓩ 庚申貞 王于父丁告(앞의 ③ 상단)
> ▶ 경신일에 점을 묻습니다. 왕이 (❋侯의 일을) 父丁에게 고할까요?
> ⓩ 庚申貞 王其告于大示(앞의 ③ 중단)
> ▶ 경신일에 점을 묻습니다. 왕이 (❋侯의 일을) 大示에게 고할까요?

이처럼 은(殷)의 왕과 ✣侯(용후)가 대등한 입장이고, 은의 입장에 서는 상국(上國)인 ✣후의 명령을 기다리는 복사로 이해할 수 있다. 그렇다면 '✣후'는 은의 상국인 '천자국의 제후'로 해석할 수 있을까. 〈그림 3〉은 ✣의 변형인데, 두 사람이 공경히 받들고 있는 모습이 주목된다.[140]

도방남(島邦男)은 갑골문의 帝를 신명(神名)과 제명(祭名)으로 나누어 해석했으나,[141] 손예철은 신명, 제명, 관명(황제)으로 나누어 보았다.[142] 호후선(胡厚宣)은 "하늘의 상제는 인간의 왕제(王帝)와 서로 상응해 출현한다"[143]며 상제의 역할 중에 성읍(城邑)건축, 즉 작읍(作邑)을 중요시했다.[144] 여기에서 성읍 건축의 주재자가 상제인가 아니면 왕제(王帝)인가에 대하여는 의문을 제기할 수 있다고 본다.

이런 의미에서 ㉢과 ㉣의 복사를 ㉠과 연계해서 보면 帝가 하늘의 상제가 아니라 살아 있는 왕제로 볼 수 있다. 『시경』(4편 頌 「玄鳥」)에 나오는 '고제명무탕'(古帝命武湯)이라는 구절에서 고제(古帝)는 옛날 상제가 아니라 무정 당시의 옛 왕제를 가리킨 실례라 할 수 있다.[145] 문제가 된 것은 邑의 설치인데 앞의 ③④에서 殷 왕이 만나고 있는 '✣侯'가 타국의 제후라면 그 나라는 어느 나라일까 하는 점이다. 현재로서는 ㉠㉡에 근거하여 은과 고조선의 관계로 볼 수밖에 없다. 청동시루의 두 고금문 발견으로 '✣侯'가 은의 제후가 아니라 고

---

140) 앞의 『금문편』, 1050쪽
141) 위의 책, 189쪽
142) 손예철, 앞의 『갑골학연구』, 372쪽
143) 胡厚宣, 「殷卜辞中的上帝和王帝(上)」 『歷史研究』 1959.9.15., 24 및 32쪽
144) 진몽가(陳夢家)도 작읍(作邑)을 강조했다. (島邦男 『殷墟卜辭研究』 東京, 汲古書院, 1975, 191~193쪽)
145) 『시경』 4편 頌 「玄鳥」: "天命玄鳥, 降而生商…古帝命武湯, 正域彼四方". 古帝는 단군일 수 있다. 천자가 죽어 종묘에 神主를 모신 뒤에는 帝라고 칭한다.(『예기』 곡례 하)

조선의 제후로 해석할 여지가 생겼다는 뜻이다. 특히 고조선과 殷 사이에 6읍 설치로 다툼이 있었다는 것은 두 나라가 국경선이 근접해 있었다는 것을 의미한다. 따라서 '✤侯'는 殷의 제후가 아니라, 고조선의 제후로서, 삼한 중의 하나로 서남쪽을 맡고 있던 번한의 후(番韓侯)였다고 추정한다. 그 예로 『시경』(「한혁」)에서 말한 '왕석한후'(王錫韓侯)의 '한후'(韓侯)를 고조선과 연결시킬 수 있다.[146] 이때 ✤이 곧 '帝가 있는 韓의 도성'이라는 의미로 사용되었다고 해석할 수 있다. 그러므로 은의 복사에 등장하는 '✤후'는 은의 제후가 아니라, '천자국의 제후'라고 해석할 수 있다. 그러면 이 천자국의 제후가 다름 아닌 고조선의 후국(侯國)들을 의미하고, 고조선이 제국을 건설했다는 것으로 해석할 수 있다. 이에 대하여는 더 많은 논의가 필요할 수 있다.[147] 한(漢)의 채옹(蔡邕, 132~192)은 천왕과 천자를 구별하여 말하기를 "천자는 동이족(夷狄)이 부르는 호칭"[148]이라고 했던 것도 참고할 수 있다.

또 다른 면에서 ✤ 외에도 갑골문에는 방국(方國)의 하나인 방(方, 𠂉)이 등장한다. 이 방(方, 𠂉)에 대해 진몽가(陳夢家)는 방이(方夷), 방인(方人,戎族)으로 보았으나,[149] 이를 동북방의 거대한 방국으로 해석하는 시각도 있다.[150]

한편 같은 적봉시의 초두랑진(初頭郎鎭) 음하(陰河) 좌안동자에 소

---

146) 『시경』「3편 대아,한혁」: "溥(부)彼韓城 燕師所完 以先祖受命이 因時百蠻으로 王錫韓侯 其追其貊". 신용하, 앞의 『고조선문명의 사회사』, 159~160쪽; 윤내현, 앞의 『고조선연구』, 437~439쪽
147) 송호정, 「최근 한국상고사논쟁의 본질과 그 대응」, 『역사와 현실』100호, 2016, 44쪽. 송호정은 청동기 초기에 거대한 제국을 형성한 나라는 없다고 단언했다.
148) 蔡邕 『獨斷』「卷上」: "天王 諸夏之所稱 天下之所歸往 故稱天王 天子, 夷狄之所稱, 父天母地, 故稱天子"
149) 陳夢家, 『陳夢家學術論文集』, 北京:中華書局, 2016, 171쪽
150) 최명희, 앞의 「갑골문의 신관을 통해 본 帝와 方의 관계연구」, 92~93쪽

재한 하가점하층문화의 삼좌점(三座店) 석성에서 2005~2006년 사이에 발굴된 도편에도 두 개의 문자가 나왔다.[151] 도편 문자1은 ⼎(其)이고, 도편 문자2는 ⼎(典)으로 고석할 수 있다.[152] 또 연길림(連吉林)은 2017년 같은 적봉시 원보산구 소오가향(小五家鄕)에 위치한 고가대자(高家臺子)유적지에서 발굴된 하가점하층문화 시기의 문자를 공개한 바 있다.[153] 그리고 우하량 16지점의 하가점하층문화에서 출토된 우물 井(정)자 모양 직육면체[154]도 한자의 의미개념이 표현된 것으로 볼 수 있다.[155] 이 벽돌 앞면에 우물 정(井)자, 뒷면에 우물 ○ 모양이 있는 것을 합하면 우물 정자의 원형인 井(정)의 글자가 나오는데, 이는 상주 금문에서도 井(정)자[156]로 통용되었다는 것을 확인할 수 있는 만큼 고조선에서 사용된 井(정)자로 인정할 수 있다. 이처럼 ⼎, ⼎을 비롯하여 井(정), ⼎, ⼎ 외에도 하가점하층문화에서 고조선과 관련한 문자들이 다수 존재했다고 말할 수 있다.

신채호는 고조선에서 사용된 최초의 문자를 한자로 보고, 그 한자가 언제 수입되는지는 알 수 없으나 태자 부루(夫婁)가 우(禹)에게 금간옥첩의 문자를 가르쳐 주었기 때문에 고조선의 한자 습득이 더 오래되었을 것으로 추정했고,[157] 『단군세기』(3세 가륵)에는 고조선 초

---

151) 國家文物局『2006中國重要考古發現』, 北京:문물출판사, 2007, 45~47쪽
152) 郭治中, 「內蒙古赤峰發現一處保存完整的夏家店下層文化山城遺址」『中国文物報』2005. 12.16.第001版; ; 박대종『주간 한국』2014.10.25. 필자는 문자1은 其를 비롯하여 期, 箕, 祈 등으로 고석, 문자2는 典으로 고석한다.
153) 중국『人民日報』2018년 3월 15일;『北方日報』2018년 3월 6일; 連吉林「赤峰高家台子遺址出土古文字初步研究」『草原文物』2019 年第2期, 46쪽
154) 遼寧省文物考古研究所 編, 『牛河梁-紅山文化遺址發掘報告』(下) 北京, 文物出版社, 2012, 도판309.
155) 이찬구, 「고대 정전제의 시원문제와 고조선」『역사와 융합』제8권3호, 2024.06, 35쪽
156) 于省吾, 『商周金文錄遺』北京:中華書局, 2009, 도판189번; 李明君, 『역대문물 장식문자도감』, 北京:인민미술출판사, 2001, 83쪽
157) 신채호,『조선상고사』「제2편, 제3장, 4 한자의 수입과 이두문의 창작」

기에 상형 표의(象形表意)문자인 진서가 있다고 했다.[158] 이런 의미에서 두 글자 ㄎ, ✣은 고조선 초기의 문자(한자)라 할 수 있고, 그 한자를 사용한 시원이 최소한 은주의 갑골문이나 금문보다는 앞선다는 것을 자형의 변형과정을 통해서도 추정할 수 있다. 소혁도 다른 글을 통해 ㄎ, ✣이 은의 갑골문에는 무정(武丁) 이후에 나타나는데, 갑골문이 청동시루의 문자보다 몇 세기 늦은 것이라고 분명히 말했다.[159] 이는 갑골문의 정인(貞人)으로 ㄎ이 사용된 것이 복사 제3기,[160] 또는 1기 무정(武丁) 때로 추정되는 것에서도 알 수 있다.[161]

그런데 소혁은 은민족(殷民族)이 적봉지구에서 발원(發源)하여 북쪽에서 내려왔을(北來) 가능성이 있다고 주장했다.[162] 이런 은(상)문화의 발원지에 대해 곽대순은 하북성 장하(漳河), 북경, 유연(幽燕) 등을 제시하고 이어 김경방(金景芳)이 주장한 서랍목륜하(西拉木倫河)의 하원(河源)인 적봉 극십극등기(克什克騰旗)의 백차산(白岔山 또는 지석산)[163]도 열거하였다.[164] 소혁과 김경방이 은문화의 발원지를 고조선의 강역 내인 적봉 지역으로 보고 있다는 면에서 일치하고, 왕혜덕도 ㄎ이 갑골문에 보이는 것은 상족의 기원이 북방에서 중원으

---

158) 『단군세기』(3세 가륵)에는 고조선에 象形 表意의 眞書가 있다고 했다. 또 「번한세가」(상)에는 고조선 문자를 '왕토전문'(王土篆文)이라고 말했다. 또는 '고조선 전자(篆字)'라 부를 수 있을 것이다. 하가점하층문화가 B.C. 2300년~B.C. 1600년이고, 상대(商代)가 B.C. 16세기~B.C. 1027년으로 둘이 중복되지 않기 때문에 고조선 문자의 독자성을 인식할 수 있다.
159) 蘇赫, 苗潑 외, 『赤峰史』, 北京:文物出版社, 1991, 24쪽; 한문수는 眞書發展系圖에서 갑골문의 출현을 B.C. 1400년경으로 보았다. 한문수, 「상고(上古) 문자학(文字學)의 기원」『世界桓檀學會誌』 4권2호, 2017.12, 171쪽
160) 高明, 『中國古文字學通論』, 北京:북경대학출판사, 1996, 262~263쪽
161) 陳煒湛, 이규갑 외 옮김, 『甲骨文導論』, 학고방, 2002, 273쪽
162) 蘇赫, 苗潑 외, 『赤峰史』, 北京:文物出版社, 1991, 24쪽
163) 金景芳, 「商文化起源于我國北方說」『中華文史論叢』 7, 1978, 65쪽; 王惠德, 앞의 『夏家店下層文化石城研究』, 156쪽에서 大光頂子山으로 보았다.
164) 郭大順, 張星德, 앞의 『東北文化與幽燕文明』, 365~366쪽

로 남천(南遷)했다는 증거라고 주장했다.[165] 하지만 중국학계가 적봉 등 북방일대의 고조선문화를 은(상)의 선상(先商)문화 정도로 치부하려는 것에 대해 신용하는 "먼저 형성된 고조선문명은 고조선 이주민들을 통하여 그 다음 고중국문명(황하문명)의 형성에 매우 큰 도움을 주었다."[166]고 반박했다. 특히 ⌘을 은의 방족(方族)이 아니라 고조선의 천자국 궁성으로 해석함으로써 선상족(先商族)의 남천이 아니라 요서의 선진 고조선 문자문화가 해안선을 따라 殷까지 남하해 갑골문화의 형성에 영향을 주었다고 볼 수 있는 가능성이 높아졌다.

하가점하층문화와 단군조선 천자문화

이번 연구는 지금까지 한반도와의 문화적 친연성이 높은 곳으로 알려진 요서 적봉시(赤峰市)의 옹우특기 두패자(頭牌子)유적에서 발굴된 청동시루(靑銅甗)의 고금문(古金文)을 해독하고, 그것이 고조선문자일 가능성에 대해 고찰했다. 하가점하층문화는 BCE 2300년~BCE 1600년의 문화로 알려졌다. 곽대순(郭大順)은 4000년 전 동북지역도 청동기시대로 진입했다고 하였고, 청동시루의 명문을 해독한 소혁(蘇赫)이나 왕혜덕(王惠德)은 中,⌘을 은과 관계된 '어떤 강대한 방족(方族)'이 북방에 존재했고, 그들이 이 문자를 갖고 남천한 증거로 보았으나, 저자는 이런 선상(先商)문화론을 부정하고 고조선의 관점에서 해석했다.

---

165) 王惠德, 앞의 『夏家店下層文化石城研究』, 156쪽. 그는 고죽국까지 북방의 商族이 남하한 것으로 억지 해석했다.
166) 신용하, 앞의 『고조선문명의 사회사』, 549쪽. 그는 고조선의 밝족=亳이 남하했다고 보았다.

『전국책』에 의하면 당시 "연(燕)의 동쪽에는 조선 요동이 있다"고 하였고, 『사기』「진시황본기」에 진(秦)은 동쪽 끝에 조선과 닿았고, 그 나라를 '동북조선국'(東北朝鮮國)이라 주(注)한 것과 요서의 숙신 문화 유존에 근거하여 하가점하층문화라고 통칭하는 청동기문화의 정치체가 고조선임을 밝혔다. 신용하는 요서(遼西)의 고조선 청동기 문명이 고중국(황하문명) 청동기문명 형성에 결정적인 영향을 끼쳤다고 말했다. 두패자 청동시루의 주조 연대를 하가점하층문화의 초기기술이 나타난 점과 현지[當地]에서 주조한 것에 근거하여 BCE 2000년경 전후의 고조선 초기로 추론해 보았다.

　이와 같은 청동시루의 추정 연대(BCE 2000년경)를 통해 보더라도 宁, 墉 이 현재의 갑골문보다 몇 세기 이른 문자임을 알 수 있고, 자형으로 보더라도 갑골문 宁, 墉과 유사하지만 좌우변이 길어지거나 화살표가 단선으로 변형된 점과 은주(殷周)의 금문 宁, 墉과는 현격하게 다르지만 그 글자의 연속성이 유지되고 있다는 면에서 이들보다 이른 시기에 사용된 고금문이라고 판단할 수 있고, 이는 은주가 아닌 고조선의 원형문자일 가능성이 높다고 할 수 있다. 이런 의미에서 두 고금문 宁(宁), 墉(墉)은 요(堯)의 편호(扁壺) 도문(陶文)인 文, 墉와는 여요동시(與堯同時)라는 말과 같이 동시대 문자이며, 동북방 최초의 금문으로 '역사시대'의 진입을 의미한다고 정리할 수 있다. 두 고금문은 성격상 '갑골문형 고금문'(가칭)이라고 할 수 있고, 또 두 고금문이 은허 갑골문(BCE 14세기경)의 형성에 어떤 영향을 끼쳤는지에 대하여는 추후에 연구가 계속되어야 할 것으로 생각한다. 아울러 고석에서도 저자는 고금문 宁(宁,저)가 殷의 갑골문이 말한 가저물(可貯物) 또는 저장(貯藏) 宁의 뜻이 아니라 '천자가 제후의 조회(알현)를 받는 자리'로서 '신성한 공간'의 뜻으로 해석했다. 그리고 墉(墉,용)은 어떤 방족(方族)이나 성의 담(城垣)이 아니라 '천자국의 궁성(용성)'의 뜻임을 새롭게 밝혔다. 따라서 고금문의 두 글자를 합하여 해석하면 '천자가 궁성(용성)의 신성한 공간에서 제후들의 조회를 받다'라는 뜻이다. 『예기』에 천자가 제후로부터 조회를 받기 위해 자리에 오르는 것을 '당저'(當宁)라 하고, 그 자리를 '저위'(宁位)라 했으며, 임금이 남면해 서 있는 뒤의 북쪽 성벽을 용(墉)이라 한 것에 근거한 것이다. 두 글자 모두 천자 또는 천자국과 관련한 궁궐 용어라는 특색을 갖는다는 것을 『이아』, 그리고 『주례』의 '조근례'(朝覲禮)를 통해서도 교차 확인할 수 있다. 특히 殷의 복사에 등장하는 '❂侯(용후)'는 은의 제후가 아니라, '천자국의 제후'라고 해석하였다. 이는 殷과 인접한 이웃 나라에 천자국이 존재했다는 것을 의미한다. 갑골문에는 '천자'라는 말이 쓰이지 않았던 것이 이를 방증해 주고 있다.

이번 연구는 殷周 갑골문과 금문에서 사라진 천자의 예제문화의 본의를 『예기』, 『주례』와 『이아』(곽박 注)를 통해 되찾았다는 점과 요서 적봉 일대에 거주했던 고조선 주민들이 문자를 사용했다는 것을 확인했다는 데 의의가 있다. 따라서 한사군(漢四郡)이 설치된 후에 한자가 유입되었다는 열패적(劣敗的) 식민사관은 부정되어야 한다. 아울러 예제문화와 함께 문자의 사용은 도시의 출현, 청동기 발명 등이 4대 문명의 지표로서 중요한 의미를 지닌다는 점을 다시 확인했다. 이밖에 이번 연구에서 소개만 한 같은 하가점하층문화의 도문 ⍏과 ❂, 그리고 고가대자(高家臺子) 유적의 문자들, 우물 井(정) 자에 대한 연구와 한자(갑골문)의 기원 문제는 향후의 과제로 남겨두며, 宁(宁)과 ❂(墉)의 사회적 배경이 되고 있는 고조선 천자(天子)의 예제(예법)문화와 '저' '용'의 음가(音價)[167]에 대하여도 다음의 연구 과제로 남겨두고자 한다.

---

167) 예컨대, 宁의 音價 '저'는 저 분, 저 사람이라는 구체적인 사람을 가리킨다. 천자의 절대공간을 의미한다. 따라서 柢(저)의 뿌리, 근본, 기초와 상통할 수 있다.

※ 추기

　이돈성(李燉聖)은 『고조선 찾기』에서 한자는 맥족이 만들었다고 했다. 또 예서(隷書)는 맥예(貊隷), 예맥(濊貊)족이 만든 글자체라고 했다.

　지금 고문자, 고금문이 왜 중요한가? 우리 문화의 옛것을 되돌아보고, 그것이 민족문화의 르네상스가 시작되는 단초가 될 수 있기 때문이다.

　글자를 새긴 재질에 따라 갑골문이나 금문이라는 명칭이 생겼다. 『삼일신고』「후고조선기」에 의하면, 고조선 시대에는 박달나무(檀단)의 대패밥(柿·枾페)에 글자를 기록했다고 한다. 이런 의미에서 이런 글자를 단폐문(檀柿文)이라고 칭할 수 있다. 박달나무 목간에 글자를 기록했으면 단간문(檀簡文)이 될 것이다. 나무라는 재질의 특성 상 단폐문이나 단간문은 오래 보존하기가 어렵다. 그래서 우리는 갑골문과 달리 고조선문자를 발견하기가 어려운 것이다. 그나마 宁(宁)와 ✥(墉)과 같은 고금문과 井(井), 🌾(其), 𥅠(典)과 같은 도문은 보존기간이 길기 때문에 오늘의 우리들이 볼 수 있어 다행이다. '단폐문', '단간문'은 박기용·이찬구가 공통개념어로 사용하기로 했다. 뒤에 있는 박기용 교수의 발문이 이를 설명한 것이다.

〈참고 도해1〉

협저정(協宁鼎,1365번)

낙랑원통형 칠기

설명

 이 협저정(協宁鼎)은 『은주금문집성』1365번의 금문으로 앞의 글자는 劦 =協이다. 김시철은 '하늘 배'로 보았다. 저자는 하늘 배가 간소화하여 선녀와 나무꾼의 '두레박'처럼 宁형상이 나온 것으로 본다. 특히 조(朝)의 이체자인 軯에 배 주(舟)자가 들어있는 것에서 하늘 땅을 연결하는 천손 강림 사상이 들어있고, 이것은 고조선의 원형사상이 반영된 것이라고 할 수 있다. 두레박의 '박'(朴, 亳)은 백(白), 발(發), 밝(明)으로 이어진다. 또 조(朝)의 진계간독(秦系簡牘) 朝에 宁(宁)의 유사형이 들어있는 것에서 조선(朝鮮)의 근원을 유추할 수 있다.

 그리고 오른쪽의 낙랑 원통형칠기(평양 정백리 127호 고분 출토) 뚜껑에도 埔(埔)자형 문양이 있다. 이는 요서 적봉에서 평양 최씨낙랑국까지 고조선 천자 문화의 영향권에 있었음을 알려주고 있다. (뒤편에 나오는 최씨낙랑국 참조)

〈참고 도해2〉

古朝鮮 古金文

〈蘇赫 탁본〉

〈王惠德 탁본〉

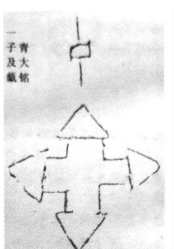
〈郭大順모사〉

〈필자 촬영〉

殷 갑골문

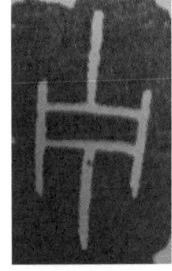
〈갑골문합집〉

〈철운장구〉

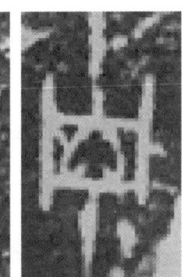
〈갑골문합집〉

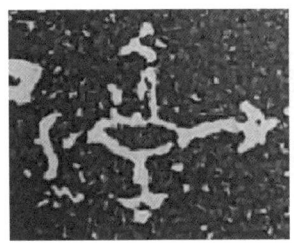
〈은허서계전〉

〈은계수편〉

〈갑골문합집〉

殷周 금문

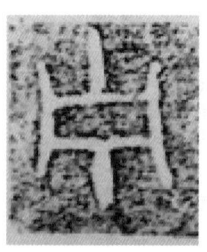  

〈금문대사전〉　〈은주금문집성〉　〈은주금문집성〉

〈은주금문집성〉　〈금문대자전〉　〈금문편〉

조례의 사규유저
(명물도, 주례)

근례의 부의(斧扆), 의(依)
(삼례도집주)

 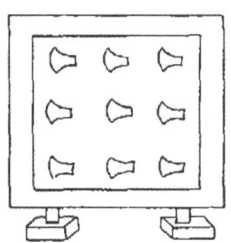

四圭有邸 ❾ 《名物圖》

〈참고문헌〉

1. 원전

『康熙字典』
『단군세기』
『獨斷』
『山海經』
『書傳』
『說文解字』
『說文解字注』
『詩經』
『禮記』
『예기집설대전』
『예기천견록』
『字統』
『戰國策』
『조선상고사』
『周禮』

2. 단행본(한중일)

『상하이박물관소장 중국고대 청동기 옥기』, 부산박물관, 2007
『中國考古學大辭典』上海, 辭書出版社, 2014
甲元眞之, 『東北アジアの靑銅器文化と社會』, 東京:同成社, 2006
고광의, 『고구려의 문자문화』, 동북아역사재단, 2023
高明, 『中國古文字學通論』, 北京:북경대학출판사, 1996
郭大順, 『龍出遼河源』天津:百花文藝, 2001
郭大順, 『紅山文化』문물출판사, 2005
郭大順, 張星德, 『東北文化與幽燕文明』, 南京: 江蘇敎育出版社, 2005
國家文物局『2006中國重要考古發現』北京: 문물출판사, 2007
金岳, 『北方民族方國歷史硏究』, 鄭州:中州古籍出版社, 1996
김정배, 『한국민족문화의 기원』, 고려대출판부, 1973
唐冶澤, 『甲骨文字趣釋』重慶:重慶出版社, 2004
戴家祥, 『金文大字典』, 上海:新華書店上海發行所, 1995
島邦男, 『殷墟卜辭硏究』東京:汲古書院, 1975

羅振玉,『(增訂)殷虛書契考釋』東方學會,1927
遼寧省文物考古硏究所 編,『牛河梁-紅山文化遺址發掘報告』(下)
　　　北京,文物出版社, 2012
李明君,『역대문물장식문자도감』, 北京:인민미술출판사, 2001
리지린, 이덕일 해역,『리지린의 고조선연구』,말, 2018
方述鑫 외,『甲骨金文字典』, 成都, 파촉서사, 1993
白川靜,『한자의 기원』, 윤철규 옮김, 이다미디어, 2009
복기대,『요서지역의 청동기시대 문화연구』, 백산자료원, 2002
傅斯年, 정재서 역,『夷夏東西說』우리역사연구재단,2011
徐中敘,『甲骨文字典』成都:四川辭書出版社, 1989
蘇赫,『蘇赫文集』, 北京:中國文史出版社, 2022
蘇赫, 苗潑 외,『赤峰史』, 北京:文物出版社, 1991
孫守道,『孫守道考古文集』,「試論中國北方靑銅文化的起源」,
　　　瀋陽:遼寧人民出版社, 2017
손예철,『간명 갑골문자전』, 박이정, 2017
손예철,『갑골학연구』, 박이정, 2016
신용하,『고조선국가형성의 사회사』, 지식산업사, 2010
신용하,『고조선문명의 사회사』, 지식산업사, 2018
안경전 역주,『환단고기』, 상생출판, 2016
안재홍,『조선상고사감』, 우리역사연구재단, 2014
嚴志斌 외,『은허청동기』, 상해대학출판사, 2008
王延林,『常用古文字字典』, 上海:上海書局, 1987
王惠德,『夏家店下層文化石城硏究』, 北京:國際華文出版, 2001
王輝, 곽노봉 역,『상주금문』(상), 학고방, 2013
容庚,『金文編』(영인), 北京:中華書局, 1992
于省吾,『商周金文錄遺』, 北京:中華書局, 2009
우실하,『고조선문명의 기원과 요하문명』, 지식산업사, 2018
유악(劉鶚),『鐵雲藏龜』, 臺灣:藝文印書館, 1959
유창균,『문자에 숨겨진 민족의 연원』, 집문당, 1999
윤내현,『고조선연구』, 일지사, 1994
윤내현,『한국고대사론』, 만권당, 2017
尹盛平,『殷周 文明의 原點』, 大阪:創元社, 2007
이찬구『고조선의 오행과 역법연구』, 한누리미디어, 2021
이형구, 이기환,『코리안루트를 찾아서』, 성안당, 2009
이형구,『발해연안문명』, 상생출판, 2015
林澐, 복기대 역,『북방고고학』, 학연문화사, 2013
鄭紹宗,『北方考古硏究』3, 鄭州:中州古籍出版社, 1998
조옥구,『21세기 설문해자』, 백암, 2005

左民安,『細說漢字』, 北京:九州出版社, 2005
朱歧祥,『殷墟卜辭句法論稿』,臺灣學生書局, 民國79
朱芳圃,『甲骨學:文字編』, 臺北:商務印書館, 民國54[1965]
중국사회과학고고연구소편,『갑골문편』北京:中華書局, 1989
중국사회과학원고고연구소, 산서성 임분시문물국,
    『襄汾陶寺: 1978~1985년 고고발굴보고』, 北京:文物出版社,
    2015.12, 3책, 4책
陳夢家,『陳夢家學術論文集』,北京:中華書局, 2016
陳煒湛, 唐鈺明, 강윤옥 옮김,『중국 고문자학의 이해』, 현학사, 2005
陳煒湛, 이규갑 외 옮김,『甲骨文導論』, 학고방, 2002
최영애,『한자학 강의』, 통나무, 2000
貝塚茂樹,『京都大所藏 甲骨文字(본문편)』, 교토대인문과학연구소, 1960
何新, 홍희 역,『神의 기원』, 동문선, 1990
許進雄, 하영삼 역,『갑골문고급자전』, 도서출판3, 2021

3. 논문

賈鴻恩,「內蒙古翁牛特旗三星他拉村發現玉龍」『文物』1984.06.29
강승우,「서요하유역 하가점하층문화 사회발전단계연구」인하대 대학원,
    박사학위논문, 2022. 3
康愛國, 孫國軍,「敖漢城子山山城遺址簡介」,『赤峰學院學報(自然科學版)』,
    2011
郭大順,「北方古文化与文化的起源」『商文化論集』上,北京:文物出版社,2003,
    「蘇赫先生學術成就的點滴回顧」『紅山文化硏究』4, 瀋陽,
    遼寧人民出版社, 2017
霍文琦,「陶寺遺址考古成果發布-堯都從傳說走向信史」『中國社會科學報』,
    2015. 6.24
郭治中,「內蒙古赤峰發現一處保存完整的夏家店下層文化山城遺址」
    『中国文物報』2005.12.16.第001版
金景芳,「商文化起源于我國北方說」,『中華文史論叢』7, 1978
連吉林,「赤峰高家台子遺址出土古文字初步研究」,『草原文物』2019 年 第2期
李恭篤, 高美旋,「夏家店下層文化若幹問題研究」,『遼寧大學學報』
    총69기,1984. 5기
林澐,「甲骨文中的商代方國聯盟」,『고문자연구』6, 北京:중화서국, 2005
사라 넬슨,「신석기 및 청동기 시대 중국 동북 지역에 대한 서양의 견해」
    『中國史硏究』第51輯, 2007.12
蘇赫,「從昭盟發現的大型青銅器試論北方的早期青銅文明」,『內蒙古文物考古』
    第2期,1982年,「從昭盟發現的大型青銅器試論北方的早期青銅文明」,

『中國考古集成』東北卷6, 靑銅時代(1), 北京: 北京出版社, 1997
손민정,「爾雅의 語彙意味論의 硏究」, 서울大 박사논문, 2004
송호정,「大凌河流域 殷周 靑銅禮器 사용 집단과 箕子朝鮮」『韓國古代史硏究』38, 한국고대사학회, 2005,「요하유역 고대문명의 변천과 주민집단」
『중국동북지역 고고학연구현황과 문제점』, 동북아역사재단, 2008
송호정,「최근 한국상고사논쟁의 본질과 그 대응」,『역사와 현실』100호, 2016
신용하,「고조선문명의 개념과 인류문명사에서의 위치」
『왜 지금 고조선문명인가』, 나남, 2019
王貴民,「淺談商都殷墟的地位和性質」,『甲骨文與殷商文化硏究』, 鄭州, 中州古籍出版社,1992
王其格,「紅山文化卍形符号与北方民族+形崇拜」,『內蒙古民族大學學報』, (社会科学版) 33-1, 2007年 02月,15쪽
이찬구,「고대 정전제의 시원문제와 고조선」,『역사와 융합』제8권3호, 바른역사학술원, 2024.06
이형구,「갑골문화의 기원과 한국의 갑골문화」『한국학』5-4, 한국학중앙연구원, 1982
林 澐,「중국 동북지방 청동기시대의 새로운 고고학적 연구」, 『東아시아의 靑銅器文化』국립문화재연구소, 1994
정경희,「홍산문화의 제천유적유물에 나타난 한국선도와 중국의 선상문화적 해석」, 『고조선단군학』34, 고조선단군학회, 2016.6
鄭彦野,「《爾雅·釋宮》所反映的古代建築文化」, 한국외국어대 석사논문, 2008
조진선,「요서지역 청동기문화의 발전과정과 성격」『요하문명의 확산과 중국 동북지역의 청동기문화』, 동북아역사재단, 2010
陳泰夏,「漢字와 東夷族의 淵源」『한글한자문화』Vol.24, 전국한자교육추진총연합회, 2000
최광식,「韓國 靑銅器時代 岩刻畵의 起源에 대한 試論:內蒙古 赤峰일대 岩刻畵와의 관계를 중심으로」,『한국사학보』37, 고려사학회, 2009
최명희,「갑골문의 신관을 통해 본 帝와 方의 관계연구」, 국제뇌교육종합대 박사학위논문, 2024
何光嶽,「肅慎族的起源與北遷」『黑河學刊』40, 1991.07, 2기
한문수,「상고(上古) 문자학(文字學)의 기원」『世界桓檀學會誌』4권2호, 세계환단학회, 2017.12
許成, 李進增,「東周時期的戎狄靑銅文化」『考古學報』1993.1기
胡厚宣,「殷卜辞中的上帝和王帝(上)」『歷史硏究』1959.9.15
홍보식,「酒器」『상하이박물관소장 중국고대 청동기 옥기』, 부산박물관, 2007

4. 기타

『人民日報』,『北方日報』,『주간한국』

https://hanziyuan.net/#home (字源)

https://www.zdic.net/hans/%E5%A2%89 (漢典)

https://www.guoxuedashi.net/jgwhj/?bhfl=1&bh=4713&jgwfl=
　　(갑골문합집) 외

https://www.guoxuedashi.net/yzjwjc/?bh=1364 (은주금문집성)

https://pic.guoxuemi.com/yzjwjc/00792.JPG (은주금문집성)

https://www.guoxuedashi.net/yzjwjc/?bh=4237&jgwfl=
　　(은주금문집성) 외

https://www.zdic.net/hans/%E5%AE%81 (한전)

https://www.guoxuedashi.net/jgwhj/?bhfl=1&bh=14210&jgwfl=
　　(갑골문합집)

https://weekly.hankooki.com/news/articleView.
　　html?idxno=5506575(박대종)

https://www.guoxuedashi.net/jgwhj/?bh=32807&bhfl=1
　　(갑골문합집)

https://www.shanximuseum.com/sx/index/index.html
　　(산서박물원)

02
고대화폐 첨수도에 나타난 '원시형태 한글'의 이해

훈민정음 기원설을 중심으로

첨수도의 문자는 단군조선의 문자인가? · 079
고대화폐에 대한 기존의 연구 성과 · 085
첨수도의 유래와 문자들 · 090
첨수도에 새겨진 한자의 해석 · 100
첨수도에 새겨진 원시형태 한글의 해독 · 109
훈민정음 이전의 단군조선 문자일 가능성 · 137

02
고대화폐 첨수도에 나타난 '원시형태 한글'의 이해*
– 훈민정음 기원설을 중심으로

첨수도의 문자는 단군조선의 문자인가?

『훈민정음해례본』(이하 '해례본')이 발견(1940년)되기 전까지 훈민정음의 기원설은 다양한 각도에서 제기되었고, 발견 이후인 지금도 그것이 완전히 정리된 것은 아니다. 『해례본』에는 두 가지 다른 견해가 병립하고 있다. 먼저 글자는 각각 그 모양을 본떠서 만들었다(各象其形而制之)는 「제자해」의 설명과 그 다음으로 모양을 본뜨되 글자는 옛 글자를 모방하였다(象形而字倣古篆)는 「정인지서」가 그것이다. 이 두 구절을 어떻게 해석할 것이냐는 차치하고, 후자의 자방고전설은 훈민정음이 창제(1443년)되기 이전에 우리 민족에게 이미 고유문자가 있었다는 설과 함께 파스파 글자 등 남의 나라 글자까지 모방했다는 설로 확대 해석되어 왔다. 강신항은 훈민정음 기원설로 발음기관 상형기원설, 고전(古篆)기원설, 범자(梵字) 기원설, 몽고자 기원설, 범자와 몽고자 기원설, 고대문자 기원설, 역리 기원설, 창문

* 『세계환단학회지』 7권1호(2020.5)

상형 기원설, 기일성문도 기원설, 기타 등 10가지로 요약 설명하고 있다.[1)]

우리가 훈민정음 이전부터 고유한 고대문자를 사용했다는 설은 근래 권덕규에 의해 구체적으로 제기되었다. 그는 「고대 조선문의 유무」에서 삼황내문, 신지비사, 법수교비문, 왕문문자 등 고대문자 11종을 내세우고, 세종에 의해 조선문자의 부흥(復興)이 이루어졌다고 평가했다.[2)] 삼황내문은 이미 『포박자』에도 나오고 있는데, 이를 조선 문자의 원류로 본 것이다. 이어 김윤경도 조선어의 범위로 단군조선과 부여로부터 시작하고, 비록 전하지 못한 문자이지만 훈민정음 창작 이전의 문자로 삼황내문, 신지비사문, 왕문문(王文文), 각목문(刻木文), 고구려문자, 백제문자, 향찰, 발해문자, 고려문자 등 9가지를 들었다.[3)] 그리고 그는 장유(張儒)가 한시로 번역한 한송정곡(寒松亭曲)의 원문은 고려의 고유문자였을 것으로 보고 있다.[4)]

이처럼 우리가 오래전부터 고대문자를 사용했다는 주장은 영조 때의 신경준으로부터 시작되어 온 것인데, 특히 모양을 본뜨되 글자는 옛 글자를 모방하였다(象形而字倣古篆)는 구절로 인해 그 주장은 탄력을 받아 왔던 것이 사실이다. 강신항은 상형(象形)은 제자(制字)의 원리를 말한 것으로, 자방고전(字倣古篆)은 자형(字形)을 말한 것으로 구분[5)]하기도 하지만, 이는 단순히 '모화(慕華)사상에 대한 방패였

---

1) 강신항, 『훈민정음 연구』, 성균관대 출판부, 2011, 117~122쪽; 발음 기관 상형설: 신경준(申景濬), 홍양호(洪良浩), 최현배/ 전자 기원설: 황윤석(黃胤錫), 이능화 / 몽골(파스파) 문자 기원설: 이익(李翼), 유희(柳僖), 게리 레드야드(Gari Ledyard) / 범자(梵字) 기원설: 성현, 이수광(李晬光) / 고대 문자 전래설: 신경준 / 창문 상형설: 에카르트(P. A. Eckardt) / 기타 서장(西藏)글자·오행(五行)이론 등
2) 권덕규, 『조선어문경위』, 광문사, 1923, 162~171쪽
3) 金允經, 『朝鮮文字及語學史』, 朝鮮記念圖書出版館, 1938, 46~57쪽
4) 金允經, 『朝鮮文字及語學史』, 朝鮮記念圖書出版館, 1938, 46~57쪽
5) 강신항, 『훈민정음 연구』, 성균관대 출판부, 2011, 117쪽

다'[6]는 다른 해석도 있다. 다시 말해 훈민정음을 반대하는 유학자들을 진정시키기 위해 중국의 문화권을 벗어난 것이 아니라는 것을 강조하기 위해 '상형(象形)', '고전(古篆)'이라는 말을 도입해 한자와의 관련성을 부각했다는 것도 유념할 필요가 있다.

그동안 훈민정음의 고대문자 기원설은 꾸준히 제기되어 왔다. 1984년 벽두에는 한글 기원문제를 두고 논쟁이 벌어졌다. 송호수는 「한글은 세종 이전에도 있었다」라는 글에서 단군시대의 한글이라는 가림다문 38자(일명, 가림토)에 훈민정음 28자가 거의 들어 있고[7], 또 옛 고조선 강역이었던 대마도에서 아히루(신대)문자가 발견된 것을 근거로 더 이상 세종의 훈민정음 창제설에만 머뭇거릴 수 없다[8]고 주장하는 반면에 이근수는 이에 대해 「한글은 세종 때 창제되었다」는 논제로 즉각 반박하였다. 그는 "그 한글(가림다문) 기사와 자형(字型)만 있을 뿐, 단군 이래 고려 초까지 약 3200년 동안에 한글 언어재(言語材)를 단 한조각도 발견하지 못했다는 점에 주목할 필요가 있다"[9]고 반박했다. 문헌상으로만 전하는 가림다문은 믿을 수 없으니, 그것을 입증할 수 있는 한 조각의 한글 언어재를 제시해보라는 말이다. 이런 요구에 저자는 고대 화폐 또는 화폐 문자에 관한 몇 권의 국내외 관련 도서를 읽고 '한조각 한글 언어재'를 찾아 나섰다. 여기에 자극을 준 것은 허대동의 『고조선 문자』였다. 그는 고대 화폐의

---

6) 김영환, 「한글의 기원 및 창제 원리로서의 '상형'과 '고전 모방'의 재검토」, 『한국언어문화』, 47호, 2012, 189쪽

ㆍㅣㅡㅏㅓㅜㅗㅑㅕㅠㅛㅈㅋ
ㅇㄱㄴㅁㄷㅿㅈㅊㅇㅿㆆㅆㅻ
ㅂㄹㅃㅉㄸㄲㅊㅆㄱㄲㅍㄿ 〈가림토〉

7) 송호수, 「한글은 세종이전에도 있었다」, 『광장』 1984,1월호, 153쪽. 참고로 위 가림다문(가림토) 38자
8) 송호수, 「한글은 세종이전에도 있었다」 『광장』 1984,1월호, 156쪽
9) 이근수, 「한글은 세종 때 창제되었다」 『광장』 1984,2월호, 64쪽

뒷면에 새겨진 문자들이 중국의 문자가 아니라, 단군조선의 문자이며, 가림토 문자라고 말하고, 그 문자 해독의 방법을 일일이 제시하고 있다. 명도전(明刀錢)의 문자가 단군조선의 한글인 이유를 현존하는 연(燕)나라 글자와 완전히 다르다는 데서 찾고 있다.[10] 연나라 글자에 없는 글자가 새겨진 화폐라면 연나라 이외의 나라에서 그 주인을 찾아야 한다는 말이다.

화폐는 고금을 막론하고 유통을 전제로 한 것이기 때문에 어느 지역을 대상으로 연구한다는 것에 한계가 있을 수 있다. 예컨대, 300년 후에 명동의 지하 창고에서 달러(Dollar)가 무더기로 발견되었다고 할 때, 과연 이 달러를 한국화폐라고 할 수 있는가?

고대화폐의 하나인 명도전의 경우 연(燕)과의 관계에 대해서는 그동안 이설이 없었다. 윤무병은 "명도전은 중국 전국시대의 연나라에서 주조한 화폐라는 것은 누구나 잘 알고 있다"[11]고 했다. 한국의 국사 교과서에도 명도전을 "중국 춘추전국시대에 연나라와 제나라, 조나라에서 사용한 청동화폐"[12]라고 소개하고 있다.

그러나 박선미는 『고조선과 동북아의 고대 화폐』라는 글에서 고조선 시기의 지역별 화폐 유적과 특징, 권역별 화폐 유적의 담당 세력을 자세히 소개하고, "화폐 유적의 지리적 분포, 주거지·분묘·유물의 특징, 문헌기록 등을 종합할 때 요하 이동에서 한반도 서북부에 걸쳐 분포하는 화폐 유적은 고조선의 주민이 남긴 것으로 보는 것이 가능하다."[13]고 결론 지었다. 그의 연구는 한반도 서북부에서 출토된 명도전 등 도폐(刀幣)를 연(燕)나라에서 발행한 것으로 알고 있는 기

---

10) 허대동, 『고조선문자』 경진, 2011, 90쪽
11) 윤무병, 『한국사대계』 아카데미, 1984, 91~93쪽
12) 국사편찬위원회, 『고등학교 국사』 교육과학기술부, 2011, 28쪽
13) 박선미 『고조선과 동북아의 고대화폐』 학연문화사, 2009, 362쪽

존의 주장[14]에 새로운 문제를 제기하고 있다. 한편 북한의 손량구는 중국의 정가상, 진철경의 글을 인용하여 명도전을 고찰하고, 출토 지역별 출토량을 방대하게 제시하며 명도전은 구들[온돌]의 유적으로 보아 고조선 사람들이 남긴 것[유통]으로 보고 있다.[15]

그렇다면 고대 화폐의 주인공(주조자)을 결정하는 것은 유통지역이 아니라, 그 화폐에 쓰여진 문자에 주목해야 할 것이다. 돈은 국경을 뛰어넘을 수 있지만, 영어로 쓰여 있으면 미국의 돈이고, 한글로 쓰여 있으면 한국의 돈이다. 이런 의미에서 고대화폐의 문자연구는 그 화폐의 주조자(鑄造者)를 찾을 수 있다는 면에서 중요하다고 본다. 그렇다고 하여 유통지역을 완전히 무시할 수는 없다. 지역별 출토량의 다소도 그 화폐의 주조자를 찾는데 유효할 수 있다.

지금까지 발견된 화폐 문자[화폐문] 중에는 확실히 해독하지 못하고 불명(不明) 문자로 남아 있는 것이 많다. 이 불명문자 중에는 한자로 이해할 수 없는 또 다른 글자도 그 속에 들어있다. 중국인 오량보(吳良寶)의 『선진화폐 문자편』[16]에는 불명문자가 모두 556자이다.[17] 이러한 수치는 고대 문자에 대한 연구가 얼마나 중요한 것인가를 말해준다.

우선 저자는 명도전 이전의 도폐(刀幣)로써 춘추시기(서기전 770~476년 사이) 중에 통용된 것으로 알려진 첨수도(尖首刀, 일명 뾰족돈칼)에 주목하고, 여러 도폐 중에 첨수도 또는 이와 비슷한 침수도(針首刀)를 중심으로 설명할 것이다. 첨수도의 글자는 명도전과 달리 단자(單字)로 되어있기 때문에 고대 문자를 연구하는데 용이한 면

---

14) 윤무병, 『한국사』1, 국사편찬위원회, 1973, 298~336쪽
15) 손량구, 「료동지방과 서북 조선에서 드러난 명도전에 대하여」『고고민속 논문집』 12, 과학백과사전출판사(평양), 1990, 47쪽
16) 吳良寶, 『先秦貨幣文字編』福建人民出版社, 2006
17) 吳良寶, 『先秦貨幣文字編』福建人民出版社, 2006, 255~327쪽

이 있다. 다만 첨수도는 제나라 제도(齊刀)나 조나라 조도(趙刀)와 달리 어느 나라, 어느 지역에서 주조된 것인지 명확하지 않다는 약점이 있다. 화폐는 정치집단의 경제운용 수단이다. 그러므로 그것은 정치 문화적 의미를 동시에 수반한다는 면에서 다른 유물과 달리 뜻이 깊다. 중국에서 나온『중국전폐대사전(선진편)』(이하『대사전』이라 약칭함)에 올라가 있는 첨수도는 주조 시기를 춘추 중만기(中晚期)로 보고, 주조국을 연(燕)나라, 중산국(中山國)이라 하며, 유통지역은 제(齊), 선우(鮮虞), 융적(戎狄) 등지를 포함한다[18]고 보았고, 장이(張弛)도 첨수도의 주조국에 대하여는 다양성을 주장했다. 즉 연나라, 선우, 중산, 산융, 제나라 등 다양하므로 어느 한 나라, 한 종족의 첨수도라고 말하기는 불가능하다고 보았다.[19]

그렇지만, 첨수도에 새겨진 문자를 살펴본 바, 낱글자로 50여 자에 달했으며, 그중에는 한자로 해독이 되지 않는 또 다른 형태의 문자 내지는 부호가 있는데, 특히 한글과 매우 비슷한 ' ﻻ(no)'자[20] 모양을 발견할 수 있었다. 아울러 이좌현의『속천회』에서 ' ﻝ(don)'자 모양을 찾아냈다. 저자는 현재의 한글과 구별하기 위해 잠정적으로 이를 '원시형태 한글' 또는 '원시(原始) 한글'[21]이라고 부르고자 한다. 이런 원시 한글 '노'와 '돈'이 신지전자(神誌篆字) 이래 고대 화폐 문자에 이르기까지 훈민정음 자형(字型)의 기원과 관련하여 어떤 의미가 있는지 살펴보고, 아울러 그 원시 한글의 주인공이 누구인가를

---

18) 中國錢幣大辭典編纂委員會 編,『中國錢幣大辭典 : 先秦篇』中華書局, 1995, 407쪽
19) 張弛,『中國刀幣彙考』河北人民出版社, 1997, 12쪽
20) 中國錢幣大辭典編纂委員會 編,『中國錢幣大辭典 : 先秦篇』中華書局, 1995, 418쪽
21) 송호수,「한글은 세종이전에도 있었다」『광장』, 1984,1월호, 155쪽. 송교수가 가림다문38자를 처음으로 '원시한글'이라고 표현하였으므로 이를 차용하되, 이를 고대 첨수도 화폐문자에 적용하고자 함.

가능한 범위 내에서 찾아, 그 의의를 밝혀보려고 한다.

특히 유염(兪棪)이 장가구에서 발견한 예봉도(첨수도) 문자[22]에는 고조선의 제후국인 고죽국의 문자가 들어 있어 관심의 대상이 되고 있다. 이 글에는 『대사전』 외에도 왕경정(汪慶正) 주편의 『중국역대 화폐대계(선진화폐편)』[23], 『중국전폐 대사전(선진편)』[24], 황석전(黃錫全)의 『선진화폐연구』[25], 주활(朱活)의 『고전신탐』[26] 등을 참고하였다. 이 글을 쓰는 데는 1994년 「천부경 학술대회」에서 저자가 발표한 「세 고전자(古篆字)본에 대한 비교분석」[27]도 참고가 되었다.

고대화폐에 대한 기존의 연구 성과

고대 화폐 개설서

이 분야의 체계적인 개설서로는 중국학자 고영민(高英民)의 『중국고대전폐』[28]가 있다. 그는 특히 문제의 제2장에 춘추(春秋)와 전국(戰國)의 폐제(幣制)를 두어 이에 대해 잘 정리하였다. 그는 고대 화폐를 크게 포폐(布幣), 도폐(刀幣), 환전(圜錢)과 원전(圓錢), 의비전(蟻鼻錢), 금은주폐 등 5절로 세분화하고 있다. 머리[首수], 어깨[肩

---

22) 兪棪, 「遼東銳鋒刀攷釋」 『泉幣』 1944, 25기, 6쪽(재인용: 민국문물고고기간후고, 7316쪽).
23) 汪慶正 主編, 『中國歷代 貨幣大系: 先秦貨幣』 上海人民出版社, 1988 ([朴熙永 譯]景仁文化社영인판 1990)
24) 中國錢幣大辭典編纂委員會 編, 『中國錢幣大辭典: 先秦篇』 中華書局, 1995
25) 黃錫全, 『先秦貨幣研究』 中華書局, 2001
26) 朱活, 『古錢新探』 齊魯書社, 1984
27) 이찬구, 「세 고전자(古篆字)본에 대한 비교분석」 『천부경 연구』 한배달, 1994, 33~42쪽
28) 高英民, 『中國古代錢幣』 學苑出版社, 2007

견], 발[足족]의 모양이 뾰쪽한가[尖첨], 아주 뾰쪽한가[針침], 활처럼 휘어있는가[弧호], 평평하거나 모났는가[方방], 끊어졌는가[截절], 새겨진 글자의 주종은 어떤가(明, 成白 등), 또 어느 나라에서 발행[주조]했는가 등을 그림을 넣어 다음과 같이 설명해 주고 있다.

제1절 포폐(布幣)	제2절 도폐(刀幣)
1. 공수포(空首布) ● 원시(原始) 공수포 ● 호족(弧足) 공수포 ● 첨족(尖足) 공수포 2. 평수포(平首布) ● 첨족포(尖足布) ● 방족포(方足布) ● 이형포(異形布)	1. 제국(齊國)도폐 2. 연국(燕國)도폐 ● 첨수도(尖首刀) ● 절수도(截首刀) ● 명도(明刀) ● 침수도(針首刀) ● 제명도(齊明刀), 박산도(博山刀), 성백명도(成白明刀)등 3. 조국(趙國)도폐 4. 중산국(中山國)도폐(이하생략)

포폐와 도폐

또 하림의(何林儀)의 『고폐총고』[29]가 있다. 그는 도폐, 포폐, 원전 등을 좀 더 세분화하여 설명하고 있다. 제도(齊刀)나 명도(明刀)에서 분리하여 첨수도(尖首刀)와 침수도(針首刀)를 개별적으로 설명하고 있는 것이 특징적이다. 첨수도를 명도에서 분리하는 점에서는 하림의의 생각이 고영민보다 더 타당성이 있어 보인다. 대지강(戴志强)의 『고전학 입문』[30]도 있다. 이는 중국 전폐총서의 하나로 출판된 것이다. 고전(古錢)의 진위 감별을 소개한 것이 특이하며, 역대 전호표(錢號表)가 잘 정리돼 있고, 고전(古錢)과 문화예술, 경제학, 계량 등에

---

29) 何林儀 著 ; 季旭昇 編訂, 『古幣叢考』臺北 : 文史哲出版社, 民國 85[1996]
30) 戴志强, 『古錢學入門』中華書局, 2001

관해 서술하고 있다.

 그리고 근년에 나온 자료집성으로 왕경정의 『중국 역대 화폐대계(선진화폐)』(이하 『대계』라 약칭함)[31]가 있다. 이 책은 상하권으로 되어 있는데, 포폐(布幣), 도폐(刀幣)마다 고유번호를 부여하여 자료를 총정리 하였다. 1949년부터 1984년까지 출토된 4,342점의 도판(圖版)을 수록한 대작이다. 앞에는 왕경정의 총론이 있고, 맨 끝에는 「선진주폐 석문표」가 자세히 실려 있다. 그리고 1992년에 중국전폐문헌총서 편집위원회(주편 馬飛海, 王貴忱)는 송대(宋代) 이래의 중요한 전폐서(錢幣書)를 집대성하여 전무후무의 대전집 31권을 상해고적출판사(上海古籍出版社, 이하 '상해고적본'이라 칭함)에서 발간하였다. 또 중화서국에서 발간한 『대사전』[32]은 도판과 함께 출토지, 주조시기를 밝혀 놓았다. 낱글자의 이체(異體)도 실어 놓아 글자의 변천과정도 알 수 있게 편집했다. 이어 석영사(石永士), 석뢰(石磊) 등은 『연하도 동주화폐취진』[33]을 발간하여 연(燕), 조(趙), 위(魏), 한(韓) 등의 화폐자료를 한 눈에 볼 수 있게 했다.

 한편 일본인 가토 시게시(加藤繁)의 『중국 화폐사 연구』[34], 동경대학 출신인 세키노 다케시(關野雄)의 『중국 고고학 논고』[35]가 있다. 가토(加藤繁)는 『고천회』를 비롯한 초기 자료집성책들을 차례로 소개하고, 포폐(布幣) 중심으로 설명하였고, 세키노(關野雄)는 고고학의 전반을 고대 화폐에 할애하였다. 한국의 화폐수집가로는 류자후, 남궁억, 유석조가 유명하다. 류자후의 『조선화폐고』는 1940년에 초

---

31) 汪慶正 主編, 『中國歷代 貨幣大系:先秦貨幣』上海人民出版社, 1988 ([朴熙永譯] 景仁文化社 영인판 1990)
32) 中國錢幣大辭典編纂委員會 編, 『中國錢幣大辭典 : 先秦篇』中華書局, 1995
33) 石永士, 石磊, 『燕下都東周貨幣聚珍』文物出版社, 1996
34) 加藤繁, 『中國貨幣史研究』, 東洋文庫, 1991
35) 關野雄, 『中國考古學論攷』同成社, (東京) 2005

판 발간되었고, 1974년에 재판되었으며, 최근에 영인본이 나왔다.[36]
한국의 화폐발전사는 일본인 도마 하치로(藤間治郎)에 의해 1918년에 『조선전사』가 처음으로 발간되었다.[37]

문자학 연구

고대 화폐문자를 고문자학의 일부분으로 설명한 중국 학자로는 이학근, 진위담, 당옥명 등이 있다. 이학근(李學勤)은 전국(戰國)문자의 범주에 넣어 이를 중요한 자료로 평가하고 있다. 그는 다음의 8개국으로 나누어 나라별로 약술하고 있다.[38]

주(周) : 공수포를 주로 사용했으며, 환전, 방족포 등을 주조했다.
한(韓) : 방족포를 주로 사용했다.
위(魏) : 원과포(圓跨布)를 주로 사용했으며, 방족포, 직도,
환전 등도 있다.
조(趙) : 첨족포를 주로 사용했으며, 첨수도, 직도, 환전, 방족포,
삼공포 등도 있다.
제(齊) : 제도(齊刀)를 사용했으며, 환전도 있다.
연(燕) : 명도(明刀)를 주로 사용했으며, 첨수도, 환전,
방족포 등도 있다.
진(秦) : 환전을 주로 사용했다.
초(楚) : 금판(金版)과 동구(銅具)를 주로 사용했다.

또 공저자인 진위담(陳煒湛), 당옥명(唐鈺明)은 전국(戰國)문자는 위로는 갑골문, 금문을 이어주고, 아래로는 진나라의 전서(篆書)와

---

36) 류자후, 『조선화폐고』 리문사, 1974
37) 藤間治郎, 『朝鮮錢史』(京城), 1918
38) 李學勤 지음, ; 河永三 옮김 『古文字學 첫 걸음』 東文選 1991, 148쪽

초기 예서(隷書)를 열어주는 중국문자 발전과정에 있어 중요한 단계로 보고, 특히 화폐문(貨幣文)을 별도로 설명하고 있다. 모양에 따라 포폐(布幣), 도폐(刀幣), 원전(圓錢), 동패(銅貝), 금병(金鉼) 등 5가지로 나누고 있다.[39] 도폐(刀幣)는 칼 모양의 돈, 돈으로 유통되는 칼로써 '칼돈' 즉 '돈칼'이라 할 수 있다.

고대 화폐에 새겨져 있는 문자를 전문적으로 연구하여 해독(解讀)하는 것은 이 분야의 고문자학(古文字學)을 발전시키는데 중요한 역할을 한다. 그 화폐문자의 이름도 제각각이다. 전문(錢文), 면문(面文), 막문(幕文), 배자(背字), 배문(背文) 등으로 불린다. 앞뒷면에 문자가 없는 무문자(無文字)도 있다. 『대사전』의 경우, 첨수도에 글자가 있는 면(面)을 앞면으로 보아 면문(面文)이라 하고, 뒷면을 막(幕)이라 한다.

화폐문자에 대한 해석은 중요한 의미를 지닌다. 가장 오래된 문자 고석(考釋)은 마앙(馬昂)의 『화포문자고』이다. 1832년에 나온 이 책은 포폐(布幣)의 낱글자 해석과 함께 그 글자의 사적(史的) 고증을 덧붙여 놓았다.[40] 근년에 황석전은 『선진 화폐 연구』[41]에서 연구 항목을 보다 세분화하였다. 그는 공수포 연구, 첨족포 연구, 예각포연구, 방족포 연구, 원족포 연구, 삼공포 연구, 초폐 연구, 첨수도폐 연구, 연국화폐 연구, 제국화폐 연구, 원전 연구, 기타방면 연구 등 10개 항목으로 나누어 설명하고 있다. 낱글자로는 호양(昊陽), 안양(安陽), 명(明), 고(鼓), 구(九), 임(任), 왕(王)자 등을 고석(考釋)하였다. 책 뒤에 「화폐문자 형체 특징표」를 만들어 놓아 연구자에게 편의를 주고 있다.

---

39) 陳煒湛, 唐鈺明 공저, ; 강윤옥 옮김 『중국 고문자학의 이해』 현학사 2005, 269~272쪽
40) 馬昂 釋, 『貨布文字考』道光 12(1832) (발행처 미상)
41) 黃錫全, 『先秦貨幣硏究』中華書局, 2001

주활(朱活)은 『고전신탐』[42]에서 중국 고대화폐의 기원, 상대동패(商代銅貝), 공수포전, 평수포전, 제(齊)나라 전폐, 언폐(匽幣), 첨수도, 비의전, 오수전 등을 다루고, 포전(布錢)문자표, 언폐(匽幣)의 문자 일람표 및 출토 일람표를 정리해 놓았다. 특히 첨수도를 첨수도 I형, II형으로 구분하였고, 침수도를 II형에 넣어 첨수도와 침수도의 구별을 없앴다. 명도전이라는 말 대신에 언폐(匽幣)라 했다. 천가구(千家駒)와 대지강(戴志强)은 『고전신탐』을 평하여 해방 이래 중국 제일의 전폐학 논문 전집(專集)이라고 말했다.[43] 또 산동성 전폐학회가 편찬한 『제폐도석』이 있다.[44] 이 책은 제나라 도폐를 중심으로 그림과 함께 배문(背文)의 낱글자를 설명하고 있다.

대만대학 장광유(張光裕)의 『선진화폐 문자변의』[45]는 도폐문자의 상관문제 검토에서 좌(左), 우(右)자의 의의를 심도 있게 다루었고, 자형의 변천과정을 일일이 비교하며 설명하고 있다.

첨수도의 유래와 문자들

첨수도의 유래와 가치

돈칼 즉 도폐(刀幣)라고 하면 대개 명도전(明刀錢)으로 알고 있다. 국립중앙박물관의 고조선 전시실에는 명도전 30~40개 정도가 전시돼 있다. 명도전은 납작한 손칼 모양으로 생긴 도폐의 일종으로 청

---

42) 朱活, 『古錢新探』齊魯書社, 1984: 주활은 평소 地不愛寶(지불애보)라 했다. 땅은 감춘 보물을 드러내고 말기 때문에 땅은 보물을 아끼지 않는다고 했다.
43) 千家駒 戴志强, 『中国錢幣』1985年, 第1期
44) 山東省錢幣學會 編, 『齊幣圖釋』齊魯書社, 1996
45) 張光裕, 『先秦貨幣文字辨疑』臺灣大學文學院, 1970

동으로 주조되었다. 손칼[削刀]은 북방의 어렵과 수공업 지역의 생활필수품이었다. 손칼이 어떻게 화폐 역할을 하는 도구로 돋되기[진화]했는지는 아직 알 수 없다. 명도전의 앞과 뒤에는 다른 글자가 각각 주조되어 있다. 앞에는 밝을 명(明)자가 새겨 있고, 뒷면에는 숫자, 간지, 좌(左), 우(右) 등이 주조되어 있다. 이 글자 중에는 우리가 쉽게 알 수 있는 한자(漢字)가 있는가 하면, 알 수 없는 글자[不明文字]도 많다. 명도전에 앞서 우리가 검토할 것은 첨수도(尖首刀)이다. 윤내현의 『고조선연구』(일지사)에도 명도전에 관해 언급한 곳은 있으나 첨수도에 대하여는 언급하지 않았다.

첨수도(尖首刀)라는 이름은 도폐의 머리 모양이 뾰족하다고 하여 붙인 것이다. 우리 말로 직역하면 '뾰족 머리칼'이라 할 수 있으나 본래가 '뾰족돈칼'[46]이다. 일반의 칼이 아니라, 칼돈, 돈칼[刀幣]이다. 사실 칼의 모양이 중요한 것이 아니므로 '뾰족돈'이라 해도 무방하다. 처음으로 첨수도라는 이름을 붙인 사람은 청나라 이좌현(李佐賢)이다.[47] 이 첨수도와 유사한 것으로 바늘 모양의 침수도(針首刀), 끊어진 모양의 절수도(截首刀) 등이 있다. 또 같은 것이라도 몸과 자루의 굽어진 각도에 따라 호배도(弧背刀), 절배도(折背刀)라고도 하고, 또는 둥근 원절식(圓折式), 모가 난 방절식(方折式) 등으로 말하기도 한다. 일반적으로 활처럼 곱게 굽은 호배도, 즉 원절식이 많이 보인다. 주활은 침수도(針首刀)라는 말을 별도로 사용하지 않고 첨수도(尖首刀)의 Ⅱ형으로 분류하였다.[48]

---

46) 고고학에서 "뾰족밑 빗살무늬토기"란 용어가 쓰이고 있다. 빗살무늬토기(櫛文土器)의 경우 서해안은 뾰족밑토기(尖底土器)이고 동해안은 납작밑토기(平底土器)라 한다. 이런 차원에서 "뾰족돈칼"도 사용가능할 것이다. 여기서 필자는 "뾰족돈칼" "뾰족칼" "첨수도"를 혼용해 사용한다.
47) 李佐賢, 『古泉匯』石泉書屋, 1864년, 亨9-1 (상해고적본 『古泉匯』 861쪽)
48) 朱活, 『古錢新探』齊魯書社, 1984, 172~173쪽

여기서 나라별로 화폐의 유통주체를 나누어 설명하면, 포폐(布幣)는 조(趙), 위(魏), 한(韓) 등이고, 도폐는 제(齊), 연(燕), 중산국(中山國) 등이고, 환전(圜錢)은 동주(東周), 위(魏), 진(秦) 등이고, 의비전(蟻鼻錢)은 초(楚) 등[49]인데, 현재 첨수도는 돈칼의 범주에 들기 때문에 제(齊), 연(燕), 중산국(中山國)과 관계가 있거나 아니면, 그 나라 인근 지역의 정치집단과 관계있다고 할 수 있다. 특히 명도전의 경우 윤무병의 말처럼[50] 연(燕)과의 관계에 대해서는 그동안 이설이 없었다. 하지만 명도전이 다량으로 분포된 북경과 하북성 일대를 중심으로 보면 연과의 관계를 부정할 수 없으나, 그 외의 분포지역은 고조선의 강역과 중첩되는 것을 감안하면 그렇지만도 않다. 명도전이 출토된 유적지는 내몽고 자치구 동남부~한반도 서북부에 이르는 모든 지역에 고르게 분포되어 있다. 이는 명도전이 청천강 이북에만 분포한다고 본 학계의 인식과 다른 결과이다.[51]

첨수도가 어느 시기에 주조(鑄造)되어 유통되었는가에 대하여는 여러 주장이 있다. 먼저 천가구(千家駒)는 첨수도를 고도(古刀)라 칭하고, 그 시기를 은나라 말기[殷晚期]로 보고 있다.[52] 대략 서기전 13~12세기로까지 올라갈 수 있다는 말이다. 반면에 진위담은 고도(古刀)에 제도(齊刀:법화도)를 넣고, 첨수도는 명도(明刀)와도 구별하여 별도로 분류하였다.[53] 『대사전』은 주조 시기를 춘추 중만기(中晚期)로 보고, 주조국을 연(燕)나라, 중산국(中山國)이라 하며, 유통지역은 제(齊), 선우(鮮虞), 융적(戎狄) 등지를 포함한다고 보았다.[54]

---

49) 高英民, 『中國古代錢幣』, 學苑出版社, 2007, 6쪽
50) 윤무병, 『한국사대계』 아카데미, 1984, 91~93쪽
51) 박선미, 『고조선과 동북아의 고대화폐』 학연문화사, 2009, 221쪽
52) 千家駒 郭彦崗, 『中國貨幣演變史』, 上海人民, 2005년, 26쪽
53) 陳煒湛 ; 唐鈺明 공저, ; 강윤옥 옮김 『중국 고문자학의 이해』 현학사 2005, 271쪽
54) 中國錢幣大辭典編纂委員會 編, 『中國錢幣大辭典 : 先秦篇』 中華書局, 1995, 407쪽

그러나 중국학계는 첨수도를 포함한 도폐는 춘추시대(B.C.770~B.C.476년)의 중기(中期)로부터 전국시대(B.C.475~B.C. 221년)의 만기(晚期:末期)로 늦추어본다. 그러니까 서기전 600년경, 또는 서기전 7~6세기경이라 할 수 있다.

따라서 첨수도를 명도전이나 제도(齊刀) 속에 넣고 보는 것은 시기적으로 문제가 있다고 본다. 필자는 진위담처럼 독립된 도폐로서 설명하는 것이 첨수도의 가치를 잘 반영할 수 있다고 생각한다. 뿐만 아니라 첨수도는 다른 도폐보다 시기적으로 상당히 앞서기 때문에 명도전이나 제도(齊刀)와 구태여 비교할 필요성도 없는 것이다. 진융문(陳隆文)은 첨수도를 원생형과 차생형으로 나누었으며,[55] 참고로 첨수도의 구조와 부위별 명칭을 부기한다.

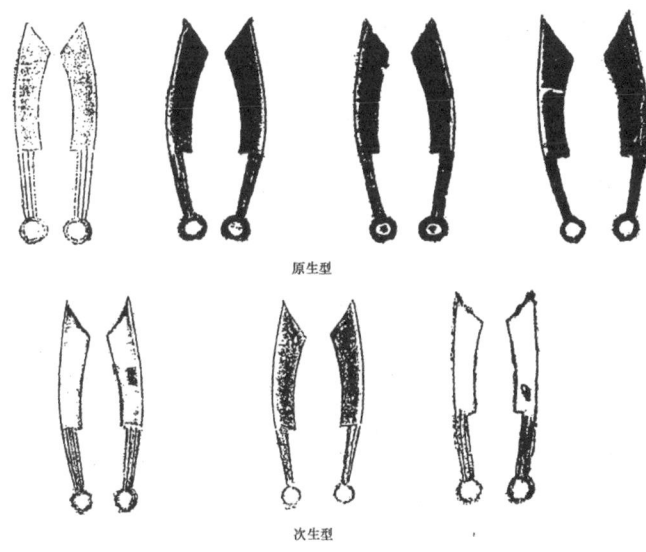

첨수도 분류도(원생형과 차생형)

---

55) 陳隆文, 『春秋戰國貨幣地理硏究』 인민출판사, 2006, 126쪽

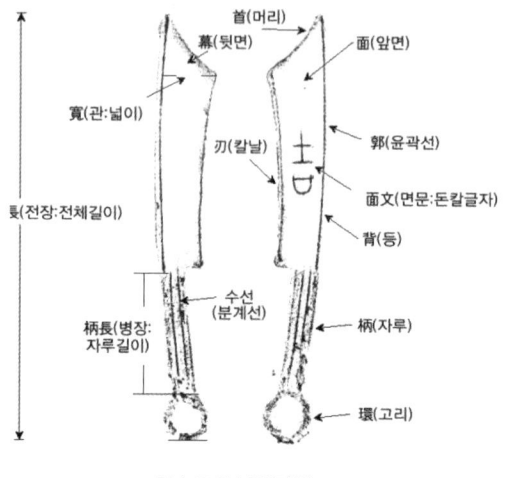

첨수도의 부위명칭

첨수도의 출토지

고영민은 첨수도의 출토지역의 분포 현황을 잘 정리해주고 있는데, 아래와 같다.

> ● 첨수도는 세상에 남긴 수량이 아주 많다. 출토지역이 주로 하북성(河北省허베이성) 중부 및 북쪽의 원래 연나라 경내에 집중했다.
> ● 1978년 북경(北京) 연경현(延慶縣옌칭셴) 신장보촌(辛莊堡村신좡푸춘)에 첨수도가 1,350매가 출토되었다.
> ● 1978년 하북 역현(易縣) 군영촌에서 첨수도가 한 묶음 출토되었고, 그 가운데 완정(完整)한 화폐가 총 1,845매가 있다.
> ● 1982년 하북(河北허베이) 고성(藁城가오성)에서 92매 첨수도가 출토되었고, 1985년 하북 평산(平山) 영수고성(靈水故城링쉬구청) 유적지에서 1,400여매 첨수도가 발견됐다.
> ● 1988년 하북성(河北省허베이성) 용성현(容城縣룽청셴) 나하촌(羅河村)에서 첨수도가 대략 200매가 출토되었고, 아울러 3개 동(銅)으

> 로 만든 병기를 발견하였는데, 그 가운데 명문 "연후재지췌거燕侯載
> 之萃鋸"라 쓰인 화폐도 있다.
> ● 또 80년대 북경(北京베이징) 연경(延慶옌칭) 군도(軍都) 산동(山
> 東산둥) 주산융(周山戎) 무덤에서 130여 건의 청동삭도(靑銅削刀)와
> 10여 매의 첨수도가 출토되었다. 발굴자들이 첨수도와 청동삭도가
> 같은 무덤에 있는 것과 두 화폐 모양의 변화가 서로 어떤 관련이 있
> 는 것을 통해 연나라 그리고 그 근접한 지역에서 가장 일찍 나온 화
> 폐인 첨수도가 산융(山戎)문화에서 일상 필수적 생활 도구인 청동삭
> 도에서 온 것을 추측할 수 있게 되었다. 최근 요동(遼東랴오둥), 산
> 동(山東산둥) 등 지역에서도 소량의 화폐가 출토되었다.[56]

과거에 나온 첨수도가 대부분 하간(河間허지엔), 보정(保定바오딩)과 요성(聊城랴오청) 등의 지역에서 출토되었다는 것을 알 수 있다. 하간과 보정은 현재 하북성 중부와 남쪽이며, 요성은 산동성 서쪽 끝에 가까운 곳이다. 또 중국 건국 후, 여러 곳에서 첨수도가 출토되었다. 1974년 요녕성 능원현 소성자 공사수기대대(遼寧省凌源縣小城子公社修技大隊랴오녕성 링위안시엔샤오청쯔공써시우지다뒤)에서 완정된 첨수도 943매가 출토되었다.

다음은 진융문(陳隆文)이 『춘추전국화폐지리연구』에서 제시한 첨수도의 출토지점 및 이동로이다.[57] 첨수도가 출토된 곳을 지역별로 정리하면 다음과 같다.[58]

> ● 하북(河北허베이) 장가구(張家口장쟈커우) 지역의 회래(懷來화이라
> 이), 방가보구(龐家堡區팡지야바오취), 백묘향(白廟響바이먀오샹) 등

---

56) 高英民, 『中國古代錢幣』 學苑出版社, 2007, 32~34쪽
57) 陳隆文, 『春秋戰國貨幣地理研究』 인민출판사, 2006, 128쪽
58) 陳隆文, 『先秦貨幣地理研究』 科學出版社, 2008, 80쪽; 陳隆文 『春秋戰國貨幣地理研究』 127쪽

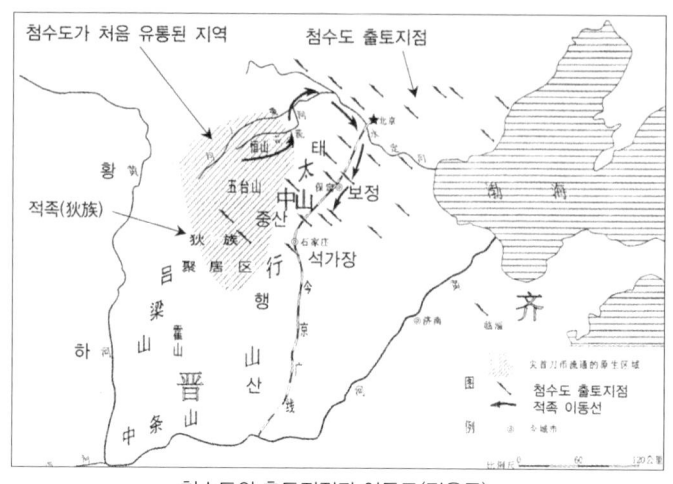
첨수도의 출토지점과 이동로(진용문)

- 승덕지역의 란평현(滦平縣롼핑셴), 흥륭현(興隆縣싱룽셴) 두자욕(陡子峪더우즈위)
- 북경(北京베이징) 지역의 연경 향영공사(延慶香營公社옌칭샹잉공서), 신장보(辛莊堡신좡보아)와 군도산(軍都山쥔두산)의 호로구(葫蘆溝후루거우), 옥 황묘(玉皇廟위황먀오), 서량광경(西梁垙境시량징)
- 진황도(秦皇島친황다오) 지역의 무녕현(憮寧縣푸닝셴) 유관진(榆關鎭위관전)
- 당산(唐山탕산) 지역의 천서(遷西첸시) 란하(滦河롼허) 동안(東岸), 준화낭랑장(遵化娘娘庄준화냥냥좡), 락정정류향(樂亭汀柳鄕) 등 지역
- 보정(保定보아딩) 지역의 고비점(高碑店가오베이뎬), 용성현(容城縣룽청셴), 량마대(晾馬臺량마타이), 나하촌(羅河村러우허춘) 등 지역; 부평(阜平푸핑), 당현(唐縣탕셴), 안국(安國안귀), 래수(淶水라이쉬), 만성(滿城만청), 역현(易縣이셴) 연하도(燕下都옌샤두) 향동심촌(向東沈村샹둥선춘), 랑정촌(郎井村랑징춘), 고맥촌(高陌村가오모춘)과 군영촌(軍營村쥔잉춘) 등 지역
- 창주(滄州창주)지역의 창현(滄縣창셴) 초가루(肖家樓샤오쟈러우)
- 석가장(石家庄스쟈좡) 지역의 석가장시(石家庄市스쟈좡스), 신락

> 시(新樂市신러시), 고성(藁城가오청) 북루촌(北樓村베이러우춘), 평산(平山핑산) 및 평산 령수 고성(平山靈壽古城핑산 링수구청) 등에서 모두 첨수도를 발견했다.

이상에서 보듯이 장가구, 당산, 석가장, 보정 지역 등에서 많이 발견됐다. 이 중에 석가장, 보정 지역은 전에 적인(狄人)인 선우 중산국이 지배한 중심 지역이다. 천진 지역의 보지현(寶坻縣바오지셴), 요녕성(遼寧省랴오닝성) 조양(朝陽차오양)지역 동쪽의 능원시(凌源市링위안시) 도시와 농촌 및 근처에 있는 요서 지역인 객라심 좌익 몽골족 자치현(喀喇沁左翼蒙古族自治縣:객좌), 산서성 우현(盂縣), 산동성 치박(淄博) 등에서도 첨수도를 발견했다.[59]

첨수도의 문자들

첨수도에는 우리가 지금도 쉽게 알 수 있는 吉(길), 金(금), 壬(임), 工(공) 등의 문자도 있고, 또 전혀 알 수 없는 글자도 있다. 지금까지 도폐(刀幣)문자는 낱글자로 약 1,000자에 이른다. 그 대부분은 명도(明刀)와 제도(齊刀)가 차지하고 있다. 그 중에 첨수도에 새겨진 문자는 적은 편이다. 첨수도 문자는, 가장 오래된 『고천회』에 「열국도 첨수도」라는 이름으로 132품이 그림과 함께 소개돼 있고, 『대계』에는 107자가 석문(釋文)과 함께 실려 있다. 중복되는 것을 가리면 첨수도의 낱글자[不二檢字]는 60여 자가 된다. 또 『대사전』에는 중복되는 글자를 하나로 묶어 모두 165개 항목으로 첨수도를 분류하여 설명하고 있다. 이 중에 『대사전』이 최근의 자료까지 잘 수집하여 정리하

---

59) 陳隆文, 『先秦貨幣地理研究』, 科學出版社, 2008, 80쪽; 陳隆文 『春秋戰國貨幣地理研究』 127쪽

였으므로 『대사전』의 「선진편(先秦編)」을 중심으로 공통적으로 중요한 몇 글자만을 골라 중국학자들의 설명을 먼저 알아보고 저자의 견해를 덧붙이고자 한다. 부호류는 생략하고 문자 중심으로 설명한다.

첨수도에 나타난 글자들을 정리한 대표적인 표를 보면 다음과 같다.

㉠ 『고전신탐』: 앞에서 지적한 것처럼 주활(朱活)은 『고전신탐』에서 첨수도를 첨수도 Ⅰ형[60]과 첨수도Ⅱ형(침수도)[61]으로 나누고 그 문자표를 다음과 같이 제시하였다.[62] 첨수도 Ⅰ형은 하북성 중부 및 동부와 요녕성 서남부에서 출토된 것이고, 첨수도Ⅱ형(침수도)은 장가구(張家口), 승덕(承德) 등지에서 출토된 것으로 뒤편에서 설명할 유엽의 예봉도(銳鋒刀) 문자와 일치한다.

주활의 첨수도 Ⅰ형 문자표

주활은 첨수도Ⅱ형의 도문(刀文)에 있는 죽(竹)자에 상당한 의미를 두고 있다. 왜냐하면 Ⅱ형의 첨수도(달리 '침수도'라 칭함)는 예전에 요동(遼東) 혹은 장가구(張家口), 승덕(承德) 등에서 출토되었고, Ⅰ형 첨수도 또한 요녕(遼寧) 능원(凌源)의 소성자(小城子)에서 출토되

---

60) 朱活, 『古錢新探』 齊魯書社, 1984, 142쪽
61) 朱活, 『古錢新探』 齊魯書社, 1984, 144쪽
62) 朱活, 『古錢新探』 齊魯書社, 1984, 142쪽 및 144쪽

주활의 첨수도형 Ⅱ형 문자표

 없는데, 이 지역은 모두 고죽(孤竹)과 인접하거나, 당시 고죽족들의 활동 범위 안에 위치하기 때문이다.[63] 이에 관하여는 뒤에서 다시 설명할 것이다.

ⓒ 『하북화폐도지』 : 다음은 장이(張弛)가 하북(河北)에서 출토된 첨수도의 주요문자를 정리한 『하북화폐도지』에서 발췌한 것이다.[64]

장이의 하북지역 출토 첨수도 문자

---

63) 朱活, 『古錢新探』 齊魯書社, 1984, 179쪽
64) 張弛, 『河北貨幣圖志』 河北人民出版社, 1997, 24쪽

석영사 · 왕소방의 Ⅳ식 첨수도 문자

ⓒ 「燕國貨幣的發現與研究」: 석영사 · 왕소방은 첨수도를 갑형, 을형, 병형의 3종으로 나누었고, 이를 나라별로 분류했는데, 그 중에 Ⅳ식 첨수도 문자를 소개한다.[65]

첨수도에 새겨진 한자의 해석

1992년에 편집하고, 1995년 중화서국에서 발간한『중국전폐 대사전』(이하 대사전)은 선진편, 진한편, 위진남북조편, 송료서하금편, 혁명 근거지편, 민국편, 천인저술편, 고고자료편 등으로 구성되어 있다. 선진(先秦)시기를 포함하여 정치, 경제, 문화, 사상, 민속, 금속 제련, 주조공예 등을 포함하고 있다. 이『대사전』은 전폐학(錢幣學: 화폐학)과 고고학을 결합하여 연대를 명확하게 하고 연대 기준을 판단하기 위해서 고분에서 출토된 화폐, 화폐의 주형[錢範], 문헌 그리고 수많은 전폐를 이용하여, 전폐학 방면의 연구 성과를 서로 검증하여 학술 가치가 높고 화폐의 시기와 연대를 구분 판단 할 수 있는 표

---

65) 石永士 王素芳,「燕國貨幣的發現與研究」,『中國錢幣論文集』2, 1992, 38~68쪽

준적인 단어목록을 설립하고 저술하였다. 여기에 사용한 화폐자료들 85% 이상은 새로 출토된 실물이다. 필자는 이 중에 「선진편(先秦編)」을 많이 참고하였다. 이 글에서 『대사전』은 곧 「선진편」을 의미한다. 편찬자는 고문자의 고증 해석과 모조품을 골라내는데 많은 시간을 들였다. 단어목록이 974개, 탁본(拓本)과 그림 1,500여 건을 수록했다. 탈고한 후, 또 북경대학 구석규(裘錫圭), 이가호(李家浩)에게 요청해서 일부 고문자의 해독 상의 의문을 해결했고, 국가 문물 감정위원회의 대지강(戴志强)에게 특별하게 부탁해서 화폐의 진위에 대해 감정도 했다.

무문(無文) 첨수도

『대사전』에 의하면, 이 글자 없는 무문 첨수도는 춘추시대 중만기(中晚期:서기전 6세기경)에 연(燕)나라에서 주조하고, 제(齊)나라, 선우(鮮虞), 중산(中山) 등지에서 유통되었다고 말한다. 이는 중국학자 석영사(石永士)의 견해를 반영한 것이다. 첨수도의 재질은 청동이다. 크기는 대 중 소 세 종으로 나눌 수 있다.[66]

큰 것[大型]은 1958년 이래 하북성 회래(懷來), 평산(平山), 고성(藁城) 등지에서 출토되고 있다. 활모양의 등[背]이 비교적 크다. 총 길이[全長, 通長]는 16.3~17.3cm, 가장 넓은 폭[寬]은 2~2.6cm, 고리의 지름[環徑]은 1.7~2.5cm, 무게는 10.8~ 22g.

중형(中型) 크기는 1979년 하북성 역현(易縣) 연하도(燕下都)에서 출토되었다. 일반의 길이는 15.5~15.7cm, 가장 넓은 폭은 1.8~2.0cm, 고리지름은 1.5~1.7cm, 무게는 16.8~19.3g이다.

---

66) 中國錢幣大辭典編纂委員會 編, 『中國錢幣大辭典 : 先秦篇』 中華書局, 1995, 407쪽

소형(小型) 크기는 1966년 이래 하북성 낙정(樂亭), 평산(平山), 역현(易縣) 연하도(燕下都), 요녕(遼寧) 능원(凌源), 산동(山東) 임치(臨淄)와 북경(北京) 연경(延慶) 등지에서 출토되었다. 굽은 등이 매우 작다. 일반의 길이는 15~15.5cm, 가장 넓은 폭은 1.9cm, 고리지름은 1.7cm, 무게는 13~17g이다.

九(구)와 八(팔)자 첨수도

『대사전』에 의하면, 구(九)자 첨수도[67]는 춘추시대 중만기(中晚期)에 청동으로 주조된 화폐이다. 통길이 16.7cm/최고 넓이 2cm, 고리지름 2.6cm,[68] 무게 12.9g이다. 1979년 하북성(河北省) 평산(平山) 영수(靈壽링수)에서 1매가 출토되었다. 다음의 1982년에 출토된 구팔(九八) 첨수도도 춘추시대 중만기(中晚期)에 청동으로 주조된 화폐이다.[69] 일반적으로 연나라에서 주조되고, 선우(鮮虞), 중산(中山) 등지에서 유통되었다고 한다. 앞면의 상단에 있는 九(구)는 반서(反書:좌우 대칭으로 쓴 것)로 썼고, 하단의 八(팔)은 횡서(橫書:90도 회전)로 썼다. 뒷면은 평평하고 희다. 이에 대한 중국학자 황석전(黃錫全)의 해석을 보기로 한다.

> 고성(藁城가오성)에서 출토된 화폐들에 의하면 위는 "九", 아래도 숫자 "八"이라고 추측한다. 그러나 그 위의 "九"가 九자지만, 사실은 숫자를 가리키는 것이 아니다. 오해를 피하기 위해 일부러 "八"자

---

67) 中國錢幣大辭典編纂委員會 編, 『中國錢幣大辭典 : 先秦篇』 中華書局, 1995, 426쪽
68) 『대사전』에 1.6cm라 하였으나 황석전에 의해 2.6cm로 바로 잡는다.
69) 中國錢幣大辭典編纂委員會 編, 『中國錢幣大辭典 : 先秦篇』 中華書局, 1995, 427쪽

> 를 세로로 써서 구별하고 있다. 여기서 이 "九"는 숫자가 아니라, 지명이나 나라 이름이 마땅하다. 백적(白狄)의 하나인 구유(仇由)국의 "仇(구)"일 가능성이 가장 높다.70)

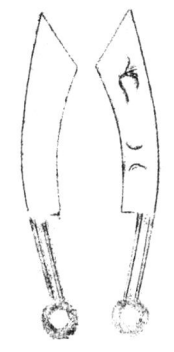
九八(구팔) 첨수도
(고성 출토/『대사전』427쪽)

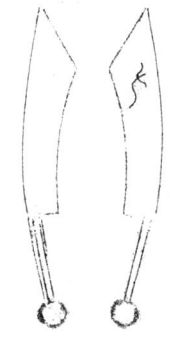
九(구) 첨수도
(대형, 평산 영수 출토)

이처럼 첨수도에는 一(일), 二(이), 八(팔), 十(십) 등의 숫자가 등장한다. 이 九(구)의 문양이 다양하다. 『대사전』에만 10개가 나타나고, 이 九(구)와 다른 숫자, 다른 문양과 함께 병용한 첨수도도 있다. 『설문해자』에는 九(구)에 대해 말하기를, "陽(양)은 變(변)하는 것"이라 하여 음양설로 설명하고 있다.

갑골문의 자형은 굽은 갈고리(鉤)를 그린 것으로 보인다. 이 鉤(구)자는 옛적에 句(구)로 썼다. 句(구)와 九(구)는 그 古音(고음)이 같다. 그래서 句(구)를 얻어 九(구)로 차용되었다고 한다.71)

고대한국의 경우도 '구'에 대한 일례가 있다. 저자가 보기에 『삼국사기』(三國史記, 34권)에 의하면, 대성군은 본래 구도성(大城郡本仇刀城)이라 했다. 여기서 仇(구)는 대(大) 즉 '크'로 읽는다. 또 『삼국유

---

70) 黃錫全,『先秦貨幣研究』中華書局, 2001, 261쪽
71) 徐中舒 編,『甲骨文字典』中國四川辭書出版社, 1998, 1531쪽

사』(三國遺事) 박혁거세왕편에 보면, 여섯 촌 가운데 구양벌(仇良伐)이 나오고, 구례마(仇禮馬)가 나온다. 역시 대(大)로 쓰기 이전에 고대한국에서는 구(仇)로 쓰였다는 것을 알 수 있다.

工(공)자 첨수도

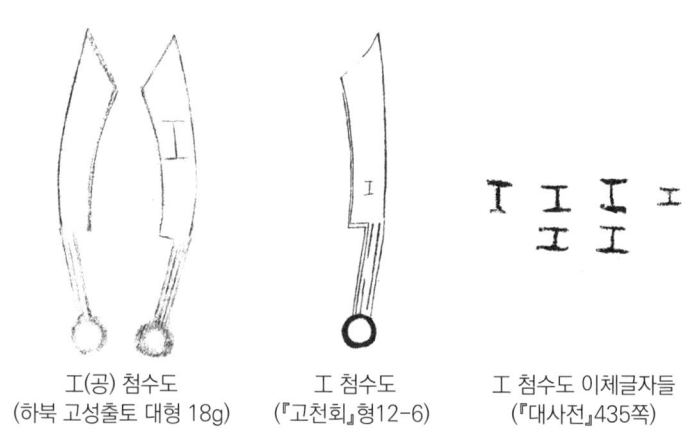

工(공) 첨수도　　　　　工 첨수도　　　　工 첨수도 이체글자들
(하북 고성출토 대형 18g)　(『고천회』형12-6)　　(『대사전』435쪽)

도폐, 포폐류에 수없이 나오는 이 工(공)의 정체는 무엇인가?『대사전』의 工(공) 첨수도[72]와 『고천회』의 工(공) 첨수도[73]를 소개한다. 그 이체자들도 대비할 필요가 있다.[74] 인명인가, 아니면 지명인가. 또 다른 상징물인가에 의문이 많다. 황석전은, 工(공)은 춘추의 지명에 없다고 전제하고, 工(공)과 共(공)은 통하므로 진(晉)나라 공지(共池)라 추정했다. 또 산서성의 絳(강) 지명과의 연결성을 말하고 있다.[75] "共

---

72) 中國錢幣大辭典編纂委員會 編,『中國錢幣大辭典 : 先秦篇』中華書局, 1995, 434쪽
73) 李佐賢,『고천회』『속천회』상해고적출판사, 1992년(합본), 958쪽
74) 中國錢幣大辭典編纂委員會 編,『中國錢幣大辭典 : 先秦篇』中華書局, 1995, 435쪽
75) 黃錫全,『先秦貨幣硏究』中華書局, 2001, 19~20쪽 또는 60쪽

공"자가 있는 화폐(엽전모양)가 문희현(聞喜縣원시셴) 창저촌(蒼底村 창디춘) 동북쪽 대략 사십 화리에서 출토된 바 있다.[76]

『설문해자』에 이르기를, 工(공)은 "정교한 장식이라는 뜻이다. 사람들이 자(그림쇠와 곱자)를 가지고 있는 것을 형상하였다. 巫(무)와 구성원리가 같다"[77]고 했다. 規(규)는 원을 그리는 그림쇠이고, 榘(구)는 사각을 그리는 곱자이다. 이효정은 工(공)이 榘(구)를 형상한 것인지 의심스럽다고 했고, 서중서는 보일 示(시)의 갑골문 자형의 생략 같다고 했다.

工(공)의 갑골문 자형(占)은 한글 '모'자와 같고, 또 그것의 도서(倒書:180도 대칭으로 쓴 것)와도 같다. 工(공)과 같은 기호부호로 合, 四, 一, 上, 尺, 工, 凡, 六, 五, 乙 등이 있다. 고문에는 工(공)자가 〈丟, 珍, 巨〉로 보인다. 오른쪽에 터럭 彡(삼)자 문양이 그려져 있다. 이 터럭에서 정교(精巧)하다는 말이 나온 것 같다. 정교하다는 말은 工(공)자에서 보듯이 두 평행선(=)의 가운데를 잘 맞추었다는 뜻도 갖는다. 工(공)에 한 획을 가해 己(기, 乇)가 된다. 또 『설문해자』에는 巫(무)자가 두 사람이 화려한 옷을 입고 춤을 추는 형상이라고 했지만,[78] 실제 갑골문에 나오는 무는 ╋이다.

王(왕)자 첨수도

『대사전』의 王(왕)자 첨수도[79]와 그 유사문자들을 소개하면 다음

---

76) 朱華,「近幾年來山西省出土古代貨幣」88쪽 (원출전 미상)
77) "巧飾(교식)也 象人有規榘(규구) 與巫同意 凡工之屬皆从工"(『說文』)
78) "巫, [武扶切], 祝也 女能事無形, 以舞降神者也 象人兩褽舞形 與工同意 古者巫咸初作巫 凡巫之屬皆从巫"(『說文』)
79) 中國錢幣大辭典編纂委員會 編,『中國錢幣大辭典:先秦篇』中華書局, 1995, 445쪽

과 같다.80) 이좌현(李佐賢)은 『고천회』에서 방족포의 경우, 왕(王)자는 가운데 획이 짧아 임(壬)자와 다르다고 했다.81) 임(壬)자는 상대적으로 가운데 획이 길다. 첨수도에서도 그런 원칙은 대체로 지켜지고 있다. 임금 王(왕)은 갑골문에서 자루 없는 도끼를 형상한 것이다. 이 자루 없는 도끼는 병기(兵器)이면서 권력을 상징한다.

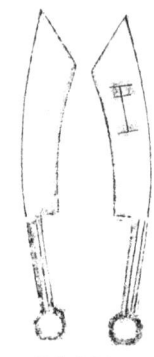
王(왕)자 첨수도
(대형, 고성출토, 12.9g/『대사전』)

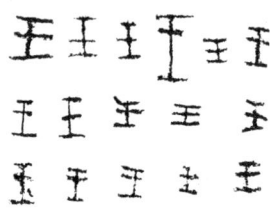
王(왕)자 유사문자
(『대사전』)

『설문해자』는, 王(왕)은 천하가 돌아가는 곳(天下所歸往也)이라 해석하여 왕의 권위를 나타내고 있다.82) 허신은 공자의 말을 인용하여 "하나로써 세 가지를 관통하는 것이 왕"(一貫三爲王)이라며 왕에게 아부까지 하고 있다. 왕(王, 王)자는 가운데 획이 위에 가깝게 올라가 있다. 그래서 도끼 모양을 연상할 수 있다. 도끼에 王(왕)이나 工(공)자를 새겨 그 권위를 상징했기 때문이다.83) 처음에 工(공)자의 지

---

80) 中國錢幣大辭典編纂委員會 編, 『中國錢幣大辭典 : 先秦篇』 中華書局, 1995, 445~446쪽
81) 李佐賢 『古泉匯』 石泉書屋, 1864년亨集11-8
82) "王, [雨方切], 天下所歸往也 董仲舒曰 : "古之造文者, 三畫而連其中謂之王 三者, 天地人也, 而參通之者王也." 孔子曰 : "一貫三爲王" 凡王之屬皆从王[李陽冰曰 : "中畫近上 王者 , 則天之義"(『說文』, http://tool.httpcn.com)
83) 中國社會科學院 『殷周金文集成』 中華書局, 2007, 11760번 11761번

도자가 후에 더 권위를 내세워 王(왕)자 지도자로 달라졌을 것이다. 사실 王(왕)자는 최남선의 말처럼 一(일)+工(공)의 합성 개념이다. 왕의 우리말은 임금이다. 임금은 곧 임검(壬儉)이다. 님은 곧 主(주)이다. 이 검(儉)은 두 가지 뜻이 있다. 신성(神性, 神聖)하다는 뜻과 왕(王)이라는 뜻이다.

우리말 임금을 뜻하는 이두식 표현들로『삼국유사』에 나타난 것으로는 니사금(尼師今), 니즐금(尼叱今니질금), 齒叱今(치질금=이즐금), 爾叱今(이즐금) 등이 있고,『삼국사기』에는 니사금(尼師今) 등이 있다.

日(일)자 첨수도

『대사전』의 日(일)자 첨수도[84]와 그 유사문자[85]들을 소개한다. 이 첨수도는 춘추 중만기에 청동으로 주조되었고, 연나라와 중산나라에서 주조하였다고 했다. 여러 가지 모양의 유사글자를 제시하고 있다.『설문해자』에 日(일)은 "가득 찬 것이다. 태양의 빛이 이지러지지 않는다. 囗과 一로 구성되었다"[86]고 했다. 갑골문에도 사각 입 口(구) 속에 一(일)이 들어 있다. 이 一(일)은 태양 빛이 한결같다는 뜻도 들어있다고 할 수 있으나, 본래 一(일)자는 圓(원:○)과의 구별을 위한 것이다. 대개 가운데에는 검은 점이 있다. 이것을 까마귀 烏(오)라 한다. 여기서 '검'은 더러운 것이 아니라 신성을 상징한다. 이지러진다[虧휴]는 것은 달을 염두에 두고 한 말이다. 해가 달과 다른 점은 이

---

84) 中國錢幣大辭典編纂委員會 編,『中國錢幣大辭典 : 先秦篇』中華書局, 1995, 447쪽
85) 中國錢幣大辭典編纂委員會 編,『中國錢幣大辭典 : 先秦篇』中華書局, 1995, 448쪽
86) "日 : [人質切], 實也 太陽之精不虧 从囗一 象形 凡日之屬皆从日"(『說文』)

지러짐 없이 한결같다는 점이다.

　日(일)은 첨수도에서 태양을 상징한다. 이 태양은 밝음을 상징하고, 이 밝음을 소중히 여긴 종족이 바로 태호 복희씨이다. 日(일)은 우리말로 날 일이다. 날은 〈낟〉이 그 조어형(뿌리말)이다. 이 낟에서 날(日일), 낮(晝주), 나조(夕석)로 파생한다. 몽고어로 태양을 나라(nara)라 하고, 아이누어로 닛(nis)이라 한다.[87]

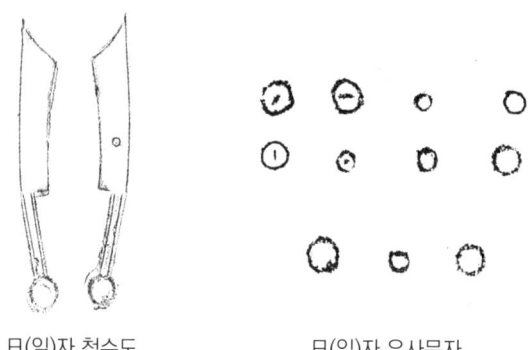

日(일)자 첨수도　　　　　　日(일)자 유사문자
(역현 출토,13.1g/『대사전』447쪽)　　(『대사전』448쪽)

　『삼국유사』의 고구려 건국사에 나오는 해모수의 '解(해)'는 그대로 '해'를 상징한다. 고구려인들은 하늘의 '해'를 그대로 '해'라고 불렀다는 것을 알 수 있다. 그 근거는 "아침에 세상에 나오고 저녁에 천궁으로 들어간다."라는 말에서 그것이 해의 운행임을 알 수 있는 것이다. 해모수(解慕漱)라는 말은 중국의 사서(史書)에 등장하지 않는다. 『논형』에 처음으로 東明(동명)이라고 나온다. 해모수와 동명은 의미가 서로 통한다. 다만 해모수는 태양을 상징할 뿐만 아니라, 천제(天帝)의 아들임을 강조한 말임을 알 수 있다. 그래서 해모수는 우리말로 '해머슴애'라 할 수 있다.[88]

---

87) 서정범『國語語源辭典』보고사, 2000, 134쪽
88) 김상기『동방사논총』서울대출판부, 1984, 6~7쪽

『계림유사』에 日曰契(일왈계), 黑隘切(흑애절)이라 했다. 契(계)는 '개'다. 태양을 개라 했다. 그래서 '개아지'라는 말이 있다. 날이 '개'다 라는 말에서 일(日)과 '개'의 연관성을 쉽게 알 수 있다. 개다는 밝아지는 뜻이다. 또 黑隘는 〈흑+애〉의 반절(先半 後半音)로 즉 〈ㅎ+ㅐ〉가 되어 '해'로 된다. 개, 밝, 해를 각각 한자로 쓰면, 奇(기)와 皆(개)이며, 白(백)과 檀(단)이며, 解(해)와 奚(해)이다.

첨수도에 새겨진 '원시형태 한글'의 해독

원시 한글 𠆢, 𠆢 첨수도

『대사전』에는 이 𠆢 첨수도가 두 개 나온다. 춘추시대 중만기(中晚期:B.C 5~6세기)에 연(燕)나라에서 청동으로 주조되었다고 했다. 이때는 대략 공자가 태어난 때이다. 1979년 하북 역현(易縣) 연하도(燕下都)[89]에서 출토되었다. 길이가 15.1cm, 가장 긴 폭이 2.1cm, 고리 직경 1.7cm, 무게 13.8g이다. 해석을 십씨(十氏)라 했다.

즉 이 첨수도의 ㅣ은 십(十)을 뜻하고, '𠆢'를 씨(氏)로 본 것이다. 고대 한국의 산목에서 〈ㅣ〉는 5를 뜻했다.[90] 그러나 이것은 숫자라기보다는 어떤 상징으로 볼 수 있다. 훈민정음으로 보면 '이'이고, 한자로 보면 뚫을 '곤'이다. 『강희자전』에 이 뚫을 곤(ㅣ)은 또 위로 올

---

89) 중국 전국시대 연(燕)나라의 도성(都城). 지금의 하북성[河北省] 이현[易縣]에 있다. 국가중요보호문화재로 지정되어 있다. 동성(東城)과 서성(西城)으로 이루어져 있는데, 서성은 동서길이 8km, 남북길이 4km이며 동성은 동서길이 4.5km, 남북길이 4km의 규모로 지어져 있다. (http://100.nate.com/dicsearch/pentry.html?s=B&i=171220&v=42)
90) 『태백일사』(소도경전본훈)

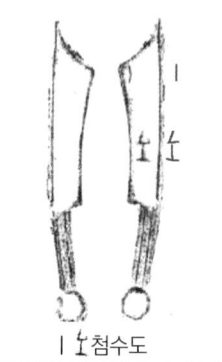 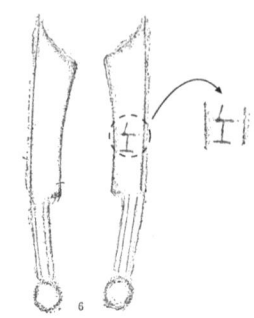

ㅣ ㅗ첨수도	ㅗ 첨수도
(역현 출토/『대사전』 418쪽)	(연하도 출토/『연하도진』 42쪽)

원시 한글 ㅗ, ㅗ첨수도

라가는 신(囟정수리), 아래로 내려가는 퇴(退) 등의 뜻이 있다. 저자는 여기서 정수리 신(囟)으로 본다.

   그리고 석영사, 석뢰 등에 의해 편집된 『연하도 동주화폐취진』[91] (이하 연하도진)에도 같은 모양의 ㅗ 첨수도가 실려 있다.

   이 'ㅗ' 첨수도보다 뒤에 나온 전국시대의 방족포(方足布:다리가 평평한 것)에도 유사한 형태의 'ㅗ'가 보인다. 그런데 이 '壬ㅗ'를 마앙이 해석하기를, 壬(임)은 곧 任(임)이며, 'ㅗ'는 씨(氏)로 두 글자는 임씨(任氏)라 하고, 임씨는 대개 노나라 땅(魯地)이라(任氏蓋魯地) 했다.[92] 『맹자』(고자 장구 下5장)에 추나라에서 임(任)나라로 가서 계자(季子)를 만났다는 고사가 있다. 'ㅗ'는 대개 氏씨로 보는데, 氏의 갑골문에는 그런 유사꼴이 없다. 그래도 마앙이 'ㅗ'의 氏를 노지魯 地의 뜻으로 본 것은 대단한 식견이다. 청나라 주풍이 찬한 『고금대문록』에는 이 ㅗ 글자를 모르겠다(不可識)고 썼다.[93] 한글을 이해하

---

91) 石永士, 石磊 『燕下都東周貨幣聚珍』 文物出版社, 1996, 42쪽
92) 馬昂 考釋 ; 益貞吉 敎 刊 『貨布文字考』 1924, 3권 29면
93) 朱楓 『古金待問錄』 권3, 14~15쪽

지 못하면 당연히 알 수 없는 말이다. 그에 의하면 이런 알 수 없는 방족포가 55품이나 있다고 했다. 이는 유사한 원시 한글 모양의 도폐들이 즐비했다는 말과도 같다. 따라서 저자는 '任氏蓋魯地'(임씨개노지)의 해석에 따라 "壬𠂇"는 임씨의 노지라는 말로써, 任임은 임씨(任氏)로 𠂇는 노지(魯地)의 '노(盧)'로 보아 이를 한글 '노'(no)의 반서(反書:180도로 좌우대칭)체로 보는 것이다.

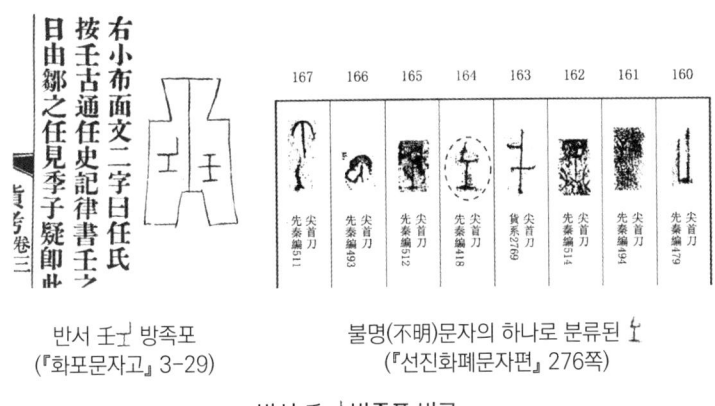

반서 壬𠂇 방족포
(『화포문자고』 3-29)

불명(不明)문자의 하나로 분류된 𠂇
(『선진화폐문자편』 276쪽)

반서 壬𠂇 방족포 비교

이런 의미에서 𠂇첨수도도 최근 나온 『선진화폐문자편』에서 알 수 없는 불명문자로 분류했다는 것은 한자 氏(씨)가 아니기 때문이다. 따라서 그대로 한글 노(no)로 읽을 수 있다고 본다. 𠂇를 한글 '노'로 볼 경우, 노의 음으로 나온 한자로는 盧(노), 奴(노) 등이 있다. 황석전은 한자 奴(노)가 나오는 방족포 설명에서 주활(朱活)과 같이 위(魏)나라 지점(地點)인 고노(高奴)로 보았다.[94] 『대사전』도 이를 고노(高奴)로 보았다.[95]

---

94) 黃錫全 『先秦貨幣研究』中華書局, 2001, 147쪽
95) 中國錢幣大辭典編纂委員會 編 『中國錢幣大辭典 : 先秦篇』中華書局, 1995, 255쪽

그 다음으로 ㄴ에 관한 문제이다. 이 첨수도가 연나라 도성인 연하도(燕下都)에서 채집되었다(『대사전』 450쪽). 그러나 『대사전』에는 연하도에서 출토된 몇 가지 첨수도가 실려 있지만 연(燕)나라를 상징하는 특별한 글자는 보이지 않는다. 이좌현의 『고천회』(亨12-9)에도 ㄴ가 보인다. 이 ㄴ자 첨수도는 최근에 나온 상해고적출판사본 『고천회 속천회』(이하 상해고적본)에 실려 있다.[96] 이좌현도 이를 씨(氏)로 해석하였으나,[97] 황석전은, 첨수도는 연나라에서 주조되지 않았다고 주장했다.[98] 그렇다면 연나라 도성(都城)에서 출토된 ㅗ첨수도나 ㄴ첨수도는 중국이 아닌 주변 이민족으로부터 유통되어 온 것으로 볼 수 있다. ㅗ첨수도는 그 모양이 당산의 첨수도와 아주 비슷하다. 또 출토지 불명으로 나온 첨수도를 한글 '노'의 도서(倒書: 상하로 대칭되게 거꾸로 쓴 글자)로 보는 것이다.

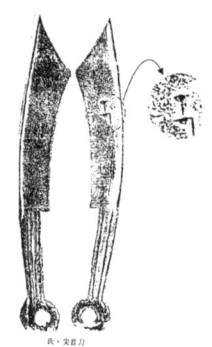
거꾸로 쓴 ㄴ첨수도
(출토지불명/
『대사전』 450쪽)

도서 ㄴ첨수도
(『고천회』 亨12-9:
상해고적본 963쪽)

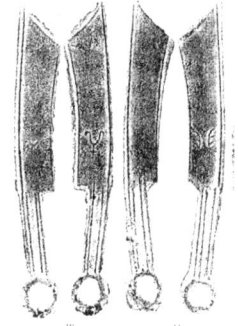
당산의 뾰족돈칼
(『中國錢幣』 2009,2기)

ㄴ 첨수도

---

96) 李佐賢 鮑康 『古泉匯,續泉匯』(中國錢幣文獻叢書 第16輯) 上海古籍出版社, 1992, 963쪽
97) 李佐賢 『古泉匯』 1864, 亨12-9면
98) 黃錫全 『先秦貨幣研究』 中華書局, 2001, 252~253쪽

주활은 요동(遼東), 장가구(張家口), 승덕(承德), 요녕(遼寧) 능원(凌源)의 소성자(小城子) 등의 지역은 모두 고죽(孤竹)과 인접하거나, 당시 고죽족들의 활동 범위 안에 위치한 곳이라 했다.[99] 승덕은 난하 동부로 고죽국의 확실한 강역이다. 그래서 이 ᚁ자는 ᚂ자와 같이 출토지가 확실하다는 면에서 고죽국의 문자를 해명하는데 있어서 중요한 열쇠가 된다. 아울러 연하도에서 채집되었다는 ᚃ첨수도는 그 모양이 난하 유역의 당산의 첨수도와 아주 비슷한 것으로 볼 때, 첨수도는 연나라 고유 첨수도가 아니고 고죽국의 첨수도로 볼 수 있다.

『삼국사기』나 『삼국유사』에는 우리말의 어원을 알 수 있는 지명들이 나열돼 있다. 예컨대, 최범훈은 우리말 지명연구의 필요성을 이미 제시한 바 있다. 그는 "지명은 배달겨레의 성립 및 이동에 관한 연구에 무슨 기틀을 줄 수 있다"[100]고 본 것이다. 우선 이 '노'자의 의미를 알아보기 위해 '노'가 사용된 용례를 살펴본다.[101]

고구려에 **仍伐奴縣**(잉벌노현:『삼국사기』 권35)과 **今勿奴縣**(금물노현:『삼국사기』 권37)이라는 지명이 있었다. 이 노(奴)는 물에 가까운 땅, 벌판 또는 평야의 뜻이었고, 그곳에 사는 어떤 지역의 집단을 의미한 것을 알 수 있다. 일반적으로 고구려 말 惱(뇌), 奴(노), 內(내), 羅(나), 盧(노, 로), 婁(루) 등은 땅, 벌판, 평야 등의 뜻으로 훗날에 壤(양)으로 대치되었다고 한다. 이 말은 고구려 지명에만 두루 사용되었고 남부의 지명에는 신라의 이름인 사로(斯盧:『삼국유사』, 권1)[102]가

---

99) 朱活『古錢新探』齊魯書社, 1984, 179쪽
100) 최범훈「고유어 지명연구」『민족문화논총』삼중당, 1973, 402쪽(재인용)
101) 『삼국유사』 위만조선조에 연(燕)나라 왕 노관(盧綰)이 한(漢)나라를 배반하고 흉노(匈奴)에게 들어갔다고 한다. 노관은 <노>자 성을 가진 사람이다.
102) 『삼국유사』(권1)에 의하면 신라 사로국(斯盧國)이 개창될 당시에 현재의 경북 경주지역 혹은 경주를 포함한 경상도 일대에 알천 양산촌, 돌산 고허촌, 취산 진지촌, 무산 대수촌, 금산 가리촌, 명활산 고야촌의 6촌이 있었다고 한다. [출처 : 국사편찬위원회 한국사데이터베이스 http://db.history.go.kr]

있고, 신라 유리왕의 이름이 또한 노례왕(努禮王: 『삼국유사』, 권1) 등 부분적으로 나온다. 또 수로왕(首露王)의 이름에서 수(首)가 곧 로(露, 奴)임을 알 수 있고, 수로부인(水路夫人)의 수(水)가 곧 로(路, 盧)임을 알 수 있다. 이로 보아 惱(뇌), 奴(노), 內(내), 羅(나), 盧(노,로), 婁(루) 등은 주로 북방계에서 흘러 들어와 후에 남쪽 지방에도 변형된 형태로 영향을 주었다는 것을 알 수 있다.

이좌현의 『속천회』에 실린 ' 上 ' 첨수도

이좌현(李佐賢리줘시엔:1806~1876)은 청나라 시기 산동(山東)의 이진현(利津縣) 사람이다.[103] 유명한 고물 수장가이며 옛 돈을 연구한 전폐학자이다. 『고천회(古泉匯)』는 청나라 말기에 나온 이좌현(李佐賢)의 대작이고, 천폐학계(泉幣學界)에서 가장 높은 명성을 누리고 있다. 이좌현(李佐賢)의 자는 죽붕(竹朋)이다. 옛날의 청동기와 고(古)화폐를 수집하기를 좋아했던 그는 함풍(咸豊)[104] 시기에 이 책을 저술하여 동치(同治)[105] 3년(1864년)에 자신의 석천서옥(石泉書屋)에서 간행했다. 총 64권이고 동주(東周)부터 명(明)나라까지 화폐 5,000여 매를 집록했다. 『속천회』는 『고천회』가 발간된 지 11년 만에 나온 책이다. 이좌현은 포강과 공저의 형식으로 『속천회』를 『고천회』의 속간형식으로 발간하였다. 이좌현은 이 책의 서문을 포강에

---

103) 維基百科, 自由的百科全書 : 李佐賢(1807年－1876年), 字仲敏, 號竹朋, 山東利津左家莊人 清朝官員, 收藏家 道光十五年(1835年) 乙未科第二甲進士 選翰林院庶吉士, 散館授編修 官至福建汀州府知府 生平喜好收藏古器物和古錢幣 鹹豊年間撰成《古泉彙》六十四卷, 分古布 古刀 圓錢 異泉雜品 錢範等部, 同治三年(1864年) 刊行 光緒初年, 又與鮑康合撰《續泉彙》十四卷 補遺二卷.
104) 중국(中國) 청(清)나라 문종(文宗) 때의 연호(年號). 서기(西紀) 1851년부터 1861년까지.
105) 중국 청나라 목종 때의 연호(1862~1874).

게 맡기고, 자신은 마지막에 발문을 썼다. 세상 사람들은 이 두 권의 책을 합쳐 그냥 『고천회』라고도 한다. 일본인 학자는 이 책을 고금전서(餞書)의 백미(白眉)라고 찬탄하였다.[106] 저자가 국립중앙도서관에서 열람한 『속천회』는 원-형-이-정의 4집으로 구성되어 있다. 문제의 첨수도는 이 책의 두 번째 형집(亨集) 속에 있었다. 형집은 고도(古刀)편으로 제1권 제도(齊刀), 제2권 명도(明刀), 제3권 열국도(列國刀) 등 3권으로 구성되어 있다.

이좌현은 명도(明刀)보다 제도(齊刀)를 항상 앞에 놓았다. 이좌현은 명도의 출토에 관한 기록을 1819년에 발간된 『길금소견록』(吉金所見錄)에서 인용하고 있다. 이 책에 의하면, "하간(河間) 역주(易州)의 허물어진 우물에서 발견하여 찾을 때마다 수천 건을 발견했다"고 했다. 또 자신의 『고천회』에 실린 명도전은 청나라 도광(道光, 1821~1850)시기 직예(直隸즈리) 안에서 출토된 화폐라고 기록했다.[107]

문제의 첨수도는 제도나 명도로 분류되지 않는 열국도에 들어 있었다. 형집 제3권 열국도는 다시 첨수류(尖首類)와 이품류(異品類)로 구별했다. 이품류는 제도나 명도, 첨수도에 넣을 수 없는 다른 특이품들을 모은 것이다.

먼저 첨수류의 목록을 보자. 첨수도 앞면에는 한 글자씩 새겨져 있는데, 이좌현은 글자가 확인된 순으로 나열하였다. 六(륙)자, 丁(하), 化(화), 非(비), 乘(승), 土(토), 于(우), 日(일) 등의 순서로 싣고 마지막에 알 수 없다는 불가식(不可識) 두 글자를 실었다. 그 마지막에 문제의 한 글자가 있었다. 바로 '돈'이었다. 돈칼에 새겨진 '돈'자 첨수도. 아무리 고서에 통달한 이좌현이라도 우리 한글 '돈'자를 읽지 못했

---

106) 加藤繁 『中國貨幣史硏究』, 東洋文庫, 1991, 12쪽
107) 『고천회古泉匯』(亨集-4권-2면)

다. 그래서 그는 알 수 없는 글자로 남겨놓았다. 알 수 없는 글자라는 뜻으로 즉 '불가식(不可識)'문자라고 적었다. 이좌현은 이 불가식 문자를 버리지 않았다. 이 '토'자 첨수도는 『속천회』의 형(亨)집 3권 7면 뒷장에 실려 있다.[108]

오늘의 한글과 유사한 원시 한글 '토' 첨수도. 현재의 우리말로 '돈'이라고 말할 수 있고, 우리글로 '돈'이라 쓸 수 있는 '돈' 첨수도라고 본다. 이 첨수도가 실린 이좌현의 『속천회』에 관한 문헌상의 의심도 있을 수 있다. 그러나 5,000여점에 달하는 그의 고폐 수집가로서의 활동으로 볼 때 문헌에 대하여는 신뢰할 수 있다고 본다.

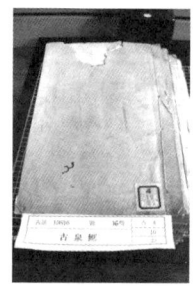
국립중앙도서관이
소장 중인
『고천회』와『속천회』16책

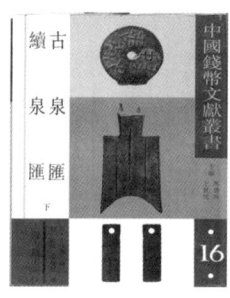
『고천회』와『속천회』
(상해고적출판사
1992년 합본)

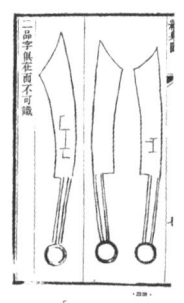
토 첨수도
(『속천회續泉匯』
亨3-7왼쪽;『상해고적본』
2228쪽)

속천회 토 첨수도

원시 한글 첨수도의 출토지와 주조자 문제

그렇다면 이제 남은 것은 것은 첨수도가 어디서 출토되었는가 하는 점과 어느 시기에 해당하는가 하는 점이다.

---

108) 李佐賢 鮑康『古泉匯, 續泉匯』(中國錢幣文獻叢書 第16輯) 上海古籍出版社,1992, 2228쪽

이좌현은 먼저 나온『고천회』에서 "열국도 첨수류는 최근에 연시(燕市:북경)에서 보는 것이 매우 많다. 명도(明刀), 백화(白貨), 한단(邯鄲)의 도폐와 같이 직예(直隸:북경부근)지방 경내에 나타났다"[109]고 했다. 『속천회』에 수록된 첨수도가 어디서 출토되었는지에 관해서는 구체적인 언급이 없다. 다만 이『속천회』의 공동저자인 포강(鮑康)은 "『속천회』에 실린 명도전이나 첨수도는 더 이상 보충할 것이 없었다."[110]고 한 점에 비추어 이좌현에 의해 이미 확보된 도폐였던 것 같다.

그 다음으로 첨수도의 존재 시기와 주조자의 종족 문제이다.

지금 당장 정확히 그 연대를 고증할 수는 없다. 알 수 없는 글자 '㔾'첨수도. 한글을 알지 못하는 중국 사람들이기에 누구도 범접하지 못했고, 그래서 누구도 모조하거나 모방할 수 없었을 것이다. 그 당시 첨수도의 주요 주조 및 유통지역에 대해 중국학자 고영민(高英民)은 보정(保定), 역현(易縣:이현), 안국(安國), 하간(河間), 낙정(樂亭), 석가장(石家莊) 일대의 하북성 중부지역을 발원지로 보았고,[111] 또 진용문(陳隆文)은 첨수도가 태항산(太行山) 동쪽 즉 지금의 석가장(石家莊), 보정(保定) 일대에서 유통되기 전까지 연나라와 제나라 두 국가의 경내에서 도폐가 주조되고 발행되었다는 고고학적 증거가 아직 발견되지 않았다고 말했으며, 다만 가장 빠른 첨수도는 연나라와 제나라 두 국가가 아닌 융적(戎狄)의 첨수도라고 과감히 주장했다.

나아가 그는 융적(戎狄)이 태항산 동쪽[太行山東]의 하북 중남부(河北中南部)에서 석가장(石家莊)을 중심으로 형성했던 첨수도폐 유통 구역의 범위는 첨수도폐 위의 새겨진 글[銘文]에 근거하여 하북의 고

---

109) 『고천회古泉匯』(亨集-9권-1면)
110) 鮑康『觀古閣叢稿』(1873년 발간)(3편 권상-19) :惟明刀尖首 可補者尙不乏
111) 高英民「河北藁城出土尖首刀」『中國錢幣』1987년 3기, 17쪽

성(비)[河北藁城(肥)], 임현(임)[任縣(壬)], 방자(방)[房子(方)], 영년현 서(계구) [永年縣西(鷄丘)], 망도동(작량)[望都東(勺梁)] 및 산동(山東) 상하현 동북(력,력현)[商河縣 東北(力,櫟縣)] 등 지역으로 추단할 때, 주로 지금의 하북(河北)의 보정(保定), 만성(滿城) 남쪽, 형태(邢台) 북쪽의 석가장(石家莊) 지구 및 이 지역 동쪽에 있는 산동(山東)과 하북(河北)의 인접지대이다.[112] 그렇다면, 문제의 '['첨수도 역시 제나라 도폐나 연나라 도폐가 아닌 '융적의 첨수도'라고 추정할 수 있다.

여기서 융적 즉 중국인들이 말하는 오랑캐가 만든 첨수도라는 말은, 이 첨수도를 처음으로 주조(鑄造)한 나라가 중국의 연(燕)나라나 제(齊)나라가 아니고 그들 밖에 있었던 이민족(異民族)이라는 뜻이다. 여기서 필자가 구태여 이민족이라 표현한 것은 그들은 연제(燕齊) 중심의 중국 통치 질서에 포함되지 않은 나라라는 것을 강하게 시사하고 있다. 다시 말해, 제나라 도폐와 연나라 도폐보다 더 먼저 주조된 바로 '융적의 첨수도'는 춘추 초기 내지 중기에 해당한다고 할 수 있다. 즉 서기전 8~7세기라 할 수 있다.[113] 이 근거가 타당성이 있는 것은 제나라 환공이 산융과 고죽국을 공략한 것이 서기전 7세기 중반이기 때문이다. 따라서 중국 학자들이 밝힌 첨수도의 주조 및 유통의 역사를 넓게 보면, 대개 지금부터 3,000년 전에서 2,500년 사이에 해당한다. 멀리는 상(商)나라 말기부터 춘추 중만기(中晩期) 까지 이르는데, 융적의 첨수도는 이 기간 중의 초기에 해당한다고 보는 것이다.

그 시기 첨수도 주조국 가운데 융적이라는 이민족으로는 산융(山

---

112) 陳隆文 「春秋戎狄尖首刀幣在 先秦貨幣史上的地位與影響」 『陝西師範大學繼賣敎育學報』 제22권, 3기. 2005. 9, 48~49쪽
113) 참고로 춘추시기는 서기전 770년부터 서기전 403년까지 약 360년간을 말한다. 앞에서 진융문은 제나라 도폐는 춘추 중후기에 해당한다고 했고, 융적의 첨수도는 이보다 이른 시기에 주조되었다고 했으므로 춘추 초기로 볼 수 있다.

戎)·중산국(中山國)·고죽국(孤竹國) 등이 있었는데 구체적으로 어느 종족인지는 알 수 없다. 어떤 때는 이들을 산융(山戎) 또는 융적(戎狄) 문화권이라고 뭉뚱그려 말할 수도 있다.[114] 산융문화라는 말은 1985년 북경시 문물연구소에 의해 사용되기 시작했는데, 처음 뜻은 선진(先秦)시기 북방(北方) 초원의 청동문화를 지칭한 말이었다.[115] 저자는 이 산융문화라는 말을 선진 시기에 중국질서의 주축을 이룬 연나라와 제나라 즉 연제(燕齊)문화에 대립하는 말로 쓰고자 한다. 어쨌든 중국 사람들이 말하는 것을 좀 세분하면, 비(肥)·고(鼓)·선우(鮮虞:中山國) 등은 적족(狄族)이고, 산융·영지(令支)·고죽(孤竹)·동호(東胡)·예맥(濊貊) 등은 융족(戎族)이라 한다. 북경을 중심으로 적족은 서남지방이고, 융족은 동북지방에 해당한다. 모두 고조선의 정치체에 속했다고 본다.

윤내현과 곽말약의 지도상으로 융적은 다음과 같은 곳을 지칭한다.

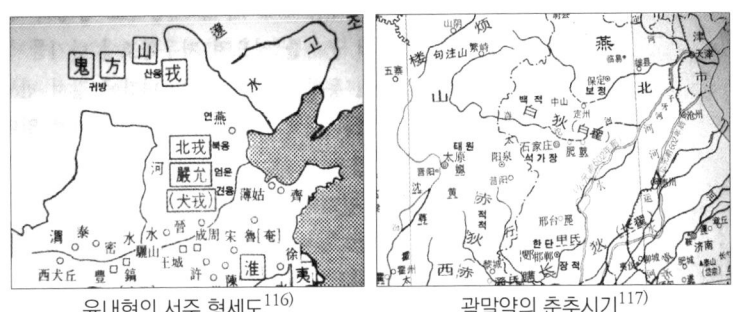

윤내현의 서주 형세도[116]   곽말약의 춘추시기[117]

---

114) 필자는 산융(山戎)문화라는 말이 좀 거슬리지만, 이 말은 잠정적으로 연제(燕-齊)문화의 대립개념으로 사용할 수 있다고 본다. 연제문화는 중국의 통치 질서권에 해당하나, 산융문화는 연제의 공격 대상이었던 통치권 밖의 이민족 문화였다고 이해해도 무방할 것이다.
115) 陳平「略論 山戎文化 的族屬及相關問題」『華夏考古』1995, 第3期, 63쪽
116) 윤내현『중국사』민음사, 1991, 90쪽
117) 지도 곽말약『중국사고지도집』중국지도출판사(北京), 1996, 16쪽

상주(商周)의 금문(金文) 중에 혜갑반(兮甲盤)에는 험윤(玁狁, 嚴允)과 회이(淮夷)에 관한 구절이 나온다. 기원전 832년에 주나라 왕이 험윤을 공격했다는 것과, 회이와의 무역을 못하도록 막는 내용이 수록돼 있다.[118] 이는 주나라 밖에 험윤과 회이라는 이민족이 분명히 존재했다는 것을 말해주는 것이며, 공격의 대상이 될 정도로 큰 상대였음을 말해준다. 왕국유는 이 때에 험윤을 공격했던 곳을 현재의 섬서성으로 보고 있다는 점을 고려하면 융적의 하나인 험윤의 세력은 상당히 광범위했다고 본다. 앞에서 황석전은 고성(藁城가오성)에서 출토된 "九"자 첨수도를 백적(白狄)의 하나인 구유(仇由)국의 "仇(구)"일 가능성이 가장 높다고 지적했다. 구(仇)가 원래 구(九)의 발음에서 나왔다. 구유(仇由)가 구요(仇繇)(『韓非子』(說林)), 또는 구유(咎由)로 (『戰國策』(西周策)), 구유(仇猶)로(『사기史記』), 구수(仇首) (『회남자淮南子』高誘注) 등으로 쓴다.[119] 한편 중국의 두 학자인 석영사, 왕소방은 첨수도 문자를 체계적으로 잘 정리해 놓았다. 그 중에 갑형은 연나라가 주조한 도폐로, 을형은 선우 중산국이 주조한 도폐로, 병형은 산융의 주조품 등으로 나라별로 분류했는데, 그 중에 선우, 중산국, 산융의 문자표는 다음과 같다.[120]

```
                              一、三、五、六、七、八、九、十、
十二、∧、Ａ、八十一、く、ㄥ、工、己、王、㇏、爻、レ、ð、ㄅ、上)、므、
```

석영사, 왕소방의 乙형(선우, 중산국) Ⅰ식 첨수도 문자표

---

118) 왕휘/곽노봉 『상주금문』 학고방, 2013, 576쪽
119) 黃錫全 『先秦貨幣硏究』 中華書局, 2001, 261쪽
120) 石永士 王素芳 「燕國貨幣的發現與硏究」 『中國錢幣論文集』2, 1992, 38~68쪽

석영사, 왕소방의 丙형(산융식) 첨수도 문자표(일명 첨수도)

특히 장이(張弛)는 첨수도의 주조국이 연나라, 선우, 중산, 산융, 제나라 등 다양하므로 어느 한 나라, 한 종족의 첨수도라고 말하기는 불가능하다고 했다.[121] 또한 장이는 선우, 중산의 적(狄) 첨수도를 丙(병)형에 두었다. 다시 병형을 Ⅰ, Ⅱ, Ⅲ 식으로 세분화하였다. 장이가 분류한 적(狄) 첨수도의 화폐 문자만 소개하면 다음과 같다.[122]

장이의 병형(선우, 중산국식) Ⅰ식 적(狄) 첨수도 문자표
(『中國刀幣彙考』49쪽)

장이의 병형(선우, 중산국식) Ⅱ식 적(狄) 첨수도 문자표 (『中國刀幣彙考』51쪽)

---

121) 張弛『中國刀幣彙考』河北人民出版社,1997, 12쪽
122) 張弛『中國刀幣彙考』河北人民出版社,1997, 49~52쪽

장이의 병형(선우, 중산국식) Ⅲ식 적(狄)첨수도 문자표 (『中國刀幣彙考』52쪽)

장이가 구분한 적(狄)첨수도 (『中國刀幣彙考』54~56쪽)

글자의 조합과 발음의 전승문제

유염(俞棪)이 밝힌 도폐문자는 첨수도의 글자들이다. 첨수도(針首刀)는 첨수도와 구별해서 말하는데, 이른바 예봉도(銳鋒刀)란 바늘처럼 생겨 첨수도보다 더 뾰쪽한 돈칼이다. 특히 유염은 발굴 직후인 1944년 5월, 『천폐泉幣』에 예봉도(첨수도의 다른 표현)문자 중에 "屮"자는 알 수 없는 글자이다. 은갑골문[殷契]에 있는 ᄊ과 같은 고

유염의 장가구 예봉도(침수도) 문자　　　고성 출토 첨수도 문자

문자 竹이 아닐까?"¹²³⁾라고 처음 제기하였다. 이어 1980년 주활이 논문 「담산동임치제고성출토적첨수도화」와 1984년 저서 『고전신탐』에서 그것이 고죽국의 竹(죽)자임을 밝혔다.¹²⁴⁾ 즉 주활은 예봉도의 죽 ⺮(竹)자와 1955년 고죽뢰에서 나온 고죽 ᓛ의 '죽'자가 일치하고, 침수도(針首刀)가 장가구(張家口), 승덕(承德) 등에서 출토되었으며, 첨수도 또한 요녕(遼寧) 능원(凌源)의 소성자(小城子)에서 출토되었는데, 이 지역은 모두 고죽과 인접하거나, 당시 고죽족들의 활동범위 안에 위치한 것이라고 했다.¹²⁵⁾

다시 말하면 유염이 제시한 이 〈ᓛ〉자는 뒤집어 보면 〈ᓝ〉이 되고, 이것을 다시 나누면 〈ᐱ〉〈ᐱ〉이 되어 竹(죽)자로 해석할 수 있다는 말이다. 장박천은, 첨수도는 고죽후(孤竹候)와 기후(𡙇候) 시기부터 이미 있은 화폐였다고 했는데,¹²⁶⁾ 이 범주에 침수도도 포함될 것이다.

그런데 예봉도에서 가로로 다섯 번째 줄에 있는 ᕼᕼ¹²⁷⁾이 특이하다. 이 글자들은 글자와 글자 사이를 다른 글자가 연결시켜주고 있다는 점이다. 1973년 요녕성(遼寧省) 객좌(喀左) 북동(北洞)의 2호갱에서 출토된 기후방정(𡙇候方鼎)의 명문(銘文)에는 "ᓛ(耍)"가 나온다.¹²⁸⁾ 이 글자의 윗부분은 '장이가 제시한 산융문자 61자'의 ᓛ을 90도 회전시킨 것과 같다. 즉 ᕼᕼ은 접(聑)자형이 된다. 훈민정음의 원리에 보면, 소리에 따라 글자를 합하는 것을 용음합자(用音合字·소

---

123) 俞棪 「遼東銳鋒刀攷釋」 『泉幣』 1944, 25기, 6쪽(재인용: 민국문물고고기간후고, 7316쪽).
124) 朱活 「談山東臨淄齊故城出土的尖首刀化」 『考古與文物』 1980, 3기, 28쪽: 후에 지은 『古錢新探』 179쪽에 실려 있다.
125) 朱活 『古錢新探』 齊魯書社, 1984, 179~180쪽
126) 張博泉 「"明刀幣研究績說」 『北方文物』 2004, 第4期, 49쪽
127) 석영사(石永士)는 ᕼ을 ᕼ로 보았다(『대사전』 532쪽). 유염은 이것을 갑골문의 我(아)자로 보았다.
128) 朱活 『古錢新探』 齊魯書社, 1984, 180쪽

리를 기준으로 글자를 합침)라 한다. 출렁출렁 나는 물소리는 소리이지 형상이 아니므로 한자로 표현하기가 어렵다. 그러나 한글은 그 어떤 소리라도 그대로 글자로 적을 수 있다.

저자는 이들 글자들에서 합자(合字)의 의미를 찾을 수 있다고 보는 것이다. 예컨대, 우리 말 〈몸〉이란 글자는 〈ㅁㅗㅁ〉이라는 세 음소의 결합이다. 만약 한자 같으면 〈ㅁ〉과 〈ㅁ〉을 〈ㅁㅁ〉로 쓰면 그만이다. 그러나 한글에서 〈ㅁㅁ〉은 단순한 자음의 나열일 뿐 글자가 아니다. 그것을 연결시켜주는 모음이 매개 작용을 하여야 하나의 완전한 글자로 성립할 수 있다. 그래서 〈ㅁㅗㅁ〉라고 써야 비로소 글자가 된다. 이렇게 이 초성, 중성, 종성을 별개의 문자단위로 떨어뜨리지 않고 한 글자로 모아쓰기를 하는 원칙이 있다. 훈민정음은 처음부터 '모아쓰기'를 위해서 만들었다. 〈ㅁ(m)ㅗ(o)ㅁ(m)〉를 모아쓰기를 하여 〈몸(mom)〉이 되어야 완전한 글자가 탄생한다.

예봉도 문자의 H H H[는 훈민정음으로 보면 〈ㄱㄴㄷㅡ〉이라는 네 자모의 원초적 조합에 비유할 수 있다. 『대사전』은 이 글자가 산융(山戎)에서 주조되었다고 했다.[129] 유염이 밝힌 예봉도에 없는 것 중에 추가로 『대사전』에 올라간 산융 문자로는 ¦(『대사전』 537쪽), M(『대사전』 534쪽) 등이 더 있다. 특히 이 M은 단군의 가림다문(가림토)과 장이의 첨수도에도 나타난 글자이다. 그리고 여러 첨수도 문자 중에 고성에서 출토된 바 있는 첨수도 문자에 주목한다.[130] 중국 학자들도 해독하지 못한 H ㄴ ¦ ㅍ ㅗ 등에는 한글의 원형을 방불할 정도로 정교한 음소의 조합미(組合美)가 있다. 이것은 중국인이

---

129) 中國錢幣大辭典編纂委員會 編 『中國錢幣大辭典 : 先秦篇』 中華書局, 1995, 515쪽

130) 高英民 「河北藁城出土尖首刀」 『中國錢幣』 1987년 3기; 1982년 가을, 하북성(河北省) 고성현(藁城縣) 북루촌(北樓村)에서 교장(窖藏)된 첨수도폐(尖首刀幣)을 발견하였다.

볼 때, 완전한 이민족(異民族)의 문자이다. 이 세 글자는 기본적으로 〈匚〉이나 〈凵〉을 골격으로 한다. 둘 다 트여있는 입(口)을 상징한다. 〈匚〉는 물건을 담는 상자 모양이고, 〈凵〉는 땅이 우묵하게 들어간 모양이다. 공교롭게도 工자형(字形)과 통한다. 특히 음소(音素)를 중간에서 매개해 연결시켜주는 모음의 역할을 하는 또 다른 음소가 있다는 것이 특징적이다. 특이하게도 고성 첨수도에 〈쓰〉〈ㅡ〉〈쓰〉가 있다. 공통점은 하단에 있는 평행선이 숫자 일(一)을 의미하는 것 같으나, 사실은 숫자가 아니고 어떤 글자의 조합을 상징하는 것 같다. 예컨대, 한글의 〈즈, 스, 프〉 등에 비유할 수 있을 것이다.

또 저자는 〈工〉에서 나온 예봉도의 〈𡉉〉 글자에 주목한다. 〈工〉는 그런 글자들의 조형(祖型)이다. 이 〈工〉은 공(工)이 아닌, 壬(임)의 생략형이거나 어떤 모음의 하나가 아닌가 한다. 아래 도끼에 새겨진 工은 工.(공)자가 아닌 다른 의미로 쓰인 것 같다. 壬(임)의 생략형이면 왕의 뜻이다. 『은주금문집성』은 이를 〈H〉로 보았다.[131]

𡉉에서 오른쪽 변을 떼어내면 〈노(no)〉가 된다. 〈노(no)〉는 앞 편에서 흉노도의 「에서 확인된 바 있다. 그런데 권덕규는 『훈석언문해』를 인용하여, "고려 모주(模鑄)의 원우통보(元祐通寶)[132]의 배문(背文) 𠃌자는 금문(今文) '오'자와 같은 것으로 전대(前代)의 유문(遺文)을 실견(實見)"[133]할 수 있다고 했다. 원우통보의 𠃌는 유사한 글 '오'자로 장가구 예봉도의 𡉉와 유사하다. 이는 대단히 중요한 연결고리가 될 수 있다.

그리고 예봉도 문자 네 번째 줄에 있는 𠂊는 칼 도(刀)라고 서중서

---

131) 中國社會科學院考古研究所 『殷周金文集成』 中華書局, 2007, 11761번
132) 宋 철종 원우 연간(1086~1093년)
133) 권덕규 『조선어문경위』 광문사, 1923, 169쪽. 이 책은 일본인 행지(行智)의 저서로 알려져 있으나 현존하지 않는 것 같다.

도 입증한 바 있으나,[134] 실제 발음은 '돈'이라 한 것 같다. 『설문해자』에 있는 도(刀)는 ㄉ로 위쪽이 올라가 있다. 예봉도 상의 ㄴㄉㄒ이 다른 첨수도에도 나온 바 있다. 이처럼 예봉도와 첨수도에 같은 글자가 동시에 나타난 것으로 보아 시기적으로나 공간적으로 예봉도와 첨수도는 거의 일치한다고 보아야 한다는 것이 저자의 주장이다. ㄴㄒ 등의 산융(고죽국) 문자는 현재로써는 속단할 수 없으나, 반의 반음(半義半音)의 중간형태의 글자가 아닌가 한다.

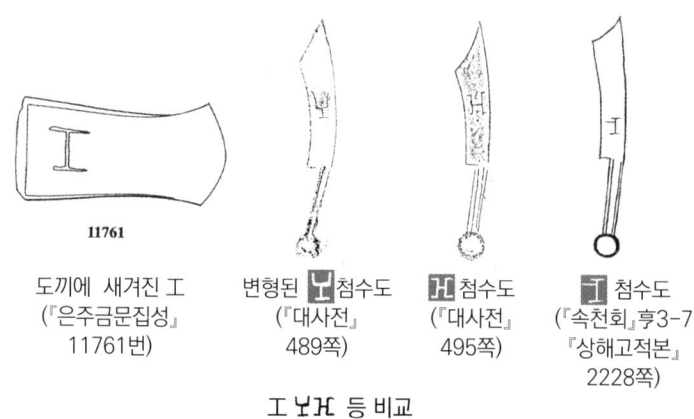

工 ㄴ ㄒ 등 비교

도끼에 새겨진 工	변형된 ㄴ첨수도	ㄒ첨수도	ㅜ첨수도
(『은주금문집성』 11761번)	(『대사전』 489쪽)	(『대사전』 495쪽)	(『속천회』亨3-7 『상해고적본』 2228쪽)

그리고 ㄒ과 ㄴ에서 진일보한 것이 ㅜ이다. ㅜ는 『속천회』의 ㅜ자 첨수도 옆에 나온 글자로 이좌현이 불가식(不可識)문자라고 말한 그것이다.[135] 저자는 ㅜ를 工에서 왼쪽에 한 획을 더한 형상으로 본다. 즉 한글의 〈어〉와 유사하다. 또 이를 좌우 대칭으로 반서(反書)하면 ㅓ이 된다. 이는 한글 〈아〉와 유사하다. 이처럼 工은 유사한글 구성의 중요한 요소가 된다. 이 工자는 첨수도 뿐만 아니라, 가림다 문에도 등장한다는 점을 유의할 필요가 있다.

---

134) 徐中舒 編 『甲骨文字典』 中國四川辭書出版社, 1998, 470쪽
135) 李佐賢 鮑康 『古泉匯,續泉匯』 (中國錢幣文獻叢書 第16輯) 上海古籍出版社, 1992, 2228쪽

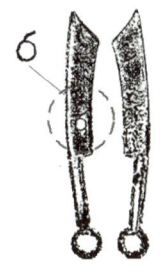

하북성 천서(遷西) 출토 문자[136]	산동성 초원(招遠) 절두 첨수도[137]	요녕성 능원(凌源) 첨수도[138]

첨수도 비교

특히 1994년에 하북성 천서(遷西)에서 출토된 첨수도에는 ㅇ문양이 새겨져 있다. 이는 황석전이 고증한 글자이다.[139] 역학자인 이달과 이정호는 ㅇ의 중요성을 강조해 주고 있다. 또 초원 첨수도의 ㅗ、ㅛ、ㅋ과 능원 첨수도의 ㅌ도 관심을 둘 일이다.

이런 가운데 우리는 완전한 한글형태인 〈돈〉자를 만나게 된다. 첨수도의 〈돈〉이라는 글자도 사실은 ㅐ ㅛ ㅇ ㅕ ㅛ ㅗ의 여섯 글자의 연장선상에서 이해할 수 있고, 그 속에 공통적인 매개역할을 하는 ㅗ이 들어 있다. 그런데 ㅏ자와 ㅗ자 첨수도의 다른 점은 받침의 유무이다. ㅏ자 첨수도는 현재의 한글체계로 보아 초성(첫소리), 중성(가운데소리), 종성(끝소리)의 완전한 3소리글자의 합자(合字)원리가 적용되고 있다. 이처럼 받침(종성)의 등장은 문자사에서 획기적인 사건이다.

그런데 너무도 신기한 것은 우리가 삼국시대 이후 약 1,500년 동

---

136) 黃錫全『先秦貨幣硏究』中華書局, 2001, 284쪽
137) 招遠縣圖書館 自然科學史硏究所「招遠切頭尖首刀及其科學考察」『中國錢幣』 1987년 3기
138) 范品淸「遼寧凌源縣出土一批尖首刀化」『考古與文物』陝西省考古硏究所, 1980
139) 黃錫全『先秦貨幣硏究』中華書局, 2001, 280쪽 및 284쪽

안 한글을 쓰지 않았는데도, 우리가 어떻게 〈ㅏ〉자 모양을 보고 곧 '돈'이라고 소리 내는가? 일치하는 발음이 나올 확률은 극히 적다. 마치 영어를 전혀 배우지 않은 사람이 영어 책을 보고 발음하는 것과 같다.

손성태는 인디언을 소개한 마우리시오 스와데쉬(Mauricio Swadesh)의 책에서 의미 있는 자료를 찾아냈다. 이 책에 Tomi라는 말이 나온다. 이 T의 음가는 'ㄷ, ㅌ, ㄸ'으로 이 자음이 쓰인 환경에 따라 어느 하나가 결정된다. 이는 Tomi→돔, 톰, 똠(Tom)+이(i)로 구성된 것인데, 명사 뒤에는 '이'가 붙는다. 오늘날에도 우리가 사람 이름에 '영순이', '갑돌이'처럼 '이'를 붙이는 것과 같다. 이는 우리민족 언어 습관의 하나로 볼 수 있다는 면에서 상호간 일치점이 발견되고 있다는 것이다.[140] 그런데 이 자료 원문에 'Tomi(dinero)'라고 써 있는데, 이 dinero(디네로)는 스페인어로 '돈'을 의미한다는 점이다.[141] 그렇다면 Tomi는 '돈이'가 되는 것이다. 우리말에도 윷놀이 할 때 쓰는 '도'가 경산도 지방에서는 '토'라고 소리 낸다. 이 '도'는 돼지[猪저]를 뜻하는데 '토'가 되는 것은, 돗갑이→톳잡이, 수닭→수탉으로 되는 것과 같다.[142] 최현배는 이를 'ㄷ'에 'ㅎ'를 더한 것으로 설명했는데,[143] 이는 앞에서 '돔, 톰, 똠'이 되는 것과 같은 이치라고 본다. 또 인디언 부족지도 자료에 의하면, 미국 텍사스 주위에는 북쪽에 '과포-가포(Quapaw)', 서쪽에 '그만큼-코만치(Comanche)', '돈가와'(Tonkawa) 등과 같은 명칭의 인디언 부족들이 살았다.[144] 이

---

140) 손성태 교수의 해설 참조.
141) Mauricio Swadesh "Estudios sobre lengua, y cultura", Mexico, D.F, 1960, p.41
142) 권덕규『조선어문경위』광문사, 1923, 28쪽.
143) 최현배,『우리말본』정음사, 1971, 134쪽
144) Ian Barnes, "*The Historical Atlas of Native Americans*", Chartwell Books, 2015, p.76

부족 명칭은 미국 개척시대에 백인들이 현지의 인디언 말을 알아듣지 못하면서 그들이 자주 사용하는 말을 그 부족명칭으로 임의로 사용하면서 유래되었다고 한다. 모두 우리말이고 '돈'과 관련이 있다. 손성태의 설명에 의하면, '돈가와'는 돈을 가지고 온다는 뜻이고, '과포-갚어'는 돈을 갚으라는 뜻이라고 보았다.[145] 이상을 통해 알 수 있듯이 우리 선조들은 오래전부터 '돈'(錢)을 '돈'(don)이라 말했고, 생활 속에서 '돈'이 매우 밀접한 관계였다는 것을 알 수 있다.

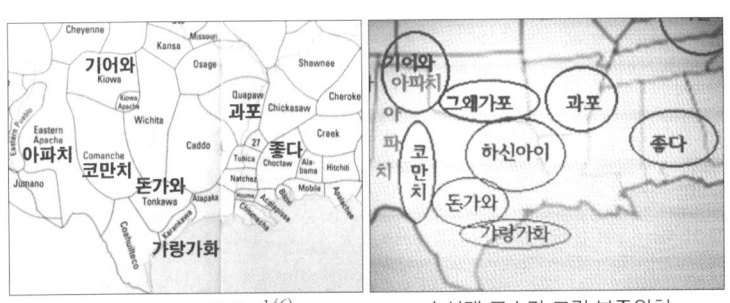

미 인디언 부족위치도[146]   손성태 교수가 그린 부족위치

자방고전설(字倣古篆說)에 대한 이해

훈민정음 맨 앞에 있는 세종의 서문과 구별하기 위해 「정인지 후서(後序)」라는 것이 있다. 이 후서는 세종28년 9월조(『세종실록』 권113 36장~37장 사이)에 「세종어제 서문」, 『훈민정음』본문(「예의편」)과 함께 게재되어 있어서, 『훈민정음 해례본』이 1940년에 안동지방에서 발견되기 전부터 학자들 사이에 논쟁이 되었던 것이 이 후서에 있는 '상형이자방고전(象形而字倣古篆)'이란 구절이다.

---

145) 손성태 교수는 이 부분에 대한 필자의 질의에 대해 위와 같이 설명해주었다.(2017.4.24.)
146) Ian Barnes, "The Historical Atlas of Native Americans", Chartwell Books, 2015, p.76

> 계해년(1443년) 겨울, 우리 임금께서 정음 28자를 창제하시어 간략히 보기와 뜻을 들어 보이시고 그 이름을 훈민정음이라 하시니. 글자 모양은 발음기관의 움직임을 본떠 그렸으며 글자는 옛(古) 전자(篆字)를 모방하였고, 소리를 따랐으되 글자는 일곱 가락에 들어맞는다.
> 癸亥冬. 我殿下創制正音二十八字 略揭例義以示之 名曰訓民正音. 象形而字倣古篆 因聲而音叶七調.(훈민정음 후서)

그러면 여기서 말하는 '상형'과 '자방고전'을 나누어 설명하려고 한다. 먼저 형상을 본떠서(상형象形) 글자를 만들었다는 말은 『훈민정음 해례본』이 발견됨으로써 해명되었다. 초성의 기본 5자음(ㄱ, ㄴ, ㅁ, ㅅ, ㅇ)은 사람 몸속에 있는 보이지 않는 발음기관의 움직임을 보고 본 떠 만들었다(formed in the shapes of speech organs). 이것이 닿소리(자음)의 상형(象形)이다. 그 다음 3모음(ㆍ, ㅡ, ㅣ)은 천지인을 각기 본 뜬 것이다. 이것이 홀소리(모음)의 상형(象形)이다. 나머지 글자는 여기에 한 획씩 더해 나간 것이다. 이것이 가획(加劃)의 원리이다. 이처럼 훈민정음의 제자(制字)는 상형과 가획이 기본이 되지만, 특이한 예도 있다. 〈ㅂ〉에 가획을 하면 日이 되지만, 다른 글자들과 구별이 어려워 日을 90도 돌린 꼴인 〈ㅍ〉을 글자로 채택한 것 등이다.

최근 번역된 『한글의 탄생』에서 일본인 노마 히데키(野間秀樹)는 탁견을 내놓았다. 하늘의 해를 본 떠 일(日)을 그리거나 하는 것은 눈에 보이는 형태를 상형한 것이나, 훈민정음에서 말하는 상형(象形)은 눈에 보이지 않는 소리를, 그 발생론적인 근원으로 거슬러 올라가서 거기에서 그 알맞은 형태를 찾고, 그 보이지 않는 것을 보이는 형태로 본떴다는 뜻이라고 지적했다.[147]

---
147) 野間秀樹(노마 히데키)/김진아 김기연 박수진『한글의 탄생』돌베개, 2011, 159쪽

훈민정음 창제의 대원칙은 상형(象形)이라는데 이의가 없다. 한자(漢字) 제자(制字)의 6서법에도 상형(象形)이니 지사(指事)니 하는 말이 있다. 두 말이 큰 차이는 없다. 그러나 음소(音素)문자인 한글의 상형과 한자의 상형은 문자의 역사적인 발전 과정 면에서 서로 구별될 필요가 있다.[148] 나아가 한자의 상형은 외부 사물을 본뜬 것이지만, 훈민정음의 상형은 신체 내부를 본뜬 것이라는데 차이가 있다. 문제의 象形而字倣古篆(상형이자방고전)이란 말은 최만리의 반대 상소문 중에서 인용한 말인데, 두 가지 해석이 가능하다. 하나는, 제자 원리는 한자처럼 '상형'에 있고, 이렇게 해서 만들어진 글자의 꼴을 놓고 보니 옛 글자(古篆)와 비슷하더라는 해석이고, 다른 하나는 옛 글자를 참고로 먼저 글자를 만들어 놓고 나중에 상형설을 덧붙여 설명했다는 해석이다.[149]

그러면 자방고전(字倣古篆)의 고전(古篆 old seal characters) 즉 모방했다(copied)는 그 옛 글자는 구체적으로 무엇을 가리키는가? 공재석은 한자의 육서(六書) 방법과 한글의 창제와는 비교를 시도할 필요도 없다면서 기일성문도(起一成文圖)에 나오는 ㄴ, ㄷ와 같은 간단한 부호로 보았다.[150] 그러나 이두 연구가인 북한의 류열은 이 고전의 옛 글자가 뜻글자인 중국의 전자(篆字)가 아닌 소리글자인 고조선의 '신지전자(神誌篆字)'라고 해석한 바 있다.[151] 『영변지』에 전하는 그 16자 신지전자를 예로 들면서 그 근원을 단군시대로 보고, "고조선에서 쓰인 우리민족 고유의 글자"[152]로서 훈민정음 이전의 우리

---

148) 공재석「한글 고전기원설에 대한 한 고찰」,『중국학보』7호, 1967, 49쪽
149) 강신항『훈민정음 연구』, 성균관대출판부, 2011, 117쪽
150) 공재석「한글 고전기원설에 대한 한 고찰」,『중국학보』7호, 1967, 53~54쪽
151) 류열「우리민족은 고조선시기부터 고유한 민족문자를 가진 슬기로운 민족」,『고조선문제연구논문집』사회과학출판사, 1977, 95쪽
152) 류열「우리민족은 고조선시기부터 고유한 민족문자를 가진 슬기로운 민족」,『고조선문제연구논문집』사회과학출판사, 1977, 93쪽

글자임을 분명히 하고 있다. 신용하도 고조선의 문자를 신지문자(神誌文字)로 보고 있다.[153] 그러나 중국 남창(南昌)대학의 육석흥(陸錫興)은 훈민정음이 송(宋)나라 때 나온『순화각첩(淳化閣帖)』(992년) 속에 있는 창힐서(蒼頡書) 28자 등의 고전(古篆)에서 모방한 것이라며 아래와 같이 예시까지 하고 있다.[154]

```
諺文八个基本形体ㅇ、ㅁ、ㅂ、ㄹ、ㅅ、ㄷ、•、ㅡ均从"蒼頡书"等古篆中得到:
"蒼頡书"𣊓、𣊒、𣋞可以提取出•、ㅡ,并且获得•、ㅡ组合模式;
"蒼頡书"乙可以独体成字ㄹ;
"蒼頡书"𠆢减去多余部分,提取人,即ㅅ;
"蒼頡书"𠫓减去多余部分,提取𠃍,即ㄷ;
"夏禹书"𠋣或"仲尼书"𦣞减去多余,部分提取ㅂ,即ㅂ;
"仲尼书"𠙴减去多余部分,提取ㅁ,即ㅁ。
"夏禹书"坐、𦮋或"仲尼书"𠔿减去多余部分,提取ㅇ。
```

육석흥의 모방설

위에 있는 예시처럼 육석흥(陸錫興)은 훈민정음(언문) 창제 400년 전에 나온 『순화각첩』속의 창힐서, 하우서, 중니서 등에서 자음 6개(ㅇ,ㅁ,ㅂ,ㄹ,ㅅ,ㄷ)와 모음 2개(•,ㅡ)를 모방했다는 것이다. 그러나 류열은『순화각첩』발간 이전에 나온『하도옥판』에서 28자 중에 8자를 해독했다는 이사(李斯) 이야기가 등장하는 것에서 창힐서는 오래전부터 있었으며, 이 창힐서는 다름 아닌『포박자』에 나오는 삼황내문이며, 동시에 고조선의 신지전자가 전파된 글자라고 육석흥(陸錫興)과 다른 주장을 했다.[155] 이는 신지전자의 근원을 중국이 아닌 고조선에 두는 것을 명백히 한 것이다. 신지전자가 실려 있는 국

---

153) 신용하「한국민족의 기원과 형성」『한국학보』100호, 315쪽
154) 陸錫興「諺文字母來源古篆說」『中國文字研究』, 2014年02期, 214~215쪽
155) 류열「신지글자와 창힐글자와의 관계에 대하여」『단군과 고조선』살림터, 1999, 596쪽

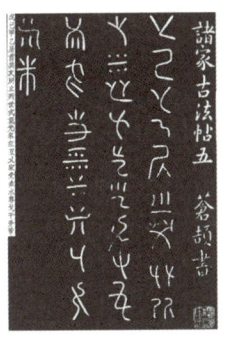

| 『영변지』의 | 『순화각첩』의 | 창힐사당의 | 김규진의 |
| 16신지篆字 | 28篆字 | 28篆字 | 『서법진결』 11篆字 |

신지전자 비교

내 문헌으로는 『영변지』,[156] 『서법진결』[157] 등이 있다

따라서 저자는 고전(古篆)의 실체는 한자가 아니라 우리 옛 한글 그 자체로 볼 수 있다고 본다. 즉 최만리의 반대 상소문에 "언문이 전조(前朝,고려) 때부터 있었다 하여도(諺文自前朝有之)"라는 말이 있는 것을 보아도, 그 고전(古篆)이란 한자가 아닌 우리 식의 다른 문자일 것으로 추정된다. 따라서 저자는 화폐문자인 원시 한글 '노'(ㅗ, ㅗ, ㅗ)와 '돈'의 첨수도가 그것을 입증해주고 있다고 밝히는 것이다. 이 화폐문자도 역시 한자와 다른 계통에 있었던 고조선의 신지전자로부터 전파되어 온 것으로 추정할 수 있다. 따라서 고대문자 기원설에 무게를 둘 필요가 있다. 우리 글자가 오래전부터 있었다고 주장한 학자는 신경준(申景濬 1712~1781)이다. 그는 『운해훈민정음』(또는 『훈민정음운해』)을 저술한 학자인데, 그의 문자론은 훈민정음을 체계적으로 고찰하여 한자음을 정확하게 표시할 수 있는 운도(韻圖)를

---

156) 『영변지』 평북 영변군, 1943
157) 김규진 『서법진결』 고금서화진열관, 1915; 이찬구 앞의 「세 고전자(古篆字) 본…」 참조

작성하였다는 평가를 받고 있다.[158] 신경준은 이 책의 도해 서문에서 우리의 옛 글자를 속용문자(俗用文字)라 표현했다.

> 우리나라에 옛부터 속용문자가 있었으되, 그 수가 갖추어지지 않고, 그 모양도 가지런하지 않아, 어떤 일을 이룸에 부족하였다."[159]

권재선은 "신경준의 속용문자설은 이두와는 다른 글자로서 당시까지 전하여온 속간에서 쓰는 특수한 글자"[160]를 의미한 것으로 보고, 나아가 그는 신경준 자신이 그 속용문자를 직접 본 것이 분명하다는 점과 옛부터 있었기 때문에 세종도 그것을 보았을 것으로 추정하였다. 이처럼 예부터 있어 온 이 특수한 글자들이 고대화폐에 잘 기록되어 왔다고 보는 것이다. 우리는 다음의 표를 통해 한글의 원시적인 유사 자형이 고대 화폐문자에 널리 사용되었음을 확인 할 수 있고, 거꾸로 이들 화폐문자들이 훈민정음의 자형 선택에 영향을 미치지 않을 수 없었을 것이다.

훈민정음은 초성 17자, 중성 11자로 모두 28자이다. 첨수도나 침수도 상에는 훈민정음의 닿소리 유사 글자들이 많이 있다. 닿소리는 그 글자의 뜻을 결정한다는 면에서 중요하다. 이 화폐글자들에는 훈민정음에서 택하지 않은 〈ㅣ〉〈ㅌ〉까지도 전해 오고 있다는 점에서 독보적이다. 택하지 않았다는 것은 이미 세종 당시에 그런 글자들을 상정하고 있었다는 뜻이다. 이러한 문제에 대하여 이상억은 세종이

---

158) 강신항『훈민정음 창제와 연구사』경진, 2010, 156쪽
159) 東方舊有俗用文字.而其數不備 其形無法.不足以形一方之言而備一方之用也.正統丙寅我世宗大王製訓民正音 其例取く切之義 其象用交易變易加一倍之法 其文點畫甚簡 而淸濁闢翕 初中終音聲 燦然其著 如一影子 其爲字不多 而其爲用至周 書之甚便 而學之甚易 千言萬語 纖悉形容 雖婦孺童駿 皆得以用之 以達其辭 以通其情 此古聖人之未及究得而通天下所無者也"(『旅菴遺稿』卷之三 韻解序)
160) 권재선『바로잡은 한글』우골탑, 1994, 381쪽

세종 훈민정음 초성 (닿소리) 17자		첨수도, 첨수도 출현 글자	출 전
어금닛소리 아음(3)	ㄱ	ㄱ	석영사Ⅱ식문자표
	ㅋ	없음	
	ㆁ	ㆁ	천서 첨수도(황석전『선진화폐연구』)
혓소리 설음(4)	ㄴ	ㄴ	연하도 첨수도(『대사전』)
		ㄴ	유사형(석영사 乙식)
	ㄷ	ㄷ	이좌현『속천회』
	ㅌ	ㅌ	고성 첨수도
		ㅋ	능원 첨수도(32번)
입술소리 순음(3)	ㄹ	ㄹ	고성 첨수도/석영사Ⅳ식, 석영사 乙, 丙식
	ㅁ	ㅁ	고성 첨수도/석영사Ⅳ식
	ㅂ	ㅂ/ㅂ	초원 첨수도/석영사Ⅳ식
	ㅍ	ㅍ	석영사Ⅳ식
잇소리 치음(4)	ㅅ	ㅅ	석영사Ⅳ식
	ㅈ	ㅈ ㅈ	석영사Ⅳ식
	ㅊ	ㅊ	큰 大(대) 유사형(석영사Ⅳ식)
	ㅿ	ㅿ	고성첨수도, 중산국첨수도, 주활의 첨수도
목구멍소리 후음(3)	ㅇ	ㅇ	능원첨수도, 장가구예봉도
	ㆆ	없음	
	ㅎ	없음	

훈민정음과 첨수도 자형 비교표

⟨ㄴ⟩이라 쓰고 ⟨ㄴ⟩을 쓰지 않은 것은 붓글씨를 쓸 때 한 획을 더 요구하기 때문이라고 했는데, 이는 서법상 경제성을 고려한 것이라는 말이며, 또 세종이 ⟨ㅋ⟩을 택하지 않은 것도 ⟨ㄹ⟩, ⟨ㅌ⟩과 구별하기 위한 것으로 보았고, ⟨ㅂ⟩에 가획을 하면 날 日이 되나 글자의 혼동을 피하기 위해 ⟨ㅍ⟩를 택하였다고 보았다.[161]

그런데 중요한 일은 화폐문자의 ⟨ㄴ⟩과 ⟨ㄷ⟩이 훈민정음의 ⟨ㄴ⟩과 ⟨ㄷ⟩과 어떤 관련이 있느냐는 점이다. 권재선은 "고대문자의 'ㄱ'과 훈

---

161) 이상억「훈민정음 제대로 이해하기」『훈민정음』국립국어원(생각의 나무), 2008, 45쪽.

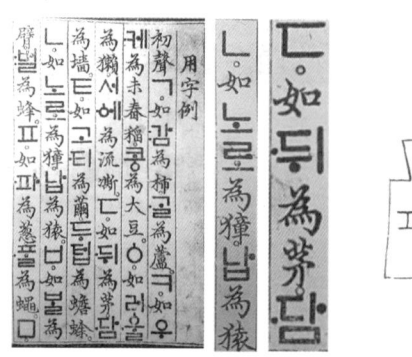 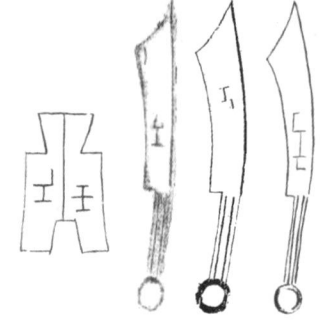

훈민정음상의 〈ㄴ〉과 〈ㄷ〉 용자례   첨수도상의 〈ㄴ〉과 〈ㄷ〉 용자례

훈민정음과 첨수도 원시한글형 〈돈〉〈노〉용자례 비교

민정음의 'ㄱ'은 전혀 관련이 없다"[162]고 단언하면서 가림토 등 과거의 고대문자와 훈민정음은 무관할 뿐만 아니라, 심지어 가림토에 대해 단군시대의 글자가 아니고, 대한제국 시기(1906년)에 나온 권정선의 『음경(音經)』의 변형 글자이거나 비슷한 것이 있다고 주장하기도 했다.[163] 이런 주장으로 문제가 해결되는 것은 아니다. 여전히 의문으로 남는 것은 고대문자가 없었으면, 노루(獐장)를 어떻게 '노로'로 쓰고, 담(墻장)을 어떻게 '담'으로 쓴다는 것을 알았나 하는 점이다. '노로'라 쓰고 '노루'로 읽을 수는 없는가? '담'이라 쓰고 '덤'이라 읽거나, '감'이라 쓰고 '금'이라고 읽을 수는 없는가? 지금 우리는 바른 소리로서의 정음(正音)을 하고 있다고 자부할 수 있는가?에 한 번쯤 의문을 제기할 수 있지 않을까 한다.

이런 의문을 풀어줄 수 있는 유일한 증거가 방족포의 '⼟'를 마앙(馬昻)이 魯地(노지)로 해독한 예에 있다. 저자는 그 반서(反書)인 '⼟'

---

162) 권재선 「가림토에 관한 고찰」 『한글』 224호, 1994.6, 181쪽
163) 권재선 「가림토에 관한 고찰」 『한글』 224호, 1994.6, 183쪽

를 한글 '노'(魯)로 볼 수 있지 않을까 한다. 같은 측면에서 ᚎ을 '돈'으로 볼 수 있다고 보는 것이다. 만약 이 생각이 틀린 것이라면, 오늘날의 한글 발음표기를 전면적으로 의심해보지 않을 수 없다. 지금의 '담'(墻)을 600년 전에도 '담'이라 적고, 600년 전 '감'(柿)과 '콩'(대두大豆)을 오늘도 '감', '콩'이라고 적는 것에서 한글의 발음은 면면히 바르게 계승되어 왔다고 보며, 그 발음은 2500년 이전에도 크게 변동이 없었다고 보는 것이다. 아울러 이 ᚎ(don)이라는 발음도 '감'이나 '콩'처럼 수천 년 동안 끊이지 않고 전승해 왔다고 추정해 보는 것이다. 고대문자가 사라졌다가 다시 훈민정음이 창제될 때까지 2000년 동안의 공백기에 비록 '돈'이라는 글자를 쓸 줄은 몰랐으나, 그 '돈'이라는 말은 우리 의식 속에 이두로써 그 음(音)이 전승되어 온 것이라고 판단할 수 있다. 한자 柿(시)를 쓰고 '감 시'라 읽고, 한자 墻(장)을 쓰고 '담 장'이라 읽으면서 우리말 '감'(kam), '담'(dam)을 망각하지 않는 지혜를 발휘한 것이라 본다.

훈민정음 이전의 단군조선문자일 가능성

훈민정음은 우리에게 중요한 과제를 남겨 놓았다. 象形而字倣古篆(상형이자방고전)이라는 7자가 바로 그것이다. 저자는 이 글을 통해 제자의 원리[象形]보다는 자형의 꼴[字倣]에 중점을 두고 논의를 전개하였다. 중국의 학자들은 『순화각첩』(992년)의 창힐서를 근거로 훈민정음의 자방고전을 해석하고 있지만, 창힐서는 고조선의 신지전자의 또 다른 전파글자이기에 그 근원은 송(宋)의 창힐서가 아니라, 저 멀리 고조선의 신지전자로까지 소급해 올라갈 수 있는 것이다. 『영변지』에 나온 16자 신지전자(神誌篆字)가 고조선의 문자라고 주장하는 근거로는 평북 용천군 신암리{ 兀 }와 요녕성 백람자{ ᄉ }에서 출토된 토기에 신지전자와 흡사한 글자가 발견되었다는 점에 있다.[164] 이 신지전자를 통해 한자나 훈민정음의 자모를 부분적으로 발견할 수 있는 점에서 그것이 동방 문자의 원류라고 해도 과언이 아니다. 그렇지만 그보다 더 확실하고 자세한 훈민정음의 자형은 신지전자보다 후대에 나온, 첨수도와 같은 고대 화폐문자에서 찾을 수 있다는 것이다. 다시 말해 "훈민정음 자형의 기원은 첨수도 등 고대 화폐문자에 있다"는 것이 핵심이다. 저자가 확인한 바에 의하면, 훈민정음 초성 17자 중에 3자를 제외한 14자가 화폐문자에 나타나고 있다. 심지어 훈민정음에서 제외되었던 〈 ㅗ 〉〈 ㅋ 〉자가 나타날 정도이다. 이 첨수도의 주조국은 연(燕)이나 제(齊)가 아닌, 주로 융적(戎狄) 또는 산융(山戎)이 만든 첨수도라는 특징을 갖는다. 이는 중원문화권이 아닌, 고조선 문화권임을 말해주는 것이다.

저자는 중국의 연제(燕,齊)가 아닌, 융적(戎狄)문화권에서 다수 출토된 첨수도와 침수도의 문자를 고조선 말기의 문자로 추정해본다. 그 근거는 주활이나, 장박천이 주장한 것처럼 죽(竹, ᠭ)자로써 고조선의 제후국의 하나인 고죽국의 문자 사용을 유추할 수 있다고 본다. 신채호는 일찍부터 이 고죽국에 주목하였다. 그는 고죽국을 조선의 종족[朝鮮種]이라고 규정했다.[165] 그는 중국 안에서 우리 부여족이 가장 번성한 곳으로 산동(山東)[166], 산서(山西), 연계(燕薊)(하북 북경 방면)를 들고, 그 중에 연계지방에 있던 조선의 식민(殖民) 나라들에 대해 자세히 설명한 바 있다. 또 윤내현은 제나라 환공이 고죽국을

---

164) 류열 「우리민족은 고조선시기부터 고유한 민족문자를 가진 슬기로운 민족」,『고조선문제연구논문집』, 사회과학출판사(민족문화사 영인), 1977, 93쪽
165) 신채호『조선상고사』상, 삼성문고, 1977, 84쪽
166) 최태영이 1920, 1930년대에 중국 산동에 가보니 단군사당이 있는 것을 눈으로 직접 보았다고 했다.(최태영『인간단군을 찾아서』, 학고재, 2000, 207쪽)

침략했다는 것은 고죽국이 중국의 질서에 포함된 나라가 아니었다는 것을 말하며, 실제로 그 당시의 상(商)나라는 초기에 황하(黃河) 유역에 있었던 작은 세력이었고, 상나라 말기에 이르러서도 동북쪽으로 하북성을 넘지 못했다는 것을 근거로 (상나라로부터 멀리 떨어진) 난하(灤河) 유역에 있었던 고죽국이 상나라의 제후국이 아니라 고조선의 제후국이라고 주장하고 있다.[167] 이런 이유에서 첨수도, 침수도 등에 나타난 고대 화폐문자는 고조선문화권의 신지전자와도 유관한 우리의 소리글자로 볼 수 있다.

따라서 첨수도의 '원시한글형태'는 고조선문자(또는 가림토 정음 계열)일 가능성이 높다. 다만 우리가 고대 화폐문자의 정확한 음가(音價)를 알 수 없는 점이 안타깝지만, 훈민정음을 통해 고대문자까지도 음가를 추정할 수 있게 된 것도 세종을 비롯한 그 시대 학자들의 공로라고 본다. 이런 의미에서 훈민정음은 고대 첨수도 화폐문자의 부활이라 할 수 있고, 한자를 쓰기 이전에 원시 한글이라는 고유문자가 상당기간 사용되었다고 보는 것이다. 뿐만 아니라, 신경준의 고대 속용(俗用)문자설과 권덕규의 조선문자 부흥설은 타당성이 있다고 본다.

지금으로부터 2500년 전후에 사용되었던 ᅡ자와 ᅣ자 첨수도의 발견은 훈민정음 이전의 고대문자를 입증하고 싶으면 한조각의 한글 언어재(言語材)를 제시하라는 기성 학계의 요구에 대한 첫 응답이다. 이는 훈민정음 이전에 원시한글, 고조선문자가 있었다는 명백한 증거로써 충분하다. 문제는 이 첨수도를 누가 사용했고, 그 소리 값과 뜻이 현재와 동일시 할 수 있느냐는 점이다. 한 가지 확실한 것은 황석전이 지적한 것처럼 이 첨수도들은 연(燕)나라와 무관하다는 점이

---

167) 윤내현 『고조선 연구』 일지사, 2004, 444쪽

다. 당시의 동이족들이 사용의 주체였을 것으로 추정된다. 물론 고대의 동이족의 소리가 현대의 우리 소리와 동일한지 여부에 대하여는 확인할 수 없다. 다만, 훈민정음이 우리말 음가(音價)의 정통성을 계승한 것이 아닌가 생각한다. 예컨대, 신라 향가에서 〈ㄴ〉을 은(隱)으로 표기하여 '간'을 〈去隱(거은)〉으로 쓰고, 또 〈ㅁ〉을 音(음)으로 표기하여 '밤'을 〈夜音(야음)〉으로 쓴 것[168]은 다시 말해 훈민정음 창제 이전에도 隱(은)의 발음 속에 〈ㄴ〉 종성이 들어 있고, 音(음)의 발음 속에 〈ㅁ〉 종성이 있다는 것을 알고 있었다는 증거가 된다. 이처럼 이미 알고 있었다는 것은 훈민정음 창제 이전에 고대문자가 존재했고, 그 고대문자에 대한 기억의 흔적이 남아 있었기에 이두식 표기가 가능했다고 보는 것이다.

따라서 600년 전 조상들이나 오늘의 우리가 '감'을 '감'이라고 적는 것이나, 어느 화폐(貨幣)를 보고 우리가 지금 '돈'이라고 발음하는 것과, 2500년 전 조상들이 '돈'이라고 발음한 것이 일치한다면 그것은 시간을 초월하여 공통의 언어생활을 해온 민족이라는 것을 입증하는 것이라고 할 수 있다. 김영황도 고조선, 부여, 구려, 진국의 언어적 공통성은 접촉에 의해 이루어진 것이 아니라, "역사적으로 계승된 것이며, 고대종족들의 말이 한 갈래에서 나온데 기인"[169]한 것이라고 지적했다.

그럼에도 불구하고 마지막까지 남아 있는 한 가지 의문은 이 원시 한글의 음가를 누가 어떻게 현재 한글의 음가에 이르도록 전수해주었는가 하는 점이다. 저자가 여기서 제기하는 가설(假說)은 고조선 말기로부터 조선 초기까지 한자전용 시대에도 불구하고 원시 한글을

---

168) 김영황 『조선어사』 김일성대(역락 영인본), 1997, 27쪽
169) 김영황 『조선어사』 김일성대(역락 영인본), 1997, 13쪽

사용하며 그 발음을 전수해준 특별한 집단이 있었다고 추정하는 것이다. 대륙에 살던 동이족 가운데 한자에 매몰되지 않고 〈돈〉자 첨수도와 같은 원시 한글을 신주(神主) 모시듯이 생명처럼 소중히 간직해 온 모국어 수호 집단이 조선 초기에 세종과 그 측근 학자들에게 전달한 것이 아닌가 생각한다. 여기 실례가 있다. 최근 지구상 유일한 언어인 '쿠순다어'를 구사하는 마지막 모국어 수호자에 대한 보도가 있었다. 75세의 기아니 마이야 센이라는 할머니는 100명 가량의 주민이 살고 있는 마을에서 유일하게 지역 언어인 쿠순다어를 구사할 수 있는 마지막 사람으로 알려졌다. 이 언어는 3개의 모음과 15개의 자음으로 구성돼 있는데 할머니로부터 전수 받는 자가 생기면 쿠순다어는 전승될 것이고, 그렇지 않으면 그 할머니가 죽는 날 쿠순다어도 사라진다는 것이다.[170] 쿠순다어(Kusunda)는 서부 네팔에서 쓰이는 말이다. 한글의 운명도 이런 극적인 순간에 전수되었을 것이다.

  다만, 이 글을 마무리하면서 아쉬운 점은 중국에서 출토된 첨수도 등을 자유롭게 열람할 수 없는 한계가 있다는 점과, 고조선 초기에 나왔다는 가림토 38자의 유래를 명확히 밝히지 못한 점이다. 이는 앞으로의 과제로 남기고자 한다.

---

[170] 『서울신문』2012.5.16. http://nownews.seoul.co.kr/news/newsView.php?id=20120516601019
『한국경제』 2012.5.17.(http://hei.hankyung.com/hub02/201205171359q)

※ 추기

　첨수도와 함께 명도전이 고조선의 화폐이며, 고조선문자일 가능성이 높은 것은 연(燕)은 일개 지방정권이기 때문이다. 주(周)의 일개 지방 정권이 어떻게 동북아의 화폐를 주도한다는 말인가? 명도전이 주(周)의 화폐가 아니라는 입장에서 볼 때 더욱이 연의 화폐라고 우길 수는 없는 것이다. 명도전의 분포도로 보아도 고조선의 화폐로 보는 것이 더 타당한 것이다. 그리고 첨수도의 분포도를 보면 요녕성 능원은 물론 하북성의 보정 석가장, 산서성 우현일대, 산동성 치박에까지 미치는데, 이 일대가 당시 고조선의 남방 경계선이라고 할 수 있다. 이미 윤내현교수와 신용하 교수가 밝힌 고조선 영역에 이들 지역을 추가하면 고조선의 강역이 더 분명해질 것이다.

　저자가 2012년 6월에 『돈:뾰족돈칼과 옛 한글연구』(동방의빛)이라는 책을 발간했는데, 이 책에서 〈돈〉자 첨수도 발견을 근거로 훈민정음의 기원에 대해 새로운 견해를 제기했다. 당시 『연합뉴스』가 "한글 3천 년 전부터 사용됐다"라는 제하의 보도(2012.7.2.)가 나가자 가장 민감한 반응을 보인 곳은 한글학회가 아니라, 중국인들이었다. 곧바로 중국 언론들이 벌떼처럼 일어나 "한글 모양의 첨수도"가 사실무근이라고 반박했다. 이어 『연합뉴스』는 2탄기사로 "'中古대화폐서 한글 발견' 주장에 中학자들 발끈"(2012.7.4)이라는 기사를 내보냈다. 중국 상해 복단(復旦)대 한국연구센터 주임인 석원화(石源華) 교수와 중국 사회과학원 역사연구소 송진호(宋鎭豪) 주임이 중국 언론에 반론을 게재하기 시작했다. 중국 『법제만보』(法制晩報)와 『환구시보』(環球時報) 등 현지 매체들은 중국 학자들의 견해를 소개하며 저자의 주장에 대해 '정통역사의 관점을 위반한 것'이라고 엉뚱한 반론을 제기했다. 이에 중국 네티즌들은 신이 났는지 그 반발은 상상

이상이었다. 당시 보도된 기사들은 인터넷에서 재확인할 수 있다.

'돈'의 어원을 다시 생각해 본다. 김석훈의 『우리말 범어사전』에 의하면 범어의 Dana[다나]를 주는 행위, 결혼에서 주는 것, 포기하다, 기부, 선물, 봉헌, 헌납 등으로 해석했다(모니에르 윌리암스 범영사전 474쪽 첫째 칸 번역). 이를 우리말로 재해석하면 다나, 다놔, 다놓아, 다줘, 포기, 기부, 다주다(신전이나 제사장에 다놔)로 옮길 수 있는데, 이는 돈과 직접적으로 관계있는 말들이다. 또 같은 범어 Dhana[다나]에는 경주나 대회의 상, 부, 재물, 재산, 돈, 보물, 선물, 자산등의 뜻이 들어 있다(508쪽). Dana[다나]= Dhana[다나]로 보인다. 이를 영어로는 donation(기부), 라틴어 donatio[도나치오], 스페인어 donacion[도나시온], 그리고 프랑스어는 don이다. 프랑스어 사전에 don은 증여, 기증, 기부, 증여품, 기부금품, 선물이라고 했다. 당시 돈(don)이 세계의 공통어로 사용된 것처럼 보인다. 미 인디언의 '돈가와'가 빈말이 아닌 것 같다.

'돈'자 첨수도에 대해 최춘태 박사는 '사가라'라고 읽어야 한다고 했고, 조석현 선생은 'ㄷ'을 'ㅡ+ㄴ'으로 보아 '으논'으로 해독했고, 김시철 선생은 '전'과 '면'의 중간음인 錢은 이보다 앞서 '즌'이나 '든'이 되어 '돈'과 음가가 비슷하였다고 보았다. 허대동 선생은 명도전의 돈을 ⓔ으로 보았다. 이처럼 첨수도의 '돈'은 명도전보다 500~1000년을 앞서기 때문에 가림토정음에 가장 가까운 글자라고 할 수 있다. 그런데 가림토에는 'ㄷ'이 없는데, 권재선은 ㄱ을 ㄷ으로 보았고, 명도전에는 c형으로 나타난다. 훈민정음과 같은 꼴의 'ㄷ'이 나타난 것은 '돈' 첨수도가 처음이다. 첨수도는 古한글의 보고이다. 이 'ㄷ'은 후대의 고려한글에서 실용화되었다.

〈참고문헌〉

1. 원전

『삼국유사』
『說文』
『旅菴遺稿』
『영변지』
『태백일사』
『훈민정음』

2. 논문류(남북한)

공재석, 「한글 고전기원설에 대한 한 고찰」 『중국학보』 7호, 1967
권재선, 「가림토에 관한 고찰」 『한글』 224호, 1994.6
김영환, 「한글의 기원 및 창제 원리로서의 '상형'과 '고전 모방'의 재검토」
　　　『한국언어문화』, 47, 2012
류　열, 「신지글자와 창힐글자와의 관계에 대하여」 『단군과 고조선』, 살림터, 1999
류　열, 「우리민족은 고조선시기부터 고유한 민족문자를 가진 슬기로운 민족」
　　　『고조선문제연구논문집』, 사회과학출판사, 1977
손량구, 「료동지방과 서북 조선에서 드러난 명도전에 대하여」 『고고민속 논문집』 12,
　　　과학백과사전출판사(평양), 1990
송호수, 「한글은 세종이전에도 있었다」 『광장』 1984, 1월호
신용하, 「한국민족의 기원과 형성」 『한국학보』 100호
이근수, 「한글은 세종 때 창제되었다」 『광장』 1984, 2월호
이상억, 「훈민정음 제대로 이해하기」 『훈민정음』 국립국어원(생각의 나무), 2008
이찬구, 「세 고전자(古篆字)본에 대한 비교분석」 『천부경 연구』, 한배달, 1994

3. 단행본(국내)

강신항, 『훈민정음 창제와 연구사』 경진, 2010
강신항, 『훈민정음 연구』 성균관대 출판부, 2011
국사편찬위원회, 『고등학교 국사』 교육과학기술부, 2011
권덕규, 『조선어문경위』 광문사, 1923
권재선, 『바로잡은 한글』 우골탑, 1994
김규진, 『서법진결』 고금서화진열관, 1915

김상기,『동방사논총』서울대출판부, 1984
김석훈,『우리말 범어사전』다일라, 2020
金允經,『朝鮮文字及語學史』,朝鮮記念圖書出版館, 1938
藤間治郞,『朝鮮錢史』(京城), 1918
류자후,『조선화폐고』리문사, 1974
박선미,『고조선과 동북아의 고대화폐』학연문화사, 2009
서정범,『國語語源辭典』보고사, 2000
신채호,『조선상고사』상, 삼성문고, 1977
野間秀樹(노마 히데키), 김진아, 김기연, 박수진,『한글의 탄생』돌베개, 2011
왕 휘,곽노봉,『상주금문』학고방, 2013
윤내현,『중국사』민음사,1991
윤무병,『한국사대계』아카데미, 1984
윤무병,『한국사』1, 국사편찬위원회, 1973
이찬구,『돈:뾰족돈칼과 옛한글연구』, 동방의 빛, 2012
李學勤 지음, 河永三 옮김『古文字學 첫 걸음』, 東文選 1991
陳煒湛, 唐鈺明 공저, 강윤옥 옮김,『중국 고문자학의 이해』, 현학사 2005
최범훈,「고유어 지명연구」『민족문화논총』삼중당, 1973
최태영,『인간단군을 찾아서』, 학고재, 2000
최현배,『우리말본』정음사, 1971
허대동,『고조선문자』경진, 2011

4. 해외 자료

Ian Barnes, "The Historical Atlas of Native Americans", Chartwell Books, 2015
Mauricio Swadesh "Estudios sobre lengua, y cultura", Mexico, D,F, 1960
加藤繁,『中國貨幣史硏究』, 東洋文庫, 1991
高英民,「河北藁城出土尖首刀」『中國錢幣』1987년 3기
高英民,『中國古代錢幣』, 學苑出版社, 2007
郭沫若,『중국사고지도집』중국지도출판사(北京), 1996
關野雄,『中國考古學論攷』同成社, (東京) 2005
戴志强,『古錢學入門』中華書局, 2001
陸錫興,「諺文字母來源古篆說」『中國文字研究』, 2014年02期
馬昂 釋,『貨布文字考』道光 12(1832)
范品淸,「遼寧凌源縣出土一批尖首刀化」『考古與文物』陝西省考古研究所, 1980
山東省錢幣學會 編,『齊幣圖釋』齊魯書社, 1996
徐中舒 編,『甲骨文字典』中國四川辭書出版社, 1998
石永士 王素芳,「燕國貨幣的發現與研究」『中國錢幣論文集』2, 1992

石永士, 石磊, 『燕下都東周貨幣聚珍』文物出版社, 1996
吳良寶, 『先秦貨幣文字編』福建人民出版社, 2006
汪慶正 主編, 『中國歷代 貨幣大系：先秦貨幣』上海人民出版社, 1988
俞 椊, 「遼東銳鋒刀攷釋」『泉幣』1944, 25기
李佐賢, 鮑康, 『古泉匯, 續泉匯』(中國錢幣文獻叢書 第16輯) 上海古籍出版社, 1992
李佐賢, 『古泉匯』『續泉匯』 상해고적출판사, 1992년(합본)
李佐賢, 『古泉匯』石泉書屋, 1864년, 亨9-1
張光裕, 『先秦貨幣文字辨疑』臺灣大學文學院, 1970
張博泉, 「"明刀幣研究續說」『北方文物』2004, 第4期
張弛, 『中國刀幣彙考』河北人民出版社, 1997
張弛, 『河北貨幣圖志』河北人民出版社, 1997
朱楓, 『古金待問錄』권3
朱華, 「近幾年來山西省出土古代貨幣」
朱活, 「談山東臨淄齊故城出土的尖首刀化」『考古與文物』1980, 3기
朱活, 『古錢新探』齊魯書社, 1984
中國社會科學院, 『殷周金文集成』中華書局, 2007
中國錢幣大辭典編纂委員會 編, 『中國錢幣大辭典：先秦篇』中華書局, 1995
陳隆文, 『春秋戰國貨幣地理研究』人民出版社, 2006
陳隆文, 「春秋戎狄尖首刀幣在 先秦貨幣史上的地位與影響」
　　　　『陝西師範大學繼賣教育學報』, 제22권, 3기. 2005. 9
陳隆文, 『先秦貨幣地理研究』科學出版社, 2008
陳平, 「略論 山戎文化 的族屬及相關問題」『華夏考古』1995, 第3期
千家駒, 郭彦岗, 『中國貨幣演變史』, 上海人民, 2005
千家駒, 戴志强, 『中國錢幣』1985年, 第1期
招遠縣圖書館 自然科學史研究所, 「招遠切頭尖首刀及其科學考察」
　　　　『中國錢幣』1987년　　3기
鮑康, 『觀古閣叢稿』(1873년 발간)
何林儀 著；季旭昇 編訂, 『古幣叢考』臺北：文史哲出版社, 民國 85[1996]
黃錫全, 『先秦貨幣研究』中華書局, 2001

5. 기타

『서울신문』2012.5.16.
http://nownews.seoul.co.kr/news/newsView.php?id=20120516601019
『한국경제』2012.5.17. http://hei.hankyung.com/hub02/201205171359q

03
『한요부 타솜(삼)오해』의 발견과 '古한글'에 대한 고찰

훈민정음 이전에도 古한글이 있었나? · 149
훈민정음의 자방고전과 최만리 상소문의 전조(前朝) · 154
훈민정음 이전의 문자들 · 158
『한요부 타솜(삼)오해』와 古한글의 내용 · 168
소리글자 1000년의 공백 메우기 · 180

03
『한요부 타숨(삼)오해』의 발견과 '古한글'에 대한 고찰*

훈민정음 이전에도 古한글이 있었나?

이 글은 최근 발견된 『한요부(寒窯賦) 타숨(삼)오해』에 표기된 한글 형(形) 글꼴[字形]의 내용을 훈민정음과 비교하여 밝히는 데 목적이 있다.

훈민정음 이전에 우리는 어떻게 문자생활을 하였는가에 대한 논의는 훈민정음 창제 이후로부터 지금까지도 계속되고 있다.

우리 민족이 자기의 문자(文字)를 갖게 된 것은 1443년 훈민정음의 창제로부터 시작된 것은 주지의 사실이다. 그러나 훈민정음이 창제되고 400년이 넘을 때까지도 여전히 한자가 공인 국문이 되고, 훈민정음은 비공인 언문이 되어 평민들의 생활언어로써만 기능할 뿐이었다. 훈민정음이 우리의 국문으로 지위가 공식으로 승격된 것은 1894년이다.

정인지는 「훈민정음 序」에서 "옛날에 신라의 설총이 이두를 처음

---

* 『역사와 융합』 제16집 (2023.09)

만들어서 오늘에 이르기까지 관청이나 민간에서 이를 사용했다"[1]고 적고 있다. 이런 이두와 향찰은 그 자체가 한자였으므로 신라 이래로 국가의 공인을 받아 문자의 일종으로 사용되었다.

대개 고려시대에도 공식적인 문자는 한자였고, 그것은 정통한자(正統漢字)와 이두(吏讀)같은 차용한자(借用漢字)로 나누어 사용되었다. 이러한 고려 시기의 문자 전통은 통일신라 또는 신라 시대에 이미 자리 잡은 것을 그대로 이어받은 것으로 볼 수 있다.[2]

그러면 신라 이전에는 문자가 없었는가? 아울러 부여, 고구려, 백제의 문자는 어떠했을까? 신용하는 우리의 고유문자가 한자로 대체된 시기를 4세기로 보고 있다.[3] 4세기 이전의 상고시대와 그 이후를 구분할 수 있을 것이다. 그렇다고 하여 4세기에 비로소 한자가 중국으로부터 수입되었다는 말은 아니다. 중국의 한자 사용에 대응하여 삼국도 경쟁적으로 한자를 사용했다는 말이다.

우리 민족의 문자 사용을 문헌 자료에 의하여 살펴보면 상고시대까지 올라갈 수 있다. 실물문자에서는 사라졌지만 문헌에만 남아 있는 우리의 옛 글자인 신지글자(신지전자)[4]로부터 실물문자로 남아 있는 2~3천년 전 첨수도, 명도전 등의 화폐문자[5]가 있다. 그러나 지금까지는 그런 문자들의 전승관계나 명맥을 찾기가 어려웠다.

특히 훈민정음 창제와 함께 훈민정음의 기원 문자를 찾는 논의는 『세종실록』과 정인지 서문에 있는 이른바 '자방고전(字倣古篆)'이라는 말에 근거하여 지속적으로 진행되어 왔으나 별 성과를 얻지 못했

---

1) "昔新羅薛總 始作吏讀 官府民間 至今行之"(鄭麟趾 解例序)
2) 심재기「고려시대 언어·문자에 관한 연구」『인문논총』29, 서울대인문과학연구소, 1993, 32~33쪽
3) 신용하,『고조선문명의 사회사』지식산업사, 2018, 522쪽
4) 이찬구「세 고전자본에 대한 비교분석」『천부경연구』, 한배달, 1994, 33~41쪽
5) 이찬구『돈』동방의빛, 2012 ;『고조선의 명도전과 놈』,동방의빛, 2013

다. 당대의 최만리는 '전조(前朝)의 언문'을 언급하였고, 18세기 신경준도 '동방의 옛 속용문자'를 언급하였으나, 그 후로도 훈민정음 이전의 문자에 대한 결정적인 단서는 찾지 못했다.

그런데 이번에 발견된 『한요부(寒窯賦) 타슴오해』는 여몽정(呂蒙正)의 작품으로 추정되는 한요부(寒窯賦, 또는 파요부) 600여 자의 한자에 오늘날 훈민정음과 같은 한글 글꼴로 음(音)을 표기한 것이다. 한자로 寒窯賦라 쓰고, 그 왼쪽에 '타슴오해'라고 썼기 때문에 저자가 집필 목적상 『한요부 타슴오해』(이하 편의상 앞머리의 한 글자씩을 따서 '한타부'라 약칭함)라 이름 붙였다. 찰 寒(한)은 '타', 가마 窯(요) '슴', 부세(글) 賦(부)는 '오해'(단음일수도 있음)라고 썼다. 그러나 '타슴오해'가 'ta-sam-ohae'로 발음되는지는 아직 단정할 수는 없다.

이 한타부의 집필 연대는 작품 말미에 원풍2년(1079년)이라 써 있고, 종이에 먹으로 글씨를 쓴 수고본(손글씨)의 형태는 두루마리이다. 크기는 폭 65cm, 길이 814cm이다. 이 한타부의 소장자는 비봉컬렉션 대표이자 한국미술감정원 감정위원장 박찬(朴燦)이다.[6] 지난 6월에 저자가 실물을 확인했다.

---

[6] 박찬 위원장은 이외에 『고려문사전』, 남송(南宋)의 조규(趙葵)가 편찬한 '행영잡록(行營雜錄)'등을 다수 소장하고 있다. 여기서 잠시 『한요부』의 입수 경위와 그 재질에 대해 언급하겠다. 2023년 봄 중국 내몽고(적봉 일대) 현지인이 발견해 중국 유명한 고문자 전문가인 상이텐(桑－田;바이두 인물 등재) 중국서화원부원장에게 "이 글자가 무엇이냐고"문의하자. 상 부원장이 다시 한국의 박찬 대표에게 사진 몇 장을 SNS로 보내주면서 "이 글자들은 오늘날 한국에서 통용되는가?"라고 물었다. 사진을 보는 순간 너무 놀란 박 대표가 중국인 지인더러 상 부원장에게 자세한 내막을 알아보라고 했고, 마침내 내몽고인과 협의 끝에 내몽고에서 북경을 거쳐 서울로 배송하는데 성공했다. 이 수고본의 지질은 닥나무로 보이며, 1~200년 전에 마(麻)로 배접한 것으로 추정된다. 현재 붓글씨 상태가 노후화가 진행되고 있다. 한요부 말미에 원풍2년이라 써 있다. 이는 1079년으로 고려 11대 문종(1046~1083) 재위기간에 해당한다.

두루마리형 수고본을 들고 있는 소장자 박찬.   두루마리형 수고본을 펼쳐보고 있는 저자. (2023.6.17.)

저자는 다음의 관점에서 이 글을 쓰고자 한다.

첫째, 『한요부』가 북송 여몽정(呂蒙正, 946~1011)[7]의 작품이 맞는지, 또 집필연대가 원풍2년(1079년)이 맞는지의 문제는 이 글에서 고려하지 않는다. 왜냐하면 『한요부』에 한글 음이 표기되었기 때문에 그 자료가 가지고 있는 독창성에 의해 평가받아야 한다고 본다.

둘째, 가장 중요한 것은 훈민정음과의 비교이다. 한타부를 쓴 작가의 목적은 한자 서예의 멋을 자랑하기 위해서 쓴 것 같지가 않다. 바로 한자(漢字)와 다른 또 하나의 문자를 소개하려는 것이 목적이었던 것 같다. 그러므로 중요한 것은 『한요부』보다 '타슴오해'의 내용에 주목하는 일이다. '타슴오해'가 담고 있는 방대한 문자의 정보는 『한요부』의 작품성이나 문헌정보와는 별개이다.

셋째, 훈민정음과 비교할 경우, 한타부가 과연 훈민정음 이전의 문

---

[7] 김환태 『중국천하 최고재상 37인과 한국』, 글힘, 2002, 355쪽. 국내에 여몽정(呂蒙正)에 대한 소개는 드문 실정이다. 바이두는 公元944年-1011年이라 했다. 『한요부(寒窯賦)』는 여몽정의 공식 문헌집에는 포함되어 있지 않다. 여몽정의 유실자료의 하나로 보기도 한다. 일설에는 북송 인종이 황태자(재위 1018~1022년)였을 때 여몽정이 황태자 교육용으로 지은 것이라고 하나 여몽정의 생몰연대가 정확하지 않기 때문에 어느 황태자인지 알 수 없다. 이번에 발견된 『한요부』는 원풍2년(1079년)에 집필되었으므로 여몽정의 창작설을 뒷받침해주고 있다.

자일까 아니면 이후의 문자일까가 궁금할 것이다. 저자는 훈민정음이 왕명으로 반포(1446년)되었는데, 그 이후 사람들이 훈민정음의 자모음을 임의로 바꾸어서 사용할 수는 없다고 본다. '타숌오해'를 『한요부』에 붙인 사람은 훈민정음을 전혀 모르거나 훈민정음 반포 이전의 사람일 것이다. 설령 훈민정음 이후에 나온 것이라 하더라도 그 자모음 체계가 훈민정음과 어떻게 다른지에 대한 연구만으로도 가치를 지닌다고 본다.

넷째, 저자는 『한요부』의 본문이 아니라, '타숌오해'에 나오는 한자의 음에 대한 표기의 일관성에 주목하였다. 天(천)을 훈민정음 당시의 '하늘 텬'(훈몽자회 기준)을 따르지 않고 전혀 다르게 '안'이라고 5회 표기했다. 또 훈민정음의 날 日(일)을 'ㅍ'라고 2회 표기했으며, 석 三(삼)을 '샤'라고 3회 표기했다. 훈민정음과 다른 일관성의 유지는 '타숌오해'가 일정한 규칙에 의해 서술되었다고 볼 수 있으며, 단순히 훈민정음을 모방한 글자라고 보기 어렵다. 이런 의미에서 저자는 한글과 비슷하지만 훈민정음과 구별되는 '타숌오해'를 '녑한글'이라 부르고자 한다. 글꼴의 복잡성을 보더라도 훈민정음처럼 단순하게 규격화하지 않았기 때문에 훈민정음 이전 문자로서 '녑한글'이라 불러도 무방할 것이다. '타숌오해' 600여 자는 그 자체로 훈민정음과 같은 문자체계로 부를 수 있다.

이런 고한글이 훈민정음의 고대문자 기원설에 활발한 논쟁을 제공할 것으로 본다. 강신항은 "훈민정음 이전에도 고대문자가 있었으며, 훈민정음은 이를 이어받아 개량한 것이라는 주장"[8]이 있다고 했다.

저자는 이 글을 통해 훈민정음의 기원이 된 고대문자로서의 고한글의 의미를 찾을 뿐만 아니라, 한자와 달리 훈민정음과 맥을 같이 하

---

8) 강신항『훈민정음연구』, 성균관대출판부, 2003, 120쪽

는 고한글의 자음 모음 체계에 대한 역사성을 살펴볼 것이다. 이를 위해 훈민정음과의 비교분석은 물론이고, 훈민정음 이전의 고대문자로 알려진 가림토나 첨수도 등의 화폐문자도 교차 비교하여 고한글의 진면목과 가치를 드러내고, 나아가 이 글로 인해 우리 한글의 기원과 역사를 다시 보는 계기가 되길 바란다.

훈민정음의 자방고전과 최만리 상소문의 전조(前朝)

훈민정음의 자방고전(字倣古篆)

『훈민정음』창제라는 혁명적인 사건이 실록에는 고작 55자(上親制諺~訓民正音)로 짧게 기록되어 있다.

> 세종 25년 계해(1443,정통 8) 12월30일 (경술) 훈민정음을 창제하다. 이달에 임금이 친히 언문(諺文) 28자(字)를 지었는데, 그 글자는 옛 전자(篆字)를 모방하고, 초성(初聲)·중성(中聲)·종성(終聲)으로 나누어 합한 연후에야 글자를 이루었다. 무릇 문자(文字)에 관한 것과 이어(俚語)에 관한 것을 모두 쓸 수 있고, 글자는 비록 간단하고 요약하지마는 전환(轉換)하는 것이 무궁하니, 이것을 훈민정음(訓民正音)이라고 일렀다.[9]

실록에서 말한 자방고전(字倣古篆)의 내용은 정인지가 후서(後序)

---

9) ○是月, 上親制諺文二十八字, 其字倣古篆, 分爲初中終聲, 合之然後乃成字, 凡干文字及本國俚語, 皆可得而書, 字雖簡要, 轉換無窮, 是謂 訓民正音.(世宗莊憲大王實錄 卷 第一百二終)
 * http://db.itkc.or.kr(한국고전종합DB인용,이하 같음)

에서 스스로 밝힌 상형이자방고전(象形而字倣古篆)과도 일치한다. 즉 "제자의 원리는 보이지 않는 발음기관의 움직이는 모양을 본뜨고, 글자체는 옛 글자를 모방했다(字倣古篆자방고전)"라고 언급했다.

강신항은 '상형이자방고전'(象形而字倣古篆)에 대해 "상형을 해서 새 글자를 만들었는데, 새 글자의 모양이 옛날 전자와 비슷하게 되었다"[10]는 정도로 약하게 의미부여를 하고 있다. 창제의 의미를 자방고전(옛 글자를 모방했다)에 두지 않고 상형에 두고, 다만 그 창제 결과가 자방고전처럼 보였다(옛 글자처럼 비슷하게 보였다)는 말로 해석한 것이다. 또 그는 훈민정음 기원에 관해서는 범자(梵字) 기원설, 몽고자 기원설, 파스파문자 기원설, 고대문자 기원설 등으로 설명했고,[11] 북한의 류열은 고전(古篆)의 옛 글자가 곧 신지전자라고 해석한 바 있다.[12] 강상원은 "한자에 고전서(古篆書)를 모방하여 제자(制字) 원리로 삼았다고 기술함은 실담어 50자문을 비교하거나 모방하여 자음을 제정하였다는 의미로 해석된다. 실담어 자모가 전서체와 극히 유사하다"[13]고 했다.

일찍이 김윤경은 이 고전설에 대해 다음과 같이 두 측면에서 결론 내렸다.[14]

▲ 닿소리를 5음으로 나눈 것과 닿소리와 홀소리로 나눈 것은 인도 범문과 중국운서를 본뜬 것이다.
▲ 자형 중에서 닿소리는 소리내는 기관의 모양을, 홀소리는 하늘, 땅, 사람의 모양을 본뜬 것이다.

---

10) 강신항 앞의 책, 175쪽 주석 202번 참조
11) 강신항 위의 책, 117쪽
12) 류열 「우리민족은 고조선시기부터 고유한 민족문자를 가진 슬기로운 민족」, 『단군과 단군조선』, 살림터, 1995, 118쪽
13) 강상원 『훈민정음 해례오류』, 조선명륜관학술원출판부, 2017, 487쪽.
14) 김윤경 『새로지은 국어학사』 을유문화사, 1963, 63쪽

최만리 상소문의 전조(前朝)

한글 창제에 마지막까지 반대했던 최만리의 상소문에도 자방고전에 대해 "자형은 비록 옛날의 전문을 모방하였을지라도(字形雖倣古之篆文)"라는 대목이 있고, 또 "언문이 전조(前朝) 때부터 있었다 하여도(諺文自前朝有之)…"라는 대목이 있다. 아무튼 전조(前朝)는 조선 이전의 왕조 즉 고려를 뜻하는 말로 해석할 수 있다. 이를 둘로 나눌 수 있다.

> *상소문1 : 설혹 말하기를, '언문은 모두 옛 글자를 본뜬 것이고 새로 된 글자가 아니라.' 하시지만, 글자의 형상은 비록 옛날의 전문(篆文)을 모방하였을지라도 음을 쓰고 글자를 합하는 것은 모두 옛것에 반대되니 실로 의거할 데가 없사옵니다.(儻曰諺文皆本古字, 非新字也, 則字形雖倣古之篆文, 用音合字, 盡反於古, 實無所據)---최만리 등의 반대 상소문 중에서,(1444년)

> *상소문2 : 가령 언문이 전조(前朝) 때부터 있었다 하여도 오늘의 문명한 정치로써 변로지도(變魯至道:魯나라를 변화시켜 이상적인 도에 이르게 한 것)하려는 뜻이 있는데, 오히려 (고려 언문을) 그대로 물려받을 수 있겠습니까. 반드시 고쳐 새롭게 하자고 논의하는 자가 있을 것입니다.(借使諺文自前朝有之, 以今日文明之治, 變魯至道之意, 尙肯因循而襲之乎 必有更張之議者)---최만리 등의 반대 상소문 중에서, (1444년)

상소문1에서 "글자의 형상은 비록 옛 글자(篆文)를 모방"하였을지라도 "음을 쓰고 글자를 합하는 것은 모두 옛것에 반대된다(用音合字, 盡反於古)"고 했다. 여기서 최만리는 옛 글자를 한자로 말한 것으로 잘못 이해하여, 음을 쓰고 글자를 합하는 것이 옛것인 한자와 어굿났다고 본 것이다. 한자 중심의 입장에서 보면 이치적으로는 당연한 주장이다. 음을 쓰고 글자를 합하는 것은 소리글자인 훈민정음으로서는 너무도 당연하지만, 한자와는 근본적으로 같은 계통의 글자가 분명히 아닌 것이다. 한자의 경우 주로 형성(形聲)인데, 이는 뜻 요소와 소리 요소가 결합하는 것이지만, 훈민정음은 뜻 요소가 없고 소리 요소의 결합으로 글자가 이루어진다는 면에서 한자와 차이가 난다. 이를 극복하기 위해 세종은 훈민정음도 소리뿐만 아니라, 하늘·땅·사람의 형상을 본떠 만들었다는 것을 강조한다.[15]

다음은 상소문1의 '새 글자가 아니다'는 말은 세종의 말을 최만리가 가정법처럼 인용해 말한 것이고, 상소문2는 '모방한 옛 글자가 전조(前朝)' 즉 이전 조정인 '고려의 언문'이라는 점이다. 막연한 고대(古代)로부터가 아니라 전조(前朝)라고 정확히 지적해 말했다. 그러니까 자방고전(字倣古篆)의 실체는 해외 문자도 아니고 우리의 고려의 문자라는 것이고, 한걸음 나아가 최만리는 새 훈민정음이 전조의 옛 글자(혹은 고려문자)를 모방했을지라도 "오히려 (고려 언문을) 그대로 물려받을 수 있겠습니까. 반드시 고쳐 새롭게 하자고 논의하는 자가 있을 것"이라고 꼬집어 말했다. 그러니까 최만리는 어느 정도 훈민정음의 내용을 알고 있었기 때문에 새로 훈민정음을 제정하려는 집현전 학자들이 전조(前朝)의 옛 글자를 그대로 물려받지 말고 새로 고치자는 논의가 있었을 것이라고 주장했던 것이다.

전조(前朝)의 문자나 훈민정음이나 공통분모는 한자이다. 한자를 놓고 그 음을 다는 것이 훈민정음과 전조의 문자가 차이가 난다는 뜻이다. 최만리가 말한 전조는 고려문자를 가리킬 것이다. 그러나 고

---

15) 권재선『국어해방론』, 우골탑, 2004, 297쪽; 정인택『최만리 상소문 이해』, 알다, 2016, 55~56쪽

려 정부가 한자를 공식문자로 쓰고 있고, 민간에서 쓰는 속용문자는 어디까지나 민간문자라는 한계가 있기 때문에 최만리로서는 더 이상 언급할 입장이 아니었던 것 같다. 최만리는 훈민정음을 '언문 27자'[16]라고 했고, 아예 글자도 아닌 비자(非字)라고 단언한다.

그런데 "글자의 형상은 비록 옛 글자(篆文)를 모방하였을지라도 음을 쓰고 글자를 합하는 것은 모두 옛것에 반대된다"(用音合字, 盡反於古)는 구절을 재음미해보면, 훈민정음은 옛 글자(고려문자)를 모방한 것이고, 또 훈민정음의 음을 쓰고 글자는 합하는 것이 옛 것(고려문자)에 반대된다는 뜻으로 해석할 수 있다. 최만리는 한자를 강조한 것은 사실이지만 문맥으로 보면 고려문자를 알고 있었다고 추정할 수 있다.

최만리의 방고지전(倣古之篆)과 정인지의 자방고전(字倣古篆)에서 말한 그 고전(古篆)을 한자의 고전이 아니라고 보는 관점도 있다. 일찍이 김윤경은 고전(古篆)을 '우리의 고유한 문자를 가리킴이 분명하다'[17]고 단언하였다. 이럴 경우 모방(模倣)이란 말은 '그대로 본떴다'는 뜻으로서 계승(繼承)과 같은 뜻이라고 할 수 있다. 곧 "옛 우리한글의 되살림"이 진의에 가깝다고 할 수 있다.

훈민정음 이전의 문자들

고려의 한자와 속용문자

신채호는 "왕검의 자(子) 부루를 보내어 도산에서 우(禹)를 보고 금

---

16) 정광 『동아시아 여러문자와 한글』, 지식산업사, 2019, 180쪽
17) 김윤경 앞의 책, 62쪽

간옥첩의 문자를 가르쳐 주었다"라고 말하고, 이 문자는 한자일 것이니 조선이 한자를 안 것이 오래되었다면서 "그 뒤에 한자의 소리 혹은 뜻을 빌어 이두문을 만드니, 이두문은 곧 조선 고대의 국문(國文)이라 할 수 있다. 고대에는 국서(國書) 향서(鄕書) 가명(假名)이라 칭하고, 고려조 이후에 비로소 이두문이라 칭하였다"[18]고 설명했다. 신채호는 이두문은 설총의 창작이 아니라, 그 이전의 고비(古碑)에도 이두문이 있었다고 지적해 그 시원이 오래되었다는 것을 지적했다.

이시영은 『감시만어』에서 다음과 같이 적었다. 문화 류씨 족보에 쓴 부여 왕문(王文)의 서법(書法), 평양 법수교의 고비, 남해도 암벽에 각인되어 있는 글자, 발해의 국서, 고려 한송정곡 등은 모두 우리 고대 문자의 예[19]라고 했다.

최근 낙랑벽돌에서 8글자가 나왔고,[20] 또 13자가 나왔다.[21] 이는 한사군의 낙랑군이 아니라 고조선의 전통을 이은 평양 고조선의 최씨낙랑국이나 고구려 초기의 고문자일 것으로 추정된다.

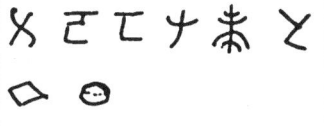
평양 락랑벽돌 8개문자(김인호)

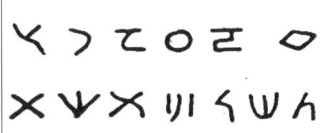
평양 락랑벽돌 13개문자(김윤교)

---

18) 신채호 『조선상고사』 (제2편 제3장 4.한자의 수입과 이두문의 창작)
19) 이시영 『감시만어』 일조각, 1983, 16~17쪽
20) 김인호 「우리나라 고대글자 관계의 력사유물과 자료들에 대한 고찰」 『단군과 단군조선』 살림터, 1995, 580~581쪽
21) 김윤교 「신지글자의 시대적인 쓰임과 변화」 『단군과 단군조선』 살림터, 1995, 606쪽

문헌상으로는 『구당서』에 "발해유문자渤海有文字 말갈무문자靺鞨無文字라며, 발해는 문자를 가졌으되 말갈은 문자가 없다"라고 했다. 1934년 김육불(金毓黻)이 발해문자를 소개한 이래 국내에서도 꾸준히 연구되고 있다. 발해 사람에 의해 기록된 단편적인 문자 기와조각이 371개나 나타난다는 점은 발해문자의 존재 가능성을 높여주고 있으나 어디까지를 문자로 인정할 것이냐를 놓고 이견이 나오고 있다.

정광은 고구려의 독자적인 수이자(殊異字)들 즉 한자를 변형시켜 자국어로 사용하던 방법을 발해가 그대로 이어받아 고유문자를 사용했다고 보고, 발해의 상층부는 고구려였다고 추정했다.[22] 김무식도 다음의 예를 들며 발해문자에 대해 긍정적으로 언급하고 있다.[23]

발해문자의 변용자(김무식)

지금 고려문자에 대한 정보가 부족하지만, 고려시대에 사용된 공식적인 문자는 한자였다. 그런데 그 한자의 운용을 크게 두 가지로 나눌 수 있다. 소위 정통한자(正統漢字)와 차용한자(借用漢字)가 그것이다. 이러한 문자사용의 전통은 통일신라 시대에 이미 자리잡은 것을 그대로 이어받은 것이긴 하나, 앞선 시기보다는 훨씬 활용의 진폭이 넓었고 또 깊었다. 정통한자는 중국어 문법의 틀에 맞추어 한문을 짓는 데 사용하는 것이고, 차용한자는 한자를 이용하여 우리말을 적는 표

---

22) 정광, 앞의 책, 61~62쪽
23) 김무식 「발해문자의 성립과 문자론적 특징」 『언어과학연구』 47, 2008, 137~140쪽

기체계인데, 이를 한자차용표기체계(漢字借用表記體系)라고 불러왔다. 고려시대 문자는 한자 이외에 차명(借名), 향찰(鄕札), 이두(吏讀), 구결(口訣)의 네 가지가 사용되었다고 할 수 있다.[24]

반면에 이두와는 다른 의미로서 우리나라에 속용문자가 있었다. "우리나라에는 예로부터(東方舊有) 속용문자(俗用文字)가 있었다"고 했다. 이 말은 1750년에 『훈민정음운해(訓民正音韻解)』를 쓴 여암 신경준(1712~1780)의 주장이다. 옛(舊)의 시간을 고려에 두어야 할지 고조선까지 올라갈지는 예단할 수 없으나 저자는 일단 고려의 속용문자로 본다. 이어 신경준은 "그러나 그 수가 갖추어지지 않고 그 모양도 정리되지 않아, 어떤 말을 형용한다거나 어떤 용처에 사용하기에는 부족하였다"[25]고 적었다.

신경준은 서두에서 "훈민정음은 우리나라 한쪽의 혜택에만 그치는 것이 아니고, 가히 천하 성음(聲音)의 대전(大典)"[26]이라고 극찬과 함께 그 세계성도 내다봤다. 그는 ▲우리나라에는 고대문자가 있었으며 ▲한글은 세상에서 가장 우수한 문자이며 ▲관서·영남 지역에서는 설음(舌音)을 많이 쓰고, 호남·호서 지역에서는 치음(齒音)을 많이 쓰며 ▲'ㅇ' 모음자를 설정하였고 ▲우리나라 한자음에서 당시까지 'ㆍ' 중성이 많이 쓰이며, ㅎㅇㄱㄷㅌㄴㅈㅊㅅㅂㅍㅁㄹ 등 13초성만 쓴다고 하였다.[27] 또 신경준은 기본자 'ㅇ'과 'ㆍ'에서 모든 초성자와 중성자가 생성 발달하였다고 설명했다.[28]

---

24) 심재기 앞의 논문, 32~33쪽
25) "東方舊有俗用文字 而其數不備 其形無法 不足以形一方之言 而備一方之用也"(『훈민정음운해(訓民正音韻解)』신경준, 1750)
26) "正音不止惠 我一方而可以爲天下聲音大典也"(『훈민정음운해(訓民正音韻解)』解敍 신경준, 1750)
27) https://terms.naver.com/entry.naver?docId=571595&cid=46674&categoryId=46674 (한국학중앙연구원)
28) 전정례 김형주『훈민정음과 문자론』, 역락, 2002, 120쪽

권재선은 "신경준의 속용문자설은 이두와는 다른 글자로서 당시까지 전하여온 속간에서 쓰는 특수한 글자"[29]를 의미한 것으로 보고, 나아가 그는 신경준 자신이 "이 속용 문자를 직접 본 것이 분명하다. 그 글자의 수나 글자의 꼴과 쓰임에 대해 언급하고 있는데, 이것은 보지 않고는 말할 수 없는 것"[30]이라고 단언했다. 신경준이 그 글자의 모양을 구체적으로 제시하지 않은 것은 그 당시에는 누구나 잘 알기 때문으로 분석했다. 권재선은 세종 때에도 속용문자가 있었을 것으로 추정했고, 그 속용문자는 경우에 따라 여러 개가 있었을 것으로 보았다.

신경준이 말한 속용문자란 민간에 유포된 곧 민간문자라는 뜻이다. 나라의 공식문자는 아니다. 이는 오랫동안 민간에 유포되어 사용해 왔다는 말과 같다. 하지만 이근수는 '동방구유 속용문자(東方舊有俗用文字)'의 속용문자를 "전래하는 우리의 고대문자로 해석하는 경향도 있고, 『삼국사기』 등에 산재해 있는 문헌의 구절을 인용하여 훈민정음 이전에도 고유문자가 있었다고 주장하는 견해도 있었으나, 이들은 모두 (한자) 차자(借字)표기체제의 일환이라고 보는 것이 지배적"[31]이라고 주장한다. 그러니까 한자를 빌려 표기한 차용문자일 뿐, 독립적인 문자체계가 아니라는 말이다. 그러나 신경준이 말한 속용문자에는 이두가 포함되지 않는다. 왜냐하면 이두는 이미 관용문자가 되었기 때문이다. 그러면 이두와 다른 속용문자는 어떤 것일까? 권재선은 고려 속용문자의 일례로 'ㅓ △ ㅣ ㅏ'[32]등을 예로 들었으나, 이보다는 더 발달된 글자가 있을 수 있다고 본다.

---

29) 권재선 『바로잡은 한글』 우골탑, 1994, 381쪽
30) 권재선, 앞의 책, 381쪽
31) 이근수 「한글과 日本 神代 文字」 『弘大 論叢』 16집, 1984, 375쪽
32) 권재선 앞의 『국어해방론』, 448쪽

고려 「한송정곡」을 새긴 거문고의 문자

> 月白寒松夜 波安鏡浦秋 (월백한송야 파안경포추)
> 哀鳴來又去 有信一沙鷗 (애명내우거 유신일사구)
> 달 밝은 한송정 밤, 물결 잔잔한 경포의 가을
> 슬피 울며 오가는 것은, 소식 전하려는 갈매기 하나

이 시에서 한송정(寒松亭)은 강원도 강릉시 성내동에 있는 정자이름이다. 관동팔경의 하나인 경포대가 있다. 사구(沙鷗)는 바닷가의 갈매기를 말한다.

그런데 이 시의 유래에 의하면, 고려가요에 '한송정곡'이 있으나 제목만 전하고 노래의 내용은 작자 미상인데, 이 노래가 거문고 밑바닥에 적혀 중국 강남땅까지 흘러간 것을 광종 때(949~975) 장진공(張晉公)이 그 곳에 사신으로 갔다가 이 노래의 뜻을 해석해 달라고 묻기에 위와 같이 풀어지었다고 하는데, 과연 '한송정곡'은 어느 문자로 기록된 것이기에 중국인에게조차 풀어서 설명한 것일까?

이시영은 1934년 지은 『감시만어』에서 이 문제를 거론하며 동부 한송정곡은 모두 '우리 고대 문자의 예'라며 그 문자는 "신라 때의 한자로서 향찰"[33]이라고 보았다.

이근수도 이덕무의 「청비록」을 들어 그 문자가 신라의 이두나 본조 훈민정음 중에서 결국 이두로 해석하고 있다.

이근수가 인용한 이덕무(李德懋)의 『청장관전서』34 「청비록(青脾錄)」권3 한송정곡(寒松亭曲)에「高麗張延祐與德縣人~~有信一沙鷗 案此說則高麗時則有國書 以釋方言如 新羅吏讀本朝訓音而未可考也」[34]라

---

33) 이시영, 앞의 책,18쪽
34) "高麗張延祐。興德縣人。顯宗朝踐歷華要。官至戶部尙書。又名晉山。其時樂府。有寒松亭曲。昔有人書此曲於瑟底。瑟漂流至江南。江南人未解其詞。光宗時晉山奉使

고 했고, 이를 이근수는 다음과 같이 풀이했다. "광종 때 사람 장유(張儒)가 나라의 사명을 띠고 중국의 강남에 가 있을 때 일찍 고려에서 어느 호사가가 악부의 한송정곡을 거문고 밑에 새기어 바다에 흘리어 보낸 것이 그 곳에 표착되었는데, 강남의 사람들이 이것을 보아도 그 노래를 알아낼 수가 없으므로 이것을 장유에게 가지고 오므로 이것을 한시로 번역했다"[35]라면서 이어 "이 설을 상고하건대 고려 때 달리 국서(國書)가 있었고, 이것으로써 방언(方言)을 새기는데 신라의 이두나 우리 조선의 훈민정음과 같은 것으로 (더 이상) 상고할 수가 없다"고 풀이했다.

이근수는 이어서 "이 중에는 고려 때 방언을 새겼다는 말이 나온다. 여기서 말하는 국서란 한자표기(漢字表記)체제를 말한 것으로 추정할 수 있다"[36]고 강조했다. 결국 고려에 특별한 문자가 있는 것이 아니라 단지 차용한자만이 있었다는 것이다.[37]

반면에 송호수는 이 한송정곡을 새긴 문자를 가림다문으로 보았다. 그는 『태백일사』 「소도경전」을 인용해 "고려 광종 때에 장유(張儒)는 접반사(接伴使)로서 난을 피하여 오월(吳越)에 이르러, 동국 한송정곡을 거문고 밑에 새겼더니 월(越)나라 사람이 이를 알지 못하여 장유를 만나 절하고 물었다. 장유는 즉석에서 한시로 풀어 가로되 '月白寒松夜 波安鏡浦秋 哀鳴來又去 有信一沙鷗'라고 하였으니, '아마 저 거문고 밑바닥에 새겼던 글은 가림다(加臨多)였다'고 하였다. 그렇다

江南。案似是吳越錢氏時。江南人問其曲意。晉山作詩釋之曰。月白寒松夜。波安鏡浦秋。哀鳴來又去。有信一沙鷗。案此說則高麗時。別有國書以譯方言。如新羅吏讀。本朝訓音。而未可考也"(이덕무 『청장관전서』34 「청비록」권3)
35) 이근수, 앞의 「한글과 日本 神代 文字」, 373쪽
36) 이근수, 앞의 「한글과 日本 神代 文字」, 374쪽
37) 예를 들어 거칠부(居柒夫), 금물노군(今勿奴郡) 등과 같이 차자로 인명이나 지명을 쓰는 것과 같은 것이다.

`『단군세기』와 『태백일사』에 소개된 가림토(가림다) 38자`

면 고려 초의 광종(949~974) 때까지도 가림다문이 산재하였다"고 말했다.[38] 송호수는 『태백일사』를 인용해 고려 광종 때까지 별도의 고려문자로서 가림토(가림다)가 있었다고 주장했다. 이에 대해 북한의 김윤교는 "중국사람들은 알 수 없었으나 고려사람들은 쉽게 알아본 비파의 글자는 한자가 아니라 당시 고려에서 쓰였던 민족글자였을 것이다"[39]고 분석했다.

저자는 이것이 이두(吏讀)의 차자(借字)냐 아니면 가림토 민족글자냐의 두 논쟁에 대해 정리할 필요를 느낀다. 특히 「청비록」의 마지막 구절을 옮기면 "이 말을 고찰하여 보면 고려 때에도 마치 신라(新羅)의 이두(吏讀)와 조선(朝鮮)의 훈음(訓音)처럼 별도로 우리의 국자(國字)가 있어서 방언을 번역한 것 같은데 고증할 수가 없다"라고 언급한 구절을 되새겨보자는 것이다.

18세기 실학자인 이덕무는 고려 광종(949~975) 당시의 상황에서 별도의 고려 국자(國字)는 둘 중의 하나일 것으로 보았다. 즉 하나는 신라의 이두이거나, 또 하나는 조선의 훈음(훈민정음)과 같은 독자적인 고려문자가 있다는 것이다. 이 둘 중에 이근수는 신라의 이두를 택했고, 송호수는 독자적인 고려문자를 가림토로 추정했다.

그런데 의아한 것은 이덕무가 신라이두(如新羅吏讀) 외에 여본조훈

---

38) 송호수 「한글은 세종 이전에도 있었다」 『광장』 1984.1, 153쪽
39) 김윤교, 앞의 논문, 609쪽

음(如本朝訓音)을 말한 점이다. 고려 시대에도 진정 '조선의 훈민정음과 같은 독자적인 소리글자'가 있었을까? 이덕무는 그런 존재를 알고 있었을까? 그렇지 않다면 어떻게 고려시대의 문자를 설명하면서 '조선의 훈민정음 같은 문자'(如本朝訓音)라고 적시해서 말할 수 있었을까?

만약 고려시대에 고유 문자가 있었더라면 훈민정음 창제 이전에도 고유 문자와 이두 차자(借字)를 혼용하는 문자생활이 가능했을 것이고, 그것이 가능했다면 그런 기록이 후대에까지 남아 있지 않을까.

이에 대해 김윤교는 "(청비록에서) 그가 례시한 글자들이 훈민정음과 같거나 비슷한 것이어서 과연 고려시기에 쓰인 글자이겠는가 하는 것은 의심되지만, 고려에서 한자가 아닌 민족고유의 글자가 쓰였다는 것을 지적한 것은 사실이라고 생각한다"[40]고 거듭 강조했다.

일찍이 권덕규는 『훈석언문해』를 인용하여, "고려 모주模鑄의 원우통보(元祐通寶)[41]의 뒷면(背文) ㄴ자는 금문(今文) '오'자와 같은 것으로 전대前代의 유문遺文을 실견實見"[42]할 수 있다고 했다. 원우통보의 글자는 유사한글 '오'자에 비유할 수 있고, 장가구 예봉도의 ㄴ와 유사하다.[43] 이 두 글자는 고려문자의 존재를 입증할 중요한 연결고리가 될 수 있다.

이밖에 고려 초 간행된 고려방언집인 『계림유사』가 있다. 이는 한자음 독법을 통해 당시 고려 한자음의 변천을 밝히는 일은 중요한 의미를 지닌다. 한국어의 음운체계에 정착되어 역사적으로 한국어의

---

40) 김윤교, 앞의 논문, 609쪽
41) 고려시대의 청동 화폐로 국립중앙박물관이 소장중이다.
42) 권덕규『조선어문경위』광문사, 1923, 169쪽. 이 『훈석언문해』 책은 일본인 행지(行智)의 저서로 알려져 있으나 현존하지 않는 것 같다.
43) 이찬구,「고대화폐 첨수도에 나타난 '원시형태 한글'의 이해」『세계환단학회지』(7권 1호) 세계환단학회, 2020.6, 147쪽

음운변화와 더불어 변천해 온 한자음을 한국 한자음(Sino-Korean Pronunciation), 또는 동음(東音:Eastern Pronunciation)이라 한다.[44]

한자의 유입을 말할 때마다 한국의 학자들은 기자조선이니 위만조선, 한사군 등을 언급하는데, 이는 대단히 잘못된 선입견이다. 윤내현의 연구에 의하면 그들 나라들은 요서의 변방[45]에 있었기 때문에 한국의 한자음에 영향을 줄 주류적 위치나 힘이 있지도 않았다.

최남희는 "한국한자음은 중국의 특정 지역의 방언음을 일시에 수입한 것이 아니고, 삼국시대 초기부터, 정치적 문화적 접촉에 의하여, 오랜 세월에 걸쳐 수입되면서, 초기 상고음 기층의 한국한자음이 형성되었고, 계속되는 교류에 의하여 후기 상고음 기층의 한국한자음으로 변화 형성되었을 것으로 추정한다. 우리말의 음운과 유사한 중고음의 성운은 대부분 중고음 기층의 한국한자음으로 정착한다. 10세기 이후에는 중국한자음의 영향력은 한국한자음의 형성에 별 영향을 끼치지 않은 것으로 본다. 그 이유는, 당나라 멸망(A. D 907) 이후 중국 대륙에는 소위 오대십국(五大十國) 시대의 극심한 혼란의 시기가 송나라의 건국(A. D 961)까지 계속되었다"고 보았고,[46] 나아

---

44) 정광 「朝鮮漢字音의 成立과 變遷」『인문언어』7, 국제언어인문학회 2005, 1쪽
45) 윤내현『한국고대사신론』일지사, 1986, 340~342쪽
46) 최남희「고대국어 홀소리 ㆎ(e) 의 존재에 관한 연구」『한말연구』17호, 한말연구학회, 2005.12., 262~263쪽. 국내 실정으로는 신라 효공왕(孝恭王) 시절 도적 양길(梁吉)의 반란(A. D 899)과 궁예(弓裔)의 태봉국과 견훤(甄萱)이후백제의설립(A. D 901), 왕건(王建)의 고려 건국(A. D 918) 등으로 인한 전란과 극도의 혼란양상은 중국과 비슷하였다. 따라서 이 시기에 중국과의 교류는 거의 단절된 상태였다. 삼국사기에 기록된 이 시기의 교류는 고려 태조 6년(A. D 923)과 그 이듬해에 걸쳐 후당에 사신을 파견한 기록과 고려 태조 16년(A. D 933) 에 후당이 고려로 사신을 파견한 단 두 번의 일만 기록된 사실은 이를 증명한다. 양쪽의 정치, 문화의 교류가 단절된 약 반세기 동안, 중고음 기층의 한국한자음은 정착된다. 이후의 변화는 중국 근대음의 영향이나, 우리말의 음운 구조의 변화에 따라 미미한 변화를 거쳐 오늘에 이르렀다.

가 이런 혼란기의 지속은 양쪽 문화교류의 단절 속에 독자성을 확보할 수 있었고, 10세기경 고대국어의 홀소리 체계에 'ᄋ' 음소가 존재할 수 있는 것은 이런 독특한 시대상을 반영한 결과로 보인다. 요(遼)와의 관계에서도 고려는 특별한 교류가 이루어지지 않았다.

그러면 12세기에 중국 송나라 손목이 쓴 『계림유사』(1103년) 가운데 ᄋ 음소의 존재를 확인해 볼 필요가 있다. 만약 ᄋ가 있다면 『계림유사』는 10세기 이후에 쓴 것이 맞으며, 그러면 그동안 "ᄋ는 12세기 초에는 없었다"[47]는 학설은 수정되어야 할 것이다.

『한요부 타슴(삼)오해』와 古한글의 내용

『한요부 타슴(삼)오해』의 출현

일반적으로 훈민정음 이전인 고려시대까지 우리는 우리말을 표기하는 고유문자가 없었고 향찰(鄕札), 이두(吏讀), 구결(口訣) 등의 한자 차자(借字)체계만이 있었다고 주장했다.[48]

신라 당시 이두의 출현은 더 이상 한자에만 만족할 수 없다는 백성들의 욕구가 반영된 것이라면, 고려시대에 들어와서도 마찬가지였을 것이다. 우리 말을 표기해야 할 필요성과 표기하고자 하는 강한 욕구는 이두를 넘어 새로운 문자에 대한 갈망으로 이어졌지 않았을까.

『한요부 타슴오해』 즉 한타부는 고문자에 관한 보고와 같다. 한타부는 8m가 넘는 길이의 두루마리에 한자와 고한글이 함께 쓰여 있다. 『한요부』의 한자는 모두 617자이다. 한타부의 고한글 타슴오해는 617자를 세로 줄 57칸으로 배열했다.

---

47) 강길운『계림유사의 신해독연구』지식과 교양, 2011, 38쪽
48) 이근수「고유한 고대문자 사용설에 대하여」『국어생활』6, 국어연구소, 1986, 19쪽

한타부에 대한 이해를 돕기 위해 원문 『한요부』의 전반부 문단을 소개해 보겠다.

> 天有不測風雲(천유불측풍운)
> 하늘에는 예측할 수 없는 바람과 구름이 있고
> 人有旦夕禍福(인유단석화복)
> 사람은 아침 저녁으로 화와 복이 있네.
> 蜈蚣百足行不及蛇(오공백족행불급사)
> 오공(지네)은 많은 발이 있으나 가는 것은 뱀을 따르지 못하고
> 雄鷄兩翼飛不過鴉(웅계양익비불과아)
> 수탉은 두 날개를 가지고 있으나 나는 것은 갈까마귀를 앞지르지 못하네.
> 馬有千里之程(마유천리지정)
> 말은 하루에 천리를 달릴 수 있으나
> 無騎不能自往(무기불능자왕)
> 사람이 타지 않으면 스스로 가지 못하며
> 人有沖天之志(인유충천지지)
> 사람에게는 하늘을 찌르는 뜻이 있지만
> 非運不能自通(비운불능자통)
> 운이 따르지 않으면 스스로 뜻을 통할 수 없네.

이처럼 617자 『한요부』는 인간의 길흉화복과 함께 도덕성을 동시에 강조하고 있다. 다음은 마지막 구절이다.

> 人道我貴 非我之能也(인도아귀 비아지능야)
> 사람들은 나를 귀하다고 말하지만, 내 능력이 아니라네.
> 此乃 時也 運也 命也(차내 시야 운야 명야)
> 이것은 때요, 운이요, 명이라
> 嗟呼 人生在世 富貴不可盡用(차호 인생재세 부귀불가진용)
> 오호라, 사람으로 태어나 세상에 살면서 부귀를 다 누릴 수 없고

> 貧賤不可自欺(빈처불가자기)
> 빈천하다고 스스로 업신여길 수 없으니
> 听(聽)由天地循環(청유천지순환)
> 기다릴지어다. 천지 운수는 쉬지 않고 순환하여
> 周而復始焉(주이부시언)
> 한 바퀴 돌아오면 다시 시작하느니라.

『한요부』는 겨울이 가면 다시 봄이 오는 자연의 이치처럼 인생을 우주의 큰 흐름 속에서 파악하고 있다. 『한요부』가 작품으로서 오랜 생명성을 지니는 요인이 여기에 있다고 본다. 그러나 『한요부』가 지닌 작품성과 한타부가 지닌 역사성은 별개이다.

『한요부 타슴(삼)오해』의 체계와 내용

지금부터는 한타부의 고한글 체계인 타슴오해를 중심으로 설명하고자 한다. 이제 한타부의 내용과 체계를 보자.(가독성을 높이기 위해 원본의 명암을 조절하였음)

이처럼 한타부는 한자 한 글자 한 글자의 왼쪽에 古한글로 음(또는 訓일수도 있음)을 달아 漢-韓 형식을 취하고 있다.

반면에 훈민정음은 오른쪽 하단에 한글 음을 달았던 것과 차이가 난다. 한타부는 '한요부 타슴오해'로부터 본문이 시작한다.

이제 한타부가 한자와 古한글로만 되어 있어서 읽기가 어려울 것 같아 현재의 한글 음을 함께 달아놓았다. 현재의 한글 음과 古한글 음과의 차이점을 발견할 수 있을 것이다. 古한글 표음부호와 한글 표음부호가 현격하게 차이가 난다. 현재의 한자 음과 불일치가 의미하는 것은 무엇일까? 문제가 되는 것은 이 한타부의 古한글 한자음은 어느 지역의 음일까? 일단 개성은 아닌 것 같다. 요동이나 동북아 지

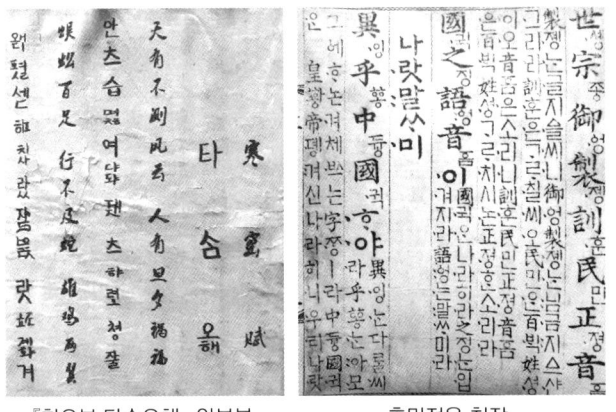

『한요부 타숌오해』 앞부분　　　훈민정음 첫장

『한요부 타숌오해』와 훈민정음 비교

역이 아닐까 생각되나 더 연구되어야 할 것이다. 옛 고조선이나 고구려 강역과도 연관될 것으로 보인다. 현재의 한자 음과 불일치하는 점에서 보더라도 한타부의 고한글은 훈민정음 이전의 발음이라 할 수 있다.

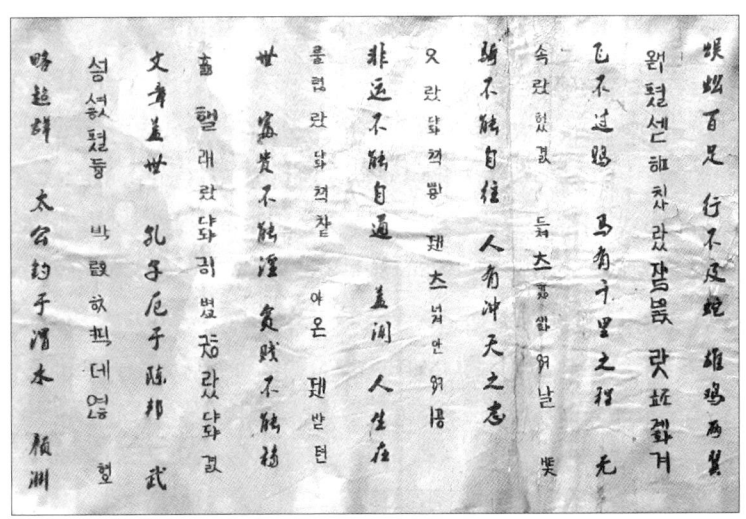

『한요부 타숌오해』의 앞부분 원본(天有不測風雲~顔淵까지)

『한요부 타숌오해』의 발견과 '古한글'에 대한 고찰

```
寒窰賦
한요부
타숌해

1  天有不測風雲    人有旦夕禍福
   천유불측풍운    인유단석화복
   안ᄎᆞ슴명여돠   댓ᄎᆞ햐렫쳥잘

2  蜈蚣百足 行不及蛇 雄雞兩翼
   오공백족 행불급사 웅계양익
   왜퍼센하 치라잠퇉 랏䬴곌겨

3  飛不過鴉 馬有千里之程 無
   비불과아 마유천리지정 무
   속 랏헛걳 듀ᄎᆞ캇샏85날 崇
```

『한요부 타숌오해』 초반부 필사

　예를 들어『삼국사기』(권13)의 고구려 주몽 설명 중에 나오는 "휘주몽諱朱蒙 일운추모一云鄒牟, 일운중해一云衆解"의 기사는 '朱蒙주몽'의 '朱주'는 그 발음이 '鄒추, 衆중'과 같고, '蒙몽'은 '牟모, 解해'와 비슷함을 알려주고 있다. 이처럼 삼국시대의 한자음은 서로 현격한 차이가 지방마다 있다는 것을 '朱주=鄒추=衆중'과 '蒙몽=牟모=解해'에서 알 수 있다.[49] 한편 중해(衆解)는 상해(象解)의 오기일 수 있다.

　그럼 삼국의 한자음은 언제 어떻게 통일되는가? 정광은 "통일신라시대의 200년 간에 (통일이) 형성되었고, 고려 초기에 대대적인 수정을 거쳐 10세기 말에 확립되었다"[50]고 보았다.

　따라서 고려 한자음도 삼국시대처럼 발음상 통일되지 않고 차이가 있으나 점차 통일되어가는 과정을 반영한 것으로 추정할 수 있다.

---

49) 정광, 앞의「朝鮮漢字音의 成立과 變遷」, 4쪽
50) 정광, 앞의「朝鮮漢字音의 成立과 變遷」, 4쪽

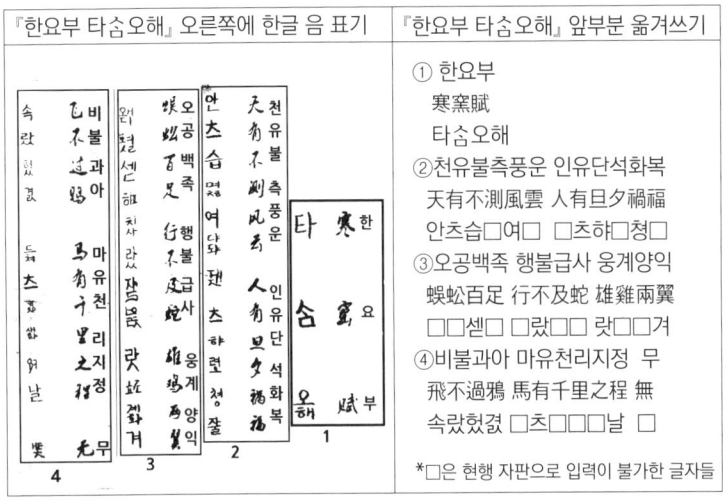

『한요부 타숨오해』 옮겨쓰기

이제 한타부의 타숨오해가 지니고 있는 몇 가지 특징적 문자체계를 훈민정음에 견주어 설명하고자 한다.

1. 타숨오해도 아래 아(ㆍ) 사용… 10세기경 존재

가마 窯(요)를 '솜', 때 時(시)를 '룰', 죽을 死(사)를 '롬'이라 표기했다. 오늘날 학계는 '아래 아(ㆍ)'는 12세기 초에는 없었고, 13세기 말경에 파생된 것이라는 주장하고 있고,[51] 또 김영황은 고대국어 전반기에 존재하지 않았다고 주장했다.[52] 그러나 최남희는 고대국어의 홀소리 체계에 ㆍ(ㆁ)의 존재 여부가 학계의 오랜 쟁점중의 하나였다면서 "고대국어 시기의 우리말 홀소리 체계에 ㆍ가 존재하였으며, 한국한자음의 형성 시기를 신라말 고려초기 즉, 10세기경으로 생각

---

51) 강길운 『국어사 정설』 형설출판사, 1993, 98쪽
52) 김영황 『조선어사』 역락(원본 평양), 1997, 49쪽

한다. 그리고 그 당시 형성된 한국한자음은 특수한 몇 가지 예외적인 현상 이외에는 큰 변화가 없었다고 생각한다. 즉 신라말 고려 초기에 형성된 한국한자음은 중국한자음의 영향력에서 벗어나, 음(音)에 관한 한 중국한자음으로써의 생명력을 상실한 것이다. 그래서 현재까지 근본적인 변화없이 그대로 쓰이고 있는 것이다. 따라서 조선한자음에 ㆍ가 쓰인 것은 고대국어 시절에 형성된 한국한자음으로 보아야 하고, 당연히 고대국어 홀소리 체계에는 ㆍ가 존재한다고 생각한다"[53]고 밝혔다. 다시 말해 훈민정음 훨씬 이전인 10세기경부터 ㆍ(ㅌ)가 존재했다는 것을 정확히 예단했다.

2. 타숨오해는 1자 1음절이 아닌 2음절도 있음

예컨대, 물 水(수)를 '니어'(우리말 내(川)), 나무 木(목)을 '마벼'로 적은 것처럼 1자 2음절이 많이 나온다. 한타부가 훈민정음 이전의 문자체계임을 확인해주는 것 같다. 과거에 '해'는 우리말로 본래 'ㅎ이'였다. 한타부에서는 물 흐를 流(류)를 '물'이라 했다. **물流**이다. 물 수(水)를 드라비다어에서 'nir'라고 했다.[54]

---

53) 최남희 「고대국어 홀소리 ㆍ(ㅌ) 의 존재에 관한 연구」 『한말연구』 17호 (2005.12.), 한말연구학회, 254쪽.
54) 姜吉云 「伽耶語와 드라비다語와의 比較(Ⅱ)」 『論文集』 1, 水原大學校 1983, 26쪽

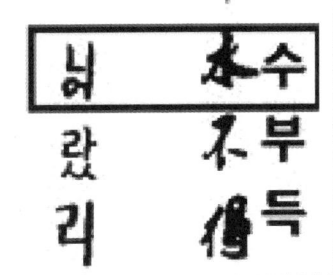 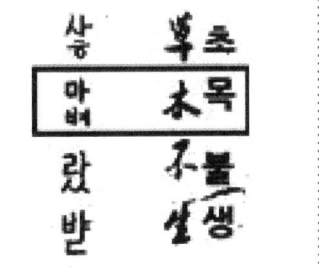

3. 타숨오해는 天(천)을 '안', 地(지)를 '뉘', 人(인)을 됀이라 표기

오늘날처럼 한글 자모의 순서를 정리하고, 처음 이름 붙인 이는 조선 전기 어문학자 최세진(1468~1542)이다. 역관이던 최세진은 1527년 어린이용 한자 학습서로 『훈몽자회』(訓蒙字會)라는 책을 펴냈다. 한타부와는 어떤 것이 이와 다른가를 알아보자.

우리 말에서 ㅎ과 ㅇ은 같은 후음으로 통용된다. 둘은 지역에 따라, 민족에 따라 다르게 발음되었다. 안 天(천)이다. 天을 '안'이라 한 것은 또 '한'이라고도 했다는 의미이다. 수메르의 최고신은 안(AN)이다. 김상일은 "안(AN)은 수메르의 신들 가운데 최고의 높은 신"[55]이라고 했고, 이는 B.C. 2500년 이전의 최고통치자의 호칭이라고 보았다. 또 안파견 환인도 '안'이다. 안파견은 "하늘을 받들어 지상에 부권을 세운다는 뜻의 이름(繼天立父之名)"[56]이라고 했다. **안天**은 하늘을 뜻하는 '안'으로 고조선 말처럼 생각된다. '안'은 '한'으로 되었다. 『삼국사기』(37권)에 안촌홀(安寸忽)이 환도성(丸都城)이 되었고, 덕수궁 대안문(大安門)이 대한문(大漢門)으로 바뀌었다. 하늘 천(天)의 한자음이 '안'이듯이 땅 지(地)도 마찬가지이다.

---

55) 김상일 『인류문명의 기원과 한』 상생출판, 2018, 118~119쪽
56) 『태백일사』「삼신오제본기」

구분	한타부	훈몽자회(16세기)
天	안 天	하놀 텬/天道尙左日月右旋
地	뉘 地	싸 디/以形體稱曰天地~
日	푨 日	날 일/衆陽之宗人君之表
月	울 月	둘 월/太陰之精~
陰	졍 陰	그눌 음/陽動陰靜
陽	펴 陽	변 양/陽施陰受化生萬物

『훈몽자회』 천문편(좌측)과 한타부와 훈몽자회 한자음 비교

뉘 地(지)의 '뉘'는 '누이', '누리'를 연상시킨다. 누이(姉)는 누나, 누으님이다. 이런 여성성은 땅의 성질과 연결된다. 땅(地)은 흙(土)이 '누어' 있는 곳이다. 『설문』에서 토(土)는 토(吐)이니 만물을 토해낸다. 토해내기 위해서는 누어야 한다.[57] 하누님이란 말도 땅의 신(神)으로 추정된다. 또 누리〉누이〉뉘(世)로도 연결된다.[58] 사람 人(인)은 됀人이다. 자모음이 복잡해서 이해하기 어려우나 '대ㅈ'같다. 『강희자전』에 '대'(大)는 본래 고문에 인(人)이라고 했다. 대(大)와 인(人)은 같다. 또 변 陽(양)과 펴 陽(양)은 같은 소리로 볼 수 있겠다.

---

57) 김재섭, 『문자로 나타난 하나님』 거근당(파주), 2017, 65쪽
58) 서정범 『국어어원사전』 보고사, 2000, 152쪽

4. 타슴오해는 4자음 합용병서가 1음절 역할

훈민정음의 각자병서(ㄲ ㄸ ㅃ ㅆ ㅉ)와 합용병서(ㄵ ㄳ ㄹ ㄻ ㄺ ㅀ 등)와 달리 자음이 4자로 조합하여 1음절의 기능을 하고 있는 경우가 있는데, 이는 훈민정음에 없는 것이다. 君(군)과 子(자)가 그 예이다.

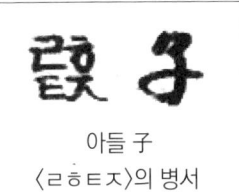
아들 子
〈ㄹㅎㅌㅈ〉의 병서

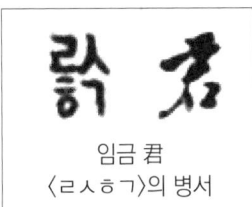
임금 君
〈ㄹㅅㅎㄱ〉의 병서

이처럼 모음 없이도 자음만으로 음절을 이루었다는 것은 소리글자의 원초적 형태를 알 수 있게 자료를 제공해주는 결정적인 단초가 된다. 그러니까 자음끼리만 합용병서하여 1음절을 이루었다가 처음으로 모음이 개입되어 자음과 모음이 결합되어 한 음절이 되었다는 것은 역사적 사건이다. 처음에는 자음끼리 소리를 내다가, 그 다음에 모음이 나타난 것으로 추정할 수 있다. 우리 조상들이 어떻게 처음에 모음을 창안했는지를 이 한타부에서 추정해 볼 수 있을 것이다. 처음에 자음으로 음을 표현해야 하는 불편함을 알고 모음을 창안해 그때부터 자음과 모음을 결합하는 방법을 터득했다는 것은 소리글자 역사에서 중대한 일이 아닐 수 없다.

5. 타슴오해는 '가림토(또는 첨수도)에만 있는 자음' 사용

한타부에는 훈민정음에 없는 자음들이 보인다. 이것이 무슨 뜻일까?
고조선의 가림토가 사용된 이후에는 고죽국 또는 춘추시기(BCE

훈민정음에 없고 단군 기림토에 있는 글자	훈민정음에 없고 첨수도에 있는 글자	한타부(희귀자 용례)
(ㅌ 유사형)	ㅋ	ㅋ	쿨 来 올 來(래) 말 成 이룰 成(성)
	エ	I	욑 克 다할 竟(경)
(ㅂ 유사형)	ㅂ	(없음)	씃 无 없을 无(무, 無) 뉟ㄹ 朳 주릴 朳(기)
(ㄹ 유사형)		ㄷ	뀰 及 미칠 及(급)

가림토, 첨수도, 타슴오해의 희귀자 비교

770~476년 사이)에 통용된 첨수도(침수도 포함) 화폐문자가 나왔다. 이 두 글자에 대하여는 이미 저자가 발표하였고,[59] 또 첨수도에서 3000년 전 '돈'(don)자 모양의 한글을 발견해 언론에 공개한 바도 있다.[60] 그때도 그 실제 용례는 찾지 못했다가 이번에야 비로소 한타부에서 용례를 발견하게 되었다.

그동안 가림토는 문헌상 글자형태만 있고 실물과 용례가 없었으며, 첨수도(침수도) 화폐문자는 실물은 있으나 용례가 실증되지 않았었다. 가림토 38자와 화폐문자 중에 훈민정음 28자와 중복되지 않는 나머지 글자들의 용례를 찾을 수 있다면 그것이 곧 가림토 등이 문헌적 근거뿐만 아니라 실증했다는 근거가 될 것이다.

---

59) 이찬구 앞의「고대화폐 첨수도에 나타난 '원시형태 한글'의 이해」, 135쪽
60) https://n.news.naver.com/mnews/article/001/0005672389?sid=104
(연합뉴스) 이찬구,『돈』(뾰족돈칼과 옛 한글연구) 동방의빛, 2012

훈민정음에 없는 나머지 글자 중에 ㅋ, ㅍ, ㅐ, ㅠ 등 네 글자의 용례(언어재)가 있는 것은 지금까지 '한타부'가 유일하다. 아마 처음으로 밝혀지는 용례일 것이다. 이처럼 가림토의 실증 용례가 있다면 '위서로 증명된 환단고기에 등장하는 가상의 문자'[61]라는 표현은 수정되어야 한다.

가림토와 첨수도 화폐문자가 대부분 훈민정음과 겹친다는 것은 이들이 뜻글자가 아니라, 훈민정음을 통해 소리글자(표음문자)의 기원이 된다는 것을 여기서 확인할 수 있다. 훈민정음의 소리글자는 이전 시기의 소리글자에 의해 전승되었다고 보며, 그것이 문자가 전승되는 원칙이라고 생각한다. 이들 소리글자들의 상호 연관성과 전승관계를 밝히는 일이 중요해 졌고,[62] 이런 의미에서 보면 한타부의 타슴오해는 글자의 구조상 훈민정음보다 가림토나 화폐문자에 친근한 문자체계라 할 수 있다. 이익환은 "가림토문자가 훈민정음의 글자 모양을 결정하는 데 참고가 된 당시의 속용문자들 중 가장 중요한 문자였다"[63]고 추정했다.

또 다른 고조선 문자로 신지글자(신지전자)가 전해온다. 신용하는 "훈민정음은 완벽한 표음문자이나 신지전자는 표의문자인지 표음문자인지 알 수 없다"[64]고 했다. 가림토가 자음과 모음이 결합하는 소리글자라면, 신지글자는 뜻글자(표의문자)에 가깝다고 할 수 있다.

---

61) https://namu.wiki/w/%EA%B0%80%EB%A6%BC%ED%86%A0
(나무위키)
62) 박덕규「훈민정음과 가림토의 연관성 검토」『세계환단학회지』(7권 2호) 세계환단학회, 2020.1 참조
63) 이익환 「훈민정음과 가림토문자의 제자制字 및 체계體系에 관한 역易학적 분석 검토」『세계환단학회지』, 8, 세계환단학회, 2021, 148쪽
64) 신용하, 앞의『고조선문명의 사회사』, 522쪽. 신용하교수는 이 책에서 고조선문명 이해에 필요한 고조선언어와 문자에 대해 설명하고 있다.

6. 한타부에 나오는 중요한 구절

한타부에 나오는 한자와 고한글의 중요한 구절을 서로 대조할 수 있도록 열거해 보겠다. 天 2회, 人 2회, 有 4회, 之 2회 나온다.

| 천유불측풍운 | 인유단석화복 | 마유천리지정 | 인유충천지지 | 주이부시언 |
| 天有不測風雲 | 人有旦夕禍福 | 馬有千里之程 | 人有沖天之志 | 周而復始焉 |

타솜오해 중요구절 모음

소리글자 1000년의 공백 메우기

인류의 문자역사는 매우 오래되었다. 우리 한국도 예외는 아니다. 문헌상으로만 전해오는 문자가 있는가 하면 실물로도 전해오고 있다. 실물로 전해오는 문자로는 첨수도, 침수도 등의 화폐문자가 있다. 이들 화폐문자의 글꼴로 보면 현재의 훈민정음의 자음과 유사하다.

훈민정음을 연구할 때마다 등장하는 문제는 그 기원설이다. 훈민정음이 나오기 이전의 주변 나라들의 문자를 참고한 것인가? 참고하였으면, 무엇을 얼마나 참고하여 인용하였는지 이런 것들이 문제가 되었다. 이런 기원설 중에 상형(象形)설은 훈민정음 해례본의 발견으로 어느 정도 해명이 되었는데, 그것은 만들어진 글자들의 상호 관계를 설명하는 원리는 되었다. 그러나 글자의 모양이 근원적으로 어디서 나오고, 초중성(자음과 모음)의 결합의 원리가 어디서 나왔는지는 아직도 미확인이다. 또 파스파문자 기원설, 고대문자설과 속용문자설에 대하여는 아직도 의견만 분분한 상태이다.

정인지의 후서와 최만리가 언급한 자방고전(字倣古篆)이란 말에서 알 수 있듯이 글자의 꼴은 옛 전자(篆字)를 모방했다는 말이지만, 구체적으로 그것이 무엇이냐에 대하여는 어떤 결론을 얻지 못하고 있다. 그래서 학계는 훈민정음 이전에는 우리말을 표기해온 고유문자가 없었다고 단언했다. 단지 이두, 향찰 등의 한자 차자(借字)체계만이 있었다고 규정했다.

18세기 실학자인 이덕무는 고려 광종(949~975) 당시의 상황에서 고려에 국자(國字)가 있었다면 신라의 이두이거나, 아니면 조선의 훈민정음과 같은 독자적인 문자가 있었을 것으로 추정했다.

이근수는 "언어의 역사적 연구에서 가장 기본이 되고 중시되는 자료는 남아 있는 언어재(言語材)이며, 그리고 그것은 언어학적 연구 방법에 의해서 논증이 되어야 한다. 후세의 기록인 문적(文蹟)들은 확실한 언어재를 제시하지 못하는 이상 결정적 전거로는 삼을 수 없는 것"[65]이라고 밝혔다.

바로 『한요부 타숨오해』는 고문자 연구자들이 찾고 기다려온 훈민정음과 다르나 비슷한 실물 언어재(言語材)이다. 타숨오해는 훈민정음과 가장 가까우나, 서로 다른 또 하나의 문자체계를 갖추고 있다고 할 수 있다. 타숨오해의 독창성은 600여 자가 온전한 실물 언어재라는 데 있다. 이 실물 언어재인 타숨오해를 통해 훈민정음의 초성, 중성, 종성이 어떻게 결합하는지 그 원초적 원리를 확인할 수 있다.

---

65) 이근수, 앞의 「고유한 고대문자 사용설에 대하여」, 11쪽

저자는 한타부를 통해 天(천)을 '안', 地(지)를 '뉘', 人(인)을 ㉘(대?)라 발음했다는 것을 알아냈다. 특히 天을 '안'이라 발음한 것이 B.C. 2500년 이전의 수메르발음이라는 것을 염두에 두면 동시대 우리의 고조선 발음임을 부정할 수 없다. 이런 발음들은 훈민정음으로도 알 수 없기 때문에 자연히 고조선 발음까지 올라가야 할 것이다. 아울러 아래 아(ㆍ)가 언제부터 사용되었나에 대해 논란이 있으나 그 역사가 오래되었다는 것을 확인할 수 있었다.

언어연구에서 그 용례는 중요하다. 훈민정음과 중복되지 않는 ㅋ, ㅍ, ㅐ(가림토 글자)와 ㄱ(첨수도 문자) 등 모두 네 글자의 실물 용례(언어재)가 한타부의 타숌오해에 의해 처음으로 확인되었다. 이 네 글자는 희귀글자로 훈민정음에도 전승되지 않았으나, 이번에 실물 용례가 확인됨에 따라 그동안 평가절하되었던 고조선 가림토와 첨수도 화폐문자 등을 재조명할 필요성이 제기되었다.

그리고 타숌오해는 글자의 구조가 훈민정음보다 복잡하고, 자음끼리 합용병서하여 1음절을 이룬 예가 있는 것에서 훈민정음보다 이른 시기에 사용된 옛 글자라고 짐작할 수 있다. 아울러 타숌오해의 자음이 가림토나 화폐문자의 자음에서 유래한 고문자라는 것을 알 수 있는데, 이는 타숌오해가 훈민정음의 기원이 된 소리글자의 문자체계임을 말해주는 것이다. 이것이 『세종실록』에서 말한 기자방고전(其字倣古篆)의 의미이며, 이덕무가 말한 여본조훈음(如本朝訓音)이다.

이로써 최만리를 비롯한 당시 지식인들이 가장 크게 의문을 가졌던 '방고지전(倣古之篆)'의 의미는 훈민정음이 파스파 문자와 같은 타국 문자를 모방한 것이 아니라, 타숌오해와 같은 우리 옛 글자 모양을 모방한 것이라 할 수 있고, '용음합자(用音合字)가 모두 옛 글과 반대(盡反於古)된다'는 의미에 대하여는 타숌오해와 훈민정음의 관계에 대해 더 깊은 연구가 이루어져야 알 수 있을 것이다. 특히 문자의 전승에 있어서 분명한 것은 소리글자는 소리글자로 전승된다는 점이다. 소리글자인 한글의 전승은 뜻글자인 한자와는 전혀 별개라는 점이다.

당시 최만리가 한자를 강조한 것은 사실이지만 전조(前朝)를 언급한 것은 즉 고려문자를 알고 있었다고 추정할 수 있다. 여기서 말하는 고려문자란 왕건의 고려문자를 말하는 것이 아니라, 고려시대까지 전수되어 온 우리의 옛 글자(고조선문자 또는 부여문자, 고구려문자 등 고유문자)라고 광의적으로 이해할 필요가 있다. 고조선문자에 대한 연구 없이는 고조선문명을 이해할 수 없을 것이다.

따라서 최만리의 개본고자(皆本古字), 방고지전(倣古之篆)과 정인지의 자방고전(字倣古篆)에서 말한 그 고전(古篆)은 뜻 글자인 한자의 고전(古篆)이 아니라 '우리의 고유한 소리문자로서의 고려문자'라 할 수 있고, 그런 글자의 하나가 '타숨오해'로 기록되어 전승되었다고 보는 것이다. 이때 모방(模倣)이란 말은 계승(繼承) 또는 부활과 같은 뜻이라고 할 수 있다.

이상과 같이 한글로 대표되는 우리의 소리글자(표음문자)의 기원은 타숨오해를 통해 참으로 유구하다는 것을 알 수 있게 되었다. 첨수도 화폐문자를 기원으로 삼을 경우 최소한 2500년~3000년의 역사를 지니며, 가림토를 기원으로 삼을 경우 4000여 년의 역사가 되는 것이다. 이는 갑골문의 공인된 3200년보다 근 1000년을 앞선다. 이처럼 타숨오해에 의해, 4세기에 동북아에 한자가 보편화 되면서 고유문자(중국 한자음의 유입으로 고유한 한자음도 변형됨)가 사라지기 시작한 때로부터 15세기 훈민정음이 창제되기까지 우리 소리글자의 공백기인 1000여 년의 역사가 바르게 해명이 될 수 있고, 나아가 훈민정음이 어느 날 갑자기 창제된 것이 아님을 알게 되는 것이다. 이런 소리글자의 공백을 한타부의 타숨오해가 메꾸어 줄 것으로 기대한다. 끝으로, 타숨오해가 훈민정음과 어떻게 같고 다른가를 요약해 보겠다.

〈같은 점〉

▲ 자음과 모음이 처음부터 구별되나 서로 결합된다는 점.

▲ 음절의 구성은 초성, 중성, 종성의 3분법으로 한 점.

▲ 아래 아(ㆍ)가 사용된 점.

〈다른 점〉

▲ 하늘 천(天)을 '안', 땅 지(地)를 '뉘'라고 발음해 『훈몽자회』의 한자음과 현격한 차이가 있음.

▲ 물 水(수)를 '니어', 나무 木(목)을 '마벼'로 적은 것처럼 1자 2음절(다음절어)이 나온다는 점에서 1자 1음절을 원칙으로 한 훈민정음과 다름. (2음절어는 빠른 소리를 냈을 것으로 추정)

▲ 자음끼리 합용병서한 글자도 1자 1음절의 기능을 하고 있다는 점이 훈민정음이 초성·중성(자음·모음)의 결합을 원칙으로 한 것과 다름.

　이상 몇 가지 특징을 참고로 타슴오해와 훈민정음의 선후 관계를 고찰해 보면, 그 문자 구성의 복잡성과 훈민정음 이후 사용되지 않은 안(天)이라는 원초적 한자음 등을 볼 때 타슴오해가 훈민정음에 비해 고(古)한글이라 할 수 있고, 그런 면에서 타슴오해가 훈민정음의 기원이 되었다고 추정할 수 있다. 따라서 훈민정음은 파스파 문자 등과 같은 다른 나라 문자를 모방한 것이 아니라, 우리 고대문자인 고(古)한글에서 자음과 모음, 초중종성의 결합원리가 나왔다고 할 수 있다. 이것이 세종과 당대 학자들이 말한 '자방고전'의 진정한 뜻이라고 본다.

　아울러 타슴오해와 훈민정음의 자음에 대하여는 첨수도 화폐문자와 가림토 문자와도 교차비교가 가능하다는 점에서 우리 민족 소리글자(한글)의 기원은 매우 오래되었다고 할 수 있다.

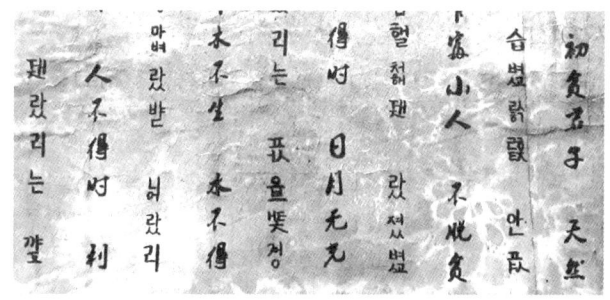

『한요부 타숌오해』의 후반부 발췌 원본
(우측부터 初貧君子 天然, 富小人 不脫貧, 得時 日月無光, 木不生 水不得, 人不得時 利까지)

※ 추기

『한요부 타숌오해』의 가장 중요한 메시지는 아래 아〈·〉의 존재와 자음과 모음의 결합 그리고 ㄷ(디귿)의 출현이다. 글자의 모양이 같은 것보다 더 중요한 것은 그 내재적 원리의 전승이라고 할 때 훈민정음의 원리를 그대로 관통한다. 또 『한요부 타숌오해』가 『고려문사전』, 남송(南宋) 조규(趙葵)의 『행영잡록』(行營雜錄)과 함께 중국에서 발굴되었는데. 이 중에서 『고려문사전』을 양자 문물 연대 측정기(QADM)로 측정결과 947년으로 나왔다. 『한요부타숌오해』의 집필 연대는 원풍2년(1079년)이라고 했다. 동시대의 문헌임을 시사한다.

이 용례는 『고려문사전』에 올라가 있는 天에 대한 설명이다. 오늘의 우리는 이를 '하늘 天'이라고 읽는데, 고려문으로는 '안 天'으로 해독한다는 것이다. 遼(요)에서 번역하면 天空(천공)이고, 고려식 발음은 '안했'이라는 뜻이다.

〈참고문헌〉

1. 원전

『계림유사』
『설문』
『세종실록』
『요사』
『조선상고사』
『청장관전서』
『태백일사』
『환단고기』
『훈몽자회』
『훈민정음』
『훈민정음운해』

2. 단행본

강길운, 『계림유사의 신해독연구』, 지식과 교양, 2011
강상원, 『훈민정음 해례오류』, 조선명륜관학술원출판부, 2017
강신항, 『훈민정음연구』, 성균관대출판부, 2003
권덕규, 『조선어문경위』, 광문사, 1923
권재선, 『국어해방론』, 우골탑, 2004
권재선, 『바로잡은 한글』, 우골탑, 1994
김상일, 『인류문명의 기원과 한』, 상생출판, 2018
김석훈, 『우리말 범어사전』, 다일라출판사, 2020
김영황, 『조선어사』역락(원본 평양), 1997
김윤경, 『새로지은 국어학사』, 을유문화사, 1963
김위현 외 역, 『국역 遼史』, 단군대출판부, 2012
김재섭, 『문자로 나타난 하나님』, 거근당(파주), 2017
김지형, 『한국어와 중국어의 비교』, 박이정, 2001
김태경, 『거란소자사전』, 조선뉴스프레스, 2019

김환태, 『중국천하 최고재상 37인과 한국』, 글힘, 2002
낙빈기, 『金文新攷』(상,하권), 山西人民出版社, 1987
문성재 역, 『正譯 중국正史 조선·동이전1』, 우리역사연구재단, 2021
서정범, 『국어어원사전』, 보고사, 2000
신용하, 『고조선문명의 사회사』, 지식산업사, 2018
안경전 역주, 『환단고기』, (보급판) 상생출판(대전), 2016
윤내현, 『한국고대사신론』, 일지사, 1986
윤창열, 『환단고기 연구』, 상생출판, 2023
이덕일, 『이덕일의 한국통사』, 다산초당, 2019
이시영, 『감시만어』, 일조각, 1983
이원희, 『일본열도의 백제어』, 주류성, 2018
이찬구, 『돈』(뾰족돈칼과 옛 한글연구), 동방의빛, 2012
이찬구, 『고조선의 명도전과 놈』, 동방의빛, 2013
전정례 김형주, 『훈민정음과 문자론』, 역락, 2002
정광, 『동아시아 여러문자와 한글』, 지식산업사, 2019

3. 학술지 및 논문

姜吉云, 「伽耶語와 드라비다語와의 比較(Ⅱ)」, 『論文集』1, 水原大學校 1983
김무식, 「발해문자의 성립과 문자론적 특징」, 『언어과학연구』47, 2008
김서영, 「훈몽자회의 한자음 연구」(동국정운·전운옥편과의 음운비교를 통해),
    제주대박사 논문, 2021.8
김윤교, 「신지글자의 시대적인 쓰임과 변화」, 『단군과 단군조선』 살림터,
    1995
김인호, 「우리나라 고대글자 관계의 력사유물과 자료들에 대한 고찰」,
    『단군과 단군조선』, 살림터, 1995,
류 열, 「우리민족은 고조선시기부터 고유한 민족문자를 가진 슬기로운 민족」,
    『단군과 단군조선』, 살림터, 1995
박덕규, 「훈민정음과 가림토의 연관성 검토」, 『세계환단학회지』(7권 2호)
    세계환단학회, 2020.12
송호수, 「한글은 세종 이전에도 있었다」, 『광장』1984.1
심재기, 「고려시대 언어·문자에 관한 연구」, 『인문논총』29,
    서울대인문과학연구소, 1993
이근수, 「고유한 고대문자 사용설에 대하여」, 『국어생활』6, 국어연구소,
    1986

이근수, 「한글과 日本 神代 文字」 『弘大 論叢』 16집, 1984
이익환, 「훈민정음과 가림토문자의 제자制字 및 체계體系에 관한 역易학적 분석 검토」, 『세계환단학회지』, 8, 세계환단학회, 2021
이찬구, 「세 고전자본에 대한 비교분석」, 『천부경연구』, 한배달, 1994
이찬구, 「고대화폐 첨수도에 나타난 '원시형태 한글'의 이해」, 『세계환단학회지』(7권 1호) 세계환단학회, 2020.6
정　광, 「朝鮮漢字音의 成立과 變遷」, 『인문언어』7, 국제언어인문학회 2005
최남희, 「고대국어 홀소리 ᄋ(ɐ) 의 존재에 관한 연구」, 『한말연구』17호, 한말연구학회, 2005.12

https://terms.naver.com 한국학중앙연구원
http://db.itkc.or.kr 한국고전종합DB
https://namu.wiki 나무위키
https://n.news.naver.com 연합뉴스

跋文

朴起用[1]

  李讚九 박사는 宁(亐: 쌓을 저, 천자가 제후를 조회하는 자리 저)와 壅(墉: 담 용, 천자국의 궁성 용)을 갑골문보다 앞서 사용된 '단군조선(古朝鮮)문자'였을 가능성을 『역사와 융합』 제22집(2024.10)에서 고찰했으며 고대화폐의 銘文 '돈'[2]을 '원시형태한글'과 연관시켰다. '갑골문·고조선문자·원시형태한글' 등을 正名主義에 따라 살피지 않는 한 所期의 跋文은 無望하므로 이에 대한 문자학적인 전문용어로 改稱할 필요성이 제기된다.

  '갑골문'은 王懿榮(1845~1900)이 일컬어 '甲骨學'의 100주년을 1999년에 맞았는데 이는 商末(1300~1046 BC)에 한정된, https:// [ㅍ檀ㄱ]; 檀柿-檀簡文(박달나무단·대패밥폐·대쪽/널판지간; 民衆書林;1966,1991; 612쪽); '木簡文(/甲骨文)'의 개칭; 朴起用·李讚九;

---

1) 文學博士; 서울大대학원言語學科 라전어·희랍어·梵語 강사 9년; 전공: 역사-비교 언어학; 연구분야(博士課程履修期間: 9년): 언어기원론·언어계통론·언어유형론·품사론·통사론·古典-古代語·몬태규文法·로마法大全·함무라비法典·우르남마法·文字學·天符經論; 서울고전고대문헌연구소장: 論語古典準韓漢語·라전어·희랍어·梵語·히브리語·악카드語·케멧語·키엔기르語('古代애굽語·수메르語'의 改稱) 등의 문법·원전강독;
  ⓐ https://準韓漢語族; 準一次·二次·三次韓漢同源語(아프리카祖語·코카시아祖語·中原韓漢字語), ac;
  ⓑ https:// 'Quasi-SINIC-KOREAN and KIENGIR;' renaming of 'Chinese and Sumerian,' ac
2) 『고대화폐 첨수도에 나타난 '원시형태한글'의 이해-훈민정음기원설을 중심으로』. 世界桓檀學會誌 제7권1호(2020)

2025, ac의 借字를 얼버무린 것이어서 부당하며, 더욱이, 農隱 閔安富(고려末 충신)의 문집을 모아놓은 문고에서 발견된 天符經의 [ㅛ檀ㄱ]本은 支那人이 解讀한 것으로 剽竊된, 所謂 '갑골문'보다 600년이나 앞선 것이므로 [ㅛ檀ㄱ]으로 바로 일컫지 않고 그냥 甲骨文으로의 標榜은 부당하다.

단군조선문자는 '倍達國文字'(鹿圖文)를, '원시형태한글'은 '[ㅛ檀ㄱ]'(加臨土正音;2180,bc)을 각각 지칭하는 것으로 보이며 전자는 https://[ㄷㅛ鹿ㄷㄱ]: 檀柿-檀簡鹿圖文; '鹿圖文의 개칭; 朴起用·李讚九; 2025, ac으로, 후자는 https://[ㄷㅛ加ㄷㄱ]: 檀柿-檀簡加臨土正音; '加臨土正音의 개칭; 朴起用·李讚九; 2025, ac으로 각각 올바로 일컬어야 합당하다.

우리의 여느 國字(① [ㄷㅛ鹿ㄷㄱ]: 3897 BC; 神誌赫德: fl.3897 BC; 象形문자; ② [ㄷㅛ加ㄷㄱ](五加國正音): 2180 BC; 三郎乙普勒·

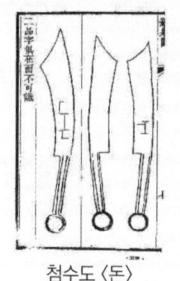

첨수도〈돈〉

https://三郎乙普勒·神誌高契; 河永權; 2025, ac;

https://檀簡文岩刻,ac;

https://檀簡文甲刻骨刻;朴起用·李讚九; 2025, ac;

神誌高契: fl.2180 BC; 字母문자; ③ 訓民正音: 1446; 世宗대왕: 1397~r.1418~1450; 子母문자)의 경우와 달리, [ㅍ檀ㄱ]은 失名氏 10萬餘名이 六書에 따라 制字한 象形문자인데 이는 CJ. Ball(1913; Chinese and Sumerian)에서 [ㅍ檀ㄱ]의 制字原理인 '六書'(象形·指事 등)가 3350 BC의 上古키엔기르象形문자에 導入된 것으로 기술되었다.

[ㄷㅍ鹿ㄷㄱ]·[ㄷㅍ加ㄷㄱ]은 커발한 환웅과 嘉勒 단군이 即位하자마자 전자의 경우 文字의 개념을, 후자의 경우 字母文字의 개념을 각각 創案한 御命을 赫德과, 乙普勒·高契이 각각 服命, 制字한 문자이며 양자는 文字學史上 象形·字母문자의 기원을 이루었다.

[ㅍ檀ㄱ]은 最高 3897 BC에 가깝게, 最低 3350 BC 훨씬 이전에서 오늘날까지 制字되어 오는 것이며 그 字形은 韓人이 https://列國時代; '三國時代'의 개칭, ac에, 漢나라 전후에 漢人이 金文·陶文·篆書·隸書·楷書·八分·行書·草書 등으로 다듬어왔고 '漢字'는 https://檀字; '漢字'의 개칭, ac으로 바로 일컬어야 타당하다.

天符經([ㄷㅍ鹿ㄷㄱ])의 第一字(https://''; 〈ᄒᆞᆫ〉/일/; 朴起用; [ㅍ檀ㄱ]·楷書 〈一〉/ᄒᆞᆫ/; 〈하나; 첫째; 으뜸〉; '韓': 民衆書林;1347쪽; 〈우물난간 ᄒᆞᆫ; 井幹〉), ac을 '大韓제국'(高宗황제)·'大韓民國'(임시정부·대한민국)으로 따져보면 우리의 처음 國號는 https://ᄒᆞᆫ 1/2; 3898~2333~238 BC; '倍達-朝鮮'의 개칭, ac였을 것이며 檀字語는 韓語·漢語를 https://準韓漢語族, ac으로 결속시키고 예를 들면: '탁구; 乒乓'과 같은 근래의 新造語를 제외하면 10萬 낱이 넘는 檀字語는 韓語·漢語 양자에서 거의 동일하게 語彙資産으로 通用된다.

'古조선문자·갑골문·원시형태한글'은 각기 '[ㄷㅍ鹿ㄷㄱ]· [ㅍ檀ㄱ]·[ㄷㅍ加ㄷㄱ]'으로 批正되지 않으면 이들 뛰어난 논문 두 편은 빛바래기 십상이다.

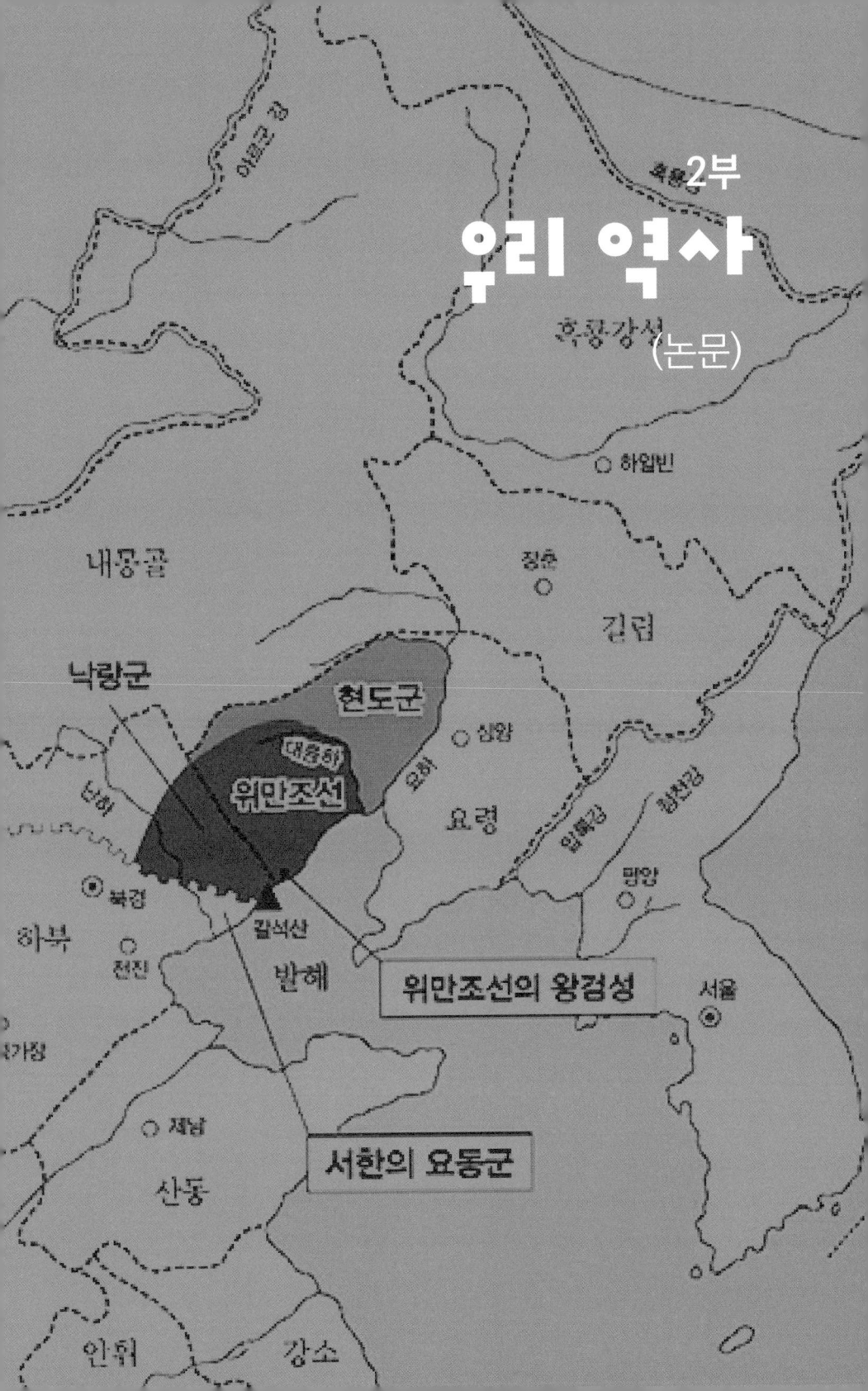

04
요서 홍산문화와 환웅 조이족의 귀속관계

차단된 조이족 논의에 대한 문제 제기 · 197
홍산문화와 조이족과의 관계 · 203
홍산문화에 나타난 옥조의 공통성 · 208
『산해경』의 웅상과 수리부엉이 · 218
홍산문화는 황제족이 아닌 환웅 조이족의 문화 · 226

04
요서 홍산문화와 환웅 조이족의 귀속관계*

차단된 조이족 논의에 대한 문제 제기

요서(遼西) 홍산문화에서 출토된 많은 옥조(玉鳥)를 통해 우리는 홍산인들이 유독 새를 숭배했다는 것을 알 수 있다. 나아가 그 새를 통해 그들이 무엇을 말하려고 했는지에 대해 알아보는 것은 요서지방의 신석기문화를 이해하는데 중요한 의미를 지닌다고 본다. 특히 그들의 새숭배문화의 내용이나 새토템 종족이 오늘날 어느 민족으로 계승되고 있는지를 알아보는 것은 이 시기 문화의 정체를 해명하는데 있어서 의의 있는 일이 아닐 수 없다.

먼저 문헌을 검토할 필요가 있다. 『상서』나 『사기』 등을 포함한 사적 중에 '조이(鳥夷)'라는 말이 등장한다. 여기서 조이는 새를 숭배하거나 토템으로 여기는 종족에 대한 옛 사람들의 인식을 반영한 말로 이해할 수 있다.

우선 『사기』(「오제본기」, 「하본기」)에 나오는 조이에 대해 알아보고자 한다.

---
* 『역사와 융합』 제3집(2018.12)

> 남쪽으로는 교지 · 북발을, 서쪽으로는 융(戎)·석지·거수·저(氐)·강(羌)을, 북쪽으로는 산융(山戎)·발(發)·식신(息愼)을, 동쪽으로는 장(長)·조이(鳥夷)를 위무하니 온 나라가 모두 순(舜)의 공덕을 입게 되었다.[1]
>
> 우는 기주에서부터 치수를 행하기 시작했다. 조이(鳥夷)는 가죽옷을 잘 만든다. 발해에서부터 우측의 갈석산을 끼고 돌아온 후 황하로 들어온다.[2]
>
> 회수와 바다 사이는 양주이다. 도이(島夷)가 입은 풀로 짠 옷, 대광주리에 담은 비단이 있으며, 포장한 귤과 유자도 공물로 바쳤다.[3]

이와 같이 조이는 또 '도이(島夷)'로 혼용된 사례를 찾을 수 있으나, 왕선겸(王先謙)이 도이를 조이로 바로 잡았다.[4] 하지만, 조(鳥)와 도(島)는 그 소리가 본래 같다[5]는 주장이 있는 점을 유의하면 서로 혼용도 가능했을 것이다. 특히 왕석금(汪石琴) 가장본의「우공도」에는 래이(萊夷), 우이(嵎夷)와 함께 도이(島夷)가 나오는데, 북도이(北島夷)가 있고, 남도이(南島夷)가 나온다.

아울러 『상서』(「우공편」)에도 『사기』와 같이 '조의피복(鳥夷皮服)'이란 말이 나온다. 그런데 일찍이 고힐강(顧頡剛)[6]은 조이에 대한 고

---

1) "南撫交阯、北發，西戎、析枝、渠廋、氐、羌，北山戎、發、息愼，東長、鳥夷，四海之內 咸戴帝舜之功"(『사기』「오제본기」)
2) "禹行自冀州始… 鳥夷皮服。夾右碣石，入于海"(『사기』「하본기」)
3) "淮海維揚州 …島夷卉服，其筐織貝"(『사기』「하본기」)
4) 文日煥「朝鮮古代鳥崇拜與卵生神話之起源探究」『中央民族大學學報』(哲學社會科學版) 30권, 2003. 6기, 79쪽
5) 유창균『문자에 숨겨진 민족의 연원』집문당, 1999, 378쪽
6) 근대 중국의 저명한 학자 고힐강(顧頡剛, 1893~1981년)은 많은 책을 두루 읽어 상식을 얻되, 독서를 제대로 하려면 현미경과 망원경을 동시에 갖추어야 한다고 말했다. 그는 애석하게도 생전에 우하량유적을 보지 못했다.

문헌의 기록 착오에 문제를 제기한다. 즉 그는 『사기』, 『설원』의 문장에서도 의연히 착란이 있었는데, 다행히 조이라는 명사는 보존되어 내려왔지만, 『설원』[7]의 판본도 역시 후인들이 당대(唐代)에서 고친 「우공」에 근거하여 조이를 기록한 것에 그치지 않는다고 비판한다.[8] 나아가 그는 고대에 이렇게 '큰 종족(一個大族)'[9]의 문헌자료가 극도로 희소한 것은 상상할 수 없는 일로 한대(漢代) 이하의 사람들이 일찍 이런 종족이 있었다는 것마저 잊었거나 흔적마저 소멸하려 하였다면 천박하고 어리석은 행위라고 한탄해 마지않는다.[10] 그러면서 고힐강은 조이가 실제상 시기적으로 오랫동안 존재했던 것만큼 사람들에게서 완전히 사라져 버릴 수는 없는 것인바, 필연적으로 언제 어디서나 폭로되어 나올 것이라고 예측한다.[11]

그리고 문일환(文日煥)은 조이(鳥夷)가 한개 종족의 명칭이며 일찍 중국 은대(殷代)에 이미 존재했으며, 은상(殷商)과 일정한 관계가 있다는 것을 가히 추측할 수 있고, 이 추측은 많은 사료들로부터 이미 실증되었다고 주장하기도 한다.[12] 조이가 생활한 지역은 대개 발해만 연해평원이며, 그들은 해곡(海曲)에 거주하며 피복, 용모와 행동거지가 모두 새를 닮았다고 한다.

---

7) "北至山戒肅愼 東至長夷島夷"(『설원』19권). 조이를 도이라고 쓰고 있다.
8) 顧頡剛「鳥夷族的圖騰崇拜及其氏族集團的興亡」『史前研究』 2000.09, 150쪽. 그의 비판은 이어진다. 또『대대례기』(오제덕)의 저자는 순(舜)의 덕화를 빌어 사방의 저명한 소수민족을 서술하려 하였지만, 알고 있는 것이 제한되어 있었으므로 너무나 조리가 없이 말해 놓았는데, 그나마 「오제덕」중에 동방의 장이(長夷), 조이(鳥夷), 우민(羽民) 3종을 언급했을 뿐이라고 지적한다.
9) 고힐강의 주장에 따르면 '조이' 또는 '조이족'으로 표기할 수 있다.
10) 顧頡剛「鳥夷族的圖騰崇拜及其氏族集團的興亡」『史前研究』 2000.09, 151쪽
11) 顧頡剛「鳥夷族的圖騰崇拜及其氏族集團的興亡」『史前研究』 2000.09, 150쪽
12) 文日煥「朝鮮古代鳥崇拜與卵生神話之起源探究」『中央民族大學學報』(哲學社會科學版) 30권, 2003. 6기, 79쪽. 은상(殷商)과의 관계는 앞의 진몽가의 갑골문 발견으로 입증이 된 셈이다.

1938년 『적봉홍산후』 보고서와 강서 왕석금 가장본 우공도

　이런 문헌상의 논의와 달리 고고학적 접근이 시도된 것은 1930년대 일본의 고고학자들이다. 그들(하마다 고사쿠濱田耕作, 미즈노 세이치水野淸一)은 1938년(소화13년)에 『적봉홍산후(赤峰紅山後)』라는 보고서를 작성하였다. 이 보고서는 적봉제1차문화 : 채도문화, 적봉 제2차문화 : 홍도문화로 나누어 서술하고 있다. 그들은 이 지역의 고대 주민이 도작을 한 농경민으로 한족(漢族)이 아닌 장두형(長頭型)의 동호(東胡 오환, 선비족)라고 제시하고, 동호와 서쪽의 흉노나 동쪽의 예맥과의 인종적 관계에 대해 신빙할 자료가 없으므로 장래의 발굴작업에 기대한다는 여운을 남겼다.[13]

　이에 대해 북한의 리지린은 "제1차 문화(채도 문화) : 그 연대는 대략 기원전 3000년대이다. 그 문화는 북방계이며 동북 및 조선의 신석기 문화와 연계가 있다. 이 문화의 소유자는 유목민이 아니며 농경민이다"[14]라고 요약하고 자신의 견해를 밝힌다. 리지린은 우선 동호

---

13) 濱田耕作 水野淸一 『赤峰紅山後-滿洲國熱河省赤峰紅山後先史遺跡』(甲種第6冊), 東亞考古學會, 1938, 84쪽
14) 리지린 『고조선연구』 과학원출판사(평양), 1963, 197~198쪽

가 어느 민족의 선조인가를 단정하지 못한 것에 의문을 갖는다.[15] 이 중 조이족이 활동하던 때는 맥족을 볼 수 없었는데, 그 후 맥족이 점령한 곳은 일찍이 조이족이 살았던 곳이라는 문숭일(文崇一)의 지적은 참고할 만하다.[16] 중국학자 하광악(何光岳)도 여러 새토템족들을 동호(東胡)라고 부르는데 동호와 동이는 같은 뜻이라고 보았다.[17] 이는 동호가 조이의 일파였음을 알게 하는 것으로써 조이족에 대한 인식을 넓혀주는 관점이다.

> 종전까지 중국대륙 동부 연해 발해만으로부터 산동반도 일대 이남에 이르기까지 광대한 지역의 동이족은 새를 토템으로 하였는데, 이들은 "조이족"이라 불려 왔다. 하지만 시간과 지역상으로 보면 홍산문화의 새토템은 이들보다 이른 것으로 마땅히 북방민족 새토템의 효시라는 관점이 있다.[18]

특히 홍산문화를 창조한 주도세력의 주인공이 누구이며, 그 조이족이 오늘의 역사에서 어느 민족으로 귀속되는가 하는 점도 이제 밝혀야 할 차례가 되었다. 우하량, 동산취 홍산문화 유존은 5000여년 전 내지 4000여 년 전 동북 선민(先民)의 일종인 조이(鳥夷) 부락집단의 문화유존이라는 주장은[19] 홍산문화를 바라보는 우리의 시각에 중대한 변화를 가져다 주고 있다. 문제는 그 조이족이 어느 민족이냐

---

15) 리지린『고조선연구』과학원출판사(평양), 1963, 197~198쪽
16) 文崇一,「濊貊民族文化及其史料」『中央研究院民族學研究所集刊』5집(臺北), 1958 춘,135쪽
17) 何光岳「鳥夷族中諸鳥國的名稱和分布」『東夷古國史研究』2집, 三秦出版社(山東), 1989, 64쪽
18) 楊福瑞「紅山文化氏族社會的發展與圖騰崇拜」『赤峰學院學報(漢文哲學社會科學版)』35, 2014.5기, 21쪽
19) 李民「試論 牛河梁東山嘴紅山文化的歸屬-中國古代文明探源之一」『鄭州大學學報』1987.2기, 14쪽

는 것이다. 연변대의 김관웅은 "조선민족의 원시문화는 동아시아 문명의 최초의 발원지라고 상정되는 홍산문화 내지 요하문화를 창조한 주체인 동이족과 깊은 내재적인 연관성이 있다"[20]고 보았고, 같은 대학의 김미란도 "은상(殷商)문화와 고조선문화는 모두 홍산문화의 한 개 지류일 수도 있다"[21]고 했다. 이제 우리 역사와의 내재적 연관성을 규명할 때가 되었다고 본다.

　북한의 리지린은 고조선이 형성되기 이전의 원주민이 곧 조이였다고 주장했다.[22] 이는 고조선 이전 시기 우리 조상의 종족을 규명하는데 상당히 중요한 암시가 되고 있다. 고조선 이전은 역사상 환웅시대에 해당하며, 공교롭게도 홍산문화의 시대와 겹친다. 이런 한민족 조이설에 대해 이기동은, "조이를 고조선 주민의 선조라고 주장하고 있는 것은 당돌하다"[23]고까지 반박하고 나선 것은 학문적 논의를 강제로 차단하려는 시도로써 경망하다고 아니할 수 없다. 그러나 조이족이 활동하던 때는 맥족을 볼 수 없었는데, 그 후 맥족이 점령한 곳은 일찍이 조이족이 살았던 곳이라는 문숭일(文崇一)의 주장[24]은 차단된 조이족 논의를 재개하기에 충분한 조건이 되며, 나아가 홍산문화에 나타난 새 옥기들은 조이족 논의의 기폭제가 되고 있다. 저자는 이 글에서 요서의 홍산문화에 나타난 새토템을 중심으로 그동안 단절된 조이족에 대한 논의를 부활하고, 조이족과 환웅과의 관계를 새롭게 규명하고자 한다.

---

20) 金寬雄「古朝鮮의 檀君神話와 東夷文化의 聯關性」『淵民學志』15, 2011, 35쪽
21) 김미란「홍산문화로 본 선사시기 동북아지역 민족의 곰토템연구」『한국문학논총』66, 2014. 4, 26쪽
22) 리지린『고조선연구』과학원출판사(평양), 1963, 109쪽
23) 이기동「북한에서의 고조선 연구」『한국사 시민강좌』2, 1988, 106쪽
24) 文崇一,「濊貊民族文化及其史料」『中央研究院民族學研究所集刊』5집(臺北), 1958 춘,135쪽

홍산문화와 조이족과의 관계

 홍산문화의 주도세력이 누구인가에 대해 치밀한 논리로 논문을 발표한 중국학자가 있다. 중국 정주대학 교수 이민(李民)이다. 그는 자신의 논문「시론 우하량동산취 홍산문화의 귀속」[25]에서 홍산문화를 주도한 담당세력으로 '조이족'에 주목하였다. 이는 중국학계의 편향성을 거부한 점에서 우리에게 새로운 각성을 주고 있다. 그는 홍산문화 영역에서 먼저 우하량과 동산취 유적에 주목한다. 황하유역 멀리에 있는, 요서 우하량(牛河梁), 동산취(東山嘴)에서 지금으로부터 5천 년 전의 문화유적을 발굴하였는데, 그중에 여신묘, 제단과 적석총 등 중요한 유적이 있었다. 이 중대한 발견이 세인의 주목을 일으킨 중요한 원인이 하나 있는데, 그것은 중국 고대 문명의 기원에 중요한 자료와 얼마간의 문헌에서는 찾을 수 없는 실물자료를 제공해 주었기 때문이다.

 우하량유지는 요하 서부 능원현성 이북 15km되는 곳에 있다. 1983년부터 1985년까지 이곳에서 분포면적 1.2km²에 달하는 홍산문화유적 십여 곳을 발견하였다. 여기에서 많은 중요문물이 발견되었다. 예를 들면 도제 부녀나체 작은 소상, 사람의 크기와 비슷한 여신(女神)채색 소두상(塑頭像), 잔체(殘體)가 있는 사람 실물의 세배 크기에 상당하는 대소상(大塑像), 대량의 제사용으로 쓰인 도자기 등이 있으며, 정밀하게 아름다운 옥기로 만들어 특별히 사람의 이목을 끄는 돼지형상의 옥저룡(玉猪龍), 옥식(玉飾) 등이 있으며 이 외에도 또 여신묘와 적석총 등 유적이 있다.

---

25) 李民「試論 牛河梁東山嘴紅山文化的歸屬-中國古代文明探源之一」『鄭州大學學報』1987.2기, 8~14쪽

동산취유적은 요녕 객좌현 소재지 대성자진 동남 약 4km되는 곳에 위치하고 있으며 우하량유적에서 3~40km 밖에 되지 않는다. 1979년과 1982년 두 차례 발굴은 그 면적이 약 2250㎡로 대형의 석기건축기지와 대량의 도자기가 발견되었다. 도자기는 전체 유물의 90%를 좌우하며 주로 홍도(紅陶)가 발굴되었다. 문식은 주로 압인 지之자형무늬와 평행줄무늬로 이루어졌다. 도자기 외 사람모양과 옥, 석식 등 유물이 있다. 심지어 직경이 2.9m인 원형제단 유적이 있다.

우하량, 동산취의 홍산문화 유적과 유물을 종합 분석한 이민(李民)은 홍산문화를 중원의 원고(遠古) 문화와 비교하여 세 가지 면에서 우리의 주의를 필요로 한다고 주장한다.[26]

> ㉠ 이것은 지금까지 없었던 중원지구에서 비교적 멀고 또 동북지구에서 발견된 하나의 중요한 신석기 문화이다.
> ㉡ 그 연대는 중원지구의 용산문화보다도 이르며, 탄소 14측정을 거쳐 '여신묘'와 같은 묘적의 연대는 지금으로부터 5575±80(수륜교정을 거쳐)년이 떨어져 있다.
> ㉢ 중원지구의 동일시대의 문화와 비교했을 때, 문화 내재적인 것에 적지 않은 특색과 차별이 있다. 예를 들면 정연한 돌건축 무리를 영조하고 있는데 신비색채를 갖고 있는 여신묘, 사람 실물 크기의 세배되는 큰 코·큰 귀 소상, 진귀한 여신두상 등은 모두 처음으로 발견되었으며 중원지구에서는 보기 어려운 것이다.

이상의 세 가지 특징을 토대로 그는 우하량, 동산취의 홍산문화를 중국 고대문헌에서 종적을 찾을 수 있을까? 그것과 중원문화의 관계

---

26) 李民「試論 牛河梁東山嘴紅山文化的歸屬-中國古代文明探源之一」『鄭州大學學報』1987.2기, 9쪽

는 어떠한가? 그 문화의 주도자는 누구인가? 라는 의문을 제기한다.

이민은 먼저 고문헌에 나오는 원고(遠古) 선민(先民)의 종적에 관한 기록들을 검토한다. 『상서』「우공편」의 기주(冀州)에 나오는 '조이피복(鳥夷皮服)'이란 말을 재해석한다. 즉, 하나는 "조이의 사람은 모두 가죽으로 된 옷을 입는다"는 것이다. 이는 조이의 풍속이 다른 지역과 다르다는 것을 기술하고 있다.[27] 다른 하나는 조이를 민족의 이름으로 보고, "조이족의 공물이 가죽옷"이라 여긴 것이다.[28] 이럴 경우 조이는 '동방의 땅', '동방종족'이라고 본다.

다음으로 『후한서』(「동이열전」)에서 '이자 저야(夷者 柢也)'에 나오는 구이九夷는 견이, 우이. 방이. 황이, 백이, 적이. 현이, 풍이, 양이인데, 비록 조이가 이 아홉 종류에 들어가지는 못하나 구이와 같은 족속이라는 것은 의심할 바 없다고 주장한다. 같은 이夷에 속한다고 본 것이다.

이어 이민은 조이의 거주지, 「우공」 중에서 차지하는 지위 및 후세의 문헌 기록을 토대로 조이는 우하량, 동산취 홍산문화와 다음과 같이 세 가지 어떤 관계가 있다고 본다.[29]

> 첫째로, 지리적으로 분석하면 「우공」에서 말하는 조이의 중심 거주지는 지금의 요서지역이라고 할 수 있는데, 우하량, 동산취 유적이 바로 요서지역이다.
> 둘째로, 시대적으로 볼 때 통속적인 설법으로 하夏왕조의 시작은 BCE 2100년가량이며, 어떤 사람들은 2200년으로 추산하였으며,

---

27) 原注 : 屈万里의 『尙書 今注今釋』 臺灣 商務印書館, 1979, 32면
28) 原注 : 劉起釪의 「禹貢 冀州地理叢考」 『文史』 25집
29) 李民 「試論 牛河梁東山嘴紅山文化的歸屬-中國古代文明探源之一」 『鄭州大學學報』 1987.2기, 13쪽

사학가 손작운(孫作雲)은 BCE 2300년으로 추산하였다. 종합적으로 하왕조의 시작은 지금으로부터 4000여년 이전이다.[30] 「우공」에 반영된 것도 대체적으로 마땅히 하초(夏初)의 왕조와 방국(方國), 각 부락의 구성인 것이다. 그러므로 조이의 시대는 (우공의 하왕조와 같은) BCE 2000여 년 이전以前으로 보아야 할 것이다. 다시 말하면 조이는 일찍부터 동북 요서를 중심으로 활동한 선주민으로 그의 출현은 하초보다 늦지 않을 것이며, 혹은 그보다 더 이를 수도 있다.

우하량 홍산문화 유존의 시대는 탄소14로 측정하여 이른 것은 지금으로부터 4975년±85년이고, 수륜(나이테)교정에 의하면 5580년±110년이다. 비교적 늦은 것은 지금으로부터 4995년±110년이고, 수륜교정은 5000년±130년이다. 이로부터 알 수 있는 바, 우하량 홍산문화 유존(遺存)은 상당히 긴 시간을 연속해 왔으며 우하량 유존 말기의 연대는 문헌에서 추산한 조이의 연대보다 수백 년 더 이르다. 이런 의미에서 우하량, 동산취문화 유존은 바로 조이문화(鳥夷文化)의 한 갈래이며 혹은 더욱 철저하게 말하면 우하량, 동산취문화 유존은 바로 조이가 이룬 선구이다.[31]

셋째로, 문화의 내재적 함의에서 볼 때, 우하량 유존이 조이의 한 갈래 또는 선구라고 하는 것은 역시 근거가 있는 것이다. 이를테면 우하량, 동산취 홍산문화 유존의 주민은 농업을 위주로 하였는데, 이는 앞에서 우리가 언급했던 조이 후예들에 관한 생활습성과 일치한다. 요서의 발굴 중 우하량에서 발견된 저룡(猪龍) 옥석기, 도기새조각(陶塑鳥), 부신 호두구(胡頭溝) 홍산문화 옥기 무덤 중에서 발견된 옥효(玉鴞, 부엉이새), 옥조는 대부분 조이부락 각 씨족토템의 잔존인 것이다. 그러므로 고고발굴과 전설기록은 역시 대체적으로 서로 부합되는 것이다.

---

30) 중국에서 堯는 B.C.2357년, 舜은 B.C.2136~B.C.2100, 우는 B.C.2103~B.C.2073. 夏王朝 원년은 B.C. 2070년이므로 이 때 조이(鳥夷)가 활동하고 있었으므로 이 시기와 같이 보거나 더 이르게 볼 수 있다는 뜻이다.
31) 李民「試論 牛河梁東山嘴紅山文化的歸屬-中國古代文明探源之一」『鄭州大學學報』1987.2기, 13쪽

이상과 같은 이민의 주장을 종합하면 우하량, 동산취 홍산문화 유존의 귀속문제는 어떤 실마리를 찾을 수 있다. 이미 지금까지 발견된 고고자료들로 논하더라도 이는 문헌에서 말하는 조이와 적지 않은 방면에서 합치된다고 본 것이다. 이 유적유물이 바로 지금으로부터 5000여년 전 내지 4000여 년 전 우리나라 동북 선민(先民)의 일종인 조이 부락집단의 문화유존이라고 인정할 수 있다는 것이다.[32]

　한편 이민의 논문에 대해, "이 글이 홍산문화를 동이의 갈래인 조이집단과 연결한 최초의 논문이 아닌가 한다. 그러나 나중에 중국학자들의 논리는 홍산문화의 주도집단이 황제족이라는 논리로 변형된다는 점을 기억해야한다"[33]는 지적도 있다.

　저자가 보기에 중국 측의 이족(夷族)에 대한 기록은 어쩌면 실제보다 과소평가된 기록이 더 많다고 본다. 갈석산의 위치가 불명확하지만, 실제로 조이의 영역은 현재 갈석산의 동북쪽까지 크게 미쳤다고 보는 것이다. 뒤에서 설명하겠지만, 갑골문에 의해서도 조이의 실재가 드러난 바 있다. 아울러 동이문화의 시원이 산동반도가 아니라, 동북지방이라는 주장도 상기할 필요가 있다.[34]

　그런데 이민의 주장에도 불구하고 조이족이 현재의 누구이며, 그 후대 민족이 누구인가에 대한 연구는 더 이어지지 않았다. 아울러 홍산문화의 어느 면을 단정하여 조이의 문화라고 할 것이냐도 문제로 남는다. 다만 이배뢰(李倍雷)가 홍산문화에 나타난 동이의 옥조(玉鳥)를 조이의 형상물로 보았다는 면[35]을 착안하여 저자는 홍산문화

---

32) 李民「試論 牛河梁東山嘴紅山文化的歸屬-中國古代文明探源之一」『鄭州大學學報』1987.2기, 14쪽
33) 우실하「요하문명론의 초기 전개과정에 대한 연구」『단군학 연구』21호, 2009.11, 279쪽
34) 王惠德「鳥圖騰的濫觴-兼談東夷文化」『昭烏達蒙族師專學報』(漢文哲學社會科學版) 1990,3기,62쪽

에서 발굴된 옥기의 형상을 분석하며, 특별히 옥조를 통해 새토템문화의 실체에 접근하고자 한다.

홍산문화에 나타난 옥조의 공통성

나사대 유적의 옥조

1980년 가을에 발현한 내몽고 파림우기(巴林右旗) 나사대(那斯台) 유적은 홍산문화에 해당한다. 이 유적은 동서 1,500m, 남북 1,000m, 총면적 150만㎡로 광범위한 유지이다. 1987년 조사보고 결과 "나사대 유적은 마땅히 홍산문화유존에 속한다"고 인정하였다. 이곳에서는 빗살무늬(之자형)와 그물망무늬가 새겨진 도기들이 출토되었고, 새 모양의 조형석결(鳥形石玦)이 나왔다는 것은 앞에서 소개한 바와 같다. 이 석결의 몸체는 구부린 납작 기둥형으로 수미(首尾)는 가깝고, 뾰족한 부리는 눈에 뜨이게 분명하며 이마는 융기되었고, 동그란 눈은 돋을새김으로 새겼으며, 날개 끝은 밖으로 튀어 나왔다. 꼬리끝부분은 원호(圓弧)모양이며, 어깨부분에는 구멍이 있고, 몸뚱이는 흰색에 무늬가 없는데 조각은 신중하고 온후하며 간결하고 소박하다. 몸 전체의 높이는 5.5cm이고 몸체의 두께는 1.1cm이다.[36]

조형석결에 이어 또 부엉이 모양의 옥효(玉鴞) 2개가 있다. 하나는 삼각형의 긴 부리가 아래로 솟아있고, 양 날개와 꼬리부분까지 3선

---

35) 李倍雷「紅山文化中玉鳥的圖像學意義與藝術風格」『廣西藝術學院學報』『藝術探索』20권 4기, 2006.10, 5쪽
36) 巴林右旗博物館「內蒙古巴林右旗那斯台遺址調査」『中國考古集成』(東北 4권), 北京出版社, 1997, 541쪽

이 드리워 있다. 다른 하나는 머리 위에 두 개가 밖으로 볼록 나와 귀가 원호 모양이며, 배가 약간 나왔다.[37] 그리고 또 하나의 '조형(鳥形)장식'이 있는데, 두 눈이 약간 두드러졌고 등은 융기되었으며, 부채형 꽁지는 오목 볼록 무늬로 표시하였고, 복부에는 또 하나의 조각달 모양의 음각이 있다. 길이는 2.5cm이고 넓이는 3cm이다.[38] 그리고 나사대에서 나온 돌도끼(石斧)의 총체는 편평하고 양면은 약간 불거졌으며 대가리와 날은 호(弧)형이고 양측 변은 평행되며 좁고 긴 모양이다. 총체적 형체는 비교적 짧은데 조보구 유적과 소산(小山)유적에서 출토한 도끼형 기물과 형상구조가 같다.[39]

나사대 옥효와 조형 장식

 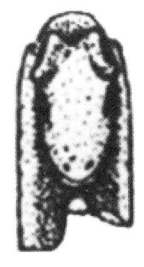

앞면

나사대 석수(石獸)-곰상

---

37) 巴林右旗博物館「內蒙古巴林右旗那斯台遺址調查」『中國考古集成』(東北 4권), 北京出版社, 1997, 542, 543쪽
38) 巴林右旗博物館「內蒙古巴林右旗那斯台遺址調查」『中國考古集成』(東北 4권), 北京出版社, 1997, 542, 544쪽
39) 索秀芬; 李少兵「那斯台遺址再認識」『紅山文化論著粹編』遼寧師範大學出版部, 2015, 264쪽

그런데 이 유지에서 곰의 형상과 흡사한 석수(石獸)[40]가 발견되었다. 앞면에서 보면 곰이 확실하다. 이 나사대유적은 아직 단정하기 어려우나, 새와 곰 모양의 도기들이 서로 혼재 또는 연합을 이룬 곳임을 알 수 있다.

특히 남녀로 추정되는 석조신상(石彫神像)[41]이 발굴된 것은 여신 중심의 우하량과 다른 면모를 보여주고 있다는 점이 대조를 이룬다. 물론 남녀를 뚜렷이 구별하기는 힘들지만, 남신상과 여신상으로 구별하여 설명해도 무리가 없을 것이다.

이상으로 종합해 볼 때, 나사대유적은 지금 서랍목륜하(시라무륜하) 이북에서 발견한 규모가 비교적 큰 원시문화 유물중의 하나이다. 이곳은 수토가 비옥하여 고대인들의 농경과 어업생산의 발전을 위해 극히 좋은 자연조건을 제공해 주었다. 유적 중에서는 수량이 비교적 많은 생산도구들이 출토되었는데, 이는 당시 서랍목륜하 이북의 원시농업이 이미 일정한 수준으로 발전하였다는 것을 설명한다. 돌화살촉은 제작이 정교하고 세밀하며 형체가 다양한바 이는 어업생산도 당시의 생활에 큰 부분을 차지했다는 것을 반영한다. 원병형(圓鉼形)석기의 출토수량이 비교적 많은데 이는 일종의 특수용도가 있는 석기일 것이다.

특히 옥기와 돌조각의 발견은 나사대유적의 문화내용을 더욱 풍부하게 하였다. 이런 옥석(玉石)제품은 대체적으로 재료가 같고 탁마풍격이 비슷하여 동일시기 또는 동일문화계통의 유물이라는 것을 설명한다. 비록 아직까지도 지층자료만으로는 그 연대를 직접 증명하지 못하지만, 비교적 많은 홍산문화 유물과 공동으로 존재하므로 이들

---

40) 巴林右旗博物館「內蒙古巴林右旗那斯台遺址調査」『中國考古集成』(東北 4권), 北京出版社, 1997, 543쪽
41) 田廣林 외 『紅山文化論著粹編』遼寧師範大學出版部, 2015, 화보14쪽

옥석제품들이 홍산문화에 속할 가능성을 배제할 이유가 없다. 요녕성 객좌현 동산취와 능원현 삼관전자(三官甸子) 등 홍산문화 유적에서 출토된 옥조, 옥효, 삼련벽, 구운형옥기 등 장식품들은 가히 동류 옥기 시대구분을 하는데 참고로 삼을 수 있다.

동산취 옥효(녹송)   나사대 조형석결   오한기 옥효

여기에 나사대유적은 부지면적의 크기나 범위의 광범함, 또한 일부 옥기의 발견에서 일반적인 원시문화유적을 훨씬 초월하고 있다. 이곳에는 밀집한 집터유적과 움유적들이 있을 뿐만 아니라 참호 등 방위시설도 있다. 이는 씨족사회의 번영상을 나타내고 있으며 하나의 중요한 취락유적이다. 이미 발견된 여러 곳의 홍산문화 유적과 연계시켜 볼 때 서랍목륜하 이북 역시 홍산문화 분포의 중요한 지역 중의 하나라는 것을 가히 긍정할 수 있다.[42] 특별히 우하량유적과 같이 새와 곰의 토템 간의 연합성을 통해 홍산문화를 발전시켰다는 점과 (빗)살무늬(之자형) 도기들이 출토된 면에서 이곳 일대도 우하량유적과의 친연성을 짐작할 수 있고, 옥조 중에서는 부엉이 옥기인 옥효(玉鴞)가 특징적이다.

---

42) 巴林右旗博物館「內蒙古巴林右旗那斯台遺址調査」『中國考古集成』(東北 4권), 北京出版社, 1997, 543쪽

우하량 유적의 옥조

다음은 우하량 유적에서 출토된 옥기에 대해 알아보고자 한다. 동물형 옥기의 제재는 매우 풍부하고 구조와 스타일이 다양하며 조형이 독특한 바 구상(具象), 추상, 구상과 추상의 결합 등 여러 가지 표현형식이 있다. 이런 동물형 옥기 중에 구상적 사실주의 조형의 옥기는 두 가지 표현수법이 있다. 하나는 동물의 정체적(整體的) 형태를 조각하는 것으로 옥조, 옥거북이, 옥조개, 옥잠, 옥여치, 옥메뚜기 등이며, 다른 하나는 동물의 국부(局部) 형태를 조각하는 것인데 동물의 머리 부분을 표현한 수면(獸面)형 옥기, 옥봉수(玉鳳首)가 있으며, 누움자세 형태를 나타내는 옥봉(玉鳳)이 있다. 구상적 사실주의 조형의 옥기는 입체조각을 위주로 하였는데 조형이 간결하고 세련되었으며 각기 특색을 갖고 있다.[43]

다음은 최암근(崔岩勤)이 제시한 우하량유적의 동물형옥기 도형들이다. 동물형 옥기의 조각 공예는 주요하게 입체조각, 편각(片雕), 섭새김(鏤雕,양각), 가슴파내기, 무늬장식각화, 구멍뚫기, 광택내기 등이다. 입체조각 옥기는 동물몸태를 삼유입체(三維立體)형식으로 표현했다. 우하량유적에서 출토된 동물형 옥기는 〈그림 1,2〉를 참조하면 옥룡, 쌍저수삼공옥기, 옥거북이, 옥잠, 옥여치, 옥메뚜기 등으로 옥기의 조형은 생동하며, 동물의 머리 부분에 간략한 무늬장식을 새겼다.[44] 이 무늬장식의 하나가 그물망무늬인지도 모르겠다. 특히 수면(獸面)형 옥기(그림1:11)는 곰 얼굴상으로 보이는데,[45] 돼지상이라

---

43) 崔岩勤「牛河梁紅山文化遺址出土動物形玉器探析」『赤峰學院學報(漢文哲學社會科學版)』38권, 2017.05, 2쪽
44) 崔岩勤「牛河梁紅山文化遺址出土動物形玉器探析」『赤峰學院學報(漢文哲學社會科學版)』38권, 2017.05, 5쪽
45) 한영우『다시 찾는 우리역사』경세원, 2015, 2쪽(화보)

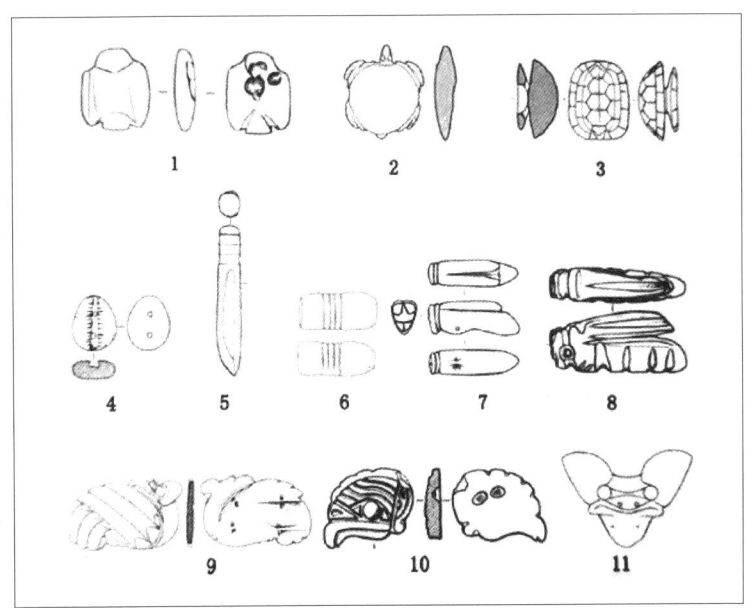

1. 玉鳥 (옥조N16-79M2 : 9)
2. A型 玉龜 (거북이N5Z1M1 : 6)
3. B型 玉龜殼 (거북껍질N2Z1M21 : 10)
4. 玉貝 (조개N2Z1C : 4)
5. A型 玉蠶 (누에N2Z1M11 : 3)
6. B型 玉蠶 (누에N5SCZ1 : 3)
7. 玉蝎 (여치N5Z2M9 : 1)
8. 玉蝗 (메뚜기N16Z1① : 47)
9. 玉鳳 (N16M4 : 1)
10. 玉鳳首 (옥봉수N2Z1 : C8)
11. 獸面形器 (수면N2Z1M21 : 14)
(머리나 꼬리의 형태등을 중심으로 A, B로 나눔)

〈그림 1〉 우하량유지 출토 동물형옥기1

고도 한다.[46] 이 곰얼굴의 옥패식은 망자(亡者)의 하단전 위에 올려 있었다. 옥여치(그림1:7)는 호형(虎形)이라고 잘못 알려지기 쉽다. 쌍저수삼공옥기(그림2:10)는 돼지상이 아니라 곰상으로 보는 것이 맞다고 본다.

  홍산문화 중에 우하량 유적은 소하서문화, 흥륭와문화, 사해문화, 부하문화, 조보구문화를 계승 발전시켜온 것으로 평가받고 있다. 다

---

46) 趙春靑 秦文生『圖說 中國文明史』(1), 創元社(東京), 2006, 157쪽

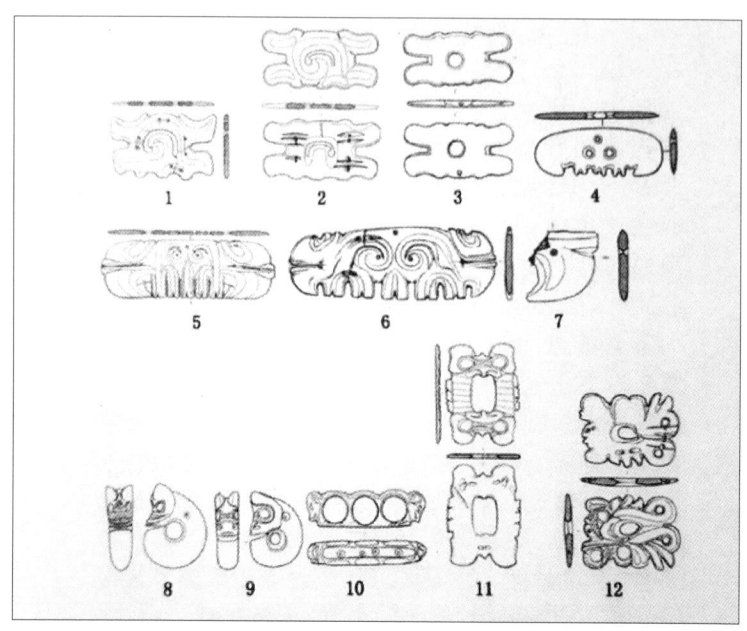

1. Aa型 勾雲形器 (구운형기N2Z1M24 : 3)
2. Ab型 勾雲形器 (N1679M2 : 1)
3. B 型 勾雲形器 (N2Z1M21 : 3)
4. A型 帶齒類獸面形器(대치류N2Z1M9 : 2)
5. B型 帶齒類獸面形器 (N2Z1M27 : 2)
6. B型 帶齒類獸面形器 (N16M15 : 3)
7. B型 帶齒類獸面形器殘件 (N16M13:1-1)
8. A型 玉龍 (옥룡N2Z1M4 : 2)
9. B 型 玉龍 (옥룡N2Z1M4 : 3)
10. 雙猪首三孔器(쌍저수N16-79M1 : 4)
11. 雙鴞首形器 (쌍효수N2Z1M26 : 2)
12. 龍鳳形器 (용봉N2Z1M23 : 3)

〈그림 2〉 우하량유지 출토 동물형옥기2

시 유적지별로 보면, 우하량 제1지점에서는 여신상이 있는 여신묘가 발굴되었다. 이곳에서 곰뼈, 곰 발바닥이 함께 나왔다. 적석총군과 원형제단이 발굴된 제2지점에서는 돼지 또는 곰같은 옥웅용(또는 옥저룡), 옥고, 옥환, 옥벽, 쌍연벽, 고(箍)형기, 능(菱)형기 등이 발굴되었다. 조(鳥)형상으로는 우하량 제2지점에서 효(梟올빼미)형옥패, 조소문옥패, 쌍효수 옥패, 옥봉수(玉鳳首) 등이 발굴되었고, 수면(獸面;곰)옥패식이 나왔다.[47] 또 제16지점(성자산 삼관순자 유적)에서는 옥인

---

47) 『牛河梁』朝陽市牛河梁遺址管理處, 2014, 94~97쪽

우하량 옥조(16지점)

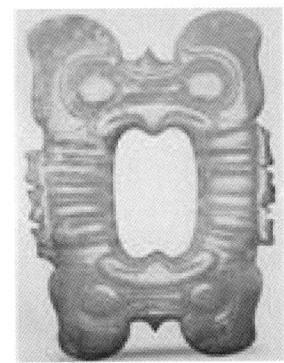
우하량 쌍효수 옥식(2지점)

우하량 봉황(16지점 4호묘)

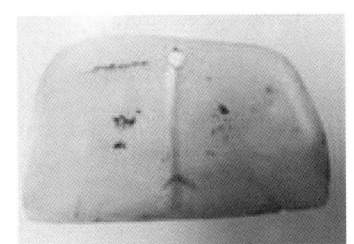
우하량 무면조(2지점)

(玉人), 옥봉(玉鳳), 옥조(玉鳥,무면조), 효(鴞)형옥패 등이 발굴되었다.[48] 돼지는 북두칠성과 관련하여 민간에서 소중하게 여겼다.

　우하량 유적을 포함한 홍산문화의 동물형 옥 중에 중요한 것으로 옥조(玉鳥)가 있다. 이 중에서 관심을 끄는 것은 우하량 2지점의 쌍효수(雙鴞首)이다. 두 마리 부엉이 얼굴을 기하학적으로 만들었다. 또 우하량 16지점 4호묘에서 나온 옥봉인 봉황[49]이 있다. 새 모양으로서는 절정을 이룬 것 같다. 그리고 2지점에서 나온 얼굴없는 새인 무면조(無面鳥)는 한 개의 직선과 두 개의 사선(斜線)으로 고도의 예술성을 발휘하여 새의 날아가는 형상을 만든 것으로 보인다.

---

48) 『牛河梁』朝陽市牛河梁遺址管理處, 2014, 106~108쪽
49) 陳逸民 외 『红山玉器圖鑑』上海文化出版社, 2006, 83쪽

이와 같이 우하량유적에서 나온 옥기는 모두 183건이다. 이 중에 2지점에서 98건, 3지점 9건, 5지점 23건, 16지점이 53건 발굴되었다. 종류별로는 인형人形, 동물형, 옥벽 등으로 구별된다. 이 중에 동물형 19건 중에 용 3건, 새 6건, 수면(獸面) 2건, 거북 4건, 누에 2건 등이 있다.[50]

옥기 중에 중요한 것으로 옥조가 있는데, 곽대순(郭大順)은 이를 전조형(全鳥形)과 비전조형으로 나누어 자세히 설명한다.

하나는 온전한 새 모양의 전조형이다. 가장 많이 보인다. 비교적 전형적인 것으로는 호두구 제1호 묘에서 3개가 출토되었고, 삼관전자(우하량 제 16지점) 제 1호 묘에서 1개가 출토되었으며 부신현 복흥지에서 1개, 내몽고 파림우기 나사대 유적에서 2개 출토 되었다. 이들은 모두 새가 정면으로 날개를 펼친 형태이며 세세한 부분은 대부분 개략적으로 표현하였고 치켜 올린 꼬리에 새겨진 무늬는 깃털이다. 오관은 뚜렷하고 귀가 서 있어서 '부엉이'라 할 수 있는데 눈, 입부분은 어렴풋하게 볼 수 있을 뿐이다. 우하량 16점의 옥봉은 상세하나, 다른 옥조(무면조)는 새 모양의 윤곽만 지니고 있다.

다른 하나는 새머리만 표현한 것으로 오직 1개만 보이는데, 우하량 유적 제 2지점 1호총 제15호묘에서 출토(쌍효수)되었다. 부리는 굽은 갈고리 모양이고 머리 위에 관이 있으며 신臣자 모양의 눈을 가지고 있어 마땅히 매 종류라 할 수 있다. 또 다른 하나는 새 문양이다. 역시 우하량 유적(2지점)에서만 보이는데 용봉 문양의 패옥인데, 그 속의 새머리 형상은 옥조의 머리와 비슷하다. 부리는 큰 갈고리이고 둥근 눈을 갖고 있어 역시 매 종류이다.[51] 우하량의 무덤에서 옥조가

---

50) 遼寧省文物考古研究所 編『牛河梁-發掘報告』(中) 文物出版社(北京), 2012, 473~475쪽
51) 郭大順 주편『紅山文化』이종숙 외 역, 동북아역사재단, 169쪽

 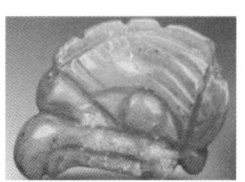 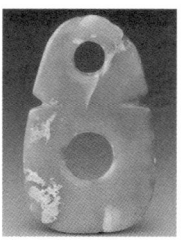

용봉패옥(2지점)　　매형상의 옥봉수(2지점)　　雙련벽(16지점)

 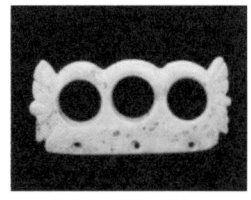 

쌍웅상(16지점)　　쌍인상(2지점)　　三련벽(16지점)

발견되는 것은 토템을 상징하는 동시에 삼한시대의 사람들이 장례를 지낼 때 큰 새의 깃털을 묻어준 것과 맥을 같이 한다고 할 수 있다.[52]

한편으로 김선자는 비판적인 시각으로 중국인들이 용이나 용봉(龍鳳)이라는 말을 남발하는 것은 북방 샤머니즘과의 연계를 꺼리는데서 그 이유를 찾고 있다.[53]

앞의 1지점 여신묘 구역도 그렇지만, 16지점에서도 곰토템과 새토템은 함께 공존하고 있었다. 여기서 16지점의 우하량의 쌍웅상(雙熊像)을 자세히 볼 필요가 있다. 이 쌍웅상의 정식 명칭은 쌍웅수삼공옥식(雙熊首三孔玉飾)[54]이다. 대개 이 삼공기(三孔器)은 대개 무구(巫

---

52) "以大鳥羽送死 其意欲使死者飛揚"(『삼국지』 위서, 동이전, 변진); 또는 〈『通典』 卷185,邊防 － 東夷 上 辰韓〉편에도 나온다.
53) 김선자 「홍산문화의 황제영역설에 대한 비판-곰신화를 중심으로」『동북아 곰신화와 중화주의 신화론 비판』동북아역사재단, 2009, 224쪽
54) 遼寧省文物考古硏究所, 朝陽市文化局 編 『牛河梁遺址』 學苑出版社(北京), 2004, 75쪽

具), 조상 제사용 예기로 알려져 있다. 양옆에는 돼지나 사람 얼굴 등을 새기는데, 이것을 종전에 돼지라고도 했지만 곰의 머리인 쌍웅상(雙熊像)이 분명하다. 또 사람의 머리를 새긴 것을 쌍인상(雙人像)이라고 한다. 이 쌍인상은 우하량 2지점에서 출토된 것이다. 이는 '곰이 곧 사람'이라는 웅즉인(熊則人)을 상징한 것으로 해석할 수 있다.

그런데 앞의 쌍효수와 쌍웅상과 함께 쌍인상, 쌍련벽의 출현은 우하량에서 새로운 사상이 배태되고 있다는 것을 암시해주고 있다. 음양이라는 상대적 개념 즉 양태극 개념의 발아와 연관 있다고 본다. 아울러 삼공기나 삼련벽의 출현은 삼태극 개념의 실마리가 아닌가 한다. 2와 3의 상대성과 상의성(相依性), 통합성의 개념 파악은 향후 연구 과제가 될 것이다.

이상에서 보듯이 나사대유적과 우하량유적의 옥조 중에서 공통점은 부엉이새의 출현이다. 이 부엉이 옥효는 나사대유적과 우하량유적 뿐만 아니라 동산취유적과 호두구묘장에서도 발굴된 바 있다. 호두구 옥효에 대하여는 뒤에 다시 설명할 것이다.

『산해경』의 웅상과 수리부엉이

그러면 홍산문화를 주도한 그 조이족은 누구이며, 혹시 우리 역사의 누구와 연계가 가능한 것인가? 우선 홍산문화의 편년은 유국상(劉國祥)의 설명에 의하면 BCE 4500년~3000년에 해당한다.[55] 이를 『삼국유사』의 「단군고기」로 견주어 보면, 단군의 고조선 건국연대인 BCE 2333년 이전인 환웅의 시대에 해당한다고 볼 수 있다. 환웅의 관련 개념어들로 '삭(수)의천하(數意天下)', '탐구인세', '삼위

---

55) 劉國祥 「西遼河流域新石器時代至 早期靑銅時代考古學文化槪論」『赤峰學院學報·紅山文化硏究專輯』赤峰學院, 赤峰市文化局, 2006.8,

태백', '홍익인간', '천부인', '솔도삼천(率徒三千)', '태백산정', '신단수', '위지신시(謂之神市)' 등이 있다. 그러나 어디에도 조이족을 설명할 만한 개념어는 없다.[56] 다만 태백산정 신단수에 강림한다는 말에서 새가 하늘에서 내려온다는 것을 유추할 수 있다.

최남선은 「단군고기」를 단군 원사(原史)와 환웅신화로 나누어 보고, 환웅신화의 궁극적 의의는 태양토템과 곰토템의 결합에 의한 조선의 출현에 있다고 보았으나,[57] 문제의 새토템에 관해서는 언급하지 않았다. 다만 새토템을 설명할 수 있는 것은 '태양토템과 새토템은 연합토템'이라는 관점에서만 설명이 가능하다는 한계가 있다. 이런 한계로 인하여 저자는 『규원사화』 등을 참고하려고 한다.

그런데 『규원사화』는 태백산에 강림한 환웅을 신시씨(神市氏)라고 칭하는데, 이 중에 의미있는 구절이 있다.

> (신시씨)가 금수와 가축의 이름으로 벼슬을 이름 하였으니, 호가(虎加)·우가(牛加)·마가(馬加)·응가(鷹加)·노가(鷺加) 등의 명칭이 있게 되었다.[58]

이와 같이 신시씨에는 호가, 우가, 마가, 응가, 노가 등 오가가 있었다는 것은 사료가치가 있는 정보에 해당한다. 신시씨라는 말이 환웅을 주체로 하면서도 환웅 당시 오가 시대라는 포괄적인 개념을 의미하는 것 같다. 이 오가가 모두 환웅족인지 아니면 환웅족에서 갈라져 나온 것인지 뭐라고 단정하기 어렵다. 다만, 새(매)를 이고 있는 홍산

---

56) 저자는 『삼국유사』(고조선조)속의 常祈于神雄(상기우신웅)에 대해 재해석하고자 한다. 이는 祈于神雄常으로 수정되어야 한다고 생각한다.(『홍산문화의 인류학적 조명』 334쪽)
57) 최남선 『단군론』 경인문화사, 2013, 296~297쪽
58) "此時, 神市氏之降世, 已數千載, 而民物益衆, 地域愈博. 於是, 復置主刑·主病·主善惡及監董人民之職, 以獸畜名官, 有虎加·牛加·馬加·鷹加·鷺加之稱"(『규원사화』 태시기)

홍산의 조이족 　　　새를 이고 있는 남녀 조이족

의 옥기[59]가 있는 것에서 조이족의 존재를 유추할 수 있을 것이다.

오가 중에서 조이족에 직접적으로 해당하는 것은 매(독수리)의 응가(鷹加)와 백로(해오라기)의 노가(鷺加) 정도이다. 이것만으로도 그 당시에 틀림없이 새를 토템으로 한 부족이 있었고, 거기서 토템의 분화가 이루어진 것으로 추정할 수 있다. 그러면 이 오가의 근원인 환웅은 어느 새에 해당하는가? 현존하는 문헌 중에 가장 오랜 문헌으로 알려진 『산해경』(「해외서경」)을 보자.

> 숙신국(肅愼國)은 백민(白民)의 북쪽에 있다.
> 이름을 웅상(雄常, 혹은 낙상(雒常)이라고 하는 나무가 있다.
> 선인들은 이 나무의 거죽(피)을 따서 옷을 만들어 입었다.[60]

여기에 숙신과 웅(雄)이 나온다. 하광악은 숙신을 조이의 일파라고 했고,[61] 북한의 리지린도 조이는 숙신의 별칭이거나 고명(古名)이었

---

59) 張雪秋, 張東中 『紅山文化玉器』黑龍江大学出版社, 2010, 278쪽
60) "肅愼之國 在白民北 有樹名曰雄【或作雒】常 先入(或聖人)伐(代)帝 于此取之(衣)"(『산해경』(해외서경)) 그동안 저자는 "성인이 대를 이어 즉위하게 되면 이 나무에서 옷을 만들어 입었다"고 해석했으나 이를 이번에 수정(先人伐蒂 于此取衣)한 것이다. 곽말약은 제(帝)를 체(蒂)로 보아 꽃받침으로 해석했다. 이는 나무거죽, 나무껍질의 피로 볼 수 있다. 벌목(伐木)의 伐이다. 조이피복(鳥夷皮服)의 피복은 가죽으로 만들기 이전의 원초적인 나무껍질로 만든 옷일 것이다.
61) 何光岳「肅愼族的起源與北遷」『黑河學刊』40, 1991.2, 97쪽

다고 추정하였다.[62] 다음은 웅(雄)과 상(常)에 관한 이해이다. 웅은 수컷이므로 어떤 동물이고, 상은 떳떳하다는 뜻이겠으나 사실은 나무(樹)를 뜻한다. 웅을 나무의 이름에 붙여놓아 웅(雄)의 상(常), 웅상(雄常)이라고 했다. 그래서 웅상, 웅상수, 웅상나무가 된다. 그런데 이 웅상을 또는 낙상(雒常)이라고 했다. 웅(雄)이 곧 낙(雒)이라는 뜻이다. 웅상나무가 곧 낙상나무가 된다. 낙(雒)은 수리부엉이, 또는 올빼미를 가리킨다. 부엉이도 올빼미과에 속하므로 둘 사이에 큰 차이가 있는 것은 아니다. 여기서는 홍산옥기에 공통적으로 나타나는 귀뿔있는 부엉이, 즉 수리부엉이로 본다. 다시 말하면, 웅상이라는 나무가 있는데, 즉 웅상수(雄常樹)라는 나무 위에 수리부엉이를 새기거나 올려놓았기 때문에 낙상(雒常)이라고 불렀다는 뜻이다. 요즘의 솟대를 연상할 수 있다. 서양에서는 토템폴Totem pole이라고 한다. 특히 상(常)은 본래 천자의 기(旗)라는 뜻이 있다. 웅상(雄常)은 환웅 천자를 상징하는 깃발이라는 뜻을 갖고 있다.

현재 수리부엉이는 천연기념물 제324-2호이다. 박시인에 의하면, "처음에는 세상에 땅이 없었다. 한 바다 위에 아주 작은 물건이 있었다. 까마귀가 그 위에 내려앉았다. 땅이 되라 하니 땅이 되었다"라는

『산해경』

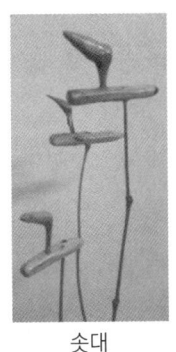
『단군세기』

솟대   토템폴(캐나다)

---

62) 리지린『고조선연구』과학원출판사(평양), 1963, 210쪽

신화는 신대륙 북부 태평양 연안지방의 것이라고 했다. 이처럼 까마귀는 대지를 창조한 천신이며, 지신의 역할을 했으나 아시아 알타이인의 신화에서는 이 까마귀 대신에 제비, 오리, 수리 등으로 바뀌었다[63]는 것에서 낙상(雒常)은 천자의 새로서 숭배의 대상이었음을 알 수 있다.

수리부엉이의 '수리'나 사람 머리 위의 '정수리'는 공통적으로 높다, 신(神)을 뜻하며, 단오절을 '수릿날'이라고 할 때는 태양을 상징한다. 따라서 '수리부엉이'라는 말은 새에 태양, 신, 높다의 다중적 결합으로 구성되었다고 할 수 있다. 그러면 『산해경』에서 말하는 수리부엉이 웅(雄)은 무슨 나무인가? 아니면 어떤 인물을 상징하는가? 이암의 『단군세기』가 답을 주고 있다.

> 경인庚寅 원년(B.C. 1891) 단군께서 오가五加에게 명하여 12명산 가운데 가장 아름다운 곳을 골라 국선(國仙)의 소도를 설치하게 하였는데, 주위에 박달나무를 많이 심고 가장 큰 나무를 골라 환웅의 상(像)으로 봉하고 제사지냈다. 이름을 웅상(雄常)이라 하였다.[64]

『단군세기』는 웅상이라고만 하고, 웅상의 의미를 해석하지 않고 있다. 다시 말해 나무의 의미만 강조되고, 구체적인 형상을 말하지 않았다. 아무튼 환웅의 상을 봉하고 제사지냈다는 말에서 이 웅이 환웅임을 『단군세기』(11세 도해단군)를 통해 확인할 수 있다. 이는 웅이라는 인물의 실존을 밝혀주는 것이며, 그 웅은 한국역사에서 환웅임을 증거해주고 있는 것이다. 그러면 구체적으로 환웅의 상은 무엇인가?

『단군세기』는 다만 박달나무(檀樹)와 큰 나무라고만 하고, 그 형상

---

63) 박시인 『알타이인문연구』, 서울대출판부, 1981, 368~369쪽
64) "庚寅元年帝命五加 擇十二名山之最勝處 設國仙蘇塗 多環植檀樹 擇最大樹 封爲桓雄像而祭之 名雄常"(『단군세기』(11세 도해단군))

호두구묘장
M1-9호 출토 옥효(부엉이)

호두구묘장
M1-8호 출토 옥효(부엉이)

에 대해 언급하지 않았다. 하지만 『단군세기』의 웅상이 『산해경』의 웅상에서 온 것을 감안하면, 이 역시 웅상이 곧 낙상일 것이다. 그렇다면 여러 나무 중에서 선정된 '가장 큰 박달나무'가 맨 박달나무는 아닐 것이다. 거기에는 어떤 형상이 있었을 것이다. 나무에 수리부엉이 형상을 새겨서 봉안했는지, 아니면 만들어진 수리부엉이 상을 올려놓고 봉안했는지 알 수 없으나, 환웅의 웅상임은 틀림없을 것이다. 따라서 웅雄=낙雒=환웅桓雄이 된다.

이처럼 환웅은 단순한 천신족이 아니라, 새토템이었기 때문에 천신족이 되어 삼위태백산의 신단수로 강림할 수 있었다고 본다. 삼위三危의 산은 『산해경』(「서산경」)에 세 마리 푸른 새가 사는 곳이라고 했다.[65] 이는 삼위산이 가지고 있는 지명보다도 푸른 새의 이미지를 활용한 것임을 알 수 있다. 부엉이(鴞)는 청색의 새라고도 한다. 고구려 씨름벽화에도 네 마리 새가 나무에 앉아 있고, 신라 금관에도 뫼 산(山)자 3개 위에 3마리 새가 앉아 비상을 준비하고 있다. 이처럼 나무에 새가 있는 것으로 보아 신단수(神壇樹), 웅상수(雄常樹)의 새도 환웅의 새인 수리부엉이를 상징한 것으로 볼 수 있다.

---

65) "三危之山 三靑鳥居之 是山也 有鳥焉 一首而三身 其狀如(樂鳥) 其名曰鴟"(『산해경』「서산경」)

이런 의미에서 환웅의 이름은 두 가지 의미로 나누어서 이해할 수 있다. 태양을 뜻하는 환(桓)과 수리부엉이를 뜻하는 웅(雄)의 결합어로 볼 수 있는 것이다. 이것은 『삼국유사』에서 환웅을 지칭할 때, 웅(雄)이라고만 두 번이나 반복해서 나오는 데서 알 수 있다.[66] 이는 환웅의 본래 이름이 웅이었음을 말해주는 것이고, 그 이름의 근원은 수리부엉이 새였던 것이다. 따라서 환웅은 태양의 밝음을 계승한 새토템의 조이족이라 할 수 있다. 이 수리부엉이 형상의 옥효는 요서의 여러 곳에서 발굴되었다. 앞의 나사대유적이나 우하량유적 뿐만 아니라 부신현 호두구 묘장에서도 부엉이 옥효가 출토되었다. 이는 토끼 귀처럼 귀뿔있는 부엉이 새토템의 지역적 분포가 광범위했다는 것을 의미한다.

그리고 은허에서 출토된 갑골문에도 조이를 뜻하는 글자가 있는 것이 발견되었다. 진몽가(陳夢家)는 「추이고佳夷考,1936년)」에서 '北佳夷(북추이)' '西佳夷(서추이)'의 추이(佳夷)가 곧 조이(鳥夷)라고 해석했다.[67] 이는 조이의 근원을 밝히는데 매우 중요한 단서가 되고 있다.

또한 진몽가는 추(佳)와 달리 조(鳥)의 조건으로 뾰쪽한 부리, 긴 꽁지와 많은 깃털, 벼슬(冠)이 있는 것 등을 제시하기도 했다.[68] 이는 새에 대한 인식이 추(佳)에서 점점 조(鳥)로 변해갔음을 알 수 있다. '고추'라 할 때의 '추'에 남근의 의미가 들어 있는 것을 보면, '추(佳, 고추)'나 '조(鳥)'나 다 같은 남근(男根)의 의미로 동시에 쓰였음을 알 수 있다는 면에서 그 공통성을 인식할 수 있다. 고구려 관직이름에 고추가(古鄒加)가 있다. 또 추이(佳夷)의 새 추(佳)자는 환웅의 이름자 웅(雄)과 관련하여 같은 의미를 지니고 있다. 환웅이라는 이름에

---

66) 雄 率徒三千 降於太伯山頂/雄 乃假化而婚之
67) 陳夢家「佳夷考」『陳夢家學術論文集』中華書局(北京), 2016, 123쪽.
68) 陳夢家「佳夷考」『陳夢家學術論文集』華書局北京),, 2016, 126

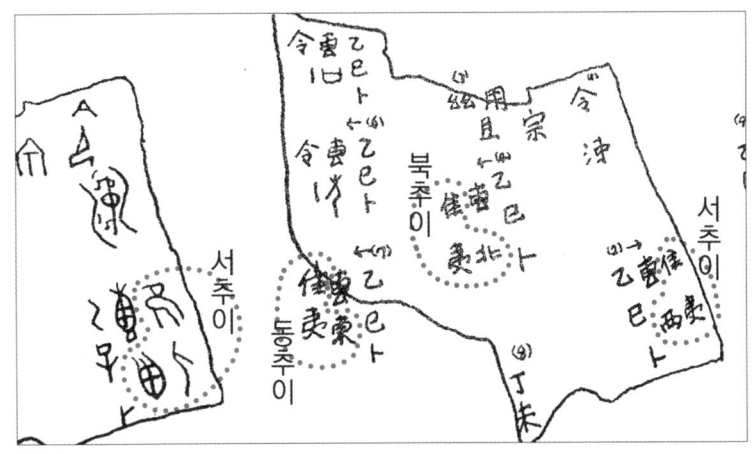
은허 갑골문 추이佳夷(서계후편 권하 36항제6)

이미 새와 남성의 의미를 갖고 있는 것이다.

특히 웅(雄)은 팔뚝 굉(厷)+새 추(隹)의 결합인데, 굉(厷)에는 팔뚝, 활, 둥글다. 크다, 넓다 등의 들어있다. 그리고 새 추(隹)를 『설문』은 다음과 같이 설명한다.

> 새 추(隹)라. 새 중에 꼬리 깃이 짧은 새의 총칭이니, 상형이다. 추 隹에 속하는 글자는 다 새(隹)의 의미를 갖는다. 발음은 직과 추의 반절이다.
> 鳥之短尾總名也。象形。凡隹之屬皆从隹。職追切
> (추는) 꼬리가 짧은 새를 '추(隹)'라 하여 긴 꼬리를 가진 새의 이름 '조(鳥)'와 구별한다. 총명(總名)이라 한 것은 취하는 수가 많기 때문이다. 추는 새의 고유한 이름이다. 편편자추(翩翩者鵻;저 날아가는 추 새여!) 라고 할 때의 이 추(鵻)는 사람들이 '부불(夫不)'이라는 새의 한자이름이다. 본래 추(隹)라고 썼다가 추(鵻)라고 쓴 것이다. 직(職)과 추(追)의 반절 소리로, 15부이다.
> (隹) (鳥之短尾總名也) 短尾名隹。別於長尾名鳥。云總名者、取數多也。亦鳥名。翩翩者鵻。夫不也。本又作隹。象形。職追切。十五部。

이와 같이 『설문』에 의하면, 추(隹)는 추(雎)로 우리말로는 '부불(夫不)'이라고 불렀다는 것을 말해준다. 부(夫)의 상고음은 pĭwa이고,[69] 불(不)의 상고음도 pĭwa이다.[70] '부불'은 부엉이 새의 울음소리와 흡사하다.

현재 우리가 알고 있는 부엉이에는 귀 같은 뿔이 있다. 그래서 부엉이는 토끼머리 모양이다. 뿔은 '불'을 상징한다. 이처럼 환웅의 상징새는 시대의 흐름과 토템의 분화에 따라 올빼미, 수리부엉이, 매, 독수리 등으로 다르게 나타났다고 봐야할 것이다.

홍산문화는 황제족이 아닌 환웅 조이족의 문화

저자가 손성태의 『우리민족의 대이동』(멕시코편)을 사서 본 것은 3년 전이었지만, 처음에 그 책을 볼 때는 핵심을 간파하지 못했던 것 같다. 요즘 다시 보면서 놀라운 것을 발견하였다. 그는 무당 기질(Huitzil)이 아스타(아사달) 땅을 떠날 때 태자귀들(Tetzahuitl)을 신으로 모셨다고 했는데, 이 태자귀들의 '자귀'를 올빼미로 보았다. 본래 부엉이는 올빼미과에 속하기 때문에 올빼미와 부엉이는 혼동하기 쉬운데, 오늘날에는 귀뿔이 있는 올빼미는 부엉이이고, 없는 것을 올빼미로 보고 있다. 그렇다면 그가 그림으로 제시한 것은 토끼 귀처럼 귀뿔 있는 부엉이였기 때문에 아스타를 떠날 때 무당들이 모신 새신(鳥神)은 오늘날의 부엉이(자귀)로 재해석할 수 있다.[71] 이 자귀라는 말에 이미 '귀'를 강조하고 있다는 것을 알 수 있다.

이처럼 동방에서 멕시코로 이주해온 오늘날의 멕시코 인디언들도

---

69) 李珍華 周長楫 『漢字古今音表(修訂本)』 中華書局, 1999, 86쪽
70) 李珍華 周長楫 『漢字古今音表(修訂本)』 中華書局, 1999, 192쪽
71) 손성태 『우리민족의 대이동』(멕시코편), 코리, 2014, 290~291쪽

부엉이를 새신으로 모시고 이동했다는 것은 부엉이의 새토템이 매우 오랜 역사성을 가지고 광범위하게 전해진 것임을 입증해주는 것이다.

홍산옥기는 온 인류의 보배라 할 수 있다. 왜냐하면 홍산옥기는 전쟁 무기가 아닌 예기로서 오래도록 변하지 않는 영원성을 상징하고 있기 때문이다. 6000년 전 홍산옥기를 지금도 우리가 원형그대로 감상할 수 있다는 것은 옥문화가 지닌 위대성이라 아니할 수 없다.

저자는 옥기를 분석함에 있어서 홍산문화 중에서 나사대유적과 우하량유적에 주목했다. 이들 옥기는 시기적으로 우리 역사에서 단군 이전인 환웅시대에 해당한다. 파림우기 나사대유적은 홍산문화 중에서도 중요한 곳으로, 빗(빛)살무늬 도기는 물론 곰과 새, 남녀 신상이 동시에 발굴되었다. 서랍목륜하를 경계로 북쪽의 나사대유적과 남쪽에 있는 우하량유적에서 새와 곰의 결합을 발견할 수 있었다. 아울러 나사대유적과 우하량유적은 다같이 부엉이 옥기와 곰 옥기가 출토되었다는 공통성을 갖고 있다. 여기에 동산취유적이나 호두구묘지에서도 부엉이 옥효가 추가로 출토되었고, 오한기에서도 옥효가 전해옴에 따라 부엉이 옥기가 유일하게 많은 지역에서 공통적으로 출토되었다는 특징을 갖는다.

저자는 우하량유적 등 최소한 5개 지역에서 공통적으로 나타난 부엉이가 광범위한 지역에서 동시에 토템으로 숭배된 것으로 이해한다. 이 부엉이가 『산해경』에서 말한 그 수리부엉이로 판단하며, 『단군세기』에 따라 『산해경』의 웅상(雄常)을 신단수와 같은 환웅의 웅상 나무로 보는 것이다. 따라서 나사대로부터 오한기, 동산취, 우하량, 호두구 일대를 포괄하여 환웅의 새토템 영역으로 추정하며, 역사에서 사라진 것을 못내 아쉬워한 고힐강이 말한 '큰 종족(一個大族)'이란 환웅의 새토템족인 조이족을 가리킨 것으로 볼 수 있다. 오늘날의 솟대나 서양의 토템폴에서 그러한 잔영을 확인할 수 있다. 이처럼 환웅을 수리부엉이 새를 토템으로 한 부족의 지도자로 새롭게 이해한다는 것은, 종전의 서자 환웅, 또는 막연한 천신족[72] 환웅, 곰족 웅녀의 상대방인 환웅에서 탈피하여 더 넓고 독립적인 환웅상을 갖게 하는 계기를 만들어 줄 것으로 기대한다. 아울러 리지린이 제기한 조이설에 대한 논의를 홍산옥기로 입증함으로써 이를 발전시키는 계기가 될 것이며, 나아가 조이족에 대한 내부적 논의를 차단해온 우리 사학계에게는 경종이 될 것이다.

특히 중국 학계가 주장하고 있는 홍산문화에 대한 황제(黃帝) 귀속에 반론을 제기하지 않을 수 없다. 1990년도 후반에 중국 정부는 소위 요하문명을 자국 역사로 수용해 '황하문명과 요하문명은 중국 문명의 뿌리다'라고 최종 결론을 내리고, 여기에 "중국인은 곰의 후예이다"라는 말로 황제(黃帝)를 곰신화[73]의 주인공으로 내세워 짜맞추기 공정을 가한 것이 소위 '동북공정'의 결론이다. 동북공정의 궁극적인 야심은 한국 내 동조세력들과 손잡고 남한과 북한을 중국의 역사권에 편입해 패권을 추구하려는 데 있다. 그런 중에 모든 곰족은 황제의 후손이라는 중국 측의 주장과 황제도 곰족(웅녀)의 후손이라는 한국측의 주장이 대립하고 있다.[74]

그러나 환웅이 새토템에 의해 제자리를 찾아 들어감에 따라 새토템과 무관한 곰신화만의 주인공인 황제(黃帝)문화는 들어설 곳이 없게 되었다. 우리부터 곰토템이 우리의 전부인 것인 양 착각하게 만든 일제의 조작된 신화교육에서 탈피해야 한다. 우리가 우리 역사를 중국

---

72) 이병도『한국사대관』보문각, 1964, 21쪽
73) 김선자「홍산문화의 황제영역설에 대한 비판-곰신화를 중심으로」『동북아 곰신화와 중화주의 신화론 비판』동북아역사재단, 2009, 173쪽
74) 이유진「예수셴의 곰 토템, 왜 문제적인가」『中國語文學論集』77, 2012.12 참조

으로부터 지키는데 있어서 환웅 새토템의 발견이 얼마나 중요한지를 능히 짐작할 수 있다.

한민족은 본래 환인의 태양토템과 환웅의 새토템으로부터 시작한 유구한 역사를 지니고 있지만, 『삼국유사』는 아버지 환웅 새토템 계열과 어머니 웅녀 곰토템 계열의 결합을 민족의 역사 기원으로 삼고 있는 것으로 해석할 수 있다. 또 『단군세기』에 단군왕검의 아버지는 단웅(檀雄)이며, 어머니는 웅씨왕의 딸(熊氏王女)이라 한 것도,[75] 이 역시 단군의 아버지를 새토템의 웅(雄)으로 인식한 것을 의미한다. 권덕규는 환웅의 신시시대와 단군조선 시대의 사이에 500년 '단(壇, 檀)' 나라가 있었다고 했다.[76] 윤내현도 한국 고대사회의 사회발전 단계의 특징을 '환인시대 ≒ 무리사회', '환웅시대 ≒ 마을사회', '환웅과 곰녀가 결혼한 시대 ≒ 고을나라', '단군왕검이 고조선을 건국한 시대 ≒ 국가 사회'의 네 단계로 구분하였는데, 환웅과 웅녀의 결혼(결합)시대를 별도로 구분했다는 것은 홍산문화를 이해하는데 있어서 의의 있는 관점이다.[77]

결론적으로 홍산옥기의 부엉이가 곧 환웅의 '웅새'라고 보는 것이다. 환웅은 수리부엉이 새를 토템으로 삼은 '태양족을 계승한 조이족'이었으며, 환웅 자신이 요서의 광범위한 영역에 영향을 미친 조이족의 최고 지도자였다.

따라서 홍산문화는 이민(李民)의 주장대로 조이족에 귀속되며, 그 조이족은 다시 환웅의 조이족으로 귀속되는 것이다. '수리부엉이'가 환웅과 신시의 새토템이었음을 옥기라는 유물과 문헌 자료를 통해 거듭 확인할 수 있다는 면에서 요서의 홍산문화는 실존했던 환웅의

---

75) "古記云 王儉父檀雄 母熊氏王女. 辛卯(紀元前37年)五月二日寅時 生于檀樹下 有神人之德 遠近畏服."(『단군세기』, 단군왕검편)
76) 권덕규 『조선유기』 상문관, 1924, 4쪽; 『조선사』 정음사, 1945, 4쪽
77) 윤내현 『고조선연구』 일지사, 1994, 131쪽, 141쪽

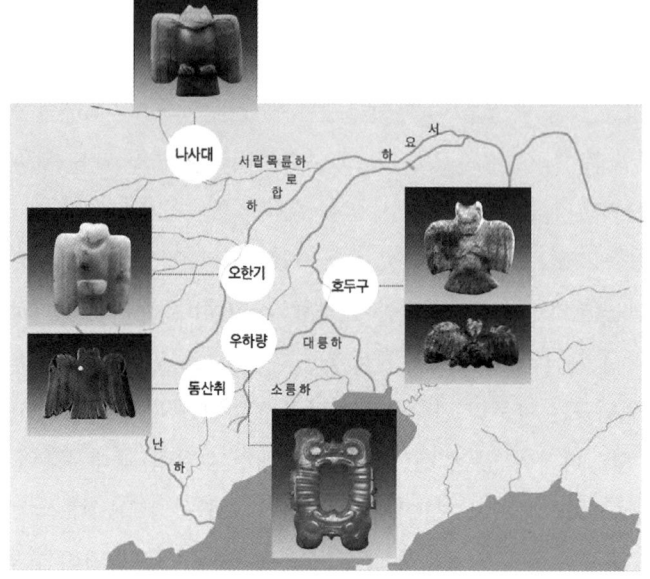
부엉이 옥효로 본 환웅과 신시문화의 영역(추정)

신시 홍산문화라 해도 과언이 아닐 것이다. 환웅의 실존이 입증된 만큼 아들격인 단군에 대하여는 더 이상의 시비가 무의미할 것이다. 오늘날에도 전국 각지에 부엉산(대략 8곳), 부엉골(대략 34곳) 등이 산재해 있다는 면에서도 우리 조상들의 부엉이 숭배관념은 매우 오랜 것으로, 홍산옥기의 6000년 역사와 그 맥을 같이 한다고 보는 것이다.

다만 환웅의 조이족이라는 말과 신시 오가(五加,호가, 우가, 마가, 응가, 노가 등)라는 말을 어떻게 이해해야 할지에 대하여는 많은 논의를 거쳐야 할 것이다.

※ 추기

대만출신 문숭일(文崇一)은 조이족(鳥夷族)이 활동하던 때는 맥족(貊族)을 볼 수 없었는데, 그 후 맥족이 점령한 곳은 일찍이 조이족이 살았던 곳이라고 설명했다. 중국학자 하광악(何光岳)도 여러 새토템 족들을 동호(東胡)라고 부르는데 동호와 동이는 같은 뜻이라고 보았다. 이는 동호가 조이의 일파였음을 말해주는 것이다.

우하량, 동산취의 홍산문화 유적은 5000여년 전 내지 4000여 년 전 동북 선민(先民)인 조이(鳥夷) 부락집단의 문화유존이라는 이민(李民)주장은 홍산문화를 바라보는 우리의 시각에 중대한 변화를 가져다 주고 있다. 저자는 여기서 맥족이 살던 곳이 조이족이 먼저 살았던 곳이라는 주장에 따라 '선조후맥(先鳥後貊)'을 다시 강조하고자 한다. 우하량의 여신문화는 고조선 이전 맥족의 문화라는 신용하의 주장도 경청할 수 있다. 조이족에서 예(濊, 새, 세)와 맥(貊, 百, 白, 發)으로 나뉜 것으로 이해할 수 있다. 조이족을 분명히 인식해야 지나의 황제족과 구별할 수 있다.

그리고 그동안 난제(難題)였던 '雄常 先入伐帝'를 '雄常 先人伐蔕 于此取衣'로 재구성하여 해석하였다. "선인들은 이 나무의 거죽(피)을 따서 옷을 만들어 입었다" 나무의 가죽(거죽)에서 나중에 짐승의 가죽으로 변했을 것이다.

진몽가(陳夢家)가 「추이고」에서 언급한 이(夷)에 대한 보충 설명이다. "이(夷)와 상(商)은 동북에서 발생했다. 그래서 이족(夷族)과 상족(商族)은 한 뿌리에서 나왔던 것으로 보이며, 주(周)나라 사람들은 은상(殷商)을 이상(夷商)이라고 불렀다. 은(殷)이 멸망한 뒤, 은(殷)의 유민 기자(箕子)는 이에 조선으로 갔다." 이 문맥으로 보아 진몽가는 기자가 주(周)의 신하되는 것을 거부하고 조선으로 피신(망명)하였다는 것을 암시해 주고 있다. 기자는 조선에 봉해진 제후가 아니라, 망명객에 지나지 않았다. 다만 그의 신분을 생각해 조선에서 적절한 대우는 해 주었을 것이다. 기자에 대한 더 이상의 과대포장은 적절하지 않다.

〈참고문헌〉

1. 원전

　『규원사화』
　『단군세기』
　『사기』
　『산해경』
　『삼국지』
　『설원』
　『通典』

2. 국내, 북한 논문, 단행본

　郭大順 주편, 『紅山文化』 이종숙 외 역, 동북아역사재단
　권덕규, 『조선유기』 상문관, 1924
　권덕규, 『조선사』 정음사, 1945
　金寬雄, 「古朝鮮의 檀君神話와 東夷文化의 聯關性」『淵民學志』15, 2011
　김미란, 「홍산문화로 본 선사시기 동북아지역 민족의 곰토템연구」
　　　『한국문학논총』66, 2014. 4
　김선자, 「홍산문화의 황제영역설에 대한 비판-곰신화를 중심으로」
　　　『동북아 곰신화와 중화주의 신화론 비판』동북아역사재단, 2009
　김정열, 「홍산문화의 이해」『우리시대의 한국고대사』(1), 2017
　리지린, 『고조선연구』, 과학원출판사(평양), 1963
　박시인, 『알타이인문연구』, 서울대출판부, 1981
　손성태, 『우리민족의 대이동』(멕시코편), 코리, 2014
　우실하, 「요하문명론의 초기 전개과정에 대한 연구」『단군학 연구』21호,
　　　2009.11
　유창균, 『문자에 숨겨진 민족의 연원』, 집문당, 1999
　윤내현, 『고조선연구』, 일지사, 1994
　이병도, 『한국사대관』, 보문각, 1964
　이유진, 「예수셴의 곰 토템, 왜 문제적인가」, 『中國語文學論集』77, 2012.12

이찬구, 『홍산문화의 인류학적 조명』, 개벽사, 2018
최남선, 『단군론』, 경인문화사, 2013
한영우, 『다시 찾는 우리역사』, 경세원, 2015

3. 해외논문, 단행본

『牛河梁』, 朝陽市牛河梁遺址管理處, 2014
顧頡剛, 「鳥夷族的圖騰崇拜及其氏族集團的興亡」, 『史前研究』, 2000.09
郭沫若 主編, 『中國史稿地圖集』 中國地圖出版社(北京), 1996
譚其驤 主編, 『簡明 中國歷史地圖集』 中國地圖出版社(北京), 1991
遼寧省文物考古研究所 編, 『牛河梁-發掘報告』(中) 文物出版社(北京), 2012
遼寧省文物考古研究所, 朝陽市文化局 編 『牛河梁遺址』 學苑出版社(北京), 2004
劉國祥, 「西遼河流域新石器時代至 早期靑銅時代考古學文化槪論」,
　　　『赤峰學院學報·紅山文化硏究專輯』赤峰學院, 赤峰市文化局, 2006.8
李　民, 「試論 牛河梁東山嘴紅山文化的歸屬-中國古代文明探源之一」
　　　『鄭州大學學報』1987. 2기
李倍雷, 「紅山文化中玉鳥的圖像學意義與藝術風格」『廣西藝術學院學報』
　　　『藝術探索』20권 4기, 2006.10
李珍華, 周長楫, 『漢字古今音表(修訂本)』, 中華書局, 1999
文崇一, 「濊貊民族文化及其史料」, 『中央研究院民族學研究所集刊』5집
　　　(臺北), 1958 춘
文日煥, 「朝鮮古代鳥崇拜與卵生神話之起源探究」『中央民族大學學報』
　　　(哲學社會科學版) 30권, 2003.6기
濱田耕作, 水野淸一, 『赤峰紅山後-滿洲國熱河省赤峰紅山後先史遺跡』,
　　　(甲種第6冊), 東亞考古學會, 1938
索秀芬, 李少兵, 「那斯台遺址再認識」『紅山文化論著粹編』
　　　遼寧師範大學出版部, 2015
楊福瑞, 「紅山文化氏族社會的發展與圖騰崇拜」,
　　　『赤峰學院學報(漢文哲學社會科學版)』35, 2014.5기
王惠德, 「鳥圖騰的濫觴一兼談東夷文化」, 『昭烏達蒙族師專學報』,
　　　(漢文哲學社會科學版) 1990,3기
張雪秋, 張東中, 『紅山文化玉器』, 黑龍江大学出版社, 2010
田廣林 외, 『紅山文化論著粹編』, 遼寧師範大學出版部, 2015
趙春靑, 秦文生, 『圖說 中國文明史』(1), 創元社(東京), 2006

朱成杰,「從玉神物說來理解紅山文化玉器的本質內涵」
　　『中國玉文化玉學論叢』(3편 상),紫禁城出版社,2005
陳夢家,「隹夷考」,『陳夢家學術論文集』, 中華書局(北京), 2016
陳逸民 외,『紅山玉器圖鑑』上海文化出版社, 2006
崔岩勤,「牛河梁紅山文化遺址出土動物形玉器探析」,
　　『赤峰學院學報(漢文哲學社會科學版)』38권, 2017.05
巴林右旗博物館,「內蒙古巴林右旗那斯台遺址調査」『中國考古集成』
　　(東北 4권), 北京出版社,1997
何光岳,「肅慎族的起源與北遷」,『黑河學刊』40, 1991.2
何光岳,「鳥夷族中諸鳥國的名稱和分布」,『東夷古國史硏究』2집,
　　三秦出版社(山東), 1989

05
고대 정전제의 시원 문제와 고조선

맹자가 말한 하은주 시대와의 비교를 중심으로

정전제의 시원이 하은주에 있는가? · 237
맹자와 주역의 정전론 · 242
우(禹)와 주대(周代)의 정전제에 대한 분석 · 249
단군조선 정전제와 하가점하층문화의 '정전벽돌' · 258
정전제의 시원에 대한 전면적인 검토 · 269
하가점하층문화의 정전제는 곧 단군조선의 구정제 · 279

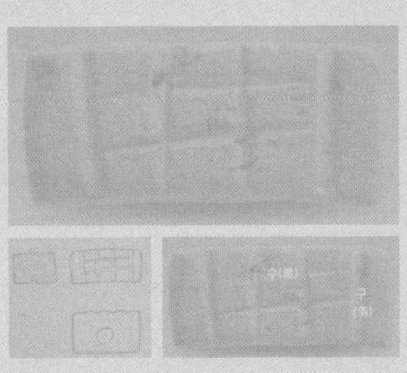

05
고대 정전제의 시원 문제와 고조선*
– 맹자가 말한 하은주 시대와의 비교를 중심으로

정전제의 시원이 하은주에 있는가?

이 글은 정전제(井田制)의 시원을 하은주가 아닌, 단군조선(고조선)의 시각에서 새롭게 고찰하는 데 목적이 있다.

일찍이 맹자(B.C.372~B.C.289년)는 "하후씨(夏后氏,禹)는 50묘(畝)[1]에 공법(貢法)을 썼고, 은(殷, 商)나라 사람은 70묘(畝)에 조법(助法)을 썼고, 주(周)나라 사람은 100묘(百畝)에 철법(徹法)을 썼다"[2]며 '정지'(井地)를 왕도정치의 표본으로 제시하였고, 이후 주자에 의해 '정지'(井地)가 '정전제(井田制)'라는 말로 대체되었다. 주자 스스로 하은주 중에 "상(商)나라가 처음으로 정전제(井田制)를 만들었다"[3]고 규정하였으나, 맹자 자신은 시원의 선후 문제에 대해 직접적으로 언급하지 않았지만, 주(周)의 조상인 공류(公劉)에 대해 언급했다.

---

* 『역사와 융합』 제20집(2024.06)

1) 중국에서는 '무'라고 발음하나, 우리의 전통발음대로 '묘'라고 쓴다.
2) 『맹자』 「등문공 상」: "夏后氏는 五十而貢하고 殷人은 七十而助하고 周人은 百畝而徹하니 其實은 皆什一也니 徹者는 徹也요 助者는 藉也니이다". 하우씨는 우(禹)를 말한다.
3) 『맹자』 「등문공 상」 주자 주(註): "商人이 始爲井田之制하야"

중국학자 김경방은 "대체로 중국의 정전제도는 하초(夏初)부터 시작되었다. 하상(夏商) 2대에서 서주(西周)에 이르기까지 1,000년 이상의 역사를 통해 충분한 발전을 이루었다. 춘추에 들어서면서부터 사회 생산력의 발전과 정치적, 경제적 여러 가지 이유로 인해 정전제가 전성하였다가 와해되는 양상으로 치닫게 되었다"[4]고 했다.

그런데 17세기 중국의 역학자 선산 왕부지는 "황제가 처음으로 정전제를 만든 이래…"[5]라고 하여 정전제의 시원을 황제로 보고 하은주 3대는 이를 따랐다고 보았다. 이는 "옛적에 황제가 처음으로 토지를 경계짓고 우물 정(井)자로 만들어 다툼의 단서[諍端]를 막았다"[6]는 데서 나온 것 같다. 쟁단(諍端)을 막았다는 말이 의미가 깊다.

그러면 한국에서의 정전제의 시원은 누구인가?

우리의 『고려사』에는 "평양에 옛 성터가 두 개인데 하나는 기자(箕子) 때 쌓은 것으로 성안을 정전제를 써서 구획한 것이고, 또 하나는 고려 성종 때 쌓은 것"[7]이라고 기록했다. 고려 숙종7년(1102) 10월부터 기자 계승 의식이 싹텄고, 충숙왕 12년(1325) 10월 평양에 기자사당을 세우면서 서경 평양을 기자가 봉(封)해진 땅으로 인식하기 시작했다.

1569년 이이(李珥)는 『동호문답』에서 "문헌이 부족하여 고증하기 어렵지만 기자가 우리나라에 임금으로 있을 때 행하던 정전제, 팔조금법은 순수하게 모두 왕도정치에서 나온 것"[8]이라며 기자에 의해

---

4) 金景芳, 『論井田制度』 산동: 齊魯書社, 1982, 57쪽
5) 왕부지, 『주역내전』 권3하 井卦: "自黃帝始制井田, 三代因之"
6) 杜佑 『通典』 食貨三 鄉黨: "昔黃帝始經土設井 以塞諍端"; 『明實錄』 英宗睿皇帝實錄 卷二百十六 景泰三年 五月(1452년): "莫有過於黃帝破蚩尤之陣黃帝按井田作陣法大將居中專主旗鼓八部旋繞"
7) 『고려사』 권58, 地理3, 평양부: "箕子時所築 城內畫區用井田制 高麗成宗時所築"
8) 이이, 『東湖問答』 「論東方道學不行」: "文獻不足 不可攷也 但想箕子之君吾東也 井田之制八條之敎 必粹然一出於王道也"

실시된 정전제를 왕도정치의 관점에서 언급했다.

한백겸(韓百謙)은 『구암유고』의 「기전도설」을 통해 "정미년(1607) 가을에 내가 평양에 도착해서 처음으로 기자가 만든 정전의 제도가 남아 있는 것을 보았다"[9]며 『고려사』와 같은 시각에서 평양 정전제의 자취를 기자의 것으로 설명했을 뿐만 아니라, 정전제에 대해 정(井)이 없는 전(田)만 언급하였는데, 이익은 정(井)이 없는 것을 보고 "기자의 정전(井田)은 사실상 정전이 아니다"[10]고 지적했고, 김용섭도 기자의 은전(殷田)설을 부정했다.[11]

1789년에 중국을 방문했던 연암 박지원(朴趾源, 1737~1805)은 "천하를 다스림에는 요, 순(堯舜)씨가 있음을 알고, 홍수를 다스림에는 하우씨(夏禹氏)가 있음을 알고, 정전(井田) 제도를 마련함에 주공씨(周公氏)가 있음을 알고…"[12]라 하였다. 주공은 무왕의 동생으로 주(周)나라 창건의 공신으로서 곡부에 봉해져 노(魯)나라의 시조가 되었는데, 박지원은 같은 책에서 주공을 정전의 창안자로 두 번이나 언급하고 있다. 물론 중국학자 곽말약은 "이 밭이 만약 정전(井田)이었다면 자유로운 처분이 불가능했을 것이다. 주대(周代)에는 시종일관 정전 제도의 시행이 없었다"[13]고 단언한 바 있다.

19세기 초 유배 중에 정전(井田)연구에 몰두한 사람이 다산 정약용(丁若鏞, 1762~1836)이다. 그가 밝힌 정전론의 제1조는 "정전이란 성인(聖人)의 상법(常法)"[14]이라 했고, 우리나라가 "기자 때에 정전법

---

9) 한백겸, 『久菴遺稿』「기전도설」: "丁未秋。舍弟柳川公觀察關西。余奉晨昏到平壤。始得見箕田遺制。阡陌皆存。整然不亂"
10) 星湖先生僿說卷之十二 / 人事門 箕子田: "箕子井田其實非井也"
11) 김용섭,「고대의 농경문화와 고조선의 성립발전」,『요하문명과 고조선』, 지식산업사, 2015, 144쪽
12) 박지원,『熱河日記』(8월 1일), 대양서적, 1978, 290~291쪽.
13) 郭沫若,『中國古代社會硏究』, 북경, 상무인서관, 2011, 280쪽.
14) 정약용,『經世遺表』5권 田制1 井田論1 "井田者 聖人之經法也"

을 시행하면서 구일(九一)이라 했다"[15)]고 말하며 기자의 구일(九一) 정전법을 소개했다.

19세기 말부터 20세기 초에 국권회복운동에 참여했던 이기(李沂, 1848~1909)는 "정전제도(井田制度)는 옛날부터 시행하였으니 요(堯)·순(舜)시대부터 1,000여년 동안 지속해 오면서 주공(周公)때 크게 발전하였다. 그리고 주공(周公) 때부터 700여년 동안 지속해 오다가 상앙(商鞅) 때 크게 무너졌다"[16)]고 하여 그 연원을 요순에 두었다.

최근 오종일은 정전제의 연원에서 "주대(周代) 정전제도는 시조 후직(后稷)의 증손인 공류(公劉)가 빈 땅으로 천도하면서 처음 시행한 것이다. 그러므로 정전제도의 구체적 실체는 공류(公劉)가 백성을 다스렸던 방법"[17)]이라고 말해 주대의 정전제는 무왕(武王)의 먼 조상인 공류(公劉)에서 연원한 것이라 밝혔다.

그러나 저자는 황제, 요순, 하은주, 상대, 기자, 공류 등이 정전제의 시원이라는 주장에 대해 전면적인 재고찰을 시도하려고 한다.

일찍이 신채호는 『오월춘추』를 분석해 고조선의 부루(夫婁)가 우(禹)를 만나 오행치수법을 전수하였고, 이때 우가 조선의 정전제를 모방하였다고 했고,[18)] 이승휴의 『제왕운기』에도 단군의 '경전착정'(耕田鑿井)[19)]이란 말이 나온 것을 보면 고조선 시대에 정전제가 있었다는 것을 시사받을 수 있다.

아울러 저자는 고조선의 정전제 시행 가능성을 검토하기 위해 최

---

15) 정약용, 『經世遺表』 5권 田制3 "箕子之時 始行井田之法 名曰九一"
16) 李沂 『海鶴遺書』 1권(卷), 田制妄言: "井田之制尙矣 自堯舜千有餘年 而至周公始大成 自周公七百有餘年 而至商鞅 乃大壞"
17) 오종일, 「맹자 정전론과 정전제도의 사상적 연원」, 『동양철학연구』 37, 동양철학연구회, 2004, 351쪽.
18) 신채호, 『조선상고사』 제2편 제3장 1.夫婁의 西行.
19) 이승휴, 『帝王韻紀』 卷下 遼東別有一乾坤: "中方千里是朝鮮, 江山形勝名敷天. 耕田鑿井禮義家, 華人題作小中華"

근 중국 동북지방에서 발굴된 하가점하층문화의 한 유물에 주목하려고 한다. 중국학계는 하가점하층문화를 한국[20]과 달리 B.C.2300년 ~B.C.1600년으로 보고 있다. 또 하가점하층문화의 담당 주민집단에 대하여 중국학계는 숙신(肅愼)으로 보고 있고[21], 국내학계는 고죽국 또는 융적(戎狄), 융호(戎胡)로 보는 견해[22]와 함께 하가점하층문화를 체질인류학적이나 묘제(墓制)라는 관점에서 고조선 문화로 보고 있고,[23] 비파형동검문화와 연관성 있는 관계[24]를 들어 고조선 문화로 보고 있다.

저자는 이런 점에 유의하여 맹자 이후 중국에서 제기된 정전제의 시원론과는 달리 고조선 부루의 정전제와 하가점하층문화에서 출토된 정전 관련 유물을 제기해 정전제(井田制)의 시원이 어디에 있는지를 찾아보고자 한다.[25]

---

20) 한국학계는 탄소측정연대에 따라 B.C.2000년~B.C.1500년으로 보고 있다.(한국고고학 사전)
21) 郭大順, 張星德, 『東北文化與幽燕文明』, (南京, 江蘇敎育出版社, 2005), 375쪽. 잠시 숙신에 대해 알아보겠다. 숙신(肅愼)의 주무대인 만주에 대해 1930년대 중국학계는 중국사의 일부로 보려고 한 반면에 당시 일제는 '장성(長城)이북은 중국사가 아니다'는 관점에서 만주를 떼어내려고 대립돼 있었다. 부사년(傅斯年)의 『동북사강』과 矢野仁一의 『현대지나개론』이 대표적이다. 임찬경 「중국동북사의 숙신인식에 대한 비판적 검토」 『국연연구』 14, 2010, 참조
22) 송호정, 「요하유역 고대문명의 변천과 주민집단」, 『중국동부지역 고고학연구현황과 문제점』, 동북아역재단, 2008, 37쪽.
23) 한창균 「고조선의 성립배경과 발전단계 시론 -고고학 발굴자료와 연구성과를 중심으로」 『國史館論叢』 33, 1992, 13쪽. 한창균은 하층문화기가 어떻게 고조선 초기의 성격을 보여주는 문화단계로 설정될 수 있느냐에 대해, "이 문제를 해결하는데 도움이 될 실마리를 두 가지 점에서 찾았다. 하나는 체질인류학 분야이다. 다른 하나는 하가점 하층문화의 원형이 홍산문화로 거슬러 올라갈 수 있다. 즉 묘제, 곧 돌무지무덤과 돌널무덤의 형식은 비파형동검이 나오는 곳으로 요녕지방의 특징과 연결되고 있다"는 것이다.
24) 윤내현, 『고조선연구』, 일지사, 1994, 105쪽.
25) 우물로서의 정천(井泉)과 사회제도로서의 정전제는 구별하여 사용할 필요가 있다. 閔和順, 嶽陽師專 「井田和井田制是兩个不同的概念」, 『哲學與人文科學』 (敎育與社會科學綜合, 1987.4.16.). 69쪽. 또 정전제(井田制)는 정전법, 백묘제(百畝制), 백묘지제(百畝之制), 정전구일법(井田九一法)이라고도 한다.

아울러 이런 연구를 통해 기자가 조선에 들어와 "예의와 전잠을 가르치고, 정전제를 실시하였다"[26]는 주장에 동조하고 있는 식민사학도 바로잡힐 것으로 기대한다.

맹자와 주역의 정전론

하은주의 정전제

맹자는 스스로 정전(井田)이라는 말을 하지 않고 '정지(井地)'[27]라 했는데, 주자가 정지(井地)가 곧 정전(井田)이라고 규정하면서 정전제(井田制)라는 말이 널리 사용되었다. 정전제의 정전(井田)은 왕정(王政)의 근본이요, 경계(經界)는 정전(井田)의 근본이라고 했다.[28]

맹자는 정전제에 관해 이렇게 설명했고, 이 설명이 정전제의 대강(大綱)이 되었다.

> 사방 각 1리(里)가 정(井)이고, 정(井)은 900묘(畝)이니, 그 가운데가 공전(公田)이다. 8가구에서 모두 100묘(百畝)를 사전(私田)으로 받아서 함께 공전(公田)을 가꾸어, 공전(公田)의 일을 끝마친 다음에 감히 사전(私田)의 일을 다스리니, 이는 야인(野人)을 구별한 것이다. 이것이 그 대략이다.[29]

---

26) 林泰輔, 『朝鮮史』, 인문사, 2013, 69~70쪽.
27) 이 정지(井地)에 관련한 한국문헌으로는 『삼성기상』에 劃井地於靑丘(획정지어청구)라는 구절이 나온다. 井地라는 말은 井田制 이전의 용어라는 점에서 '원형'의 용어라고 할 수 있다. 맹자가 井地라 한 것은 「계사전」에 "井은 德之地也"라 한 것과 연결지을 수 있다.
28) 박문호, 『맹자집주상설』上, 성백효, 다운샘, 2021, 59~60쪽.: "南軒張氏曰 井田 王政之本 而經界又井田之本也(經은 理也)"
29) 『맹자』 「등문공上」 3장: "方里而井이니 井九百畝니 其中이 爲公田이라 八家皆私百畝하여 同養公田하여 公事畢然後에 敢治私事하니 所以別野人也니라 此其大略也니"

이 구절에 의하면, 사방 정사각형으로 각각 길이가 1리(400m 정도)인 땅을 우물 정(井)자로 그리면 9부(夫, 등분)로 나뉜다.[30] 1부는 방 100보(步)이다.[31] 여기서 토지 단위 '묘'(畝)를 만나게 된다. 묘는 이랑(두둑과 고랑 사이)을 중심으로 말한다. 전체가 900묘이므로 각각은 100묘씩 안배된다.[32]

그런데 정전제는 토지를 정(井)자 형식으로 9등분을 하는데, 다시 공전(公田)과 사전(私田)으로 나뉜다. 정중앙은 공전(公田)이고, 나머지 8곳은 사전(私田)이다. 사전은 8가구가 각각 농사의 책임을 맡는다. 공전은 8가구가 모여서 공동 경작을 해서 그곳 수확물 그대로 나라에 세금으로 바치되 자기 사전에서 생산된 수확물로는 세금을 바치지 않는 것이 정전제의 기본이다.

이어 맹자는 하은주의 정전제를 구체적으로 제시했다.

> 하후씨(夏后氏)는 50묘(畝)에 공법(貢法)을 썼고, 은(殷)나라 사람은 70묘(畝)에 조법(助法)을 썼고, 주(周)나라 사람은 100묘(百畝)에 철법(徹法)을 썼으니, 그 실제는 모두 10분의 1이니, 철(徹)은 통한다는 뜻이요, 조(助)는 빌린다(藉자)는 뜻이다.[33]

---

30) 『주례』 권2 지관사도2, 小司徒 註: "九夫爲井者方一里九夫所治之田也"
31) 『주례』 12권 동관고공기 장인: "一夫 方各百步"
32) 『예기』 「王制」: "農田百畝". 왕제편에도 농전은 기본이 100묘라고 했다. 그리고 步는 尺에 의해 결정된다. 시대마다 尺이 달랐다. 周尺은 19.5~20cm, 殷尺은 16.93cm, 漢尺 약 23cm, 고구려척 35.6cm, 초기의 1步는 주척 8尺(19.5x8=156cm, 후기에는 6척 19.5x6=117cm), 300步가 1里이므로 초기에 1리는 156cmx300=468m, 후기에는 117x300=351m였다. 이 글에서는 중간치인 400m를 1里로 본다. 따라서 1井의 총면적은 400x400=160,000㎡ (48,500평=900묘), 1가구(夫)당 면적은 17,800㎡(약 5400평=100묘), 1畝당 약54평이다. 만약 1里의 최대치인 468m를 기준으로 하면 219,024㎡(66,400평=900묘)이므로 1묘당 약 74평이 나온다. 결국 1畝는 50~70평, 1가구(100묘)당 5,000~7,000평으로 산정할 수 있다. 또는 1묘를 200평으로 보기도 한다. 홍산문화에서의 1척은 약22cm였다고 추정한다.(이찬구 『홍산문화의 인류학적 조명』, 개벽사, 2018), 311쪽)

하(夏)나라 조세 제도인 공법(貢法)은 농민 한 가구에 토지를 50묘(畝)씩 지급하고 그 중 10분의 1에 해당하는 5묘의 수확량(공물)을 세금으로 거둔 정액세(定額稅)였다. 공(貢)은 "몇 년의 중간치를 비교하여 일정함을 삼는 것이라 하였으니, 공(貢)은 또 하후씨(夏后氏) 전부(田賦)의 총칭"이라고 했다.[34]

은(殷) 나라의 조세 제도인 조법(助法)은 8가구에 70묘(畝)씩 땅을 각각 나누어 주고, 중앙의 공전(公田) 70묘(농막을 제외한 56묘)를 공동의 노동력을 의무적으로 제공(藉자)하여 경작하며 그 수확물을 세금으로 바쳤다. 실제는 8가구가 56묘(1가구당 7묘)를 공동경작해서 그대로 납세한다.

주(周) 나라 조세 제도인 철법(徹法)은 토지를 구획하여 8가구에 각각 100묘(畝)의 사전(私田)을 지급하고, 중앙의 공전(公田) 100묘(농막을 제외한 80묘)는 공동으로 경작하여 그 수확을 조세로 바치게 하였다. 실제는 8가구가 80묘(1가구당 10묘)를 공동경작해서 그대로 납세한다.

은의 조법(助法)은 8가구가 노동력을 협조(協助)해서 공전을 공동경작했다는 의미로 썼고, 주의 철법(徹法)은 8가구가 힘을 돋구어 관철(觀徹), 철저(徹底)하게 공동경작했다는 의미로 쓴 것으로 '통력합작'(通力合作)[35]한 것이라 했다. 정리해보면, 하의 공법은 개인경작·개인납세이고, 은의 조법은 개인경작·공동납세이며, 주의 철법은 공동경작·공동납세라 할 수 있다.

---

33) 『맹자』「등문공상」 3장: "夏后氏는 五十而貢하고 殷人은 七十而助하고 周人은 百畝而徹하니 其實은 皆什一也니 徹者는 徹也요 助者는 藉也니이다"
34) 『서경』「하서.우공」: "上之所取를 謂之賦요 下之所供을 謂之貢이라 是篇은 有貢有賦로되 而獨以貢名篇者는 孟子曰 夏后氏는 五十而貢하니 貢者는 較數歲之中하여 以爲常이라하시니 則貢又夏后氏田賦之總名이라"
35) 『논어』「안연」 9장 주자 주: "周制에 一夫受田百畝하여 而與同溝共井之人으로 通力合作하여"

구 분	사전	공전	납세	1가구당	성격
하공법	50묘	50묘	50묘	(정액제)	개인경작, 개인납세
은조법	70묘	70묘 (농막 14묘)	56묘	7묘	개인경작, 공동납세
주철법	100묘	100묘 (농막 20묘)	80묘	10묘	공동경작, 공동납세

공전 중에 실제 납세 대상 면적

한편 『한서』(「식화지」)에도 정전제에 대해 "3부가 1옥이 되고, 3옥이 1정이 되니, 정은 사방 1리요, 이것이 9부가 되고 8가구가 함께 한다"[36]고 했다. 옥(屋)의 개념이 도입된 것이 맹자와 다른 관점이다.

주역의 정전제

주역 경문 48번째에 수풍(水風) 정(井)괘가 나온다. 정괘의 괘사 첫 구절은 "井은 改邑하되 不改井이니 无喪无得(무상무득)하며 往來井井(왕래정정)"[37]이다. 이 괘사는 "井은 고을은 고치되 우물은 고치지 못하니, 잃음도 없고 얻음도 없으며, 오고가는 이가 우물을 푸고 우물 물을 마신다"고 해석해 왔다. 맹자와 달리 주역에서는 정(井)외에 읍(邑)이라는 새로운 개념도 등장한다.

김석진은 우물은 줄지도 않고 넘치지도 않아 누구에게나 무상무득(無喪無得)하여 분쟁이 없기 때문에 이를 본받아 "공평하게 정치를

---

36) 『漢書』「食貨志」上: "六尺爲步, 步百爲畝, 畝百爲夫, 夫三爲屋, 屋三爲井, 井方一里, 是爲九夫. 八家共之"(중앙의 공전 100묘에서 농막(여사) 20묘를 제하면 80묘가 남는 것을 8가구가 나누니 10묘 만큼 가산돼 110묘가 되고, 그 중에서 10묘만 납세하면 된다)

37) 无喪无得 往來井井 8자가 단전에 없는 것을 脫字로 보기도 한다.(서근정 『周易擧正評述』(북경, 중국서점, 2009) 无喪无得은 필요한 사람이 필요한 만큼 물을 가져가기 때문에 1인당 물의 사용량은 거의 비슷하다.

잘해야 한다"[38]며 왕도정치의 의미를 강조하고 실제로 정전도를 도해로써 설명했다.[39] 다시 말해 무상무득은 필요한 사람이 물을 필요한 만큼만 가져가는 것이 기본정신이고, 정전제도 필요한 사람에게 땅을 필요한 만큼 공평하게 안배되기 때문에 다툼이 없는 것이다. 그러나 은주지제(殷周之際)의 혼란상이 정전제의 혼란을 가져왔고, 이런 혼란상이 단계별로 다시 극복되는 과정이 정(井)괘의 역학적 내용이다. 정(井)은 그 고훈(古訓)이 '얼'이었다고 한다.[40]

주자는 『맹자집주』와 달리 『주역본의』에서는 정전제를 언급하지 않았으나 17세기 선산 왕부지(王夫之,1619~1692)가 정(井)괘를 정전제로써 직접적으로 언급했다.[41] "'읍(邑)은 바뀌지만 우물(井)은 바뀌지 않는다. 잃어버림도 없고 얻음도 없다. 정(井)자와 정(井)자 사이를 오고 간다'는 구절은 정전제(井田制)를 두고서 하는 말"[42]이라고 해석했다. 또 왕부지는 공전과 사전으로 나누는 '정전의 원리는 변하지 않는다'는 점을 강조한다.

---

38) 김석진, 『새로 쓴 대산주역강의』2, 대유학당, 2019, 316쪽.
39) 김석진, 『대산주역강의』2, 한길사, 1999, 321쪽. 이는 야산 이달(李達)의 改邑不改井圖를 계승한 것임
40) 이찬구『새로운 광개토태왕릉비 연구』,용인: 개벽사, 2020, 123~124쪽 참조. 오늘날 모든 핸드폰이나 컴퓨터 자판에는 우물 井자가 들어 있다. 핸드폰 자판 자체가 우물 井자 모형이다. 또 금유길, 『한자의 설계도』, 신농학당, 2020, 53쪽: 거푸집으로 井을 설명하고 있다. 백천정(白川靜)도 井을 鑄物의 外框(枠)이라 했다.(『常用字解』,東京, 平凡社, 2003, 380쪽)
41) 동 시대인으로 황종희(黃宗羲,1610~1695)도 『易學象數論』(권3)에서 "此卽井田之制 故以名卦"(정전제인 까닭에 괘를 명명했다)와 구혁(溝洫)를 언급해 정전제를 소략하게 밝혔다. 조선학자로는 이익(李瀷,1681~1763)『星湖全書』(井卦辭) "井字本從劃田得名 卽均平之物前後左右 來必有求往必有獲 是四方同井也"(밭에 井자를 그렸고, 전후좌우 사방이 井자로 같은 것이 정괘의 정전제라는 것)와 서유신(徐有臣,1735~1800)이 『易義擬言』(井卦辭)에서 "古之民 秋冬在邑 春夏在田 邑有井 田有井 隨居"(농사가 끝난 추동에는 읍에 가서 살고, 춘하에는 정전에서 살았다는 뜻)라고 했다.
42) 왕부지,『주역내전』정괘(井卦):"改邑不改井, 无喪元得, 往來井井, 以井田言也"

> 그러나 우물(井泉)을 공전(公田) 농막(여사)의 가운데에 두고, 8가구를 표준으로 하며, 900묘를 함께 나누어 정(井)자 모양으로 두둑을 획정하는 것은 바뀌지 않았다. 농지가 바뀌지 않으니 정(井)의 면적은 정해진 그대로인 것이다. 그 구획에도 기준이 있기 때문에 제멋대로 메꾸어서 없애버릴 수가 없다. 그래서 황제(黃帝)로부터 주(周)에 이르기까지 이 정(井)은 일찍이 바뀐 적이 없다.[43]

이처럼 왕부지는 정(井)과 정전제를 "황제가 처음 만든 이래로 3대(하은주)가 이를 따랐다. 정(井)이라는 글자가 이 형상이다. 1정(井)은 900묘(畝)를 단위로 하는데 9등분하여 가운데를 공전(公田)으로 하고 거기에 농막을 지었다"고 말했다. 정전제와 우물을 문자적으로 표현한 것이 가운데 점이 있는 '정(井)'자이다.

이어서 왕부지는 정전제 상의 정(井)과 읍(邑), 구(邱), 전(甸)의 각각의 운용에 대해 구체적으로 설명한다.

> 4정(井)이 1읍(邑)이 되고, 4읍이 1구(邱)가 되며, 4구가 1전(甸)이 된다. 전(甸)은 사방 8리(里)에다 곁에 1리를 더하여(加一里) 이루어지는데, 이 전(甸)마다 전차 1대씩을 염출하였다. 공전(公田), 사전(私田)의 묘(畝)의 수나 공(貢)·조(助)의 납부방식은 정(井)의 원리대로 나누어 정했다. 그리고 병역·부세 전차의 염출은 4정(井)의 읍(邑)을 기준으로 삼았다. 정(井) 사이에는 각기 두둑(塍埒승날)을 쌓아 경계를 구분하였고, 4정으로 된 읍들 사이에도 두둑을 쌓아 경계를 구분하였다. 이렇게 하여 구(邱)와 전(甸)의 구분에 합치하도록 하였다.[44]

---

43) 왕부지, 『주역내전』 정괘(井卦): "而井居公田廬舍之中, 爲八家之標準, 九百畝相拱而形埒定 田之不改, 井定也, 其畫有準而無能堙塞也, 自黃帝以至周, 未之有改"
44) 왕부지, 『주역내전』 정괘(井卦): "4井爲邑, 四邑爲邱, 四邱爲甸, 甸力八里, 旁加一里爲成, 出長轂一乘, 公私之田畝·貢助之制, 以井爲經界, 而兵賦車乘之出, 以四井之邑爲準式, 井井旣各有塍埒, 四井之邑, 又殊其塍埒, 以合於邱甸嚮背之殊"

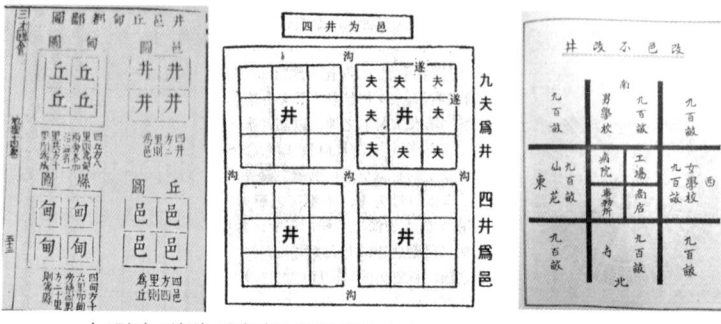

〈그림1〉 정(井), 읍(邑)의 정전제와 수구   이달 개읍불개정

왕부지가 말한 정(井)과 읍(邑)에 대한 설명은 본래 『주례周禮』(「지관 소사도」)에 있는 말인데, "토지를 경계(經界)하여 그 전야(田野)를 정전(井田)과 목장(牧場)으로 정하였다. 9부(九夫)를 정(井)이라 하고, 4정(井)을 읍(邑), 4읍(邑)을 구(丘), 4구(丘)를 전(甸), 4전(甸)을 현(縣), 4현(縣)을 도(都)"[45]라 하였다. 〈그림1〉[46]의 정(井) 사이사이에 도랑 구(溝)가 있다. 구(溝)는 정전제의 기본이다.

역학자인 야산 이달(李達)은 1928년부터 5년간 강원도 철원에서 20여 가구가 수십만 평을 나누어 경작하며 공동생활을 했다. 토지는 1가구당 3천 평씩 분작했다. 공동생활은 주역과 정전의 원리대로 공동경작, 공동분배를 실천하는 이상촌을 만들어 운영했다.[47] 후에 정(井)의 가운데 공전을 밭 田자로 그리고, 미래 도시화된 농촌을 염두에 두고 병원, 공장, 학교 등을 넣어 공공성을 강조한 '개읍불개

---

45) 『周禮』권3 (지관제2, 소사도): "乃經土地而井牧其田野 九夫爲井 四井爲邑 四邑爲丘 四丘爲甸 四甸爲縣 四縣爲都 以任地事 而令貢賦凡稅斂之事"
46) 『三才圖會』, 地理 제14권 (상해고적 판 上, 457쪽)
   https://www.ciae.com.cn/detail/zh/36665.html
47) 이응국, 『난세의 사상가 야산 이달』, 한길사, 2017, 59~60쪽

정도'(改邑不改井圖)[48]를 그렸다. 정전제의 1夫는 기본이 100묘인데, 특별히 900묘씩 안배하여 그 안에 81수를 암시하였고, 가운데 공전에 열 十을 더해 나온 밭 田(전) 자에 「신지비사」[49]가 상징하는 오덕(五德)[50]을 그려 궁극적으로 정전제의 정신은 사람마다 가지고 있는 하늘의 덕성을 실천하는데 있다는 것을 강조했다.

우(禹)와 주대(周代)의 정전제에 대한 분석

『오월춘추』의 우(禹)와 주신(州愼)의 공덕

하은주의 정전제를 이해하기 위해 먼저 『사기』에 나오는 우(禹)의 치수(治水)에 관련한 사항을 살펴보겠다.

순(舜)이 우(禹)에게 명령하기를 "그대는 수토(水土)를 다스리는데 오직 힘써 달라"[51]고 했고, 이에 우는 "의복과 음식은 간략하게 하고 '귀신에게 올리는 제사'에는 효성을 다했다. 누추한 궁실에 살면서 그 절약한 비용을 구혁(溝洫=洫)을 정리하는데 사용했다"[52]고 했다. 이 구혁 정리라는 말이 정전제를 의미하는데, 정전제에 관한 실질적인 내용은 없다.

---

48) 『也山先生文集』, 여강출판사, 1989, 151면; 이응국 『야산선생유묵유품모음』, 대전: 홍역사상사, 2014, 103쪽; 『也山先生遺集』 坤권 56면.
49) 김위제(金謂磾)의 「神誌祕詞」: "賴德護神精 首尾均平位 興邦保太平"(일부 인용)
50) 이응국 『야산선생유묵유품모음』, 대전: 홍역사상사, 2014, 31쪽
51) 『사기』 「하본기」: "皆曰: 伯禹為司空, 可成美堯之功 舜曰: 嗟, 然! 命禹: 女平水土, 維是勉之"
52) 『사기』 「하본기」: "禹傷先人父鯀功之不成受誅, 乃勞身焦思, 居外十三年, 過家門不敢入。薄衣食, 致孝于鬼神 卑宮室, 致費於溝洫"

그런데 『오월춘추』에는 禹의 치수에 관한 자세한 일화가 나온다. 『오월춘추』가 전하는 우의 치수와 정전제에 관련해 원문 중심으로 알아보겠다.

우(禹)가 치수의 공을 이루지 못해 근심과 걱정에 잠겨 있을 때에 황제중경(黃帝中經)[53]을 받아보았다. 이어 우는 곧 동쪽으로 순행하여 형악(衡嶽)에 올라 백마의 피로써 제사를 지낸 후에 꿈속에서 오색 수를 놓은 비단 옷을 입은 남자(赤繡衣男子)를 만났다. 그는 스스로 현이(玄夷)의 창수사자(蒼水使者)라 하면서 이렇게 말했다.

> "그대가 오기를 기다렸다. 아직은 神書를 얻을 수 있는 때가 아니나 그대에게 그 기일을 일러 줄 것이니, 가볍게 여기지 말라. 후에 오늘을 잊지 말고 복부산(覆釜山)의 일을 노래하라."[54]

이어 창수사자의 도움으로 우는 금간옥자(金簡玉字)를 전해 받고 통수지리(通水之理)의 방법을 얻을 수 있었다.[55] 이어 우가 모산(茅山)에 올라 사방의 신하를 조빙(朝聘)하여 구주(九州)의 여러 제후와 크게 회계(會計)를 열어 아래와 같이 치국(治國)의 도를 논의했다.

> 안으로는 (창수사자를 보내) 釜山에서 (금간청옥의 신서를 주어) 통수(通水)의 이치를 가르쳐준 주신(州愼)의 공덕을 찬미하고, 밖으로는 성덕(聖德)으로써 천심(天心)에 보답한다는 것을 널리 펴기 위해 모산의 이름을 바꾸어 회계산(會稽山)이라 불렀다.[56]

---

53) 다른 판본에 황제중경력(黃帝中經曆)이 아니고 '황제중경'이다.(주생춘 교정본). 황제(黃帝), 적제(赤帝) 등의 명칭은 고조선의 오행설에 기초한 것이다.
54) 『오월춘추』越王無余外傳6권: "因夢見赤繡衣男子 自稱玄夷蒼水使者 聞帝使文命 于斯 故來候之.「非厥歲月 , 將告以期 , 無為戲吟」故倚歌覆釜之山"
55) 『오월춘추』越王無余外傳6권: "東顧謂禹曰:「欲得我山神書者 , 齋於黃(赤)帝巖嶽之下 三月庚子 登山發石 , 金簡之書存矣」禹退 又齋三月庚子 登宛委山 , 發金簡之書。案金簡玉字 , 得通水之理"(박광민 역주본)

여기서 부산주신지공(釜山州愼之功)에서의 부산(釜山)은 곧 신서를 받은 복부산(覆釜山)이다. 『월절서』에 복부주토(覆釜州土)[57]라 하여 회계산의 토석이 가마솥을 엎어놓은 것과 같은 모습에서 나온 이름이라 했다. 주신(州愼)의 공덕에 대한 찬미는 계속된다.

> 나는 복부산(覆釜山)에서 금간청옥의 신서를 얻어 천하의 재앙이었던 홍수의 해(害)를 없애 백성들로 하여금 그 살던 마을에 다시 돌아와 살게 했소. 이곳 월 땅에서 신서를 전해 통수지리(通水之理)[58]의 방법을 일러준 (주신의) 그 덕(德)은 창창히 밝아서 이와 같으니 어찌 그 덕을 잊을 수 있겠소?[59]

이어 우가 나무를 벌목하고 산을 깎아내려 국읍(國邑)을 만들었고, 인신표와 성문을 만들었다.[60] 그리고 정전과 도량형을 만들었다.

> 저울추와 저울대를 조정하고 두승(斗升;용량을 재는 말과 되)과 곡(斛;곡식 담는 그릇)을 통일하며, 정전(井田)을 만들어 백성들에게 농사를 가르치고 이로써 도량형의 표준으로 삼도록 했다.[61]

---

56) 『오월춘추』 越王無余外傳6권: "登茅山以朝四方群臣, 觀示中州諸侯, 防風後至, 斬以示眾, 示天下悉屬禹也. 乃大會計治國之道. 內美釜山州愼之功, 外演聖德以應天心, 遂更名茅山曰會稽之山".노구구는 천심(天心)을 구체적으로 고조선의 군장 단군으로 해석했고(노태구 「고조선의 정치사상:홍범구주」 『易과 人』, 여름언덕, 2015, 424쪽), 박광민은 회계산을 "모여서 머리를 숙이는 산"으로 해석했다(박광민 역 『오월춘추』, 경인문화사, 2004, 264쪽).
57) 『월절서』 8권 10편: "亦覆釜也 覆釜者州土 塡德也"
58) 다른 판본에는 통수지리(通水之理)를 得治水之要, 以水泉之脈, 通水經, 言治水之要 등으로 기록했다.(周生春의 『집교휘고』)
59) 『오월춘추』 越王無余外傳6권: "나무 열매를 먹는 자는 그 가지를 꺾지 않으며... 言曰 : 吾聞食其實者 不傷其枝 飲其水者 不濁其流. 吾獲覆釜之書 得以除天下之災 令民歸於里閭. 其德彰彰若斯 豈可忘乎"
60) 『오월춘추』 越王無余外傳6권: "伐木爲邑 畫作印, 橫木爲門"(이명화 역주본)
61) 『오월춘추』 越王無余外傳6권: "調權衡, 平斗斛, 造井示民, 以爲法度"

특히 이 부분에서 우가 정전제를 어떻게 시행하게 된 것인지 그 과정에 대한 설명이 필요하고, 아울러 「사기정의」(사기 130권, 태사공 자서)와 『오월춘추』는 서로를 보완해 주고 있기 때문에 함께 볼 필요가 있다. 다음은 「사기정의」가 『오월춘추』에서 인용한 부분이다.

> 우가 황제중경을 살펴보니 구산 동남쪽에 완위산이라 한다.~~꿈에 비난 옷 입은 남자를 보았는데, 스스로 현이(玄夷)의 창수사자(蒼水使者)라 하면서 복부산(覆釜山)을 의지하고(등지고)[62]

이처럼 『오월춘추』가 『사기』에 없는 '정전'(井田)과 '주신의 공'(州愼之功)이라는 표현을 처음 말했고, 「사기정의」도 『오월춘추』 중에 '황제중경', '비단 옷입은 남자', '현이 창수사자'를 인용하여 서술했다. 그렇다면 여기서 확인해야 할 것은 우(禹)의 정전제와 직결되는 치수(治水)를 일러준 주신(州愼)과 현이(玄夷)[63] 창수사자가 누구냐는 것이다.

『사기』(하본기)는 주해에서 동이를 지칭하는 조이(鳥夷)를 동북방의 백성이라 했고, 또 옛 숙신이라 했다.[64] 『산해경』에는 불함산에 숙신국이 있다고 했고,[65] 또 백민(白民, 貊族)의 북쪽에 숙신국이 있다고 했다.[66] 따라서 주신(州愼)이 곧 숙신(肅愼)이며, 숙신을 고조선의 별칭으로 이해할 때,[67] 현이(玄夷)는 동북이(東北夷)로서 고조선을 가리

---

62) 『사기』권 130, 태사공 자서70, 「사기정의」: "禹案黃帝中經, 九山 東南天柱, 號曰宛委~~夢見繡衣男子 自稱玄夷蒼水使者 卻倚覆釜之山 東顧謂禹曰"
63) 『後漢書』「동이전」에는 夷族을 견이(畎夷)·우이(于夷)·방이(方夷)·황이(黃夷)·백이(白夷)·적이(赤夷)·현이(玄夷)·풍이(風夷)·양이(陽夷) 등 9종으로 분류했다. 또 동방을 '이(夷)'라 했다.
64) 『사기』「하본기」집해: "鄭玄曰鳥夷東北方之民, 정의: 括地志云靺鞨國古肅愼也"
65) 『산해경』「대황북경」: "大荒之中 有山名曰不咸有肅愼氏之國"
66) 『산해경』「해외서경」: "肅愼之國在白民北 有樹名曰雄常" 안재홍이 白民은 貊人이다.(『조선상고사감』제2장) 白卽貊

킨다고 이해할 수 있다. 또 『로사』(29편)에 "현도씨(玄都氏)는 여국(黎國) 사람"[68]이라는 말이 나오는데, 현이(玄夷)가 현도씨로부터 나온 것으로 추정해볼 수 있고, 현(玄)에는 멀 원(遠)의 뜻이 있으므로 먼 나라에서 온 창수사자라 할 수 있다. 다시 말해 회계산에서 치수를 해결할 수 있는 신서를 전해주기 위해 먼 나라에서 온 창수사자 부루와 그 주신(州愼)나라, 즉 고조선의 공덕을 잊을 수 없다는 것이 「사기정의」와 『오월춘추』의 결론이라 할 수 있다.

한편 안호상은 『오월춘추』와 유사한 내용이 전하는 『역대신선통감』을 인용해 부루를 현이도사(玄夷道士), 북극수정자(北極水精子)로 설명하고 있다.[69]

공류(公劉)와 주대(周代) 정전제에 대한 분석

앞에서 언급한 것처럼 왕부지는 정전제의 시원을 황제(黃帝)로부터 하은주 3대(代)로 발전한 것으로 보았고, 김경방은 하초(夏初)부터 시작된 것으로 보았으며, 박지원은 주나라 문왕의 아들 주공(周公)으로 보았다.

맹자는 정지(井地, 정전제)를 설명하면서 하(夏), 은(殷), 주(周)를 다 설명했으나, 그 기원에 대해 선후를 언급하지 않았다. 공자도 "은(殷)은 하례(夏禮)를 인습하였고, 주(周)는 은례(殷禮)를 인습하였다"[70]고 했으나, 그 하례(夏禮)가 어디서 왔는지 말하지 않았다. 공자

---

67) 신용하, 『고조선 국가형성의 사회사』, 지식산업사, 2010, 279쪽
68) 『路史』 29편: "少昊時諸侯外傳云玄都氏黎國或謂重黎"
69) 안호상, 『겨레역사 6천년』, 배영출판사, 1989, 125~127쪽
70) 『논어』 2권 「爲政」 23장: "子曰 殷因於夏禮하니 所損益을 可知也며 周因於殷禮하니 所損益을 可知也니 其或繼周者면 雖百世라도 可知也니라"

가 하와 은에 관련한 문헌자료가 부족한 것을 언급한 것에서도 알 수 있다.[71] 주자도 은나라를 정전제의 시원으로 판단했으나 그 이유를 말하지 않았다.

우선 하은주 3대(代) 중에 맹자는 「양혜왕 下」편에서 주나라 문왕의 정전제 운영에 대해 설명한다. 문왕이 기산(岐山)에 살 때는 아들 무왕이 주(周)나라를 건국하기 이전으로 상(商)으로부터 서백(西伯)을 책봉 받았을 때이다. 본문의 경자구일(耕者九一)이란 전형적인 정전법의 기본원칙을 말한 것이다.

> 맹자(孟子)가 제선왕에게 대답하였다. 옛적에 문왕(文王)이 기주(岐周)를 다스릴 적에 경작하는 자들에게 9분의 1로 운영하였으며, 벼슬하는 자들에게는 대대로 녹(祿)을 주었다.[72]

이어 맹자는 "옛적에 공류(公劉)가 재물을 좋아하였다"[73]는 말을 왕에게 하며 『시전』의 「소아, 대전」에 이어 「대아, 공류」에서 갑자기 공류(公劉)를 언급하였다. 이는 정전제의 연원과 관련하여 맹자 나름의 시각이 반영된 것으로 보인다. 『시전』의 「대아, 공류」 시에 "철전위량(徹田爲糧), 빈거윤황(豳居允荒)"[74]이라는 두 구절을 주목할 필요가 있다. 전자는 들판을 측량하여 이룬 주나라 철법(徹法)을 의미하는데 "철법으로 전세를 거두어 나라의 양곡을 쌓아 놓았다"는 뜻이

---

71) 『논어』 3권 「八佾」 제9장: 子曰 夏禮를 吾能言之나 杞不足徵也며 殷禮를 吾能言之나 宋不足徵也는 文獻不足故也니 足則吾能徵之矣로리라.
72) 『맹자』 「양혜왕 下」 5장: "王曰 王政을 可得聞與잇가 對曰 昔者文王之治岐也에 耕者를 九一하며 仕者를 世祿하며"
73) 『맹자』 「양혜왕 下」 5장: "對曰 昔者에 公劉好貨하시더니 詩云 乃積乃倉이어늘 乃糧을 于橐(탁)于囊이요 思用光하여…"
74) 『시전』의 「대아, 공류」: "篤公劉, 既溥既長, 既景迺岡, 相其陰陽, 觀其流泉, 其軍三單. 度其隰原, 徹田爲糧. 度其夕陽, 豳居允荒"

고, 후자는 걸(桀)을 피해 간 "빈(豳) 땅은 정말로 넓기만 하네"라는 뜻이다.

이처럼 맹자는 하은주 중에서 주대(周代) 정전제의 근원을 문왕에서 공류에까지 올라가 설명했다. 이런 맹자의 공류 언급에 대해 오종일은 "정전제도의 연원은 요순의 시대로부터 하은주를 거쳐오면서 이루어진 것이지만, 그 구체적인 실체는 공류(公劉)가 빈(豳) 땅으로 천도(遷都)하면서부터 실시되었다는 것을 확인하게 된 것"[75]이라며 공류를 정전제의 연원으로 보아야 한다고 주장했다.

그러나 저자는 주대 정전제의 연원이 공류에 있다는 것이 밝혀지기 위해서는 공류와 그 조상이 누구인지를 알아야 한다고 본다. 이를 위해 저자는 『사기』를 참고해 추적해 보겠다.

> 후직(后稷)의 집안은 ~~부줄은 그의 관직을 잃고 융적(戎狄)[76] 사이로 달아났다. 부줄이 죽자 아들인 국(鞠)이 자리를 이었고, 국이 죽자 아들 공류(公劉)가 자리를 이었다. 공류는 비록 융적(戎狄) 사이에 있었으나 다시 후직의 일을 닦아서 밭을 갈고 씨앗 뿌리기에 힘썼다.[77]

그러니까 공류는 주 무왕(武王)의 12대 조상이지만, 주나라 도가 공류에게서 일어났다(周道之興 自此始)고 『사기』가 적고 있을 정도로 중요한 비중을 차지한 인물이다.[78] 문제는 공류가 융적(戎狄) 사이

---

75) 오종일, 「맹자 정전론과 정전제도의 사상적 연원」, 『동양철학연구』 37, 동양철학연구회, 2004, 350쪽
76) 『오월춘추』(제1편)에는 奔戎狄之間(분융적지간;융적 사이로 도망가다)이라 하였다. 犇(분)과 奔(분)은 같다.
77) 『史記』「주본기」: "后稷之興 在陶唐虞夏之際 皆有令德 后稷卒子不窋立 不窋末年 夏后氏政衰 去稷不務 不窋以失其官 而犇(분)戎狄之間不窋卒 子鞠立 鞠卒 子公劉立 公劉雖在戎狄之間 復修后稷之業 務耕種"

에서 살았다(在戎狄之間)는 『사기』의 기록은 공류의 정전제가 융적과 연관있을 가능성을 시사해주고 있다고 저자는 본다. 이화(易華)도 『사기』와 같은 관점에서 "주(周)가 융적 사이에서 일어나 상(商)을 정복해 나라를 세웠다"고 했다.[79] 이는 융적이 주(周)보다 앞서 있었던 선진문화였다는 것을 말해 준다.

공류에 관련한 문헌 중에, 후직(后稷)의 후손인 공류의 조부 부줄(不窋)이 융적(戎狄)사이에서 살았다(在戎狄之間), 즉 융적이 거처하는 성에 있었다(戎狄所居之城)는 『사기』(주본기)의 기록[80]에 주목하지 않을 수 없다.

고려의 기자 정전제에 대한 분석

『국조보감』에도 "정전(井田)은 모두 900묘인데, 가운데의 100묘를 공전으로 삼고 밖의 800묘를 사전으로 삼아 백성들로 하여금 함께 공전을 갈도록 하는 것이 구일(九一)의 법"[81]이라고 규정했다. 이처럼 토지를 9등분하고 공전과 사전으로 나누는 것이 정전제의 대원칙으로 '제1원칙'이다.

정약용은 『경세유표』에서 "우리나라 풍속에 조선 열수(洌水) 사이에는 전세(田稅)를 구일(九一)이라 한다. 생각건대, 기자 때에 비로소

---

78) 『사기』에 보면 공류는 "후직→부줄→국→공류→경절→황복→차불→훼유→공비→고어→아어→공숙조류→고공단보→계력(공계)→문왕(서백)→무왕(周 건국)"으로 이어진다. 이것이 주가 건국되기까지의 선조기록이다. 배옥영은 周의 종법제도와 토지제도의 형성과정에서 공류의 역할을 중요하게 평가하고 있다.(배옥영『주대의 상제의식과 유학사상』,대전, 상생출판, 2005, 61~62쪽)
79) 易華,『夷夏先后說』북경: 민족출판사, 2012, 193쪽.
80) 『사기』 권4 주본기 "后稷卒子不窋立 不窋末年 夏后氏政衰 去稷不務 不窋以失其官 而犇戎狄之間不窋卒 子鞠立鞠卒 子公劉立", 정의 註 "不窋在戎狄所居之城"
81) 『國朝寶鑑』卷之六十三 / 英祖朝七 1746년: "井田九百畝。而中百畝爲公田。外八百畝爲私田。使民同養公田。是九一之法也"

정전법을 시행하면서 구일(九一)이라 했는데, 옛말이 전해 내려와서 지금까지 변하지 않은 듯하다"[82]고 했다.

정약용의 말을 분석해보면, 우리나라 옛말과 옛 풍속에 전하는 정전법은 곧 기자의 구일법(九一法)이었다는 것이다. 그런데 조선 열수가 문제이다. 윤내현은 열수(洌水)를 요서의 승덕과 진황도를 흐르는 난하(灤河)의 지류로 보았다.[83] 그렇다면 구일법은 난하의 동북쪽에 있던 나라인 고조선의 정전제일 것이다. 고조선의 정전제를 단군보다 1천여 년 뒷사람인 기자(箕子)와 연계시켜 설명할 경우 고조선의 초기 1천년의 역사가 허공에 사라진다. 기자와 고조선의 정전제는 전혀 무관하다고 할 수 있다.

이처럼 기자를 정전제에 연계시킨 기록은 『고려사』(「지리지」)에 "평양에 옛 성터가 두 개인데 하나는 기자(箕子) 때 쌓은 것으로 성 안을 정전제를 써서 구획한 것"[84]이라는 구절에 있다. 이에 한백겸도 1607년(선조40)에 이것이 기자의 자취라며 '기전도'(箕田圖)[85]를 그렸고, 그로부터 기자의 정전제가 정설처럼 굳어버렸다.

그런데 『고려사』보다 이른 문헌인 『삼국사기』(「고구려본기」)에는 "기자가 그 백성들에게 예의, 밭농사와 누에치기, 길쌈을 가르치고 8조법금(法禁)을 만들었다"[86]고 했지만, 정작 정전제에 대하여는 언급하지 않았다. 이는 정전제와 기자는 무관하다는 것을 반증한 것이다. 그러나 고려말에 나온 중국 『원사』(元史)에 "고려는 본래 기자가 봉

---

82) 정약용, 『경세유표』 5권 지관수제 田制3: "吾東之俗 朝鮮洌水之間 田稅謂之九一 意者箕子之時始行井田之法 名曰九一 古語流傳至今不變也"
83) 윤내현, 『한국고대사신론』, 만권당, 2017, 342~343쪽.
84) 『고려사』 권58, 地理3, 평양부: "箕子時所築 城內畫區用井田制 高麗成宗時所築"
85) 한백겸, 『구암유고』, 箕田遺制說, 箕田圖.
86) 『三國史記』 권 제22 고구려본기 제10: "論曰. 玄菟校勘 036·樂浪, 本朝鮮之地, 箕子所封. 箕子敎其民, 以禮義·田蠶·織作, 設禁八條"(이 구절도 비판의 대상이 되고 있다)

(封)해졌던 땅"[87]이라는 기록이 외풍으로 작용해 한국 내 역사 서술의 족쇄가 되었고, 급기야 조선조에 이르기까지 기자를 미화하고 정전제가 기자에 의해 고조선에 전수된 것으로 왜곡됐다. 이때부터 단군의 고조선사는 기자에 의해 가려졌고, 모든 것이 단군보다 기자를 앞세우는 분위기가 조성되었다. 이런 기자 우위론은 조선총독부에 이르러 단군신화론을 만들어냈다.

이제 고조선의 바른 정전제를 본격적으로 탐색해 보고, 우가 시행한 정전제의 전수과정에 대하여는 다음 항에서 설명하겠다.

단군조선 정전제와 하가점하층문화의 '정전벽돌'

『조선상고사』의 우(禹)와 부루의 정전제

신채호는 『조선상고사』에서 『오월춘추』에 나오는 현이창수사자(玄夷蒼水使者)[88]가 홍수를 당한 우(禹)에게 오행 치수의 법을 전해주었는데, 그 전해 준 사람이 단군의 아들 부루(夫婁)이며, 이때에 우가 조선의 정전(井田)을 모방해 간 것이라고 했다.[89] 또 신채호는 『조선상고문화사』에서 『오월춘추』를 자세히 부연하여 "우(禹)가 오행치수의 도를 얻고, 안으로 부산에서 받은 주신(州慎, 숙신)의 공덕을 기리고, 밖으로 그 성덕(聖德)을 연술하여 천심을 응답하고…정전(井田)

---

87) 『元史』卷二百八 列傳第九十五 外夷列傳 高麗: "高麗本箕子所封之地"; 元史는 明 太祖 洪武 2~3年(1369~1370)間에 宋濂·王禕 등이 奉敕撰한 元代 11世 (1260~1368) 109년간의 正史이다. 明史의 조선전도 역시 같은 내용 "朝鮮, 箕子所封國也"으로 왜곡했기 때문에 고려와 조선은 기자에서 벗어나기가 어려웠다.
88) 『오월춘추』 6권 越王無余外傳: "禹乃登山仰天而嘯, 因夢見赤繡衣男子 玄夷蒼水使者"
89) 신채호, 『조선상고사』 제2편 제3장 제1.부루의 서행.

을 지어 만세의 법도를 삼게 한다"[90]고 해석했다.

다시 말해 '內美釜山州愼之功(내미부산주신지공)에서 부산(釜山)은 부루가 방문한 도산을 의미하며, 주신(州愼)[91]은 숙신(肅愼)이니 즉 오행치수법을 우에게 전해준 고조선의 공덕을 찬미(讚美)한 말이다. 나아가 '造井示民'(조정시민)은 우가 부루로부터 정전제를 전수받아 백성들에게 시범했다는 뜻이라는 것이다. 이달(李達)도 「부인요의서」(符印要義序)에서 "물을 통(通)하게 하는 술법으로 정전제를 실시했으니 이에 주신씨의 덕을 잊지 못한다"[92]고 주신씨의 정전제가 우에게 전수된 것으로 언급했다.

특히 신채호는 창수사자가 '적수의남자'(赤繡衣男子)라는 것은 외국에 나갈 때 회수금(繪繡錦:색을 입힌 수놓은 비단)[93]을 입는 부여의 전통으로 볼 때, 고조선의 부루로 볼 수 있는 근거가 된다고 밝혔다. 나아가 부루를 만났으므로 산 이름도 복부(覆釜)라 고쳤고, 부루가 해로(海路)를 따라 이동했기 때문에 '창수사자'라 칭한 것이라고 해석했다. 이렇게 부루가 확실함에도 기록에 '꿈속에서 만났다'(夢見)고 한 것은 신성함을 강조한 것이니 과거 기자가 홍범을 전수받을 때 하늘이 주었다고 한 것과 같다고 보았다.[94]

---

90) 『오월춘추』 6권 越王無余外傳: "禹退又齋三月, 庚子登宛委山, 發金簡之書。案金簡玉字, 得通水之理。(중략)乃大會計治國之道。內美釜山州愼之功, 外演聖德以應天心, 遂更名茅山曰會稽之山 (중략) 調權衡, 平斗斛, 造井示民, 以為法度" (이 원문은 박기봉 『조선상고문화사 외』, 비봉출판사, 2007, 55~56쪽에 소개돼 있다)
91) 주신(州愼), 주신(珠申), 숙신(肅愼), 조선(朝鮮), 직신(稷愼) 중에서 갑골문에 나오는 글자는 주(州)와 신(申)밖에 없다. 상대적으로 주신은 가장 오래된 글자임을 알 수 있다.『오월춘추』가 숙신이라 하지 않고 '주신(州愼)'이라 한 것은 원형에 가까운 표현이라고 할 수 있다.
92) 이달, 『也山先生文集』, 여강출판사, 1989, 160쪽: "通水之術로 設井田制而乃不忘周愼氏之德이라"
93) 『삼국지』 위지동이전 부여편: "出國則尙繒繡錦"(문성재 역 『정역 중국정사 조선·동이전 : 사기·한서·삼국지·후한서』, 우리역사연구재단, 2021, 150~151쪽)

정전제의 다른 말이 구혁법(溝洫法)인데, 『주례』(「秋官·雍氏」)의 주(註)에 "구,독,회는 밭 사이에 통수(通水)하는 것이다"[95]라고 했다. 앞의 『오월춘추』와 같이 우가 얻은 통수지리(通水之理)에 '정전제'라는 말이 빠졌지만 그 말 자체가 정전제의 구혁법에서 나온 것임을 알 수 있다. 앞의 「하본기」에서 누추한 궁실에 살면서 절약한 비용으로 도랑(溝洫구혁)을 파는 일에 사용했다(卑宮室, 致費於溝洫)는 말에 대해 「집해」는 "사방 1리는 정(井)이 되고, 정(井) 사이에는 구(溝)가 있는데, 구(溝)의 넓이와 깊이는 4자(尺)이고, 10리는 성(成)이 되고 성(成) 사이에는 혁(洫, 洫)이 있는데, 혁(洫)의 넓이와 깊이는 8자"[96]라고 한 것에서 하(夏)의 구혁법이 본래 고조선에서 전수받은 치수(治水)의 원리에서 나온 것이며, 그것이 곧 정전제의 구체적인 내용이 되었다고 할 수 있다.

『제왕운기』와 『단군세기』의 단군조선 정전제

그러면 오행치수법과 정전제를 우(禹)에게 전수해 준 우리나라의 정전제는 어떤 것인가? 『제왕운기』와 『단군세기』는 고조선의 정전제를 어떻게 설명하고 있는지 알아볼 차례이다.

홍익인간을 고조선의 농업정책으로 이해한 김용섭은 비록 정전제에 관해 언급하지는 않았지만, 『제왕운기』의 '경전착정'(耕田鑿井)을 처음으로 고조선의 농사법으로 해석했다.[97] 『제왕운기』는 "그 가

---

94) 신채호, 『조선상고문화사』 제2편 제1장 팽오와 부루의 치수와 지나교통.
95) 『주례』 秋官·雍氏, 注亦云: "溝,瀆,澮 田間通水者也"
96) 『사기』 「하본기」 집해: "包氏曰 方里爲井 井間有溝 溝廣深四尺 十里爲成 成間有洫(澮) 洫廣深八尺"
97) 김용섭, 「고대의 농경문화와 고조선의 성립발전」, 『요하문명과 고조선』, 지식산업사, 2015, 142쪽

운데 사방 천리가 조선이라. 빼어난 강산 천하에 이름 날리고, 밭갈고 우물 파며(耕田鑿井) 예의로운 나라, 중국사람들이 소중화라 칭하네"[98]라고 했다. 이 '경전착정'(耕田鑿井)은 『왕조실록』에도 여러 번 등장하는데,[99] 지금까지 정전제의 깊이까지는 이해하지 못하고 농사법의 하나로 이해한 것만도 진일보로 해석되나, '밭갈고 우물파며'는 곧 정전(井田)을 풀어서 말한 것으로 본다면, '정전착경'(井田鑿耕)으로 재해석할 수 있다.

다음은 『단군세기』의 기록을 보자. 이에 의하면 "부루단군 재위 10년 경술(BCE 2231)년 4월에 토지를 정(井)과 구(邱)로 구분하여 그렸고(劃邱井) 전결(田結, 세금)을 정해 백성이 스스로 사리사욕을 채우지 못하게 하였다"[100]는 구절이 나오고, 이어 "부루단군 재위 12년 임자(BCE 2229)년에 신지 귀기가 칠회력과 구정도(邱井圖)를 바쳤다"[101]고 했다. 부루단군은 초대 단군왕검의 태자이며, 47세 단군 중에 2세단군이다. 구(邱)의 개념에 대해 본문에서 구체적인 설명이 없지만, 『주례』를 참고하면 "9부(九夫)를 정(井)이라 하고, 4정(井)을 읍(邑), 4읍(邑)을 구(丘)"[102]라 했다. 결국 아래 그림과 같이 구(邱)는 읍(邑)의 상위단위로서 1구(邱, 丘)는 4읍(邑), 16정(井), 144부(夫)로 대단위 정전제의 농사법이 시행되었다고 추정할 수 있다.

---

98) 이승휴, 『제왕운기』 卷下 遼東別有一乾坤: "中方千里是朝鮮, 江山形勝名敷天. 耕田鑿井禮義家, 華人題作小中華"
99) 『세종실록』 45권, 세종 11년 9월 11일(1429년): "耕田鑿井得其生, 跂行喙食遂其性"
100) 이암, 『단군세기』: "庚戌十年(103)四月 劃邱井爲田結 使民自無私利"
101) 이암, 『단군세기』: "壬子十二年(105) 神誌貴己製獻七回曆邱井圖"
102) 『周禮』(「지관 소사도」): "乃經土地而井牧其田野 九夫爲井 四井爲邑 四邑爲丘 四丘爲甸 四甸爲縣 四縣爲都 以任地事 而令貢賦凡稅斂之事"

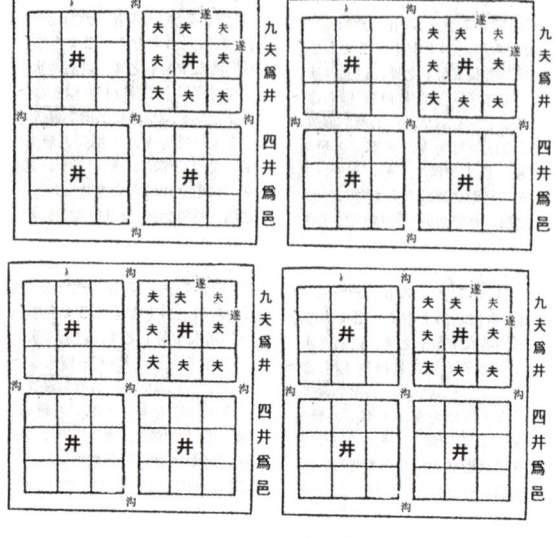

부루의 구정도(추정)

    이처럼 획구정(劃邱井)이 곧 구정제(邱井制)의 정전제로 추정할 수 있고, "사리사욕을 채우지 못하게 했다(無私利)"는 말은 『통전』의 "다툼의 단서를 막았다(塞諍端)"[103]는 말과 일맥상통한다. 이는 공전과 사전을 구별했다는 뜻이며, 9등분으로 공평하게 토지를 분배했다는 것을 의미한다.

    『단군세기』는 이 정전제가 단군의 아들 부루 때 실시되었음을 말해 주고 있다. 12세기 주자에 의해 정전제라는 말이 보편화하였는데, 구정제라 한 것은 이 『단군세기』 문헌이 12세기 이전에 기록된 문헌임을 말해 주는 증거가 된다. 이런 의미에서 『단군세기』와 『제왕운기』는 정전제의 연원에 관련하여 새롭게 인식할 수 있는 중요한 사료상의 근거가 되고 있다.

---

103) 杜佑『通典』食貨三 鄕黨: "昔黃帝始經土設井 以塞諍端"

중국문헌에 나오지 않는 구정제라는 말은 『단군세기』외에도 그 후에 한치윤의 『해동역사』(25권-전제)에도 나오는데 "그 나라(고려)의 풍속이 감히 사전(私田)을 가질 수 없고, 대략 구정제(邱井制) 같은 것이 있어서 관리(官吏)나 민병(民兵)에게 등급의 고하에 따라 나라에서 하사해 준다"[104]고 했고, 이에 관해 『송사』에도 "(고려)나라에는 사전(私田)이 없고, 백성들은 식구 수에 따라서 토지를 받는다"[105]고 했다. 또 전병훈의 『정신철학통편』(권5-5장)에도 구정법(邱井法)[106]이 나오는 것처럼 우리의 경우 정전제의 본래 말이 구정제였음을 확인할 수 있다.

그러면 구체적으로 고조선의 정전제인 구정제(邱井制)는 어떤 모습이었을까?

『후한서』(「순리전」 註)는 응소(應劭)의 『풍속통』을 인용해 "8가에서 9경 20묘씩 받아 공히 한 정(井)을 이루었다"[107]고 했다. 이를 『설문해자주』[108]와 조선초 권람(權擥)의 『응제시주』도 "옛적 20묘씩 받아 1정으로 삼았다"라고 했다. 중국에서 옛날이라면 당연히 하은주 시대를 말할 것이지만, 이미 하은주의 정전제는 각각 50묘씩, 70묘씩, 100묘씩이라는 것을 맹자가 언급하였기 때문에 자연히 '20묘씩

---

104) 한치윤, 『해동역사』(25권-전제): "遠望如梯磴然. 其俗不敢有私田. 畧如邱井之制"
105) 『宋史』 열전 246 고려: "國無私田 民計口授業" (이때 조세를 거둬들이는 방법에 따라 공전과 사전이 구분되었으나 모든 토지소유권은 국가 소유였다)
106) 전병훈, 『정신철학통편』(권5-5장): "平水土 晝州分野 以奠民居 以邱 井之法 確立井田之制 以定田賦之法. 邱井法 乃黃帝之創立 邱井法也. 其法如左" 전병훈이 구정제를 황제의 법으로 설명한 것은 단군의 법임을 미처 알지 못한 오류에서 나온 것으로 보인다.(중국에는 邱井이라 말이 없다)
107) 『후한서』(76권, 循吏傳 註): "風俗通曰 八家而九頃二十畝 共爲一井"이라 했고 (원전 풍속통은 失傳), 『자치통감강목』(資治通鑑綱目 3)乙巳年(B.C. 196)조의 市井 주석과 『설문해자』 井부, "古者二十畝爲一井, 因爲市交易, 故稱市井"이라 했다. 『반계수록』(권5)에도 나온다.
108) 『說文解字注』 정(井): "風俗通曰 古者二十畝爲一井, 因爲市交易, 故稱市井。皆謂八家一井也"; 권람(權擥)은 『응제시』 高麗古京의 주석에서 "古者二十畝爲一井"

을 일정(一井)'으로 삼은 '고(古)'는 하은주 이전 시대로 소급할 수밖에 없다. 그렇다면 이 20묘는 정전제가 처음 시행된 정전제 규모라 추정할 수 있고, 이 고(古)는 고조선 이전으로 올라갈 수 있지 않을까 생각한다.

고조선의 정전제에 의하면, 구정제는 4읍(邑)이 모여 16정(井)의 구(邱)를 이루므로 가구(家口)수로는 모두 128가구(16×8가구)가 한 마을의 경제공동체를 구성한다. 이 구정제를 통해 국가의 경제적인 토대가 마련되었을 것이고, 나아가 어려운 일에 서로 돕는 환난상휼(患難相恤)의 정신이 생겼을 것이다. 공전을 경작할 때는 노동력을 합하고, 각각 사전을 경작할 때는 8가구가 품앗이로 했을 것이다. 이것이 그 시대 농업공동체 사회의 한 단면이었을 것이고,[109] 자연스럽게 홍익인간이라는 개념과 연관되었다고 본다. 이런 가운데 정전제를 중심으로 마을 공동체가 형성되었고, 나아가 시장(井市, 또는 市井)도 형성되어 교류와 매매까지 이곳을 중심으로 이루어졌을 것이다.

하가점하층문화의 '정전벽돌'

중국 하은주의 정전제가 동북지방과 어떤 연관관계가 있는지를 파악하기 위해 같은 시기 또는 조금 이른 시기의 요서지방의 하가점하층문화(夏家店下層文化)를 검토할 필요가 있다.

〈그림2〉와 같이 고고학 조사를 거쳐 발견된 하가점하층문화 유적은 5262곳이고, 그 중에 정식으로 시굴 혹은 발굴된 유적은 모두 53곳이다.[110]

---

109) 김용섭, 「고대의 농경문화와 고조선의 성립발전」, 『요하문명과 고조선』, 지식산업사, 2015, 129쪽.
110) 박진호, 「중국 내 하가점하층문화 연구 동향과 문제점 - 연구사 검토를 중심으로」, 『한국학연구』 제59집, 인하대학교 한국학연구소, 2020.11, 348~352쪽.

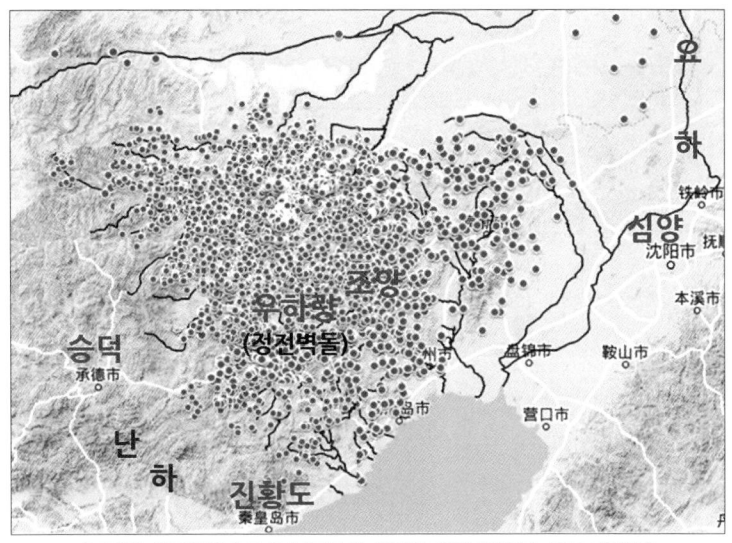

〈그림2〉 하가점하층문화 분포도와 우하량 일대 (박진호 지도 재편집)

이 가운데 저자는 요서 능원시에 있는 홍산문화 우하량유적 16지점(삼관전자 성자산 유적, 朝陽의 서남쪽)에 주목한다. 현재 우하량 16지점은 "능원시(凌源市) 능북진(凌北鎭) 삼관전자마을(三官甸子村) 하하탕(下河湯)마을 촌민조(村民組)에서 북서쪽으로 약 1㎞ 떨어진 정상 부근에 위치하고 있고, 인근 마을 사람들은 이곳이 일찍이 경작지였다"[111]고 전해왔다.

특히 홍산문화와 하가점하층문화 사이에는 소하연문화가 존재했다고 하지만, 이곳 우하량16지점은 하가점하층문화가 홍산문화(후기) 층위에서 계승 발전한 곳으로 볼 수가 있고,[112] 아울러 하가점하층문화가 홍산문화의 적석총과 중첩된 지층 관계임이 발견된 곳이다.[113]

---

111) 姜華, 『우하량유지여신묘』 長春, 길림문사출판사, 2010, 19쪽.
112) 복기대, 「홍산문화와 하가점하층문화의 연관성에 관한 시론」, 『문화사학』 27호, 한국문화사학회, 2007, 1131쪽 또는 1140쪽; 이찬구, 『홍산문화 인류학적 조명』, 용인: 개벽사, 2018, 127쪽.
113) 張星德, 『紅山文化研究』 북경: 중국사회과학출판사, 2005, 103쪽.

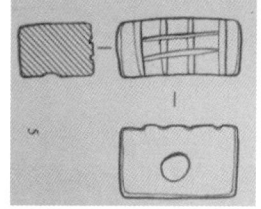 

〈그림3〉 하가점하층문화 구정제 벽돌

    이곳 우하량의 하가점하층문화층에서는 골침, 복골, 석경 등과 함께 벽돌 모양의 작은 진흙 도자기가 발굴되었는데, 〈그림3〉에 대해 요녕성의 '발굴보고서'는 "직육면체(長方體) 도구 한 점. 붉은 진흙 도자기. 직사각형으로 규칙적인 모양. 정면 중앙에 움푹 패인 곳이 있다. 한쪽 면에는 긴 변과 평행하게 2개의 길(道)이 가로로 새겨져 있고, 짧은 변과 평행하게 4개의 길이 세로로 새겨져 있어 9개의 대략 같은 면적의 격자(格子)가 형성되어 있다. 용도 불명. 가로 2.6cm, 세로 1.6cm, 두께 1.2cm"[114]라고 적고 있다. 비록 용도 불명(不明)이라고 했으나, 이 도자기는 농민들을 대상으로 정전제를 설명하는 교육용으로 사용되었을 것으로 추정된다. 이처럼 정전도가

---

114) 遼寧省文物考古研究所 編, 『牛河梁-紅山文化遺址發掘報告』(中) 北京, 文物出版社, 2012, 451쪽.

선명하게 새겨진 붉은 색 벽돌모양의 작은 유물을 저자는 가칭 '구정제(정전)벽돌'(그림3)이라 부른다.[115] 이 정전벽돌을 만들 당시의 사람들은 이미 우물 정(井)자가 갖고 있는 한자의 의미개념이나 낙서의 구궁(九宮)개념이 형성되었을 것이다.

이 설명을 요약하면 9등분의 정전도가 선명하고, 가운데 움푹 패인 것은 우물을 상징하며, 좌우에 세로 도랑의 굵은 긴 선이 구(溝)이다. 이런 선 하나하나가 정전제의 현장을 사실적으로 보여주고 있다고 해석할 수 있다.

『주례』의 주(註)에서도 이 도랑을 구혁(溝洫)이라 했고, "그 중에 부(夫)와 부(夫)사이의 도랑을 수(遂)라 하고, 그 너비와 깊이가 2자씩이다. 또 정(井)과 정(井) 사이의 도랑을 구와 혁(溝洫)이라 하는데, 구(溝)는 세로 도랑으로 너비와 깊이가 각 4자씩"이라 했다.[116] 〈그림3〉에는 수(遂)와 구(溝)가 보이는데. 육안으로 보아도 구(溝)가 수(遂)보다 2배 굵다는 것을 명확히 알 수 있다. 그래서 구혁상포(溝洫相包) 즉 도랑이 밭을 감싸고 있는 것이 정전제의 필수사항이다. 이처럼 수구법(遂溝法)은 공사전(公私田)의 9부법(九夫法)과 함께 정전제의 제2원칙임을 알 수 있다. 이처럼 『주례』의 내용이 정전벽돌의 규격과 일치한다는 점에서 이 벽돌이 일반 우물 정(井)자 벽돌이 아니라 정전제가 실시된 즉 구정제 벽돌이라고 단언할 수 있다. 이 구정제벽돌이 주변에 끼친 영향도 상당했을 것으로 짐작할 수 있다.

---

115) 遼寧省文物考古硏究所 編, 『牛河梁-紅山文化遺址發掘報告』(下) 北京, 文物出版社, 2012, 도판309.
116) 『주례』「冬官考工記·匠人」: "匠人爲溝洫, 耜(사)廣五寸, 二耜爲耦。一耦(우)之伐廣尺深尺謂之畎9견)。田首倍之, 廣二尺, 深二尺謂之遂。九夫爲井, 井間廣四尺, 深四尺謂之溝。方十里爲成, 成間廣八尺, 深八尺謂之洫。方百里爲同, 同間廣二尋, 深二仞謂之澮。專達於川, 各載其名" 혁(洫)은 溝보다 더 큰 가로 도랑으로, 사방 10리가 1成인데, 成과 成사이는 8자의 洫이 된다.(고공기) 100夫有洫

구정제벽돌이 발견된 이곳 우하량 일대는 '옛 경작지'였는데, 우하량16지점의 하가점하층문화에서 두 차례 발굴 끝에 주거지 8기(基), 96개의 회갱(灰坑)과 3곳의 움, 7개의 회구(灰溝;불탄 흔적 있는 도랑), 2개의 돌담이 발견되었다.[117] 공교롭지만, 주거지 8기는 정전제의 1정(井) 8가구와 일치한다.

곽대순 등은 고고학의 관점에서 이곳 하가점하층문화에는 소택(沼澤)과 농전(農田)이 공존했을 가능성이 있다고 보았고,[118] 황하유역의 농업문명에 뒤지지 않을 비교적 높은 수준의 농업을 소유하였을 것으로 보았는데,[119] 이런 높은 농업문명은 결코 우연한 것이 아닐 것이다. 저자는 그 제도적 배경에 정전제가 시행되었고, 이런 정전제의 결과물로 농업발전이 이룩되었을 것으로 유추할 수 있다고 본다. 또 주거지의 경우 건평현 수천(水泉)유적에서는 120기가 발굴되어 상대적으로 인구밀집도가 높다고 할 수 있다.[120]

따라서 이 구정제벽돌의 제작 시기는 하가점하층문화를 B.C.2300년~B.C.1600년으로 볼 때, 중만기(中晩期)경[121]에 해당하므로, 대략 B.C. 2000년대 전후의 유물로 추정할 수 있다. 실제 정전제 실행은 이 유물보다 앞선다고 할 수 있기 때문에 동북아의 정전제는 하은주[122]보다 이른 시기에 이곳 요서 우하량 일대의 하가점하층문화에서 시원하였다고 할 수 있다. 하가점하층문화의 정치체가 누구인가에 대하여는 다음 항에서 설명할 것이다.

---

117) 앞의 『牛河梁-紅山文化遺址發掘報告』(中), 352쪽.
118) 郭大順, 張星德, 『東北文化與幽燕文明』, 南京, 江蘇敎育出版社, 2005, 300쪽.
119) 위의 책, 301쪽.
120) 위의 책, 311쪽.
121) 앞의 『牛河梁-紅山文化遺址發掘報告』(中), 462쪽.
122) 중국은 단대공정을 통해 夏나라가 BCE 2070년~BCE 1600년까지 470년간 지속됐다고 주장하고 있다.

정전제의 시원에 대한 전면적인 검토

정전제의 중심에는 우물이 있다. 우물은 인류가 강과 바다를 떠나 육지에 정착생활을 할 수 있는 조건을 만들어 주었다. 농경생활과 함께 인류가 여러 농사법을 창안하였지만, 그 중에도 큰 공헌을 한 것이 우물을 중심으로 한 정전제였다는 평가가 있다.

조육영은 인체가 혈관망을 통해 각 부분의 기능을 심장에 연결시켜 주듯이, 고대의 정전제는 지상의 태양으로 그 빛이 각 지방을 사방으로 비추었다고 평가했다.[123]

맹자는 혼란한 전국시대를 수습하기 위해 왕도정치의 사례로 하은주의 정전제를 제시했다. 주자(朱子)는 하(夏)의 공법(貢法), 은(殷)의 조법(助法), 주(周)의 철법(徹法) 중에서 은의 조법을 정전제의 시원(始爲井田之制)이라고 평가했지만 그 구체적인 기원을 말하지 않았다. 하은주는 중국의 역사상 "순차적으로 일어난 것이 아니라, 상당히 긴 기간 동안 병존했다"[124]고 말한 장광직(張光直)은 "상 왕조를 건립한 씨족들이 동쪽으로부터 왔다고 주장하고 있다"[125]고 말했고, 이것은 상대(商代)문화가 동이문화와 유관하다는 뜻이다.[126] 역사적으로 "殷(商)은 고조선 이주민이 세운 고조선계 나라"[127]라는 주장이 있다. 그래서 은의 조법(助法)은 고조선의 정전제를 그대로 전수받았기 때문에 주자가 부연 설명없이 정전제의 시원을 은(殷)에 둔 것이

---

123) 曹毓英,『井田制硏究』, (武漢, 華中師範大, 2005), 147쪽.
124) 윤내현,『商周史』, 민음사, 1984, 30쪽
125) 張光直『신화 미술 제사』이철 역,동문선, 1990, 38쪽;余永梁,「130 易卦爻辭 的時 代及其作者」『古史辨』3책, 臺北, 藍燈文化事業, 1993, 146쪽
126) 이인택,「중국문화원류로서의 동이문화 고찰」『중국어문학지』7, 중국어문학회, 2000, 103쪽
127) 신용하『고조선 문명의 사회사』, 지식산업사, 2018, 526쪽; 우실하『동북공정너머 요하문명론』, 소나무, 2007, 153쪽

아닌가 생각한다.

  왕부지는 앞에서 언급한 것처럼 정전제의 시원을 황제(黃帝)로 보았으나, 구체적인 내용은 말하지 않았다. 최근 황제(黃帝)에 대하여는 주나라 왕을 모델로 만들어졌을 가능성도 언급되고 있는 실정이다.[128]

  그러면 하은주 3대 이전 정전제의 시원은 어느 나라일까?

공류와 융적의 관계로 본 周의 정전제 재검토

  정전제 전승의 과정을 이해하는데 중요한 문헌상의 단서가『사기』,『후한서』등에 나오는데, 이의 교차검증을 통해 주(周)의 정전제를 이해할 수 있다.

  앞에서 周의 정전제의 연원을 공류로 본 주장을 재검토하겠다.『사기』에 의하면 이 공류의 조부인 부줄(不窋)이 융적지간(戎狄之間)에 도망가 살았다고 했고,[129] 그 주석에 부줄이 융적이 거처하는 성(城)에 있었다[130]고 했다. 또『사기』에 빈(邠)은 빈(豳)[131]이니 공류가 도읍한 땅이라고 했고, 기(岐)[132]는 그의 후손 고공단보(태왕)가 살던 곳이라고 했다.

  그런데『후한서』[133]에 견이(畎夷) 군사가 빈기(邠歧) 땅에 들어갔다는 기록이 나온다. 그러니까 공류와 그 후손인 고공단보가 살았던 빈기(邠歧) 땅은 견이 군사가 주둔하던 곳임을 알 수 있다. 이『사기』와

---

128) 김인희,「황제 역사인가? 신화인가?」『중국 애국주의와 고대사만들기』, 동북아역사재단, 2021, 95쪽.
129)『사기』「주본기」: "不窋以失其官而犇戎狄之間"
130)『사기』「주본기」색은, 정의 주: "不窋在戎狄所居之城"
131)『사기』「주본기」색은: "豳卽邠也"
132)『사기』「주본기」: "復歸古公於岐下"
133)『후한서』권87, 西羌傳: "后桀之亂 畎夷入居 邠(豳)岐之間 成湯旣興 伐而攘之"

『후한서』를 교차 검증하면 빈기 땅은 역사적으로 중원의 땅이 아니라 견이의 군사가 관할하던 곳이다. 이에 대해 정인보는 "견이(畎夷)라 하는 고조선인들이 하걸(夏桀) 말년에 한토(漢土)를 횡단하여 지금 섬서성(陝西省) 속 빈기(邠歧)근방에 둔거(屯據)했다"[134]고 밝혔다.

다만 공류의 祖(부줄), 父(국)도 융적지간에 같이 살았지만, 그후 부줄의 먼 후손인 고공단보가 "융적의 풍속을 물리치고 성곽과 가옥을 건축하고 읍(邑)을 구분해 살게 했다"[135]는 구절이 나온다. 이에 대해 윤내현은 공류로부터 고공단보에 이르기까지 10대가 줄곧 빈(豳)에 거주하다가 융적 부락들의 위협을 받게 되자 기산(岐山) 밑의 주원(周原)으로 이주했다고 분석했다.[136] 여기서 말하는 읍(邑)은 정전제의 단위를 의미하며, 결국 공류 후손들은 10대 동안 타민족의 지배하에 있었다는 것을 의미한다. 그래서 이 시기를 에둘러 "융적은 주인(周人)과 수백 년 동안 함께 살아왔으며, 서로간에 불과 물의 관계로 양립할 수 없었지만 상호 영향력과 상호 교류가 항상 주요한 관계였다"[137]라고 보았고, 아울러 "융적은 비교적 큰 민족 집단을 형성하였으며, 이들이 중국 북방계 청동문명을 육성해냈다"[138]는 연구결과도 있다. 그러므로 당시 하은주를 능가하는 북방의 큰 민족 집단으로서 견이(畎夷)의 군사는 고조선 군대임을 알 수 있고, 그 빈기 지역은 융적(戎狄)의 성이 있었던 고조선 지배 영역임을 알 수 있다.

---

134) 정인보, 『조선사연구』(고조선의 大幹), 서울신문사출판국, 1946, 55쪽; 『단군세기』(13세 흘달)에도 빈, 기 땅에 고조선 군사가 주둔했다고 했다; 『시전』「商頌」 玄鳥에도 '古帝命武湯'이라고 했다. 古帝는 湯(탕)을 도와 준 단군인 듯' 『說苑』(권 13, 28절)에도 고조선과 夏, 商과의 정치 군사적 관계가 나온다. 湯, 桀, 伊尹, 九夷 군대 관계가 매우 중요하다.
135) 『사기』「주본기」: "於是古公乃貶戎狄之俗, 而營築城郭室屋, 而邑別居之"
136) 윤내현, 『중국사』1, 민음사, 1991, 86쪽
137) 舒振邦「周與戎狄的雜居及其相互依存關系」『內蒙古社會科學』1983, 05, 87쪽
138) 許成 李進增「東周時期的戎狄靑銅文化」『考古學報』1993.1기, 10쪽

따라서 주(周)의 정전제의 근원이 공류에 있었다는 주장은 공류의 조,부(祖, 父)가 고조선(융적)의 성에서 살았다는 『사기』의 자료를 통해 알 수 있듯이 공류가 빈땅 융적의 성에서 살았다는 사실과 함께 그 지역이 고조선 군대가 주둔했던 곳이라는 측면에서 재검토가 요구된다. 공류의 정전제는 독자적이고 독창적인 것이 아니라, 고조선 주둔지와 연결될 수 있고, 그 주둔지에서도 고조선 정전제가 시행되었다면 이를 모방 습득했을 개연성이 높다. 이런 차원에서 주(周)에 상응하여 고조선의 정전제가 다시 부각되는데, 주의 건국 이후인 무왕[139]과 2대왕 성왕, 3대 강왕 때에 연이어 식신(고조선)이 찾아왔다[140]는 기록이 있는 점도 주목된다.

정전벽돌이 출토된 하가점하층문화의 정치체 검토

하가점하층문화에서 정전제의 시원을 밝혀 줄 정전벽돌이 나왔는데, 이 정전벽돌을 만든 정치체는 누구이며, 정전벽돌의 주체는 누구인가?

추형(鄒衡)은 하가점하층문화를 요서형(遼西型)과 연산형(燕山型)으로 나누고, "그 지망과 연대로 보아 숙신이 속한 고고학 문화는 하가점하층문화인 요서형에 포함되었을 것으로 보인다."[141]고 했다. 정전벽돌이 출토된 우하량 16지점은 요서형에 해당한다. 왕혜덕은 하가점하층문화와 요동, 산동반도의 신석기 만기에서 청동기 초기에 이른 문화는 다 동이(東夷)문화에 속한다고 강조했다.[142]

---

139) 『후한서』 「동이열전」: "及武王滅紂 , 肅愼來獻石砮(돌촉), 楛矢(자작나무 화살)...康王之時 , 肅愼復至"
140) 『사기』 주본기: "成王既伐東夷 , 息愼來賀 , 王賜榮伯作賄息愼之命"
141) 鄒衡, 『夏商周考古學論文集』 (북경, 文物出版社, 1980), 267쪽; 문화적으로는 화살촉(鏃)과 관련 있다. 대전자에서 골촉 6건이 발견되었다.
142) 王惠德, 『夏家店下層文化石城硏究』, 北京, 國際華文出版, 2001, 150쪽

이어 곽대순은 하가점하층문화의 요서형(遼西型)이 숙신(肅愼)족의 유존(遺存)일 가능성을 인정했다.[143] 이어 그 숙신은 부사년(傅斯年)의 견해를 빌어 주초(周初) 숙신의 서쪽 경계는 분명히 요하와 산해관(山海關) 사이에 미쳤을 것으로 보았다.[144]

이미 『사기』(「오제본기」舜편)는 숙신에 대해 '발(發)·식신(息愼)'이라 적었고, BCE 7세기경의 기록인 『관자』(「경중갑」)에 '발(發)·조선(朝鮮)'이라고 적은 것을 서로 비교해 볼 수 있다.[145] 식신(息愼)에 대해 정현(鄭玄)은 『사기』「집해」주석에서 '식신(息愼)은 곧 숙신(肅愼)이며, 동북이(東北夷)'[146]라고 했고, 또 조이(鳥夷)를 동북방의 백성[147]이라고 했다. 리지린은 조이가 곧 숙신의 고명(古名)으로 그 위치는 갈석산(산해관, 난하 유역)부근 일대로 보았다.[148] 이민(李民)도 홍산문화 우하량유적은 조이족의 문화유존이라 했다.[149] 이에 관해서는 이미 신채호가 밝힌 것처럼 숙신, 식신이 곧 고조선이라 할 수 있고,[150] 윤내현이 고조선의 서쪽 경계를 산해관(山海關)의 난하(灤河)로 보았던 것에서도 요서의 우하량 일대는 고조선 강역과 지리적으로 일치한다.[151] 따라서 이 정전벽돌은 『제왕운기』의 '경전착정'(耕田鑿井)이라는 말과 일치하며, 『단군세기』에서 말한 구정도(邱井圖)를 그린 축소판의 하나로 이해할 수 있고, 고조선의 정전제를 표현한 농경유물의 상징물이라고 말할 수 있다.

---

143) 郭大順, 張星德, 『東北文化與幽燕文明』, 南京, 江蘇敎育出版社, 2005, 375쪽.
144) 위의 책, 374쪽.
145) 『新註史記』1「오제본기」, 한가람역사문화연구소, 2020, 373쪽.
146) 『사기』「오제본기」(舜) 집해: "鄭玄曰息愼或謂之肅愼 東北夷"
147) 『사기』「하본기」집해: "鄭玄曰鳥夷東北方之民"
148) 리지린, 『고조선연구』이덕일해역, 말, 2018, 435~436쪽
149) 李民「試論 牛河梁東山嘴紅山文化的歸屬」『鄭州大學學報』1987. 2기, 鄭州大學學報(哲學社會科學版), 14쪽
150) 신채호, 『조선상고사』제2편 제3장.
151) 尹乃鉉, 『고조선연구』, 만권당, 2015, 234쪽.

하가점하층문화에서 '치(雉)를 갖춘 석성'(삼좌점유지, 강가둔석성 등)의 발견은 중국의 중원문화권과 다른 별도의 문화권이며,[152] 축성술이란 측면에서 서길수는 "고구려 석성의 치는 하가점하층문화에서 비롯되었다"[153]고 밝혔다. 이런 차원에서 정전벽돌과 함께 이곳에서 제(祭)의식에 사용된 석경(石磬)[154]과 복골(卜骨)[155]을 살펴보고, 이 지역의 문화적 특색이 지닌 중원과 다른 고조선 문화와의 친연성을 밝히고자 한다.

먼저 박선희는 이곳 석경은 홍산문화의 종교의식에서 사용된 타악기로써 그대로 하가점하층문화로 이어져 고조선 문화가 지속된 것으로 보았고, 조양의 수천(水泉)유적에서 나온 석경도 같은 고조선 문화로 보았다.[156] 아울러 이곳 우하량16지점에서 정전벽돌과 함께 복골(卜骨)이 출토되었는데, 이 복골이 한반도에서도 다량으로 출토되었다. 초기 철기시대로부터 통일신라에 이르기까지 309개가 출토되었다[157]는 것은 하가점하층문화 시기 고조선의 복골문화가 한반도로 전승되어 온 것으로 이해할 수 있다. 아울러 우하량 주변의 조양, 건평, 능원, 적봉에서 발견된 고조선 고유의 '청동장식단추'가 함경북도, 평안남북도, 경상북도에서도 발견되었는데,[158] 이런 측면에서 정

---

152) 우실하, 『고조선 문명의 기원과 요하문명』, 지식산업사, 2018,566~567쪽; 양대언, 「요하문명론과 홍산문화의 고찰」『국학연구론총』 5, 택민국학연구원, 2010.6, 232쪽
153) 서길수 「하가점하층문화와 고구리 석성의 축성법 비교 연구」『유라시아문화』 6, 2022, 177쪽
154) 앞의 책, 『牛河梁-紅山文化遺址發掘報告』(下) 北京, 도판313
155) 앞의 책, 『牛河梁-紅山文化遺址發掘報告』(下) 北京, 도판315
156) 박선희, 『고조선문명의 복식사』 지식산업사, 2018, 142~144쪽
157) 국립전주박물관, 『卜骨』 새김, 2015, 236쪽. 참고로 백제가요로 전해오는 정읍사(井邑詞)의 정(井)과 읍(邑)은 정전제의 기초 단위를 의미하는데, 이 노래가 백제 이전의 향가라면 고조선문화의 한반도 전래와 연관될 수 있고, 또 마한 땅(훗날 백제)에서의 정전제 실시도 염두에 둘 수 있다.
158) 박선희, 「복식자료를 통해 본 고조선의 영역」『백산학보』 61호, 2001, 21~24쪽

전벽돌이 나온 우하량 일대는 한반도와 같은 고조선 영역으로 밀접한 관계였다고 볼 수 있다.

  그러므로 황하문명권이 아닌 요하문명권으로서의 '난하(灤河)동북문화는 중원(하은주)과 무관한 정치체'이므로 하가점하층문화의 중심 분포지인 요서(遼西)지역은 숙신 곧 동북이인 '고조선'의 문화유적이라 본다.

부루(夫婁)가 우(禹)에 정전제 전수 가능성 검토

  그러면 우(禹)의 정전제는 누가 전수해 주었는가?

  『사기』에는 우(禹)가 도산(塗山)에서 장가들고 치수에 성공했다[159]는 기록은 있으나, 도산(塗山)에서 회합이 있었다는 역사적 기록은 없다. 다만 『한서』에 "하후씨에 이르러 도산에서 회합하니 옥(玉)과 백(帛)을 잡고 나온 자 만(萬) 나라였다"[160]고 했고, 『사략언해』에도 이 구절이 반복해 나오지만,[161] 고조선의 참석에 대한 언급은 없다. 하지만 『세종실록』(「지리지」 평양)에는 이 도산회합에 많은 나라 중에 고조선의 부루가 참석했고, 그곳에서 부루가 우를 만났는데, 이 만남을 부루가 우를 조회했다고 적고 있다.

> 단군이 당요(唐堯)와 더불어 같은 날에 임금이 되고, 우(禹) 때에 이르러 도산(塗山)에서 회의가 있자, 태자(太子) 부루(夫婁)를 보내어 조회하게 하였다.[162]

---

159) 『사기』「하본기」: "禹曰:「予 (辛壬) 娶塗山, [辛壬] 癸甲, 生啟予不子, 以故能成水土功"
160) 『漢書』「王莽傳上」: "至於夏后塗山之會, 執玉帛者萬國, 諸侯執玉, 附庸執帛"
161) 『19사략언해』권지 일(태고): "會諸侯於塗山 執玉帛者萬國(제후를 도산에 모흐시니 옥과 명주잡으니 1만나라하더라)~南巡ᄒᆞ샤 至會稽山而崩ᄒᆞ시다"(남으로 슌슈ᄒᆞ샤 회계산의 니ᄅᆞ러 죽으시다)

그런데 이런 상황에 대해 고려 말 안향(安珦)은 "도산에 옥을 잡고 나가니 부루가 부끄럽겠구나"[163]라고 꼬집었다. 이는 문화의 전달자인 부루태자가 우(禹) 앞에서 (신하처럼) 지옥(贄玉)할 처지가 아니라고 이해한 것이다. 부루가 지옥했다는 표현 자체가 후대의 사대(事大)에서 나온 부끄러운 말이라는 뜻이다. 다만 이익은 「우공」편을 설명하면서 "나중에 부루(夫婁)가 하(夏)에 조회한 것으로 보아 증명할 수 있다"[164]고 말해 부루와 우의 만남 자체를 인정하면서도 고조선보다 하(夏)를 우월한 입장에서 바라본 것 같다. 그럼에도 두 사람의 만남은 사회적 필요성에 의해 이루어진 접촉으로써 문명사적 의의를 지닌다고 할 수 있다.[165]

결과적으로 한중 문헌인 『오월춘추』와 『세종실록』을 비교하면 두 사람의 상하 관계를 떠나 서로 만났다고 할 수 있는데, 이렇게 두 사람이 만났다는 가설이 성립하기 위해서는 그 당시에 홍수가 발생했다는 것과, 그런 만남의 문화적 자취가 뒷받침되어야 할 것이다.

첫째, 하나라에 홍수가 발생한 것이 입증되어야 할 것이다.

최근에 하(夏)에 홍수가 발생했다는 지질학적 증거가 나왔다. 중국문명의 근원과 하(夏)와 우(禹)는 정말 존재하는가?에 대해 중국 남경사범대학 지질학자 오경룡(吳慶龍)지도팀은 『Science』

---

162) 『世宗實錄』 154권, 「地理志」 平安道 平壤府: "檀君與唐堯同日而立, 至禹會塗山, 遣太子夫婁朝焉"
163) 『晦軒先生實記』 忠宣王復以世子入中國陪從感吟: "麒麟公子白裘狐 寶珙珊瑚釰轆轤 上國觀風思季札 塗山贄玉愧扶婁 (晦軒 安珦) :『路史』萬邦以其號數之多也而塗山之會贄玉 帛且萬數則古嘗萬國矣"; "죽서기년"(帝禹夏后氏): "5年 巡狩 會諸侯于塗山"
164) 李瀷, 『星湖僿說』卷之二十三 / 經史門 檀箕: "後夫婁朝夏可證"
165) 이와 같은 문명사적 논의는 윤명철「고조선문명권의 흥망과 해륙활동」『왜 지금 고조선 문명인가』 나남, 2019; 백종오「고조선문명의 고고학적 접근」『왜 지금 고조선 문명인가』; 임재해「신시문화의 정체와 고조선문명의 미래」『왜 지금 고조선 문명인가』 참조.

(2016.8.5.)에서 "B.C. 1920년 폭발적 홍수는 중국 대홍수와 하(夏) 왕조의 역사성을 뒷받침한다"[166]라는 제목의 논문을 발표하여 지질학적인 각도에서 BCE 1920년에 대홍수가 폭발하여 전설 속의 하조(夏朝)와 대우(大禹)의 치수(治水)에 근거를 제공하였다는 평가를 받고 있다. 이 논문에 의하면, 청해성(靑海省)의 라가(喇家) 마을에서 발견된 어린이 유골을 방사성탄소 연대측정법으로 분석한 결과, 대지진은 BCE 1922년에 발생했고, 홍수 퇴적물에 포함된 유기물 분석을 통해 대홍수는 대략 BCE 2000년에 발생한 것으로 밝혀졌다. 또 다른 논문에도 지진과 홍수의 공동작용으로 라가유적지가 치명적인 타격을 받아 완전히 파멸된 것의 측정년도는 지금으로부터 3574±73년이고 교정년대는 BCE 2030~BCE 1870년(51.7%), BCE 1850~BCE 1770년(16.5%)으로 인골(人骨) 측정년과 비교적 가까우며 연대는 BCE 1900년 전후에 집중되어 있다고 분석했다.[167] 일련의 두 자료에 의거 하(夏)에서 홍수 재난이 발생한 시기를 BCE 1900년경~2000년경으로 추정할 수 있다. 이처럼 연대 차이는 있지만, 하(夏)에 있었던 우의 치수(治水) 이야기가 더 이상 신화가 아니라고 말할 수 있다.

둘째, 하(夏)의 우와 고조선의 부루가 만남을 입증할 수 있는 문화적 흔적이나 자취를 찾는 일이다. 부루의 자취를 발견할 수 있는 단서가 되는 것은 형악(衡嶽)과 복부산(覆釜山)에 있다.

---

166) 吳慶龍 "Outburst flood at 1920 BCE supports historicity of China's Great Flood and the Xia dynasty" Science, 5 Aug 2016 Vol 353, Issue 6299 pp. 579-582 https://www.science.org/doi/10.1126/science.aaf0842 (사이언스 5 Aug 2016 Vol 353, Issue 6299 pp. 579-582)

167) 張雪蓮, 葉茂林, 仇士華, 鍾建, 「民和喇家遺址碳十四測年及初步分析」, 『考古』 2014.11기, 99쪽.(참고 杜戰偉, 汪鞏凡, 王倩倩외 「靑海民和喇家遺址 2017 年的發掘與認識」 『邊疆考古硏究』, 第25輯, 92쪽.

형산(衡山)의 옛 주봉 이름이 구루봉(岣嶁峰)[168]이며, 지금도 구루봉과 관련하여 우의 치수 이야기가 전해오는데,[169] 이 봉우리 이름은 본래 '갈고리 구(句) 별 루(婁)'의 산이었을 것으로 저자는 추정한다. 이 때 구(句)는 구(九)와 같은 맥락으로 보기도 하지만,[170] 강희자전에 구(句)를 '고구려(高句麗)'라고 했고, 실제로 갈고리의 '고리'이며, 『위략』에 고리국(高離國)[171]이라고 했다. 당시 사람들이 '고구려(고리) 사람 루'로 표기한 것을 다시 뫼 산을 붙여 구루봉(岣嶁峰)으로 불린 것으로 해석된다. 이곳 구루봉에 우왕전(禹王殿)이 서기 127년에 건축된 것을 보면 2000년 전 사람들이 우와 함께 기억했을 그 루(婁)는 누구이겠는가? 바로 부루일 것이며, 그 부루를 당시의 사람들이 고조선이 아닌 '고구려(고리) 사람 婁'로 기억했을 개연성이 크다고 할 수 있다.

또 도산을 회계산으로 고치고, 복부산(覆釜山)이라고도 부른 것은 가마[172], 가마솥 부(釜)와 부루의 '부(夫)'와 같은 소리이고, 공히 '불'(火, 밝, 광명, 夫)[173]의 뜻이다. 복부산(覆釜山)이라는 또 다른 명칭은 '부루'를 환영하는 뜻을 담고 있다고 본다.[174]

---

168) 허목, 『미수기언』,6권 상편 고문: "岣嶁山。衡山南麓別峯云"
169) 岣嶁峰古稱衡山主峰 大禹求治水策至岣崶峰 经仙人指引得金简玉牒天书，从而使治水获得成功(百度)
   https://baike.baidu.com/item/%E6%B9%96%E5%8D%97%E5%B2%A3%E5%B5%9D%E5%B3%B0%E5%9B%BD%E5%AE%B6%E6%A3%AE%E6%9E%97%E5%85%AC%E5%9B%AD/22450393?fromModule=search-result_lemma-recommend (百度百科)
170) 김경일, 「갑골문 東夷 관련 기록과 先秦 문헌상의 '九黎' 등을 통해 살핀 '高句麗' 명칭의 문화적 내면」, 『한중언어문화연구』19, 한국현대중국연구회, 2009, 20쪽.
171) 『魏畧』曰 : 舊志又言，昔北方有高離之國者，其王者侍婢有身『삼국지』부여전)
172) 산스크리트어로는 gharma, heat, warmth, sun, fire 등 김석훈 『우리말범어사전』,다일러, 2020,10쪽.
173) 안재홍, 『조선상고사감』, 우리역사연구재단, 2014, 114쪽.
174) 『강희자전』에 釜는【廣韻】扶雨切,【集韻】奉甫切，從音父라 했고, 夫는【唐韻】甫無切,【集韻】【韻會】風無切，從音膚라 했다.

구루봉의 산 이름이 형악 또는 형산으로 저울대 형(衡)자가 된 것도 신채호가 설명한 것처럼 부루가 우에게 도량형(度量衡)과 오행치수법을 처음으로 전수해 준 것을 기념하는 뜻이 들어있고, 이때 우에게 정전제도 전수해 주었다고 보는 것이다. 오늘날 학계도 "夏의 시대에 농업이 발달하여 이미 조, 쌀, 보리가 존재했다"[175]며 하(夏)에서 오십이공(五十而貢)의 정전제가 실행되었다고 인정하고 있다. 따라서 하(夏)의 정전제는 농업이 발달한 고조선에서 전수되었다고 말할 수 있다. 이에 대한 종합적인 禹의 감사 표현이 '주신 즉 고조선의 공덕'에 대한 칭송이었다고 본다.

하가점하층문화의 정전제는 곧 단군조선의 구정제

본 글은 2300여 년 전 맹자가 말한 정전제의 시원을 여러 문헌과 유물과의 교차검증을 통해 하은주 중심적 시각에서 벗어나 고조선 또는 부루단군으로 볼 수 있다는 가능성에 대해 살펴보았다.

이를 통해 하(夏)의 정전제는 우가 고조선의 부루를 통해 전수받은 것으로 볼 수 있고, 주(周)의 정전제는 공류(公劉)가 시행한 철법(徹法)의 정전제로 고조선군 주둔지인 빈(豳,邠)땅에서 융적(戎狄)에 의해 전수받은 것으로 추정된다. 또 은(殷)의 정전제에 관해 이미 주자가 '은에서 정전제가 시작되었다'고 언급한 만큼 은의 정전제는 독창적인 것이 아니라 같은 동이족인 고조선에서 직접 전래되었을 것으로 보았다. 여기에 하가점하층문화의 요서지역에서 발굴된 BCE 2000년경 전후 시기의 '정전벽돌'이 고조선(숙신)의 정전제인 구정도(邱井圖)의 모형일 가능성이 높아 동북아의 정전제가 고조선에서

---

175) 맥세계사편찬위원회, 『중국사』 느낌이있는책, 2014, 44쪽

시원했다는 것을 뒷받침해주고 있다. 신채호도 "유약 맹가 등이 주장한 정전제는 조선의 균전제를 목격했거나 전해들은 뒤에 모방한 것"이라고 했다.

 결론적으로 관련 문헌과 고고학적 교차검증을 통해 하가점하층문화에서는 정전제가 이른 시기부터 실시되었다고 판단할 수 있고, 요서의 하가점하층문화를 중국에서 숙신(肅愼)의 문화유적이라고 설명하는데, 이곳의 해당 정치체는 옛 동북이(東北夷)인 고조선이라고 본다. 『단군세기』의 문헌과 출토된 '정전벽돌'을 비교하면 고조선 부루단군의 정전제(구정제) 시행 시기와 장소가 거의 일치한다고 볼 수 있다. 그러므로 우리나라의 정전제가 기자(箕子)에게서 시작되었다는 과거의 주장은 사실의 왜곡이며 이보다 앞선 고조선 초기의 부루단군으로 바로잡혀야 할 것이다.

 따라서 고조선의 정전제가 BCE 2000년경 전후기에 이미 시행되었으며, 하은주의 정전제도 고조선의 정전제로부터 일정한 영향을 받았다고 할 수 있다. 하은주 3대(代)의 정전제는 그 시원이 중원의 황제(黃帝), 공류(公劉), 기자(箕子)가 아니라 고조선의 부루(夫婁)라고 본다. 당시 도산(塗山)회합에 부루가 태자 자격으로 참석해 오행치수법을 전수한 점, 공류가 융적(고조선)의 성에서 거주한 점 등을 고려하면 중국의 하은주를 둘러싼 국제관계가 고조선과 긴밀하게 연결되었고, 발달된 고조선이 정전제를 중심으로 동북아에서 주도적으로 문화 경제적 교류를 활발하게 이끌어 나갔다고 할 수 있다. 아울러 문화구성 요소들의 상호 교류에 의해 문명의 성격과 범위가 결정된다면 동북아에서 최초로 시행된 고조선의 정전제는 요하문명에서 황화문명까지 영향을 미친 중요한 문명요소라 할 수 있다.

 끝으로 동학혁명 당시에 제시된 '토지는 평균으로 분작케 할 사'의 개혁안과 정약용의 정전제와의 연관성이나, 「전제망언」을 어윤중에게 건의한 이기(李沂)가 직전에 전봉준을 만났다는 사실로 볼 때 정전제의 정신은 근대까지도 이어져 왔다고 할 수 있다.[176]

※ 추기

이 구정제(정전)벽돌의 가치는 한자로서의 우물 정(井)자의 의미뿐만 아니라, 바깥 도랑의 크기는 안 도랑의 두배라는 것을 실물로 보여주고 있다는 점이다. 『주례』가 정한 정전제법에 부(夫)와 부(夫) 사이의 도랑인 수(遂)의 너비와 깊이는 2자씩이고, 정(井)과 정(井) 사이의 도랑인 구(溝)는 세로 도랑으로 너비와 깊이가 각 4자씩이라는 것인데, 이처럼 도랑의 크기가 2배수라는 것을 육안으로도 확인할 수 있다. 이 벽돌은 정전제를 설명하는 벽돌이라 할 수 있다.

아울러 제기되는 의문은, 고조선의 농업이 하·은·주 시대에 영향을 줄 만큼 발전했었는가 하는 점이다. 하가점하층문화의 농업 수준이 황하 유역을 앞섰다는 견해는 이미 앞에서 언급하였다. 곽대순이 제시한 근거 가운데 두 가지를 들면, 첫째 북표 풍하(豊下)와 건평 수천(水泉) 유적에서 구덩이에 저장된 대량의 곡물이 발견된 점, 둘째 석산(石鏟)이 대량으로 사용된 사실이다. 그는 이를 당시 농경에서 세밀한 재배 기술이 상당히 발달했음을 보여주는 증거로 보았다.

석산(石鏟)은 고대 농경에서 흙을 파고 고르거나, 김을 매고, 밭고랑을 정리하는 데 쓰인 돌로 만든 삽·팽이로 체계적이고 조직적인 밭농사와 세밀한 토지 관리가 이루어졌음을 시사한다.

---

176) 참고 자료로 신용하,「甲午農民戰爭과 두레와 執綱所의 폐정 개혁」: 農民軍 편성, 執綱所의 土地政策, 茶山의 閭田制·井田制 및 '두레'의 관련을 중심으로, 한국사회사학회, 1987.12 113~114쪽.; 김상기,『동방사논총』, 서울대출판부,1986, 258쪽; 김용섭,『한국근대농업사연구』, 일조각, 1981, 479~480쪽.

〈참고문헌〉

1. 원전

　　『19사략언해』
　　『강희자전』
　　『경세유표』
　　『고려사』
　　『구암유고』
　　『國朝寶鑑』
　　『논어』
　　『단군세기』
　　『동호문답』
　　『路史』
　　『맹자』
　　『맹자집주상설』
　　『明史』
　　『미수기언』
　　『史記』
　　『산해경』
　　『三國史記』
　　『삼국지』
　　『삼성기상』
　　『三才圖會』
　　『서경』
　　『說文解字注』
　　『說苑』
　　『星湖僿說』
　　『星湖全書』
　　『세종실록』
　　『宋史』
　　『시전』
　　『也山先生文集』
　　『易義擬言』
　　『易學象數論』
　　『예기』

『오월춘추』
『元史』
『월절서』
『응제시』
『魏畧』
『정신철학통편』
『제왕운기』
『조선상고문화사』
『조선상고사』
『주례』
『주역내전』
『죽서기년』
『通典』
『漢書』
『해동역사』
『海鶴遺書』
『晦軒先生實記』
『後漢書』

2. 단행본

『신주 사기』3 「주본기」, 한가람역사문화연구소, 2020
姜　華, 『우하량유지여신묘』, 長春: 길림문사출판사, 2010
郭大順, 張星德, 『東北文化與幽燕文明』, 南京: 江蘇教育出版社, 2005
郭沫若, 『中國古代社会研究』, 북경: 상무인서관, 2011
국립전주박물관, 『卜骨』, 전주: 새김, 2015
금유길, 『한자의 설계도』, 신농학당, 2020
金景芳, 『論井田制度』, 산동: 齊魯書社, 1982
김상기, 『동방사논총』, 서울대출판부, 1986
김석진, 『대산주역강의』2, 한길사, 1999
김석진, 『새로 쓴 대산주역강의』2, 대유학당, 2019
김석훈, 『우리말범어사전』, 다일러, 2020
김용섭, 『한국근대농업사연구』, 일조각, 1981
리지린, 『고조선연구』 이덕일 해역, 말, 2018
맥세계사편찬위원회, 『중국사』, 느낌이있는책, 2014
문성재 역, 『정역 중국정사 조선·동이전 : 사기·한서·삼국지·후한서』,
　　　　우리역사연구재단, 2021
박광민 역, 『오월춘추』, 경인문화사, 2004

박기봉 역,『조선상고문화사 외』, 비봉출판사, 2007
박문호,『맹자집주상설』성백효 역, 다운샘, 2021
박선희,『고조선 문명의 복식사』, 지식산업사, 2018
박지원,『열하일기』(8월 1일), 대양서적, 1978
배옥영,『주대의 상제의식과 유학사상』 대전: 상생출판, 2005
白川靜,『常用字解』, 東京, 平凡社, 2003
복기대,『홍산문화의 이해』, 우리역사연구재단, 2004
서근정,『周易擧正評述』, 북경: 중국서점, 2009
신용하,『고조선 국가형성의 사회사』, 지식산업사, 2010
신용하,『고조선 문명의 사회사』, 지식산업사, 2018
안경전 역주,『환단고기』, 대전: 상생출판, 2016
안재홍,『조선상고사감』, 우리역사연구재단, 2014
안호상,『겨레역사 6천년』 배영출판사, 1989
王夫之,『周易內傳』4, 김진근 역, 학고방, 2014
王惠德,『夏家店下層文化石城研究』, 北京: 國際華文出版, 2001
遼寧省文物考古研究所 編,『牛河梁-紅山文化遺址發掘報告』
　　　文物出版社(北京), 2012
于省吾,『상주금문록유』, 북경: 중화서국 2009
우실하,『동북공정너머 요하문명론』, 소나무, 2007
우실하,『고조선 문명의 기원과 요하문명』, 지식산업사, 2018
윤내현,『商周史』, 민음사, 1984
윤내현,『고조선연구』, 일지사, 1994
윤내현,『고조선연구』, 만권당, 2015
윤내현,『한국고대사신론』, 만권당, 2017
李明君,『역대문물장식문자도감』 북경: 인민미술출판사, 2001
이영호,「유교의 민본사상과 조선의 정전제 수용」『퇴계학논총』15, 2009
이응국,『난세의 사상가 야산 이달』 파주: 한길사, 2017
이응국,『야산선생유묵유품모음』, 대전: 홍역사상사, 2014
이찬구,『홍산문화의 인류학적 조명』, 용인: 개벽사, 2018
이찬구,『새로운 광개토태왕릉비 연구』 용인: 개벽사, 2020
易　華,『夷夏先后說』, 북경: 민족출판사, 2012
林泰輔,『朝鮮史』, 인문사, 2013
張星德,『紅山文化研究』북경: 중국사회과학출판사, 2005
정인보,『조선사연구』(고조선의 大幹), 서울신문사출판국, 1946
曹毓英,『井田制研究』, 武漢, 華中師範大, 2005
鄒衡,『夏商周考古學論文集』북경: 文物出版社, 1980

3. 논문류

김경일, 「갑골문 東夷 관련 기록과 先秦 문헌상의 '九黎' 등을 통해 살핀 '高句麗' 명칭의 문화적 내면」, 『한중언어문화연구』19, 한국현대중국연구회, 2009
김용섭, 「고대의 농경문화와 고조선의 성립발전」, 『요하문명과 고조선』, 지식산업사, 2015
김인희, 「황제 역사인가? 신화인가?」, 『중국 애국주의와 고대사만들기』, 동북아역사재단, 2021
노태구, 「고조선의 정치사상:홍범구주」, 『易과 人』, 여름언덕, 2015
閔和順, 嶽陽師專, 「井田和井田制是兩个不同的槪念」, 『哲學與人文科學』 (敎育與社會科學 綜合, 1987.4.16.)
박선희, 「복식자료를 통해 본 고조선의 영역」, 『백산학보』61호, 백산학회, 2001
박진호, 「중국 내 하가점하층문화 연구 동향과 문제점 – 연구사 검토를 중심으로」, 『한국학 연구』 제59집, 인하대학교 한국학연구소, 2020.11
백종오, 「고조선문명의 고고학적 접근」, 『왜 지금 고조선 문명인가』, 나남, 2019
복기대, 「홍산문화와 하가점하층문화의 연관성에 관한 시론」, 『문화사학』27호, 한국문화사학회, 2007
舒振邦, 「周與戎狄的雜居及其相互依存關係」 『內蒙古社會科學』1983, 05
송호정, 「요하유역 고대문명의 변천과 주민집단」, 『중국동부지역 고고학연구현황과 문제점』, 동북아역재단, 2008
서길수, 「하가점하층문화와 고구리 석성의 축성법 비교 연구」 『유라시아문화』6, 2022
신용하, 「甲午農民戰爭과 두레와 執綱所의 폐정 개혁」: 農民軍 편성, 執綱所의 土地政策, 茶山의 閭田制·井田制 및 '두레'의 관련을 중심으로, 한국사회사학회, 1987.12
양대언, 「요하문명론과 홍산문화의 고찰」 『국학연구론총』5, 택민국학연구원, 2010.6
余永梁, 「130 易卦爻辭的時代及其作者」 『古史辨』3책, 臺北, 藍燈文化事業, 1993
윤명철, 「고조선문명권의 흥망과 해륙활동」 『왜 지금 고조선 문명인가』 나남, 2019
李 民, 「試論 牛河梁東山嘴紅山文化的歸屬」 『鄭州大學學報』, 鄭州大學學報(哲學社會科學版), 1987. 2기
이인택, 「중국문화원류로서의 동이문화 고찰」 『중국어문학지』7, 중국어문학회, 2000

임재해, 「신시문화의 정체와 고조선문명의 미래」, 『왜 지금 고조선 문명인가』, 나남, 2019
임찬경, 「중국동북사의 숙신인식에 대한 비판적 검토」, 『국학연구』 14, 국학연구소, 2010
오종일, 「맹자 정전론과 정전제도의 사상적 연원」, 『동양철학연구』 37, 동양철학연구회, 2004

張雪蓮, 葉茂林, 仇士華, 鍾建, 「民和喇家遺址碳十四測年及初步分析」, 『考古』, 2014.11기
吳慶龍, "Outburst flood at 1920 BCE supports historicity of China's Great Flood and the Xia dynasty" Science, 5 Aug 2016 Vol 353, Issue 6299
한창균, 「고조선의 성립배경과 발전단계 시론 –고고학 발굴자료와 연구성과를 중심으로」, 『國史館論叢』 33, 국사편찬위, 1992
許成 李進增, 「東周時期的戎狄靑銅文化」, 『考古學報』 1993.1기

https://www.ciae.com.cn/detail/zh/36665.html (중국농업전시관)
https://www.science.org/doi/10.1126/science.aaf0842 (사이언스)
https://baike.baidu.com/item/%E6%B9%96%E5%8D%97%E5%B2%A3%E5%B5%9D%E5%B3%B0%E5%9B%BD%E5%AE%B6%E6%A3%AE%E6%9E%97%E5%85%AC%E5%9B%AD/22450393?fromModule=search-result_lemma-recommend(백도백과)

06
문헌 비교로 본 최씨낙랑국의 실체

『삼국사기』·『북부여기』·『후한서』·『태백일사』를 중심으로

낙랑군과 다른 낙랑국의 실체는? · 289
최씨낙랑국에 대한 쟁점별 이해 · 292
문헌 비교를 통한 낙랑과 낙랑국에 대한 재인식 · 298
낙랑국의 실체와 멸망 · 313
수백년 존속한 낙랑왕국의 의의 · 327

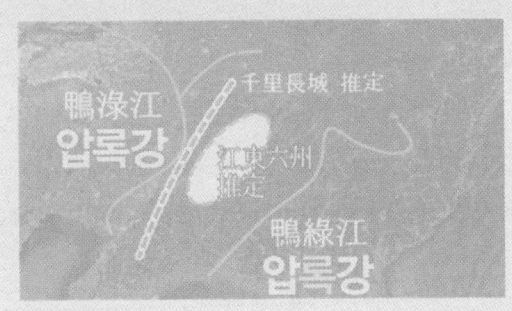

06
문헌 비교로 본 최씨낙랑국의 실체*
– 『삼국사기』·『북부여기』·『후한서』·『태백일사』를 중심으로

낙랑군과 다른 낙랑국의 실체는?

우리 국사에는 한사군(漢四郡)의 낙랑군(樂浪郡)이라는 이름 외에 낙랑국(樂浪國)이라는 또 다른 정치체가 있다. 『삼국사기』「고구려본기」의 32년에 고구려 왕자 호동(好童)이 옥저(沃沮)로 놀러 갔다가 만난 상대가 최리(崔理)였는데, 그가 낙랑국(樂浪國)의 왕이었던 것이다.[1] 그러나 김부식 이래 낙랑군에 대한 편향된 시각으로 인해 한국 고대사는 이 최리의 낙랑국을 외면해 왔다. 고조선의 후계 낙랑국으로 이해할 자리에 한(漢)의 식민지 낙랑군을 대입하는 혼란이 일어났다. 이와 같은 이유에서 낙랑군과 낙랑국의 차이점을 밝히고, 그 정치세력의 실체를 구별하고 확인하는 일은 고대사 연구에서 매우 시급한 과제일 것이다.

---

* 『역사와 융합』 15집 (2023.6)

1) 이런 의미에서 낙랑군과 낙랑국의 명확한 구별을 위해 낙랑국을 낙랑왕국(樂浪王國)이라고 쓰는 것이 좋다고 본다.

1963년 북한의 리지린은 『고조선연구』에서 낙랑군과 낙랑국에 대해 구별할 것을 주장한다. 그는 "최리의 낙랑국과 한(漢)의 낙랑군을 동일시할지 모르나 이 두 개의 낙랑은 신채호 선생이 이미 명백하게 해명한 바와 같이 각이한 지역"[2]이라고 단언하고, 한반도 안에 있었던 낙랑을 한사군이 아닌 최리의 낙랑국으로 보고 그 위치를 평안남북도 지역으로 추정하였다.[3]

1985년 윤내현은 장문의 논문인 「한사군의 낙랑군과 평양의 낙랑」에서 한사군의 낙랑군은 현재의 평양이라는 기존 학설을 부정하고 현재의 요서(遼西)에 있었다는 것을 밝혔다. 그 평양의 자리에는 별개의 '최리의 낙랑국'이 있었다고 논증하였고,[4] 이후 『한국열국사연구』의 목차에서 '최씨낙랑국'으로 명명하였다.[5] 이 논문에서도 이 명칭을 따른다.

최근에 이덕일은 읍루, 예, 삼한과 함께 '최씨낙랑국'을 한국통사의 독립된 소단락으로 다루고 있다. 즉 "대동강 유역에 있던 최씨낙랑국은 고대 요동 지역에 있던 한사군 낙랑군과 다른 정치체"[6]라고 정의하고, 현재까지 나온 '낙랑군 위치에 대한 세 학설'[7]을 남한민족사학계, 북한역사학계, 조선총독부 등으로 나누어 소개하고 있다.

일찍이 단재 신채호는 사군(한사군)과 낙랑국을 분명한 어조로 구별되어야 한다고 밝힌 바 있다.[8] 이제 저자는 신채호 이래 제기된 각

---

2) 리지린. 위의 『리지린의 고조선 연구』, 이덕일 해역, 말, 2018, 544쪽
3) 리지린. 위의 『리지린의 고조선 연구』, 545쪽
4) 윤내현, 「한사군의 낙랑군과 평양의 낙랑」, 『한국학보』41, (1985); 윤내현, 『한국고대사 신론』, 만권당, 2017
5) 윤내현, 『한국열국사연구』 만권당, 2016, 137쪽
6) 이덕일, 『이덕일의 한국통사』, 다산초당, 2019, 89쪽
7) 이덕일, 『조선사편수회 식민사관 비판Ⅰ-한사군은 요동에 있었다』 한가람역사문화연구소, 2020, 73쪽
8) 신채호, 『조선상고사』 (「4편 열국쟁웅시대/1장2절 열국강역」)

이한 낙랑의 위치문제를 리지린과 윤내현이 제출한 한사군의 낙랑, 최리의 낙랑, 동한 광무제의 낙랑, 염사읍 별읍 등에 대한 여러 견해를 각각 검토하여 역사 속의 낙랑의 실체를 시대별로 밝혀보고자 한다. 이를 위해『삼국사기』뿐만 아니라,『북부여기』,『태백일사』등 현존하는 새 문헌을 동원하여 비교검토의 대상을 넓혀 낙랑국의 실체에 접근하고, 지금까지 있었던 역사의 공백을 메꾸어 가려고 한다. 우리 역사의 복원을 위해서는 단 한 줄의 문헌자료라도 긴요하고 절박한 것이 우리의 역사현실이다.『삼국유사』의 경우는 단락의 제목을 '낙랑국'이라 해놓고 내용은 '낙랑군'을 쓰는 모순을 스스로 범하고 말았지만,『북부여기』에 나오는 '낙랑왕 최숭(崔崇)'이라는 한 구절과『태백일사』에 나오는 요동지방의 '해성이남미하(海城以南未下)'[9]라는 구절은 어느 문헌에서도 찾을 수 없는 희귀한 구절이다. 이 두 구절이 두 책을 참고문헌으로 채택할 수 있는 결정적인 근거 자료가 되었다. 특히 해성은 비파형동검이 출토[10]된 곳으로 본래 고조선의 옛 영토였음을 알 수 있다.

저자는 이 글에서 평양에 있었던 정치체가 한(漢)의 낙랑군이 아니고, 고조선의 후계 나라의 하나인 '최씨낙랑국'임을 밝혀 '낙랑군 평양부재설'을 다시 확인하는 계기로 삼고, 나아가 낙랑국의 실체를 밝혀보고자 한다. 문헌자료에 대한 연대 보완은『락랑구역일대의 고분발굴보고』(2002년판)를 참고하였다.[11]

---

9) 이형우 향토사학자는 신문 기고문에서 20세기 청나라 때 지명인 해성(海城)이 나오는『태백일사』는 위서(僞書)라고 주장했다. 그러나 해성은 17세기까지를 기록한『만주원류고』에도 등장한다.
10) 김동일『중국동북지방의 고대무덤(2)』사회과학원 고고학연구소(평양), 2009, 199쪽
11) 리순진 김재용,『락랑구역일대의 고분발굴보고』백산자료원, 2003. 이 책은 평양에서 2002년 7월 인쇄되었다.

최씨낙랑국에 대한 쟁점별 이해

평양의 낙랑국과 평양 밖의 낙랑군

한사군의 낙랑군을 한반도 안에서 찾느냐, 밖에서 찾느냐는 중요한 사관의 문제이다. 일본인 군국주의 관변학자인 이나바 이와키치(稻葉岩吉)는 「진(秦) 장성(長城) 동단(東端)과 왕험성(王險城) 고찰」[12](1910)에서 진(秦) 장성의 요동설에 대한 비판으로 시작한다. 『사기』 「흉노열전」에서 연(燕)의 장성(長城)이 요동의 양평(襄平)에 이르렀다고 기술한 것은 실제 동쪽 끝을 의미하기보다 그저 요동군에 닿았다는 일반론으로 치부하고, 또 정약용이 제기한 압록강 패수설에도 의문을 제기한다. 대신 『사기』(「조선열전」)에서 한(漢)이 진(秦)의 요동 요새를 수리하고 패수를 경계로 삼았다는 말과 『한서』 「지리지」의 "수서지증지입해水西至增地入海"(물은 서쪽으로 증지에 이르러 바다도 들어간다)에서 그 수(水)가 패수요, 패수는 지금의 대동강이고, 증지(增地)는 지금의 진남포의 서쪽인 서강(西江), 용강(龍岡)을 가리킨다고 식민사학의 기본 틀을 제시했다. 따라서 고조선의 왕험성[왕검성]이 평양이 아니고, 이를 대동강 이남, 수안(遂安) 서북의 어느 곳이라 하였다. 그가 수안을 적극 옹호한 것은 조지연(趙志淵)의 학설을 따른 것(遂城爲遂安之說)이라고 밝혔는데,[13] 그가 말한 조지연은 『대한강역고』를 주해한 장지연의 오기였다.

결국 그가 말한 진 장성의 동쪽 끝은 황해도 수안에서 시작해 대동

---

12) 稻葉岩吉, 「진(秦) 장성(長城) 동단(東端)과 왕험성(王險城) 고찰」 『사학잡지』 21-2, 동경대사학회, (1910).
13) 稻葉岩吉, 「진(秦) 장성(長城) 동단(東端)과 왕험성(王險城) 고찰」 『식민사관형성기 초자료번역』, 겨레얼살리기국민운동본부, 2015, 74~75쪽; 이덕일(2020), 267쪽

강의 상류, 청천강·압록강 상류, 개원 동북으로 연결되었다는 상상에서 나온 것 같다. 이런 그의 상상은 급기야 낙랑군의 치소인 조선현에까지 미친다. 그는 왕험성이 조선의 치소였고, 그곳에 낙랑군이 설치되었으므로 낙랑군의 치소가 지금 대동강 남쪽 땅인 왕험성(王險城)인 점은 추호도 틀림없다고 단언하였다.[14] 이보다 앞서 낙랑군의 치소는 조선현에 있는데, 그 조선현은 지금의 평양이라고 억설을 낸 사람은 정약용이다.[15]

1922년 조선사편찬위원회 간사를 맡은 이나바의 영향력은 대단했고, 급기야 이 한편의 논문이 조선역사를 왜곡하는데 결정적인 악영향을 주었다. 이 학설을 순진하게 받아들인 학자가 이병도이다. 그는 "과연 일제 초기로부터 일인(日人)조사단에 의하여 대동강 남안(大同面) 토성리(土城里) 일대가 낙랑 군치(郡治)인 동시에 조선 현치(縣治)임이 그 유적 유물을 통하여 판명되었다"[16]고 감탄을 금치 못한다. 1차 문헌 사료보다 유적을 더 우선시하고, 스승의 학설만을 추종하는 과오를 범한 것이 아닌가 한다. 대동강 북안(北岸)은 평양인데, 그 남안(南岸)인 토성리 일대가 맞다는 것이다. 같은 평양인데 하필이면 꼭 토성리여야 한다는 주장도 수상하다.

그러나 한반도 안에 있던 평양의 낙랑은 한사군의 낙랑군이 아니고 낙랑국이라고 한 사람은 단재 신채호이다. 이미 이익(李瀷)도 낙랑군의 요동 설치 가능성을 제기한 바 있지만, 당시로서는 영향력이 미약했다.[17] 단재는 사군(한사군)과 낙랑국을 분명한 어조로 다음과 같

---

14) 稲葉岩吉, 앞의 논문, 77쪽
15) "樂浪郡治本朝鮮縣 縣卽今之平壤也"(정약용『아방강역고』「낙랑고」)
16) 이병도, 앞의 책, 140쪽
17) 이익, 『성호사설유선』상, 권1하, 「천지편」하, 지리문 사군조: 낙랑군치(樂浪郡治)는 조선현(朝鮮縣)이니 그 읍거(邑居)가 비록 요동에 있었지만(樂浪治朝鮮縣 則其邑雖在遼東)이라고 했다.

이 구별한다.[18]

● 사군(四郡) : 위만이 동쪽으로 건너온 패수는 위략의 만반한, 『한서』「지리지」의 요동군 문번한, 곧 지금의 해성(海城), 개평(蓋平) 등지이니 지금의 한우락(軒芋濼)이다. 한무제가 점령한 조선이 패수 부근 위만의 옛 땅이므로 한무제가 건설한 사군은 삼조선의 국명과 지명을 가져다가 요동군 내에 가설(假設)한 것이다.
● 낙랑국 : 낙랑국은 한의 낙랑국과 별개로 지금의 평양에 세워진 나라다. 기존학자들은 둘을 혼동했다.[19]

잠시 단재가 말한 패수=한우락을 살펴보겠다. 『흠정만주원류고』(권15)에는 한우박(軒芋泊)이라 했는데, 옛 자료를 인용해 패수는 옛 니하(泥河)이고, 니하는 한우락(軒芋濼)이고, 해성 서남쪽 65리에 있다고 했으며, 조선 경내에 있는 패강(浿江)이 아니라고까지 못박았다.[20]

이같이 단재는 평양의 낙랑국을 별개의 나라로 보았고, 마한이 월지국으로 천도한 뒤, 옛 평양에는 최씨가 등장해서 주변 25개국을 복속시킨 일대국(一大國)이 곧 낙랑국이라는 것이다.[21] 마한의 경우 원양, 모수, 상외 등 54개국을 다스렸고, 낙랑국은 조선, 패수, 수성, 부조 등 25개국을 다스렸다. 우리가 알고 있는 한사군 낙랑군의 25개 현

---

18) 신채호, 『조선상고사』(「4편 열국쟁웅시대/1장2절 열국강역」)
19) 신채호는 분명히 두 개의 낙랑을 강조했다. 그러나 식민사학자들은 낙랑국 자체를 인정하려 들지 않는다. 그런데 임승국 역주 『한단고기』(정신세계사, 1986) 번역자 임승국도 혼동하기는 마찬가지이다. 이 책 131쪽 낙랑국 설명에서 단재를 비판했으나, 자신이 단재의 주장을 오독(誤讀)한데서 온 실수였다. 저자가 정신세계사 편집부에 건의해서 최근 판부터 이 부분을 삭제했다.
20) 남주성역주, 『흠정만주원류고』하권,(서울: 글모아출판, 2010), 285쪽. 헌우록 또는 軒(헌)우락이 아니라 '軒(한)우락'이다. 단재는 한우락을 우리말 알티(安市)로 보았다(4편3장3절)
21) 신채호『조선상고사』(「3편 삼조선분립시대/4장 2절 낙랑과 남삼한의 대치」)

의 이름이 사실은 이 낙랑국 25개국 이름을 가져다가 요동의 지명으로 고쳐서 『한서』 지리지에 넣었다는 것이 단재의 주장이다.[22]

리지린과 윤내현은 낙랑국을 말하기 전에 한사군 낙랑군의 위치를 먼저 규명한다. 문제는 당시의 요동이 어디이며, 그 근거는 무엇인가로부터 추적한다. 고정된 지형물인 갈석산을 놓고, 진(秦)장성 동단과 낙랑군과의 관계를 연계하여 설명하는 것은 당시 요동(요수의 동쪽)의 위치를 명확히 하기 위한 것이다. 『사기』를 쓴 한초(漢初) 당시의 요동은 오늘의 요하(遼河)의 동방이 아니라, 난하(灤河)의 동방이며, 진시황의 갈석산은 요하의 갈석산이 아니라 지금 난하(옛 요수)의 갈석산이라는 것이 기본전제이다. 이 갈석산의 위치가 나오면, 낙랑군 수성현에 갈석산이 있다고 하였으므로 낙랑군의 위치는 자연히 밝혀지게 된다. 윤내현은 갈석산이 있는 당시의 요동, 오늘날의 요서에 낙랑군이 있었다고 했다. 또 윤내현은 이 갈석을 서한(西漢)과 위만조선의 국경으로 본다. 위만조선을 멸망시키고 그 지역에 설치된 낙랑군은 한반도의 북부지역이 아니라 갈석의 동부지역이라는 것이며, 평양에는 낙랑국이 있었는데, 역사적으로 낙랑은 한사군의 낙랑(요서), 최리의 낙랑국(평양), 동한 광무제의 낙랑(살수 이남) 등 3개의 낙랑이 존재했다는 새로운 학설을 제시했다.[23]

요동의 살수 이남과 염사읍

『삼국사기』「고구려본기」 '44년조 기사'에 있는 "한(漢)의 광무제가 군사를 보내 바다를 건너 낙랑을 치고 그 땅을 취하여 군현으로 삼으

---

22) 신채호 『조선상고사』(「3편 삼조선분립시대/4장 3절 낙랑25국과 남삼한」). 신채호는 낙랑군이 한반도 밖의 요동이라고 분명히 주장했다.
23) 윤내현, 『한국고대사 신론』 만권당, 2017

니 살수 이남이 한(漢)에 속하였다"[24]라는 문제의 구절에 대해 알아보고자 한다.

이병도는 이 구절에 대해, "후한이 고구려로부터 낙랑을 탈취한 것으로 오해하여 그렇게 오전한 것인지도 모르겠다"[25]고 하여 궁색한 말을 한다. 자신이 모르는 것은 특유의 표현대로 오해(誤解)니 오전(誤傳)이니 하는 말로 넘어간다. 이병도의 말을 재해석하면, 후한에게 이미 동방 제현(諸縣)이 넘어왔는데, 후한이 군사를 보내 그 낙랑을 (탈취할 수 없는데) 탈취한 것으로 김부식이 오해하여 이를 오전시켜서 '44년조 기사'가 나온 것인지 나도 모르겠다는 식이다. 그러니까 이 기사는 잘못 이해한 사람(김부식)이 잘못 전해서 이런 말이 나온 것이니 더 알 필요가 없다는 뜻이 된다.

북한의 손영종은 여기서 말하는 살수는 대동강이며, 후한의 군현설은 있을 수 없는 막연한 소리라고 비판했다. 단지 후한이 철(鐵)이 많이 나는 낙랑국에서 철을 교역하기 위해 출병했던 것으로 과소평가하고 있다.[26]

반면에 윤내현은 '44년조 기사'를 처음에 동한(후한)이 고구려를 견제하기 위해 살수 이남에 군사적 거점을 만들 필요성 때문에 침략한 것으로 보았고, 그 낙랑지역이 '군사기지 및 교역의 거점'으로 이용된 것으로 이해했었다.[27] 그 후에 쓴 논문에서는 이 지역을 군현으로서의 행정구역, 중국과 한반도의 무역기지, 고구려 견제를 위한 전략기지로 이해했다.[28]

---

24) "漢光武帝遣兵渡海, 伐樂浪, 取其地爲郡縣。薩水以南, 屬漢"(『삼국사기』「고구려본기」대무신왕 27년9월)
25) 이병도, 앞의 『삼국사기』 277쪽(注 13)
26) 손영종, 『고구려사』(1), 과학백과사전종합출판사, 1990, 100쪽
27) 윤내현 앞의 「한사군의 낙랑군과 평양의 낙랑」, 16~17쪽
28) 윤내현, 앞의 『한국열국사 연구』, 161~162쪽

한편 이익(李瀷)도 '44년조 기사'를 받아들인다. 즉 "한(漢) 건무(建武) 13년이다. 건무 20년에 이르러 한 나라에서 군대를 보내 바다를 건너서 낙랑을 치고, 그 땅을 빼앗아 군현(郡縣)을 만들었으니 살수(薩水) 이북이 모두 한 나라에 속했다. 살수는 청천강이다."[29]라고 했다. 다만 그는 살수를 영변의 청천강으로 보되, 살수 '이북(以北)'이 한(漢)에 속했다고 엉뚱하게 적어 왜곡하고 있다. '살수이남'이 아닌 '살수이북'이란 말은 『동국통감』에도 있는데, 살수를 한반도의 청천강으로 보는 경우에, 이미 그 자리에는 한사군이 들어와 있는데 또 그 자리에 새로운 한사군이 온다면 스스로 자가당착에 빠지므로 '살수이북'이라고 원문을 고쳐서라도 대동강의 한사군을 합리화하려고 무리수를 둔 것이라 생각된다. 한사군의 영역을 임의로 왜곡한 것이다.

이 문제를 본격적으로 거론한 사람은 북한의 리지린이다. 그는 「고구려본기」'44년조 기사'를 염사읍과 연계하여 소마시의 '염사읍군' 임명사실의 다른 표현에 지나지 않는 것으로 이해하고 있다. '44년조 기사'(살수이남)는 「고구려본기」에만 있고 『후한서』 기록에는 없다. 단지 같은 44년에 『후한서』「한전」에는 광무제가 소마시(蘇馬諟)를 염사읍군(廉斯邑君)으로 삼아 낙랑군에 속하게 했다는 내용이 있고,[30] 『후한서』「광무제기」에는 동이가 낙랑군에 내부하였다(樂浪內附)하였다[31]는 두 기록에 근거하여 염사읍을 설명한 것이다. 그래서

---

29) 이익 『성호사설유선』상, 권1하, 「천지편」하, 지리문 사군조(按句麗太武神王襲樂浪滅之時漢建武十三年也 至建武二十年漢遣兵渡海伐樂浪取其地爲郡縣 薩水以北皆屬漢是時句麗雖據樂浪之墟其國都尙在鴨綠之西樂浪主雖逃居于遼與故域隔絶而句麗阻其間引漢兵渡海來復故域是役也伐樂浪故地非伐樂浪主也其實伐句麗也樂浪滅已久矣又誰伐犾――校勘指歸可明後有太史氏作樂浪世家必有取扵斯矣 薩水者淸川江也)
30) "建武二十年, 韓人廉斯諟蘇馬諟等詣樂浪貢獻。光武封蘇馬諟爲漢廉斯邑君, 使屬樂浪郡, 四時朝謁"(『후한서』「동이열전」75, 韓傳)
31) "秋, 東夷韓國人率衆詣樂浪內附"(『후한서』「광무제기下」권1하)

그는 이 염사읍을 엽사읍국의 읍(邑)이거나 본래 낙랑국의 한 개 별읍(別邑)으로 설명하였던 것이다.32) 그는 낙랑국이 망한 것으로 보고 광무제가 그 자리 염사읍에 소마시를 군(君)으로 봉(封)한 것으로 보았다. 또 후한은 한인(韓人) 세력을 이용하려고 소마시와 결탁하였고, 그 자리에 한족(漢族)을 이주시켜 낙랑군 통치에서 오는 현지인의 반항을 억제하고 견제하려고 한 것으로 풀이된다.

그리고 여기서 또 문제가 되는 것은 살수(薩水)의 위치이다. 염사읍과 살수 문제는 뒤에서 재론할 것이다.

문헌 비교를 통한 낙랑과 낙랑국에 대한 재인식

『삼국사기』로 본 낙랑과 최리낙랑국

『삼국사기』「신라본기」에 실린 낙랑에 관한 최초의 기록은 BCE 28년이다. 낙랑이 우리 역사에 처음 등장한 것은 다음에 보듯이 신라 박혁거세 때이고, 이어서 백제 온조왕 때에도 등장한다. 『삼국사기』에 등장하는 낙랑 관련 기사 중에 신라나 백제와 관련된 기사는 요동의 한사군이 아니라 평양의 토착 낙랑국처럼 보인다. 만약 한사군의 낙랑군이었다면 중국과의 국제문제가 되므로 한(漢)의 기록에도 나와야 하고, 한(漢)의 군사적 지원이 이루어졌어야 할 것이다.

---

32) 리지린, 앞의 『고조선연구』, 547쪽

1. 『삼국사기』 중 초기 「신라본기」에 나타난 낙랑 기록

㉠ 혁거세 거서간 〈낙랑의 신라 침입사건〉 (BCE 28년 04월 30일)

혁거세 30년 여름 4월 기해(己亥) 그믐에 일식이 있었다. **낙랑(樂浪) 사람들이 군대를 이끌고 침공해 왔다가 변경 사람들이 밤에도 집의 문빗장을 걸지 않고 노적가리가 들에 뒤덮여 있는 것을 보고 ~~물러나 돌아갔다.**[33]

㉡ 혁거세 거서간 〈신라 호공의 마한왕 배알〉 (BCE 20년 02월)

혁거세 38년 봄 2월에 호공(瓠公)을 마한(馬韓)에 보내 예를 갖추었다. 마한왕이 호공을 꾸짖어 말했다. "진한(辰韓)·변한(卞韓)은 우리의 속국(屬國)인데 근년에 공물을 보내지 않으니 큰 나라를 섬기는 예의가 어찌 이와 같은가?" [호공이] 대답했다. "우리나라에 두 성인(聖人)이 일어난 뒤 인사(人事)가 잘 닦이고 천시(天時)가 순조로와 창고가 가득 차고 인민은 공경과 겸양을 알게 되었습니다. 이에 진한(辰韓) 유민으로부터 변한·**낙랑(樂浪)**·왜인(倭人)에 이르기까지 모두 두려워하지 않는 바가 없습니다. ~~[34]

㉢ 남해 차차웅 〈낙랑의 신라 침공사건〉 (4년 07월)

차차웅 원년 가을 7월에 **낙랑의 군사들이 와서 금성(金城)**을 몇 겹으로 둘러싸자 왕이 좌우 신하들에게 말했다. "두 성인(聖人)이 나라를

---

33) "三十年, 夏四月己亥晦, 日有食之. 樂浪人將兵來侵, 見邊人夜戶不扃, 露積被野, 相謂曰, "此方民不相盜, 可謂有道之國. 吾儕潛師而襲之, 無異於盜, 得不愧乎." 乃引還"(『삼국사기』「신라본기」赫居世 居西干)

34) "三十八年, 春二月, 遣瓠公聘於馬韓. 馬韓王讓瓠公曰, "辰·卞二韓, 爲我屬国, 比年不輸職貢, 事大之禮, 其若是乎." 對曰, "我國自二聖肇興, 人事修, 天時和, 倉庫充實, 人民敬讓. 自辰韓遺民, 以至卞韓·樂浪·倭人, 無不畏懷. 而吾王謙虛, 遣下臣修聘, 可謂過於禮矣. 而大王赫怒, 劫之以兵, 是何意耶." 王憤欲殺之, 左右諫止, 乃許歸. 前此, 中國之人, 苦秦亂, 東來者衆. 多處馬韓東, 與辰韓雜居. 至是寢盛, 故馬韓忌之, 有責焉. 瓠公者, 未詳其族姓. 本倭人, 初以瓠繫腰, 度海而來, 故稱瓠公"(『삼국사기』「신라본기」박혁거세)

버리시고 과인이 나라 사람들의 추대를 받아 그릇되게 재위에 있으니 위태롭고 두렵기가 물길을 건너는 것 같다. 지금 이웃 나라가 침공해 온 것은 바로 과인이 부덕하기 때문이다. 이를 어찌하면 좋겠는가?"[35]

이상에서 보듯이 여기의 낙랑기사는 낙랑국의 기사가 틀림없다는 것을 ⓒ의 마한왕과 호공의 대화 중에 우리와 중국을 구별하는 점에서 분명하게 인지할 수 있다. 마한왕의 이름이 기록되지 않는 것이 못내 아쉽지만, '진한, 변한, 낙랑, 왜인을 마한의 속국(屬國)으로 인식'하고 있었다는 것은 모두가 고조선의 후예라는 의미가 강하게 담겨 있었다는 것을 의미한다. 왜인 출신 호공을 마한왕이 맞이한 것도 그런 차원에서 이해할 수 있다.

2. 『삼국사기』 중 「백제본기」에 나타난 낙랑의 기록

㉠ 온조왕 〈낙랑이 백제와 우호관계 맺음〉 (BCE 15년 08월 (음))
가을 8월에 낙랑에 사신을 보내 우호관계를 맺었다.
秋八月, 遣使樂浪修好.

㉡ 온조왕 〈백제와 우호관계 단절〉 (BCE 11년 07월)
가을 7월에 백제가 마수성(馬首城)을 쌓고 병산책(瓶山柵)을 세웠다. **낙랑태수**가 사람을 보내 말했다. "지난날 서로 사신을 교환하고, 우호관계를 맺어 한 집안과 같이 여기고 있는 터에, 지금 우리의 영역에 접

---

35) "元年, 秋七月, 樂浪兵至, 國金城數重, 王謂左右曰, "二聖弃國, 孤以國人推戴, 謬居於位, 危懼若涉川水. 今鄰國來侵, 是孤之不德也. 爲之若何." 左右對曰, "賊幸我有喪, 妄以兵來. 天必不祐, 不足畏也." 賊俄而退歸"(『삼국사기』「신라본기」남해차차웅)

근하여 성을 쌓고 목책을 세우고 있으니, 혹시 우리 땅을 점점 차지하려는 계획이 아닌가?~~이는 당연히 그대가 의심할 일이 아니다. 만일 당신이 강한 것을 믿고 군사를 출동시킨다면, 우리 역시 대응할 뿐이다." 이로 말미암아 **낙랑**과 우호관계가 단절되었다.[36]

ⓒ 온조왕 〈낙랑이 백제의 병산책 공격〉 (BCE 8년 04월 (음))

11년 여름 4월에 **낙랑**이 말갈로 하여금 (백제의) 병산책(甁山柵)을 습격해서 파괴한 다음 1백여 명을 죽이거나 사로잡았다.

十一年, 夏四月, 樂浪使靺鞨襲破甁山柵, 殺掠一百餘人.

이상과 같이 백제가 낙랑과의 경계에 마수성을 쌓고 병산책을 세운 것으로 보아 낙랑은 백제와 육지로 경계를 이루었다는 것을 알 수 있고, 당시에 백제는 한(韓)의 북단을 차지하고 있었으므로 백제와 경계를 이룬 낙랑은 최씨낙랑국이라 할 수 있다. 앞의 낙랑태수라는 말은 낙랑왕(樂浪王)의 오기(誤記)일 수 있다.[37] 낙랑과 백제는 한 집안(意同一家)처럼 가깝게 지냈다는 것도 알 수 있다.

ⓔ 온조왕 〈나라 동쪽에 낙랑이 있다〉 (BCE 6년 05월(음))

13년 여름 5월, 우리나라(백제)의 동쪽에는 **낙랑**(樂浪)이 있고, 북쪽에는 말갈(靺鞨)이 있어 번갈아 우리 강역을 침공하므로 편안한 날이 적다.

十三年 夏五月, 王謂臣下曰, "國家東有樂浪, 北有靺鞨, 侵軼疆境

---

36) "秋七月, 築馬首城, 竪甁山柵. 樂浪太守使告曰, "頃者, 聘問結好, 意同一家, 今逼我疆, 造立城柵, 或者其有蠶食之謀乎. 若不渝舊好, 墮城破柵, 則無所猜疑. 苟或不然, 請一戰以決勝負." 王報曰, "設險守國, 古今常道, 豈敢以此, 有渝於和好. 宜若執事之所不疑也. 若執事恃強出師, 則小國亦有以待之耳." 由是與樂浪失和"(『삼국사기』「백제본기」온조왕)
37) 윤내현 앞의 『한국열국사연구』, 155쪽

ⓜ 온조왕 〈낙랑이 백제의 위례성 공격〉 (BCE 2년 (음))

17년 봄에 **낙랑**이 침입하여 위례성을 불태웠다.

十七年, 春, 樂浪來侵, 焚慰禮城.

ⓗ 온조왕 〈낙랑의 _습격〉 (BCE 1년)

18년 11월에 왕이 **낙랑**의 우두산성(牛頭山城)을 습격하려고 구곡(臼谷)까지 이르렀으나, 큰 눈을 만나 곧 돌아왔다.

十八年 十一月, 王欲襲樂浪牛頭山城, 至臼谷, 遇大雪乃還

이상에 보듯이 낙랑국과 백제는 주로 BCE에 발생한 기사가 많다. BCE 15년, 11년, 9년, 8년, 6년, 2년 등이다. 백제가 낙랑에 사신을 보내 우호관계를 맺었다는 것은 낙랑국과 맺었다는 뜻이다.

그러면 낙랑국은 어디까지 영향력을 미쳤는가? 낙랑의 국경선은 백제의 마수성(馬首城)의 가까운 곳에 있었다는 것을 알 수 있는데, 『동사강목』(제1上, 마한왕)에도 마수(馬首)·병산(甁山)은 모두 미상이라고 적고 있어 위치추적이 어렵다. 또 백제 온조왕 18년(BCE 1년)에 낙랑을 공격하기 위해 구곡(臼谷)까지 행차한 기사[38]가 있는데, 이 구곡에 있는 낙랑의 성이 우두산성(牛頭山城)이다. 『삼국사기』에는 우두산과 유사한 명칭으로 우두주(牛豆州), 우수주(牛首州), 수약주(首若州) 등이 전하는데, 우두주(牛豆州)라는 지명은 「신라본기」 나해이사금 27년(222)조부터 헌덕왕 17년(825)조까지 광범위하게 등장한다. 현재 지명에도 우두산(牛頭山)이 남쪽에는 강원도 춘천, 경기도 양평, 경기도 여주, 경남 거창 등지에 있다. ㉣에서 백제의 동쪽에 낙랑이 있었다는 말에서 오늘날 춘천까지 낙랑이 진출했다는 것을 알 수 있다.[39] 요즘 춘천의 중도(中島) 선사유적과 관련하

---

38) "十一月, 王欲襲樂浪牛頭山城, 至臼谷. 遇大雪乃還"(『삼국사기』「百濟本紀」第一溫祚王 十八年)

여 더 연구할 필요가 있다.

또 낙랑을 알게 해주는 지명은 온조왕 11년에 나오는 독산(禿山)과 구천(狗川)이다. 이 두 곳에 목책을 설치하여 낙랑의 통로를 차단하였다고 했기 때문이다. 구체성은 없으나 백제의 북쪽 지방인 것은 확실할 것이다.

3. 『삼국사기』 중 「고구려본기」에 나타난 낙랑의 기록

㉠ 대무신왕 〈고구려 왕자 호동(好童)과 낙랑왕 최리(崔理)와의 만남〉
(기원 32년)
여름 4월에 왕자 호동(好童)이 옥저를 여행하였는데, 낙랑왕 최리(崔理)가 출행하였다가 그를 보고는 묻기를, "그대의 얼굴을 보니 보통 사람 같지 않은데, 혹시 북쪽의 나라 (대무)신왕의 아들이 아닌가" 하고 드디어는 함께 돌아가 딸을 그의 아내로 삼게 하였다.[40]

이같이 둘의 대화에서 고구려를 북국(北國)이라고 한 점에 비추어 고구려 남쪽에 있었던 이 나라는 낙랑국이고, 그 나라의 왕으로 최리왕이 등장한다. 고구려의 남쪽이고, 곧 한반도 북부지역에 소재했다는 것을 알 수 있다.[41] 종래 이 낙랑에 관한 기사는 모두 한사군의 낙랑군에 관한 이야기로 인식하고 있었으나, 서로 혼인을 할 수 있는

---

39) 윤내현 앞의 『한국열국사연구』, 156쪽
40) "夏四月, 王子好童遊於沃沮, 樂浪王崔理出行, 因見之問日, "觀君顔色, 非常人. 豈非北國神王之子乎." 遂同歸, 以女妻之. 後好童還國, 潛遣人, 告崔氏女日, "若能入而國武庫, 割破鼓角, 則我以禮迎, 不然則否." 先是, 樂浪有鼓角, 若有敵兵則自鳴. 故令破之. 於是, 崔女將利刀, 潛入庫中, 割鼓面·角口, 以報好童. 好童勸王襲樂浪. 崔理以鼓角不鳴不備. 我兵掩至城下, 然後知鼓角皆破. 遂殺女子, 出降 或云, "欲滅樂浪, 遂請婚, 娶其女爲子妻, 後使歸本国, 壞其兵物."(『삼국사기』「고구려본기」(대무신왕 15년)
41) 윤내현, 앞의 논문 (「한사군의 낙랑군과 평양의 낙랑」, 15쪽

관계였기 때문에 한사군의 낙랑군과 별개의 낙랑임을 알 수 있다.

그런데 낙랑은 『삼국사기』의 세 기사에 의하면, 세 차례에 걸쳐 멸망하게 된다.

ⓒ 「고구려본기」 대무신왕 20년(기원 37년), 왕이 낙랑을 습격하여 그것을 멸망시켰다.⁴²⁾

ⓒ 「신라본기」 유리 이사금 14년(기원 37년), 고구려의 왕 무혈(대무신왕)이 낙랑을 습격하여 그것을 멸망시켰다. 그 나라 사람 5천 명이 투항하여 (신라의) 육부(六部)에 나누어 살게 하였다.⁴³⁾

ⓒ 「고구려본기」 대무신왕 27년(기원 44년), 한(漢)의 광무제가 군사를 보내 바다를 건너 낙랑을 치고 그 땅을 취하여 군현으로 삼으니 살수 이남이 한(漢)에 속하였다.⁴⁴⁾

이처럼 「고구려본기」와 「신라본기」는 같은 낙랑의 멸망을 기록하고 있다. 지금까지 37년 낙랑의 멸망을 고구려에 의한 한(漢)의 낙랑군 멸망으로 해석하였고, 이어서 서기 44년 후한 광무제가 37년의 보복으로 평양에 낙랑을 설치했다는 평양 일대에서 벌어진 일련의 역사적 사건을 대체로 고구려와 후한의 국제적 역학 관계 속에서 진행된 것으로 이해해왔다.⁴⁵⁾ 그러나 이제는 재해석이 필요하다. 신라가 낙랑의 망국민을 받아 육부에 살게 한 것으로 보아서 낙랑은 저 멀리 요동에 있는 한사군의 낙랑이 아니라, 이웃에 있는 평양의 '최

---

42) "二十年, 王襲樂浪滅之"(『삼국사기』 「고구려본기」)
43) "十四年, 高句麗王無恤, 襲樂浪滅之. 其國人五千來投, 分居六部"(『삼국사기』 「신라본기」)
44) "漢光武帝遣兵渡海, 伐樂浪, 取其地爲郡縣。薩水以南, 屬漢"(『삼국사기』 「고구려본기」 대무신왕 27년9월)
45) 임찬경 「고려시대 한사군 인식에 대한 검토 - 『삼국사기』의 현토와 낙랑 인식을 중심으로-」 『국학연구』 20, 국학연구소, 2016, 95쪽

씨낙랑국'인 것이다. 리지린은 이 37년의 낙랑국을 "고구려의 적수로 될 만큼 강한 나라였으며, 신라, 백제도 위협"[46]하는 존재로 보아 낙랑국임을 분명히 했다. 반면에 이병도는 "이때 낙랑을 멸하였다는 것은 믿지 못할 말"[47]이라고 직설하였다. 김부식도 인정한 최리의 낙랑국은, 평양에 있을 한사군 낙랑군만을 기억하고 있는 이병도로서는 상상할 수 없는 혼돈이었을 것이다. ㉣은 낙랑국을 친 것인데, 한반도 청천강의 살수가 아닌 것으로 보고 요동의 살수로 이해하려고 한다. 뒤에서 염사읍과 관련하여 다시 설명할 것이다.

『북부여기』로 본 최숭의 낙랑국 건국

낙랑국의 주된 무대와 관련하여 평양에 남아있던 최리 낙랑국의 뿌리에 대해 다시 생각하지 않을 수 없다.

그러면 평양 낙랑국의 시조는 누구이며, 어디로 부터 왔는가? 하는 점을 밝히기 위해 새로운 문헌인 『북부여기』를 인용하고자 한다.

유일한 기록은 범장(范樟)의 『북부여기』에 있다. 광개토태왕비문에 나오는 국호가 북부여이다. 『북부여기』는 고조선의 마지막 단군인 47대 고열가의 정통성을 북부여가 계승한 것으로 서술한다. 그래서 시조 해모수는 단군의 호칭을 그대로 사용한다. 건국연대는 BCE 239년이고, BCE 58년 고구려 고주몽에게 왕통을 넘겨 준다.

북부여 3세 단군 고해사 시기인 BCE 195년 낙랑국왕 최숭(崔崇)이 등장한다. 같은 최씨이지만 최리와는 200여 년 시차가 있다. 『북부여기』의 원문을 이해를 돕기 위해 두 개 문단으로 나누었다.

---

46) 리지린, 「삼국사기를 통해 본 고조선의 위치」, 『력사과학』 3호, 과학백과사전출판사, 1966, 25쪽
47) 이병도(1983), 33쪽

㉠ 임신 원년(BCE 169) 정월에 낙랑왕 최숭(崔崇)이 곡식 3백석을 해성(海城) 마을에 헌납했다. 壬申 元年 正月 樂浪王 崔崇 納穀三百石 于海城.

㉡ 이에 앞서 최숭(崔崇)은 낙랑산에서 진귀한 보물을 싣고 바다를 건너 마한에 이르러 왕검성에 도읍했다. 이때는 해모수 단군 재위 45년 병오(BCE 195)년 겨울이었다.
先是 崔崇 自樂浪山載積珍寶而渡海 至馬韓都王儉城 是檀君解慕漱 丙午冬也.

시간의 흐름으로는 ㉠과 ㉡이 바뀌었다. 최숭이 먼저 마한에 와서 도읍을 정하고 낙랑국 왕에 등극한 것은 BCE 195년이다. 도읍지 왕검성(백아강)⁴⁸⁾은 마한 땅에 있으므로 지금의 평양 또는 대동강 일대로 볼 수 있다. 편의상 앞의 '최리낙랑국'과 구별하여 '최숭낙랑국'이라고 부른다. 평양은 과거 고조선의 도읍지였다. 윤내현은 고조선의 도읍지는 모두 5번 이동했는데, 첫 번째와 마지막 다섯 번째 도읍지가 아사달, 즉 현재의 평양이었다고 했다.⁴⁹⁾ 고조선의 마지막 도읍지인 평양을 찾아 최숭이 낙랑국을 세우고 도읍지로 택했다는 것은 중요한 의미를 지닌다. 고조선의 뒤를 이어 북부여가 일어났지만, 그 위치가 북쪽이었기 때문에 고조선의 남쪽 지역은 북쪽에 비해 상대적으로 느슨한 정치판도였을 것이다.

그러면 BCE 195년은 어떤 시대 상황이었을까? 『사기』 「조선열전」에는 효혜(孝惠), 고후(高后)시대라고 했다. 이는 BCE 195~180년을 의미한다. 이 당시 혼돈의 장본인은 위만과 노관(盧綰)이었다. 『위략(魏略)』이 전하는 바에 의하면, 노관이 서한(西漢)에 반란을 일으켜

---

48) 안경전 역주, 『환단고기』 (보급판) 상생출판, 2016, 285쪽
49) 윤내현, 『고조선연구』상, 만권당, 2015, 448쪽

흉노로 들어갔을 때, 위만도 호복을 입고 망명을 했다[50]는 것이다. 노관이 반란한 때가 BCE 195년이다. 이와 동시에 위만도 번조선에 망명을 위장하여 침입했다. 이때 위만의 공격을 받은 준왕(準王)은 배를 타고 바다로 들어갔다고 전한다. 1892년 하야시 다이스케(林泰輔)는 『조선사』에서 준왕이 마한의 금마군(전라도 익산군)에 들어왔다[51]고 적고 있으나 근거가 없다. 『삼국유사』 「마한」조 주석에도 "지금 사람들이 금마산(金馬山)을 생각해 마한을 백제라 하는 것은 잘못이다. 본래 고구려 땅에 읍산(馬邑山:평양)이 있어서 마한이라 했다"고 적고 있다.

이처럼 위만의 위장 침입과 준왕의 망명 등 격변기에 또 한 사람이 등장한다. 그 중에 세력이 큰 사람이 최숭(崔崇)이었을 것이다. 최숭은 BCE 195년에 낙랑산(樂浪山)을 떠나 마한(馬韓)에 이르렀다. 이런 의미에서 『북부여기』에 기록된 최숭의 BCE 195년 망명은 믿을 만한 연대로 보인다.

그런데 최숭이 낙랑국을 세운 후 26년 만에 갑자기 해성(海城)에 갔는데, 해성은 어떤 의미가 있을까?

일찍이 신채호는 요동반도 해성의 한우락을 패수(浿水)로 말한 바 있다. 그래서 해성과 개평(현 개주)사이가 고대사에서 주목을 받기도 했다. 그러나 옛 요수를 난하로 보면 당시 요동의 패수는 오늘의 해성보다도 먼 서쪽에 있게 되기 때문에 해성이 실제적으로 주목되는 것은 고조선 말기라고 할 수 있다. 이 해성에서 청동기시대(고조선 시기)의 고인돌이 발견된 것을 참고할 필요가 있다.[52]

---

50) "盧綰叛 入匈奴 燕人衛滿亡命 爲胡服"(『魏略』)
51) 林泰輔 『조선사』 동경, 1892, 66쪽(2013년 인문사 영인판본)
52) 양홍진 복기대, 「중국 해성(海城) 고인돌과 주변 바위그림에 대한 고고천문학적 소고(小考)」 『동아시아고대학』 29, 2012.12, 322~323쪽

『단군세기』에 의하면 해성은 BCE 425년에 이름을 평양이라 하고 별궁을 건설한 곳이다.[53] 이 때는 고조선이 대부여로 국호를 변경하던 해이다. 이 국호 변경은 고조선사에서 매우 중요한 사건이다. 해성이 고조선의 별궁이 되었다는 것은 고조선 말기에 와서 요동반도가 중심부 역할을 하였다는 뜻이기도 하다. 후에 북부여에서도 별궁의 자리는 유지되었을 것이다. 북부여는 BCE 192년에 해성을 다시 평안도에 부속시켜 위만의 침략에 대비케 하였다.[54] 이때 사람들이 식량조달에 참여하였는데, 중부여(中夫餘)사람들이 참여하였다고 했다. 이런 북부여의 식량조달 정책에 낙랑국 최숭이 참여하여 300석을 바친 것으로 추정된다. 이는 최숭이 평야의 곡창지대에 나라를 세웠다는 것을 의미한다. 또 이런 헌납은 북부여와 낙랑국 사이가 선린관계임을 입증할 수 있는 사례라고 본다.

『후한서』의 낙랑과 염사읍

앞에서 살펴 본 것처럼 「고구려본기」 '44년조 기사'(낙랑정벌, 살수이남)를 염사읍과 연계하여 소마시의 '염사읍군' 임명사실과 맥을 같이 하는 것으로 이해했다. 이 '44년조 기사'는 「고구려본기」에만 있고 『후한서』 기록에는 없다. 다시 언급해 본다.

㉠ 「고구려본기」 대무신왕 27년(기원 44년), 한(漢)의 광무제가 군사를 보내 바다를 건너 낙랑을 치고 그 땅을 취하여 군현으로 삼으니 살수 이남이 한(漢)에 속하였다.[55]

---

53) "七月命改築海城爲平壤作離宮"(『단군세기』 44세 구물 단군)
54) "己酉三年以海城屬平壤道使皇弟高辰守之中夫餘一城悉從糧餉"(『북부여기』 2세 모수리 단군)
55) "漢光武帝遣兵渡海, 伐樂浪, 取其地爲郡縣, 薩水以南, 屬漢"(『삼국사기』 「고구려본기」 대무신왕 27년9월)

ⓛ『후한서』「한전」 건무 20년(44년), 한인(韓人) 염사읍 사람인 소마시 등이 낙랑군을 예방하고 공물을 바쳤다. 광무제는 소마시를 봉하여 '한(漢) 염사읍군'으로 삼고, 그로 하여금 낙랑군에 적을 두고 철마다 입조하여 알현하게 하였다.[56]
ⓒ『후한서』「광무제기」 건무 20년(44년)에는 동이가 낙랑군에 내부하였다(樂浪內附).[57]

이같이 같은 44년에 『후한서』「한전」에는 광무제가 소마시(蘇馬諟)를 염사읍군(廉斯邑君)으로 삼아 낙랑군에 속하게 했다는 내용이 있고, 또『후한서』「광무제기」건무 20년(44년)에는 동이가 낙랑군에 내부하였다(樂浪內附)는 두 기록이 남아있다. 염사읍은『삼국사기』에 없는 내용이다. 리지린은 우리 측과 중국 측의 기록이 상이한 것을 우연한 일로 생각할 수 없다며, "동일한 사실에 대한 기록이 각이하게 된 것으로 보는 것이 타당할 것"이라고 했다. 이어 그는 "광무제가 낙랑군을 새로 설치하였다면 그 사건을 '광무제기'에 기록하지 않았을 리 없다고 보아야 할 것이다. 왜냐하면 마한의 한 개 읍군이 낙랑군에 예속되었다는 사실을 기록하면서 그보다 훨씬 큰 사건인 낙랑군을 (새로) 설치한 사실을 기록하지 않았다고는 볼 수 없기 때문"이라며, 단지 이 두 자료는 동일한 역사적 사실에 대한 기록이라고 판단할 수 있다고 보았다.[58] 그러니까「고구려본기」가 말한 대로 낙랑을 쳐서 살수 이남을 속현으로 했다는 말은 새로운 낙랑군을 설치했다는 의미로 받아들일 것이 아니라, 한 개 읍이 낙랑군에 예속된 것을 과장해서 기록한 것으로 이해할 수 있다는 말이다.

---

56) "建武二十年, 韓人廉斯人蘇馬諟等詣樂浪貢獻。光武封蘇馬諟為漢廉斯邑君, 使屬樂浪郡, 四時朝謁"(『후한서』「동이열전」75, 韓傳)
57) "建武二十年, 秋, 東夷韓國人率眾詣樂浪內附"(『후한서』「광무제기下」권1하)
58) 리지린, 앞의『리지린의 고조선 연구』, 543~544쪽

그러나 저자는 「고구려본기」의 내용을 그대로 볼 경우, 그 지리적 배경이 평양뿐만 아니라 요동의 살수로도 옮겨봐야 한다고 주장한다. 리지린은 지금 요동의 낙랑을 생각하지 못한 상태에서 평양 한 곳만을 한정한데서 그런 주장이 나온 것으로 보인다. 다시 말해 평양이 아닌 요동의 살수가 있는 해성의 남쪽 땅을 속한(屬漢)으로 삼아 친한(親漢)의 염사읍을 두고 요동일대의 낙랑인(동이족)을 통제한 것이라 할 수 있다. 염사치가 진한의 우거수였다는 말은 뒤에서 설명한다.

「태백일사」로 본 평양과 요동의 낙랑국

『태백일사』「고구려국본기」에도 대무신왕(대무신열제)의 치적(37년조 기사)이 나오는데, 그 중에 '낙랑국'에 대해 이렇게 나온다.

> 37년에 임금(대무신왕)이 낙랑국(樂浪國)을 기습하여 멸하였다. 이리하여 동압록(東鴨綠) 이남이 우리 고구려에게 속하였으나, 다만 해성(海城) 이남의 바다 가까이 있는 여러 성은 아직 항복시키지 못하였다.[59]

37년조 기사는 대무신왕 20년이다. 『삼국사기』에도 똑같이 등장한 기사이다. 즉 "왕이 낙랑국을 습격하여 멸망시키다"(王襲樂浪滅之;「고구려본기」)라고 간략히 말했다. 또 「신라본기」에도 등장한다. 즉 "고구려의 왕 무휼(대무신왕)이 낙랑을 습격하여 그것을 멸망시켰다. 그 나라 사람 5천 명이 투항하여 (신라의) 육부(六部)에 나누어 살게 하였다"도 했다. 앞에서 저자는 신라에게 투항한 자가 5천이라

---

[59] "大武神烈帝二十年 帝襲樂浪國滅之 東鴨綠以南屬我 獨海城以南近海諸城 未下"(『태백일사』「고구려국본기」)

는 것에 유념하여 이때의 낙랑은 기존의 연구에 좇아 평양의 최리낙랑국으로 보았었다.

그런데 『태백일사』(「고구려국본기」)의 37년조 기사를 다시 보면, 『삼국사기』보다 우리에게 더 중요하고 상세한 정보를 제공하고 있다는 것을 알 수 있다. 나누어 보면 더 잘 알 수 있다.

㉠ 서기 37년에 임금이 낙랑국을 기습하여 멸하였다(帝襲樂浪國滅之).
㉡ 동압록(東鴨綠) 이남을 우리 고구려에 귀속시켰다(東鴨綠以南屬我).
㉢ 그러나 해성(海城) 이남의 바다 가까운 여러 성은 항복시키지 못했다(獨海城以南近海諸城 未下).

여기서 ㉠은 『삼국사기』의 기록(王襲樂浪滅之)과 같다. 다만 『태백일사』는 왕을 제(帝)라고 표기한 점과 낙랑군이 아니고 낙랑국(樂浪國)이라 명시한 점이 구체적이다. 종래의 해석은 수정될 수밖에 없다. 다음으로 ㉡의 동압록 이남이 문제다. 본래 압록은 압록(鴨綠, 지금의 압록강)과 압록(鴨淥, 지금의 요하)의 두 가지로 한자 표기를 구별하는데,[60] 『태백일사』가 후대의 문헌이므로 요하(서압록)에 대하여 현재의 압록강을 동압록(東鴨綠)이라 표기한 것으로 본다.[61] ㉡과 같이 동압록 즉 현 압록강 이남(以南) 일부가 고구려에게 귀속되자, 평양 일대의 일부 낙랑국인들이 신라로 투항해 갔다는 것은 앞의 지적과 같다. 일부의 투항은 낙랑국이 전부가 멸망 당한 것이 아니기 때문이다. 그 상황을 「신라본기」가 정확히 기록한 것이다. 따라서 압록 이남은 일부 귀속되었으나, 도읍지 내지는 중심부인 평양 일대는

---

60) 복기대, 앞의 「한사군은 어떻게 갈석에서 대동강까지 왔나?」 259쪽; 윤한택, 『고려국경에서 평화시대를 묻는다』 참생각품은 숲, 2018, 131쪽
61) 안경전, 앞의 『환단고기 역주』, 458쪽. 『삼성기』(상)에 西압록이 나온다. 서압록은 西요하이다.

한동안 그대로 유지되었을 것이다.

그 다음 ㉢을 통해 요동지역 해성 일대가 이미 낙랑국의 영역에 있었다는 새로운 사실을 발견할 수 있다. 이때의 전쟁은 동압록과 함께 요동의 해성에서 각각 동시에 전개된 것으로 볼 수 있다. '항복시키지 못했다'는 말이 이 문헌의 진실성을 시사해주고 있다. 이 말은 두 가지 의미를 지닌다. 하나는 낙랑국의 저항이 강하여 해성 이북은 고구려에 귀속되었으나 해성 이남의 일부는 낙랑국이 건재했다는 뜻이다. 그러니까『삼국사기』도 37년조 기사를 '습격'(王襲樂浪滅之)이라고 표현한 것은 완전히 멸망시킨 것이 아니라는 의미로 받아들일 수 있다. 이곳 해성은 역사적으로 전란이 심했던 곳이다. 따라서 ㉡과 ㉢을 합해보면, 낙랑국의 영토는 평양일대와 요동의 해성일대로 나누어 있었다는 뜻이 된다. 여기서 다시 생각할 것은 "낙랑왕 최숭(崔崇)이 곡식 300석을 해성(海城) 마을에 헌납했다"는『북부여기』의 앞선 기록이 무엇을 의미하느냐는 것이다.

이는 훗날 북부여로부터 낙랑국이 해성 일대의 통치권을 이양받는데 결정적인 계기가 되었을지도 모르겠다. 그러면 언제 이양받았을까?『북부여기』가 또 다른 자료를 제공해준다. BCE 117에서 BCE 108년 사이의 국제관계를 정리하면, 위만정권의 마지막 왕 우거(右渠)가 해성을 침략하여 3개월을 점령하였으나 북부여가 진격하여 해성을 탈환하여 도적 떼로부터 고조선의 옛 땅을 지켰고, 계속 추격하여 살수에 이르렀으며, 한(漢)나라 유철이 사군을 설치하려고(欲置四郡) 군대를 일으키는 것을 알고 이들을 격퇴시켰다고 했다.[62] 여기서

---

62) "丙寅六年帝親率精銳五千 襲破海城追至薩水 九黎河以東悉降 丁卯七年設木柵於坐原置軍於閭以備不虞 癸酉十三年漢劉徹寇平那 滅右渠仍欲置四郡 盛以兵四侵於是高豆莫汗 倡義起兵所至連破漢寇遺民四應以助戰軍報大振"(『북부여기』「4세단군 고우루」)

눈에 띄는 것은 해성(海城)이다. 해성은 본래 번조선의 땅이었다가 북부여가 그곳을 관리했고, 한때 위만의 공격을 받았으나 저지하였고, 한(漢) 유철의 군대도 격퇴시킨 곳이다. 이곳 해성이 낙랑국에 귀속된 것은 BCE 58년 전후 시기 즉 북부여가 망하고 고구려가 계승받았을 즈음으로 추정할 수 있다. BCE 169년에 최숭이 곡식 300석을 바친 것과 어떤 연관이 있었을 것으로 생각된다.

낙랑국의 실체와 멸망

문헌 종합으로 본 최씨낙랑국과 염사읍

1. 최씨낙랑국의 실체

지금까지 현존하는 각종 문헌을 토대로 낙랑국을 조명해보았다. 지금까지 거론된 낙랑의 역사를 재정리하면, 최숭(崔崇)이 BCE 195년에 평양에 도읍을 정해 낙랑국을 세웠고, BCE 58년에 북부여가 망할 즈음 북부여로부터 요동의 해성 땅을 얻어 강역을 넓혔다. 37년에 최리(崔理)왕 때에 고구려에게 해성 일대를 부분 점령당하고, 44년에 개평에 한의 낙랑군 속현인 염사읍이 설치되었다. 요동의 해성 땅은 고구려의 공격이 있기 전의 일정기간 동안 한(漢)의 침투를 막아내는 방파제 역할을 했다고 할 수 있다. 여기서 저자는 최숭의 낙랑국과 최리의 낙랑국이 평양을 지리적으로 중첩하였다는 점에서 같은 낙랑국으로 본다. 이를 통칭할 때는 '최씨낙랑국'으로 부른다.

그런데 최숭이 BCE 195년에 평양 도읍이 가능한 것인지에 대한 검토가 요청된다. 그것이 가능할 수 있었던 사회적 변화를 주목할 필요가 있다. 윤내현은 BCE 195년부터 108년 사이에 고조선 사회에 중대한 변화가 있었다고 지적했다. 최숭을 지목하여 말한 것은 아니지만, 그 당시의 사회가 '고조선의 몰락과 위만조선의 흥망 및 한사군 설치에 따른 역사적 상황 변화'가 있었다고 열거하고 있다. 즉 기자국의 정권을 탈취한 위만이 서한(西漢)의 원조를 받아 고조선의 서부영역을 잠식하여 위만조선이 서고, 다시 서한의 공격을 받아 위만조선이 멸망한 일련의 연속적인 변화를 주목해야 하는 것이다.[63] 이때 최숭이 낙랑국을 건립한 것이다. 최숭이 건국한 BCE 195년은 공교롭게도 위만이 서한(西漢)에 망명한 해라는 면에서 일치한다. 낙랑국의 역사에서 가장 중요한 고비는 서기 37년이다. 고구려의 습격을 받았으나 완전히 멸망한 것은 아니다. 이 당시를 기준으로 낙랑국의 강역이 본래 어디까지였는지를 생각해 보고, 현재의 지도(그림 1)로써 추정해 본다.

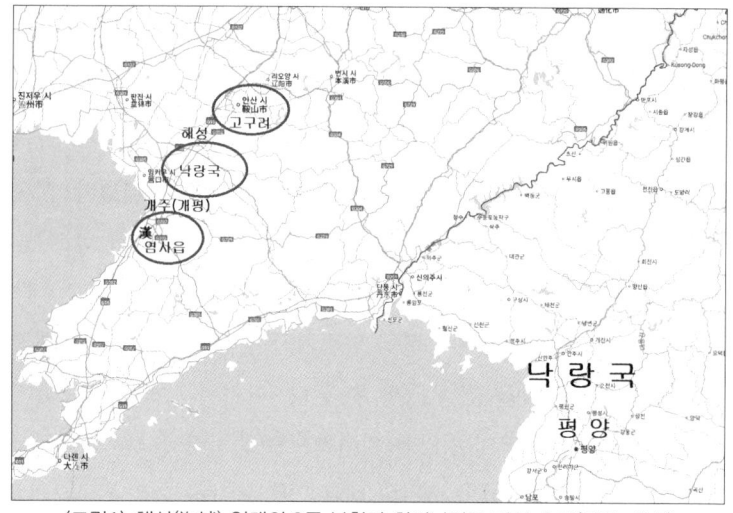

〈그림1〉 해성(海城) 일대의 3국 분할과 최씨낙랑국 강역 추정(평양~해성)

---

63) 윤내현, 앞의 「한사군의 낙랑군과 평양의 낙랑」, 19쪽

첫째로 확실한 낙랑국의 강역은 압록강 이남에서 평양 일대까지, 평양에서 신라와 백제의 국경선까지이다. 낙랑유적을 대표하는 나무곽무덤[64]이 평안남도와 황해남북도에 분포되어 있는 것에서도 알 수 있다.[65]

둘째는 요동의 해성 일부 지역이다. 그렇다면 지금까지 애매했던 낙랑의 강역이 『태백일사』문헌으로 확인할 수 있게 되었다. 다시 말해 최씨낙랑국의 강역이 압록강 이남, 신라와 백제의 국경선 이북, 요동의 해성 동남 지역에 두루 걸쳐 있다는 사실을 부인할 수 없게 되었다. 그러니까 최씨낙랑국은 본래 평양 일대만이 아니라, 저 멀리 요동반도 일대(해성 개주지역)와 압록강 이남에 이르는 일(一) 자형 영토를 갖고 있었다고 보는 것이다. 그 땅의 모양이 동서는 장(長)하고 남북은 협(夾)하다.

이런 영토에 대한 새로운 사실뿐만 아니라, 최숭(崔崇)과 최리(崔理)가 하나의 '최씨낙랑국'이었음을 알게 된 것이다. 32년 고구려가 낙랑을 공격할 때는 최리왕을 거명하였는데, 37년 기사에서는 아무런 실명을 거명하지 않은 것은 동일국가, 동일왕조이기 때문일 것이다. 따라서 BCE 195년에 건국하고, 「신라본기」에 실린 BCE 28년 기사로부터 낙랑의 건재는 확인되며, 37년 고구려에 의해 평양의 일부를 잃고, 해성의 일부를 침략 당했을 때까지도 최씨낙랑국은 요동과 평양에서 각기 존속했다고 보는 것이다. 다만 37년 평양 함락 시 신라로 도망간 5천여 인은 신라에 귀화한 사람도 있을 것이고, 일부는 낙랑국 회복을 위해 저항을 계속했을 것이다. 고구려에 끝까지 저

---

64) 맨땅에 무덤구덩이를 파고 거기에 두께 5cm 정도의 두꺼운 판자로 좁고 긴 곽을 짜고 그 안에 주검을 두었으며 머리쪽에는 일정한 공간을 두어 껴묻거리 간으로 만들었다.(일명 목곽묘)
65) 사회과학원고고연구소, 『조선고고학개요』 과학백과사전출판사, 1977, 145쪽

항하여 살아남은 사람들을 '토착낙랑국'이라고 할 수 있다. 북한은 고구려의 침략으로 낙랑국이 고구려에 예속된 '조선소국'과 '후기 낙랑국'으로 나누어졌다고 설명한다.[66]

2. 염사읍의 실체

앞에서 살펴본 『태백일사』 37년조 기사가 『삼국사기』 「고구려본기」 44년조 기사를 다시 떠올리게 한다. 여기서 문제가 되는 것이 「고구려본기」에 나오는 광무제가 낙랑을 쳤다는 44년의 말과 『후한서』가 말한 44년의 염사읍 문제이다.

> 한(漢)의 광무제가 군사를 보내 바다를 건너 낙랑을 치고 그 땅을 취하여 군현으로 삼으니 살수 이남이 한(漢)에 속하였다.[67]

즉 광무제가 낙랑을 쳤다는 것은 자기네 낙랑군이 아니고 틀림없이 별개의 낙랑 즉 '낙랑국'이었을 것이다. 또 44년조의 살수이남속한(薩水以南屬漢)에서 '살수 이남은 한(漢)에 속했다'는 말의 의미가 궁금하다. 여기서 해성이라는 곳과 살수라는 지명의 상관성을 규명할 필요가 제기된다. 일단 37년 전쟁과 44년 전쟁을 염두에 두면, 고구려가 해성 이남의 정복하지 못했던 지역을 7년 후에 한(漢)이 공략하여 그 해성 이남(개평 일대) 즉 살수 이남을 취한 것으로 이해할 수 있다. 다시 말하면, 살수(해성) 이북은 고구려에 속한 것이 되고, 그 이남의 일부는 나중에 후한(後漢)에 속했거나 그 일부는 낙랑의 땅으로

---

66) 손영종, 『조선단대사(고구려사1)』 과학백과사전출판사, 2006, 144~145쪽
67) "漢光武帝遣兵渡海, 伐樂浪, 取其地爲郡縣。薩水以南, 屬漢"『삼국사기』「고구려본기」 대무신왕 27년9월)

남았을 것으로 볼 수 있다. 그러니까 이 기록의 배경은 한반도 청천강이 아니라 요동의 해성 일대라는 점이다. 따라서 해성 살수 일대의 땅은 고구려, 한(漢), 낙랑이 3국이 각각 차지한 것으로 추정할 수 있다. 이것을 저자는 '살수낙랑의 충돌'이라고 본다. 최동은 '살수이남속한 薩水以南屬漢'을 개평의 남쪽 땅(蓋平以南地)으로 해석하였는데,[68] 이는 해성의 남쪽인 개주의 남쪽 땅이 된다. 이런 3국 간의 충돌지에서 낙랑은 후한의 침략을 최소화하며 요동 땅을 지키는 방파제 역할을 했다. 과거에 고죽국이 조선을 지킨 방파제 역할을 한 것과 같다.

윤내현은 44년조 설명에서 청천강을 현재의 영변 청천강으로 보고, 그 이남인 대동강 지역을 '한(漢)의 행정구역'으로 보았다.[69] 그러나 이때의 살수는 『태백일사』의 해성(海城) 지방 언급으로 한반도의 살수(청천강)가 아니라 요동의 살수로 보아야 할 이유가 생겼다.

윤내현이 한반도 내에 있는 행정적 거점으로 보았으나, 리지린은 『후한서』(「한전」)에 등장하는 "한의 염사읍군이 낙랑군에 속하였다"는 기사와 「광무기」에 나오는 "동이의 한인(韓人)이 낙랑군에 내부(內附)하였다"가 같은 44년조라는 점에 근거하여[70] 염사읍에 대해 다음과 같이 말했다.

- 염사읍은 낙랑군에 가까운 곳에 있다.
- 염사읍은 행정적으로 낙랑군에 속하였으나 현(縣)이 된 것은 아니다.
- 염사읍은 본래 낙랑국이 망한 자리에 새로 생긴 염사국의 읍, 또는 낙랑국의 별읍 이었을 것이다.
- 염사읍은 최리 낙랑국과 구별되는 곳에 있었다.[71]

---

68) 최동,『조선상고민족사』 동국문화사, 1966, 554~555쪽
69) 윤내현, 앞의 『한국열국사 연구』, 162쪽
70) 리지린 앞의 『리지린의 고조선 연구』, 542~543쪽
71) 위의 책, 547쪽

이것이「고구려본기」의 '살수이남속한'과 같은 사건이라는 것이다. 또 리지린은 "낙랑국은 마한 지역에 있었고, 염사읍은 그 낙랑국의 일부였으며, 결국 염사읍은 마한의 한 개 지역에 있었다"[72]고 보았다. 그러나 리지린도 최리의 낙랑국이 해성이 아닌, 평양에만 있었다는 것을 전제로 이런 주장을 했기 때문에 한계가 있다.

한편 이병도는 염사(廉斯)가 지금의 충남 서산(瑞山) 구 해미현(海美縣, 今 서산군)이라고 했다가 아산(牙山)지역으로 변경했는데, 이는 염사읍을 한반도로 끌어들이는 것이 목적이었던 같다.[73] 이를 위해 이병도는 음이 비슷하다는 직각(直覺)에서 그런 결론을 얻었다는 특유의 유아적(唯我的) 화법을 구사하며 역사를 왜곡하였다.

따라서 저자는「고구려본기」'44년조 기사'에서 말한 '살수이남속한'과『후한서』(한전)에서 말한 후한의 염사읍과『태백일사』가 말한 37년 고구려의 요동 점령지 등이 재검토되어야 한다고 주장한다. 우선 지리적 배경은 한반도가 아니라는 점이다. 요동의 해성 지방(또는 '살수낙랑')을 중심으로 보면, 살수 이남의 해성 일부는 후한이 낙랑국을 점령한 별읍인 염사읍으로 보고, 이 염사읍의 동북 땅 또는 해성의 북쪽을 고구려가 차지하였으며, 해성의 나머지 남쪽은 낙랑국의 본래 영역인 3개국으로 분할된 것으로 보는 것이다.

아울러 소마시의 염사읍은 그 지역이 낙랑군에 형식적으로 종속은 되었으나, 그 땅 그대로 독자적인 낙랑군의 별읍(別邑)인 염사읍으로서 후한의 보호 아래 요동의 거점도시(半식민지) 역할을 해주며 이득을 취했을 것으로 본다. 후한의 염사읍이 한반도 내 청천강 일대에 있었던 것은 아님을 알 수 있다. 물론 한반도 내 평양에는 요동의 낙

---

72) 위의 책, 552쪽
73) 이병도 앞의『한국고대사연구』, 245쪽

랑국의 본국인 낙랑국이 존속되고 있었다.(북한에서는 이를 '후기 낙랑국'이라고 칭함)

이제 한반도가 아니고 요동에 있었던 염사읍의 소재지를 확인하기 위해 소마시가 한인(韓人) 이라고 한 점을 토대로 한 걸음 더 들어가 염사읍을 알아보고자 한다. 우선 자료를 보겠다.

㉠ 『위략(魏略)』: 왕망 지황 연간(A.D. 20~23년)에 염사치(착)가 진한(辰韓)의 우거수(右渠帥)가 되었다. 염사치가 말하기를 "나는 마땅히 한(漢)의 낙랑군에 항복하려고 하는데, 너는 가지 않겠는가?" 진(辰)의 염사치가 호래를 데리고 함자현에 갔다.[74]

㉡ 『후한서』: 건무 20년(A.D. 44년) 한인(韓人) 염사 사람 소마시(蘇馬諟) 등이 와서 공물을 바쳤다. 광무제는 소마시를 염사읍의 군(君)으로 삼았고, 낙랑군에 속하게 했다.

㉢ 『위략』: 조선상 역계상은 우거왕이 자신의 간언을 받아들이지 않자 동쪽의 진국(辰國)으로 갔는데(東之辰國) 2000여호가 따라 나섰다.[75]

㉣ 「조선열전」: 진번 곁의 진국이 천자에게 글을 올리려고 해도 또한 막혀서 통할 수 없었다.[76]

㉤ 『개평현지』: 개평은 옛 진한의 땅이고, 주(周)가 기자를 조선에 봉한 땅이다.[77]

이같이 인용문에는 진한(辰韓), 한(韓), 진국(辰國)이 등장한다. 삼

---

74) "至王莽地皇時 廉斯鑡(염사치)爲辰韓右渠帥 聞樂浪土地美 ~~鑡曰 我當降漢樂浪 汝欲去不~~辰鑡因將戶來 來出詣含資縣"(『삼국지』「동이전」한조韓條 주석 위략)
75) "初 古渠未破時 朝鮮相歷谿卿以諫 右渠不用 東之辰國 時民隨出居者 二千餘戶'"(『삼국지』「동이전」한조韓條 주석 위략)
76) "眞番旁衆(辰)國 欲上書見天子 又擁閼(알)不通"(『사기』「조선열전」)
77) "蓋平古辰韓之地 周封箕子於朝鮮"(『蓋平縣志』上,「建治沿革志」)

한(三韓)⁷⁸⁾과 진국 문제는 난해하여 정립된 이론이 없다. 최리왕이 요동에 있었으면, 염사읍도 요동에 있어야 한다. 리지린은 염사읍이 낙랑군(한사군)과 가까운 지역일 것이라고 추리하였는데⁷⁹⁾, 낙랑군보다는 낙랑국에서 염사읍을 찾아야 할 것이다. 따라서 평양의 최리 낙랑국이 망한 자리에 들어선 염사읍이 아니라, 이미 44년에 요동의 낙랑국 남쪽에 있던 염사읍으로 보는 것이 사실에 부합할 것이다. 당시의 요동을 리지린은 위만의 뒤를 이어 일어난 낙랑군의 땅으로 보고 있고, 윤내현은 고구려 땅으로 보고 있는 점이 서로 다른 점이다.

다음은 『위략』에 말한 염사치가 진한(辰韓)의 우거수가 되었다는 말이 무슨 뜻인가 하는 점이다. 그 지역이 본래 진한, 또는 진의 나라였는가? 진한과 진국은 같은가, 다른가? ⓒ의 동쪽 진국(또는 衆國)은 BCE 2세기 후반기 한(漢)과 외교서신을 주고받을 정도의 국가였다면 '고조선'의 거수국인 진국으로 볼 수 있을 것이다.⁸⁰⁾

그런데 『개평현지』에 의하면, 개평은 옛 진한(辰韓)의 땅이라고 했고, 기자조선이 있었던 땅이라고 했다.⁸¹⁾ 한때는 개평이 진한(辰韓)의 땅이라는 이유로 진주(辰州)라고도 불렸다. 그렇다면 ㉠의 염사읍의 소재지는 다른 문헌상의 근거가 없는 한, 해성의 남쪽인 개평(오늘의

---

78) 안경전(2016), 182쪽. 삼한은 세 종류로 나누어 이해할 수 있다. 前삼한: 고조선 초기의 삼한관경제의 진한, 번한, 마한. 中삼한: 전삼한이 무너지고 난 후 한강 이남에 건설한 마한, 진한, 변한(이른바 삼한연맹). 後삼한: 南삼한이 나중에 국가를 세운 이름 즉 신라(진한), 백제(마한), 가락(변한)
79) 리지린, 앞의 『리지린의 고조선 연구』, 547쪽
80) 고조선은 B.C.238년에 붕괴되고 북부여로 왕통이 넘어갔다. 위만정권 당시에 고조선은 존재하지 않았고, 위만의 도적질을 북부여가 막아냈다. 다만 당시의 여러 정황으로 보아 진국(辰國)이란 27개의 거수국이 무리(衆國)를 이룬 형태의 고조선을 상징화한 말로 본다.
81) 북한에서는 위만조선의 왕검성(고조선 제2의 수도)이 이곳 개평에 있었다고 하고, 이 왕검성이 낙랑군의 군치가 있는 조선현이라고 한다.[손영종, 『조선단대사』(고구려사1) 과학백과사전출판사(평양), 2006, 118~119쪽)]

개주)이며, 경상도가 아닌 요동의 진한(辰韓) 땅이라면 당시로는 염사치가 진국(辰國) 사람이라고 봐야 할 것이다.[82] 진한의 우거수가 훗날 후한의 눈에 들어 염사읍의 군(君)으로 지명되었을 것이다.

따라서 오늘날의 요동반도인 해성(海城)과 개주(蓋州;개평) 일대는 본래 낙랑국의 영역이었으나, 고구려의 침략으로 일부를 잃고, 일부는 한(漢)의 기지로 분할되어 그 일대가 3분(分) 되었다고 본다. 다만 낙랑국의 명맥은 일정 기간 동안 유지되었다고 본다. 다시 말해 이 일대는 염사읍(廉斯邑)의 한(漢)과 낙랑국, 그리고 고구려의 통치권이 혼재(混在)된 곳으로 보인다. 그러나 이곳 요동반도에는 한사군의 낙랑군이 직접적으로 들어오지는 못했을 것이다. 고구려가 여러 성을 항복시키지 못했다(諸城 未下)는 말을 근거로 하면, 최리가 해성의 일부만 지킨 것으로 보이며, 개주는 한(漢)에 잃은 것으로 보인다. 아울러 평양의 일부도 지킨 것으로 보아 이때 낙랑국이 완전히 패망한 것은 아니다. 상당한 기간 항전이 계속되었을 것이다. 이런 면에서 우리는 평양 일대와 해성 일대를 포함하여 두 지역을 같은 정치체인 낙랑국 즉 '최씨낙랑국'이라고 부른 것이다. 비록 요동반도의 염사읍이 한(漢)의 속현이지만, 한사군의 낙랑군과는 성격을 달리한 별개 집단으로 보며, 낙랑군은 이보다 서쪽인 갈석산 부근에 있었을 것이다. 조선상 역계상이 이주해온 곳도 이곳 개주(개평)가 아닐까 한다. 이상을 통해 한사군의 낙랑군이 평양지방으로 들어오지 못했다는 것을 알 수 있다.

낙랑국의 멸망과 재건

2022년 9월 북한은 평양에 락랑(낙랑)박물관을 개관했다. 북한의

---

82) 리지린, 앞의 『리지린의 고조선 연구』, 585쪽

김명식 박물관장은 KBS가 보도한 인터뷰를 통해, "BCE 3세기 이전부터 기원후 4세기 전반기까지 고조선 말기의 주민들과 그 유민들이 남긴 역사유물들이 약 2천여 점 진열 전시되었다"[83]고 7세기 동안의 역사를 언급했다. 이는 313년에 낙랑국이 망한 것으로 본 것이다.

그럼 낙랑국은 언제 망하였는가? 37년 고구려에 의해 최리낙랑국이 멸망한 이후에도 이런 낙랑국의 역사는 계속되었다. 37년에 1차 멸망한 낙랑국의 재건에 관한 문제이다. 낙랑국의 재건에 관해서 북한 손영종은 처음에 조선소국과 낙랑소국으로 분류하더니 최근에 나온『조선단대사(고구려사1)』에서, "고구려는 옛 낙랑국의 북부를 점령하여 조선소국을 두었는데, 그 지역은 고구려의 평안남도 남부와 황해북도 북부, 동북부지역이었다고 했고, 그 남쪽의 점령하지 못한 낙랑국을 '후기낙랑국'이라고 했다"[84]고 적어 '후기 낙랑국'을 인정했다. 반면에 윤내현은 최씨낙랑국이 37년에 고구려에 멸망했다가 44년에 동한(東漢) 광무제의 도움으로 재건되어 300년 신라에 망할 때까지 존속했다고 보았다.[85]

낙랑국의 강역은 요동과 평양 내륙으로 나누어서 볼 수 있다.

먼저 요동지방에서의 낙랑국의 변천을 보자.『삼국사기』「고구려본기」에는 56년에 고구려가 살수를 국경으로 삼았다고 했다.

> 태조대왕 4년(56) 가을 7월에 동옥저(東沃沮)를 정벌하고 그 땅을 빼앗아 성읍(城邑)으로 삼았다. 영토를 넓혀 동쪽으로 창해(滄海)에 이르고 남쪽으로 살수(薩水)에 이르렀다.
> 四年, 秋七月, 伐東沃沮, 取其土地爲城邑. 拓境東至滄海, 南至薩水

---

83) https://www.youtube.com/watch?v=NLgDanPKES8 (KBS「남북의 창」, 2022.10.8./개관일 2022.9.28)
84) 손영종,『조선단대사(고구려사1)』(평양; 과학백과사전출판사, 2006), 144~145쪽
85) 윤내현, 앞의『한국열국사 연구』, 165쪽

이 남지살수(南至薩水)의 살수를 기존 학설대로 청천강으로 보기도 하나, 요동으로 보면, 『태백일사』에서 말한 37년에 투항받지 못한 (諸城 未下) 해성의 남은 여러 성을 56년에 함락시켰다는 뜻이 될 수 있으나 더 이상 알 수 없다. 다만 『태백일사』「고구려국본기」에 197년에 고구려가 현도(玄菟)와 낙랑(樂浪)을 쳐서 요동을 모두 평정하였다(伐玄菟樂浪 滅之 遼東悉平)는 말에 근거한다면, 이때 요동의 해성 지방이 전부 함락되었다면, 낙랑국은 평양 내륙만을 유지했다고 볼 수 있다. 이것이 낙랑국의 2차 멸망이다.

한편 평양 내륙의 낙랑국은 100여 년 뒤인 300년에 신라에게 마지막으로 항복한 기록이 있다. 이것이 낙랑국의 3차 멸망이다.

기림 니사금 〈낙랑의 항복〉(300년 03월(음))
3년 3월에 우두주(牛頭州)에 이르러 태백산(太白山)에 망제(望祭)를 지냈다. 낙랑(樂浪)과 대방(帶方) 두 나라(兩國)가 항복해 왔다.
三月, 至牛頭州, 望祭太白山. 樂浪·帶方兩國歸服

『삼국사기』「신라본기」에는 모두 7개의 낙랑 기사가 있다. BCE 28년, BCE 20년 기사, 기원 4년, 14년, 36년, 37년 그리고 위에 기록한 300년 기사가 마지막 기사이다. 이 300년 기사는 평양 내지는 신라 국경 근방에 마지막까지 남아 있던 낙랑 즉 '토착낙랑국'에 대한 기록으로 볼 수 있다.

윤내현은 양국(兩國)이라고 한 것과 한사군의 낙랑군이 축출된 313년(미천왕14년)[86]과 이 낙랑국의 300년 멸망연대는 연대가 일

---

86) "十四年, 冬十月, 侵樂浪郡, 虜獲男女二千餘口"(『삼국사기』「고구려본기」 미천왕 14년). 평양 낙랑군을 그토록 흠모하던 추종자들이 갑자기 낙랑군 멸망을 자기 입으로 말하다니 놀랄 일이다. 왜 그랬을까? 평양 낙랑군의 거짓이 탄로 날까 봐 이곳에서의 '침략'을 '멸망'으로 확대 해석하고 '낙랑군 사망' 처리를 시급히 한 것

치하지 않고 별개이기 때문에 낙랑국의 멸망연대는 300년이 맞다고 결론지었다.[87] 다만 윤내현은 300년까지 낙랑국이 존속한 이유 중의 하나로 동한(東漢) 광무제의 도움이 있었던 것으로 보았으나,[88] 이는 염사읍이 해성이 아닌 평양 주변에 있었다고 보는 관점에서 나온 것으로서 광무제의 도움은 근거가 없다고 본다.

따라서 37년 이후 300년까지는 왕대(王代)가 비록 불분명하지만 신라에 마지막까지 흡수되지 않고 자주성을 지키다가 항복하였기 때문에 나라로서의 성격까지도 부인할 수는 없다. 낙랑에서 출토된 기와의 명문에 '대진원강(大晉元康)'이라는 연호가 쓰여 있는데, 이는 서진(西晉) 혜제시대의 연호로써 291~299년까지였던 점에 비추어 평양 낙랑국이 기원 300년까지 존속한 것으로 볼 수 있는 유물 중의 하나이다.[89] 한사군은 본래부터 요서 일대에 있었지, 평양 대동강 안으로 들어온 적이 없다. 이병도는 낙랑군을 '지금의 평안남도'로 못 박았으나,[90] 그 평안도에는 낙랑왕국이 건재했다.

그런데 그동안 강단사학계는 313년 고구려의 낙랑 축출을 두고 요동이 아닌 평양에서 낙랑군이 BCE 108년에 생겼다가 313년에 멸망하였다(미천왕14년)고 확대해석하였다. 이런 거짓 평양설은 1915년 총독부가 편찬한 『조선고적도보해설』의 인식을 그대로 옮긴 것에 지나지 않는다. 낙랑군이 조선 땅을 420년간 지배했다는 거짓논리를

이 아닌가 한다. 앞에서 확인한 것처럼 평양에는 최씨낙랑국이 있었고, 한반도에서 사망처리된 낙랑군은 본래부터 요서에 있었다. 그러나 2014년 3월 낙랑군 조선현 한현도(韓顯度)의 무덤벽돌이 나온 것을 본다면 낙랑군은 요서도 아닌 본래 북경(北京) 인근에 있었을 것이다.
87) 윤내현 앞의 한국열국사연구, 164쪽
88) 윤내현 위 책, 165쪽
89) 윤내현 앞의 『한국고대사 신론』, 40~41쪽. 일부에서는 이 출토기와에 대해 이의를 제기하기도 한다.
90) 이병도 역 『삼국사기』上, 을유문화사, 1983, 311쪽

꾸미려고 일제는 발악을 했다.[91] 그런데 여기에는 이 구절을 교묘하게 이용해 낙랑군 교치설(평양에 있다가 요서로 옮겨갔다는 설)[92]을 유도하려는 또 다른 식민사학계의 음모가 숨어 있었다.

따라서 최리왕 이후로부터 300년 3월에 멸망하기까지 존속한 낙랑국은 비록 세력은 미약했겠지만 토착세력을 중심으로 명맥을 유지한 것으로 볼 때, '토착낙랑국'으로서의 역할을 했을 것으로 평가할 수 있다. '낙랑국'은 BCE 195년 고조선의 전통을 계승한 최숭(崔崇)의 평양 건국으로부터 300년 3월에 신라에 항복하기까지 495년 동안 비록 왕실계보와 강역은 불분명하지만 동일한 정치체로서의 국호는 존속했다고 보는 것이다. 앞에서 언급한 대로 북한은 4세기 전반기에 망한 것으로 보고 있다.

그리고 평양 일대에서 일제가 출토한 각종 유물이 비록 한사군 낙랑군의 이름으로 발표되었으나, 사실은 500년 낙랑국의 유서깊은 유물로 인식을 바꾸어야 할 것이다.

북한의 강승남은 「락랑유적의 금속유물에 대하여」[93]라는 논문에서 청동 유물과 철기유물에 대해 중국 한사군과의 차별성 있는 비교 분석을 통해 낙랑국문화를 드러냈다.

㉠ 낙랑청동거울에서 동(銅)의 함량은 중국 한(漢)나라에 비하면 10.6% 정도 높으며, 그 대신 석(錫)의 함량은 5.0~7.0% 정도 작다. 역사적으로 중국은 청동거울에는 동(銅)을 적게 넣고, 석(錫)을 증가했다. 합리적인 동과 석, 연 함량의 선택은 기술의 발전정도에 따라 차이 나는데 고조선 시기 우리 선조들에 의하여 창조된 청동합금기

---

91) 『조선고적도보해설』제1책, 조선총독부, 1915년, 1쪽.
92) 이덕일 앞의 『조선사편수회 식민사관 비판Ⅰ-한사군은 요동에 있었다』, 166쪽; 문성재 앞의 『한국고대사와 한중일의 역사왜곡』, 284~299쪽 참고. 이에 대한 자세한 설명이 있음.
93) 『조선고고연구』1996,2호(총99호) 사회과학원고고연구소, 41~43쪽

술은 현대 공학적 견지에서 볼 때도 손색이 없이 높다. 이는 한나라 시기 청동 가공기술과 엄밀히 차이난다는 것을 확증하여준다.

ⓒ 토성동 116호 무덤에서 나온 쇠도끼를 분석한 결과 탄소함량이 1.4~1.6%인 고(高)탄소강에 속하는 것이었고, 고온소둔된 것으로 인정되었다. 굳기는 HB가 231인 강철제품이었다. 이렇게 낙랑지역에서 나온 철기들은 고온소둔하거나 높은 온도에서 나온 주강제품이며 현대강철에 못지않다. 이렇게 우수한 락랑의 철기문화는 중국의 제철 제강기술과 차이나며, 락랑 이전(以前)의 철기문화를 계승한 것이다.

ⓒ 낙랑의 금속문화는 그 어떤 외부의 영향이나 다른 이주민에 의해 발전한 것이 아니고 조선 유민(遺民)들이 독자적으로 창조한 것이다.

ⓔ 낙랑의 금속문화는 이웃나라 금속문화와 뚜렷이 구별되며 그것은 단군 고조선 시기부터 우리 선조들이 창조한 금속가공기술을 계승하여 발전시킨 것이었다.

이어 리창언은 귀틀무덤의 크기를 9등급의 신분 등급으로 나눌 수 있는 것은 고구려를 비롯한 당시의 삼국의 관직체계와 일치하는 것이며, 귀틀무덤을 남긴 세력이 독자적인 정치세력이었다면 그 정치세력은 고조선 후국들 중의 하나였으며, "고조선왕조가 멸망한 다음에도 자기의 존재를 유지해온 〈조선〉, 〈낙랑국〉이었다"[94]고 했다.

또한 안병찬도 석암리 9호 무덤에서 왕을 상징하는 황금제 띠고리(금제교구)가 나오고, 역시 왕을 상징하는 '영수강녕(永壽康寧)'이라는 옥도장(귀뉴옥인)도 나와 최고지배자의 유물임을 알 수 있다고 했다.[95] 이처럼 '영수강녕(永壽康寧)'의 옥인(玉印)이나 왕권을 상징하

---

94) 리창언 「귀틀무덤을 남긴 정치세력에 대하여」 『조선고고연구』, 1996,1호(98호), 사회과학원 고고학연구소, 13~15쪽

는 황금 띠고리(금제 교구)가 나온 것을 보면 낙랑국(樂琅國)은 분명히 예속된 한군(漢郡)의 태수가 아닌, 고조선의 문화전통을 이은 독립된 정치체의 왕국(王國)임을 알 수 있다.

특히 낙랑부귀라는 수막새 명문에 〈樂琅富貴〉 즉 삼수(三水)의 낙랑(樂浪)이 아니라 구슬 옥(玉)변에 낙랑(樂琅)이라고 썼으므로 우리는 최씨낙랑국을 '낙랑국(樂琅國)' 또는 '낙랑왕국'이라고 불러도 무방할 것이다.

수백년 존속한 낙랑왕국의 의의

역사적으로 본래 낙랑왕국은 고조선의 거수국(후국)으로 존속해왔다. BCE 11세기 무렵에 이미 양이(良夷)라는 이름이 있었는데, 이 양이가 후에 낙랑을 가리켰다. 낙랑은 한사군의 낙랑군과 최씨낙랑국으로 나뉘었으나 낙랑군에 비해 낙랑국의 존재에 대한 기록 문헌은 미미했다. 『삼국사기』에는 기원 32년에 호동왕자와 낙랑공주의 이야기 중에 공주의 아버지가 최리(崔理)라는 간단한 사실만 나타났을 뿐인데, 낙랑유물들이 이를 보완해주었다.

낙랑유적인 정백동 185호 나무곽무덤 안에서 좁은 놋단검과 놋과 등이 출토된 것은 이 무덤이 BCE 2세기 중엽 이전(즉 전반기)의 무덤이라는 것을 알려주고 있다.[96] 이것은 BCE 108년(낙랑군 설치) 이전에 이미 평양에 한사군이 아닌 독립된 정치체가 존속했다는 것을 입증해주는 것이다. 이런 유물의 입증과는 달리 이를 설명할 수

---

95) 안병찬 「평양일대 락랑유적의 발굴정형에 대하여」『조선고고연구』1995, 4호(97호) 사회과학원 고고학연구소, 9쪽
96) 리순진 김재용, 『락랑구역일대의 고분발굴보고』 백산자료원, 2003, 530~532쪽

있는 문헌상 기록이 부족한 것을 메우기 위해 필자가 찾은 새로운 문헌이 『북부여기』, 『태백일사』이다.

『북부여기』는 위만이 준동하고 민심이 흉흉하던 즈음, BCE 195년에 그곳 낙랑 백성이던 최숭이 낙랑지역을 떠나 마한의 왕검성(평양)에 망명하여 낙랑국을 세우고 왕이 되었다고 했다. 이 사료는 『북부여기』에만 있고, 기존의 『삼국사기』에는 알려지지 않은 사실이다.

하지만 저자는 각각의 문헌이 가지고 있는 한계점을 보완하기 위해 『삼국사기』의 44년조 기사인 '위군현 살수이남속한(爲郡縣 薩水以南屬漢)'의 해석을 『태백일사』의 37년조 기사인 '해성이남미하(海城以南未下)'와 서로 문헌 교차하여 검토하였다. 그 결과 "살수이남은 요동의 해성, 개평 이남 지방으로 후한의 염사읍이며, 살수 이북의 해성 지방은 낙랑국, 낙랑국의 이북은 고구려가 점령하였다"는 것을 알 수 있었다.

그 다음 최씨낙랑국의 기원 문제이다. 낙랑의 나무곽무덤이 BCE 2세기 전반기까지 올라간다는 점에 유의할 때, 『북부여기』가 BCE 195년에 최숭(崔崇)이 마한의 왕검성(평양)에 낙랑국을 건국하였다고 기록한 것을 사실에 입각한 기록으로 인정하지 않을 수 없다. 이는 BCE 108년(또는 BCE 107년) 위만이 망하기 전에 이미 평양에 별도의 정치체인 최씨낙랑국이 존속했다는 것을 거듭 확인해주며, 아울러 이 일대에서 나온 각종 유물들도 이런 연대 산정이 무리가 아님을 뒷받침해주고 있다. 즉 낙랑고분을 연구한 리순진의 2002년판 최종보고서도, "평양일대의 나무곽무덤의 연대를 BCE 2세기 중엽으로부터 BCE 1세기 말엽으로 본다"[97]고 했는데, 이는 낙랑국의 건국 초기에 부합한 것으로 이해할 수 있다.

---

97) 리순진 김재용, 위 책, 530쪽

그리고 『삼국사기』가 말한 대로 최리(崔理)왕 이후부터 300년 3월 신라에 항복할 때까지가 재건과 부침을 거듭한 평양 낙랑국의 존속 기간이다. 낙랑의 봉황리1호무덤이나 낙랑동27호무덤을 모두 3세기 중엽[98]으로 보고 있다는 점에서 이 멸망 연대도 진실에 부합된다고 볼 수 있다. 이렇게 『북부여기』와 『삼국사기』의 두 자료를 합하면 결국 '낙랑국(樂浪國)'은 BCE 195년 건국으로부터 300년 3월까지 비록 왕대(王代)는 명확하지 않지만, 토착낙랑국으로 명맥을 유지하며 495년 동안 존속한 동일한 국호의 정치체로서 왕국(王國)였다고 보는 것이다.

다음으로 낙랑국의 강역이 어디까지인가 하는 점이다. 이는 기원 37년 당시를 기준으로 설명할 수 있을 것이다. 『삼국사기』로 확인할 수 있게 된 강역은 압록강 이남, 평양 또는 신라와 백제의 국경선 이북 정도로 추정할 수 있고, 여기에 『태백일사』를 통해 요동의 해성, 개주 일대에 두루 걸쳐 있었다는 사실을 알 수 있다. 그러니까 37년에 고구려에 의해 최씨낙랑국이 멸망한 것으로 서술한 것은 평양의 낙랑만을 보고, 요동의 낙랑국을 보지 못한 것에서 나온 오류라고 본다. 본래 낙랑국은 평양 일대만이 아니라, 저 멀리 요동반도의 살수 일대(해성 개주지역)와 압록강 이남에 이르는 〈일(一)〉자형 영토를 갖고 있었다고 보는 것이다. 낙랑국은 역사적으로 최숭의 건국과 최리의 낙랑, 고구려와의 충돌, 염사읍과의 충돌 등을 겪었으나 스스로 재건하여 왕권을 유지했으며, 특히 낙랑국이 평양뿐만 아니라 요동에도 영역을 확장했다는 면에서 한때는 고구려를 대신하여 요동을 지켜냈다고 할 수 있다. 이처럼 낙랑국의 강역은 크게는 요동의 해성 일대와 압록강 이남, 평양 일대로 볼 수 있다.

---

98) 리순진 김재용, 위 책, 551쪽

따라서 최숭의 건국으로 시작된 최씨낙랑국은 민족사적으로 요동(遼東)에서 일정 기간 동안 한(漢)의 침투를 막아내는 방파제 역할을 하였고, 동시에 평양(平壤)에서는 고조선 부활이라는 정치 문화사적 의의를 갖는다고 할 수 있다.

역사연구에 있어서 문헌 사료가 얼마나 중요한지는 재론의 여지가 없다. 다만 저자의 연구에서는 기존의 『삼국사기』로서는 설명기 어려운 부족한 부분을 『북부여기』와 『태백일사』 등의 재야 사서가 보완해 주었다는 면에서, 이들 역시 소중한 사료적 가치가 있다고 본다. 이들 사서들에 대한 선입견을 버리고 재평가가 이루어져야 할 것이다.

아울러 낙랑국의 역사가 이처럼 실재함에도 이 낙랑국의 역사를 지우기 위해 한사군의 낙랑군을 평양에 끌어다 놓는다면, 그런 행위는 역사의 왜곡임을 지적해 두지 않을 수 없다.

본문에서 제기되었던 몇 가지 지리적 쟁점 사항을 결론으로 정리하면 다음과 같다.

① 신채호, 리지린, 윤내현은 평양의 낙랑은 한사군의 낙랑군이 아닌 '최씨낙랑국'이라고 밝혔다. 고조선의 후예인 최씨낙랑국(평양)이 본래 국명이지만, 여기에 한(漢)은 낙랑군(요서)을 세워 고조선의 영향력에 대항하였다. 『북부여기』에 의하면, 낙랑국은 최숭이 평양에 건국하였다. 낙랑국의 영토변경을 의미하는 대사건의 결과가 '살수이남속한(薩水以南屬漢)'이다. 살수 이북은 고구려에 속하고, 그 이남은 낙랑국의 땅이지만, 그 중 일부가 염사읍이 되었고, 그 염사읍이 후한(後漢)에 속한 것으로 볼 수 있다. 이른바 동한 광무제 낙랑은 염사읍을 의미한다. 리지린, 윤내현은 염사읍(광무제 낙랑)이 한반도 안에 소재하는 것으로 보았으나, 저자는 『태백일사』에 의해 요동의 해성 일대에서 살수이남속한(薩

水以南屬漢)으로 벌어진 사건으로 보고, 낙랑국의 영토가 평양과 요동 일대에 있었던 것으로 보았다.

② 윤내현이 낙랑은 한사군의 낙랑(요서), 최리의 낙랑국(평양), 동한 광무제의 낙랑(살수 이남) 등 3개의 낙랑이 존재한다고 설명했으나, 저자는 한사군의 낙랑(요서), 최씨 낙랑국(평양, 요동 해성 일대), 동한 광무제의 낙랑(염사읍, 요동 해성 이남) 등 3개의 낙랑이 각각 지리적 특성을 갖고 존재했다고 본다.

③ 낙랑국 영역을 이해하는 데 중요한 살수이남속한(薩水以南屬漢)의 살수를 윤내현은 영변의 청천강으로 보았으나 저자는 요동에서 찾았다. 최동은 요동 개평현의 사하(沙河)를 주목해야 한다고 주장했고, 또 강경구도 개평의 사하(沙河)를 살수로 보았다.[99] 『흠정만주원류고』는 개평(蓋平), 해성(海城), 개원(開原) 등에 같은 이름의 사하(沙河)가 18개 있다고 했다.[100] 따라서 사하(살수)는 현존 문헌상 요동의 개평, 해성 일대를 벗어나지 않는다.

④ 낙랑, 낙랑국에 관한 서술이 문헌마다 다르지만, 『단군세기』에 의하면 13세 흘달 단군때인 BCE 1767년 단군조선(고조선)의 주현(州縣)개편에 의해 낙랑(樂浪)이 처음 등장한다. 이 낙랑주(樂浪州)가 단군조선 말기에 낙랑국과 낙랑군으로 시차를 두고 분리되어 등장한다. 문제의 한사군 낙랑군은 한(漢)에 가까운 곳에 있었을 것이다.

⑤ 『태백일사』에서 말한 해성(海城)이 현재의 요동으로 오기 전에 어디에 있었나에 대한 검토가 필요하다. 향후 해성의 처음 위치가 밝혀지면 낙랑국 연구에 획기적인 진전이 이루어질 것이다.

---

99) 강경구, 『고대의 삼조선과 낙랑』 (서울: 기린원, 1991), 20쪽
100) 남주성, 역주 앞의 『흠정만주원류고』 하권, 261~262쪽

※ 추기

본문 「낙랑국의 멸망과 재건」 부분에 강승남·리창언의 유물에 대한 연구실적을 약간 추가하였다. 여기서 조희승의 「평양 락랑유적에서 드러난 고대 비단에 대하여」의 논문을 추가하고자 한다. 조희승은 "만일 평양일대에 한(漢)의 식민지가 400여 년이나 계속되었다면 중국 옷이 흔하게 나와야 할 것이 아니겠는가. 그런데 평양일대에서 드러난 모든 비단은 조선적인 겸포였으며 조선 석잠누에의 매우 가는 실로 짠 비단이었다"(24쪽)라며 외래정치세력이 아닌 평양(대동강) 낙랑국의 존재를 강조했다.

그렇다면 평양(대동강) 낙랑군설은 가짜임이 분명하다. 고구려 미천왕 14년(서기 313) 겨울 10월, 낙랑군을 침범하여 남녀 2천여 명을 사로잡았다(十四年 冬十月 侵樂浪郡 虜獲男女二千餘口)는 구절을 놓고 이병도는 「낙랑군고」에서 낙랑군과 대방군이 420년만에 고구려의 소유가 되었으나 중국의 영향이 아직 남아 있었다고 주장했다. 이는 도리어 평양 한사군 지배 420년을 합리화해주는 주장에 지나지 않는다. 이보다 앞서 "미천왕 3년(서기 302) 가을 9월, 왕이 병사 3만을 거느리고 현도군을 침공하여, 8천 명을 사로잡아 평양으로 옮겼다"는 구절의 '이지평양(移之平壤)'에서 평양은 고구려 왕이 다스린 통치 강역이었지, 한사군의 낙랑군이 이곳 평양을 지배한 것이 아니라는 것을 거듭 확인할 수 있다. 따라서 현재의 평양은 고조선 이후에 본래부터 낙랑국-고구려의 강역이었으며, 낙랑군은 분명히 평양 밖에 있었다. 만약 고구려 창건사를 기록한 새 문헌이 나온다면 낙랑국의 중심지도 현재의 평양이 아닌 새로운 곳에서 찾아야 할지도 모른다. 그 낙랑국은 고구려의 남쪽에 있었을 것이다.

〈참고문헌〉

1. 원전

　『蓋平縣志』
　『단군세기』
　『대명일통지』
　『북부여기』
　『사기』
　『삼국사기』
　『삼국지』
　『성경통지』
　『성호사설유선』
　『아방강역고』
　『요사』
　『魏略』
　『魏書』
　『周書』
　『漢書』
　『후한서』
　『흠정만주원류고』

2. 단행본

　『조선고적도보해설』제1책, 조선총독부, 1915년
　강경구,『고대의 삼조선과 낙랑』기린원, 1991
　고려대 한국사연구소,『역주 고조선사료집성』(서울: 새문사, 2019)
　국립중앙박물관,『낙랑』(서울: 국립중앙박물관, 2001)
　김동일,『중국동북지방의 고대무덤(2)』사회과학원 고고학연구소(평양), 2009
　남주성 역주,『흠정만주원류고』하권(서울: 글모아출판, 2010)
　稻葉岩吉,「진(秦) 장성(長城) 동단(東端)과 왕험성(王險城) 고찰」
　　　　『식민사관형성기초자료번역』(서울: 겨레얼살리기국민운동본부, 2015)
　리순진, 김재용,『락랑구역일대의 고분발굴보고』, 백산자료원, 2003
　리지린,『고조선 연구』, 열사람, 1989

리지린,『리지린의 고조선 연구』이덕일 해역, 말, 2018
문성재,『한국고대사와 한중일의 역사왜곡』, 우리역사연구재단, 2018
박선희,『고조선문명의 복식사』, 지식산업사, 2018
사회과학원고고연구소,『조선고고학개요』, 과학백과사전출판사(평양), 1977
손영종,『고구려사』(1), 과학백과사전종합출판사(평양), 1990
손영종,『조선단대사』(고구려사1), 과학백과사전출판사(평양), 2006
신채호『조선상고사』(「삼조선분립시대」)
안경전 역주,『환단고기』(보급판) 상생출판, 2016
윤내현,『한국열국사연구』, 지식산업사, 1998
윤내현,『고조선연구』상, 만권당, 2015
윤내현,『한국열국사 연구』만권당, 2016
윤내현,『한국고대사 신론』만권당, 2017
윤한택,『고려국경에서 평화시대를 묻는다』, 참생각품은 숲, 2018
이기백,『한국사 신론』일조각, 1999
이덕일,『이덕일의 한국통사』, 다산초당, 2019
이덕일,『조선사편수회 식민사관 비판Ⅰ-한사군은 요동에 있었다』
    한가람역사문화연구소, 2020
이덕일,『한국사 그들이 숨긴 진실』역사의 아침, 2009
이병도 역주,『삼국사기』(상), 을유문화사, 1983
이병도,『한국고대사연구』박영사, 1976
이병도,『국사대관』보문각, 1956
이형구, 이기환,『코리안 루트를 찾아서』성안당, 2009
임승국 역주,『한단고기』, 정신세계사, 1986
정약용,『대동수경』강서영 외 번역, 여강출판사, 1992
조법종,『고조선 고구려사 연구』2006, 신서원
최 동,『조선상고민족사』, 동국문화사, 1966
한국고대사회연구소,『역주 韓國古代金石文』제1권, 가락국사적개발연구원,
    1992
『樂浪郡時代の遺蹟』, 조선총독부(京城), 1927
今西龍,『朝鮮史の栞(간)』(「조선사개설」), 國書刊行會(東京), 1970
今西龍,「大同江南の古墳と樂浪王氏との關係」『朝鮮古史の研究』,
    國書刊行會, 1970
譚其驤(담기양),『중국역사지도집』(2집), 地圖出版社出版(北京), 1982
三上次男,『古代東北アジア史研究』吉川弘文館(東京), 소화 41년
三上次男,『滿鮮原始古墳の研究』吉川弘文館(東京), 1961

3. 학술지 및 논문

강승남,「락랑유적의 금속유물에 대하여」『조선고고연구』1996, 2호(총99호) 사회과학원고고연구소
리지린,「삼국사기를 통해 본 고조선의 위치」『력사과학』3호, 과학백과사전출판사, 1966
리창언,「귀틀무덤을 남긴 정치세력에 대하여」『조선고고연구』98호, 사회과학원 고고학연구소, 1996, 1호
박재훈,『낙랑의 실체 및 강역에 관한 일고찰』석사논문, 강원대, 2001
박선희,「평양 낙랑유적 복식유물의 문화성격과 고조선」『단군학연구』20, 단군학회, 2009.05
복기대,「한사군은 어떻게 갈석에서 대동강까지 왔나? : 한사군인식2 」 『선도문화』25, 국학연구소, 2018
안병찬,「평양일대 락랑유적의 발굴정형에 대하여」 『조선고고연구』1995, 4호(97호) 사회과학원 고고학연구소
양홍진, 복기대,「중국 해성(海城) 고인돌과 주변 바위그림에 대한 고고천문학적 소고(小考)」『동아시아 고대학』29, 2012.12
윤내현,「한사군의 낙랑군과 평양의 낙랑」『한국학보』41, 1985
이정빈,「한사군, 과연 난하 유역에 있었을까?」『역사비평』2016 여름
임찬경,「고려시대 한사군 인식에 대한 검토 -『삼국사기』의 현토와 낙랑 인식을 중심으로-」『국학연구』20, 2016
정운룡,「낙랑관련 묘지명에 보이는 기자계승 의식」 『한국사학보』65, 2016.11
정인성,「고고학으로 본 위만조선 왕검성」『韓國考古學報』106, 2018
조희승,「평영 락랑유적에서 드러난 고대 비단에 대하여」 『조선고고연구』1996, 1호(총98호), 사회과학원고고연구소
허선영,「平壤樂浪地域出土 瓦當에 反映된 漢代瓦當 要素 - 雲紋瓦當을 中心으로 - 」『동아시아고대학』29, 동아시아고대학회, 2012.12
稻葉岩吉,「진(秦) 장성(長城) 동단(東端)과 왕험성(王險城) 고찰」 『사학잡지』21-2, 동경대사학회, 1910
http://db.history.go.kr/item/level.do?itemId=sg&levelId= sg_023r_0020_0190&types=r(한국사데이터 베이스 백제본기)
http://db.history.go.kr/item/level.do?itemId=sg&levelId= sg_001r_0020_0120&types=r(2019.12.검색)
https://www.youtube.com/watch?v=NLgDanPKES8 (KBS「남북의 창」, 2022.10.8)

07

식민지 비판학 서설
식민지 지배 잔재의 해체와 역사주권 복원

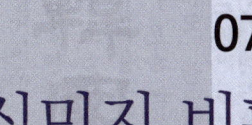

식민지 비판학1 : 조선사편수회의 역사왜곡 비판 · 341
식민지 비판학2 : 일제가 왜곡한 『조선사-』에 대한 신채호의 비판 · 359
식민지 비판학3 : 강제 병탄을 저격한 박은식의 『한국통사』 · 381
식민지 비판학4 : 이토를 저격한 안중근의 역사전쟁 · 389
식민지 비판학5 : 소설 『파친코』로 본 일제의 식민지 수탈사 · 397
식민지 비판학6 : 식민사학의 극복과 민족사학 구축 · 410

  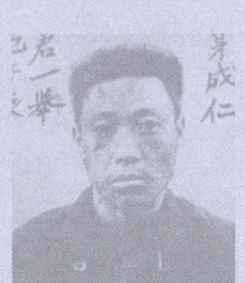

07
식민지 비판학 서설
- 식민지 지배 잔재의 해체와 역사주권 복원

식민지(殖民地) 비판학1
조선사편수회의 역사왜곡 비판

해방 이후 우리는 아직까지 체계적인 '식민지 비판학'을 확립하지 못하였다. 그 결과, 식민지 비판학에 대한 명확한 정의조차 아직 내리기 어려운 실정이다. 저자가 말하고자 하는 '식민지 비판학'이란, 일본 제국주의가 조선을 강제 침탈하고, 그로 인해 조선민중이 당한 학살과 수탈을 조사·분석·비판하는 총체적 학술 활동을 의미한다.

식민지 비판학의 목적은 일본 제국주의의 식민지 지배로 인해 피폐화되고 변질된 한국 사회의 구조적 모순과 폐해를 규명하고, 식민지 지배 문화와 그 잔재를 철저히 해체하여 한국 사회를 정상으로 회복하는 데 있다.

우리는 조선총독부와 조선사편수회가 주도하여 변형·왜곡한 한국사를 '식민지사학(殖民地史學, 식민사학)'으로 규정한다. 이러한 식민지사학·식민사학이 어떠한 과정을 거쳐 형성·전파·제도화되었는지를 분석하고, 그로 인한 사회적 악영향을 비판적으로 검토하는 작업은 매우 중요하다. 이는 왜곡된 한국사의 원형을 회복하고, 역사주권을 확립하기 위한 필수적 과정이며, 역사학계가 반드시 수행해야 할 과제이다.

식민사학을 청산하지 못한 한국 인문학의 미래는 암울할 것이다. 흔히 인문학의 새 판짜기를 제기하지만, 식민사학을 청산하지 않은 한 새로운 인문학 연구는 거의 불가능할 것이다. 식민사학은 버린다고 해서 저절로 사라지는 것이 아니다. 지금 우리에게 절실히 필요한 것은 식민지 지배가 남긴 잔재에 대한 철저한 청산이다. 극복하지 않으면 청산은 불가능하기 때문이다.

따라서 민족사를 왜곡·훼손한 식민사학의 원조 학자(시라토리, 쓰다 소키치, 이마니시 류 등)들과 국내 추종 학자들(이병도, 신석호, 이기백 등)을 냉정히 비판하고, 아울러 이들과 맞서 싸운 민족주의 학자들(신채호, 박은식, 정인보, 윤내현 등)의 역사적 위상을 복원해야 한다.

예컨대, 시라토리 구라키치는 『삼국유사』를 비난하며, 단군 전설이 불교에서 꾸며낸 가작(假作)이라고 억지 주장했다. 오늘날의 한국 학자들도 이런 주장의 틀을 벗어나지 못하고, 원조 식민사학을 끊임없이 확대 재생산하는 일에 복무하고 있는 것은 아닌지 묻지 않을 수 없다.

총독부의 조선사편수회가 역사왜곡 주도

일제의 강제침탈은 다른 제국주의처럼 경제적 약탈에만 그치는 것이 아니라, 한민족 말살까지 획책하는 것이었다. 한국민족을 영원히 일제의 손아귀에 넣겠다는 것이었다. 1905년 을사늑약 이후 10년이 넘어가자 장차 일어날지 모를 항일감정을 사전에 차단하며 억압하고, 식민통치의 정당성을 확보하기 위할 목적으로 정신개조에 눈을 돌리기 시작했다. 정신개조의 궁극적 목적은 일본 제국에 동화(同化)하는 신민화(臣民化)에 있었다.

강제병탄 이전부터 일본에서 꿈꾸어온, 한국사를 '작은 반도사' '미개한 조선사'로 만드는 편찬계획이 중추원을 거쳐 조선사편수회의 조선사 간행 사업으로 이어졌다. 중추원은 본래 초기의회와 같은 역할을 하던 곳인데, 식민통치 이후 총독부 자문기관으로 전락하였다.

1916년 일제는 중추원 소속의 조선인과 도쿄제국대학의 교수들을 중심으로 편찬체제를 정비하였고 동년 7월에는 편수의 지침이 되는 「조선반도사편찬요지」를 발표하였다. 이렇게 일제가 서둘렀던 직접적인 계기가 된 것은 1915년 박은식의 『한국통사』의 발간이었다. 일제는 이 책이 "진상을 구명하지 않고 함부로 망설을 지어낸다"고 비판하며, 총독부 중심의 역사책 출판을 서두른 것이다.

일제는 편찬 요지에서 『조선반도사』(이하 『반도사』)의 편찬은 "조선인을 충량한 제국신민(帝國臣民)으로 만들어 조선인 동화의 목적을 달성하기 위함"이라 표방하였다. 다음은 그 핵심 내용을 요약한 것이다.

> 첫째, 일본-조선사람(日鮮人)이 동족(同族)이라는 사실을 증명할 것. 둘째, 상고(上古)에서 이조(李朝)에 이르기까지 중민(衆民)이 점차 피비(疲憊, 지치고 고달픈)하게 되고, 빈약(貧弱)에 빠지는 실황을 서술해서 금대(今代)에 이르러 성세(聖世)의 혜택에 의해 비로소 인생의 행복을 얻게 되었다는 사실을 상술할 것.

『반도사』의 편찬은 중추원 이름으로 진행되지만, 그 집필진은 일본 학자들로 구성했다. 핵심역할을 이마니시 류(今西龍)가 맡았다. 이 『반도사』는 고대편만 원고가 보존돼 있다. 『반도사』를 이은 것이 『조선사』이기 때문에 『반도사』를 알면 나중의 『조선사』도 알 수 있다. 다만 『조선사』는 사료 중심으로 편찬된 까닭에 일제의 숨은 의도를 알려면 『반도사』를 분석해야 알 수 있다. 『반도사』는 이름 그대로 만주지역을 제외한 한반도 안의 역사만을 서술했다는 점이다. 그 요지는 다음과 같다.

㉠ 한민족과 일본민족은 동족(同族)이다. 민족은 구별되나 본래 종족(種族)은 같다.

㉡ 단군조선과 기자조선은 전설이니 제외한다. 단군전설은 한민족과 아무 관계가 없다.

㉢ 한국의 신라와 가락국의 개국전설이 일본의 개국전설과 흡사하다.

㉣ 백제 신라 가야는 일본의 보호를 받아 생존했으며, 고구려 침략시에 일본이 삼한을 보호해주었다.

㉤ 진구(神功)왕후와 오우진(應神)천왕이 백제 근초고왕에게 백성과 토지를 하사해주어 마한을 통일해주었고, 백제는 일본의 속국(屬國)이 되었다.

㉥ 가야는 일본의 보호를 받는 자치지역이라 일본부(日本府)를 두었으며, 신라는 일본의 부용국(附庸國)이었기 때문에 고구려침략을 막아 주었다.

이상을 통해 우리는 일제가 왜 단군을 부정하고, 백제, 가야, 마한에 애정을 지나치리만큼 가졌는지 그 이유를 알 수 있다. 이런 일본의 기본적인 침략관은 식민지 시기는 물론이요, 패망 이후인 지금도 변하지 않고 있다. 만약 패망했다고 이런 침략관이 변한다면, 식민 통치 시기의 자기들의 침략관이 잘못되었다는 것을 시인하는 것이기 때문에 앞으로도 일본의 한국에 대한 침략야욕은 변하지 않을 것이다. 지금도 일본 지배층의 머리 속에는 1905년의 을사늑약이 안 끝난 것이고, 1910년의 강제병탄이 유효하다고 생각하는 것이다. 과거를 잊은 측은 한국사람이고, 잊지 않은 측은 오히려 일본사람이다.

잠시 『반도사』 중에 단군 부분을 인용해보겠다. (1편 원고는 미국 하와이대 해밀튼도서관 소장돼 있음. 『친일반민족자료집』 재인용)

> 1편 상고 삼한
> 제1기 원시시대
> 제1장 조선개국의 제 전설
> 제2장 고조선
> 제1절 조선 반도의 원시 주민(原始住民)
>   한민족(韓民族)이 조선 반도에 들어오기 이전의 원시 주민(原始住民)에 대해서는 분명하지 않으며, 후대까지 전라(全羅) 서쪽 제 소도(小島)에 살던 주호(州胡)는 어느 정도 잔존하였을 것으로 생각되지만, 확실하지가 않다.
>   조선 반도에서도 석기시대(石器時代)의 유물이 발견되지만, 이를 사용한 민족이 어떤 민족이었는지에 대해서는 아직 자세히 밝혀지지 않았다. 우리가 알고 있는 것으로 조선 반도에서 가장 오래된 것은 기원전 3. 4세기에 이미 한민족이 조선 반도에 거주한 이후의 일이다. 현재의 조선인(朝鮮人)은 한족이 예족(濊族, 좁은 의미의)을 융합하여 부여족(扶余族) 일부와 일본족 및 중국족 일부가 섞여 이루어졌지만, 그 대부분은 한민족의 후예라고 해야 할 것이다.
>   그러나 한민족과 일본 민족은 태고(太古)에 한 민족을 이루어 같은 한 지역에 거주하다가 대이주(大移住)의 결과, 하나는 조선 반도에, 또 하나는 해도(海島)에 정주(定住)하여 그 거주를 달리하면서 많은 시간이 지나, 하나는 한민족이 되었고 다른 하나는 일본 민족이 되어 구별을 낳았으나, 종족이 달라지지는 않았다. 두 민족이 조선-일본단(朝鮮日本團: Korea-Japanese group)을 이룬다는 사실에는 동서(東西)의 학자들도 의견이 일치한다. (『반도사』 제2장)

1922년부터 『반도사』에 이어 조선총독부 조선사편찬위원회에서 사료집 발간을 준비해오다가 1925년에 총독부 칙령 제218호에 따라 조선사편수회라는 독립기관으로 확대 개편되었다. 제1조에는 "조선사편수회는 조선총독의 관리에 속하며, 조선사료의 수집 및 편찬 그리고 조선사의 편수를 담당한다"고 명시했다. 일제는 이 편수회를 설치한 다음에 가장 먼저 한 일이 민간이 보존하고 있는 역사책들을 수집한 것이다. 말이 수집이지 빌린다는 명목으로 강탈한 것이다. 1938년까지 수집자료 4,950권, 사진자료 4,510매 등을 모았다. 놀라운 역사자료 탈취사건이다.

조선사편수회는 1932년에 첫번째 『조선사』를 발간하였다. 편수회에는 일본학자들이 주축이 되었다. 1편부터 3편까지는 이마니시 류(今西龍), 4편은 나카무라 히데타카(中村榮孝), 5편은 이나바 이와키치(稻葉岩吉), 6편은 세노 마구마(瀨野馬熊)가 맡았다. 그 가운데에는 한국인 학자들도 참여하였으니, 이병도, 최남선, 신석호, 이능화 등이다. 이들 중에는 훗날 친일파의 거두가 되기도 했고, 해방 후 식민사학의 원조가 되기도 했다. 정인보는 절친인 최남선이 편수회에 들어가 친일행각을 하는 것을 보고, 최남선 집에 상복을 입고 찾아가 절교를 선언한 일화로 유명하다. 『조선사』의 시대구분은 다음과 같다.

〈시대구분〉
제1편 신라통일 이전
제2편 신라통일시대
제3편 고려시대
제4편 조선시대 전기(태조~선조)
제5편 조선시대 중기(광해군~영조)
제6편 조선시대 후기(정조~갑오개혁)

그러면 『조선사』 제1편 제1권은 어떤 내용을 담고 있는가.

총독부가 지시한 편찬의 핵심내용에는 조선은 중국의 지배를 받았다는 〈중국 식민지설〉, 한국사는 일본사에 예속된다는 근거로 삼은 〈일선동조론〉, 한국은 강대국의 지배를 받는 타율적인 민족이고, 타율적인 역사를 지니고 있다는 〈타율성론〉 등이 있다. 이런 범위 안에서 서술되었다.

『조선사』 제1편 제1권을 보면, 한국 역사의 시작을 환웅이나 단군이 아닌, 박혁거세의 신라 건국(BCE 57년)부터 서술하였다는 사실이다. 『조선사』에 단군을 기록하는 문제는 처음부터 논쟁이 되었다. 당시 단군 문제를 중심으로 한 조선사편수회의 회의록을 보겠다.

- 최남선(崔南善): 단군·기자에 관한 문제를 소홀히 하지 않겠다고 하니 반갑다. 단군·기자는 그 사료에만 집착하지 말고, 그 사상적·신앙적으로 발전한 것을 모두 모아 별편으로 하여 편찬하여 주기 바란다.
- 구로이타 가쓰미(黑板勝美): 단군·기자는 역사적인 인물이 아니고 신화석인 것이므로 사싱적·신앙적으로 발전된 것이니, 이것은 사상적·신앙적인 방면에서 별도로 연구하여야 할 성질의 것이다. 그러므로 편년사(編年史)의 체제하에서는 이것을 취급하기는 곤란하다. 물론 사상적·신앙적인 것이 정치적으로 어떠한 영향을 가져왔는가 하는 것은 매우 중요한 문제이다. - 조선사편수회 회의록 -

구로이타 가쓰미(黑板勝美, 1874~1946)는 도쿄제국대학에서 국사학(國史學)과 고문서학(古文書學)을 강의했다. 1915년 처음 한국에 건너와 조선고적유물을 조사했다. 『일본서기』를 성경(聖經)으로 가정하고 아마테라스 오미카미(天照大神)로부터 일본역사가 시작되었다는 이른바 '황국사관(皇國史觀)'을 주장했다. 최재석은 「구로이타 가쓰미(黑板勝美)의 일본 고대사론 비판」에서 "백제 고구려 신라

삼국시대 이전의 고조선시대를 인정하지 않을 뿐만 아니라, 기원전 750~250년경에 한국은 중국의 식민지로부터 출발하였으나 중국세력의 쇠퇴로 인하여 처음으로 고구려 백제 신라가 탄생했다"(139쪽)고 주장했다고 밝혔다. 그가 말한 '중국식민지'란 한사군 이전에 춘추전국시대에 이미 조선이 지나인(支那人)의 식민지 지배를 받았다는 억지 주장이다. 이런 자가 최남선이 요청한 단군 존재를 인정한다는 것은 불가능했다. 일제가 단군문제의 해결을 거부하다가 마지막에 궁여지책으로 내놓은 발상이 '백문보(白文寶)의 단군 기원설' 인용이었다.

백문보는 왕에게 올린 상소문에서 "우리 동방은 단군(檀君)으로부터 지금까지 이미 3,600년이 경과하여 주원(周元)을 맞이하게 되었습니다"(『고려사』열전25: 吾東方, 自檀君至今, 已三千六百年, 乃爲周元之會)라고 아뢰었다. 이때가 대강 공민왕 13년(1364년 갑진, 단기 3697년)이다. 이에 대해 이마니시가 3720년 운운한 것은 틀린 말이다. 백문보가 말한 '이미 지나간(已) 3600년'이란 『경세서』에서 말하는 정운(井運, 1運은 360년)에 들어간 것을 의미한다.

따라서 『삼국사기』에는 단군의 기록이 없어서 『조선사』에 정식으로 올라갈 수 없지만, 이 백문보 열전에 나오는 '단군' 두 글자를 '단군에 관한 고래(古來)의 문헌'을 조선사에 채록하는 형식으로 대신하겠다는 것이다. 결국 『조선사』 제3편 6권 끝장에 다음과 같이 '단군' 왕호가 딱 한번 실렸다.

> [단군 이후 3600년]
> 우리 동방은 단군에서 지금에 이르러 이미 3600년, 이에 주원(周元)을 맞았다. 마땅히 요순과 육경의 도를 좇고, 공리화복의 설을 행하지 말아야 한다.(이하생략) - 『조선사』 제3편 6권 -

이렇게 일제는 단군과 고조선을 철저하게 외면하고 탄압했다. 이는 일본의 건국 기원이라는 이른바 BCE 660년(신유)보다 앞서는 것을 인정하지 않겠다는 의도를 드러낸 것이다.

백암 박은식은 일제가 자신의 『한국통사』를 보고 『조선사』를 준비하고 있다고 보고, 총독부의 식민사관을 세 가지로 요약해서 설명한 바 있다.

㉠ 일본은 한국을 단지 2천 년의 역사밖에 안 되는 나라로 만들고, 본시 한국은 일본보다 뒤떨어진 후진국으로 왜곡하였다.
㉡ 한일 양국은 처음에 형제간이었다고 하면서 조선은 일본의 보호국이었다고 왜곡하였다.
㉢ 한민족의 단군이 일본 천조대신(天照大神, 아마테라스 오미카미)의 동생이라고 왜곡하였다.

단재 신채호가 쓴 책에는 『조선상고사』와 『조선사연구초』 『조선상고문화사』 등이 있다. 담원 정인보가 쓴 책에도 『조선사연구』가 있다. 그런데 『조선사』라는 이름으로 우리 민족의 역사를 최초로 쓴 사람은 아쉽게도 일본사람 하야시 다이스케(林泰輔)이다. 조선사편수회의 『조선사』와 구별하기 위해 『조선사-』로 표기한다. 그는 이 책을 1892년에 출간하였다. 형식상으로 한국역사를 근대적으로 서술했다는 평가를 받기도 하지만, 내용적인 면에서는 일본 사학계의 편향되고 왜곡된 황국사관을 그대로 반영하고 있다. 단군 이야기는 황당하여 믿을 수 없다고 했고, 조선은 역사상 중국의 속국(屬國)과 같았으며, 한반도 남방 지역에 진구(神功) 때에 일본부(日本府)를 두어 임나(任那)를 다스렸다고 거짓 역사를 써놓았다. 조선사편수회의 『조선사』도 이와 같은 기조이다.

신용하는 「일제 식민주의 사관의 동기와 형성과정」에서 하야시, 조선사편수회 등의 한국사 왜곡의 실상을 ㉠이른바 임나일본부설 ㉡진구(神功)의 신라침공설 ㉢일본 출병과 백제의 일본 복속·조공설 ㉣백제가 일본에 보호를 의뢰하여 멸망을 면했다는 설 ㉤고구려의 일본 조공설 ㉥탐라(耽羅)의 일본에의 조공설 ㉦통일 신라의 일본 조공설 등 7가지로 요약했다. 실제로 구로이타는 부산에서「문화사상으로 관(觀)한 일선(日鮮)의 관계」라는 제목으로 강연을 했는데 그 핵심 내용은 "한국병합은 임나일본부의 부활이니 우리도 상고에 재(在)함과 같이 같은 나라(同國), 같은 문화(同文化)라는 사상이 있으면 참된 병합이 될지로다"(「任那故地紀行(下)」,『매일신보』1915. 7. 24)라고 한국인을 협박하는 것이었다.

정한론과 식민사학의 학술적 계보

다음은 이상시 변호사가『단군실사에 관한 고증연구』에서 식민사학에 가담한 학자들의 이름과 자료를 밝힌 것이다.(99쪽)

① 이마니시 류(今西 龍) 著
「단군고」(『청구설총』1929 또는『조선고사의 연구』1937)
「기자조선 전설고」(『지나학』1922 또는『조선고사의 연구』1937)
② 오다 쇼고(小田省吾) 著
『조선사대계』(상편) (조선사학회, 1927)
③ 시라토리 구라키치(白鳥庫吉) 著
『조선의 古전설고』(『사학잡지』1894)
④ 호조 료에이(北條亮英) 著
『조선대관』(조선문화보급회, 1938.5)
⑤ 이병도(李丙燾) 著
「소위 기자8조교에 대하여」(『시촌기념 동양사논총』1933) 외

이 밖에 저자가 식민사학 형성의 기초자료를 제공한 학자와 논문명을 정리하면 다음과 같다.(단 1945년 이전의 논문 중심)

① 시라토리 구라키치(白鳥庫吉)
　「단군고」(『학습원보인회잡지』1894)
　「漢의 조선4군 강역고」(『동양학보』1912)
② 이마니시 류(今西龍)
　「조선고적조사」(『매일신보』1918)
　「기문반파고」(『사림』1922)
　「조선사개설」(『조선사의 간(栞)』1935)
③ 이나바 이와키치(稻葉岩吉)
　「진(秦) 장성 동단과 왕험성 고찰」(『사학잡지』1910)
　「철령위(鐵嶺衛)의 위치를 의심하다」(『청구학총』1934)
④ 쓰다 소키치(津田左右吉)
　「임나강역고」(『조선역사지리1』1913)
　「원대 고려 서북경의 혼란」(『조선역사지리2』1913)
　「고려말의 압록강 연안 영토」(『조선역사지리2』1913)
　「고려 서북경의 개척」(『조선역사지리2』1913)
　「삼국사기의 신라본기에 대하여」(『고사기 및 일본서기의 연구』1919)
　「삼국사기 고구려기비판」(『만선지리역사보고』1922)
⑤ 구로이타 가쓰미(黑板勝美)
　「남선(南鮮)사적의 답사」(『매일신보』1915)
　「문화사상으로 관(觀)한 일선(日鮮)의 관계」(『매일신보』1915)
　「조선의 역사적 관찰」(『매일신보』1921)
　「조선사적 유물조사복명서」(1915, 1974)
⑥ 요코이 다다나오(橫井忠直)
　「고구려 古碑考」(『회여록』1889)
⑦ 스에마쓰 야스카즈(末松保和)

「호태왕비의 신묘년에 대해」(『사학잡지』1935)
⑧ 아유카이 후사노신(鮎貝房之進)
「잡고. 제7집, 상권」(조선인쇄주식회사,1938)
「잡고. 제2집, 상권」(조선인쇄주식회사,1938)
⑨ 하야시 다이스케
『조선사-』(뒤에서 상술함)
⑩ 이병도
「패수고」(『청구학총』1933)

이들이 주장하는 공통점은 한국민족사의 기원이 기자조선, 위만조선, 한사군, 임나일본부 등 남의 피지배로부터 출발했다는 것이며, 단군조선은 사실에 없는 황당무계한 신화에 불과하다는 것이다.

다음은 저자가 정리한 정한론과 식민사학의 계보이다. 식민사학의 형성과정을 이해하기 위해서는 정한론(征韓論)을 알아야 한다. 일제가 한국과 한국인에 가한 모든 죄악의 뿌리는 정한론이다. 일본에서 19세기 중엽에 최초로 정한론을 정립한 자는 사무라이 학자 요시다 쇼인(吉田松陰)이었다. 그는 일본이 페리 제독의 무력위협에 굴복하여 불평등조약으로 미·일 화친조약을 체결하고 2개 항구를 개항하여 무역을 시작하자마자 첫해부터 무역적자가 누적되기 시작하는 것을 보고 이에 대한 대책수립에 부심하였다. 그가 내놓은 대책이 1856년부터 주장한 '정한론'이다. 그 요지는 일본이 '서양과의 교역으로 인하여 손실 입은 것은 삼한(三韓: 조선, 한국)을 정복하여 그 토지와 금·은·물산으로 보상하지 않으면 안 된다'는 것이었다. 이 때문에 요시다 쇼인의 정한론을 '금·은·물산의 이익을 위한 정한론'이라고 통칭해 왔다. 그러나 그의 '정한론'은 여기에 그치지 않고 더 넓은 것이었다.

신용하 교수는 「일제 식민주의 사관의 동기와 형성과정」에서 일제의 침략행위를 3단계로 분류했다. 그는 제1단계로 한국을 정복하여 식민지로 만들어서 금·은·물산을 취하여 일본의 경제적 위기를 해결한 다음, 제2단계로 만주와 몽고에 진출하여 이들을 일본의 지배하에 두고, 제3단계로 남쪽으로 대만과 필리핀까지 진출하여 이들도 일본 통치하에 놓아 '대일본 해양제국'을 세울 것을 구상했다고 밝혔다. 이를 위해 일제는 지방분권적 막부제도를 폐지하고 중앙집권적 천왕제 국가를 수립해야 한다고 주장하였다. 이런 주장이 구상으로만 끝나지 않고, 차근차근 실행에 옮겨지며 침략주의 일본으로 변모해간 것이다. 특히 만주 침탈을 목적으로 '만선지리역사조사실'을 설치하고 시라토리, 쓰다, 이나바 등을 중심으로 이른바 '만선사'(滿鮮史)라는 식민주의 사학을 만들기 시작하였다. 다음은 그들의 계보이다.

〈정한론 3인〉
요시다 쇼인(吉田松蔭, 1830~1859)
  - 정한론과 3단계 대동아공영론 주장
후쿠자와 유치키(福澤諭吉, 1835~1901)
  - 정한론과 문명개화론 주장
사이고 다카모리(西鄕隆盛, 1828~1877)
  - 정한론, 삿초(薩長)동맹(1866) 주도

〈초기 식민사학 3인〉
요시다 도고(吉田東伍, 1864~1918)
  - 일한고사단(日韓古史斷) 한국사 왜곡, 만주침략론
시라토리 구라키치(白鳥庫吉, 1865~1942)
  - 단군부정, 압록강 패수, 고대지명 연구로 침략 정당화

쓰다 소키치(津田左右吉, 1873~1961)
  - 한사군, 임나비정, 삼국사기불신론 등으로 한국사 파괴

〈조선사편수회 일본인 4인〉
구로이타 가쓰미(黑板勝美, 1874~1946)
  - 고조선부정, 황국사관 주도, 조선고적유물 조사
    (편수회 촉탁 1924~1925, 고문 1925)
이마니시 류(今西龍, 1875~1932)
  - 조선사 전반 왜곡, 기문(남원) 비정(편수회 촉탁 1926~1932)
이나바 이와키치(稻葉岩吉, 1876~1940)
  - 한사군, 대동강패수, 만선사관, 타율성 정체성 이론정립
    (편수회 촉탁 1925, 수사관 및 간사 1925~1937)
스에마쓰 야스카즈(末松保和, 1904~1992)
  - 임나 왜곡 주도, 다라(합천)비정, 경성제대 교수
    (편수회 촉탁 1927.5.13.~1928.3.21,
    수사관보 및 수사관 1928.3.21~1935.6.8)

〈조선사편수회 한국인 2인〉
이병도(李丙燾, 1896~1989)
  - 수사관보1925.8.8.~1927.5.30. 촉탁 1927.5.31.~1938.6.
신석호(申奭鎬, 1904~1981)
  - 촉탁 1929.4.27.~1930.5.2.,
    수사관보 1930.5.2.~1937.9.22
    수사관 1937.9.22.~1940.

이상에서 보듯이 이병도 신석호 스에마쓰 3인은 조선사편수회에서 약 7~8년 동안 함께 천왕에 충성을 맹세하며 동지로 지낸 사람들이

다. 해방 후에도 스에마쓰는 서울대학교에 있는 의 도움으로 서울대를 자주 출입했다. 서울대 김용섭 교수가 『역사의 오솔길을 가면서』에서 밝힌 체험담에 의하면, 어느 날 누가 강의실 문을 노크하여 문을 열었더니 김원룡 교수가 "일제 때 경성제대에서 내가 배운 스에마쓰 선생님이신데, 김선생(김용섭) 강의를 참관코자 하시기에 모시고 왔어요. 김선생 되겠지?"(768쪽)라고 하는 것이었다. 이에 김교수는 정중히 사양하였다. 스에마쓰가 찾아와서 강의 참관을 요청한 것은 김교수가 친일사관을 거부하고 민족사학에 관해 강의한다는 소문을 일본에서 듣고 한국학자에게 경고할 목적이었다.

평생동지, 이병도와 신석호 그리고 스에마쓰

이병도의 생애는 식민사학의 형성 과정과도 같을 정도로 시사하는 바가 많다. 박성수 교수는 「이병도와 일제식민사학」에서 이병도의 계보를 구로이타와 이마니시로 보았다.

> 조선사편수회의 우두머리는 구로이타(黑板勝美)였으나 그 밑에 이마니시(今西龍)가 있었고 이마니시 밑에 이병도가 있었다. 이마니시는 동경대학이 아니라 경도(京都)제대 출신이다. 『단군고』란 논문을 써서 박사학위를 경도(京都)대학에서 받았다. 그는 왜소하고 지팡이를 짚고 다닌 장애인이었으나 그 얼굴 사진을 보니 이등박문(伊藤博文)과 형제가 아닌가 할 정도로 닮았다. 이처럼 단군 말살의 명령계통은 흑판승미→금서룡→이병도였다. 이병도는 금서룡의 「단군고」를 충실히 읽고 배워서 자신의 시조 단군을 칼 아닌 붓으로 지웠다. (박성수 「이병도와 일제식민사학」)

『친일인명사전』에 의하면, 이병도는 1896년 8월 14일, 경기도 용인에서 태어났다. 보성전문학교 법률학과에 입학해 1915년 3월 졸업했다. 졸업하던 해 4월 일본으로 건너가 다음 해 7월까지 와세다(早稻田)대학 고등예과 문과를 수료했고, 두 달 후인 9월 와세다 대학 문학부 사학급사회학과(史學及社會學科)에 들어가 1919년 7월 졸업했다. 처음에는 서양사를 전공하고자 했으나, 당시 일본사의 권위자였던 요시다 도고(吉田東伍)와 쓰다 소키치(津田左右吉)의 영향을 받아 조선사 연구로 방향을 전환했다. 이후 귀국해 1919년 10월부터 1925년 8월까지 경성 중앙고등보통학교 교원을 지냈다.

1925년 8월, 이병도는 조선사편수회 수사관보(修史官補)에 임명되었다. 1927년 5월 수사관보를 그만두고 촉탁을 맡아 1938년 6월경까지 집필하였다. 조선사편수회는 1925년 6월 '조선 사료의 수집, 편찬 및 조선사의 편수를 담당'하기 위해 조선사편찬위원회를 확대 개편한 조선총독부 직속기구로, 조선사(朝鮮史) 편찬 등을 통해 식민사학을 집대성하는 역할을 담당했다.

조선사편수회 촉탁으로 활동하면서 (今西龍)와 함께 조선사 제1편 신라통일 이전, 제2편 신라통일시대, 제3편 고려시대의 편찬을 담당했다. 수사관보로 재직하던 1926년 1월 조선사편수회 소속 학자들의 공동 연구기관인 조선사학동고회(朝鮮史學同攷會)의 편찬원을 맡았다.

1930년 8월부터 1939년 10월까지 이병도는 청구학회(靑丘學會) 위원을 지냈다. 청구학회는 조선과 만주를 중심으로 한 극동문화 연구를 표방하며 조직한 학술연구단체로, 최남선(崔南善), 이능화(李能和), 신석호(申奭鎬) 등이 참여했으며, 『청구학총(靑丘學叢)』을 발간했다. 1933년 4월부터 1943년까지 중앙불교전문학교 강사로서 조선유학사(朝鮮儒學史)를 강의했고, 1941년 4월 이화여자전문학교 강사를 맡아 1943년까지 사학강좌(史學講座)를 담당했다.

해방 후, 1945년 8월 창설된 조선학술원의 역사철학부 학부장을 맡았고, 진단학회를 부활시켰다. 1945년 12월 경성대학 법문학부 조선사 교수로 임용되었고, 1946년 9월 학제 개편에 따라 서울대학교 문리대학 교수로 발령받아 1961년 정년퇴직할 때까지 재직했다. 문교부장관을 역임했다. 박성수교수는 「이병도와 일제식민사학」에서 이런 이병도에 대해 "총독부의 조선사편수회에 취직하여 단군을 말살하는 작업에 가담하였으나 자기가 누구인지를 모르고 해방을 맞이한 것이다. 조선사편수회는 고조선을 말살하는 작업장이었다. 그런데 이병도는 그것을 모르고 해방이 되자마자 『국사대관』을 썼다"고 비판했다.

신석호는 조선사편수회의 수사관보(1930년~1937년)와 수사관(1938년~1940년)을 지냈다. 광복 직후인 1946년 사료 소실의 방지를 위해 미군정청과의 교섭을 통해 조선총독부 산하 조선사편수회가 가지고 있던 자료를 인수받아 경복궁 뒤뜰 집경당(緝敬堂)에 '국사관(國史館)'을 설치하고, 신석호가 관장에 취임하였다. 대한민국 정부 수립과 함께 국사관은 1949년 국사편찬위원회로 개편되어 오늘에 이르고 있다.

신석호는 국사관장을 1946년 3월 23일~1949년 3월까지 역임하였다. 국사편찬위원회 역대 퇴직자명단에는 신석호의 근무기간을 1929년 4월부터 1965년 1월 21일로 적어 놓았다. 이는 대한민국 국사편찬위원회가 조선사편수회를 계승했다는 것이 아니고 무엇인가. 한편 2005년 고려대학교 교내 단체인 일제잔재청산위원회가 발표한 '고려대 100년 속의 일제잔재 1차 인물'의 10인 명단에는 공교롭게도 이병도와 신석호가 동시에 올라갔다. 이병도는 모교 출신으로, 신석호는 근무교원(20년간 교수로 근무, 1966년 퇴임)으로 올라간 것이다.

또 민족문제연구소가 2009년 발간한 『친일인명사전』에는 이병도(876~877쪽)와 신석호(376~377쪽)가 명단에 포함되었다. 그러나 노무현 정부에서 발표한 '친일반민족행위자' 1006명 명단(2009년)에는 최남선, 이능화 등이 포함되었으나 정작 두 사람이 포함되지 않았다.

그런데 1962년에 '독립유공자 서훈 내규'를 친일파인 이병도와 신석호가 만들었다. 이때 독립운동의 기점을 동학혁명이 아닌 을미의병으로 정한 것이 지금도 변함없이 적용되고 있다. 박용규 박사에 의하면 두 사람이 동학(東學)을 난(亂)으로 규정한 것 때문에 동학이 독립운동으로 인정받지 못했다고 지적했다. 2차 항일 동학농민혁명 지도자들의 독립유공 서훈 불가 판정이 계속되고 있다. 이병도와 신석호가 1962년 정부의 독립유공자 공적심사위원으로 활동할 당시에 있었던 일화를 소개하겠다. 1962년, 군사정부는 정통성을 보완하기 위해 독립유공자 선정과 표창에 나섰다. 마침 공적조사위원회에 참석한 김승학, 김학규, 김홍일, 오광선 등 평생을 조국 해방에 바친 독립운동가들은 깜짝 놀랐다. 대표적인 친일사학자 이병도와 신석호가 떡하니 심사위원실에 앉아 있는 게 아닌가? 분노한 어느 독립운동가가 일갈했다. "임자들이 독립운동에 대해 뭐 알아?" 두 사람은 얼굴만 붉히고 고개를 들지 못했다. 친일파가 독립운동가를 심사하는 코미디 같은 시대를 우리가 살아왔고 지금도 변한 것은 없다.

이처럼 이병도와 신석호는 서울대, 고려대 교수로 각각 재직하면서 식민사학의 씨를 뿌렸고, 그 씨가 지난 80년 동안 무럭무럭 자라 한국 국사학계는 거대한 숲에 덮여 앞이 보이지 않을 정도이다. 일제의 조선사편수회는 지금도 역사학계를 비롯하여 각계에 새로운 형태(뉴라이트 등)로 퍼져 한국사회를 장악하고 있다. 참으로 꽉 막힌 암울한 상황이다.

식민지 비판학2
일제가 왜곡한 『조선사-』에 대한 신채호의 비판

　1923년 1월, 단재 신채호는 「조선혁명선언」을 발표한다. 단재는 첫 구절부터 일본을 강도(強盜)로 부른다. 왜 강도인가?

　우리의 국호를 없이하며, 우리의 정권을 빼앗으며, 우리의 생존적 필요 조건을 다 박탈하였기 때문이다.

　또 신채호는 일제가 운영하는 학교를 '노예 양성소'라 규정하고, 조선사람으로 학교에 가서 혹 『조선사』를 읽게 된다면, "단군을 무(誣, 속여)하여 스사노오 노 미코토(素盞嗚尊)의 형제라 한다"고 비난하였다. 이 말은 단군을 일본의 신(神)인 스사노오의 형제로 비유한 것이 잘못된 무고(誣告)임을 지적한 것이다.

　그러면 이 말은 어디서 나온 말인가 그 유래를 알아보자.

　1892년 8월, 일본인 하야시 다이스케(林泰輔, 1854~1922)가 쓴 『조선사-』는 최초의 조선사 연구서로 알려졌다. 자칭 서양으로부터 배운 근대적 연구 성과를 토대로 썼다고 말한다. 그는 한국사를 4기로 나누었다. 한군현(漢郡縣) 이전을 태고(太古), 삼국의 정립부터 신라 경순왕까지의 대략 992년을 상고(上古), 고려 태조부터 공양왕까지의 대략 456년을 중고(中古), 조선 태조 이후를 근세(近世)라고 했다. 또 지리와 인종, 풍속, 법률, 군사제도, 문학, 공업과 기술, 물산(物産) 등을 실었다. 아무튼 하야시의 『조선사-』는 국내 학계에도 영향을 준 것 같다.

　우선 하야시의 『조선사-』는 단군을 서술하면서도 부정하기 위한 방편으로 이용했다. 단군이 국호를 조선이라 하고, 평양에 도읍을 정하니 그 때가 중국의 요(堯)임금과 같다고 했다. 이어 1048년이 지나 상(商)나라 무정(武丁) 8년에 이르러 아사달에 들어가 신(神)이 되었다고 말했다. 그러면서 하야시는 "그 이야기는 황당하기에 그대로 믿을 수는 없지만, 대략 일본 기원전 5, 6백 년경, 즉 상(商)의 말기에 해당하는 때에 북부 평안도 지역에 이미 주민이 거주하고 있었다고 볼 수 있다"고 부연했다. 앞에서는 믿을 수 없다고 말하고 뒤에 와서는 긍정하는 것처럼 마무리 한다. 부정과 긍정을 교묘히 이용하며 조선 역사를 자기 마음대로 주무른다.

이어서 하야시는 단군에 대한 세주(細注)에서 또 다시 긍정과 부정의 두 측면을 교묘히 결합해 단군을 스사노오의 아들인 '이타게루노 미코토(五十猛神)'라고 말했다. 다음은 하야시의 말이다.

"단군은 다키(太祈)로, 스사노오노 미코토(素盞嗚尊)의 아들 이타게루이다. 스사노오노 미코토가 그의 아들 이타게루를 이끌고 신라국에 이르러 소시모리에 거주했던 일이 일본역사에 보인다. 또한 이타게루를 다른 이름으로 한신(韓神)이라 하니, 대략 사실과 부합한다고 한다. 이 설 또한 억지에 가까우니 참고로 부기한다"(『조선사』)

하야시는 앞서 부합(符合)한다고 했다가 뒤에서 억지에 가깝다고 발뺌한다. 독자보고 믿으라는 것인지 믿지 말라는 것인지 알쏭달쏭하게 말한다. 그러면 후학들은 자기가 편한 대로 인용한다. 아무도 시시비비를 가리지 않는다. 아무도 책임지지 않는다. 논문이 아니라 소설이다. 한국의 이병도 역시 이런 문장법을 즐겨 사용했다. '부합하나 억지에 가깝다'라는 악습이 해방 80년이 다 되도록 끈끈한 생명력을 유지하며 각종 학술논문에 인용되고 있다.

1890년에 일본에서 나온 『국사안(國史眼)』이라는 책이 있다. 이 책은 동경 제국 대학의 국사과 교재였다. 일선동조(日鮮同祖)론의 원형이 이 책에서 만들어졌다. 이를 위해 고대 일본의 조선지배, 토요토미 히데요시(豐臣秀吉)의 조선 침략, 정한론 등이 제기되었다. 『일본서기』와 『고사기』에 재해석을 가하며 일선동조론을 만들었다. 그래서 스사노오가 조선의 지배자가 되고, 이나히노 미코토(稻飯命)가 신라의 시조가 되었다.

> "일본 개국의 시조는 세 자식을 낳았다. 아마테라스 오미카미(天照大神), 쓰쿠요미노 미코토(月讀命), 스사노오이다. 그 중 스사노오는 행동을 함부로 하여 이즈모(出雲)으로 쫓겨나 그곳을 다스린 뒤 ~~ 한국(가라쿠니)으로 갔다. ~~ 그 후에 이나히(稻飯命)가 신라국(新良國 시라키)의 조(祖)가 되었다."(국사안國史眼)

이처럼 『국사안』은 스사노오를 조선의 개국 시조로, 이나히를 신라왕으로 등장시켰다. 다시 말하면 단군을 스사노오로 일체화시키고, 스사노오는 일본의 오미카미와 형제라는 것이다. 그러니까 먼저 나온 『국사안』은 오미카미의 동생인 스사노오를 조선의 개국 시조라고 주장했고, 2년 뒤에 나온 하야시의 『조선사-』는 전술했듯 스사노오의 아들 이타게루(五十猛神)를 단군이라고 주장한다.

이 두 책을 두고, 신채호는 "단군을 무(誣)하여 소잔명존(素盞鳴尊, 스사노오 노 미코토)의 형제"라는 주장을 강하게 비판했다. 형제란 동격(同格)으로 보았다는 뜻인데, 신채호는 단군을 스사노오, 오미카미와 동격으로 몰려는 일본의 의도를 단호히 거부했다.

이런 일제의 역사인식은 어디서 나왔는가? 이보다 200여 년 전에 한국에서 가져가 일본에서 간행한 『동국통감』(1667년 刊)의 서문에도 스사노오와 신라와의 관계에 대해 교만하게 처음 언급하고 있다. 서문은 한문체로 1666년(병오)에 12쪽 분량으로 썼다.

"조선은 종류가 많다. 먼 태고 때에 단군이 그 나라를 열었다. 그러나 중화(中華)로부터 들어와 다스린 것은 기자(箕子)를 시조로 하며, 처음으로 조선의 호칭이 있었다. (중략) 혹시 일본의 국사로써 이것을 말한다면 곧 한향(韓郷)의 섬인 신라국 또한 스사노오가 경력(經歷)한 곳이다. 스사노오의 웅위(雄偉)는 박혁거세, 주몽, 온조가 일어났음에도 미치지 못할 것으로, 곧 미루어 삼한의 한 조상으로 삼는 것도 또한 왜곡된 것은 아닐 것이다."(『신간 동국통감』 일본판 서문)

일본판 『신간 동국통감』 발간 서문에도 스사노오가 나오지만 단군을 직접 연결시킨 것은 아니었다. 하지만 조선을 처음으로 열었다는 '단군'과 삼한의 한 조상이 될 수도 있다고 우상화한 '스사노오'를 병행하여 기술함으로써 이후 스사노오와 단군이 서로 밀접하게 연결될 수 있는 단서를 제공하였다고 말할 수 있다. 이를 메이지(明治) 시기 정한론자(征韓論者)들이 악용한 것으로 볼 수 있다.

신채호가 『조선사-』를 저술한 정한론자들의 음모를 몰랐을 리 없다. 많은 문제점을 안고 있는 『조선사-』 등은 한국인의 시각에서 집필한 것이 아니고, 일본인 시각에서 역사를 서술했다. 그들은 정한론을 바탕으로 조선의 지배 통치를 목적으로 삼았다.

단재 신채호의 『조선사-』 비판은 비단 고대사에 그치지 않았다. 그의 조선사 비판은 일제의 조선사편수회가 진행되는 동안 『동아일보』와 『조선일보』의 신문 연재를 통해 이루어졌다. 국내 신문 연재가 단재에게는 유일한 무기였다. 조선사를 놓고 벌어진 일제와의 역사 전쟁에서 단재는 그 실력을 유감없이 발휘했다. 일제가 쓴 조선사는 '거짓 조선사'였다. 신채호의 표현을 빌면 '혹붙은 조선사'였다. 그의 붓끝은 매우 날카로웠다. 신채호의 명저인 『조선상고사』와 『조선상고문화사』, 『조선사연구초』가 그것을 웅변으로 말해준다. 단재는 "옳은 조선사는 곧 조선적(朝鮮的) 조선을 적은 조선사"임을 분명하게 강조했다. '조선이 없는 조선사'는 거짓이라는 말이다. (2022.4.19.)

식민사학을 비판한 신채호의 『독사신론』『조선상고사』

　1892년, 하야시 다이스케가 쓴 『조선사-』는 시대를 태고, 상고, 중고 등으로 나누는 등 근대적 학문 성과를 토대로 쓴 최초의 조선사 연구서로 알려졌다. 당시 일본에는 서양 학문이 유행하여 번역서들이 많이 출판되었다. 그 하나가 『영국사』, 『프랑스사』 등이었다. 신채호가 하야시의 『조선사-』를 손에 쥔 것은 그로부터 10여 년 후였을 것이다.

　단재 신채호는 1905년 26세에 성균관 박사가 되었으나 관직에 나아갈 뜻을 버리고 『황성신문』에 논설 기자로 입사하여 한말 애국 계몽 운동의 이론가로서 문명을 떨치게 된다. 그러나 황성신문의 사장이었던 장지연이 일제의 '을사늑약'을 꾸짖는 '시일야방성대곡'의 논설로 인해 신문은 압수와 함께 무기 정간 처분을 받았다.

　1906년 신채호는 『대한매일신보』의 총무인 양기탁의 천거로 이 신문의 논설진에 참여한다. 영국인 베델(E. T. Bethell)이 신문사 사주였으므로 어느 정도 자유로운 공간에서 글을 쓸 수 있었다. 신채호 필봉의 주적은 친일파의 매국 행위와 그들의 역사 파괴였다. 박은식에 이어 신문사의 주필이 된 신채호는 '일본의 삼대충노(三大忠奴)', '한일 합병론자에게 고함' 등 애국적 계몽 논설과 사론을 집필하고 바로 『독사신론(讀史新論)』을 비롯한 역사물을 연재하였다. 삼대충노(三大忠奴)란 일제에 충성한 송병준, 조중응, 신기선 등 3인이다. 이들에 대해 신채호는 "혁혁한 단군자손으로 신무(神武)천왕을 제사 지내며, 당당한 임진(壬辰)유민으로 풍신수길을 경앙하며, 한곡(韓穀)을 종

(種)하고서 일본 우로(雨露)를 기도하냐"고 힐책했다.

1908년, 29세였던 신채호는 일제의 식민사관에 대항하고자 민족주의 관점에서 『독사신론』을 집필했다. 신채호가 쓴 최초의 한국고대사 논문이다. 『대한매일신보』에 1908년 8월 27일부터 12월 13일까지 50회에 걸쳐 연재되었다. 신문에 연재된 『독사신론』은 서론(敍論)과 제1편 상세(上世)의 두 부분으로 이루어졌으나, 미완성 글이었다. 신채호는 이후에 글을 완성시켜 투옥 중인 1931년 6월부터 『조선일보』에 연재하였고, 해방 후에 연재물을 모아 『조선상고사』(朝鮮上古史)라는 이름으로 출판되었다.

『독사신론』은 사서(史書)를 읽고 새로운 이론(담론)을 제시한다는 의미를 담고 있다. 그럼 단재가 읽은 사서는 어느 책인가? 아마 하야시의 『조선사-』도 그 중의 하나였을 것이다. 이 책을 비판적으로 읽고 새로운 조선사를 쓰겠다는 의지를 엿볼 수 있다. 새로운 이론은 다름 아닌 '민족주의 사학'이었고 '민족의 독립사관'이었을 것이다.

신채호가 민족에 대한 자긍심을 높이고 애국심을 형성하기 위한 역사 서술로 가장 먼저 주목한 부분은 고대사였다. 그는 기자(箕子), 위만(衛滿)으로 이어지는 일본인들의 고대사 인식 체계를 부정하고 고대사를 단군, 부여, 고구려로 새롭게 설정하였다. 특히 단군조선의 뒤를 이은 '부여'의 역사를 발견하고, '부여족'을 한국 고대의 중심 세력으로 서술한 것이 특징이다. 이는 부여와 고구려가 한국 역사상 가장 강력한 국가를 이루었다고 판단했기 때문이다.

이처럼 『독사신론』은 단군 시대를 머리로 삼았고, 민족주의 사관을 바탕으로 민족 의식 고취와 국권 회복을 목적으로 서술된 역사론이었다. 한 구절을 인용해 보겠다.

> "내가 현재 각 학교에서 사용되고 있는 역사 교과서를 보았더니 가치있는 역사는 거의 없었다. 제1장을 보면 우리 민족은 지나족의 일부분인 듯하고, 제2장을 보면 선비족의 일부분인 듯하며, 전편을 다 읽고 나면, 때로는 말갈족의 일부인 듯하다가, 때로는 몽고족의 일부인 듯하고, 때로는 여진족의 일부인 듯하다가, 때로는 일본족의 일부인 듯하니, 아 과연 이러하다면 우리나라의 수만 평방 리(里)의 토지는 남만북적의 아수라장이 되며, 우리나라 4천여 년 동안 이룩해놓은 산업은 조양모초(朝梁暮楚)의 경매물이라 할 것이니, 과연 그럴까? 어찌 그럴 수 있는가?"(『독사신론』 서론)

신채호는 당시 식민사관의 영향을 받아 편찬된 역사 교과서들을 비판하였다. 하야시의 『조선사-』에 이어 1906년 현채(玄采)는 이 『조선사-』를 번역하되 부분 수정하여 『중등교과 동국사략』을 출판하였고, 학부의 승인을 받지는 않았으나 일부 사립 학교에서 교과서로 사용하였다. 현채는 단군역사를 바로 잡고 위만조선과 한사군을 삭제했다. 또 임나일본부설과 김수로왕의 인도 출신설을 인정하지 않았으나 임나 7국을 말하는 과오를 범했다. 신채호가 학교에서 공부하고 있는 역사 교과서를 지칭하였는데, 당시 현채의 『동국사략』을 비롯하여 국민교육회의 『보통교과 대동역사략』, 장지연 공저의 『신정동국역사』 등이 있었다.

당시 상황을 부연하면, 대한 제국은 1895년 소학교령(令)을 공포하여 학교가 설립되고 교과서가 만들어졌다. 교과서는 주로 독립 정신과 민족 교육을 강조한 것이었다. 그러나 1909년 겁을 먹은 일제가 '출판법'을 만들어 민족주의 성향의 교과서를 모두 압수하였다. 모두 64종의 교과서가 치안을 방해한다는 이유로 출판 금지 조치를 당했다.

그러면 하야시의 『조선사-』를 들여다보자.

『조선사-』는 인종(人種)의 첫 구절을 "조선의 인종은 몽골족으로 일본인과 매우 흡사하다"라고 못박아 일선동조(日鮮同祖)론의 근거로 삼고 있다. 이어 조선 땅의 원주민이 무슨 종족인가에 대해 "일본의 기원전 4백 년부터 기원후 4, 5백 년 사이에 많은 한인종(漢人種)이 북부에 진입하였다. 이들이 그 후 6백 년 무렵에 이르기까지 백두산의 서북쪽에 있는 부여 땅에 주거한 종족일 것이다. 그들이 점차 남방으로 내려와 조선 반도의 원주민을 몰아내거나 혹은 정복하여 마침내 모든 땅을 점유하였다."라고 궤변을 늘어 놓았다. 우리가 정말로 지나족(한인종)이 되었다는 말인가? 부여 땅에는 부여족이 산 것이 아니라 중국의 한인종이 살았다는 말은 우리 민족이 그들 한인종의 지배를 받았다는 뜻이다.

1923년 10월에 쓴 이병도의 「조선사개강」도 하야시의 『조선사-』의 영향을 받은 것이 분명해 보인다. 이병도는 「조선사개강」에서 "북부 조선에는 대동강 부근을 근거로 하야 건립한 한인(漢人)의 국가가 있었다. 먼저 현출한 자가 소위 기씨조선이오, 후에 이를 체령(替領)한 자가 위만의 조선이었다"고 했다. 이처럼 조선의 초기사는 한인(漢人) 지배로부터 서술했다.

그런데 일본의 BCE 400년이란 어느 때를 말하는가? 일본은 진무(神武) 천왕의 즉위 연도인 BCE 660년을 기원으로 삼고 있기 때문에 그 뒤인 BCE 400년에 사람이 살기 시작했으나, 그로부터 1000년간 한반도 북부와 백두산 서북쪽에는 한민족은 없고 중국의 한인종(漢人種)만이 있었으며, 혹 한민족이 살았다 하더라도 중국인의 지배를 받았다는 것이다.

이처럼 진무(神武)가 즉위했다는 BCE 660년을 우리가 믿을 수도 없지만, 일본은 이 BCE 660년을 신성시하여 그 이전에는 한민족이 살았다는 말을 못 하게 만들었다. 일본보다 앞선 선진 민족이 있어서는 안 되기 때문에 그 이전의 모든 단군 역사를 부정했다. 만약 진무보다 앞선 단군 역사가 드러나면 지우는 데 혈안이 되었다. 이런 단군 역사 죽이기는 지금도 달리진 것이 없이 계속되고 있다.

 2022년 4월 14일, 서울대 국사학과 노태돈 교수가 부산 시민을 대상으로 인문학 강의를 하였는데, 참으로 놀랄 일이 있었다. 노태돈은 『관자』나 『산해경』 등 중국 문헌에 고조선이 언급되었으나, 그 편찬 시기가 불명확하여 믿을 수 없고, 『사기』의 「소진열전」을 통해 비로소 "BCE 4세기 초에 성립되어 있었음을 추정"할 수 있다고 말했다. 다시 말해 고조선과 단군의 역사는 BCE 4세기부터 시작될 수 있다는 말이다. 진무보다 앞서는 그 이전 단군 역사는 존재할 수 없다는 주장이 하야시 다이스케 이래 오늘의 국내 식민사학자들까지 공통된 인식임을 적나라하게 드러내 준 일례이다. 예컨대, BCE 7세기 사람인 관중(管仲:?~BC 645)의 책에 조선이 나오면, 상식적으로 그 조선은 BCE 7세기 보다 앞설 것이 분명하지만, 일제는 이를 부정했고, 한국학자들은 노태돈처럼 BCE 4세기로 주장하며 처세하였다.

 그러나 신채호는 하야시의 한인종(漢人種)설에 대해 매섭게 비판한다. 하야시는 지나족이 한, 중 양국의 토지에 붙어 있기 때문에 기자가 동으로 건너오던 때부터 피란 인민들이 속속 우리나라로 넘어 온 것이라고 지적했다. 그러나 단재는 우리 민족의 조상은 지나족이 아니라, 부여족이라고 단언하였다. 즉 부여족은 우리의 신성(神聖)한 종족인 단군의 자손들로서 지난 4천년 동안 이 땅에서 역사의 주인공이 된 종족이라고 규정한 것이다. 단군의 혈통과 자손은 신성한 부여의 종족이라고 정의함으로써 중국 한인종설을 원천적으로 부정하였다. 단재가 아니었다면 지금의 우리들은 하야시가 말한 한인종(지

단재 신채호선생이 일제의 식민사관에 대항하기 위해 '일편단생'의 필명으로
대한매일신보에 〈독사신론〉 연재(1908년).

나족)이 우리 조상인 줄 착각했을 것이다.

신용하 교수는 신채호가 근대 민족주의 국사학을 이루는 '민족'의 구성 요소로서 언어, 종족, 국토 등을 중요시하였는데, 그 중에서 종족(혈연공동체)과 국토를 심각하고 중요하게 다루었다고 평가했다. (2022.4.21.)

일본 군국주의의 단군 죽이기에 맞선 신채호

소위 '근대적 방법론'을 빙자한 한국 고대사 연구는 일본인 학자들로부터 시작하였다. 일본에서는 1887년 도쿄(東京) 제국 대학에 사학과가 설치되고, 1889년 '사학회'가 결성되면서 근대적인 역사 연구가 본격화되었다. 1892년부터 발간된 『사학잡지』는 이들의 활동을 위해 지면(紙面)을 제공하였다.

메이지(明治)정부는 1890년 헌법의 발효로 새로운 국가 체제를 정비하고 청·일전쟁(1894~1895)에서 승리한 뒤 군국주의 기반을 한층 다졌다. 조선에 대한 병탄을 본격적으로 추진하기 시작했다. 이에 따라 조선에 대한 전문적인 역사 연구도 더욱 활발해졌다. 이들 연구는 역사를 마음대로 첨삭(添削)하는 것이었다. 이즈음 한국 고대사에 대한 칼질에 본격적으로 뛰어든 인물이 바로 시라토리 구라키치(白鳥庫吉)였다.

시라토리는 1886년 도쿄대 사학과를 졸업하였다. 이어 학습원(學習院) 교수가 되고, 도쿄대 사학과 교수가 되었다. 그가 문제의「단군고(檀君考)」를 발표한 것은 1894년이다. 이 글의 목적은 단군을 한국사에서 잘라내겠다는 것이다. 이들 군국주의자들은 일본육군 참모본부 지하 벙커에서 조선을 향해 칼을 갈고 있었다. 을사 늑약이 벌어지기 11전의 일이니 그들의 치밀성을 짐작하고도 남음이 있다.

이「단군고」의 요지는 단군이 고구려에서 불교적 관념으로 날조된 가공(加工)의 인물이라는 것이다. '단군 죽이기'의 서막이었다. 그 주요 근거는 단군 신화에 등장하는 불교적 요소가 고구려에 불교가 들어온 372년 이후에나 꾸며졌을 것으로 본 점에 있다. 단군신화가 꾸며진 허구(虛構)라는 주장은 뒤에 이마니시 류(今西龍)를 비롯한 일본인 학자들 뿐 아니라, 한국의 고대사 연구자들에게도 절대적인 영향을 미쳤다.

시라토리는 조선을 세운 단군의 사적(事蹟)이 중국 역사에 보이는 것은『위서(魏書)』에 소개된 한 구절(乃往二千載, 有檀君王儉, 立都阿斯達, 開國號朝鮮, 與高同時)뿐이라고 평가절하한다. 또『삼국유사(三國遺事)』등에 '고기(古記)'가 인용되고 있지만, '고기'의 연대를 아무리 일찍 잡아도 단군의 시대와는 매우 많이 떨어져 있었기 때문에 믿을 수 없다고 전제하여 말한다.

"단군의 사적이 진실로 당대의 전승을 전하는 것이라면, 적어도 오래된 『상서(商書)』, 『사기(史記)』, 『한서(漢書)』 등에는 기록이 되어 있어야 한다. 그런데 오로지 삼국(三國)의 『고기』와 『위서(魏書)』에만 보이는 것은 아무리 생각해 보아도, 『고기』의 내용을 반복해 보면 볼수록 이 전설에 대해 의심의 눈초리를 보낼 수밖에 없다."(「단군고」2쪽)

이처럼 시라토리는 단군에 대해 기본적으로 의심을 가졌다. 너무나 망탄(妄誕)하다며 『삼국유사』를 비판하였다. 『삼국유사』의 '고기'(古記云, 昔有桓因~~)를 처음 것과 비교하면, 기사는 한층 상세함을 더하고 있으며 사실에 다소 차이가 있음을 발견할 수 있다는 주장을 했다.

또 시라토리는 그런 연유로 『삼국유사』의 '고기'와 본래의 '고기'는 전혀 그 궤를 달리하는 것으로 보기도 한다. 이어 '고기'에 불교적 내용이 있는 것이 오히려 사실을 아득하게 만든 것이라고 해석한다. 그렇지만 이 단군 전설의 성질을 깊게 생각해 보면, 괴상하고 허망한 『삼국유사』의 기사가 도리어 그 본색을 드러내어 주고 있는 것이라고 무시했다. 그래서 시라토리는 "단군의 사적은 원래 불교에 근거한 가공(加工)의 선담(仙譚)"이라고 억지 주장했다. 시라토리는 단군 전설이 불교에 의한 허구적 조작이라면, 그것의 조작 연대는 불교가 처음 들어온 372년보다 올라가지는 못할 것이며, 동시에 그 하한선은 『위서(魏書)』의 편찬 시기인 천보(天保) 2년(서기 551년)경으로 추정했다. 다시 말해 서기 372년~551년 사이(179년 동안)에 필요성에 따라 만들어진 신화로 본 것이다. 결국 『삼국유사』에 전하는 단군신화는 불교의 영향을 받아 고구려 때 '만들어진' 가짜 신화라는 것이 시라토리가 주장한 핵심이다. 시라토리의 이런 주장은 '삼국유사 단군

불신론'에 기초한 것이라 말할 수 있다.

그러나 단재 신채호는 1908년 『독사신론』에서 우리 동국(東國)을 개창한 시조(始祖)가 단군이라고 언급하였다. 사람들이 그 역사가 너무도 멀고 아득하여 반신반의하고, 까마득한 태고의 역사라서 불가사의하다고 말하는 이유가 무엇이냐고 반문하며, 이를 설득해 나간다.

"당시에 건축한 평양성, 삼랑성의 옛터를 살펴보면 그 공예의 발달을 알 수 있으며, 이웃나라 사서(史書)에서 찬미한 단군 조선의 활과 숙신국의 노(弩, 쇠활)에 대한 단평을 읽어보면 그 무기의 정교하고 아름다움을 알 수 있으며, 또 그 강역이 북으로 흑룡강, 남으로 조령(鳥嶺), 동으로 대해(大海), 서(西)로는 요동(遼東)이라고 하였으니 그 문화와 무공(武功)이 탁월하였음을 알 수 있거늘~~"(『독사신론』 제1장)

위와 같이 신채호는 흑룡강에서 요동에 이르는 단군의 강역(疆域)을 밝혀주었다. 이어 신채호는 우리 단군의 역사는 2천 년이 넘으며,

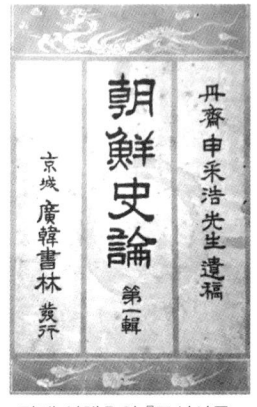

단재 신채호의 『조선사론』
(1집, 1946)

좌로부터 신채호 신석우 신규식
(3인은 친족 간으로 독립운동에 크게 기여)

나중에 동부여와 북부여로 나뉘었는데, 북부여는 고구려라고 했다. 그래서 단군 즉위로부터 고구려 말년까지 우리 역사는 3천 년에 가깝다고 주장했다.

그러면 오늘의 한국학자들은 단군의 강역과 역년을 어떻게 서술하고 있는가? 크게 두 계열로 나누어 설명할 수 있다.

이기백은 『한국사신론』에서 성읍국가인 고조선이 BCE 4세기경에 성장한 것으로 보았고, 송호정은 고조선의 실체가 확인되는 BCE 7~6세기를 '초기 고조선'이라 규정한 다음, 단군조선이나 단군신화는 '만들어진' 신화이기 때문에 실재한 역사로 볼 수 없다고 말한다. 청동기 시기인 BCE 7~6세기에 세워진 고조선이라는 나라가 있긴 있었으나 그 실체가 단군이라고는 할 수 없다는 뜻이다. 시라토리처럼 단군을 허구의 '만들어진' 인물로 보기 때문에 고조선은 곧 단군이 아니라는 것이다. 이런 고조선에 중앙 지배 권력이 성립된 시기는 이로부터 300년이 지난 BCE 4~3세기로 보고 있다.

반면에 윤내현은 우리나라 청동기는 BCE 2500년 이전으로 올라갈 수 있으며 청동기 초기인 BCE 2333년에 고조선이 건국되었다고 보았다. 고조선은 처음부터 국가였다는 뜻이다. 윤내현은 고조선 2300여 년간을 한 사람의 단군이 통치한다는 것은 불가능하므로 47대 단군이 있었을 것으로 보았다. 단군이 고조선을 건국한 사실을 그대로 인정한 것이다. 그는 고조선은 곧 단군조선이라고 단언하였다.

그러면 오늘날 우리의 교과서들은 어떻게 서술하고 있는가?

"기원전 2000년경에서 기원전 1500년경에 만주 지역에서부터 청동기 문화가 시작되었다. 청동기 시대에는 생산력이 커지고 마을의 규모가 늘어났다. (중략) 이러한 변화가 랴오닝과 한반도 서북부 지역에서 나타나면서 우리 역사상 최초의 국가인 고조선이 성립하였다. 고조선은 정치적으로 우월한 환웅 집단이 여러 세력과 결합하여 성립하였고, '단군 왕검'이라는 제정일치의 지배자가 통치하였다. 고조선은 철기시대인 기원전 4세기경 중국의 연과 겨룰 정도로 성장하였고…"(비상 『한국사』고등학교 교과서, 2022)

청동기, 고조선, 단군이라는 세 가지 개념이 모두 등장하지만, 어딘지 모르게 자기 역사에 대한 자신감이 부족하다는 것을 느낄 것이다. 우선 언제 고조선을 건국했는지 정확하게 밝히지 않는다.

그러면 고등학교 교과서에서 말하고자 하는 고조선의 건국의 시기는 언제인가?

"고조선은 철기 시대인 기원전 4세기경 중국의 연(燕)과 겨룰 정도로 성장하였다"는 구절이 나온다. 이 문장대로라면, 청동기 상한선인 BCE 2000년경이나, 또는 하한선인 BCE 1500년 사이에 고조선이 건국되었다고 말하기를 꺼리는 듯하다. 'BCE 4세기, 성장'이라는 말이 나오는 것을 보면, 고조선 건국 시점을 그 직전으로 독자가 스스로 판단하라고 강요하는 느낌이다. 통상적으로 국가는 '건국' 다음

대전 어남동에 있는 단재 신채호 선생의 생가지 전경(2022. 4.22. 저자촬영)

식민지 비판학 서설 • 373

에 '성장'의 단계가 왔기 때문이다. 그렇다면 고조선의 건국 시점은 최소한 BCE 4세기 성장보다 앞선 때이다. 앞에서 노태돈이 'BCE 4세기, 고조선 성립'을 말한 것은 건국을 염두에 둔 것이다. 교과서가 'BCE 4세기, 고조선 성장'이라고 이기백처럼 말한 것이 그나마 다행스러울 정도다. 강단 사학자와 교과서는 'BCE 4세기 고조선'이 고조선 역사의 전부인 것으로 이처럼 왜곡하고 있다. 참으로 '초라한 고조선'을 건국 시점을 명시하지 않고 최초의 나라로 제시하고 있다.

이어 교과서는 BCE 2세기경 중국에서 침략해 온 위만(衛滿)이 '고조선의 왕'이 되었다고 설명한다. '초라한 고조선'이 200년 만에 망했고 위만이 준왕을 몰아내고 '고조선의 왕'이 되었다는 설명은 사마천의 『사기』(조선열전)을 잘못 읽은 말이다. 또 한(漢)이 고조선을 침략하자 '기원전 108년에 고조선은 멸망하였다'라고 적고 있다. 그러면 고조선은 두 번 망했나? 거짓에 거짓을 더하고 있다. 왜냐면 위만은 고조선의 왕(단군)이 되지 않았기 때문이다. 한(漢)이 침략하여 멸망시킨 나라는 위만(衛滿)의 정권(政權)이지 고조선이 아니다. 또 위만

조선일보에 실린 『조선사』 첫회분(1931.6.10.)

이 침략했다는 그 조선은 단군이 세운 고조선의 본국이 아니다. 기껏 고조선의 변방 지역이었을 뿐이다.

해방 이후에도 강단(講壇) 사학자들이 단군을 인정하지 않음에 따라 이런 어처구니없는 역사 왜곡이 일어난 것이다. 단군의 고조선은 위만이나 한에 망한 초라한 존재가 아니라, 신채호의 말처럼 강대했던 단군의 고조선은 마지막에 동부여와 북부여로 분립되었던 것이다. 이런 고조선과 북부여 사이에 더 이상 위만이나 한사군이 개입될 수 없었다. 이것이 1908년에 단재 신채호가 주장한 고조선 역사의 분명한 결론이다. (2022.4.24.)

『조선상고사』에 대한 서평

『조선상고사』의 원문은 지금의 우리말과 큰 차이가 있어 현대인들이 내용을 이해하며 읽는 것이 쉽지 않다. 그래서 출판사들은 보다 더 쉽고 보기 편한 새 번역본을 내놓는다. 이번에 역사학자 김종성(옮긴이)이 10년 만에 새 판으로 『조선상고사』를 출간했다. "지난 천년간 역사가들이 감추고 축소한 우리 고대사의 진실을 규명"한 책이라고 자평했다.

신채호는 "묘청이 유교도 김부식에 패배한 이후 이 땅에는 유교도(儒敎徒)가 득세하게 됐으며, 그 영향으로 중국을 높이고 스스로를 낮춰 역사를 서술하는 경향이 지배하게 됐다"고 단언한다. 이는 신채호가 '유교도 김부식'과 그가 서술한 『삼국사기』를 비판하는 주된 이유다.

또 신채호는 "내란의 빈발과 외적의 출몰이 우리나라 고대사를 쓰러뜨리고 무너뜨렸다"는 안정복의 의견에 대해 "내란이나 외환보다는 조선사를 기록하는 사람들의 손에 의해 조선사가 쓰러지고 무너졌다"고 지적했다.

이런 까닭으로 신채호는 그 당시 '현존하는 서적들을 갖고 장단점을 파악하고 대조'해 1000년 이상 역사에서 의도적으로 배제되거나 축소된 우리 고대사를 바로잡고자 했다. 신채호가 『조선상고사』를 통해 『삼국사기』에서는 찾을 수 없는 단군의 시대를 많은 부분 할애해 서술하고, '대중국 투쟁'의 선봉에 선 고구려의 역사를 중요하게 기록한 것 등은 '작자의 의도로 사실관계가 달라진 불완전한 역사'를 제대로 서술하고자 한 그의 투철한 의지가 반영됐기 때문이다.

신채호는 흐트러진 우리역사의 맥을 바로잡아 놓았다. 대단군조선, 삼조선, 부여, 고구려로 이어지는 새로운 역사인식 체계를 수립했다. 『조선상고사』에서 신채호는 단군, 기자, 위만, 삼국으로 이어지는 기존의 조선시대 역사인식 체계의 잘못을 비판하고, 대단군조선을 머리로 삼고 삼조선, 부여, 고구려로 이어지는 새로운 상고사 인식 체계를 바로 세웠다. 훼손된 단군의 시대를 재조명함으로써 고조선을 웅혼한 우리역사로 명확히 규명했으며, 동부여와 북부여의 역사를 서술함으로써 두 나라를 우리민족의 근원으로 포함시켰다. 북경의 고려영(高麗營)을 지나며 단재는 이렇게 읊었다. 고려영(高麗營)은 지금도 잘 보존되어 있다.

> 고려영 지나가니 눈물이 가리워라
> 나는 서생(書生)이라 개소문(蓋蘇文)을 그리랴만
> 가을 풀 우거진 곳에 옛 자취 설워하노라 (高麗營)

이만열도 『조선상고사』에 대해 "우선 고대의 삼조선만 하더라도 「단군」·「기자」·「위만조선」으로서가 아니라, 그의 독특한 체계라 할 수 있는, 대단군조선이 분화되어 이루어진 말조선·신조선·불조선으로 이해된다는 점이다. 또 하나 과거의 역사가들이 기자-마한-신라

최근의 북경 고려영(高麗營) (조병현 제공)

계열로 한국사를 파악하려고 한 것과는 달리, 부여, 고구려 중심의 인식체계를 수립하였던 것도 사실이다. 이것은 그의 투쟁사적이고 소위 자강주의적(自强主義的) 사관 수립을 위하여 불가피한 점이었을지 모른다"고 평했다.

또 신채호는 위만을 반란(叛亂)을 일으킨 도적의 무리로 규정하여 한국사에서 배제하였고, 한사군이 한반도 북부(평양)에 존재했다는 주장에 대해서는 '한사군은 한반도가 아닌 요동(遼東)반도에서 찾아야 한다'고 일축했다. 그의 예언대로 평양을 지금의 평양 하나만을 알고 있는 자들이 우리 역사를 깡그리 망쳐 놓았다.

신채호의 새로운 역사인식 체계는 삼국시대 서술에서도 확인할 수 있다. 신채호는 김부식의 『삼국사기』처럼 신라 중심으로 서술된 상고사를 개탄하며, 그 대신 하나의 민족이라는 관점에서 고구려와 백제, 가야, 신라 등의 역사를 균등히 기록하고자 노력했다.

주지하는 것처럼 '역사는 아(我)와 비아(非我)의 투쟁'이라는 말에 단재 신채호의 독립투쟁과 역사서술의 사상적 근간이 들어있다. '역사는 아(我)와 비아(非我)의 투쟁에 관한 기록이다'는 『조선상고사』의 머리말 격인 총론에 나오는 명제다. 즉, "조선 민족이 그렇게 되어온 상태(아와 비아가 투쟁해온 상태)에 관한 기록"이라는 말에서 알 수 있듯이 신채호는 우리 역사를 우리 민족인 '아'가 '비아'인 다른 민족과의 투쟁의 과정으로 인식했다. 이와 같은 '역사는 투쟁의 과정'이라는 인식은 대일항쟁기 당시 신채호가 행한 다양한 독립투쟁 활동의 사상적 밑받침이었다.

그러나 신채호의 투쟁은 영원한 투쟁으로 상대를 타도하고 굴복시키는 데 목적을 둔 것은 아니다. 아(我)에는 아(我)와 비아(非我)가 있고, 비아(非我)에도 아(我)와 비아(非我)가 있다는 상대성을 인정한다는 점을 주목할 필요가 있다. 그러므로 나의 아와 상대의 비아는 서로 뜻을 같이할 수 있는 통로가 존재한다는 점이다. 「조선혁명선언」(1923년)에서 '민중혁명론'을 설파한 것은 세계 모든 민중들과 '연대'(連帶)하면 제국주의를 타도할 수 있다고 본 것이다. 제국주의를 부정하는 일본 속의 민중은 곧 도식적인 비아(非我)가 아니라, '비아(非我)의 비아(非我)'이기 때문에 '조선의 아(我)'와 연대하여 함께 할 수 있다고 본 것이다. 투쟁과 함께 연대도 중요한 개념이다. 나아가 신채호는 「대아와 소아」에서 진정한 대아(大我)는 정신의, 무한 자유자재의 아(我)로 보고, 그런 대아를 죽지 않는 불사의 존재로 설명했다.

또 신일철은 『신채호의 역사사상연구』(1981)에서 아-비아는 화(華)-이(夷)의 차별을 반대하는 것으로, 누구나 자기가 주관의 입장에 서면 아(我)가 된다는 새로운 관점을 제기하며 "단일중심적 중화 사대주의를 부정한, 역사에서 '다(多)중심화=유일중심의 부정'으로 이해된다"(115쪽)고 지적했다. 이는 신채호가 강요된 절대적 중화 중심주의를 부정하고, 아(我)를 자각된 주체의 '나'로 이해한 것이다. 여기서 아(我)의 의식이 곧 주체적 민족의식이 되며, 이것이 사대주의의 극복이며, 사대주의 자체가 나의 비아(非我)인 것이다. 신채호는 외경력(外競力)을 가지고 자강(自强)할 수 있는 민족국가로서의 국권이 확립된 주권국가를 염원했다.

신채호는 「총론」(史의 개조)에서 개인이나 민족의 성격을 항성(恒性)과 변성(變性)의 두 가지로 설명했다. 아(我)의 자성(自性) 즉 '나의 나다운 됨됨이'는 항성과 변성에 의해 결정되는데, 항성은 자기 동일성을 유지하는 주체성이고, 변성은 대외적인 적응능력을 말한다. 이 둘의 균형을 유지하는 일이 가장 중요하며, 그 중에 한쪽으로 기울어지면 망하는 것이다. 그러므로 둘의 균형을 유지하기 위해서는 민족적 반성이 있어야 하며, 그럴 때 민족의 생명이 천지와 같이 장구(長久)할 수 있다는 것이 신채호의 일관된 주장이다. 이유립은 「국회의 국사공청회에 보내는 의견서」에서 아(我)를 이성(理性), 비아(非我, 아닌 나)를 우상(偶像)으로 비유하며 우상에 도취된 잘못된 역사인식을 비아로 보았다.

이어 신채호는 반성할 줄 모르는 민족은 망한다고 경고하면서 아(我)의 주체성을 강조했다. 반성은 주체성의 표현이다. 해방 이후 우리가 반성의 기회를 상실한 것은 대단히 잘못된 일이다. 한마디로 주체성을 상실했기 때문이다. 지금 우리는 동북아 역사전쟁의 시대를 살고 있다. 오늘의 우리들에게 신채호의 역사 인식과 시대 인식이 담겨 있는 『조선상고사』는 현재를 진단하고 미래를 내다보는데 유효한 기록이며 살아 있는 교과서라고 할 수 있다. 『조선상고사』가 민족보전과 국가보전 그리고 제국주주의 격퇴를 외치는 신채호 민족주의의 핵심인 이유가 여기에 있다. 지금 우리에게 아(我)는 민족사학이고, 비아는 식민사학이다. 우리에게 비아와의 투쟁은 멈출 수 없다. 그래서 신채호의 사학은 민족사학인 동시에 민족독립사학이다.

한편 신채호의 『조선상고사』는 독립운동으로 10년 실형을 받고 여순(旅順)감옥에서 투옥 중에 『조선일보사』에 신채호의 지인이 원고를 전달하여 1931년 6월부터 10월까지 『조선사』라는 제목으로 연재한 글을 후에 엮은 것으로, 신채호가 순국한 지 12년이 지난 1948년에 출간됐다. 단군시대부터 신라 고구려와 백제 부흥 운동까지만을 다루었기 때문에 그 이름을 『조선상고사』라고 칭했다. 이 책의 서문을 쓴 안재홍은 "신(申)단재는 구한말에 낳은 천재적 사학자요, 또 열렬한 독립운동자이다. 그 천성 준열함과 안식(眼識)의 예리함은 시속의 배(輩) 따를 수 없던 바이었고, 사상의 고매함은 스스로 일두지(一頭地)를 벗어나던 바이니 이에 간행된 『조선사』는 그 유저 중에 가장 이채나는 바일 것이다"고 호평했다. 신채호가 집필을 위해 자료를 수집한 곳은 북경대 도서관인 붉은 벽돌의 홍루(紅樓)도서관으로 알려졌다.

『조선상고사』는 △제1편 총론 △제2편 수두시대 △제3편 삼조선 분립시대 △제4편 열국쟁웅시대(중국과의 격전시대) △제5편(一) 고구려의 전성시대 △제5편(二) 고구려의 중쇠와 북부여의 멸망 △제6편 고구려·백제 충돌 △제7편 남방 제국의 대(對)고구려 공수동맹 △제8편 삼국 혈전의 개시 △제9편 고구려의 대(對)수나라 전쟁 △제10편 고구려의 대(對)당나라 전쟁 △제11편 백제의 강성과 신라의 음모 등 모두 11편으로 이뤄져 있다. (2023.12.6.)

식민지 비판학 3
강제 병탄을 저격한 박은식의 『한국통사』

일제는 역사 조작 및 왜곡 사업을 전개하기 위해 첫 번째 총독부 사업으로 1911년부터 『반도사』 편찬 작업을 추진했다. 이때 조선총독부의 명령으로 작성된 「조선반도사 편찬요지」에는 그들의 적나라한 의도가 그대로 드러나고 있다. 『반도사』의 편찬 목적은 조선의 인민들이 자기 선조를 경멸하게 만들고 조선인들을 일본에 동화(同化)시키는 것이었다. 조선의 백성을 일본 제국의 백성으로 만들겠다는 것이다. 그들은 일본 제국의 백성이 되는 조선인을 '제국 신민'(帝國臣民)이라고 표현했다.

1916년 7월에 발표된 「조선반도사 편찬요지」의 일부 내용은 다음과 같다.

△ 조선 백성의 지능과 덕성을 계발함으로써 충량한 제국 신민의 지위로 끌어올리는 것을 목표로 삼는다.
△ 조선인을 방임하여 새로운 세계로의 진보가 늦어지는 것을 돌보지 않는 것은 국가의 기초를 공고히 하는 바가 아니다.
△ 조선인을 끝까지 교화하여 일치 협동의 단합된 힘으로 제국의 앞날의 융성을 꾀하는 것이 만세의 양책으로서 한일 병합의 큰 뜻이 여기에 있다
△ 『조선반도사』의 편찬이 없다면 조선인은 병합과 관련 없는 조선의 고사(古史), 또는 병합을 저주하는 서적만을 읽게 될 것이다. 이렇게 된다면 어떻게 조선인 동화의 목적을 달성할 수 있겠는가?

이처럼 일제가 이 『반도사』의 편찬을 서두른 것은 한일병탄을 비

조선총독부가 두려워 한 태백광노 백암 박은식과
그의 『한국통사』(1915년 상해 한문본 출간)

판·저주하는 책들을 조선인들이 읽지 못하게 막는 데 있었다. 『반도사』 편찬의 직접적인 계기가 된 것은 1915년 중국 상해에서 출간된 백암 박은식(朴殷植, 1859~1925)의 『한국통사(韓國痛史)』였다. 해외에서 함부로 망설을 퍼뜨리는 책으로 낙인찍었다. 총독부의 경계 대상 1호였다. 그들의 표현대로 『한국통사』는 한일 병탄을 저주하고, 그들의 죄상을 세상에 고발하고 있었다. 박은식은 이 책을 쓸 때 스스로를 '태백광노(太白狂奴)'라고 칭했다. 태백은 조선이고, 광노는 미친 자기 자신을 가리킨다. 조선을 위해 미친 사람, 조선을 잃어 슬픔에 미친 사람. 조선을 최고로 사랑한 열혈 지사였다.

 박은식은 독립 협회와 만민 공동회에 참여했고, 『황성신문』, 『대한매일신보』에서 단재 신채호 등과 함께 애국계몽의 논설을 발표했다. 그리고 신학문을 가르치는 학교 설립을 지원하면서 한성 사범학교의 교사로도 활동했다. 그러나 1910년에 일본이 조선을 강제 합병하자 박은식은 국경을 넘어 중국으로 망명했다. 이때부터 백암은 『한국통사』를 쓰기 시작했다. '나라는 없어질 수도 있지만 역사는 없어질 수 없는 것'이므로 역사를 기록해 두고자 했다. 그에게 있어서 나라는 눈에 보이는 형체이지만 역사는 숨어 있는 신(神)이고, 정신이었다. 비록 대한의 나라 형체는 일제에게 빼앗겼지만, 대한의 정신만은 오롯이 남아 있다고 생각했다. 정신이 없어지지 않으면 형체는 언젠가 부활할 때가 있다는 것이다. 이것이 '통사'를 저술하여 '대한정신'(大韓精神)을 강조한 이유였다.

박은식의 『한국통사』와 총독부의 『조선반도사』

이 책은 1863년~1911년까지 약 50년사를 기록한 것에 불과하다. 초반부에 단군이래 4300년의 역사를 간략하게 서술하였지만, 주로 1910년에 이르기까지의 강제 병탄 과정을 생생하게 고발하는 것이었다. 이름 그대로 '비통(悲痛)한 역사' 그 자체였다. 원문은 한문으로 서술되었다.

> "약소국을 침략하여 병탄하고 타민족을 도태시키려고 하는 강폭적인 일본으로부터 혹독하기 그지없는 짓을 받는 나라는 우리나라 외에 없을 것이다. ~~오늘날 우리 민족은 우리 조상의 피로써 뼈와 살로 삼고, 우리 조상의 혼으로써 영혼을 삼고 있다. 우리 조상은 신성한 가르침을 갖고 있고, 신성한 정치와 도리를 가졌으며, 신성한 학문과 무공(武功)을 가졌으니, 우리 민족은 그것으로 스스로 구함을 얻을 수 있는 것이다.(『한국통사』서문)

『한국통사』의 본문은 1863년 12월, 철종 임금이 승하하여 후손이 없자, 이하응의 둘째 아들 고종이 왕위를 잇는 것으로부터 시작한다. 음력으로는 1863년이나 양력으로는 1864년이다. 책이 발간되자마자 중국과 러시아에 거주하고 있던 교포들 사이에 커다란 반향을 일으켰다. 미국에서는 한글로 번역되어 교민들의 교과서로 사용되었다. 1917년 6월, 김병식의 번역으로 하와이 호놀룰루 권업동맹단이 순 한글판으로 발행했다.

또한 국내에도 비밀리에 대량으로 보급되었다. 일제는 크게 당황하였다. 일본 경찰은 『한국통사』를 금서로 지정하고 이 책을 읽는 사람들을 억압했다. 일제는 "『한국통사』라 칭하는 재외 조선인의 저서 같이 일의 진상을 규명하지 않고 함부로 망설을 지어낸다. 이들 역사책들이 인심을 좀 먹고 유혹하는 해로움은 참으로 말로 표현할 수 없는 것"이라고 비판하고, 1916년 급하게 일제의 어용학자들을 동원하여 '조선반도사 편찬위원회'라는 것을 만들어 『반도사』의 편찬에 들어 갔던 것이다.

『한국통사』에서 일제가 가장 두려워했던 부분은 이토 히로부미(伊藤博文)의 고종 황제 강제 퇴위와 안중근 의사의 이토 사살 사건이었을 것이다.

1907년 7월 5일 네덜란드 헤이그에서 만국 평화 회의가 개최되었다. 이때 한국에서 온 밀사가 뜻밖에 회의장에 나타났다. 이상설, 이준, 이위종 3인이었다. 일제가 대한을 무력으로 압박하여 국제 교섭의 권리를 강탈하였다고 호소하였다. 이토는 이 사건을 빌미로 고종을 강제 퇴위시켰다. 송병준이 헤이그 밀사 사건의 책임을 물었고, 이완용이 고종의 퇴위를 요구했다. 『한국통사』의 한 구절이다.

"오호라. 오늘의 양위(讓位)가 어찌 황위(皇位)를 태자에게 물려주는 것으로 그치겠는가? 뒷날 일본에게 나라를 넘겨주는 첫 단계이며 시험인 것이다. 이로 인하여 애국 단체의 반대와 유혈 참극이 격심하게 일어나게 되었다."(『한국통사』47장)

7월 19일, 양위가 발표되자, 흥분한 군중들이 대궐 밖에 수천 명이나 모여들었고, 헌병과 충돌이 일어나 일본 순경 한명이 죽었고, 헌병의 발포로 여러 명이 죽었다.

이 책의 백미는 안중근(安重根) 의사가 하얼빈 역에서 이토를 저격하고 만세를 부르는 장면이다. 때는 1909년 10월 26일 오전 9시였다.

> "러시아 기병 두어 명이 달려와 안중근을 체포하려 하자 안중근은 한국어와 러시아어로 '대한독립 만세'를 각각 세 번씩 외친 다음 큰 소리로 웃으면서 '내가 왜 도망을 가느냐?'하더니 순순히 포박을 받았다. 이토는 그 즉시 혼절했는데, 사람들이 기차 안으로 옮기고 주사를 놓자 한때 의식을 회복했지만 10분도 안 돼서 숨이 끊어졌다. 이 거사가 알려지자 모든 사람들이 이구동성으로 하는 말이 '한국에도 사람이 있다'면서 칭송했다." (『한국통사』 56장)

그러면 박은식이 가장 가슴 아파한 역사는 어느 때인가?

> "아! 슬프도다. 4300년의 문명 역사를 향유한 뿌리깊은 대한이 경술년(1910) 8월 29일에 종말을 고하게 되었구나, 하늘이시여!"(58장)

교과서에는 '일본의 한국 강제 병합(倂合)'이라고 했고, '한국 병합 조약'이라고 표기했다. 일본은 러시아, 영국, 프랑스로부터 한국 병합을 승인받았다고 했다. 여기서 잠시 용어를 생각해 본다.

우리가 쓰는 병합이나 합병(合倂)은 둘 이상의 기구나 단체 또는 나라 따위가 쌍방 간의 합의가 있었다는 의미가 내포된 말이다. 또 병탄이란 말은 강한 나라가 약한 나라를 침략하여 제 것으로 만드는 것을 말한다. 병합, 합병, 병탄은 일제의 입장에서 사용하는 말이다. 백암의 『한국통사』의 원문에는 '억륵(抑勒) 합병'으로 표기했다. 억륵

이란 이치나 조건에 맞지 않게 강제한다는 뜻으로 이때의 조약을 대개 늑약(勒約)이라고도 한다. 다시 말해 '한국 강제 병탄'이며, '국권 피탈'이다. 희산 김승학은 이날을 일본 제국주의가 우리 조국이 곱게 차려입고 있었던 한복을 강제로 모두 벗긴 것에 비유하였다.

강제 병탄의 그 날 고종은 합방 조서에 옥새를 찍지 않았으나, 이완용 일당이 시킨 대로 윤덕영이 옥새를 찍어 갔다. 합병이 선포되자 일제는 길거리를 지나가는 사람마다 합병 찬양문에 강제로 지지 서명을 받았다. 이완용의 이름 뒤에는 '친일파'라는 말이 따라 다녔다. 함석헌은 「십자가에 달리는 한국」에서 "일제시대에 '친일파'라는 말은 세계에서 제일을 자랑하는 일본군대보다도 더 무서웠다"고 술회했다. 이들을 '토왜'(土倭)라고 했다.

그러자 경향 각지에서 남녀노소가 통곡하고 애통해 했다. 순국, 순절한 자가 많았다. 백암은 이름을 아는 29명의 순절자를 기록에 남겼다. 그 중에 매천 황현이 있다. 그는 전남 구례 사람이다. 그는 마지막 절명시에서 "새와 짐승도 슬피 울며 산과 바다 또한 찡그리네 무궁화 삼천리 강산은 이미 망했구나 가을 등불 아래 책을 덮고 천고를 회상하니 인간의 배움이 왜 어려운지 알겠노라"라고 남기고 독약을 마셨다. 시대의 아픔을 느끼고 살아가는 지식인이 어떻게 역사 앞에 서야 하는지를 말해 주었다.

광산 채굴권, 어업권, 포경권을 강제로 빼앗았다

다음은 『한국통사』에 실린 일제의 식민지 죄악상을 열거하고자 한다. 강제 병탄 이전에 이미 광산 채굴권, 어업권, 포경권 등을 강제로 빼앗아 갔다.

△ 오늘날 일본이 조선 역사를 없애려는 것은 '조선이 일본을 가르쳤다'는 과거 사실을 싫어하여 그러는 것이다. 조상의 은혜를 갚지 않으려면 그만이지 과거에 대한 보답을 잊고 복수로서 갚으려는 것인가?
△ 국내 금융 기관인 한성 은행, 한일 은행, 천일 은행, 농공 은행 등은 한국인이 설립한 것이고, 조선 은행, 제일 은행, 삼정 회사는 일본인이 설립하였다. 일본인은 강제로 한국인 부자에게 은행에 예금하라고 명하여 수천만원이나 임치하였는데, 한국인이 필요하여 예금을 찾을 때는 일본인 은행 감독이 '이 돈을 어디에 쓰겠소?' 하며 따져 묻고는 겨우 1,200원 혹은 5, 60원을 주어 일상생활조차 통제를 당했다.
△ 일본관리가 재정권을 장악한 후 전조(田租, 논밭에 대한 세금)의 수입은 그들의 수중으로 들어갔다. 그들은 국내의 지폐를 모아들여 지방에서 유통하기 어렵게 만들어 놓고 세금을 독촉하니, 돈줄이 막혀 현물을 많이 내는 바람에 곡가가 떨어져 농민들의 생활은 궁핍해졌고, 세금까지 밀리면 일본인이 민가에 침입해 곡류나 기물을 수탈해 갔다.
△ 일제는 도로 정책을 확대하여 국도, 군도, 면도 등 3등급으로 나누어 직선으로 길을 뚫었는데, 노면이 넓어 국민의 전답을 많이 침해하였는데도 보상을 하지 않았다. 그래서 길가에 땅을 많이 가지고 있던 사람들은 보상도 없고, 농사지을 땅 하나도 없어 유리걸식하는 자가 많았다. 그리고 도로 공사를 하면서 부역 나온 사람들에게 임금을 주지 않음은 물론 채찍질까지 해대었다.

이처럼 일제와 국내 거주 일본인이 우리 서민들을 대상으로 저지른 죄악상은 이루 말할 수 없었다. 도박장 운영으로 금품 갈취, 유황연료에 물타기, 묘지 파헤치기, 일본 거지 한국에서 행패 부리기, 한국인 집 빼앗기, 수로(水路) 독점하기, 마을 우물 물세받기, 한국 부녀자 망신주기 등등. 거기다가 한국인들이 처음으로 당해보는 살인적인 고문 기술로 범죄를 조작하여 숱한 인명을 살해한 행위들. 천인공노할 만행은 일일이 열거하기가 어렵다.

　이『한국통사』의 서문은 강유위(康有爲, 캉유에이)가 썼다. 백암은 1914년, 중국인 동지들의 요청으로 홍콩에서 중국어 잡지인『향강(香江)』의 주간이 되었을 때 강유위, 양계초, 당소의 등을 비롯한 다수의 중국 혁명 동지회 계열의 인사들과 친교를 맺고 있었다. 서문에서 강유위는 태백광노 박은식을 "절개가 높고 학문이 풍부하며 문장의 필체가 뛰어나고 필력이 웅건하며 세찼다"고 평하고, 고국이 망한 것을 슬퍼하면서 쓴 이 책을 읽으면서 강유위 자신도 흐르는 눈물을 어쩔 수가 없어서 옷깃을 적시곤 했다고 술회했다. 나아가 강유위는 중국 국민들도 이 책을 읽고 제2의 조선이 될까 중국의 장래 모습을 두려워하고 걱정해야 할 것이라고 강조했다.

　박은식은『한국통사』를 독특한 입장에서 역사 서술을 했다. 국혼(國魂, 민족정신)과 역사의 신(神, 정신)을 특별히 언급했다. 즉 민족혼의 부흥을 역사 발전의 원동력이라고 믿었다. 투철한 민족주의 사관에 입각해서 백암은 당시 시대사를 서술하였다. 그래서『한국통사』를 우리나라 근대 역사학의 기초를 놓은 고전이라고도 평가한다. 일제 강점기에 많은 학생과 젊은이에게 조국의 역사를 가르치고 조국의 독립 의식을 드높인 교과서 역할을 하였다. 그는『독립사』에 이어 꿈꾸었을『광복사』를 끝내 쓰지 못했다. 그러나 그의 말처럼 생의 마지막까지 우리 민족이 다시 융성한 역사를 이룰 때가 오기를 간절히 염원하였을 것이다. (2022.4.28.)

식민지 비판학 4
이토를 저격한 안중근의 역사전쟁

1907년 안중근(安重根 1879~1910)은 전국에서 일어난 국채 보상 운동에 참여한다. 그해 7월, 고종이 폐위당하자 해외로 망명한다. 망명 배경과 경위를 그의 『안응칠 역사』로 알아보자.

> "1907년(정미) 이토 히로부미가 한국에 돌아와서 '7조약'을 늑정(勒定)한 뒤 광무 황제를 폐위하고 군대를 해산시켰다. 이에 2천만 민인(民人)이 일제히 분발했다. 의병이 곳곳에서 봉기했고, 삼천리 강산은 포성으로 뒤덮혔다. 이때 나는 급히 행장을 꾸려서 가족과 이별하고 북간도에 도착하니, 그곳에 일본 병대가 방금 주둔해 와서 도무지 발붙일 곳이 없었다. 그래서 서너 달 동안 각지를 시찰한 다음, 그 곳을 떠나 러시아 영토로 들어갔다. 연추를 지나 블라디보스톡에 이르니 거기에는 한국인 4, 5천명이 살고 있었다."(『안응칠 역사』)

여기서 중요한 것은 소위 '정미 7조약'과 고종 황제 폐위 그리고 군대 해산이다. 이 일의 주동자가 바로 이토 히로부미(伊藤博文)이다.

1904년 2월 8일, 일본 해군의 여순(旅順) 기습을 시작으로 러·일 전쟁이 발발하였다. 그해 3월 이토는 한국을 확실히 단속하고자 국왕 위문 특파 대사로 임명되어 대한제국 황제를 배알하고 일본의 입장을 전달하였다. 이토의 영향으로 한국은 5월에 러시아와의 국교 단절을 선언하게 되었다. 이때 안중근은 러·일 전쟁에 대해 "러시아가 이기면 러시아에, 일본이 이기면 일본에 합병될 우려가 있다"고 탄식했다고 백암 박은식은 기록했다.

이토는 1905년 한국의 외교권을 박탈하여 일본의 관할 하에 두었고, 같은 해 12월에는 한국에 통감부를 설치하여 초대 통감의 자리에 올랐다. 1907년 8월에 이토가 동경으로 돌아왔을 때는 마치 개선 장군과도 같은 환영을 받았다.

군대 해산을 당하자 일어난 대일항전

일제는 1907년 6월 헤이그 특사 사건을 빌미로 고종을 강제로 퇴위시키고, 순종을 즉위시켰다. 법령 제정권 · 관리 임명권 · 행정권 및 일본 관리(차관제)의 임명 등을 내용으로 한 새로운 조약안을 제시, 1907년 7월 24일 이완용(李完用)과 이토 히로부미의 명의로 소위 '정미 7조약'을 강제로 체결하였다. 모든 권한을 한 손에 쥔 일제 통감부(나중에 총독부가 됨)는 한국 통치권의 대부분을 장악하고, 나아가 군대 해산을 단행하여 일제에 대항하는 한국의 무력 저항세력을 제거하였다. 관련 자료를 요약해 보겠다.

제1기 의병이 일어난 1895년(을미)은 중요한 해이다. 명성황후(明成皇后)를 시해한 을미사변(乙未事變)과 단발령(斷髮令) 등을 강제 시행함(을미개혁)에 저항하여 일어난 것이 을미의병(乙未義兵)이다. 제2기 의병은 1905년 을사 늑약 체결에 따라 일어난 을사의병(乙巳義兵)이며, 제3기는 1907년 한일 신협약에 자극받아 일어난 정미의병(丁未義兵)이다.

정미의병은 1907년 8월 1일 한국 군대의 강제 해산과 이에 반발한 군인들의 대일항전(對日抗戰)에서 비롯되었다. 해산당한 군인들은 군대 해산 조칙이 내려진 당일 서울의 시위대(侍衛隊) 대대장 박승환(朴昇煥)이 자결했다는 소식을 듣고, 일본군과 시가전을 전개하면서 대일 항전을 개시하였다. 그 뒤 각 지방의 해산군인들도 잇달아 봉기하였다.

먼저 8월 2일 원주 진위대(原州鎭衛隊) 군인들이 일제히 무기고를 점령한 뒤 그곳 민병과 합세하여 원주시를 장악하였다. 이 소식을 접한 여주 주대(驪州駐隊) 군인들도 이튿날 본대에 합류하였다.

다음으로 강화 분견대(江華分遣隊) 군인들이 8월 10일 대일 항전에 나서 한때 강화성을 장악하였으나 일본군의 공격을 받고 각처로 분산되었다. 이 밖에도 홍주 분견대, 진주 진위대도 봉기 계획을 추진하였다.

민긍호·박준성·손재규 등 원주 진위대 해산 군인들은 각자 의병을 편성, 강원도·충청 북도·경기도 일대에서 활약하였다. 이강년(李康秊)과 신돌석(申乭石) 등은 경상북도 북부 일대에서 각각 항일 유격전을 펼쳤다.

다음으로 경기도에서는 허위(許蔿)가 연기우(延基羽)를 부장으로 하는 강화 분견대 군인들을 포섭하여 임진강 유역의 포천·연천 등지에서 강력한 항전 기반을 형성하였다. 그리고 호남 지역, 경상 남도 안의·거창 방면, 전라북도와 충청남도의 접경지를 중심으로 한 공주·회덕·연산·진잠 등지에서는 김동신이 유력한 의병진을 편성, 활약하였다.

한편, 북한 지역에서도 이 시기에 들어와 의병 항일전이 활발하게 펼쳐졌다. 황해도에서는 박정빈·이진룡이 주축이 되어 평산에서 봉기하였고, 평민 출신 김수민 의병진이 경기도 장단에서부터 황해도 서흥 일대에 이르기까지 막강한 세력을 형성하고 있었다.

평안도의 경우에는 김여석(金汝錫) 의병진이 덕천·맹산 일대에서 활약하였으며, 채응언은 함경도·평안도 접경 지대에서 항일전을 수행하였다. 함경도 의병 항일전은 홍범도(洪範圖)·차도선 등이 삼수·갑산 등지에서 산포수와 광산노동자들을 규합하여 강력한 의병을 편성하였다.

최재형(崔在亨)은 고향인 함경북도 경원(慶原)에서 이범윤·엄인섭·안중근(安重根) 등과 함께 의병을 편성하였다. 이때 동의회와 창의대가 중심이 된 연해주 의병들의 대규모 국내 진공 작전은 1908년 7월에 전개되었다. 즉 전제익(全濟益) 이하 안중근, 엄인섭 등이 인솔하는 200~300명의 연해주 의병이 두만강 대안에 대기해 있다가 7월 7일 강을 건너 경흥군 홍의동(洪儀洞)으로 진격해 들어간 것이 그 시작이었다. 최재형과 이범윤은 국내 진공 작전에 직접 참가하지 않았다.

안중근은 동의군의 우영장(右營將)으로 국내 진공 작전에 참가하여 한 부대를 거느리고 있었다. 동의회 의병은 최고 지휘관인 도영장(都營將)이고, 그 밑에 좌영장, 우영장을 거느리는 체제이다. 도영장 전제익(全濟益)을 필두로, 좌영장 엄인섭과 우영장 안중근이 동의군을 이끈 최고 지휘관들이었다. 이 편제에서 보듯이 안중근은 곧 연해주 의병의 핵심 간부로 항일전을 전개하는 과정에서 중요한 역할을 수

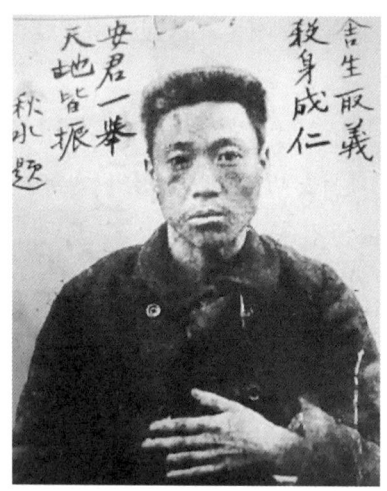

안중근 의사의 사진엽서 견본
(일본 고토쿠 슈스이 소장본. 위의 한문은 그가 쓴 안의사 찬양 글이다)

행한 야전 지휘관이었다. 안중근은 국내 진공 작전의 일환으로 휘하 의병을 이끌고 1908년 7월 7일 포시예트를 출발하여 두만강을 건넜다. 안중근이 거느린 의병 부대는 도강 후 두만강 대안의 경흥군 홍의동(洪儀洞)에서 항일전을 개시하였다. 훗날 안중근이 진술한 통감부 자료에는 다음과 같은 기록이 있다.

> "내가 의병(義兵)으로서 실전에 종사한 것은 1908년 음력 6월 5일 경…이범윤의 부장이었던 전 경무관 전제익을 대장으로 삼고, 엄인섭은 좌군령장, 나는 우군령장이 되었다. 의병 50여명을 이끌고 두만강을 건너 경흥부로 출병했다."(통감부 심문 공술자료)

당시 안중근의 직책을 종합하면 "참모중장 겸 우군령장"이었다고 본다. 안중근은 1908년 음력 6월에 경흥부로 출병하여 일본군과 전투를 벌였다. 이때 포로로 잡은 적들을 주위의 반대에도 불구하고 놓아주면서 안중근은 이렇게 말했다.

> "이토의 포악한 정략을 성토하여 세계에 널리 알려서 열강의 같은 감정을 얻은 다음에야 비로소 한을 풀고 국권을 되찾을 수 있을 것이다. 그것이 이른바 약한 것으로 강한 것을 물리치고, 어짐으로 악한 것을 대적함이다."(김봉진, 『안중근과 일본, 일본인』)

이처럼 이토의 포악한 정략이 조선의 강탈에 있음을 간파한 안중근은 1909년 2월 7일, 러시아 블라디보스톡에 들어갔고, 곧이어 임시정부 초대 재정총장을 지낸 최재형의 지도 아래 단지회(斷指會, 단지동맹)라는 비밀 결사를 조직하였다. 이때 안중근 등의 단원들은 조선 침략의 원흉으로 지목된 이토 히로부미와 매국노 이완용에 대한 암살 계획을 세우고, 3년 이내에 이를 성사시키지 못하면 자살로써 국민에게 속죄하겠다며 왼손 네 번째 손가락 한 마디를 잘라 피로써 항일투쟁의 의지를 다졌다.

이때 왼손 약지를 끊은 안중근은 그 피로써 태극기 앞면에 글자 넉 자를 쓰니, '대한 독립'이었다. 쓰기를 마치고 '대한 독립 만세'를 일제히 세 번 부른 다음 하늘과 땅에 맹세하였다. 장소는 우스리스크의 남쪽 연추(煙秋, 얀치헤, 현재의 끄라스끼노)이다. 이곳에 최재형의 집이 있었다.

마침내 안중근이 10월 19일 블라디보스톡에 도착하니, 주위에는 이토가 올 것이라는 소문이 자자했다. 안중근은 거듭 확인해 본 바 틀림없는 정보였다. "남 몰래 여러 해 소원하던 목적을 이루게 되다니! 늙은 도적을 내 손으로 끝내리로다!"라고 기뻐했다. 운명의 날은 1909년 10월 26일 오전 9시 반 쯤이었다.

> "'저자가 바로 이토 늙은 도적일 것이다'라고 여겼다. 곧 단총을 뽑아 들고 그 오른쪽을 향해서 네 발을 쏜 다음에 생각해보니 십분 의아심이 머리를 스쳤다. 내가 본시 이토의 얼굴을 모르기 때문이었다. 만약 잘못 쐈다면 큰 낭패가 되리라. 그래서 뒤쪽을 향하여 일본인 수행원 가운데 의젓하게 앞서가는 자를 새 목표로 삼아 세 발을 이어 쏘았다. 그런 다음 또 다시 생각해 보니 혹시 무죄한 사람을 잘못 쐈다면 반드시 불미한 일이리라. 짐짓 생각하는 사이에 다가온 러시아 헌병에게 붙잡혔다."(『안응칠의 역사』)

이처럼 안중근은 단군 조선의 고토(故土)였던 하얼빈에서 침략의 괴수 이토를 주살하였다. 그런데 순종은 이토가 죽은 지 하루만인 10월 27일에 통감부에 마련된 빈소를 찾아가 조문하고 또 그 이튿날에는 이토에게 문충공(文忠公)이라는 시호를 내렸다. 그뿐만 아니라 조문 사절단까지 보냈다. 이 얼마나 망령된 일인가!

여기서 한 가지 바로 잡을 것이 있다. 이른바 이토가 마지막으로 한 말이다. 이토가 절명하기 직전에 의사의 검진을 받다가 통역이 '범인은 한인(韓人)'이라고 한 말을 듣고 이토가 "어리석은 녀석이다"라고 했다는 이 말의 진위 여부이다. 이 말은 일본인 무로다의 목격담에서 나왔다고 한다.

백암 박은식도 비슷한 말을 남겼다. 백암은 1912년에 쓴 『안중근전』에 이토가 총을 맞을 때 안중근을 가리키며 '바카(馬鹿, 바보)라고 욕했다'는 표현이 나온다. 그런데 1915년 『한국통사』에서는 이 말을 인용하지 않았다. 다만 이토가 세 발이 복부에 명중되자, "앗! 하는 외마디 소리를 지르고 쓰러졌고, 즉시 혼절했는데 기차 안으로 옮겨 주사를 놓자 한때 의식을 회복했지만 10분도 안 돼 숨이 끊어졌다"고 했다. 이는 처음에 말한 '바카'를 수정한 것으로 볼 수 있다.

한상일은 '어리석은 녀석'이라는 말은 "죽음을 극화하고 병탄을 왜곡하기 위하여 뒷날 만들어진 기록"이라고 지적했고, 김봉진도 이는 '조작한 허구일 확률이 높다'고 보았다.

안중근은 이토를 대한 만세의 원수요, 세계 인도의 적이라고 공판정에서 분명하게 밝혔다. "나는 대한 의병의 참모장이다. 의병을 모집하고 병기를 구입하여 이토를 죽이고 독립을 회복하려 했다"고 말하고, 1910년 3월 10일 오전 10시 형장에서 한복을 갈아입은 후에 "나는 대한 독립을 위해 죽는 것이며, 동양 평화를 위해 죽는 것인데, 어찌 유감스럽겠느냐?"라고 하며 태연하게 웃었다.

이토가 죽자 육군 대신 데라우찌(寺內正毅)가 후임 통감이 되었다. 이 무렵 강제 합병된다는 말에 인심은 흉흉했다. 이재명 등이 이완용 같은 매국노 처단에 나섰다. 이재명은 이완용의 허리와 등을 찔렀으나 죽이지 못했고, 본인은 사형을 당하였다. 제2의 안중근이 연이어 등장했다. 순절, 순국하는 애국자가 이어졌다.

우리 안의 이토를 저격하라

　기타큐슈 시립대학 명예 교수 김봉진이 『안중근과 일본, 일본인』에서 지적한 대로 일본 식자들은 한국민이 이토의 통치책을 적극적으로 지지했다면 한국 병탄은 없었을 것이며, 안중근이 이토를 주살하지 않았다면 이토의 훌륭한 통치 구상이 아시아에서 실현되었을 것이라고 가정해서 말한다. 이것은 이토가 '제대로 평가=변호받지 못함'은 – 실증적이지 못한, 안중근에 얽매인 – 한국인 탓이라는 그들의 궤변일 뿐이다. 이토를 폄하해야 안중근이 위대해지는 것이 아니다. 안중근은 이토가 아니어도 이토를 넘어서는 위대한 평화주의자였다. 안중근의 평화는 한국의 독립과 일본의 신의(信義) 지킴을 기본으로 한 것이다. 이토는 제국주의 침략의 개척자이며, 뒤틀린 황국사관의 전도사이며, 동양 평화의 배반자였다.
　그러므로 우리는 우리 안에 남아 있는 이토의 잔재를 주살해야 한다. 그는 역사 전쟁의 원흉이다. 안중근 의사는 오늘의 우리에게 간절히 외친다. "너희 안의 이토를 죽이라. 내가 그랬듯이."
　오늘 우리에게 안중근의 삶이 주는 교훈은 "아직도 동북 아시아는 국가 간에 역사 전쟁이 끝나지 않았고, 치열하게 진행 중"이라는 사실이다. 역사 전쟁에서 우리가 승리하기 위해서는 먼저 일제가 왜곡한 거짓된 식민지 역사를 청산하고, 그 위에 바른 역사를 기록하는 일이다. 그런 다음에야 우리는 역사의 평화를 말할 수 있다.
　"대한독립의 소리가 천국에 들리면 나도 춤을 추며 만세를 부를 것이다"(동생에게 남긴 유언) (2022.4.28.)

식민지 비판학 5
소설 『파친코』로 본 일제의 식민지 수탈사

　소설 『파친코 PACHINKO』가 화제를 모은 적이 있다. 이 소설은 서울 출신으로 미국으로 이민간 이민진(Min Jin Lee) 작가의 장편소설이다. 2017년 뉴욕에서 영문으로 처음 출간되었고, 한글 판본은 2018년에 나왔다. 2020년 현재 세계 29개 국어로 번역되었다. 2022년 3월, Apple TV+에서 소설과 같은 이름으로 드라마 『파친코』가 방영되었다.
　저자는 이 소설의 시대적 배경이 된 사건을 중심으로 서술하고자 한다. 물론 소설이라는 한계도 있지만 그 시대 상황을 이해하는데 나름 많은 시사점이 있다고 본다.
　먼저 '일제의 토지조사 사업과 소설 『파친코』'에 대한 내용이다. 고종은 황제 즉위식 다음 날인 1897년 10월 13일, '황지(荒地)의 개관(漑灌)' 정책을 반포한다. 빈민 구휼, 도로망 수리 등이 골자이다. 이를 위해 적극적으로 저수지 제방을 쌓았다.

일제의 토지조사 사업과 소설 『파친코』

　이어 대한제국의 토지조사 사업이 실시되었다. 1899년부터 시작되었다. 근 5년 동안에 걸쳐 진행된 토지조사 사업은 전국토지의 3분의 2에 달하는 지역에서 완료되었다.
　대한제국의 토지조사 사업은 토지를 측량하고 소유권 증명 등기와 발급을 실시하였다. 이는 결과적으로 민족의 토지를 수호하고 제국주의 경제 침투를 차단하기 위한 것이었다. 그러나 일제는 1904년

2월 러일(러시아-일본) 전쟁을 도발하고 이를 기화로 한반도를 군사적으로 점령한 다음에 대한제국의 토지조사 사업을 중단시켰다. 이처럼 일제가 대한제국의 토지조사 사업을 중단시킨 것은 향후 식민지 토지 약탈에 목적이 있었기 때문이다.

일제의 토지조사는 1912년 '토지 조사법'을 대폭 손질한 '토지 조사령'이 공포되면서 본격적으로 추진되었다. 여기서 토지 과정의 제도화, 소유권 신고의 확정 절차와 기구의 체계화, 등기제도의 도입 등이 강구되었다.

아울러 일제는 토지조사를 통해 식민지 지배의 경제 정책을 효과적으로 집행했다. 먼저 이를 위해 일제는 외국인 토지 소유 금지 조항을 없애고 외국인의 토지 소유를 합법화시켜 주었다. 또 대한제국 황실 소유의 땅을 조선총독부 소유의 국유지로 둔갑시켰다. 조선총독부는 전 국토의 40%에 해당하는 전답과 임야를 차지하는 대지주(大地主)가 되었다. 나아가 총독부는 이 토지들을 일본 토지회사에게 무상 또는 싼 값으로 넘겨주었다. 결과적으로 일본인 대지주가 출현하게 되었다.

이어서 일제는 농민의 토지를 노골적으로 강탈하였다. 마을 앞 뒷동산은 물론이고, 동네의 여유 땅, 미개발한 황무지, 주인 없는 땅, 조상 대대로 물려받은 땅들을 마구잡이로 국유화했다. 산림 자원까지 총독부가 빼앗아 갔다. 농민들은 졸지에 자기가 농사짓던 땅을 잃어버렸다. 삼척군 농민 1천여명이 집단으로 항의한 사건도 있었다.

최원규는 「토지조사 관계법과 토지신고」에서 "일제는 한국인들의 반발로 선무공작과 관권을 동원하여 사업을 추진했지만 예정대로 진척되지는 못했다. 지주의 의무사항인 토지신고는 물론 표항설치, 지주총대 선정, 조사입회 등 시작부터 문제가 발생했다"고 지적했다.

이때 가장 악랄한 활동을 한 곳이 동양척식주식회사였다. 한국 농민들의 토지를 헐값에 매수했고, 왜인(倭人)들의 이민 정책을 돕는 첨병 역할을 했다. 소작료 50%를 받는 거대한 식민지 지주 회사가 되어 한국 농민들을 이중으로 착취했다. 한국 농민들이 오랫동안 유지해온 전통적인 농사법은 공동체에 서로 의존한 것이었으나, 일본인 지주의 출현으로 서로 돕는 아름다운 농촌은 사라지기 시작했다.

소설 『파친코』는 이때의 상황을 잘 묘사해 주고 있다.

"이곳 시골 사람들은 다들 점점 더 가난해지고 있었지만 훈이네 집은 무척이나 안락해 보였다. 중매쟁이는 훈이도 건강한 신부를 맞이할 수 있겠다는 확신이 생겼다. 그래서 본격적으로 이야기를 꺼냈다.
상대는 울창한 숲 속 너머의 섬 반대쪽에 사는 여자애였다. 그 여자애의 아버지는 소작인이었는데, 최근 토지조사로 임차권을 잃은 수많은 사람들과 같은 신세였다. 이 홀아비는 빌어먹게도 딸만 넷에 아들 하나 없었다. 하도 가난해 숲에서 주워온 것이나 시장에 내놓을 수 없는 생선으로 끼니를 때워야 했다. 아주 가끔은 이웃이 적선해주는 것으로 간신히 배를 채우기도 했다."(1권, 16쪽)

하숙집을 운영하는 훈이네는 동네에서 좀 나은 형편이었다. 소설 속의 '여자애'는 '양진(Yangjin)'이다. 훈(Hoon)의 아내가 되는 양진(Yangjin)의 아버지는 소작인(tenant farmer)이었다. 또 다른 마을 사람들은 그나마 소작(小作)으로 생계를 유지해 왔었는데, 소작했던 그 지주가 일제에 땅을 빼앗기게 되니까 그 소작도 할 수 없게 되어 임차권을 잃었다는 말이다. 위 인용문에서 '최근'이란 1910년대 조선의 농촌을 말한다. 심지어 소작료가 50%에서 60%로 오른 곳도 있었다. 농민들은 점점 빚더미에 앉게 되었다. 빚더미에 앉은 한국 농민들의 농지는 급기야 왜인(倭人) 지주들에게 팔려 갔다. 농민들은 일제의 침략에 속수무책이었다. '이웃이 적선해 주었다'는 말은 일제의 수탈 속에서도 농민들은 서로 도우며 함께 살아갔다는 뜻이다. 그마나 농촌 사회를 지탱해준 것은 한국인들의 정(情)이었다. (2022.4.13.)

일제의 쌀 생산 증식 계획과 『파친코』

일제는 토지조사 사업에 이어 1920년대부터 산미증식계획(産米增殖計畫)을 단행했다. 쌀의 생산을 높이자는 뜻이다.

일제는 왜 갑자기 쌀 증산이 필요했을까?

산미증식계획은 일제가 조선을 일본의 식량 공급지로 만들기 위해 1920~1934년 실시한 농업 정책을 말한다. 일본 자본주의의 존립에 필수적인 저임금 유지를 위해 조선을 식량 공급 기지로 만들려는 식민지 농업 정책이었다. 일본 내 쌀 파동을 극복하기 위해 조선을 이용하였다. 결과적으로 한국의 농민들은 일제와 일본인들로 인해 이중의 고통을 당하게 되었다.

일본에서는 제1차 세계대전(1914~1918)을 계기로 산업 자본이 비약적으로 성장하면서 자본의 집적과 집중이 촉진되었다. 그러나 그런 독점 자본이 강화되면서 대중 생활은 궁핍화했다. 인구는 도시로 몰렸고, 농촌은 피폐해졌다. 농촌의 희생이 강요되었다. 일본의 농업 생산력은 급격히 떨어졌다. 조선의 쌀에 대한 일본의 수요는 세계대전 후 더욱 증가하였다.

더욱이, 1918년에 일본에서 대규모의 쌀 폭동이 일어난 데다가 1920년부터 대불황이 닥쳐왔다. 쌀 도매상이 가격을 담합해서 쌀 가격이 폭등하자 일본 농민들 사이에서 대규모 유혈 사태가 발생했다. 쌀 값이 오르자 투기와 사재기가 성행하였다. 부녀자들은 쌀을 구하기 위해 거리로 나섰다. 군대를 동원하여 소요를 진압까지 하였다. 이것이 일본의 쌀 폭등이다. 이후 식량과 원료 부족을 타개하는 수단으로 일제와 그들의 독점 자본은 한국에 대한 식민지 개발을 적극적으로 요구하게 되었다.

일본 제국주의는 조선에서의 식량 증산을 강행해 식량의 안정된 공급로를 확보해야 할 절박한 사정에 처했다. 조선에서는 토지 조사 사업이 이미 완료되어 식량 공급지로 활용할 수 있는 기초 조건이 갖추어져 있다고 판단했다. 이렇게 일제는 조선을 비대화된 독점 자본의 시장으로 활용하기 위해, 또 자국의 식량난을 타개하기 위한 식량 공급지로 전환시켜야 했다. 1920년부터 일제는 조선에서 산미 증식 계획을 추진하였다.

이때 주로 품종 개량이나 수리(水利) 시설 확대 등의 사업이 진행되었다. 그러나 이 과정에서 한국의 농민들은 비싼 값으로 종자(種子)를 사야 했고, 수리 시설 이용료도 내야 했다. 또한 곡식 생산량은 목표치를 밑돌았지만, 수탈은 계획대로 진행되어 국내 식량 부족은 그만큼 가중되었다.

이 당시 한국 농민을 수탈하는데 앞장 선 것이 수리 조합이다. 원래 수리 시설은 토지 소유자에 한해 이용할 수 있었다. 다시 말해 소작농들은 이용이 배제되었고, 이용 시에는 현금으로 조합비를 내야 했다. 이로 인해 농민들의 항의가 빗발쳤다. 소작쟁의가 일어났고, 소작농들은 농사를 포기하기도 했다.

이러한 과정 속에서 친일 지주들은 농민들의 토지를 싼 값에 사들여 막대한 재산을 늘렸다. 토지를 잃은 농민들의 상당수는 굶주려야 했다. 화전민(火田民)이 되거나, 해외로 이주했다.

이민진의 소설 『파친코』는 당시의 쌀 부족 상황을 이렇게 표현하고 있다.

"아지매, 오랜만이네예"
"잘 지내셨지예? 아지매하고 딸들도 잘 지냅니꺼?"
"흰쌀 좀 있어예?"
"중요한 손님이 왔는 가베예? 근데 팔 수 있는게 없는 데 우야지요? 흰쌀이 죄다 어데 가는가 아지매도 아시잖아예"
"남은 게 너무 적어서 이카는 거 아입니꺼. 일본인 손님이 왔는데 팔 게 없으면 곤란해서예. 아지매한테 안 팔고 싶어서 이카는 게 아니고예"
"오늘 딸이 결혼을 했심더" 양진은 울지 않으려고 해썼다.
"선자가예? 누구랑예? 누구랑 결혼했어예?"(1권, p.139)

 양진(Yangjin)은 결혼한 선자(Sunja) 부부를 위해 모처럼 흰 쌀밥을 해주고 싶어서 쌀 가게를 찾아갔다. 쌀 가게 주인 조(Cho) 씨(氏)는 얼굴을 찡그렸다. 양진에게 흰 쌀을 팔고 싶지 않았던 것이다. 양진에게 쌀을 팔면 혹시라도 일본인이 쌀을 사러 왔을 때, 팔 쌀이 없으면 곤란하기 때문이다. 또 일본인에게 부르는 것과 똑같은 값을 양진에게 받을 수 없기 때문이다. 오히려 양진에게 양해를 구한다. 그러나 더 큰 문제는 국내 쌀들은 이미 일본으로 건너갔다는 것이다.

1920년대 일본으로 반출하기 위해 쌓아놓은 수탈된 쌀 가마들

소설에 있는 것처럼 시골의 아녀자들도 우리가 생산한 쌀이 어디로 가는지 다 알고 있었다는 것이다. 그래서 국내는 늘 쌀이 부족했다. 그로 인한 피해는 한국의 가난한 농민들에게 고스란히 돌아갔다.

1930년의 경우, 국내 쌀이 1351만 섬 생산되었는데, 일본으로 이출한 것은 542만 섬에 달했다. 한국인의 쌀 소비량은 4말 5되로 급격히 감소하였고, 일본인의 쌀 소비량은 1섬 1말로 확대되었다. 이로 인해 한국에는 걸식자, 초근목피로 살아가는 빈궁민, 극빈 영세민들이 대량으로 늘어 났다. 이것은 수탈이지 수출이 아니다.

쌀 가게 주인인 조씨의 사위는 시위를 하다가 일본 경찰에 쫓겨 만주로 도망갔다. 역설적이게도 조씨는 가장 미운 일본인들에게 좋은 쌀을 최고가격으로 팔면서 생계를 유지하고 있다.

쌀 가게 주인은 혼인 잔치를 치른다는 양진의 말에 많은 쌀을 요구하는 것으로 생각하고 지레 겁을 먹고 있었다. 그러나 양진은 '두 명 먹을 것만 달라'고 했다. 어미로서 고향 떠나기 전에 흰쌀밥 맛을 보여주고 싶었다. 순간 양진의 눈에 눈물이 차올랐다. 조씨도 양진의 눈을 피했다. 쌀집 주인은 이런 일을 대비하여 별도로 저장해 둔 쌀을 찾으러 창고로 갔다. 드라마 『파친코』에서는 두 홉 달라는 쌀을 조씨가 세 홉을 주는 인정을 베푸는 명 장면이 나온다. 한국인의 훈훈한 정을 느끼게 했다.[1]

한편 문정창은 『일본군국 조선점령 36년사 (상)』(1965년)에서 대일(對日) 금(金) 수출액을 지적했다. 저자가 일부 내용을 발췌·정리했다.

1920년 국내 금총생산액 408만 7천 원(圓)
 - 대일 수출액 2384만 2천 원(圓)

---

[1] 이민진 작가는 영문 원작에서 아주머니Ajumoni, 아저씨Ajeossi 등을 우리말 발음 그대로 표기했다.

1930년 국내 금총생산액 661만 9천 원(圓)

　- 대일 수출액 2680만 1천 원(圓)

1931년 국내 금총생산액 958만 1천 원(圓)

　- 대일 수출액 3952만 5천 원(圓)

이상 국내 금총생산액은 2028만 7천원이고, 대일 수출액은 9016만8천원이다. 이는 6988만1천원이 공식 생산없이 몰래 팔려나간 것이다. 1937년 이후에는 금생산액을 일체 발표하지 않아 의심을 더했다. 계획적인 수탈이다. 일제는 자국 화폐가 위기에 처하자 조선의 산금(産金)으로 금본위(金本位) 화폐제도의 명맥을 유지했던 것이다. 다음은 1910년부터 1936년까지의 금 관련 전체 통계표이다. 생산액 초과분의 차액이 4억9191만 3천원(圓)이다. 현재의 시세로 얼마나 될까?

은본위제에서 금본위제로 바꾼 일본의 1910년 1원은 순금 2푼(750mg)의 가치를 가지는 것으로 발행되었다. 금의 무게 단위인 1

금의 대일수출액과 국내생산액의 대조표(1910~1936년), 단위 천원(圓)					
연도	대일수출액	국내생산액	연도	대일수출액	국내생산액
1910	9,040	-	1924	5,736	4,972
1911	12,823	-	1925	4,358	6,089
1912	10,096	-	1926	7,451	7,905
1913	10,932	-	1927	5,262	6,134
1914	10,813	-	1928	3,669	5,693
1915	11,760	7,467	1929	6,096	5,875
1916	16,104	8,270	1930	26,801	6,619
1917	9,635	6,748	1931	39,525	9,581
1918	6,023	5,900	1932	28,284	13,633
1919	4,418	4,075	1933	24,375	-
1920	23,842	4,087	1934	36,337	-
1921	7,370	3,351	1935	210,581	-
1922	4,789	3,615	1936	63,465	-
1923	6,593	4,251	계	606,178	114,265
			차액(수탈액)		491,913

푼은 0.1돈이다. 순금 1돈은 3.75g이다. 그러므로 금 1푼은 0.375g 이다. 현재 2025년 5월 24일 기준으로 보면 금가격은 1돈인 3.75g 이 552,600원이다. 계산의 편의를 위해서 금 1돈을 55만원으로 잡으면 1푼은 5만 5천원이다. 금을 기준으로 하면 1910년의 1원은 현재 2푼과 같으므로 11만원인 셈이다. 4억9191만 3천원(圓)을 5억원으로 보면 이것의 11만배에 해당하는 금액 즉 55조원이 우리가 손실을 본 것이고, 이 우리의 손실만큼 일본 경제는 조선의 금을 훔친 대가로 망하지 않고 명맥을 유지한 것이다. (2022.4.13. 및 일부 추가)

한국인 신사참배 거부와 『파친코』

일제는 한민족 말살을 위해 황민화(皇民化) 정책을 추진하였고, 그 하위 정책으로 '내선일체'(內鮮一體; 조선과 일본은 하나라는 사상을 강요), '황국신민서사'(皇國臣民誓詞; 행사나 학교 조회에서 일본에게 충성하는 내용의 서약을 암송할 것을 강요), '창씨개명'(創氏改名; 조선인들에게 일본식으로 이름으로 개명할 것을 강요), '궁성요배'(宮城遙拜; 매일 아침 도쿄 황궁[皇宮]를 향해 절을 하도록 강요), '신사참배' 등을 만들어 강요하였다. 여기서는 일본의 신도(神道)에 기반한 신사 참배에 대해 설명하고자 한다.

일본의 신도는 일본 고유 신앙에서 유래한 것이지만 그 뿌리에 대해서는 여러 주장이 있다. 자기네 선조나 자연을 숭배하는 종교라기보다는 일본 왕을 신처럼 받들어 모시는 국민 신앙으로 발전하였다. 신도는 신사(神社)로 구체화 되었다. 신사는 태평양 전쟁 패전 이전까지 일본이 국교로 내세운 신도의 사당으로, 신도의 신을 제사 지내는 곳이었다. 이 신사에 대한 참배를 일본 국민의 애국적 의무로 강요하였다. 이것이 일본의 제국주의가 부추긴 '신사참배'였다. 신사참배는 결국 '천왕 참배'를 의미했다.

신사참배는 1930년대부터 제국주의의 침략 야욕과 함께 일본 내에 전국적으로 보급되었다. 당시 10만 개가 넘는 신사에 대한 행정은 일본 정부가 맡았고, 신도의 수양을 가르치는 수신(修身) 과목은 학교의 필수 과목이 되었다. 일본 정부는 일왕의 신성(神性)을 선전했다. 그리고 일본 국민을 일왕의 신민(臣民)으로 육성하였고, 침략 전쟁에 동원하였다.

이어 일제의 조선총독부는 일본 내의 종교 정책에 따라 식민지 조선에서도 신사참배를 강요하였다. 1915년과 1917년에 신사에 관한 법령을 발포하고, 신사의 설립과 육성을 관장했다. 또한 조선총독부는 동화(同化)정책의 하나로 1925년 서울 남산에 '조선 신궁'을 건립했다.

조선총독부는 1920년대까지는 신사 건립에 주안점을 두었지만, 신사참배를 적극적으로 강요하지는 않았다. 그러나 1930년대 만주 사변과 중일 전쟁, 그리고 1941년 태평양 전쟁으로 이어지는 전시 체제에서 신사참배는 통치 체제의 중요한 수단으로 대두되었다.

1931년 만주 사변 직후에 조선총독부는 관공서를 포함해서 학교의 학생들에게 신사참배를 강요했고, 1937년 중일 전쟁을 앞두고 모든 조선인에게 전쟁에서 승리를 기원하는 신사참배를 강요했다. 신사참배에 반대하는 학교들은 폐교되었고, 또한 개별적으로 신사참배에 참여하지 않은 학생과 교사들은 학교에서 축출되었다.

일제의 신사참배 강요로 인해 기독교계는 감리교, 성결교, 천주교회, 안식교 등이 먼저 신사 참배를 수용했고, 마지막에 가서 장로교가 신사참배를 수용했다. 각 교파가 신사참배를 수용하기로 결정했음에도 불구하고 주기철, 손양원, 한상동, 이기선, 신석구 목사 등은 계속해서 신사참배를 거부했다.

주기철(1897~1944) 목사는 경상 남도 창원, 현재의 진해시에서 태어났다. 학교 공부는 평안 북도의 정주에 있는 오산 학교를 졸업하였고, 평양의 장로회 신학교에 입학하였다. 1922년 3월 봄학기부터 신학 공부를 시작하였다. 당시 평양의 장로회 신학교는 졸업생이 305명, 재학생이 461명으로 국내 최대 규모의 신학교였다.

1925년 12월, 평양 신학교를 졸업하고, 얼마 후에 부산 초량교회의 담임 목사로 취임하여 지역에서 활발한 활동을 하였고, 장로회 경남 노회 노회장까지 맡게 되었다. 어느 날, 조만식 선생이 그의 오산 학교 제자이기도 한 주(朱)목사를 찾아와 청빙하므로 1936년 7월 평양 산정현 교회의 담임 목사로 부임하게 되었다. 스승이었던 조만식은 장로가 되고, 제자였던 주기철은 목사가 되었다.

총독부 경무국은 1938년 2월 이른바 '기독교에 대한 지도 대책'이라는 것을 수립하고, 경찰력을 동원하여 학교와 학생뿐만 아니라 교회와 일반 기독교인들에게까지 신사참배를 강요하였다. 특히 한국 기독교계 중에서 장로교는 신사참배가 기독교의 교리에 위반되고 양심과 종교의 자유를 침해하는 것으로 반대해 왔으나, 일제의 강요가 심해지자 이에 굴복하는 개인과 교회들이 점점 나타나기 시작하였다.

1938년 2월 9일 평북 선천읍 남 예배당에서 열린 제53회 평북 노회에서 일제 당국의 주장대로 "신사참배는 종교가 아니요 국가 의식임을 시인하기로 결의"하였던 것이다. 하지만 이런 결의에도 불구하고 신사참배 반대 운동은 장로교를 중심으로 평안도와 만주 지역에서 개별 교회 단위로 전개되었고, 그 결과 해방 전까지 교회 지도자 2천여 명이 투옥되고 그중 50여 명이 옥사했으며, 200여 개의 교회가 폐쇄되었다.

이민진의 소설 『파친코』는 기독교의 당시 상황을 잘 표현해주고 있다.

> "장로교회의 의사 결정권자들은 엄청난 압력에 못 이겨서 의무적인 신사 참배를 천황을 위한 종교적인 의식이 아니라 시민의 의무로 받아들였다"(1권, p. 242)

이에 따라 국내에서의 신사참배는 강화되었다. 총독부는 기독교인들을 모아서 매일 아침 신사 참배를 시켰다.

일제 경찰은 1939년 10월에 모인 '평양 노회'에 압력을 가하여 신사참배를 하지 않는 목사나 장로는 주일 예배에서 설교나 기도를 하지 못하도록 결의를 강요했다. 그러나 이미 신사참배 거부로 구속된 바 있던 주기철 목사는 이에 개의치 않고 산정현 교회에서 설교를 계속하였다. 이에 일제는 10월 중순경 총독부의 명령에 불복종하는 사람을 공적인 목회에 종사하게 할 수 없다는 이유로 다시 구속하였다. 이것이 『매일신보』에 대서 특필되었다.

이민진의 소설 『파친코』에 등장하는 백이삭 목사는 평양 신학교 출신으로 나온다. 신사참배 거부를 주도한 평양 장로회 신학교로 추정된다. 같은 평양 신학교 출신이었던 큰형 사무엘은 시위에 나갔다가 체포당해 모진 고문을 이겨내지 못하고 사망했다. 자신의 우상이었던 젊은 형의 죽음을 본 동생 백이삭은 '용감한 삶을 살겠노라'고 결심했다. 형 사무엘은 독립 운동가였다. 그의 부모는 기독교 신자였고, 북쪽에 교회를 지었다. 여기서 북쪽은 평양을 말한다. 백목사의 가정 분위기는 이미 신사 참배를 거부하도록 조성되었다.

『파친코』에는 일본 오사카로 건너가 살고 있던 백이삭 목사가 신사참배를 거부한 사건에 연루된 내용이 나온다.

"경찰이 오늘 아침에 그분들을 잡아갔어요. 다들 신도 신사에 참배하러 갔는데 관리하던 사람이 후가 천황에게 충성을 맹세해야 할 때 주기도문을 외우는 걸 알아챘어요. 경찰이 후를 심문했고, 후는 신사 참배 의식이 우상 숭배라고 말하며 더 이상 신사 참배를 할 수 없다고 말했어요."(1권, p.232)

백이삭 목사는 같은 교회에 다니는 중국인 후(Hu)가 신사 참배할 때에 주기도문을 외운 것이 문제가 되어 일본 경찰에 함께 체포되었다. 백목사는 속으로 후(Hu)의 그런 행동을 존경했다. 백목사는 투옥되었다가 석방되었으나 집에 돌아와 곧 사망했다. 일제는 죽기 직전에 죄수를 석방하는 일을 반복했다. 그래야 죄수들이 감옥에서 죽었다는 소리를 듣지 않기 때문이다. 감옥에는 한국인과 중국인들이 가득했다.

국내외에서 한국인을 대상으로 자행한 일제의 신사참배 강요는 한국인의 정체성을 말살하는 것이 목적이었다. 한국인 스스로 자기 조상의 역사를 부정하도록 세뇌되었다. 결국 한국은 일본에 의지하여야 발전할 수 있다는 잘못된 의식을 갖게 만들었고, 일본의 역사가 위대한 것처럼 착각하게 만들었다. 이는 일본의 침략 전쟁에 한국인을 강제적으로 동원하는데 용이하도록 활용되었.

주기철, 한상동 목사와 함께 경남 통영 일대에서 조직적으로 신사참배 반대운동을 전개했던 여성 지도자 최덕지는 옥중에서 다음과 같이 외쳤다. "신사 참배는 기독교적 정신에 어긋날 뿐만 아니라 전쟁에 찬성하는 것이며, 식민지 지배를 인정하는 것이다."(『경남 독립운동 이야기2』) (2022.4.16.)

식민지 비판학 6
식민사학의 극복과 민족사학 구축

　일제 식민통치가 남긴 후유증은 너무 깊어 오늘날 한국 사회 전반을 지배하고 있다. 지금 우리 사회가 겪고 있는 많은 갈등들이 그 병리 현상 아님이 없다. 이념, 진영, 남녀, 빈부, 종교 등 총체적 갈등의 뿌리가 식민지 유산에 있다. 갈등이 갈등만으로 끝나는 것이 아니고 혐오로 번지고 있다는 점이다. 갈등 사회를 넘어 혐오 사회로 변질되고 있다는 것이 더 무섭다. 갈등은 말로 싸우는 것으로 끝나지만, 혐오는 말로 싸우는 단계를 넘어 증오와 복수로 이어진다는 것이 다르다. 식민지가 남긴 깊은 병은 곧 혐오병이다. 이점이 매우 위험스럽다.
　저자는 우리 사회의 갈등 중에 '역사관의 갈등'에 대해 언급하려고 한다. 사실 어느 누구도 이 문제에 대해 거론하는 것을 꺼리고 있다. 이런 꺼림이 문제를 더 키우고 있다.

갈등의 원조는 정한론에서 나온 단군신화론

　역사관의 갈등이란 한국사를 대하는 사관의 문제에서 온 것이다. 사관이 뒤틀리기 시작한 것은 일제의 한국 강점으로부터 시작되었다. 그 근원은 정한론(征韓論)에 있다.
　1873년 일본 제국은 조선에 사신을 파견하는 문제로 대립되었다. 정쟁에서 밀린 사이고 다카모리(西鄕隆盛) 등이 관계된 이 사건의 배경에 조선 출병의 논의가 있었다고 하여 정한론이라고 부른다. 하지만 정한론은 에도 막부 시기에도 있었다. 내우외환의 위기에 빠진 일제는 대외 침략을 강하게 주장했다. 『일본서기』 등에 심취한 극우론자들은 조선 지배를 들고 일어났다. 1890년 반포된 일제의 '교육칙어'는 천왕 숭배와 천왕 국가에 대한 충성을 강요했다.

이즈음 일제는 한국 강점을 준비하기 위해 조선사를 탐구했다. 탐구목적은 조선사를 일본사보다 열등화하려는 것이었다. 그 제일 목표가 단군사의 부정과 왜곡이었다. 때는 1894년이다. 을사 늑약 11년 전이다. 시라토리 구라키치(白鳥庫吉)가 발표한 「단군고(檀君考)」라는 논문을 다시 보자.

> "단군의 전설이 더욱 더 불교를 통한 조작(造作)이라 보이는 이상, 이 전설이 만들어진 연대를 어느 정도 추측할 수 있을 것이다. 불교가 조선에 들어온 시기는 고구려의 소수림왕 2년(서기 372년)이니, 단군의 전설은 이 때보다 올라가지는 않는다. 단군을 기록하고 있는 서적 중에서 연대가 명확한 것은 『위서(魏書)』뿐이다. 『위서』는 북제의 천보(天保) 2년(551)부터 편찬에 착수되었으니, 단군의 전설은 그 때보다 나중일 리가 없다....금와, 부루, 단군은 모두 가공으로 만들어낸 인물이므로 믿을 수 없다." 「단군고(檀君考)6쪽」

『삼국유사』에 실려 있는 단군 기록은 '조작된 전설'이라는 시각이다. 그의 결론은 "단군이 고구려인의 손에 의해 점차로 '만들어진 가공의 이야기'인 점에는 오류가 없음이 분명해지고 있다. 이 전설의 기원은 소수림왕 2년(372)부터 양원왕(陽原王) 7년(551) 사이로, 불교가 융성해진 이후라고 생각한다."고 했다. 우리가 지금도 배워온 단군신화는 '만들어진 가공의 이야기'라는 것이 당시 일본 제국주의 관변 학자들의 합의된 결론에서 나온 것이었다. 그래서 『삼국사기』가 단군 역사를 싣지 않은 것이라고 변호하고 있다.

그러면 지금 한국의 학자들은 이에 대해 어떻게 생각하는가? 같은가 아니면 다른가?

서울대에서 고조선 연구로 박사 학위를 받은 교원대 송호정 교수는 『단군, 만들어진 신화』(2004년)라는 책을 통해 "식민사학자들이 말하는 단군신화 날조 주장은 성립 불가능한 것으로 판명됐다"(121쪽)고 말하면서도 신화와 역사의 별개성을 주장했다. 이어 "단군신화 역시 고조선이라는 국가가 세워지고 난 이후에 '만들어진' 건국 신화가 구전되다가 고려 시대에 정리된 것"(119쪽)이라며 도로 신화론을 인정했다. 이 '만들어진 신화'라는 말은 120여 년 전 시라토리의 논문 속에 있는 바로 그 말과 같다. 이처럼 입으로는 식민사학이 아닌 것처럼 말하면서 속으로는 원조 식민사학을 끊임없이 재생산하고 있다.

송호정은 단군신화뿐만 아니라, 고구려의 주몽(추모) 신화도 지배자의 '신성성을 부각'시키고 '정치권력에 정당성을 부여'하는 역할을 했다면서 본인의 이런 주장은 '거의 통설로 되고 있다'고 말하고 있다. 그러나 국내 유일의 고구려 1차 자료이자 『삼국사기』보다 730여 년 앞선 가장 오래된 사료인 '광개토태왕비문'에는 주몽(추모)의 고구려 건국 과정과 북부여와의 관계가 고스란히 적혀 있다. 그 안에 신화가 아닌 역사가 담겨있음에도 이를 인정하려고 하지 않는다.

총독부의 식민사관과 임시정부의 민족사관 대립

〈조선 총독부의 식민사관〉

식민사학이란 일본의 황국사관으로 한국사를 바라보는 역사 서술 체계를 말한다. 다시 말해 일제의 식민주의(植民主義) 사학이란, 일제가 한국을 침략, 강점하고 그것을 정당화·합리화하기 위하여 꾸민 가짜 역사학을 총칭해서 말한 것이다. 여기에는 일제 어용학자들의 주장이 대부분이지만, 국적에 관계없이 일제의 침략 정당화에 가세한 역사학은 여기에 포함될 수 있을 것으로 본다. 일제 식민사학은

19세기 말 정한론(征韓論)과 한 몸으로 단군 부정, 『일본서기』에 나오는 신공(神功) 왕후의 신라 및 삼한 정복설, 광개토태왕비문의 왜곡과 밀접하게 관련되어 있다. 한국사의 시간과 공간을 축소시키고 왜곡하여 왜소한 한국사를 만드는 목적이 있었다. 이런 정치적 역사 관점을 식민사관이라 한다.

이때 제기된 이론이 정체성(停滯性)이론과 타율성(他律性)이론이다. 조선은 내재적 발전이 불가능하다는 것과 조선의 역사는 만주의 영향을 받은 것이라는 억지 이론을 만들었다. '한국사 정체성론'에 따라 나온 것이 현재의 '식민지근대화론'이다. 일본의 식민지로 한국이 발전했다는 소위 뉴라이트의 핵심 논리이다. 국조 단군을 부정하고, 『삼국사기』를 믿을 수 없는 사서로 몰아 삼국의 역사 시작을 4~5세기 경으로 단정해 1500년사로 만들고 강역도 대륙과 해양을 잘라낸 반도사로 축소시켰다.

게다가 반도의 북쪽은 한사군이라는 고대 중국 식민지가 있었고, 반도의 남쪽에는 임나일본부(任那日本府)라는 고대 일본의 식민지가 있었다고 왜곡했다. 한사군(漢四郡)이 '고대 요동(遼東)에 있었다'는 수많은 사료는 외면했다. 『브리태니커』 백과사전에서 조선은 사라졌다. 식민사학의 폐해가 급기야 오늘의 우리 실존을 소거했다.

식민사학의 입장에서 『삼국사기』와 『삼국유사』에 따르면, 임나일본부설을 주장할 수 없다는 한계에 직면한다. 그래서 나온 것이 '삼국사기 초기기록 불신론'이다. 누구를 위한 불신론인지 묻지 않을 수 없다.

광복 이후에도 이병도, 신석호를 비롯한 총독부 산하 조선사편수회 출신들이 한국 사학계를 장악하고 나아가 식민사학계는 일부 언론계 인사들과 굳게 카르텔을 형성하고 일본 극우와 맥을 같이하며 국내에서 친일화를 꾀하고 있다. 언론에서 가끔 지적하는 토착 왜구란 말은 여기서 나온 것 같다.

식민사학의 실체 – 세 가지 악(惡)의 축

1. 제1악 – 평양 대동강 한사군설

한사군(漢四郡)은 소위 BCE 108년 전한(前漢)의 무제(武帝)가 위만 정권을 멸망시키고 그 자리에 설치했다는 낙랑(樂浪)·임둔(臨屯)·진번(眞番)·현도군(玄菟郡)을 뜻한다. 한사군에 대해서는 그 위치를 둘러싸고 오랜 논쟁이 계속되었는데, 그 중심인 낙랑군(樂浪郡)이 고대 요동에 있었다는 '재(在)요동설'과 지금의 평양에 대동강에 있었다는 '재(在)평양설'이 대립했다. 그러나 최근 요동에서 난하 일대의 요서로 넘어갔으나, 한현도 벽돌이 나온 북경으로 이동 중이다.

고려 중기 이후 유학자들은 중국 사료를 토대로 은(殷) 나라 기자(箕子)의 '기자동래설'을 맹신하였고, 기자가 온 곳을 평양이라고 보면서 '재평양설'이 유행하게 되었다. 조선의 사대주의 유학자들도 '재평양설'을 신봉했는데, 이것이 역으로 명·청(明·淸)으로 역수출되기도 했다. 이어 일본 제국주의는 한국사의 강역을 반도사로 국한시켜 놓고 반도의 북쪽에 한사군을 배치했다.

그러나 중국의 수많은 고대 1차 사료들은 낙랑군의 위치를 고대 요동(遼東)이라고 서술하고 있는 반면 지금의 평양(平壤)이라고 쓴 사서는 없다.

그런데 중국의 고대 지리서인 『수경(水經)』은 "패수는 낙랑군 누방현에서 나와서 동남쪽으로 임패현을 지나 동쪽으로 바다로 들어간다(浿水出樂浪鏤方縣, 東南過臨浿縣, 東入于海)"라고 말하고 있다. 동쪽으로 흘러서 바다로 들어가는 강이 패수고, 그 강가에 한사군의 하나인 낙랑군이 있다는 뜻이다.

또 범엽(范曄, 398~445년)이 편찬한 『후한서』에는 최인(崔駰)을

"장잠현의 현령으로 내보냈다"는 구절이 있는데, 그 주석에 "장잠현은 낙랑군 소속인데 그 땅은 요동에 있다"(長岑縣, 屬樂浪郡, 其地在遼東)고 명확히 적고 있다. 이때의 요동(遼東)은 대개 지금의 요서(遼西) 쪽이거나 북경(北京)의 내륙일 수도 있다.

그런데 앞의 『수경』을 주석한 력도원(酈道元)은 5세기경 사람으로 당시 고구려 사신을 만나 듣기를, 고구려의 도성이 패수의 북쪽에 있다고 했다. 후대 사람들은 이를 평양 대동강으로 오해했다. 일제는 평양 대동강을 합리화하기 위해 고적 조사 사업을 전개했다. 그런 다음에 평양 대동강 남쪽인 토성면을 낙랑군 군치소(郡治所)로 결론 내렸다. 이것이 조작임이 밝혀졌음에도, 광복 후에도 일제 식민사학을 추종하는 이병도, 이기백 등 국내 사학자들에 의해서 '재평양설'이 이른바 '정설'로 유지되고 있다. 이 평양 대동강설은 우선 력도원이 말한 당시의 고구려 도성이 어디에 있었느냐는 것에 대한 기초적인 검증도 없이 나온 부실한 주장이다. 고구려의 도성이 지금의 평양일 수도 있으나 그 밖에 있을 확률이 더 많다. 력도원이 북위에 찾아온 고구려 사신을 만났다면 그 패수는 북경이나 황하의 부근에 있었을 것이다. 복기대는 「고구려 도읍지 위치에 대하여」에서 력도원 생존시에 해당하는 427~586년 사이의 고구려 도읍지는 현재 요양(遼陽)의 평양이라고 주장했다. 그러므로 평양 대동강 낙랑군설은 애초부터 틀린 것이었고, 총독부의 조작임을 알 수 있다.

한편 북한에서는 광복 직후부터 문헌 사학자들이 중국 고대 사료들을 근거로 '재요동설'을 주창하고, 반면에 고고학자들이 '재평양설'을 주장해 오랜 논쟁을 전개하다가 1961년 리지린의 『고조선연구』가 간행되고, 고조선 관련 학술 대회를 계기로 '재요동설'로 정리가 되어 어느 정도 친일사학은 청산되었다.

남한에서도 문정창이 1969년에 출판한 『고조선사 연구』를 통해,

그리고 윤내현도 『한국 고대사 신론』(1986)을 통해, 이덕일도 『고조선은 대륙의 지배자였다』(2006), 문성재도 『한사군은 중국에 있었다』(2016) 등의 저서를 통해 한사군이 한반도 내에 있지 않았다고 논증했다. 이 중에 윤내현의 「한사군의 낙랑군과 평양의 낙랑」(『한국학보』, 1985)에 의해 평양 낙랑군설은 무너지기 시작했고, 그 위치도 요동을 넘어 요서로 이동했다. 윤내현은 고조선, 위만조선, 한사군을 한반도 내 같은 지역에, 시간적으로 선후관계를 이루며 연속적으로 존재했다는 기존 학계의 주장의 오류를 지적하고, 한사군이 "난하(灤河)의 상류와 중류 및 갈석(碣石)으로부터 요하(遼河)에 이르는 지역에 위치했다"고 새로운 견해를 밝혔다.

그리고 지금의 중국 요동·요서 지역에서 고조선의 표지 유물인 비파형 동검 등이 대거 출토되어 문헌사적으로나 고고학적으로나 '재평양설'은 무너졌다고 볼 수 있다. 평양에는 한사군의 낙랑군이 아니라, 고조선의 후국인 '최씨 낙랑국'이 있었다는 것이 신채호 이래 민족사학의 주장이다. 최씨 낙랑국은 낙랑 공주 이야기로 유명하다.

2. 제2악 - 남해 지역의 임나일본부설

대륙침략의 야욕에 사로잡힌 일제는 그 첫 단계로 1871년 7월에 병부성(兵部省) 내에 육군참모국(후에 육군참모본부)을 설치하고, 이곳에서 한국과 만주 일대에 밀정을 파견하여 대륙진출을 위한 정탐 활동(偵探活動)을 하였다. 당시 청나라는 1677년 이래 백두산과 압록강 두만강 이북의 수 천리 지역을 출입 금지지역(봉금령)으로 다스리고 있었으나 1845년 이후 통제가 느슨해지기 시작했다. 이 틈을 노린 일제는 이 일대에 밀정을 파견했다.

1883년 일본 육군참모본부의 밀정이 광개토대왕릉비의 비문 탁본

2021년 고등학교 비상교육 교과서의 평양 낙랑군 지도(좌)와
광개토태왕릉비(2005년 저자 촬영)

을 구해왔다. 관변어용학자들을 모아 대륙침략의 명분 찾기에 골몰했던 일제는 비문 해석을 조작하며 조선 침략의 역사적 근거를 만들어 갔다. 일본이 한반도 남부를 지배했다는 가짜 이론을 합리화하기 위해서는 가상(假想)의 공간이 필요했고, 역사적 사실을 둔갑시켜야 했다. 이를 위해 『고사기(古事記)』, 『일본서기(日本書紀)』 등이 동원되었고, 이 두 책을 짜맞추기 하여 '임나일본부(任那日本府)'를 창안했다. 임나일본부설은 본래 있었던 주장이 아니라, 이때 급조된 가상소설이다.

1889년에 책임자 요코이 다다나오(橫井忠直)가 『회여록』 5집을 통해 '고구려 고비고(古碑考)'를 발표하였다. 이 글은 4세기 말의 왜(倭)가 신라·백제를 정복하였고, 이러한 사실이 고구려의 금석문에 의해서 나타났다는 점을 자랑으로 여기면서 야마토 왜(大和倭)가 고구려와 대등한 나라였음을 부각시키는 호재로 삼았다. 고구려가 백제를 정복한 것을 왜가 정복한 것으로 주어를 둔갑시켜 이른바 임나일본부설을 창안하기에 이른다. 고구려 광개토태왕이 이룩한 영광의 역사가 하루아침에 왜의 역사로 둔갑 당한 것이다.[2]

이런 임나일본부설은 『일본서기』를 통해 구체적으로 조작된다. 소위 진구(神功)왕후의 삼한정벌(「신공 9년조」)이 토대가 되었다. 이는 진구(神功)가 신라·고구려·백제를 모두 정벌했다는 것이다. 이어 40년 뒤에 7국을 정벌했다고 한다. (야마토 왜군이) 모두 탁순에 집결해서 신라를 공격해서 깨트리고, 이로 인해 비자발(比自㶱)·남가라(南加羅)·탁국(㖨國)·안라(安羅)·다라(多羅)·탁순(卓淳)·가라(加羅) 7국을 평정했다(「신공 49년조」)는 것이다. 이 7국 중에 임나(任那)라는 나라는 없었다. 단지 가라(加羅)가 들어있는데, 이 가라가 가야이며, 임나라고 꾸몄다. '가라(가야)=임나'라는 억지 논리에 따라 임나일본부가 가야에 설치됐다고 주장한다. 일제가 꾸민 임나일본부설의 결론은 야마토왜가 369년 가야를 점령해 임나일본부를 설치하고 562년까지 지배했는데, 그 임나의 지배영역이 경상도뿐만 아니라 전라도, 충청도까지 이르렀다는 것이다. 요즘 한국 역사학자들이 말하는 이른바 '호남가야설, 호서가야설'도 사실은 여기서 나왔다. 임나라는 이름도 앞뒤가 맞지 않지만, 일본이라는 이름도 670년에 나왔으니 앞뒤가 맞지 않기는 마찬가지다. 또 신공 49년조에는 7국 평정에 이어 침미다례 도륙(屠戮) 기사가 나오는데, 최재석 교수는 『일본고대사연구비판』에서 침미다례를 백제에 주었다는 구절에 대해 '폭소를 자아내는 동화같은 기사'라고 비판했다. 반면에 학계에선 백

---

[2] 광개토태왕 22년의 역사(391~413)는 실로 민족사의 대격변의 역사였으며, 아들 장수왕으로 이어진 도합 100년의 역사는 고조선 붕괴 이후 고구려가 재현한 '대영광의 다물역사'였다고 평가할 수 있다. 그 결과가 유적유물이나 고분벽화에 남아 있다. 특별히 광개토태왕의 연호인 영락(永樂)은 중요한 의미를 지닌다.

제가 왜의 도움을 받아 침미다례를 비롯한 나머지 마한 소국들을 점령한 것으로 보고 있으나 뚜렷한 근거를 발견할 수 없다.

『삼국유사(가락국기)』는 CE 42년 가야 나라들이 건국되었다고 말하고 있다. 그러나 일본인 식민사학자들은 가야의 건국 시기를 믿을 수 없다고 주장했고, 국내 강단사학자들도 이에 동조해 가야의 건국 시기를 서기 3세기 후반이라고 주장하고 있다. 일본인 식민사학자들이 『삼국사기』·『삼국유사』의 초기기록 불신론을 주창하며 동시에 가야의 건국 시기를 끌어내린 이유는 가야를 임나로 둔갑시키기 위한 의도였다. 『일본서기』는 4세기 후반에 야마토 왜가 가야를 점령해 임나를 설치했다고 주장하고 있는데, 이는 연대부터 맞지 않고 사실에도 전혀 부합하지 않는다. 『삼국사기』·『삼국유사』에 그런 기록이 없는 것은 너무도 자명하다. 그래서 일제는 『일본서기』를 옹호하기 위해 우리 두 사서를 부정하였고, 나아가 가야의 초기 기록을 무시했다.

그러나 『삼국사기』 신라 탈해 이사금 21년(CE 77년) 조에는 신라의 아찬 길문이 가야와 전투에 나서 군사 1천 명의 목을 벴다는 기록이 있다. 이 당시 가야는 신라와 전투를 할 정도로 강력한 나라였음이 입증된다. 또한 서기 1세기경에는 신라 토기와는 구별되는 가야 토기가 출토된다. 이런 문헌 사료와 고고학적 출토 유물을 근거로 봐서 가야는 서기 1세기경에 이미 건국되었다는 주장이 타당성이 있다.

건국 당시 가야는 6가야의 연맹 왕국으로 김수로왕이 이끄는 금관가야가 초기 가야 발전을 이끌었다. 고령의 대가야도 가야연맹의 주요한 맹주였다가 후기 가야 연맹을 주도하게 된다.

일본이 논란을 키운 임나(任那)의 실체에 대하여는 임나일본부설(任那日本府說)과 달리 열도분국설(列島分國說)이 있다. 임나일본부설이 한반도 남부를 야마토 왜(大和倭)가 지배했다는 억설이라면, 뒤

구로이타 가쓰미(黑板勝美)의 대담(『매일신보』, 1915.8.6.)

에서 말할 열도분국설은 가야, 백제, 신라, 고구려 등이 일본 열도에 진출해 분국을 설치했다는 주장이다.

먼저 임나일본부설은 앞의 지적처럼 한반도 남부의 가야가 임나라는 것으로 메이지(明治) 시대 일본군 참모 본부가 창안한 이론이다. 고대 야마토 왜가 가야를 점령하고 만든 식민지가 임나일본부라는 것으로 그 핵심은 가야가 임나라는 것이다. 는 「조선고적조사(3)」(『매일신보』1918.2.14.)에서 '임나(任那) = 가라(加羅) = 가야(伽倻)'라는 공식을 제시했다. 이런 공식은 이미 쓰다 소키치(津田左右吉)가 「임나강역고」(1913년)에서 "『일본서기』(수인 2년)에 임나를 가라(加羅)의 다른 이름으로 썼고, 임나일본부 속령의 중심이 가라였던 것은 분명하다"고 주장했던 것과 같다.

그러나 실제로 전국에 걸쳐 고적 답사를 한 구로이타 가쓰미(黑板勝美)는 임나일본부에 관한 어떤 유적 유물도 찾지 못하자 끝내 "임나일본부는 어느 곳에 있는가"라는 제목의 글에서 "임나의 일본부 소재지에 대한 연구는 다만 김해와 함안이라고 학자들의 일치되는 바이지만, 거의 그 지점에 대한 연구는 아직 시험해보지 못하였다"(『매일신보』, 1915.8.6.)고 실망 섞인 고백을 했다. 결국 구로이타는 임나일본부 찾기를 포기하고, 더 이상 찾을 방법이 없다고 토로했다.

그럼에도 남원을 일본 지명인 기문(己汶), 합천은 다라(多羅), 하동은 대사(帶沙)라고 주장하는데, 국내의 여러 강단 사학자들이 이를 그대로 수용하고 있다. 심지어 대한민국 국립 중앙박물관이 임나일본부설을 옹호하는 어처구니없는 일이 벌어지고 있다. 최근 중앙 박물관은 가야 연표에서 종전의 가야 건국 즉 "CE 42년: 수로왕 즉위, 가야 건국"을 "CE 42년: 가야 성립"으로 바꾸었다가 다시 수정하는 소동이 있었다. 가야사에서 김수로왕을 지우고 싶었고, 이런 일에 박물관 학예사들이 나설 정도로 대담해졌다.

일제 패망 후 임나일본부가 식민 통치 기관이라는 주장은 조금 후퇴했지만, 스에마쓰 야스카즈(末松保和) 등이 내세운 일부 주장은 계속되고 있다. 그의 저서 『임나흥망사』 중 '임나 성립'에 관한 구절이다.

> '임나'는 대체로 낙동강 입구에 존재했던 '임나가라(任那加羅)'의 축약어로 여겨진다. 이 지역을 〈왜〉가 점령한 것은 이른바 낙랑(樂浪) 시대(B.C. 108-A.D. 313)로 거슬러 올라간다. 낙랑군이 붕괴되자 백제와 신라가 흥성하면서 한족(韓族)이 살고 있던 지역을 통일하고자 했던 것이다. 백제의 요청에 따라 〈왜〉는 369년 무렵에 대규모 군대를 파견했다. 이어서 그 범위를 백제와 신라가 아직 점령하지 않았던 한족(韓族) 지역으로 확장해 나갔다. 나아가 그곳이 일정 정도 독립된 지역임을 백제와 신라 두 나라에게 인정하도록 강요했다. 이런 상황 하에서 임나는 더 이상 '임나 가라'의 축약어가 아니라 가야 지역 일반을 가리키는 명칭이 되었다.(김봉진 교수 번역)

최근 임나일본부를 고대 왜인들이 가야 지역에 외교 기관을 설치했다는 외교 기관설, 교역 기관설 등의 성격 논쟁으로 변질시키면서 여전히 '가야=낙동강=임나'라는 가설(假說)을 주장하고 있다.

식민사학을 이끈 조선사편수회 출신으로 쓰다 소키치(津田左右吉)가 있다. 한국 고대사학계에서 정설이 되어 있는 이병도의 관점은 쓰다 등을 그대로 계승했거나 약간 수정을 가한 것에 불과하다. 쓰다의 한국 고대사관은 간단하다. 남만주 철도회사의 위촉을 받아 쓴 『조선역사지리』 등의 저서에서 쓰다는 한반도 북부에는 낙랑군을 비롯한 한사군이 있었고, 한강 남쪽에는 모두 78개의 소국들이 있었다고 서술했다. 그리고 그 한반도 남부에 임나일본부가 있었다는 것이다. 그런데 쓰다는 이런 주장의 이론적 근거를 제시하지 않았다. 그의 주장대로라면 한반도 북부에 막강한 한사군이 있었는데, 왜 78개 소국들이 우글거리는, 비옥한 삼남 지역으로 진출하지 않았는지 설명하지 않았다. 단지 소국들이 많아서 그들을 정복하여 그 자리에 자기네 임나일본부가 성립되었다는 추정만이 있을 뿐이다.

이렇게 허술한 임나일본부설은 위당 정인보로부터 무너지기 시작했다. 정인보는 「고구려 광개토대왕비기(碑記)」(1930)를 통해 요코이(橫井忠直)가 말한 왜의 정복설을 논박했다. 즉 왜(倭)가 신묘년(391년)에 백제와 신라를 파하여 신민(臣民)을 삼았다는 것은 사실이 아니라는 것을 병신년(396년)에 고구려와 백제가 싸운 사실에서 반증할 수 있다는 주장이다. 다시 말해 이미 백제가 일본의 신민이 되었다면 5년 뒤에 고구려와 싸울 수 없기 때문이다. 정인보는 비문(~倭以辛卯年來渡~) 해석에서 고구려를 주어로 보고, "백잔과 신라는 예로부터 태왕의 속민이다. 왜가 신묘년에 일찍이 고구려를 침략하여 왔으므로 고구려는 또한 일찍이 바다를 건너가 공략(攻略)하여 서로 쳤다. 백잔이 왜와 내통하여 신라에 불리하게 만들었으므로 태왕이 생각하기를, '신라는 나의 신민인데 어찌 감히 백제가 이렇게 할 수 있는가'하고 노하여 6년 병신에 대왕이 몸소 수군을 이끌고 백제를 토벌하여…"라고 번역했다. 이는 비문 탁본이 대중화되기 이전에 일제가 공개한 쌍구가묵본을 보고 그대로 해석했기 때문에 한계도 있으나 고구려를 주어로 해석하고. 백제의 주권이 변동이 없었기 때문에 백제가 왜의 신민이라는 것은 역사적 사실의 모순임을 분명하게 지적했다.

해방 후에 국내 강단 사학자들이 임나일본부설에 동조하던 와중에 북한의 김석형은 상반된 주장을 내놓았다. 이는 임나일본부설을 근본부터 부정하는 것이다.

1963년 김석형은 「삼한 삼국의 일본 렬도 내 분국(分國)들에 대하여」(『력사과학』1963-1호)에서 가야·백제·신라·고구려 사람들이 일본열도에 진출해서 분국(分國)들을 세웠다는 분국설(分國說)을 주장했다. 이 중에 가야가 일본 열도에 진출해서 세운 소국이 임나(任那)라는 것이다. 그는 "5세기 중엽 이후에 남조선을 경영하였다고 일본학자들이 주장하면서 (예시로) 드는 일본부(日本府)요, 임나국사(任那國司)의 임명이요, 임나 령토를 떼서 백제에 하사하였다는 것도 본국(本國) 아닌 분국(分國)의 일로 보아야 한다"(30쪽)고 하면서 임나가 한반도가 아닌 열도의 상황임을 밝혔다. 우리 분국들에게 미야께(宮家)를 설치한 4세기 말 5세기 당시 열도 국가세력과의 관계에 대해 "우리 분국들이 야마토 국가에로의 종속이 시작되는 시기로 보는 것이다. 이리하여 분국들은 그 본국으로의 조공을 야마토 국가에 바치기로 되었으며 그 통제 하에 놓이게 되었다"(32쪽)고 말해 분국들의 내부투쟁이 순탄하지만은 않았다고 했다. 민족사학계도 분국설에 동조하고 있는데 분국의 위치에 대해서는 다소 견해 차이가 있다. 대마도설, 규슈설 등으로 나뉜다.

김석형이 제창한 북한 학계의 분국설은 조희승이 뒤를 이어 오카야마(岡山)의 기비(吉備)현에 임나 분국뿐만 아니라 고구려, 신라, 백제의 분국이 있었던 것으로 발전시켰다. 조희승은 『가야사연구』에서 "『일본서기』에 실린 임나 관계 기사란 조선에서 벌어진 사건 사실을 적은 것이 아니라, 일본 렬도의 기비(吉備)지방에 있었던 조선 소국들에서 벌어졌던 사건 사실에 대한 기록"(374쪽)이라며 한반도 내 임나를 원천적으로 부정했다.

최재석(崔在錫, 1926~2016)은 「가야사연구에서의 가야(伽耶)와 임나(任那)의 혼동」(『한국민족학연구』, 1993)에서 국내 학계의 용어의 혼란상을 지적하고 "우리는 임나와 가야국(伽耶國)의 개국년(開國年)의 차이, 임나와 인접국의 강역의 규모와 이들 간의 정치적·군사적 상황을 검토함으로써 『일본서기』에 나오는 임나와 임나의 인접 국가는 한반도에는 존재할 수 없다는 것을 알게 되었다. 또한 우리는 임나의 지명이 한반도 내에 존재한다는 종래의 지명 비정을 분석 검토한 결과 그 비정이 잘못된 것임을 확인하게 되었다. 『일본서기』가 조작 변개된 부분이 적지 않다고 하더라도 가야와 임나가 동일국(同一國)임을 나타내는 기사는 어느 곳에도 없으며 단지 150여 년 전부터 일본사학자들에 의하여 임나는 가야를 뜻하는 것이라고 주장되어 왔던 것(43~44쪽)"이라고 사례를 들어 분명하게 선을 그었다.

3. 제3악 - 국경선 축소

이상에서 말한 평양 대동강 한사군설과 임나일본부설에 이어 또 하나의 악의 축이 있다. 저자는 이것을 제3의 악의 축이라고 보며, 그 실체는 '국경선 축소'이다. 요동에 있어야 할 강동 6주를 평안도에 몰아 놓고 고려의 국경선을 난도질한 쓰다 소키치는 「고려 서북경의 개척」에서 "고려 사람이 그 영토권을 요구할 때 역사적 연유를 항상 사실보다 과장되게 말하는 버릇이 있었다"(2권 93쪽)며 우리 민족을 거짓말쟁이로 몰며 욕보였다. 과장되게 말한 것을 자기가 바로 잡아 고려의 국경선을 다시 그렸다는 것이나, 그것은 고려국경선의 축소와 조작이었을 뿐이다. 고려의 서북 국경이 현재의 압록강에서 시작해 동으로 함경도 원산만으로 이어진다는 '반도사관'의 틀을 만든 장본인이 쓰다였다. 현행 교과서가 이를 답습하여 38선보다 조금 올라간, 허리가 잘린 고려 국경선을 가르치고 있다. 복기대는 「한국 북방국경의 흐름」에서 이런 고려 국경선(현 압록강~원산만)을 기초로 1907년 일본과 청나라가 압록강을 대한제국과 청의 국경선으로 정한 것이며, 1909년 청과 일본 간에 맺은 간도협정을 정당화하는 역

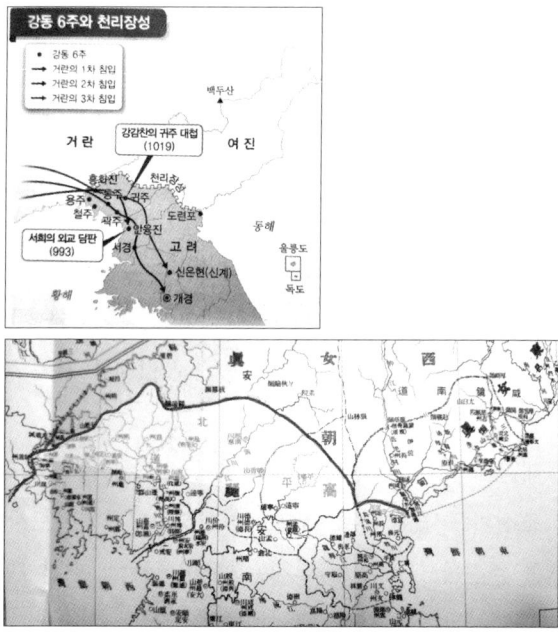

우 : 중학교 교과서의 고려 국경선(2020 금성)
아래 : 쓰다 소키치가 그린 고려 국경선(1913)

사적 근거를 만드는 데 활용되었다고 지적했다. 이 두 협정을 맺을 때 대한제국은 외교권이 없어 그 내용을 알지 못했다. 일제의 국경선 축소의 실상과 국경선이 왜 중요한가는 뒤에서 다시 설명할 것이다. 그러면 식민사학을 극복할 민족사학을 알아보겠다.

임시정부의 환국선포와 민족독립사관

원래 우리 민족은 단군 사화와 광개토태왕릉비에 천명한 것처럼 하늘의 자손이라는 천손(天孫)의 역사관을 갖고 있었다. 자신을 주체로 보는 천손의 역사관은 유학이 들어오면서 크게 훼손된다. 고려 중기 이후 유학자들이 은(殷)나라 출신 기자(箕子)를 숭배하면서 유학의 사대주의 사관을 최고의 이념으로 변질시켜 갔다. 유학이 나쁜 것은 아니지만 거기에 사대주의가 결합하면서 괴물로 되어갔다. 한민족사에서 비운의 역사가 시작되는 순간이다.

조선 말기에 나라가 위기에 빠지자 문과 장원 급제자인 홍암 나철(羅喆: 나인영)과 성균관 대사성을 역임한 김교헌(金敎獻) 등 유학자들은 나라가 망하게 된 이유를 깊이 천착했다. 이들은 망국의 원인을 사대주의로 보고 국권 회복을 위해서는 민족 주체의 역사관을 세울 것을 주장하였다. 그래서 1909년 음력 1월 15일을 중광절(重光節)로 선포하고 국조(國祖) 단군을 모시는 단군교(대종교)를 창립해 일제의 침략에 대응했다.

일제는 대한제국을 강점한 뒤 1916년 1월 조선 총독부 산하 중추원 내에 '조선반도사 편찬위원회'를 설치하고『조선반도사』(『반도사』) 간행을 추진하였다. 이어 일제는 1925년부터 '조선사편수회'를 설치하여 식민사관에 입각한 37권의『조선사』를 편찬하여 국조 단군을 부정하고, 심지어 '『삼국사기』 초기기록 불신론'을 만들어 한국사의 시간을 반만년에서 1500년으로 축소시켰다. 즉 신라 건국 BCE 57년, 고구려 건국 BCE 37년이지만 제대로 된 국가체제를 갖추지 못하고 그로부터 3~400년 뒤에나 나라 구실을 했다고 주장했다.

이에 맞서 대한민국 임시정부 안에서 2대 대통령 박은식, 초대 국무령 이상룡, 외무총장 조소앙, 법무총장 이시영, 학무국장 대리 겸 참의부 참의장 김승학, 단재 신채호 등은 투철한 민족관을 가진 역사학자로서 모두 단군을 국조로 높이는 민족사관을 제창했다. 나아가 한국사의 강역을 만주·몽골대륙과 일본 열도까지 포괄하는 대륙성·해양성의 역사로 복원시켰다.

무엇보다도 민족사관은 아(我)의 시각으로 바라보는 주체적 역사관을 강조했다. 백암 박은식(朴殷植)은 "국체(國體)는 비록 망했어도 국혼(國魂)이 소멸하지 않으면 부활이 가능하다"고 주장했다. 그는 『한국통사』(「결론」)에서, "국교, 국학, 국어, 국사는 국혼(國魂)에 속하는 것이요, 전곡(田穀:곡식), 군대, 성지, 함선, 기계 등은 국백(國魄)에 속하는 것으로 국혼의 됨됨이는 국백에 따라서 죽고 사는 것이 아니다. 그러므로 국교와 국사가 망하지 않으면 국혼은 살아 있으므로 그 나라는 망하지 않는다"라고 갈파했다.

조소앙은 「한국독립당 당의해석」에서 『삼국유사』 첫 머리에 '옛날에 환국(桓國)이 있었는데'라고 하였다. 환국과 한국은 글자만 다를 뿐 뜻은 같다. 우리 말로 '한(韓)'은 '하늘' '한울' '크다'라는 세 가지 의미가 있어 민족의 칭호와 국가의 칭호를 일원화한 위대한 자취가 있고, '환(桓)'은 광명이니 광명으로 세상을 다스린 전통이 후세에 전해짐이 여기에서 발원한 것"이라고 밝혔다. 일반적으로 한국(韓國)이 삼한(三韓)에서 나왔다는 통설을 부정하고, 대한민국은 환국(桓國)에서 국호가 유래했다는 설명이다. '대한민국'이라는 국호는 1919년 신석우가 임시의정원에서 처음으로 제안하였다.

또 이시영은 『감시만어』에서 "저 아득한 4천 년 전 우리나라의 단군님은 도당(陶唐)의 요임금과 동 시대에 임금님이 되시었고, 그의 아들 부루는 하우(夏禹)와 '도산(塗山)의 회의'에서 만나 두 나라의 국경을 감정(勘定)하였으니…"(3쪽)라고 하였다. 이것이 독립운동가들의 기백이었다.

이처럼 한국 민족사학의 또 하나의 특징은 동이족의 개념으로 국사의 범위를 확대시킨 것이었다. 박은식은 만주족을 우리 역사에 포괄시킴으로써 민족사의 범주를 확대하였다. 박은식은 단군을 공통의 시조로 모시는 두 계통의 동이족의 역사계통을 수립시켰는데, 크게 봐서 하나는 조선-한(韓)-신라-고려-조선의 계통이고, 다른 하나는 북부여-고구려-발해-여진-금-청으로 이어지는 계통이었다. 숙신, 선비, 거란 등도 모두 이 계통 내에 포함된다. 그래서 발해와 신라만 남북국 시대가 아니고 고려와 금, 청과 조선도 남북국 시대로 인식하는 '범(汎)대륙사관'을 설파했다.

단재(丹齋) 신채호 역시 대륙과 해양을 아우르는 역사관을 설파했다. 신채호의 역사관의 특징은 민족과 민중을 결합시킨 것이다. 신채호는 『조선상고사』 「총론」에서 아(我)와 비아(非我)의 투쟁의 기록을 역사라고 설명했지만, 조선의 민중을 아(我)로 보는 동시에 상대 나라, 즉 비아(非我) 속의 민중은 즉 일본이나 중국의 민중은 비아(非我) 속의 비아(非我)는 곧 아(我)와 같다는 세계관으로 발전시켰다. 「조선혁명선언」(1923년)에서 "우리 민중은 알았다. 깨달았다"고 외친 것은 민중의 반대편에 악(惡)의 근원인 금수(禽獸)들이 있다고 본 것이다. 그래서 세계의 민중들은 아와 비아를 초월해 연대할 수 있는 아(我)들, '우리'라는 말이다. 나아가 신채호는 여진(女眞)·선비(鮮卑)·몽고(蒙古)·흉노 등의 역사도 아(我)의 역사로 포괄하는 대륙주의 사관을 설파했다. 그는 「총론」(史의 정의) 서두에서 "흉노(匈奴),

여진(女眞) 등의 일차 아(我)와 분리된 뒤에 다시 합하지 못한 것"에 의문을 제기했다. 이 말은 하나의 민족이 분화(分化)되었지만, 언제든지 귀일(歸一)할 수 있는 가능성의 존재로 파악한 것이라는 점에서 신채호의 '민족'이 결코 종족적 배타주의가 아님을 알 수 있다. 민족의 분화(分化)와 귀일(歸一)이라는 원리는 신채호 민족주의의 매우 중요한 발전 원리라고 평가할 수 있다.

또 신채호는 「총론」(사료의 수립)에서 "조선·만주·몽골·터키 네 민족이 같은 혈족[四同血族]이라고 추측"하면서 조선의 고어(古語) 뿐 아니라 이들 나라들에 대한 언어 연구의 중요성을 강조했다. 최근 국제학술지 『네이처』(2021년11월)에 알타이어족으로도 불리는 '트랜스유라시아어족'(Transeurasian languages) 언어의 기원지가 '서요하(西遼河) 유역 기장 농업 지역'이라는 중요한 연구 논문이 발표됐다. 이 논문에는 독일, 한국, 미국, 중국, 일본 등 10개국, 41명의 학자들이 참여한 연구결과가 실렸는데, 9000년 전 서요하(西遼河) 유역을 거쳐 이동하는데, 신석기시대에 '원시 한국어-일본어(5500년 전)'와 '원시 몽골어-퉁구스어(5000년 전)'로 1차로 분화되었고, 청동기시대에는 '원시 한국어', '원시 일본어', '원시 몽골어', '원시 퉁구스어', '원시 튀르크(=돌궐)어'로 2차 분화되었다고 밝혔다. 이는 100년 전 신채호가 말한 '4동혈족론'이 옳았다는 것을 알려주는 동시에 신채호가 사용한 사료의 수집과 고증(考證)법인 호증(互證)을 비롯해 인증(人證), 사증(事證), 이증(理證) 등을 재평가할 수 있게 되었다. 특히 '원시 퉁구스어'에는 만주어와 에벤키어 등이 포함되며, 튀르크(=돌궐)어에는 터키어, 우즈벡어, 카자흐어 등이 포함된다.

무원 김교헌은 『신단민사』에서 우리 구이(九夷)민족의 강토를 "동으로는 창해에 이르고, 서쪽은 흥안령을 끼고 사막에 뻗었고, 남으로 발해에 이르고, 북으로는 흑수를 지나 소해(小海;흑룡강 변두리)에 닿으니, 땅의 너비가 만여 리나 되었다."고 했다.

위당 정인보는 『조선사연구』(1946년)를 통해 단군은 신(神)이 아니라, 인간이라고 선언하였다. 이어 일제가 만든 기자→위만의 체계가 아닌 고조선→부여→고구려 구도로 설명하였고, 중국 사서에 나오는 주신, 숙신, 직신, 식신을 '조선'과 동일한 이름으로 해석하는 등 '얼' 중심의 독창성을 보였다. 정인보가 단군이 신(神)이 아니고 인간이라고 선언한 것은 이마니시(今西龍)가 『조선사개설』(1935년)에서 "단군은 신인(神人)으로서, 기자는 왕자(王者)로서 존숭되겠지만, 사대(事大)의 정신이 왕성한 시대에 있어서 기자는 가장 존숭되었다"(72쪽)라는 말에 대한 반박으로 보인다.

중화 사대주의 사관과 일제 총독부 식민사관에 맞서 민족 주체의 역사관을 확립했던 모든 민족사학의 뿌리는 대한민국 임시정부의 역사관에 닿는다. 임시정부는 환인의 환국(桓國)으로부터 단군 조선, 부여, 삼한, 삼국, 고려, 조선을 거쳐 대한민국에 이르는 8통 국맥(國脈)을 분명하게 명시했다. 신시 배달국과 발해가 누락된 것이 좀 아쉽지만, 보완이 가능할 것이다.

잠시 환국(桓國)과 신시(神市)의 연관을 검토하겠다. 『삼국유사』에는 환국이 먼저 나타나고, 신시가 그 다음에 제시된다. 환국의 도읍에 대한 기재는 보이지 않으며, 신시의 도읍만 언급하고 배달국은 기술하지 않았다. 이 문제는 『환단고기』에 의해 해명될 수 있다고 본다.

대한민국임시정부는 1922년 국가 교과서인 『배달족역사』를 발간하였다(뒤에 별첨). 다만 이 『배달족역사』에서는 신시와 단군조선만 기술하고 환국은 누락하였다. 임시정부 내부에서도 환국 문제로 역사 논쟁이 상당히 진행되었을 것이다. 1942년 임시정부는 마침내 환국을 공표한다. 사료적으로 의미 있는 순간이다. 다음은 그 선언문(일부)이다.

> **대한민국 임시정부 제23주년(1942) 3·1절 선언문(일부)**
>
> 오직 우리 민족은 처음 환국(桓國)이 창립된 이래 단군조선(檀朝)·부여(夫餘)·삼한(三韓)·삼국(三國)·고려(高麗)·조선(朝鮮)과 대한민국(大韓民國)을 지났으니, 5천 년에 걸친 국가와 주권이 한국 민족에 의해 계승되고, 한국 강역(疆域)을 근거로 이어졌다. 큰 전란을 겪으면서도 우뚝하게 독립하고, 민족의 광채를 보전하였으며, 수많은 전쟁에 분투하면서도 시종일관 국가(國家)의 인격을 보전하였다. 이는 동아시아 민족의 역사에서만 남다른 광채가 아니라, 충분히 세계에서 보기 드문 일이기도 하다. (중략)
>
> 우리 한국 민족의 요소는 단군 왕조에서 갖추어졌고, 민족주의는 수천년을 거쳐 연진(演進)하고 발전하였다. 신라의 화랑에 이르러 그 뿌리를 정착시키고, 고려의 태조에 이르러 그 줄기를 완성시켰고, 이조의 세종에 이르러 그 열매를 온전히 맺었고, 3·1절 독립선언에 이르러 그 봉발(蓬勃)을 지극히 한 것이다. 다시 말하면, 3·1절의 위대한 동력을 조성한 것은 수천 년 이래 연진한 민족주의에서 비롯되지 않은 것이 없다.
>
> 대한민국 24년 3월 1일
대한민국임시정부

이 「3·1절 임시정부의 선언문」은 대한민국 24년, 1942년에 임시정부가 발표한 것이다. 선언문은 총서, 국내 정세의 일반, 건국 강령, 세계 헌장과 유망(망명)정부, 민족 문제와 자결 원칙, 국가와 주권 등으로 구성된 장문이다. 본래 중국에서 한문으로 발표한 것이다. 우리말 번역은 『조소앙선집』(상)을 참고하였다. 한문의 원본은 "惟我民族(유아민족) 肇自桓國創立以來(조자환국창립이래) 歷檀朝夫餘三韓三國高麗朝鮮以及大韓民國(역단조부여삼한삼국고려조선이급대한민국)"이라 하였다.

앞서 언급한 것처럼 1922년 1월, 대한민국 임시정부는 역사 교과서인 『배달족역사』(倍達族歷史)를 발간하였다. 임찬경은 「1922년 대한민국 임시정부의 역사 교과서 배달족 역사 발간과 그 역사적 의미」에서 이 책에 대해 "우리 역사에서 사대와 식민의 역사 서술을 완전히 극복한 최초의 역사 교과서란 의미를 지니고 있다"(83쪽)고 평가했다. 이 책은 우리의 상고사를 신시 시대→배달 시대→부여 시대로 나누고, 이어 열국(신라, 백제, 가락, 고구려, 부여, 읍루, 선비)→남북조(신라, 발해, 거란)→여·요 시대→여·금 시대→고려 시대로 서술했다. 이는 단군→기자→마한이라는 소중화(小中華)의 상징이었던 기자를 삭제한 것이며, 다만 기자를 '다른 족속의 귀화'(歸化)로 서술하여 소중화주의를 폐기하는 대결단을 내렸다. 이런 내용은 1923년에 나온 김교헌의 『신단민사』와 같다.

이처럼 『배달족역사』의 발간 이후로부터 20여 년이 지난 1942년 3·1절 기념 선언문에 이르러 비로소 '환국(桓國)'을 선언함으로써 우리의 국통맥(國統脈)이 완성되기에 이른다. 그동안 신화라는 미명 아래 감춰졌던 환국이 한국사 교과서에 처음으로 등장한 것이 이 선언

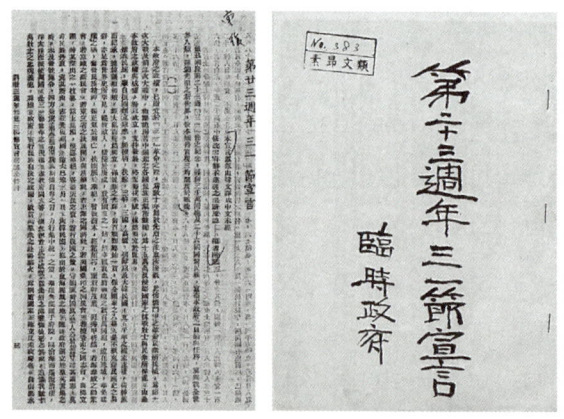

환국을 밝힌 3·1절선언문 앞면과 제23주년 3·1절선언 표지

문이다. 이것을 저자는 조선 총독부의 식민사관에 맞선 '임시정부의 민족독립사관'이라고 부른다. 환국·신시→단군 조선→부여→삼한→삼국·발해→고려→조선→대한민국으로 이어진 8국통맥의 '임시정부의 민족독립사관'은 우리가 역사 광복을 하는 데 있어서 북극성과 같은 역할을 할 것이다. 이것이 헌법 전문에 명시한 임시정부의 법통성이다.

한편 이보다 앞선 1936년, 임시정부의 여당인 한국 독립당은 「한국 멸망 26주년에 통렬히 말함」에서 "옛 환국에서 삼한이 끝날 때까지가 3천여 년이고, 삼국에서 신라 말까지가 1천 년이며, 왕씨 고려국에서 이씨 조선국까지 각각 5백 년이니 모두 1천년 년"이라며 5천년 역년(歷年)을 구체적으로 밝힌 바 있다. 공식적으로 환국을 처음 언급한 것은 한독당의 1936년 8월 29일(국치일)이라고 할 수 있다. (2025.5 보완)

해방의 혼란과 민족사학의 위기

광복 후 우리 대한민국의 주류 사관은 임시정부의 민족독립사관에 근거했어야 했다. 그래서 민족 주체성의 관점에서 우리 역사를 바라보고 그 토대 위에서 타국, 타민족과 평화적 공존을 추구하는 역사관이 확립되었어야 했다. 이런 역사관 위에서 대륙·해양을 아울렀던 자주적인 민족사학이 전 국민의 일반 상식이 되어야 했다. 자주적인 민족독립사학이란 이런 토대에서 성장할 수 있다.

그러나 광복 후 3년 동안 우리는 민족 교육의 기초를 다질 수 있는 결정적인 기회를 놓쳤다. 맥아더 포고문 제2조에 모든 공공기관 근무자는 그대로 자리를 지키라고 명령했다. 도리어 이 조치가 씻을 수 없는 화근이 되었다. 미군정 3년 동안 일제식민지 교사도 그대로, 교과

해방 후 첫 국사교과서인 『국사교본』, 미 군정청이 1946년 발간

서도 그대로 유지되었다. 그 교과서 내용이 지금까지 이어지고 있다.

 1946년 5월 미 군정청 문교부가 발간한 『국사교본』은 우리 국사 교육의 미래를 결정하는 중요한 교과서였다. 이 『국사교본』은 진단 학회에서 저술하였다. 우리 역사를 상고(上古), 중고(中古), 근세(近世)로 나누었다. 상고를 태고로부터 삼국 이전까지를 '상고의 전기'로 나누고, 삼국 시대를 상고의 후기로 나누었다. 이 중에 고조선편을 알아보겠다. 고조선을 전조선과 후조선으로 나누어 서술했다.

『국사교본』(1946년)

고조선(古朝鮮)

[전조선] 대동강(大同江) 유역(流域)은 가장 일찍이 목축과 농사가 일어난 곳이니 단군왕검(檀君王儉)께서 평양(平壤, 王儉城)을 중심으로 맨 처음에 나라의 터를 닦으셨다(國紀元年은 西紀前2333). 옛 글을 상고하면 처음에 환웅천왕(桓雄天王)께서 하늘로부터 태백산(太伯山)에 내려오사 신시(神市)를 베풀고 이 세상을 보살피시며 단군(檀君)을 낳으시고 단군께서 다시 평양으로 내려오사 나라를 열어 국호를 조선(朝鮮)이라 하고 신정(神政)을 행하셨다 하였다. 이

> 로부터 신정 시절이 약 천여 년 동안 계속하였나니 이를 가리켜 전조선(前朝鮮)이라 하는 것이다.
> [후조선] 전조선의 신정이 오랫동안 행하는 사이에 산업도 차차 열리고 민지(民知)도 점점 깨쳐지매 새로운 국가가 일어나게 되었다. 이를 가르쳐 후조선(後朝鮮)이라 하거니와 이도 역시 왕검성을 서울로 하여서 있었던 것으로서, 그의 지역은 대개 반도의 북부와 만주의 남부 일대에 걸쳐 있어 고조선 가운데서도 가장 일찌기 열린 곳이었다. 그리하여 약 천년의 세월이 지나가는 동안에 문화와 산업이 자못 발달하여…준왕(準王) 때에 일찌기 귀화하여 서부 국경 땅에서 세력을 모두고 있던 연인 위만(衛滿)에게 나라를 잃고 말았다. (國紀 2140, 西紀前194) 후조선을 가운데에 두고 남쪽과 북쪽에는 부여(扶餘)와 진국(辰國)이 아울러 서 있었다.(1946년)

이 교본은 국한문 혼용으로 서술하였다. 단기(檀紀)라는 용어 대신에 국기(國紀)라고 했다. BCE 2333년이 고조선 건국 원년임을 분명히 밝혔다. 전조선은 단군이 세우고 평양을 도읍으로 삼았다. 환웅의 신시를 언급한 것은 다행이지만, 고조선의 영역을 반도로 국한하였다. 후조선에 이르러서야 만주의 남부 일대에 진출한 것으로 서술했다. 전후 2천 년의 역사를 언급하였으나, 고조선을 단군조선으로 보지 않고 전후(前後)의 조선으로 나눈 이유가 불분명했다.

또 교본은 대동강 평양을 전조선, 후조선, 위만 조선의 공통의 도읍지로 설명하여 요동과 요서에 대한 시각을 닫아버렸고, 진국(辰國)을 평양의 남쪽 지방으로 작게 그렸다.

그러면 해방된 새 나라의 『국사교본』은 무엇을 근거로 삼았어야 했나? 당연히 임시정부가 발행한 『배달족역사』가 중심이 되어야 했다. 그러나 미군정청은 임시정부를 대한민국의 정부로 인정하지 않았고, 개인자격으로 대우하였으며 그것도 홀대에 가까웠다. 그 틈에 이병도의 진단학회가 중심이 되어서 이 교본을 만들었다. 첫 단추를 잘못 끼웠다는 말이다. 이처럼 민족주의 세력이 주도하는 새 나라 건설의 기회는 가로막혔고, 그 빈 공간에 친일파가 득세했다. 식민지 노예 교육의 잔재(이물질)를 걸러낼 정화 장치(필터링)가 고장 나고 말았다.

해방 후 국사학계는 조선사편수회 세력이 그대로 중용되어 국사편찬위원회가 구성되었고, 대학에서는 서울대 국사학과가 주도하였다. 그들은 자기들의 생존을 위해 일제보다 더 가혹했다. 그들에게서 어떤 양심고백이나 참회를 기대한다는 것은 불가능했다. 요즘은 국립중앙박물관, 한국학 중앙연구원, 동북아 역사재단, 독립기념관 등이 가세하여 모두 6개 기관이 주도하고 있다. 국민 세금을 제 마음대로 자기들끼리 갖다쓰고, 심사도 자기들끼리 한다고 소문이 나 있다. 그들 앞에 두려움은 없었다. 그것이 모든 병폐의 원인이 되었다. 그 병폐는 이제 곪아 터질 날만을 기다리고 있다. 다음은 이종욱의 간절한 호소이다. 20년 전의 이 호소가 아직도 절박하게 느껴진다.

> 더욱이 식민사학과 상동(相同)관계에 있는 후(後)식민사학을 신봉하는 연구자들이 논문심사를 맡거나 국민의 세금을 투입하여 지급하는 각종 연구비의 심사를 맡고 있는 상황은 한국사학을 위하여 불행한 일이다. 앞으로는 각 학회에서 회원들에게 후식민사학에 동참하지 않는다는 이유로 논문 게재를 거부하는 일은 없어져야 한다. 아울러 내물왕 대(代)에 진한 소국을 병합했다는 역사를 국민의 역사지식으로 만들고 정답으로 강요하는 국정교과서 국사의 내용도 수정되어야 한다.
>
> 고고학이 본연의 역사를 되찾는 작업을 돕고 있다. 한국에서 고고학과 역사학은 둘이 아닌 하나이기 때문이다. 이제 한국사학에서 후식민사학은 사학사의 무대로 자리를 옮겨야한다. 시간이 지날수록 "본연의 역사"는 후식민사학으로부터 자유로워질 것이다. 그것

> 은 역사해방을 의미한다.(이종욱 「역사 해방-후식민사학을 넘어 본 연의 역사 찾기-」 2006)

한국학 중앙연구원이 발간한 영어 한국사(『A History of Korea』, 2019년판)에는 우리 고조선인을 설명하면서 동이(東夷)를 동쪽 야만인(barbarian)으로 표기했다. 2천년 전에 『설문』을 쓴 허신(許愼 30~124년) 시대만 하더라도 이(夷)에는 '평평하다', '동방 사람'의 뜻만 있었지, 야만인이나 오랑캐의 뜻은 전혀 없었다. 우리가 어릴 적에 사용했던 "무찌르자 오랑캐"라는 구호가 있었다. 이는 침략자를 지칭한 것이었다. 최근까지도 우리 자신을 오랭캐라고 부른 적이 없는데, 어느 날부터 우리가 오랑캐가 되었다.

우리나라 역사를 지키라고 세운 역사 기관들은 중국의 주장을 그대로 받아서 대동강 한사군설을 부인하지 않는다. 중국 측에 항의하면 한국학자들의 주장을 자기들도 따라 하는 것이라고 답한다. 또 어느 교수들은 우리나라 지도에 독도를 그리지 말자거나 일본과 공유로 하자고 한다. 올 것이 오고 말았다. 국가기관도 식민사학에 장악되었다.

최근 가야 7개 고분을 문화재청이 유네스코에 신청하면서 남원 고분을 일본 지명인 '기문국'으로, 합천 고분을 '다라국'으로 표기하는 대담성을 보였다. 이에 남원시민들이 분노하여 항의 시위를 벌였고, 전국의 역사 운동 단체들이 들고 일어나 일단 기문, 다라를 사용하지 못하도록 저지했다. (뒤에 상세히 설명함)

또한 춘천 중도(中島)라는 섬에는 신석기 후기부터 청동기, 철기시대의 유구와 고인돌과 유물이 무더기로 나왔는데, 2015년부터 강원도가 외자(外資) 유치라는 명목으로 레고랜드를 건설하고 있다. 시민단체에서 수없는 시위를 하며 문화재 보존을 외쳤지만, 끝내 문화재를 깔아뭉개 버렸다. 문화재청, 역사전공 교수, 언론이 합작하여 침묵한 역사파괴의 현장이다.(후에 레고랜드가 억지로 개장은 했지만 적자 운영이다)

지금은 100년 전 식민지 시대가 아니다. 배고픈 시대도 아니다. 당당히 선진국 대열에 합류한 대한민국이다. 미국과 일본을 추종하는 시대에서 세계를 선도하는 시대로 바뀌었다. 한국 노래를 미국인이 떼창하고, 한국 드라마를 세계인이 열광하며 시청하고 있다.

그런데 아직도 안 바뀐 것은 한국 국사학계이다. 문화는 위대한데 역사는 왜소하다. 이 말은 모순이다. 그러나 식민사학은 끊임없이 복제되거나 확대 재생산되고 있다. 이 잘못된 고리를 끊기 위해 식민지 시대에 생산된 논문들을 비판 분석하고, 이를 극복할 수 있는 우리 자신의 성숙한 논문이 줄줄이 이어 나올 때, 우리는 비로소 식민사학을 청산했다고 말할 수 있다.

식민사학 청산에 나설 마지막 사람들이 있다. 시민들이다. 현재 진행되고 있는 일련의 역사 갈등은 실질적으로는 한쪽에 의한 일방적인 진실 왜곡이다. 왜곡을 바로잡아 갈등을 극복해야 할 것이다. 역사를 특정 학자들에게만 맡길 수 없다. 그들은 너무 썩었고 편향되어 있다. 그래서 시민이 나서야 한다. 모든 고대 사서와 문헌이 인터넷에 공개되었기 때문에 시민 누구라도 볼 수 있다. 이제 시민이 깨어날 때다. 시민만이 유일한 희망이다. 앞으로 시민의 힘에 의한 시민 역사학이 나올 것이다. (2021.12.15.)

08
한국 역사학계의
현 주소와 성찰

제 얼굴에 침뱉기… 식민사학이 급조한 '사이비 역사학?' · 441
바꿔야 할 한국사 쟁점들 · 476
끝나지 않은 역사 전쟁 · 515

08
한국 역사학계의 현 주소와 성찰

제 얼굴에 침뱉기… 식민사학이 급조한 '사이비 역사학?'

역사문제연구소가 발행하는 계간지 '역사비평' 2016년 여름호(115)에는 이른바 재야 사학계를 비판하는 논문 3편이 또 실렸다. 지난 봄호에는 해방 이후 줄기차게 주류 학설을 비판해온 재야 학자 또는 민간 연구자들의 주장을 '사이비(似而非) 역사학'이라는 매우 낯선 이름으로 비난하더니 아직도 성이 덜 찼던지 이번 여름호에는 또 다시 비판의 수위를 높이고 나선 것이다.

이번 호에는 '한국 고대사와 사이비 역사학 비판②'이라는 그럴듯한 연속 기획으로 강진원 서울대 강사(「식민주의 역사학과 우리 안의 타율성론」), 연세대 박사 과정인 신가영씨(「임나일본부 연구와 식민주의 역사관」), 이정빈 경희대 연구교수(「한사군, 과연 난하 유역에 있었을까」) 등의 글을 게재했다.

이정빈, 강진원, 신가영 등 발표자들이 우리나라 역사학계에서 어떤 위치에 있는지는 모르나, 이제까지 정부와 학교의 두둑한 지원을 받아오면서 명예와 부를 축적한 중진 교수들과 고대사학회 임원들은 어디론가 숨어버리고, 일반 국민이 보기에 신진 연구자들을 앞세워 재야 사학계에 거듭거듭 돌을 던지는 이유가 궁금하다. 이들이 날을 세워 비판의 대상으로 지목한 사람들은 대부분 민간 연구자들인데,

이들은 자비(自費)로 활동하거나 관련 민간 단체 소속에 자원으로 활동할 뿐이고, 외부의 지원이 전무한 사람들이다. 이들은 교수들처럼 든든한 정부(교육부)의 재원으로 국록을 받거나 글을 쓰는 연구자들이 아니다. 학계의 건전한 비판은 국민의 세금으로 이루어진 논문들의 적합성, 표절성, 창의성 등에 주안을 두고 같은 학자들끼리 치열하게 이루어져야 할텐데, 그들의 화살은 엉뚱하게도 민간 연구자들을 향해 있다는 면에서 원천적으로 잘못된 기획물이다. 설상가상으로 일부 언론까지 합세하여 의혹을 더 키우고 있다. 언론은 모름지기 세금으로 쓴 논문들에 비판의 화살을 돌려야 할 것이 자명하다.

친일 식민사학 옹호하는 '역사비평', 제정신인가!

더욱이 놀라운 것은 한국의 역사학계는 "1960년대부터 본격적으로 식민주의 역사학에 대한 비판적 성찰이 이루어졌다"는 자체 평가와 함께 이기백 등의 이름을 거명하며, "이들의 적극적인 행보로 인하여 타율성론을 포함한 식민주의 역사학은 상당 부분 그 힘을 잃어버렸다"고 치켜세운 다음에 역설적이게도 민간 연구자들을 향해 "일반 시민들의 경우 식민주의 역사학을 부정함에도 불구하고" 식민주의 역사학의 주요 내용인 만선(滿鮮)사관의 사고를 드러내고 있다(강진원)고 비판한다. 요즘 유행하는 유체이탈 화법과도 같다. 이기백 등이 정말로 식민사학을 철저히 청산하였는지는 차치하고라도, 강단 사학계가 해방 70년이 넘었는데도 식민사학을 청산하지 못했다고 비판하는 그 민간 연구자들을 향해 도리어 식민사학에 젖은 사고를 하고 있다고 비판하는 것은 도를 넘은 적반하장이다.

정말로 강단 사학계는 일제의 잔재를 청산하고 식민사학을 완전히 극복하였다고 국민에게 자신있게 말할 수 있는가? 이정빈은 한사군,

특히 낙랑군의 위치는 지금처럼 대동강 유역으로 보는 것이 통설이라면서 이는 일제의 산물이 아니라 조선 후기부터 비정되어온 것이기 때문에 이에 대한 비난은 강단 사학계를 '식민사학자의 허상을 만들'어 놓고 억지로 비난을 퍼붓는 것에 지나지 않는다고 억울해한다. 나아가 그는 한 민간 연구자가 낙랑군 수성현(遂成縣)의 위치를 현재의 하북성(河北省) 창려로 비정한 것에 대해 나름의 비판을 가한다.

그러나 우리가 알고 싶은 것은 식민사학자들의 솔직한 양심고백이다. 재야학자들을 비판하기 전에 진정으로 식민사학을 극복했다면, 식민사학과 동일시되고 있는 이병도 학설부터 먼저 비판하여야 할 것이다. 대다수 국민들은 이병도 학설로 국사를 배워왔고, 그것이 이병도의 창안에 의해 나온 것으로 알고 있기 때문이다. 일찍이 이병도는 낙랑군 수성현의 위치에 관해 "자세하지 아니하나, 지금의 황해도 북단에 있는 수안(遂安)에 비정하고 싶다"는 유명한 28자의 말을 남겼을 뿐이다. 주지하는 것처럼 이병도는 아무런 근거도 없이, 특유의 '아니하나, ~하고 싶다'는 엉뚱한 은유법으로 요동산(遼東山)을 제기하여 놓고 한반도 안에 있었다고 무조건 믿으라는 식이다. 수안과 요동산이 낙랑의 수성과 어떤 관계가 있는지 속 시원하게 밝혀달라는 것이 재야 학계의 요구일 뿐, 더도 덜도 아니다. 질문한 사람을 욕하지 말고, 의문이 제기된 그 논문에 대해 친절하게 설명해주고 설득하는 것이 국록(國祿)을 받는 학자의 본분이 아닌가.

최근 문성재 박사는 새 책『한사군은 중국에 있었다』(2016년)를 통해 이병도가 「낙랑군고」에서 만리장성의 기점(起點)이라며 결정적 근거로 제시한 황해도 수안(遂安)군 '요동산(遼東山)'조차도 전혀 증거의 가치가 없다고 단언하였다.(225~226쪽) 다시 말해 이병도가 황당무계하게 비정(比定)한 것을 누군가 책임 있게 바로잡으라는 말이다. 이병도는 자기 주장이 비난받을 것을 짐짓 알고 스스로 '터무니없는 말', '맹랑한 설'이라는 말로 교묘하게 연막을 피우며 자기 주장을 은근히 관철시켰다. 그러다가 대학자답지 않게 수세에 몰리는 듯하면, 적당히 말을 바꾼다. 제발 이런 일들을 이제 그만하라는 것이다. 이런 어투는 어디서 왔는가? 최재석은 『삼국사기 불신론 비판』(2016)에서 "쓰다 소키치는 '있는 것 같다', '만들어졌을 것이다', '있었던 것 같다', '알려져 있지 않았던 것 같다', '였을 것이다', '가했을 것이다', '불명하다'처럼 소설에서나 사용해야 할 용어들을 반복해서 쓰고 있다"고 지적했는데, 평소 이병도가 존경한다고 술회한 바로 그 쓰다 소키치 아닌가.

그런데 이병도의 이 수안 비정은 측량 전문가로 조선사 편찬에 깊숙이 간여하고 만주국 모대학의 교수로 일생을 마친 어용학자 이나바(稻葉岩吉)의 기상천외한 주장을 그대로 답습한 것임은 주지의 사실이다. 이병도는 『역사가의 유향』(1991)에서 쓰다, 시라토리, 이나바, 마쓰이, 이케우찌를 언급하며 "그 영향을 나도 많이 받았다"(222쪽)고 자랑스럽게 술회했다. 그래서 이병도의 뿌리는 의심할 필요가 없다.

이처럼 문제의 수성현(遂城縣)을 황해도에 비정하고 그곳에서 지나의 만리장성이 시작되었다는 해괴한 주장이 난무하는 중에 고조선 요서(遼西)설을 주장한다는 것은 자기 목숨을 걸어야 할지도 모른다. 윤내현 교수는 「위만조선의 재인식」(1986년)에서 문제의 수성현(遂城縣)과 조선현(朝鮮縣)은 근접된 지역에 있었다면서 "수성현이 지금의 창려(昌黎)현 갈석(碣石)지역에 있었다면 수성현과 같은 군에 속하여 수성현과 근접해 있었던 조선현(朝鮮縣)도 난하(灤河)의 동부연안에 있었을 것"(250쪽)이라고 주장했다. 이를 토대로 그는 '위만 조선과 한사군은 한반도에 있지 않았다'며 재차 고조선의 서부 변경인 '요서(遼西)설'을 강조해 식민사학자들의 억지 주장에 쐐기를 박았다. 그는 한민족은 위만에게 정권을 빼앗겨 중국 망명객의 통치를 받았고, 위만조선 멸망 후에는 한사군이 설치되어 한반도가 중국의 영토에 편입되어 나라를 잃었다는 '식민사관의 논리'를 앞장서 부정하였고, "한사군 설치는 고조선의 서부 변경이었던 지금의 요서 지역에서 일어난 사건"에 지나지 않는다는 신설(新說)을 내놓아 잠자고 있던 국사학계에 지각변동을 예고했다.

그러나 식민사학을 스스로 청산하였다는 자화자찬에도 불구하고 자칭 주류사학계는 요서설을 인정하는데 너무도 인색했다. 그럴 때마다 돌아오는 답변은 "영토만 넓으면 다냐?"는 학자답지 못한 비아냥이었다. 고조선의 넓은 영토는 문화의 영역일 수도 있다. 그것을 자랑하자는 것이 아니라 고조선 문화의 원형을 바르게 알자는 것이 목적이다. 고조선이 우리에게 중요한 것은 영토의 크기가 아니라 우리 모두가 공유할 수 있는 민족 문화의 원형이 담겨 있기 때문이다.

더욱이 사료가 부족하다는 이유로 단군을 한갓 신화(神話)에 지나지 않는다고 무조건 부정하는 것도 학자의 본분이 아니다. 학자는 일반인이 모르는 것을 찾아내 국민에게 설명하고 이해시키는 것이 연구 못지않게 중요한 일이다. 특히 국사학은 국민의 의식 형성과 직결되기 때문에 더 말할 나위가 없다. 지금 지나가 단군을 자기네 황제의 후손이라고 왜곡하기 위해 동북공정에 이어 또 다른 공정(工程)을 순차적으로 진행하고 있는데, 우리는 내부 싸움에 빠져 한가롭게 '사이비' 논쟁이나 하고 있다. 왜곡된 국사를 바로 잡겠다고 나선 재야학자들을 '사이비'라고 혹평하는 자신들이야말로 본분을 망각한 '사이비'가 아닌지 되묻고 싶다. 일본이나 중국의 역사학자들도 아닌 국내 순수 민간 연구자들을 '사이비 역사학' 운운하며 적으로 돌리려는 태도가 진정 이 분단시대에 설상가상으로 주변국과 역사 전쟁을 하는 중에 할 수 있는 학자의 본분인가. 그런 말은 제국주의에 충성한 보은으로 교수 자리를 얻어 출세한 어용학자들에게나 쓸 수 있는 말이다. 제발 제 얼굴에 침뱉기를 멈추기 바란다.

지금 시민들은 강단 사학계가 국고를 이용해 자기네 학맥을 확장하고 학설을 강화라는 무기로 사용하고 있는 것이 아닌지 의심을 갖고 있다. 국민의 혈세를 지원받아 연구하는 학자들에게 시민은 바른 논문을 요구할 권리가 있고 감시할 의무가 있다. 더 이상 세금을 이기적 목적으로 사용하는 것을 방치할 수 없다. 결국 식민사학자냐 아니냐는 국민이 판단할 일이지, 자기 스스로 식민사학자가 아니라고 항변한다고 식민사학자가 아니 되는 것은 아니라는 사실을 명심할 필요가 있다. 식민사관의 극복은 아직도 지난한 숙제로 남아 있다. (2016.6.10.)

※ 추기

그로부터 8년 뒤,『역사비평』2024년 여름호(147)는 더욱 가관이다. '사이비 역사학 비판과 비판 너머의 역사쓰기'라는 특집 주제 아래 4인의 투고가 실렸다.「한국 사이비역사학의 계보와 학문 권력에의 욕망」(기경량),「한국 대중 작품에 깃든 유사 역사」(이문영),「2000년대 한중 역사 분쟁 과정에서 나타난 한국사 인식의 문제」(안정준),「일본서기와 고대 동아시아의 경계 허물기」(임동민) 등 네 편의 논문이 그것이다.

이 네 편의 논문을 편집한 위가야씨는 서언에서 "...해당 특집은 역사학계 안팎에서 적지 않은 반향을 불러일으켰고, 1970년대 국사 교과서 파동 이후 2000년대 당시까지 반복되고 있던 한국 고대사 논란의 본질이 이른바 '사이비역사학'이 주도한 反지성주의의 문제임을 사회에 환기하는 역할을 했다"고 자평했다. 국민과 점점 멀어지고 있다는 것을 아직도 깨닫지 못하는 것 같다.

앞으로도 이들은 중국이나 일본학자와 상대하여 경쟁할 생각은 하지도 않고 자국내 민간 연구자들을 비판하는데 몰두할 것 같다. 이들 학문이 파탄날 것이 명약관화한 일이 아닐 수 없다. 우리의 적이 누군지를 모르니 안타까운 일이다.

더 안타까운 일은 '사이비역사학'이라는 말로도 성에 안 찼는지 '유사역사학'이라는 말까지 들고 나왔다. 사이비(似而非)니 유사(類似)니 하는 말은 총독부 왜경들이 즐겨 쓴 말이다. 총독부는 한국 내 종교를 효과적으로 관리 통제하기 위해서 소위 일본 신도(神道), 불교, 그리고 기독교만 종교로 공인하고, 그 외의 종교는 모두 종교로 인정하지 않은 것이다. 그들은 나머지 비(非)공인종교들에게 '유사종교'나 '사이비종교'라는 용어들을 만들어 굴레를 씌웠다. 일본 제국주의의 입장에서 3대 공인종교의 개념은 매우 유용했고, 그 적용은 특별히 조선 식민지에서 비공인 종교들을 탄압하는데 대단한 성과를 거두었다.

종교학자 윤이흠은 『일제의 한국민족종교 말살책』(2007년)에서 "공인되지 아니한 종교는 종교로 인정하지 않기 때문에 종교가 아니라는 주장은, 적어도 논리적 타당성이 결여되고 문화적인 차원에서는 대단히 파괴적이지만, (총독부가) 식민지 정책을 수행하는 데는 매우 편리하고 효과적이었다. 한마디로 한국민족종교는 공인이 되지 않았기 때문에 종교가 아니고, 다만 종교와 유사한 행동을 하는 집단"(22쪽)으로 불온시 되었다. 다시 말해 여기서 가장 피해를 본 종교는 비(非)공인된 한국민족종교였다. 그래서 대종교, 천도교, 보천교 등의 민족종교는 정체가 불분명한 비종교적 사회단체로 매도당했지만, 그러나 사실은 독립운동을 목적으로 한 민족종교였기 때문에 감시와 탄압의 대상이었다. 공인되지 않은 한국민족종교는 총독부 아래에서는 제거되어야 할 불령 단체로 취급당하였다.

이어 윤이흠은 "일제의 식민치하에서 한국민족종교는 그 이념과 사상적 존재의 정당성이 거부되고, 더 나아가 말살의 대상으로 취급되었던 것이다. 일제의 한국민족종교 탄압정책이 그 본질에 있어서 얼마나 파괴적인가에 경악을 금할 수가 없다"(22쪽)고 지적했다.

한국독립운동사에서 혁혁한 공헌을 한 대종교, 천도교가 당시에는 유사종교, 사이비종교로 탄압의 대상이었으며, 해방된 나라에서도 특별한 대접은커녕 상당 기간 감시의 대상이 되었다. 반면에 총독부의 종교정책에 순응하며 신사참배에 앞장섰던 당시의 공인종교들은 해방 후에 참회의 기회를 가질 겨를도 없이 축적된 부와 권력을 배경으로 한국사회를 좌지우지하며 국민의 눈을 가리고 도리어 대종교와 천도교를 업신여겼다.

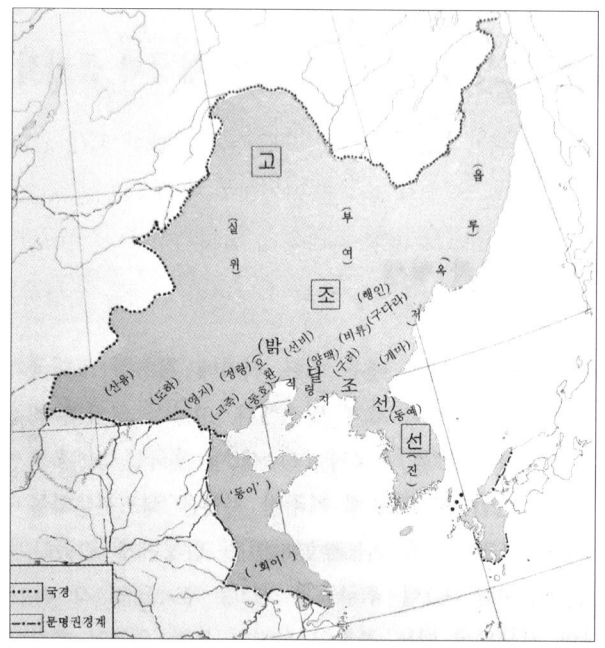

신용하 교수가 그린 고조선 최전성기 강역과 고조선 문명권 지도(2018년)

그런데 역사는 반복되는 것인가? 총독부의 조선사편수회에서 우리 역사를 칼질하던 자들의 후예들이 반성은커녕 우리역사를 바르게 세우겠다고 일어난 시민과 시민단체의 연구자들을 유사역사학자, 사이비역사학자라고 비아냥거리며 매도(罵倒)하고 있다. 주객이 전도된 것이다. 조만간 큰 싸움이 일어날 것이다. 천지가 진동할 것이다.

특히 이들은 서울대 신용하 교수를 '사이비 역사학'에 빠져 있는 저명한 사회학자라고 비꼬았다. 신용하 교수의 '고조선 문명론'은 식민사학자들이 흉내 낼 수 없는 독보적인 업적이라 심히 두려웠을 것이다. 진정 저들은 역사책에서 고조선이 사라지길 바라는 시라토리의 후예가 되길 원하는가. 신용하 교수를 비판하는 저들의 의식이 참으로 궁금하다. (2025.5)

넓은 고조선이 두려운 세력들의 망동

진보적 역사 연구 단체임을 자처한 역사문제연구소는 어떤 곳인가? 해방 이후 줄기차게 주류학설을 비판해온 재야학자들의 주장을 뭉뚱그려 생뚱맞게 '사이비 역사학'이라는 허상을 만들어 놓고 비판하는 집단으로 전락하고 있는 곳이 아닌가. '사이비 역사학'이라는 달 그림자를 스스로 만들어 놓고 가상 전쟁을 벌이고 있다. 한 마리 개가 그림자를 보고 짖자, 백 마리 개가 따라 짖는다는 고사가 생각난다.

진보학자로 널리 알려진 강만길 교수는 1985년 「일제시대의 反식민사학론」에서 "신채호 사학 역시 일본 어용사학의 역사 왜곡에 정면으로 맞선 반식민사학으로써의 성격이 두드러지지만, 또 그 때문에 갖는 제약성도 많았다"면서 신채호 사학을 '관념적, 정신주의적 성격이 짙었다'고 비판하기 시작했다. 식민사학에 대항하기 위하여 단재가 지나치게 단군을 받들어 민족의 신성성 등을 강조하였다고 문제 삼은 것이다. 이로부터 신채호가 주장한 민족사학의 상징인 '대륙 고조선론'과 '한사군 한반도 부재론'도 진보 진영에서 멀어지기 시작했다. 신채호를 사실상 역사학계에서 도태시키는 데 큰 역할을 한 강만길 교수의 이런 주장과 그가 친일반민족행위진상규명위원회 위원장으로 있으면서 이병도와 신석호를 친일 행위자 명단에서 뺀 것은 아무런 연관이 없는 것일까?

문제는 이른바 진보학계가 단재 신채호 사학이 어떤 내용인지, 『환단고기』의 실제 내용이 어떤 것인지를 알고 강단 사학계에 동조하고 있는지 의문이 든다는 점이다. 강단 사학계의 핵심 이론이라는 것이 모두 조선총독부에서 우리 민족을 영구히 지배하기 위해 만든 것인데, 이에 동조한다는 것은 진보라는 용어의 자기 부정이기 때문이다. 어쨌든 이른바 진보학자들은 신채호 학설에 눈을 감았고, 식민사학의 주장에도 암묵적으로 동조함으로써 역설적으로 진보 진영이 조선총독부 학설을 추종하는 식민사학자들에게 백만 원군이 되었다.

그러나 이제 강만길 교수는 신채호에 대한 이런 폄하가 자신이 친일반민족행위진상규명위원회 위원장까지 내던지면서 보호했던 신석호, 이병도와 아무런 관련이 없는 행위였는지 소명해야 할 의무가 있다.(그는 애석하게도 2023년 6월에 운명했다) 더욱이 강 교수가 폄하했다고 해서 신채호 사학이 사라지는 것은 아니다. 강 교수가 있기 전에도 신채호 사학은 있었고, 강 교수 이후에도 신채호 사학은 존재할 것이다. 신일철 교수는 『신채호의 역사사상 연구』(1981)에서 민족주의 사상에 대해 이렇게 언급했다.

근대 국가의 형성을 위해서는 1민족 1국가의 원리에 따르는 '내 나라 의식'이 필요하다. 20세기 한국에는 근대적 국사 인식의 유파(流

派)로서 일제 관학자들의 식민주의적 한국사 왜곡작업, 1920년대 이후 유물사관의 영향을 받은 사회경제사학, 1930년대 근대적 역사학의 훈련을 받은 한국 지식인들에 의한 실증사학이 있었으나, 이상 세 유파에는 정도의 차이는 있으나 한국사의 주체로서의 민족과 그 역사의 주체적 전개 과정에 대한 뚜렷한 자각이 결여되어 있는 것이 공통적 약점이었다. (1쪽)

이런 약점을 극복한 신채호는 자강론적 자주 의지를 바탕으로 한 한국 민족사학이 주류를 이루게 하였다. 그러나 해방과 이어지는 6·25는 한국의 사상계를 혼돈으로 몰고 갔다. 조선총독부와 싸우며 우리 역사를 서술한 신채호의 『조선상고사』와 달리 조선총독부의 조선사편수회 직원이었던 이병도의 『국사대관』이 한국사의 주류가 되었다. 그 결과 신채호는 정신병자로 조롱받기 시작했고, 이병도는 국사학계의 태두로 칭송을 받게 되었다. 이런 현실을 우리는 어떻게 이해해야 할까? 『국사대관』이 주류가 되면서 한국사회는 반성을 잊고, 모두가 눈감고 '몰염치' 사회로 흘러갔다. 이 몰염치가 지속되면 급기야 우리 사회는 거짓말 사회로 전락할 것이다. 이병도는 장관까지 역임했다. 단재 신채호는 아직도 완전한 국적을 회복하지 못했다.

1. 1981년 재야사학의 등장과 윤내현

신채호의 『조선상고사』와 함께 주목할 책은 『환단고기』이다. 일부에서 『환단고기』를 위서로 몬 주요 논리들이 대부분 '근거 없음'으로 밝혀지고 있어서 그나마 다행이다. 1979년에 창작되었다, 아니면 1911년에 창작되었다는 논리도, 『환단고기』에 인용된 도서 목록이 왕조 실록의 수거 목록에 나타남으로써 근거가 없는 것으로 어느 정도 해명됐다. 이제 신채호의 『조선상고사』와 함께 계연수가 엮은 『환단고기』를 20세기 초 역사의 현장에서 나온 쌍벽의 사서(史書)로 바라보아야 할 때가 가까이 오고 있다. 여기에 임시 정부의 『배달족역사』가 보완을 해 줄 것이다. 따라서 이 세 책의 원형을 회복하여 바르게 재평가하여야 할 시점이 바로 오늘이다.

연변대학 이종훈(李宗勛)교수는 『동북아구역사연구(東北亞區域史研究)』(2024년)에서 한국의 고조선 연구 분야에서 재야사학파가 근거로 삼은 주요 사료로는 『환단고기』, 『규원사화』, 그리고 중국 고서인 『산해경』이 있는데, 이들은 "단군이 실존 인물임을 백방으로 증명해 보였으며, 단군조선은 실존했던 한국의 고대 국가로서 단군을 신화적 인물이라고 주장하는 역사학자들은 모두 재야사학자들에 의해 사대·식민사학자로 비판받고 있다"며 한국의 현실을 잘 꼬집었다. 이어 "한국 학계에서 준(準)재야사학자로 간주되는 윤내현은 고조선의 '요녕중심설'을 주도하며 일련의 새로운 관점을 제시하였고, 그의 학설은 한국 학계에 미치는 영향이 커서 다수의 재야사학자들이 이용하였다"고 평했다. 준(準)재야사학자라는 말이 어색하지만 기존 학자들도 주류학자들과 다른 견해와 주장을 하면 그들로부터 재야사학자로 비난받는 한국 현실을 절묘하게 지적한 말로 여겨진다.

송호정 교수는 『단군, 만들어진 신화』(2004년)에서 "1980년대 들어 군사독재 정부의 역사 인식에 영합하는 보수 우익집단이 대거 등장하면서 웅대한 한민족사와 고조선사에 대한 열풍이 불었는데, 1970년대 말 등장한 재야사학자라 불리는 일련의 그룹이 1980년대 사회 분위기와 맞물려 일반 사람들에게 큰 반향을 불러일으켰다"(16쪽)며 편향된 시각으로 우익집단으로 매도했다.

해방 30년이 다 되도록 식민사관을 청산하지 못하고 있는 정부와 학계에 '국사교과서를 바로잡아야 한다'는 재야학자와 시민단체들의 집단 항의가 시작되었다. 1974년 3월 16일, 이유립 임승국 등 169명이 연서하여 '우리국사바로잡기 국민서명대회 이유서'(『커발한』 53호)를 공개했다.

이들은 장문의 이유서에서 "이 땅에는 광복된 지 어언 30년이지만 아직도 금서룡(今西龍) 일파의 잔류들의 부화뇌동에 따라 망국멸족(亡國滅族)의 사간(史奸) 발호가 마침내 국사 부재(不在)의 국가"로 만들었다고 개탄했다. 이어 "우리 배달민족의 목숨이 남아 있고, 독립된 조국의 주권이 끊어지지 않는 이상, 우리국사바로잡기 국민서명운동은…제각금 스스로가 민족사학의 반정(反正)기수가 되자"고 호소했다. 반정(反正)이란 본래 대로 바르게 돌아간다는 뜻으로 당시에 많이 사용된 말이다. 이 이유서를 계기로 '우리국사찾기협의회'가 안호상 박사를 중심으로 결성돼 70년대, 80년대 민족사학의 버팀목이 되었다. 이 정신을 이어 2016년 6월에 100여 개 역사단체가 '미래로가는바른역사협의회'를 결성하였다.

이른바 '재야사학'이라는 말이 공개적으로 쓰이기 시작한 것은 국회에서 열린 '국사 교과서 내용 시정 요구에 관한 청원' 공청회(1981.11.26~27)였다. 학계에서는 이기백(李基白), 김철준(金哲埈), 전해종(全海宗) 교수 등 7인이 나갔고, 재야사학자를 대표해서는 안호상(安浩相), 박시인(朴時仁), 임승국(林承國) 등 3인이 나갔다. 이날 공청회에서 재야사학측은 기성학계에 대해 1974년 이래 '단군 부정', 식민사관 역사 왜곡으로 잘못된 '국사 교과서 시정'을 요구한 것이다. 1983년부터 이를 변경 시정하겠다는 성과를 이루었다. 즉

㉠ 단군 왕검의 고조선 개국 사실 수록
㉡ 백제의 대륙 진출 수록
㉢ 한사군의 한반도 위치설 삭제 등

특히 안호상 박사는 첫 발언에서 현재의 요하(遼河)에 대해 "현재

중국의 찰합이성에서 시작하여 열하(熱河)성의 승덕(承德) 근방을 지나 하북성 희봉구(喜峰口)에서 만리장성을 뚫고 노룡현 서녘을 지나 발해 바다로 흐르는 난하를 요하라고 하였던 것"이라며, 원래의 요하(遼河)는 현재의 난하(灤河)였다고 주장했다.

반면에 이기백은 단군 건국에 대해, "종래 단군의 기원을, 단군의 건국연대를 B.C. 2333년으로 믿어 왔다. 그러나 이것은 분명히 있을 수가 없다고 말씀드릴 수밖에 없다. 건국은 세계 어느 나라나 청동기시대 이후이다. 신석기 시대 이후에 건국했다는 것은 있을 수 없다."고 단언했다.

이틀 동안 공청회가 정상대로 진행되지 못한 것은 일견 당연한 것이었는지도 모른다. 여러 요인이 있겠지만 양측 사이의 역사관은 정상적인 대화가 불가능할 정도로 괴리가 깊었던 것이 핵심 요인일 것이다.

그 후 1987년 2월에는 한국정신문화연구원 주최로 '상고사 학술회의'가 열렸다. 이 회의에는 김정학, 최몽룡, 천관우, 윤내현, 김정배, 임승국, 박성수 교수 등이 참석하여 발표와 토론이 진행되었다. 특히 윤내현은 「고조선의 강역과 사회」(1987년)에서 "중국 하북성 일부와 요녕성, 길림성 전부 및 한반도 북부를 차지하고 있던 동북아시아의 대국"(140쪽)이라고 발표하였다. 이에 대한 논평에서 서영수는 "윤교수의 신설(新說)은 부분적으로 북한학계의 중국 문헌에 대한 고증을 상당수 차용하고 있으나, 전체적인 체제는 전혀 다른 것으로 보인다. 이지린은 요수를 난하, 패수를 대릉하, 고조선의 중심지를 요하 유역으로 비정하였다. 이에 비해 윤교수는 요수, 패수, 열수를 모두 난하(灤河)로 비정하고, 중국 세력과의 충돌에 관계없이 고조선은 전시기에 걸쳐 난하에서 청천강에 이르는 지역의 대국(大國)으로 존재하였다"고 요약하여 평했다. 이날의 학술 발표자료는 『한국상고사의 제문제』(한국정신문화연구원, 1987년)로 출간되었다.

당시 윤내현은 재야사학(在野史學)의 호칭에 대해 '바른 것은 아니나 일반의 통용에 따라' 사용한다고 전제하고, 민족사학자들에 의해 제출된 고조선 강역 논지가 재야사학자와 일부 북한 학자들에 의해 계승되었다고 평가했다.

이기백은 『한국사신론』(1999년판)의 서론에서 "현대의 한국사학은 일제 어용사가들의 식민주의적 한국사관을 타파하는 한편, 한국 학자들 자신이 쌓아 올린 근대사학의 전통을 계승 발전시킴으로써 성장하였다. 일제의 식민통치라는 악조건 밑에서도 한국의 사학자들은 올바른 한국 사학을 키우기 위하여 피나는 노력을 계속해 왔다. 그렇게 해서 성립된 여러 학파를 크게 정리한다면 민족주의 사학, 유물사관, 그리고 실증사학의 셋이라 할 수가 있다"(5쪽)고 역시 자화자찬을 하고 있다. 정작 본인은 어느 학파인가에 대해 분명한 설명이 없이 식민사학들이 가지고 있는 특유의 두루뭉술한 어법으로 얼버무린다. 마치 본인은 식민주의 사학에 초연한 것처럼 말한다. 이 유체

일제가 탐사하고 날조한 만주 집안현의 광개토태왕의 비
(조선총독부 발행의 『조선고적도보』에서 발췌)

가 이탈하는 듯한 화법은 자신의 추악상을 숨기고, 상대를 화나게 만드는 불통(不通)의 화법이다. 엉뚱하게도 서론의 끝 부분에 "민족적인 입장에서 실증을 통하여 얻어진"이라는 문맥이 강조된 것으로 보아 본인은 '민족적 실증사학자'로 불리기를 원한 것 같다.

그러나 이기백의 경우, 식민주의적 사관을 타파하였다는 스스로의 자랑에도 불구하고, 정작 식민사관을 타파한 근거를 찾을 길이 없다. 식민사관의 핵심은 '단군 역사 축소하기', '기자, 위만, 한사군 끌어들이기'가 아니고 무엇인가? 이병도 이래 우리 민족사의 심장에 대못을 박은 것이 이것들인데, 이기백은 이를 얼마나 극복하였다는 말인가? 그의 생애 최종판(1999년판)에서 기존의 대동강 중심설에 겨우 요하 유역 일대를 고조선의 영역에 마지못해 추가로 포함시킨 것 외에 여전히 위만조선과 그 자리에 들어선 한사군은 대동강 유역을 크게 벗어나지 못하고 있다.

특히 이기백은 고조선의 강대함을 영역으로 설명하지 않고 연(燕)의 말(고조선 사람은 교만하고 잔인하다는 말, 31쪽)로 비유하여 고조선의 군사력이 강하다고 하였는데, 이 말은 민족에 대한 중대한 모독이다. 또 한(漢)의 식민정책에 대해 "비교적 관대한 정치적 자유를 고조선인들은 누리고 있었다고 생각된다"고 말해, 일제의 식민정책을 은연중에 옹호하는 느낌을 갖게 했다.

2. 김철준과 김용섭·윤내현

어느 날 이병도는 이기백과의 대담(『역사가의 유향』)에서 "이교수(이기백)와 김교수(김철준)가 내 뒤를 이은 셈이지"라고 답한 적이 있다. 이기백은 이병도가 말한 것과 같이 이병도의 고대사관, 즉 조선총독부의 고대사관을 철저하게 이었을 뿐이지 극복한 적이 없었다. 이기백도 신채호의 역사에 대해 '객관적인 타당성보다는 주관적인 신념을 중요시하는 경향이 강하였다'고 진보 진영보다 앞서 비판함으로써 식민사학과 진보 진영의 묘한 동거와 궤를 같이하고 있다. 이종욱은 「역사 해방-후식민사학을 넘어 본연의 역사 찾기-」(2006)에서 김철준, 이기백을 식민사학을 계승한 후(後)식민사학자로 평가했다.

반면에 이들 중에 군계일학처럼 나타난 학자가 김용섭 교수이다. 서울대학교에서 반강제로 쫓겨난 김용섭 교수는 자서전인 『역사의 오솔길을 가면서』(2011년)에서 조선총독부의 스에마쓰가 해방 후에도 서울대학교를 들락거린 충격적인 사실을 폭로한 바 있고, 김철준 교수로부터 "김선생의 민족주의는 내(김철준) 민족주의와 다른 것 같아"(770쪽)라는 비아냥도 들을 정도였다. 김용섭은 신채호의 역사 연구에 대해, "그(신채호)는 우리의 역사는 그것이 무엇을 대상으로 연구한 것이거나를 가리지 아니하고, 최소한 우리나라를 주체로 하고, 우리의 역사 사실을 충실히 서술해야 할 것으로 보고 있었다"(621쪽)고 말해 강만길, 이기백과는 다른 시각을 보였다.

또 한국사학의 과제에 대해, "왜곡된 사실의 부분적인 시정(是正)이, 한국사의 정당한 인식을 가능케 할 수는 없다. 근본적으로는 식민주의 역사관을 극복한 위에서, 새로운 한국사관의 수립이 있지 않으면 안 된다. 그러기 위해서는 역사를 대하는 자세, 문제를 설정하는 데서 가치관을 달리해야 한다"(536~537쪽)고 피력했다. 뼈대는 그대로 두고 살점을 몇 군데 붙이고 떼어냈다고 해서 새로운 한국사가 되는 것은 아니라는 통렬한 지적이다, 이기백의 『한국사신론』은 사관의 근본적인 변화가 없는 채 쓰였기 때문에 한국사의 신론(新論)이 아니라, 조선사편수회가 만든 『조선사』의 답습론에 지나지 않다. 그럼에도 한동안 대중을 현혹했다.

그런데 앞서 말한 『역사비평』(115, 2016)호에 실린 세 편의 논문에 나타난 공통점은 고조선의 '넓은 영토에 대한 두려움'을 드러냈다는 점이다. '넓은 영토에 대한 두려움'은 그들의 선학(先學)이요, 안식처인 이기백으로부터 노골화되었던 바 있다. 이기백은 1981년 국회 진술에서 "영토가 넓으면 위대하고, 영토가 좁으면 열등하다고 하는 식으로 국사 교육을 시켜서는 안 된다는 것입니다. 왜냐하면 그것은 일제의 식민주의 사관의 함정에 빠지는 것"이라고 주장했다. 일제의 반도사관에 대한 철저한 신봉자가 그 반대의 사관을 "일제의 식민주의 사관의 함정에 빠지는 것"이라고 주장하는 것은 억설일 뿐이다.

이처럼 없었던 영토를 주장하는 것이 아니라 중국 고대 사료에 거듭 나타나는 고조선의 넓은 강역을 사료에 나온 대로 설명하는 것이 어떻게 일제 식민사관의 함정에 빠지는 것인지 그 4차원적 논법에 찬탄을 금할 길이 없다. 박정학 박사의 증언에 의하면, 김철준 교수가 1980년대 중반, 윤내현 교수의 기자조선 학술발표회장에서, "영토가 넓으면 다 좋은 것인 줄 아느냐? 젊은 사람이 예의도 없다."고 책상을 치며 윤교수에게 호통을 쳤다고 한다. 복기대 교수도 똑같은 증언을 한 바 있다. 이병도의 철저한 후예답게 축소지향의 반도인이다.

앞의 강진원도 "만주의 '고토'를 회복하지 않는 이상 한국은 강대국이 되기 어렵다는 생각, 혹은 만주를 영유하고 있을 때가 전성기였다는 생각은 정도의 차이만 있을 뿐 만주와 함께할 때 온전한 역사가 되고, 그때 강국이 된다는 관념에 기초하고 있다. 이는 만주와 한반도를 아우른 고구려를 높이 평가함과 아울러, 고구려의 멸망으로 만선(滿鮮)일체 의식이 파탄을 맞이하였다고 보며 반도의 역사를 저평가한 만선사 연구자들의 태도와 크게 다르지 않다."고 지적하고 있다. 이는 이기백의 문장을 그대로 흉내 낸 것으로 행위는 매국인데 평가는 애국으로 받고자 하는 이율배반에 다름 아니다. 우리가 생각하는 만선은 조선의 역사는 만주 땅의 역사와 분리할 수 없다는 것인데, 친일극우들의 만선은 한반도의 역사는 만주에 종속된다는 것을 강조하여 한반도의 주체성을 부정하는 태도를 갖고 있다는 것이다.

이종욱은 「역사해방」(2006)에서 이들이 일제의 식민사학과 다른 면도 있으나, 근본적으로 식민사학의 틀을 벗어나지 못했다는 면에서 '후(後)식민사학'이라 혹평하고 있다. 이는 '해방 후 식민사학'이 곧 '일제 식민사학'과 변함없이 동일하다는 지적이다.

그러나 윤내현은 만주와 요서, 그리고 한반도를 아우르는 고조선의 넓은 영토를 중국의 방대한 고대 사료를 가지고 사실로 입증했다. 저자가 과문한 탓인지는 모르지만 윤 교수의 고조선 대(大)강역설을 꺾을 강단 사학계의 제대로 된 반론이 나왔다는 이야기는 들어본 적이 없다. 아마 앞으로도 나오지 못할 것이다. 그들은 지금 20여 년 동안

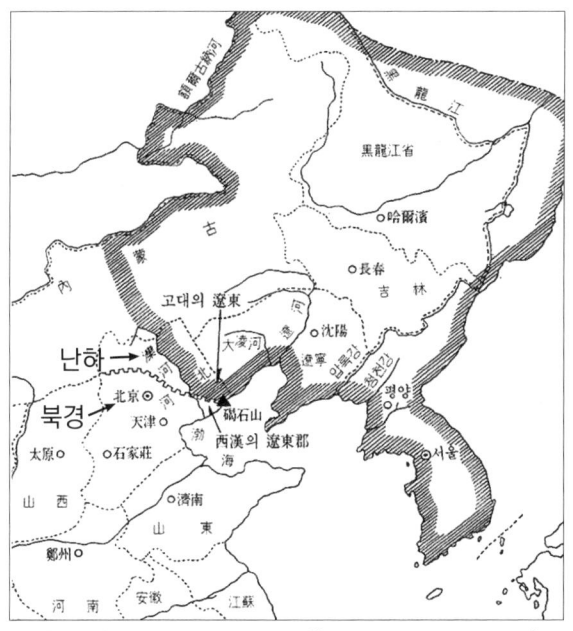

윤내현 "고조선의 후기 강역도" (『고조선연구』 상권 371쪽)

골방에서 벌벌 떨고 있다. 그러니 자신들은 무서워서 못 나오고 어린 제자들을 싸움터로 내몬 것이 아닌가?

윤내현 교수는 『고조선 연구』에서 다음과 같이 '넓은 고조선 영토'에 대해 진실한 양심고백을 한다.

"고조선을 바르게 복원하고 보면 만주 지역에 있었던 나라들이 한국사에 들어와야 한다는 것이 명백해진다. 고조선은 한반도와 만주 전 지역을 그 통치 영역으로 하고 있었던 국가였고 고조선의 뒤를 이어 등장하는 부여·고구려·읍루·동옥저·동예·최씨낙랑국·한(韓) 등이 모두가 고조선의 거수국(渠帥國)이었던 세력들이 독립하여 세운 나라들이었기 때문이다. 여기서 혹시 저자가 한국사의 영역을 만주까지 확대하기 위하여 그러한 의도에 맞추어 고조선을 재구성하였을 것으로 의심하는 사람이 있을는지 모르겠다. 이 점에 대해서는 학문 연구는 진실 되어야 하고 합리적이어야 한다는, 앞에서 한 말로써 대답을 대신하겠다. 그리고 만약 저자가 어떤 의도를 가지고 고조선을 재구성했다면 그것은 역사 왜곡으로서, 역사학자로서 큰 죄를 짓는 행위라는 것을 저자는 잘 알고 있다."(윤내현의 『고조선연구』 상권 20쪽)

이기백은 윤내현을 비판하기 위해 쓴 논문인 「고조선의 국가형성」에서 독백처럼, "우리가 알고 싶은 것은 고조선의 '실상(實像)'이지 결코 그 허상(虛像)'이 아니다"라고 주장했다. 맞는 말이다. 실상은 드러나고, 허상은 깨져야 한다. 하지만 이기백은 윤내현을 향해 고조선의 넓은 영토가 허상이라고 우겼다. 그러나 그것은 결단코 실상일 뿐이다. 이기백의 주장이 오히려 허상임을 자기 제자들이 알 날도 얼마 남지 않았다. 이제 '후식민사학'을 폐기하고, '윤내현 고조선사학'을 일으킬 때가 된 것이다. (2016.6.21.~ 6.23. 및 일부 수정)

송호정과 이덕일

윤내현 교수의 『고조선연구』(1994년)에 이은 후속작을 애타게 기다리고 있던 저자는 어느 날 송호정 교수의 『한국 고대사 속의 고조선사』(2003년)를 반갑게 구입했던 기억이 새롭다. 그러나 몇 장을 넘기기도 전에 감동은 충격으로 변하기 시작했다. 이 책을 읽고 송호정 교수를 알게 되었다. 송 교수는 자신의 저서인 『한국 고대사 속의 고조선사』에서 윤내현 교수에 대해 두 번이나 언급하며 고조선 요서(遼西)설에 불편한 속내를 드러냈다.

> ① 북한 학계의 견해를 그대로 따르면서 단군 신화를 역사적 사실로 인정하는 윤내현의 주장은 많은 문제점을 안고 있다.… 단군 조선의 중심 무대를 요서 지역으로 비정한 것은 역사 발전단계에 대한 고민을 전혀 하지 않은 결과라 할 수 있다(『한국고대사 속의 고조선사』 30~31쪽).
> ② 기원전 8~7세기 고조선과 연나라의 경계로 기록된 요하가 현재의 요하가 아니고 북경 동북쪽에 위치한 난하라는 주장이 있다. 이것은 북한 학계의 기본적인 견해인데, 남한학계에서는 윤내현이 따르고 있다(56쪽).

고조선의 표지 유물이라고 할 수 있는 비파형동검이 요서 지역인 적봉 일대에서 쏟아져 나오고 있음에도 송 교수는 북한과 연계하는 엉뚱한 소리를 한다. 윤내현 교수의 주장을 종북(從北)으로 모는 반공(反共) 몰이 외에는 공격할 방법이 없는 것 같다. 요하가 난하라는 새로운 학설을 수긍할 수 없다는 것은 대체로 식민사학에 빠져 있다는 것을 의미한다. 일부에서는 윤 교수를 북한 어용 공산주의 추종자, 북한학설 유포자로 몰고갔다.

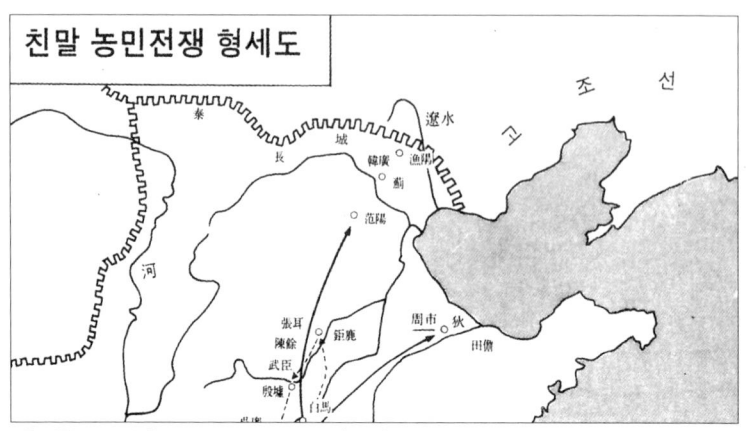

윤내현 교수의 『중국사1』에 있는 秦末(진말) 형세도-만리장성이 갈석산에서 끝나고, 난하(당시 요수)가 단군조선(고조선)과의 서부 국경선이다.

　최근 윤 교수 밑에서 연구 조교를 했다고 실토한 심재훈 교수가 언론과의 대담에서 자신의 저작물인 『고대 중국에 빠져 한국사를 바라보다』(2016)를 자랑하는 중에, 재야 사학계의 고조선 연구를 '상상력 경쟁'이라고 비꼬고, 자신의 스승의 학설에 대해서 조차 "학문적으로 지나침이 있다면 그걸 제자리로 돌려놓는 게 아들로서의 도리"라고 밝히는 담대한 용기를 보여 주었다. 50대 송 교수가 원로인 윤 교수에게 한 '고민을 전혀 하지 않았다'는 훈계조의 어투가 한동안 이해가 되지 않았는데, 심 교수의 대담을 읽고서야 '학문적 아들로서의 도리'라는 고차원(?)에서 이해해야 한다는 점을 깨닫게 되었다.
　그러면 송호정 교수는 자신의 고조선사에서 윤내현 교수의 대고조선을 압도하는 새로운 학설이라도 제시했는지 궁금하다. 다음은 이어지는 송 교수의 고조선 관련 주요 구절들이다.

③ 단군 조선은 단지 신화일 뿐, 역사적 사실로서 그 증거를 찾는다는 것은 사실상 불가능하다(64쪽).
④ 중국 고대 문헌에서 난하 유적이나 대릉하 유역을 '조선'이라고

> 한 일이 없으며, 산융은 물론이고 거기에 거주한 영지, 고죽, 도하 등이 고조선의 주민이 될 수 없다(77쪽).

송 교수의 책을 읽으면 그 학문적 수준에 대해서 당황하게 된다. 신화에 담긴 내용을 분석해서 역사적 사실을 추출하는 것이 역사학자의 임무이다. 그런데 송 교수는 일본인 식민사학자들처럼 단군과 무슨 철천지 원수라도 졌는지 '단군'이라는 이름만 나오면 비난(非難)과 비하(卑下)하기에 바쁘다. 또한 중국 고대 문헌에서 지금의 난하를 무엇으로 표기했는지를 찾는 것이 역사학이다. 그런데 이런 기초도 없이 중국 고대 문헌에서 난하(灤河)와 조선을 설명한 적이 없다고 거품을 무는 식이다. 지명의 변천사라는 말을 들어는 봤는지 의심스럽다. 중국사인지 한국 고조선사인지, 아니면 중국학자인지 한국학자인지 국적을 의심케 하는 서술에 당혹하지 않을 수 없다.

심 교수 역시 스승이었던 윤 교수의 고조선사 연구결과를 자신의 새 책(『고대 중국에 빠져…』에서 '확대된 고조선사'(239쪽)라고 규정했다. 문제는 어디에 근거해서 확대, 과장되었다는 것인지 기준이 없다는 점이다. 송 교수나 심 교수나 기준은 자신의 머릿속 생각이 전부인 것 같다. 윤 교수가 제시한 수많은 1차 사료에 대해 다른 1차 사료를 가지고 반박하는 것이 아니라 자신의 머릿속 생각과 다르니 틀렸다는 것이다.

다만 캘리포니아의 배형일 교수가 지적한 것에 근거를 두고, "청동단검이나 지석묘 같은 고고학적으로 발굴된 문화를 통해 민족을 확인하려는 시도가 더 이상 용납되지 않는다"(242쪽)는 정도가 유일한 근거인 것처럼 보인다. 강단학자들이 워낙 기초가 부족하다 보니까 '미국'만 나오면 중국사고 한국사고 추종하기에 급급하다. 배형일 교수의 지적이 역사학과 고고학으로부터 인정받을 수 있는 타당성이 있는지 의심할 수밖에 없는 내용이다. 비파형 동검이나 세형동검, 지석묘 등은 다른 고대국가와 구별되는 고조선의 표지 유물이다. 이런 표지 유물의 분포를 가지고 국가의 강역을 산정하며, 그곳에 살았던 민족을 인식하는 것은 역사학의 기본이다. 비파형 동검의 분포를 고조선 지배 세력의 통치 영역이나 문화 영역으로 해석하는 윤내현 교수, 김정배 교수를 비롯한 여러분들의 주장은 국제학계에서 합의된 분석 틀에 따른 것이다. 반면 이를 부정하는 송호정, 심재훈, 배형일 교수 등의 주장은 학문적인 아닌 정치적 술수에 지나지 않는다. 다음은 심재훈 교수의 저서에서 인용한 구절들이다.

> 가. 『삼국유사』의 기년 문제를 비롯한 단군 관련 기사는 고려 시대 사람들이 단군을 자신의 시조로 인식했다는 사실을 전해줄 뿐이다. 그 인식의 정당성까지 보증하는 것은 아니라는 점을 알아야 한다 (『고대 중국에 빠져…』 288쪽).
> 나. 비파형 동검과 미송리형 토기의 분포 지역을 고조선의 강역과 일치시키려는 시도가 있다. 그러나 일부 고고학적 문화요소의 유사성을 토대로 특정 집단을 규정하는 것은 위험한 발상이다(289쪽).

과거 윤내현 교수가 주장한 '대고조선'이 후학들에게는 위험한 것이거나 타도의 대상으로 전락한 느낌이다. 송 교수의 종북(從北)학설론에 이어, 심 교수는 세상 어디에도 없는 비파형 동검을 '고고학적 문화양상과 민족분포는 별개'라는 서양 논리에 기초하여 지우겠다는 것이다. 비파형동검과 고인돌 등 복수의 유물의 분포도가 서로 일치하는데도 이를 부정한다면 그것은 정말 비과학적 태도라 비난받아야 한다. 마치 '윤내현 교수의 대고조선 지우기 합주곡'인 것 같은 느낌을 지울 수가 없다. 실제로 윤내현 교수는 종북몰이에 몰렸다고 밝혔다. '정보기관의 전화를 받았다'고 술회했다. 학계에서 '북한 학설을

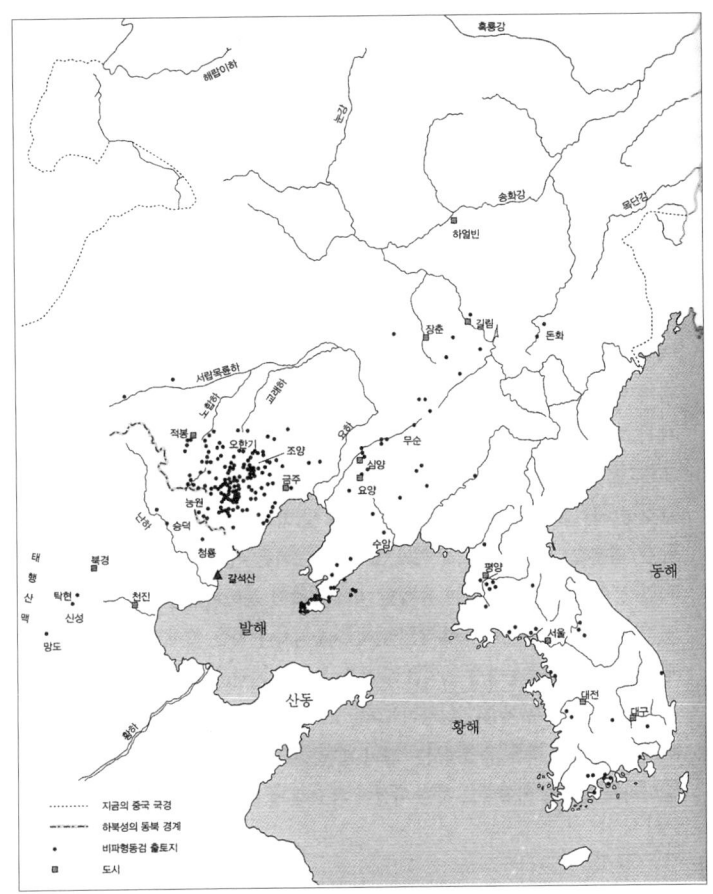

윤내현 "비파형동검 출토지".
이는 단군조선(고조선)의 세력범위를 의미한다. (『고조선연구』(상), 만권당)

유포하여 혼란하게 만들었다'는 이유에서 조사 요청을 받았다는 것이다.

그뿐이 아니다. 송호정 교수는 곳곳에서 중국에 대해 매우 우호적인 입장에서 글을 쓰고, 반대로 단군조선은 사실성이 없는 유령(幽靈)의 나라처럼 심한 비하를 한다. 먼저 친(親) 중국적인 구절들을 제시하겠다.

⑤ 상족(商族)계 청동기에는 '연후(燕侯)의 상사를 받는' 등의 명문이 있어 객좌 일대에 거주한 이들은 연후와 모종의 복속 관계를 맺었던 것이 확실하다(『한국 고대사 속의 고조선사』 74쪽).
⑥ 기원전 10세기를 전후하여 연(燕)문화가 연산(燕山) 남록의 광대한 지역에 분포했음을 입증해준다(80쪽).
⑦ 제(齊) 환공(桓公)의 패업(霸業)은 확대되고, 북방 각 종족의 융합이 더욱 촉진되었다(83쪽).

이렇게 '확실하다', '광대한' '촉진' 등등의 말로 중국 역사를 찬양 일변도로 치켜세운다. 누가 매국이고 정통인지 헷갈린다. 독자 중에는 땅을 칠 사람도 있을 것 같다. 심재훈 교수도 마찬가지이다.

다. 실상 전국(戰國)시대 연(燕)이나 흉노 제국 성립 이전에 과연 요서와 요동에 국가라고 칭할 수 있는 강력한 정치 세력이 존재했는지도 의문이다(『고대 중국에 빠져 한국사를 바라보다』 294쪽).
라. '랴오하 문명=한민족의 고대 문명'과 같은 등식은 지나친 과장으로 보인다(302쪽).
마. 사실상 위만 조선이 멸망한 지 300여 년 이후부터 전통 시대 중국 학자들조차 고조선의 위치나 일부 양상들에 대해서 이미 상이한 견해들을 내놓기 시작했음을 알아야 한다(300쪽).

심 교수나 송 교수의 주장을 보면 이들은 타국의 학자처럼 무조건 한국사 비판에만 열을 올린다는 사실을 알 수 있다. 위의 '다'와 관련해서 중국의 소병기(蘇秉琦)조차 홍산 문화의 하가점하층문화 시기(BCE 2300~BCE 1600년)에 고대 국가가 방국(方國) 단계에 들어섰다고 설명하고 있다. 내몽골 적봉 부근의 수많은 석성(石城)들이 이를 말해준다. 그러나 심 교수는 중국의 이런 주장까지도 부정하면서 우리 역사 깎아내리기에 여념이 없다.

1. 고조선은 국가로 보기 어렵다는 송호정

심재훈 교수와 약간 다른 양상의 송호정 교수는 아예 노골적인 반한(反韓), 혐한(嫌韓)처럼 들리는 주장을 이어간다.

> ⑧ 당시 과연 고조선에도 전문 상인이 있었는지 혹은 국가간 조공 형태로 무역이 진행되었는지에 대해서는 구체적 자료가 부족해 설명하기 힘들다(『한국 고대사 속의 고조선사』 95쪽).
> ⑨ 한마디로 초기 단계의 고조선은 중국 제나라와 교역을 한 사실 등이 확인되지만, 그것이 일정한 정치조직을 갖춘 국가로는 보기 어려울 것 같다(96쪽).
> ⑩ 요서 지역 청동기 문화의 담당자를 고조선으로 보는 견해도 있으나, 동호족이냐 산융족이냐를 놓고 논쟁하는 것이 현재의 통설이다. 참고로 요동 지역 요령식 동검 문화의 주체가 동호·산융인지, 아니면 고조선의 배경 문화 또는 예맥족의 것인지도 아직 결론이 나지 않은 상태이다(100쪽).

이같이 송 교수의 주장대로라면 단군은 유령의 인물에 지나지 않고, 고조선은 사실상 나라도 아니며, 위대한 중국 문화의 시혜를 받아 겨우 명맥이나 유지했고, 볼품없는 정치 조직에 지나지 않는다는 식이다. 더욱이 산융, 동호를 고조선과 분리하는 것은 중국이 동북공정에서 고조선을 지우기 위해서 만든 통설인데, 송 교수가 본인 스스로는 '식민사학자'가 아니라고 강변하겠지만, 여전히 그에 대한 의심은 가시지 않는다. 액면 그대로 받아들이기 무척 조심스럽다는 심 교수의 그 '무척 조심'이 동북 공정의 고조선 지우기에 편승하려는 눈치 때문이 아닌지 궁금하다.

문제는 그들이 왜 중국을 높이고 자국의 고조선을 나라로 인정하기를 꺼리는가에 있다. 시공을 제멋대로 축소한 '조그만 고조선'이 우리의 정통사관이라고 믿었기 때문일까? 아니면 '대고조선'이 북한학설이라서 이를 반사적으로 거부한 것일까? 2007년판 북한의 『역사부도』를 참고하면, 현재 북한은 요하 동쪽을 BCE 30세기의 고조선의 국경선으로 설명하기 때문에 '대고조선'을 종북으로 몰고 갈 명분도 사라졌다. 북한이 요동과 송화강의 고조선만을 강조하는 반면에 우리 학자들은 요동을 넘어 요서로 넘어갔기 때문에 친북 학설이라는 말도 철 지난 말에 지나지 않는다. 물론 북한도 요서의 진출 가능성을 배제하지는 않고 있다.

> 물론 고인돌이나 비파형 단검이 나타났다고 하여 그것이 곧 단군 조선의 령역이 되는 것은 아니다. 그러나 료하 서쪽 법고, 강평 등 지역에서 비파형 단검이 출토되고 있는 사실은 료동 지역에로 미친 단군 조선의 세력이 료하를 거너 점차 서쪽으로 뻗고 있었다는 증거로 된다. (『고조선력사 개관』)

일찍이 재야의 한암당 이유립은 세 살부터 어머니로부터 천자문을 배우고 6세에 『동몽선습(童蒙先習)』을 읽게 되었는데, '한무제 토멸지(漢武帝討滅之)하시고'라는 구절에 이르러 "위만조선을 우리나라라고 하면서 우리나라를 토멸한 한무제는 분명 우리의 원수(怨讐)인데, '하시고'라는 토씨를 붙여 읽는 것은 나는 싫다"하여 끝내 『동몽선습』을 읽지 않았다고 한다. 위만의 실체 분석은 과제로 남긴다고 하더라도, 중국의 유철(한무제)은 전쟁을 일으킨 원수인데, 그에게 '하시고'라는 존칭의 토씨를 붙여 읽을 수 없는 것은 한국인의 인지상정이다.

그럼에도 불구하고 지난 500년 동안 조선의 학동(學童)들은 존화(尊華)의 이념 때문에 '한무제 토멸지(漢武帝討滅之)하시고'를 앵무새

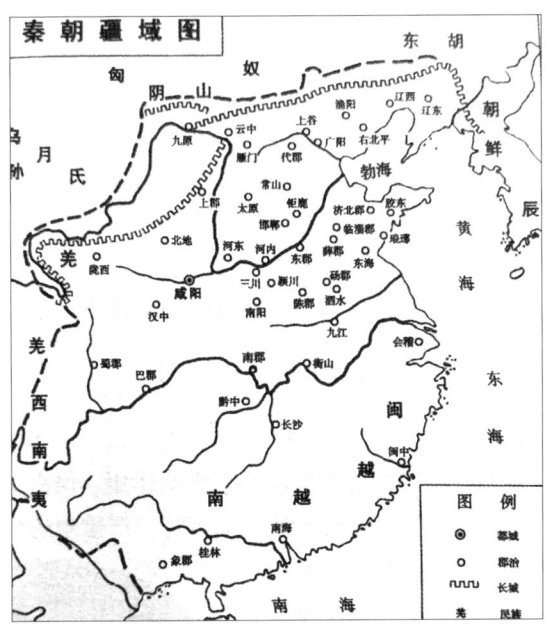
중국 안작장(安作璋)의 西漢史 지도(2014년).
지나는 이병도학설과 같이 진(秦) 장성을 황해도까지 연장했다.

처럼 반복하여 배우지 않으면 안 되었다. '하시고'라는 세뇌의 유전인자는 지금도 대를 이어 끊이지 않고 있다. 지나(支那)에 깊숙이 빠져 있는 분들은 역시 '하시고'라는 바이러스에 세뇌된 것이 아닌지 되묻고 싶다.

지금 한국은 구한말처럼 국가적 위기를 맞고 있다. 이런 때일수록 일제의 식민 잔재를 청산하고 주체적 민족사관을 외치는 역사학의 혁신 바람이 일어나 국민에게 진실을 말해주어야 할 것이다. 그럼에도 중국 동북 공정의 충실한 하수인 같은 착각을 일으키는 일부 학자들은 '대고조선'을 지우기 위해 1차 사료도 무시해 가며 '학문적 상상력'을 '고조선 축소지향'에 경주하고 있는 것같이 보인다.

또 학술 논문에서 금기시하는 술어(~하고 싶다)를 남발하는 스승의

"자세하지 아니하나 지금 황해도 북단에 있는 수안(遂安)에 (낙랑군 수성현을) 비정하고 싶다."[3]라는 구절에 대해 '아니오'라고 외치지도 못하는 학문적 '관대함'이 지나친 결과, 급기야 중국은 이병도 학설에 따라 만리장성 끝자락을 황해도까지 그려놓고야 말았다. 어디 그뿐이랴. 동북아 역사지도를 만들겠다고 47억원을 투입한 우리역사지도 사업이 중국의 동북공정지도를 통째로 복사한 것으로 들통난 적도 있다. 미사협은 감사원에 국민감사를 청구했다. 자기 스승에게도 효도하고 지나(支那)에게도 충성하는 이중적 효과를 톡톡히 누리고 있으나 도리어 민족에게는 배반의 칼을 꽂는 것과 같다.

민족은 누구의 맘대로 해체될 대상이 아니다. 민족 경멸이라는 배반의 칼을 스스로 제거하지 않으면 나중에 민족으로부터 어떤 대가와 결과가 올지를 진정으로 명심해야 할 것이다. 만약 그것도 모른다면 시비포폄(是非褒貶)의 감계(鑑戒) 정신도 모르는 역사학의 무자격자들일 것이다. 이런 무자격자들이 외치는 종북 타령이나 고조선 지우기는 오로지 소모성 논쟁만을 가열할 뿐이므로 이제 용도 폐기되어야 한다. (2016.8.25.)

2. 임나일본부와의 재판에서 이긴 이덕일

송호정의 『한국 고대사 속의 고조선사』(2003년)과 심재훈의 『고대 중국에 빠져 한국사를 바라보다』(2016)라는 두 책이 나오고, 국회에서 엉터리 동북아역사지도 사업으로 시끌할 즈음에 중요한 재판이 진행 중이었다.

김현구 고려대 역사교육학과 명예교수를 식민사학자로 규정했다가

---

3) 이병도, 『한국고대사연구』 박영사 1976. 148쪽

재판에 넘겨진 역사학자 이덕일 한가람 역사문화연구소장이 대법원에서 무죄를 확정받았다. 『연합뉴스』는 2017년 5월 11일 "역사학자 이덕일, 김현구 교수 명예훼손 혐의 무죄 확정"이라는 제하의 보도에서 이렇게 밝혔다.

대법원은 5월 11일, '출판물에 의한 명예훼손' 혐의로 2심에서 무죄를 받은 이덕일에 대한 검사의 상고를 기각했다. 이덕일은 2014년 9월 출간한 자신의 저서 『우리 안의 식민사관』에서 김현구의 저서 『임나일본부설은 허구인가』(2010년 12월)를 비평하면서 김현구가 일본 극우파 시각에 동조했다고 주장한 혐의로 재판에 넘겨졌다.

1심은 이덕일이 허위 사실을 전제로 명예훼손을 했다며 징역 6월에 집행유예 2년을 내렸다. 그러나 2심은 이덕일이 김현구의 학문적 주장에 대한 자신의 의견을 표명했을 뿐 (비방을 목적으로) 사실을 적시한 게 아니라며 결론을 뒤집었다. 이에 대법원은 "이덕일의 주장이나 의견에 대해 합리성이나 서술방식의 공정성 등과 관련해 비판의 여지가 있다고 할지라도 그러한 비판은 가급적 학문적 논쟁과 사상의 자유경쟁 영역에서 다루어지도록 하는 것이 바람직하다"며 2심의 판단을 유지했다.

여기서 원심을 깨고 무죄 확정을 내린 2심 판결을 자세히 살펴 보겠다. (서울서부지법 2016노287, 출판물에 의한 명예훼손)

재판부는 먼저 이덕일이 책에서 김현구가 "임나일본부설의 신봉자인 학자 스에마쓰에 대해 비판하지 않고 있다"고 기술한 점에 대해 "피고인이 단정적으로 기술한 일부 표현만으로 공소사실이 입증됐다고 보기 어렵다"고 판단해 이덕일의 손을 들어줬다.

또한 재판부는 이덕일이 "김현구의 책은 각론적인 측면에서 백제가 야마토 정권의 식민지나 속국처럼 기술했다"고 기술한 내용은 "김현구 책 이면에 숨은 내용에 대한 피고인의 의견을 표명한 것이지 사실의 적시가 아니다"고 봤다. 이는 비방을 목적으로 그런 사실을 적시한 것이 아니라 학자로서의 의견 표명이라는 뜻으로 재판부가 받아들인 것이다.

처음에 이덕일은 본인의 저서 『우리안의 식민사관』(2014년, 2018년 개정판)에서 김현구의 저서인 『임나일본부설은 허구인가』(2010년)에 나타난 문제점으로, 우리 역사관에 배치되는 임나일본부설을 옹호했고, 백제를 야마토왜의 속국처럼 표현하였으며, 특히 "임나일본부설의 신봉자인 스에마쓰 야스카즈의 임나일본부설을 비판하지 않고 있다"(339쪽/개정판 425쪽)고 지적했다. 이덕일은 결과적으로 김현구가 일본 극우파가 추종하는 스에마쓰의 임나일본부설에 동조했다고 비판했다. 이에 김현구는 이 구절이 '허위사실을 적시한 것'이라고 이덕일을 고소했던 것이다.

그러면 문제의 구절은 무엇인가?

이덕일은 김현구가 임나일본부설을 옹호한 주장을 3단 논리로 분석했다. (338~340쪽/개정판 424~427쪽)

① 한반도 남부에는 실제로 임나일본부가 있었다.
② 그런데 임나일본부는 일본의 야마토 정권이 지배한 것이 아니라 백제가 지배했다.

이덕일은 김현구가 "임나를 실제로 지배한 것은 야마토 정권이 아니라 백제라는 안전판을 하나 만들어 놓았다. 그리고 임나가 실제 한반도 남부를 지배했다고 설명했다. 어떻게 보면 임나를 지배한 것이 백제라는 사실을 밝혀낸 역작(力作)처럼 보일 수 있다"(340쪽/개정판 424~425쪽)며 본질을 호도하는 김현구의 교묘함을 잘 지적했다. 김현구의 마지막 말은 다음의 말로 압축할 수 있다.

③ 백제를 지배한 것은 일본의 야마토 정권이다.

김현구의 결론은 백제가 야마토 정권의 상국(上國)이 아니라, 야마토 정권이 백제의 상국이라는 것을 암시했다. 그 근거로 김현구는 『임나일본부설은 허구인가』에서 백제가 야마토 정권에 사신을 24회 보냈는데, 야마토 정권은 백제에 15회밖에 보내지 않았다로 보아, 백제는 야마토 정권의 속국이라는 시각이다.(131쪽) 결국 한반도 남부의 임나일본부의 지배자는 야마토 정권이라는 궤변이 김현구가 쓴 『임나일본부설은 허구인가』의 핵심인데 이를 합리화하기 위해 급기야 그는 '주한미군'을 예로 든다.

> 당시 백제는 야마또정권으로부터 지원받은 군사를 임나와 신라의 접경지역에 배치하고 있었다. 그리고 그 지휘관으로는 왜계(倭系) 백제관료 등을 배치하고 있었다. 신라와의 직접적인 충돌을 피하기 위해서는 마치 오늘날 미군을 남북이 대치하는 휴전선에 배치하고 있는 것처럼, 그 수는 많지 않지만 신라와의 접경인 임나지역에 야마또정권으로부터 제공받은 군대나 왜계 지휘관을 배치하는 것이 유리하다고 생각했기 때문이 아닌가 생각한다.(『임나일본부설은 허구인가』151쪽)

임나의 평화유지를 위해 백제가 야마토 정권으로부터 지원받은 군사를 임나와 신라의 접경지에 주둔시켰다는 것이다. 야마토 정권이 오늘날의 미군처럼 동북아 최강의 군사력을 보유한 것으로 표현했다. 이 한마디가 2010년 대한민국의 역사학계가 바라보는 현실 인식이 얼마나 뒤틀려 있는지를 적나라하게 드러내 준 것이 아닌가. 참으로 경천동지할 일이다.

3. 왜왕 무(武)가 백제에 돌아와 25대 무령왕이 되었다

그러면 당시 백제와 왜의 관계가 어떠했는지 알아보겠다.

(재)역사주권 김주인 이사장은 백제왕과 왜왕의 관계를 분석하고 왜5왕인 무(武)의 실체를 파악하여 백제가 열도를 상당기간 지배했다고 밝혔다. 김주인은 박사논문『왜5왕과 왜왕제도에 관한 연구』(2024년)에서『송서』상표문 분석을 통하여 왜5왕은 일본 천왕의 다른 이름이 아니라, 열도를 지배한 고구려와 백제계의 5왕(讚→珍→濟→興→武)이라고 밝혔다. 1971년 부여에서 발굴된 지석(誌石)으로 무령왕의 휘호가 '사마'(斯麻)라는 것과 또 그가 왜왕 무(武)와 동일인임이 드러났다.

김주인은 같은 논문에서 백제 20대 비유왕(毗有王, 427~455 재위)의 아들이 왜왕 제(濟, 442~455년 재위, 이어 개로왕으로 등극)이며, 백제 21대 개로왕(蓋鹵王, 455~475 재위)의 동생이 왜왕 흥(興, 곤지, 455~477 재위)이며, 개로왕의 아들이 왜왕 무(武, 477~501년 재위)라는 신분을 밝혀냈다. 이 중에 5왕의 마지막인 왜왕 무(武)는 477년부터 열도를 지배하다가 501년에 본국에 돌아와 백제의 25대 무령왕(武寧王, 501~523년 재위)으로 등극했다고 밝혔다. 그 증거물로 쓰다하치만(隅田八幡) 신사에서 출토된 인물화상경(人物畫像鏡)을 제시했다. 이 거울은 1914년에 발굴되었고, 48자의 명문이 한문으로 새겨있는데, 그 중에는 계미년(癸未年), 남제왕(男弟王), 사마(斯麻), 염장수(念長壽) 등의 글자가 보인다. 왜왕 무(武)의 뒤를 이어 왕이 된 왜왕 남제왕(곤지의 아들, 게이타이,501~507 재위)이 본국 백제의 왕에 등극한 '사마(무령왕)의 장수를 기원하는 마음'으로 제작한 것으로 추정됐다.(131쪽) 당시 왜왕들은 왜왕 무가 그랬던 것처럼 본국 백제왕의 통치를 받는 열도의 총독(최고 사령관)이었기 때문에 신임 남제왕이 왜왕에서 본국의 무령왕이 된 사마의 즉위를 축하하여 이 거울을 제작한 것으로 보는 것이 합리적이다.

따라서 열도는 왜왕 제(濟)로부터 "열도는 백제가 망하기까지 거의 300년의 기간 동안 백제의 지배하에 백제의 일부로 간주 된 것"(143쪽)이 분명하다고 할 수 있다. 최재석도 「야마토왜의 일본으로의 변신과정」에서 663년 백제의 주류성이 함락되자 야마토왜의 백성들이 '백제의 이름이 오늘로 끊겼구나'라고 비통해한 것에서 알 수 있듯이 "종주국인 백제가 패망할 때까지 그 속령인 야마토왜는 백제가 건국, 경영하고, 천왕 자신을 포함해 백제인이라는 것을 자랑으로 여겨왔다"(533~534쪽)고 주장해 앞의 관점과 일치하고 있다. 앞에서 김현구가 백제를 지배한 것은 일본의 야마토 정권이라는 시각은 잘못된 것임을 확실하게 알 수 있다.

김현구는 책 제목을 『임나일본부설은 허구인가』라고 정하고 일본부설의 실체를 밝혀보겠다고 야심을 드러냈으나, 정작 자신의 임나일본부 주장은 식민사학의 한계를 극복하지 못하고 그대로 허구였음을 드러냈을 뿐이며, 김주인의 논문을 통해 왜5왕과 백제왕의 지배-피지배관계에서 백제가 야마토 왜왕(총독)을 통치한 상국(上國)임을 거듭 확인할 수 있다. (2025.5)

※ 추기

이글 후에라도 송호정 교수와 심재훈 교수, 김현구 교수가 자기 학설을 수정하였다면 이 글도 수정해야 할 것이지만, 수정하지 않았다면 이 글이 지닌 비판적 견해는 앞으로도 유효할 것이다. 송호정 교수가 최근에 쓴 「한국사 교과서의 고조선사 서술을 위한 몇 가지 제언』(2022)에서도 어떤 희망적인 변화를 발견하기가 어려워 보인다. 그의 제언을 간추리면, 그동안 고조선의 건국 과정은 단군신화의 내용을 통해 서술하는 것이 일반적이었으나 단군신화에는 청동기 시대에 새로운 부족집단이 출현하는 모습이 담겨 있지만 구체적으로 고조선이란 나라가 출현하는 과정은 보이지 않는다면서 고조선의 건국 내용 서술은 단군신화를 인용하기보다는 청동기 문화의 성장과 발전 내용을 통해 설명하는 것이 합리적이라고 주장했다. 또 고조선의 건국 시기인 기원전 2333년을 교과서에 쓰는 것은 적절하지 못하다고 주장했다. 이어 요서 지역이나 길림성 지역 등은 고조선의 영역으로 교과서에 싣지 않는 것이 오히려 합리적이라고 지적했다. 선진문화를 열어 준 한군현(漢郡縣) 및 낙랑군을 교과서에서 일정 정도 서술해 주어야 한다고 말했다. 그의 논문에서 '한국사'다운 어떤 주체성을 찾기가 어렵다는 점이 못내 아쉽다. 김현구는 패소 후 출간한 『식민사학의 카르텔』(2017)에서 반성보다 자기미화를 택했다.

바꿔야 할 한국사 쟁점들

한민족의 국통(國統)에서 기자, 위만, 한사군은 빠져야

우리 역사의 시작을 어디로 보느냐 하는 것은 개인의 생년월일이 언제냐 하는 것만큼이나 중요하다. 권덕규는 『조선유기』(1924년)에서 우리 역사의 시작을 환웅의 신시(神市)시대로부터 서술하면서 우리 조상을 환족(桓族)이라 하고 5000~6000년 전부터 인종이 번성하여 유목에서 경작으로 농업시대를 열었다고 했다. 단재 신채호는 1930년대에 발표한 『조선상고사』를 수두(蘇塗)시대로부터 시작했다.

1. 우리 민족은 식민 지배로부터 시작됐다는 잘못된 시각

광복 이후에 나온 이병도의 『국사대관』(1953년)은 '한군현(漢郡縣) 설치 이전의 동방제사회'와 '설치 이후의 동방제사회'라 하여 한군현(漢郡縣) 설치를 중심으로 그 이전에 고조선이 서고, 이후에 한(漢)의 군현정치가 있었다고 봄으로써 단군의 고조선을 한사군의 곁다리 정도로 보았고, 상대적으로 한군현의 은총으로 우리가 정치적으로 사회적으로 성장하는 계기가 되었다는 시각을 드러냈다.

또 이병도가 『한국고대사 연구』(1976년)에서 "중국의 한 콜로니(식민지)가 된 동방군현은…발달된 중국의 고급의 제도와 문화-특히 그 우세한 철기문화-를 도입하면서 중국에 대한 사대사상의 싹을 트게 했다"(99쪽)고 했고, 이어 "일정시대에 낙랑·대방 양군시대의 유적 유물의 발굴·발견으로 인하여 새로운 재료와 지식을 제공해준 점도 적지 않다"(100쪽)고 한 것에서 이병도의 주안점이 식민지 미화에 있다는 것을 알 수 있다. 독자적인 통치능력이 부족해 식민지 지배를 받으면서 행복한 백성으로 고조선인들이 살았다는 의미를 애써 담고 있다. 이러한 내용은 조선사편수회와 동북공정 의식과 같으며, 현재 우리나라 교과서에서 거의 모든 앞선 문화는 중국에서 배워왔다고 기록하는 바탕이 되고 있다.

그의 제자였던 이기백은 『한국사신론』(1999년)에서 한국사의 올바른 이해를 위해서 필요한 것 중에 '우선적인 과업은 식민주의 사관을 청산하는 일'이라면서, 식민주의 사관이란 '일제가 한국 민족의 자주정신, 독립정신을 말살하는 방향으로 짜여진 것'(3쪽)이라고 비난하고 있다. 마치 본인은 식민사관을 모두 청산한 것처럼 주장하고 있으나 그 책의 내용은 식민사관의 핵심을 이루고 있는 고조선의 평양중심설, 위만의 한반도 내재설 및 낙랑군의 대동강설 등을 그대로 유지하기 때문에 자기 모순이다.

  신진화론자로 분류되는 엘먼 R 서비스는 1962년 인류사회가 'band society→tribe society→chiefdom society→state society'(윤내현은 무리사회→마을사회→고을나라→고대국가사회라고 번역)로 발전되어 왔다는 발전도식을 발표했는데, 현재 세계적으로 사회학·역사학에서 인정받고 있다. 이런 시각으로『삼국유사』의 단군사화(檀君史話)를 보면 고조선 이전도 '신화시대'가 아닌 역사시대의 기록이라는 것이 보이게 된다.

  이와 달리 단군을 허구(虛構)의 역사로 기록하기 시작한 것은 일제 관변사학자들이다. 시라토리 구라키치(白鳥庫吉)는「단군고」(1894년)라는 논문을 통해『삼국유사』를 요괴(妖怪)스럽고 황탄(荒誕)하다고 비난했고, 단군의 전설은 불교가 우리나라에 전해진 고구려 소수림왕(372년) 이후에 '만들어진 황당무계한 이야기'에 불과하다고 주장했다. 나아가 이마니시 류(今西龍)는 같은 이름의 논문인「단군고」(1929년)에서 "단군은 본래 부여·고구려·만주·몽고 등을 포괄하는 퉁구스족 가운데 부여의 신인으로서, 현재 조선민족의 본체인 한(韓)종족의 신이 아니다"고 하고, 이어 단군의 다른 이름인 선인왕검에 대해 "낙랑·대방의 한(漢)민족이 모시는 신의 계통"이라고 주장하여 단군과 한(韓)민족과의 관계를 단절시켰다. 이런 인식은 시라토리가「조선사1」(1894년 경)에서 주장한 '조선은 (단군이 아니고) 기자가 개국했다'(524쪽)는 말과 같은 맥락이다.

  송호정은『단군, 만들어진 신화』(2004년)라는 책을 통해 "식민사학자들이 말하는 단군신화 날조 주장은 성립 불가능한 것으로 판명됐다"(121쪽)고 말해 단군사화 날조를 주장한 식민사학자들을 비난하면서도 "단군신화 역시 고조선이라는 국가가 세워지고 난 이후에 '만들어진' 건국신화가 구전되다가 고려시대에 정리된 것"(119쪽)이라며 역사가 아닌 신화론을 옹호했다. 이 '만들어진 신화'라는 말은 100여년 전 시라토리의 논문 속에 있는 바로 그 말이다. 이처럼 국내 식민사학은 입으로는 식민사학이 아닌 것처럼 말하면서 원조 식민사학을 끊임없이 복제하여 확대재생산하고 있다.

송호정은 "단군신화뿐만 아니라, 고구려의 주몽신화도 지배자의 신성성을 부각시키고 권력을 정당화하기 위하여 만들어졌다'면서 본인의 이런 주장은 '거의 통설로 되고 있다."(119쪽)고 말하고 있다. 그러나 국내 유일의 고구려 1차 자료이자 『삼국사』보다 730여년 앞선 가장 오래된 사료인 「광개토태왕비문」에는 주몽(추모)의 고구려 건국과정과 북부여의 관계가 고스란히 적혀 있다. 신화가 아닌 역사임을 증명하는 자료다.

식민사학은 버린다고 해서 저절로 버려지는 것이 아니다. 우리의 민족사를 상처내고 흠집 낸 식민사학의 원조 학자(이마니시, 시라토리 등)들의 이론에 대한 냉철한 분석과 비판을 통해 문제점을 철저히 찾아내어 극복해야 한다.

2. '조선현'과 '봉기자(封箕子)'의 착각이 빚은 가짜 기자조선

단군왕검의 고조선이나 고구려는 우리가 교과서에서 배운 것처럼 어느 날 갑자기 태어난 나라가 아니라 인류사회 발전 단계설처럼 작은 나라에서 큰 나라로 성장해 온 것이다.

윤내현은 『고조선연구』에서 "고조선 시대에 고구려는 난하 하류 지역에 위치하고 있었다. 고구려, 고죽국, 기자조선, 한사군 등은 모두 같은 지역에 있었다."(447쪽)라고 했다. 고조선이라는 고대국가가 수많은 마을이나 고을나라의 연맹체로서 형성되었다는 것을 기록을 통해 찾아낸 것이다. 이렇게 보면 고구려라는 나라도 작은 마을에서 고을나라가 되어 고조선의 거수국(연맹 소국)이었다가 고조선이 해체되면서 독립국가가 되었다는 사회발전의 역사로 이해할 수 있게 된다. 특히 위만이 들어왔던 낙랑군의 조선현은 한반도 대동강유역이 아니라, 난하 하류 동부지역에 있었다고 주장했다. 당시로서 이는 매우 중요한 발견이었다.

『삼국유사』에는 "주나라 호(무)왕이 기자를 조선에 봉했다(封箕子於朝鮮). 고(구)려는 원래 고죽국이었는데 주나라에서 기자를 봉함으로써 조선이라 했다."는 기록이 있고, 사마천이 지은 『사기』(조선열전, 무제기 등)에는 한나라 유철(劉徹, 무제)이 "조선을 평정하고 4군을 두었다"고 적고 있다. 두 기록에서의 '조선'은 단군의 고조선이 아니라, 고조선의 서쪽 변방인 난하 유역에 남아있던 '위만 세력의 점령지인 조선현'일테지만, 이로 인해 조선이라는 국호가 더럽혀지는 것은 막을 수 없다. 교과서에서도 고조선의 멸망 연대를 위만이 멸망한 BCE 108년이라고 한다. 위만의 점령지였던 조선은 일개 현에 지나지 않는데, 마치 중앙정부인 고조선 전체로 혼동하여 역사를 축소하고 있다. 이 또한 조선이라는 국호가 더럽혀지는 것은 마찬가지이다.

여기서 기자를 조선에 봉했다(封箕子於朝鮮)는 말은 기자가 제후(諸侯)로 책봉(冊封)되어 조선의 어느 지방을 다스렸다는 뜻이다. 이를 줄이면 '봉기자(封箕子)'인데 역사적으로 이를 증명할 다른 문헌이 존재하지 않기 때문에 이는 '가짜 봉기자'(假封箕子)설에 지나지 않는다. 중국이 이를 동북공정에 악용해 단군조선을 부정하고 있다.

공자의 『논어』(자한편)에는 "공자(孔子)가 구이(九夷)에 살고 싶어했다. 누가 말하기를 '누추함은 어떻게 하시렵니까?' 이에 공자(孔子)가 대답하기를 '군자(君子)가 거기에 살면 어찌 누추함이 있겠는가?'라고 말했다."고 나온다. 그동안 이 구절을 공자가 구이 조선에 가서 살고 싶어했던 것으로 해석해 왔으나, 이 구절의 군자는 기자라는 해석이 있다.⁴⁾ 다시 말해 기자가 조선에 가서 살고 싶어했던 소망을 공자가 대신 표현해 준 것이다. 기자는 공자가 좋아한 학자였지 제후는 아니었다는 것을 알 수 있다. 그러므로 역사적으로 기자조선국은 성립되지 않는다. 다만 BCE 323년에 기후(箕詡)가 등장하고 이어 기비(箕丕), 기준(箕準)이 번조선의 왕이 되면서 고조선의 서쪽 변방에 이른바 '기씨(箕氏)조선'이 번조선의 별칭(別稱), 이칭(異稱)으로 불린 것 같다. 이 기씨조선과 기자조선은 전혀 별개이므로 착각하면 안 될 것이다. 기준의 기씨조선은 당연히 고조선의 제후국이지만, 기자의 조선은 없었다.

그런데 조선총독부는 이 가봉기자(假封箕子)를 이후에 악용하고 조작하여 침략 논리로 삼았고 또 "한반도 대동강 유역에 있던 단군의 조선을 계승한 나라가 위만이었다"는 식민사학의 토대를 만들었다. 고조선은 기자, 위만조선에 의해 계승된 것이 아니라, 북부여(北夫餘)가 고조선을 계승하였다. 고조선의 계승국을 위만정권이 아니라 북부여로 분명하게 인식하지 않으면 나라의 국맥이 흔들린다.

그러면 고조선은 어떤 나라인가?

고조선 사람들은 2000년 동안 남의 식민지 지배를 받은 적이 없다. 하(夏)의 걸(桀)을 응징할 때와 은(殷)과 접경지역에서 분쟁은 있었으나 대외적인 큰 전쟁은 없었다. 위만과 한(漢)의 전쟁은 위만정권의 전쟁일 뿐, 고조선과의 전쟁이 아니다. 위만에게도 1년 동안 쩔쩔맨 한(漢)이 어떻게 고조선이나 북부여와 전쟁을 하겠는가? 이점을 우리가 분명히 해야 한다. 왜 전쟁이 없었나? 고조선이 동북아의

---

4) 『十一經問對』卷一 論語(問子罕篇): "對曰東夷者周朝鮮之地箕子受封於朝鮮能推道訓俗教民以禮義田(蠶)至今民飲食以籩豆為貴衣冠禮樂與中州同以箕子之化也君子居之一句恐指箕子言之非孔子自稱為君子也"; 〈신시Shinshi〉 유튜브에 상세한 설명이 있다.

최강대국이었기 때문이다. 그래서 2096년을 지속할 수 있었다. 그러므로 한사군을 평양에 끌어들여 낙랑군의 식민지 지배를 당연시하는 것은 우리 자신이 역사를 왜곡하는 것이다.

윤내현 교수를 한국 학계의 준(準)재야사학자로 본 연변대 이종훈은 『동북아구역사연구(東北亞區域史硏究)』에서 한국내 재야사학의 주장에 대해 "재야사학파의 기본 관점은 고조선이 곧 단군조선이며, 기자조선과 위만조선은 두 망명 정권으로서 고조선과 무관하다는 것"이라면서, 이들 재야사학파는 "요서 초기 청동문화를 대표하는 하가점하층문화 유적을 고조선 문화로 보고, 고조선이 먼 옛날 넓은 강역의 제국을 이루었다. 또 고조선과 중국의 고고문화에 대한 초시공적 비교를 통해 고조선이 중국보다 1,000년 정도 앞서 고조선 문화가 중국문화의 중요한 원류 중 하나임을 주장하는 한편, 단군신화는 신화가 아닌 역사적 사실이며 기원전 2,000년경에는 요동 남부 및 반도 서북부 지역의 고문화가 고조선문화유적으로 남아 있다고 강조했다."(48쪽)라며, 이전 중국학자들과 달리 고조선을 가치 중립적으로 언급했다. (2015.5.31. 및 일부 수정)

고구려의 광개토태왕릉비와 임나

위만의 왜곡에 이어 『후한서』(동이열전)에는 "무제(유철)가 조선을 멸하고 고구려로 현(縣)을 삼았다"는 구절이 나온다. 여기서 말하는 조선도 역시 단군의 고조선이 아니고 조선현의 위만 세력이며, '고구려'도 나라와는 다른 일개 현의 이름에 지나지 않는다. 고구려뿐만 아니라 개마현이나 낙랑군도 다 우리의 개마국, 낙랑국의 이름을 훔쳐다가 자기네 군(郡)이나 현(縣)으로 격하시켰고, 그러니 위치도 바뀌게 된다. 이에 대해서는 신채호가 "한(漢)이 위씨(위만)를 멸망시키고는 그 토지를 조선에 돌려주지 않고 스스로 군현을 설치하고, 또한 그 군현의 이름을 조선 열국의 나라 이름에서 가져와서 지음으로써 조선 열국을 모욕하였다."고 정확하게 지적하였다. 모욕도 모욕이지만, 여기서 분명한 사실은 고구려는 위만이 망한 BCE 108년 이전에 이미 존재하고 있었다는 것이다. 고구려국이 있었기 때문에 고구려 이름을 빌려다가 땅 이름(지명)만 '고구려현'이라고 부른 것이거나, 아니면 그 땅을 고구려에 돌려주지 않고 한(漢)이 강제로 통치한 것일 수 있다. 이 때문에 고구려와 한(漢)은 대립할 수밖에 없었다.

중국의 동북공정은 고구려가 한사군을 계승하였고, 그래서 고구려는 중국의 역사라고 억지 주장을 하고 있다. 이는 고구려현과 고구려라는 나라를 동일시하는 억지다. 우리가 알다시피 고구려는 한사군에 저항하며 나라를 지켜냈다. 따라서 고구려는 한사군을 이은 게 아니라 한사군을 멸했으며, 광개토호태왕비에 나오듯이 북부여(北夫餘)를 계승하였고, 북부여는 단군조선을 계승하였기 때문에 고구려는 중국 지방정권이 될 수 없다. 이것을 착각하면 안 된다.

1600년 전에 세워진 광개토태왕비의 서두에는 "고구려의 추모(주몽)왕은 북부여에서 나왔다"고 하면서 '천제자'(天帝子)임을 분명히 기술하고 있다. 천제(天帝)는 신성한 통치자를 일컫는 다른 이름이다. 북부여 천제자는 그 천제의 아들(天帝子)이라는 뜻임을 알 수 있다. 북부여는 고조선과 고구려를 잇는 가교 역할을 하고 있는 중요한 나라이다.

그럼 천제의 아들(天帝子)에서 천제(天帝)는 누구인가? 이재호는 『삼국유사』에서 천제는 곧 환웅천왕이라고 했다. 그러나 이제 환인(桓因)까지 올라갈 수 있다. 광개토태왕비는 이런 환인 천제를 정확히 인식하고 천제의 아들들의 역사를 기록한 것이라 할 수 있다.

따라서 우리 민족의 국통(國統)이 '고조선-위만조선-한사군'과는 무관하게 '고조선-북부여-고구려'로 계승되었음을 1600년이 지난 지금, 광개토태왕비가 국내 식민사학자들과 국외 동북공정론자들에게 웅변으로 경고해주고 있다.

한편 북한의 손영종은 『고구려사』(1990년)에서 고구려의 건국을 BCE 277년으로 끌어 올렸다. 고구려 고유의 쇠 화살촉 발견이 근거가 되었는데 고구려의 원뿌리를 찾아서 '고구려의 역년 900년설'을 뒷받침해주고 있어 주목된다. 이제는 지방의 일개 조선현을 고조선으로 보거나 고구려현을 고구려로 보는 식민사학과 동북공정의 미망(迷妄)에서 벗어나야 할 때다.

우리는 해마다 같은 내용의 외신을 접하게 된다. 일본 중학교 사회과 교과서에 '독도는 일본 땅이며 한국이 불법 점거하고 있다'는 내용이 심의에 통과했다는 소식을 반복적으로 듣는다.

중국도 마찬가지이다. 『길림일보』(2015.4)는 "1980년대 이후 외국의 일부 학자가 민족 이기주의적인 입장에서 경쟁적으로 중국 동북의 고대 민족을 그들의 국사에 편입시키고 예맥, 부여, 고구려, 발해를 조선 고대역사의 일부로 보고 있다"며 도리어 한국의 학자를 겨냥해 비난하고 있다. 이러한 중국 측의 입장은 '동북공정'의 연장선상에서 나온 '장백산문화건설공정'의 결과이다.

이처럼 일본과 중국에서 건너온 두 가지 달갑지 않은 뉴스에 대해 국내 학자들은 어떤 태도를 취하고 있는가? 물론 이런 문제에 대해 일일이 감정으로 대응할 필요는 없다. 다만 문제는 일본이나 중국의 주장에 대해 확실하게 답변할 준비가 덜 되어 있다는 점에 있다. 특히 오랫동안 식민사학에 동조해온 국내 유명학자들의 경우에는 꿀 먹은 벙어리가 되고 있다. 놀랍게도 일제의 식민사학과 중국의 동북공정은 한국 땅 뺏기에 목적을 두고 있다. 이덕일은 이 둘을 '일란성

쌍둥이'라고 혹평했다.

1. 동북공정으로부터 고구려를 지키기 위한 세 가지 조건

고구려를 지키기 위해 저자는 세 가지를 강조한다. 고죽국을 바르게 이해해야 하고, 한사군을 바르게 이해해야 하며, 북부여를 바르게 이해해야 한다는 점이다. 왜냐하면 고구려는 우리가 교과서에서 배운 것처럼 BCE 37년에 갑자기 세운 나라가 아니기 때문이다.

먼저 고죽국을 알아보기로 한다. 일찍이 단재 신채호는『조선상고사』에서 고죽국을 조선의 종족이라 하였고, "단군 때부터 조선의 울타리가 되어 중국을 막았다."고 평가하였다. 이는 고죽국이 중국의 문화 속에 있었던 나라가 아니라, 고조선의 서부 강역에 있으면서 중국의 침략을 막아냈다는 것을 의미한다.

윤내현 교수는『고조선연구』에서 고조선의 거수국(제후국)을 요서지역의 거수국과 요동지역의 거수국으로 나누어 설명하고 있다. 이 중에 요서의 거수국으로는 부여, 고죽국, 고구려, 예, 맥, 진번 등을 들고 있고, 요동의 거수국으로는 비류, 개마, 구다 등을 들고 있다. 윤교수는 고조선의 거수국인 고구려에 대해 말하기를, "고조선시대에 고구려는 난하(灤河) 하류지역에 위치하고 있었다. 고구려, 고죽국, 기자조선, 한사군 등은 모두 같은 지역에 있었다."라고 했다. 결국 고조선 시대의 거수국에 고죽국과 고구려가 나란히 등장하고 있다는 것이다. 이런 주장의 근거는 이미 일연의『삼국유사』(고조선조)에 나와 있다. 이에 의하면, "고려(고구려)는 본래 고죽국인데, 주나라가 이곳에 기자(箕子)를 봉하고, 조선이라 하였다. 한(漢)이 3군을 설치했다."고 적고 있다. 그런데 일연이 이 구절을「배구전」에서 인용하면서 고죽국의 위치를 황해도 해주로 주석을 달았고, 또 원문에도 없는 위조선(爲朝鮮)이라는 세 글자를 임의로 첨가하였다. 전자는 고죽국의 위치를 한반도 안으로 한정하는 오류를 범하였을 뿐만 아니라, 고구려의 위치까지도 한반도 안으로 묶어놓는 결과를 자초한 것이다. 또 후자는 임의로 '위조선(爲朝鮮)'이라는 말을 첨가하여 '기자조선'이라는 용어가 출현하게 되었고, 이로 인해 고조선의 후대에 일어난 나라가 기자조선인 것처럼 와전하는데 일조하였다. 그럼에도 『삼국유사』는 고죽국의 터에 기자가 나라를 세우고, 한사군이 일어 났지만, 결국 그 자리에서 고구려가 발흥하였다는 점을 시사해주고 있다.

다음으로 우리가 알아야 할 것은 한사군(漢四郡)이다. 한사군이란 한(漢)나라가 설치한 네 개의 식민지 군현(郡縣)을 말한다. 한나라는 BCE 202년에 건국하였고, 위만이 고조선의 변방에서 정권을 탈취한 것은 BCE 194년이며, 이 위만정권을 몰아내고 그 자리에 한사군을 설치한 것은 BCE 108년~BCE 107년인 것을 보면, BCE 2세기의 요서(遼西)의 변방은 격변의 시대였다고 할 수 있다.

사마천이 지은 『사기』(조선열전)에는 "조선을 평정하고 4군을 삼았다"고 적고 있다. 이 4군설치에 대하여는 의견이 분분하지만, 여기서 오해하지 말아야 할 것은 한나라 유철(劉徹)이 평정했다는 조선이란 단군의 고조선이 아니라, 고조선의 서쪽 변방에 있었던 '위만정권'이라는 점이다. 이 기록을 가지고 국사 교과서 등에는 위만이 단군의 조선을 계승한 나라였다고 하면서 고조선의 멸망 연대로 적고 있는데, 이는 식민사관과 동북공정에 기초한 역사 왜곡일 뿐이다.

한사군에서 항상 우리를 괴롭히는 것이 낙랑군의 위치문제이다. 일제의 이나바 이와기치(稻葉岩吉)가 「진(秦) 장성(長城) 동단과 왕험성 고찰」에서 "진 장성의 기점은 패수 이남의 땅에 있었다. 패수는 지금의 대동강이다. 낙랑군 수성현은 지금의 황해도 수안이다."라고 『사학잡지』(1910년)에서 주장하였고, 이를 이어받아 이병도가 「낙랑군고(考)」에서 진(秦) 장성의 기점은 수성현(遂城縣)인데, "자세하지 아니하나 지금 황해도 북단에 있는 수안(遂安)에 비정하고 싶다."(148쪽)라고 밝혔다. 이병도의 이 구절은 식민사학의 금과옥조가 되어 오늘날까지도 고조선의 심장에 박힌 대못처럼 '낙랑군 수성현=대동강 이남, 황해도 수안(遂安)=정성의 기점'이라는 도식이 되었다. 스스로 '터무니없다'고 말하였으나, 만리장성이 황해도 수안에서 시작되었다고 했기 때문에 한강 이북을 결국 중국에 헌납한 셈이 된다. 요즘의 『고등학교 지리부도』에서는 북한 지역에 대한 상세 지도가 없어서 수안을 찾을 수가 없다. 인터넷도 마찬가지다. 북한의 지리도 구글로 찾는 것이 더 편해 보인다. 큰일 났다.

그러나 위당 정인보는 한사군이란 이름만 있고 실체가 없는 유명무실(有名無實)한 것이라면서 낙랑의 치소를 요동의 험독으로 보았고, 윤내현은 요서의 난하 유역이라 주장하여 이병도의 대동강 유역설은 더 이상 힘을 얻지 못하게 되었으나, 한국사학계는 변하지 않고 있다.

그런데 『후한서』(동이열전)에는 "무제(유철)가 조선을 멸하고 고구려로 현을 삼았다."는 구절이 나온다. 여기서 말하는 조선도 역시 단군의 고조선이 아니고 위만정권을 지칭한 말에 지나지 않는다. 다시 말해 유철이 위만을 멸한 다음에 그 곳에 군현을 설치했는데, 그 이름을 고구려라고 했다는 것이다. 고구려 이름을 가져다가 자기네 군현의 이름을 정한 것이다. 고구려뿐만 아니라 낙랑군도 우리의 낙랑주, 낙랑국의 이름을 훔쳐다가 멋대로 격하시켜 붙인 것으로 조선열국을 모욕하였다. 여기서 분명한 사실은 고구려는 BCE 108년 이전에 이미 존재하고 있었다는 점이다. 이미 고구려국이 있었기 때문에 고구려 이름을 빌려다가 땅 이름만 '고구려현'이라고 부르고 그 땅 자체는 고구려에 돌려주지 않고 한(漢)이 통치했다는 것을 알 수 있다. 이 때문에 고구려와 한(漢)은 대립할 수밖에 없었다. 중국의 동북공정은 고구려가 한사군을 계승했다고 주장하나, 고구려는 한사군에 저항하며 나라를 지켰고 고두막한은 한(漢)의 도적을 격파하였다.

마지막으로 알아야 할 것은 북부여(北夫餘)이다. 고구려의 건국에 대한 진실은 이 북부여를 통해 비로소 알 수 있다. 북부여에 관한 기록은 광개토태왕릉비와 『북부여기』에 실려 있다. 먼저 1차 자료인 광개토태왕릉비문 서두에는 "고구려의 추모(주몽)왕은 북부여에서 나왔다"고 하여 그 출자(出自)를 분명하게 밝혀주고 있다. 또 『북부여기』에 의하면, BCE 120년에 북부여는 해모수의 차남인 고진(高辰)을 고구려후(高句麗侯)로 임명했다고 적고 있다. 여기서 당시 북부여와 고구려의 관계가 속민(屬民)관계에 있었음을 알 수 있다. BCE 58년에 추모왕이 나라를 세움으로써 고구려는 북부여에서 독립된 관계를 갖게 된 것으로 볼 수 있다. 한편 북한의 손영종은 고구려의 역년을 900년으로 끌어 올렸다.

2. 광개토대왕릉비와 일제의 비문왜곡

광개토대왕릉비는 장수왕 3년(AD 414)에 건립된 동북아시아에서 최고 최대의 비(碑)이다. 높이 6.39m에 원래 1802자가 새겨 있으나 깨진 글자도 있다. 비신은 응회암이고, 받침돌은 화강암이다. 그러나 오랫동안 이 비는 세상에 알려지지 않았다. 다만 1445년에 지은 『용비어천가』 제39장에 동쪽 황성(皇城)을 설명하는 주석에 이르기를, "평안도 강계부 서쪽으로 강을 건너 140여 리에 넓은 들판이 있는데, 그 가운데 오래된 성이 있다. 사람들은 '대금황제성(大金皇帝城)'

이라고 불렀다. 성 북쪽 7리에 비석이 있고, 또 그 북쪽에 석릉 두 개가 있다."라고 했다. 이 대금황제성에 있는 큰 비석을 사람들은 영문도 모른 채 '대금비'(大金碑)라 칭했다.

그러던 중 이 비가 재발견된 것은 1876년으로 중국인 관월산(關月山)에 의해서였다. 그 후 1884년 일본 육군참모본부 정보원 사코 가게아키(酒勾景信)라는 중위가 만주 지역을 정탐하다가 이 비를 발견하여 본국에 탁본을 보냈고, 일본 군부 세력은 비밀리에 이를 연구하여 1889년에 『회여록』 제5집을 통해 「고구려 고비문」을 발표하였다. 이 때 활용된 탁본이 소위 쌍구가묵본(雙鉤加墨本)이다. 1959년 일본인 내부에서조차 '변상(變相)이 있음을 확인할 수 있다'는 지적이 나왔고, 이어 1972년 재일동포 이진희에 의해 부분적인 개작(改作)설이 제기되었다.

이런 비문조작설이 퍼지기 오래 전에 중국과 한국의 초기연구자들은 일본의 쌍구가묵본을 의심 없이 대본으로 연구할 수밖에 없었다. 그런 중에도 위당 정인보는 독창적인 주장을 내놓았고, 그에 맞게 빠진 글자를 보결하였다. 그 뒤 일본의 비문조작설이 국내외 학계에 널리 알려지면서 비문에 대한 새로운 연구가 본격적으로 불붙기 시작했다.

특히 비문의 신묘년 기사(391년의 사건)를 놓고 한·일 양국 간의 논쟁은 팽팽하다. 문제의 기사를 '신묘년 기사'라고 통칭하는데, 다음의 한 문장에서 비롯된다.

'百殘新羅舊是屬民由來朝貢而倭以辛卯年來 渡□破百殘□□□羅以爲臣民'

일본은 이 문장을 '신묘년에 왜(倭)가 바다를 건너서 백제와 신라를 파하고 신민(臣民)으로 삼았다'고 해석하고 있다. 이는 1889년 요코이 다다나오(橫井忠直)가 처음으로 주장한 해석이다.

그러나 민족사학자 위당 정인보는 이 문장을 '왜'가 아닌 '고구려'를 주어로 해석해 요코이의 해석을 반박하였다. 왜가 고구려를 침략해 왔으므로 이에 고구려가 바다를 건너가 왜를 쳤다고 해석했다. 백제·신라에 대한 왜의 신민설을 원천적으로 부정했다.

『삼국사기』에는 이 신묘년 구절에 대해 특별한 언급이 없다. 반면에 『태백일사』(고구려본기)에는 "백제는 앞서 왜와 은밀히 내통하여 왜로 하여금 잇달아 신라 국경(강역)을 침범하게 하였다. 이에 태왕께서 몸소 수군을 거느리고 나갔다."라는 기록이 남아 있다.

지금도 일제는 광개토태왕릉 비문의 百殘□□에 임나(任那)를 채우고 왜(倭)를 주어로 삼아, 왜가 임나를 파(破)했다고 주장한다. 이를 토대로 소위 '임나일본부설'이 나왔고, 지금도 이 일본부설을 끈질기게 주장하고 있다. 일본이 광개토대왕릉 비문을 5년 간 비밀리에 연구한 이유는 바로 조선 정벌의 명목을 세우기 위한 것이었다. 일본은 破(파)에 매몰돼 비문을 왜곡했다. 4세기 후반에 왜가 한반도 남부지역에 진출해 백제, 신라, 가야를 지배하고, 특히 가야에 일본부(日本府)라는 기관을 두어 직접 지배하였다는 '임나일본부설'을 정당화하였고, 현재의 일본 교과서에도 그대로 기술하고 있다. 그런데 일본의 왜곡된 해석에도 불구하고 국내 학자들은 속수무책이다. 식민사학이 뿌리 깊게 내려져 있기 때문이다. 일본이라는 국명은 670년에 생겼는데, 이미 4세기에 일본의 부(府)를 한반도에 두었다는 것은 거짓말 역사의 극치를 보여준다.

한편 1913년 10월, 조선총독부 지원을 받은 일본 역사학자들은 사상 최초로 만주벌에 흩어진 고구려 유적의 실체를 학술 조사했던 것이 밝혀졌다. 압록강 기슭 집안에 있는 고구려 도읍 국내성터와 환도산성을 비롯한 인근의 산성, 장군총을 비롯한 숱한 무덤떼, 광개토태왕비 등 200장 넘는 사진을 찍고 현장 상황을 기록했다는 것이다.

지난 2023년 5월, 학계에 의해 공개된 이 사료들은 일본인 학자들이 광개토태왕비를 처음 학술조사한 기록 원본이 나왔다는 점에서 중요한 학술사적 의미와 가치를 지닌다. 무엇보다 주목되는 사료는 광개토태왕비의 비석 표면에 석회칠을 하고 글자를 임의로 새겨넣었다는 당시 중국인 탁본업자와 조사원이 말한 면담 기록이다.

특이 사항은 현재 광개토태왕비의 비문에서 한일 학계 사이에 첨예한 논란이 일고 있는 신묘년조에 해당하는 내용이 일체 없다는 점이다. 신묘년조의 이른바 '도해파'(渡海破) 구절인데, 당시 고대 일본의 대륙 진출 역사를 찾기 위해 혈안이 되어있던 총독부와 일제 식민사학자들의 입장으로 보면, 이 구절을 전혀 사진으로 찍지 않은 것이 놀랍다. 이 부분의 사진이 없다는 것은 1889년 요코이가 처음으로 밝힌 "왜가 백제와 신라를 신민으로 삼았다"는 주장을 입증할만한 근거를 발견하는데 실패했다는 것을 의미한다. 아울러 자기들이 미리 공개한 쌍구가묵본이 가짜임을 말해 주는 것이다.

따라서 이 신묘년 기사의 핵심은 일본이 주장한 대로 왜(倭)가 백제 신라 그리고 임나를 지배했다는 것이 아니라, 왜가 신묘년에 고구려에 조공(朝貢)을 했다는 사실만이 유일한 진실일 뿐이다. 다시 말하면 왜도 백제와 신라처럼 고구려에 조공을 했으며, 동북아 질서가 고구려를 중심으로 움직였다는 것을 이 비문이 입증해 주고 있는 것이다. 이런 조공사실을 가리기 위해 일본 참모본부가 백제와 신라의 신민(臣民)설을 퍼프린 것이 아닐까? 당시 도쿄대 건축과 교수 세키노 다다시(關野貞, 1867~1935)가 조사단의 단장을 맡고 여기에 문헌사에 밝다는 조사원 이마니시 류가 참여하였음에도 1913년 이후에 이마니시가 이런 현장 답사 사실을 침묵으로 일관한 것은 일제의 비문 조작 공작이 있었다는 것을 입증하는 것이다. 그렇다고 하여 이들의 만행과는 별개로 광개토태왕비의 역사성이 훼손되는 것은 아니고 더욱 빛나는 것이다.

3. 임나의 실체 찾기와 말로국

비문의 '도해파'(渡海破)의 파(破)는 고구려 군사들이 400년(경자)에 바다를 건너 임나가라(任那加羅)에 숨어 있던 왜군을 공격한 것에서도 알 수 있다. 기타큐슈(北九州) 일대가 과거 고조선의 이주민들이 살았기 때문이다. 고구려가 기타큐슈 일대를 평정한 것은 고조선을 회복한다는 다물(多勿) 차원이었을 것으로 유추해본다. 「고구려국본기」에 임나(任那), 이국(伊國), 왜(倭)가 신하(臣下)라 칭하였다는 말이 이 뜻일 것이다.

조희승은 『일본에서 조선소국의 형성과 발전』(1990년)에서 "진한 3한 사람들의 일본 렬도 진출이 시작된 것은 기원전 4세기~기원전 3세기경이었다. 조선 이주민들의 진출 시기는 최근의 고고학적 발굴조사에 따라 그보다도 한두 세기 더 끌어 올라갈 가능성이 크다."(547쪽)고 보았다. 기타큐슈(北九州)에 있는 말로국(末盧國)에서 한반도에서 건너간 다뉴세문경이 출토되었다. 출토지는 마쓰우리(松浦)지방의 리전원(里田原)유적이다. 일본 이도국(伊都國)역사박물관에서는 이 세문경에 세선(細線)과 기하학적 모양이 있는 것을 보고 '조선계 거울'이라고 밝혔다. 이 다뉴세문경으로 볼 때, 조희승의 주장은 타당성이 있다고 본다.

여기서 잠시 우리는 임나일본부설로 상처받은 임나(任那)의 원형을 찾을 필요가 있다. 왜냐하면 일본부는 버릴 수 있지만 임나는 버릴 수 없는 우리나라이기 때문이다.

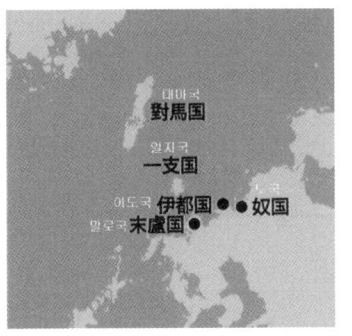

기타큐슈(北九州)의 말로국(임나 추정)과 말로국 출토 한반도계 다뉴세문경

　말로국의 다뉴세문경에서 보듯이 고조선 말기부터 조선의 후예들이 가까운 열도로 건너가 여러 곳에 소국(小國)들을 세우고 거느렸을 것이다. 문정창은 『한국사の연장 고대일본사』(1974년)에서 "(조국을) 처음의 나라, 형(兄)의 나라, 주(主)의 나라로 생각해 그리워 하는"(360쪽) 의미로 임나(任那)로 불렀고, 한국말로 임(任)은 임금으로 해석했다. 또 임나는 고조선의 부족국가로서 대마도, 일기(一歧), 부근 도서가 모인 임나연방(任那連邦)이라고 설명했다. 그러나 본국인 고조선이 붕괴하자 임나연방은 해체되기 시작했고, 각자 흩어져 열도로 더 깊숙이 들어갔을 것이다. 여기에 고조선 붕괴 이후 등장한 고구려 백제 신라 가야인들이 다시 열도로 들어가 먼저 정착한 임나소국들과 연합하였을 것이다. 가야사람들이 들어와서 가야(가라)를 덧붙여 '임나가라'라는 이름이 나왔을 것으로 추정한다. 마치 일본에 먼저 와서 살았던 동포들의 국적은 본래 조선인데도, 해방 후에 생긴 남북한이 들어가 조선을 각각 남북한으로 나누는 것과 같다. 이처럼 임나는 고조선 말기 또는 삼한시대에는 제후국인 임나연방으로 존속하다가, 고조선이 붕괴되고 4국이 등장하면서 4국과 연합하여 임나분국(分國)이 되고, 이들이 토착 왜(倭)들과 공존하거나 각축을 벌이

며 한동안 발전했을 것이다. 우리에게 중요한 것은 일본열도에서의 임나흥망사인 것이다. 말로국의 다뉴세문경 출토는 열도의 기타큐슈(北九州)[5]에 고조선 이주민이 이미 존속했다는 결정적 증거라 할 수 있다.

문정창은 대마도 중심의 임나국과 기타큐슈의 말로국을 구별했다. 그는 『한국사の연장 고대일본사』에서 대마도는 삼가라(三加羅)로 있었는데, 좌호가라(佐護加羅)는 신라에 속하고, 인위가라(仁位加羅)는 고구려에, 계지가라(鷄知加羅)는 백제에 속하였다고 하고,[6] 그곳에 고조선 부족국가가 성립되었다고 보았다. 그리고 말로국을 사가(佐賀)현 마쓰우라(松浦)군의 지방으로 보았다.(361쪽)

반면에 도명은 『비문전쟁』(2025년)에서 전기임나는 대마도이고, 후기임나는 '축자국 부근'의 말로국(末盧國)이라고 주장했다.(209쪽) 저자도 이 주장에 동의한다. 말로국의 어원에 대해서 최규성은 『여기가 임나다』(2017)에서 임(任)은 맡기다의 '맡'이고, 송포의 송(松)이 '마쓰'(마츠)이므로 '맏나라'가 곧 임나(任那)이고, 옛날에 이곳에 말로(末盧)가 있었다고 보았다(117-118쪽). 후대사람들이 임나를 '말로+국'이라 부른 것으로 볼 수 있다. 이처럼 어원과 유물에 의한 교차검증을 통해 마쓰우라(松浦)의 말로국이 고조선 또는 가야의 이주민 집단으로서의 임나(任那)임을 거듭 추정할 수 있다. 경남 고성 소가야 초대왕이 말로왕(末露王)이다. 말로왕과 말로국과의 관계가 밝혀지면 임나의 실체가 드러날 것이다.

다만 『한원(翰苑)』에서 가라와 임나가 나란히 있다(竝在)고 한 말은 이 책이 저술된 당(唐) 시기로 돌아가 보면 이는 대륙에서 바라본 임나의 기록으로 이해할 수 있다.

---

5) 후쿠오카 현, 사가 현, 나가사키 현, 구마모토 현, 오이타 현의 다섯 현을 말한다.
6) 이 문헌은 「고구려국본기」에 있다.

『삼국지(三國志)』의 권30「위서」30 오환선비동이전(烏丸鮮卑東夷傳)을 보겠다. 이 동이전은 모두「부여」,「고구려」,「동옥저」,「읍루」,「예(濊)」,「한(韓)」,「왜인(倭人)」등 7조목으로 구성되었다.『삼국지』는 분명하게「왜인」을「동이전」에 넣고 있다. 그럼에도 요즘 한국학자들이「동이전」에서「왜인」을 제외하고 있다. 이는 잘못이다.「왜인」은 동이역사에서 보아야 한다.「왜인」에 대마국(對馬國)을 지나 한참을 가면 말로국(末盧國)이 등장한다. "또 바다 하나를 건너서 1천 여리를 가면 말로국에 닿는다. 말로국에서 동남쪽으로 5백리 육상으로 가면 이도국(伊都國)에 도착한다"[7]고 적고 있다. 이처럼「왜인」에는 말로국, 이도국 같은 나라가 최소 30여 개국이 등장한다. 이들 소국들에 대한 정체성이 밝혀져야겠지만, 일단 말로국만을 보더라도 동이전에서 제외할 수 없는 고조선 또는 삼한의 변방국가라고 보는 것이다.

고성 소가야 말로왕 왕릉 (매림TV 제공)

---

7) 『삼국지(三國志)』의 권30「위서」30 오환선비동이전 倭人: "又渡一海, 千餘里至末盧國, 有四千餘戶, 濱山海居, 草木茂盛, 行不見前人。好捕魚鰒, 水無深淺, 皆沈沒取之。東南陸行五百里, 到伊都國"

4. 정인보… '조선의 얼'로 식민지 극복

위당(또는 담원) 정인보는 단재 신채호보다 13살 아래이다. 1915년쯤 상해에서 단재를 만난 후로 고대사 문제에 관심을 갖기 시작했고, 특히 일제의 역사 왜곡을 가만히 두고 볼 수가 없었다. 위당은 「부언(附言)」에서 "나는 국사를 연구하던 사람이 아니었다. 어렸을 때부터 내 선친께서 늘 '우리나라 역사책을 좀 잘 보아두어라. 남의 것은 공부하면서 내 일은 너무들 모르더라'라고 말씀하셨건만 다른 노릇에 팔려 많은 세월을 허비하였다. 그러다가 어느 해인가 우연히 일인(日人)들이 『조선고적도보』랍시고 낸 첫 책을 보게 되었는데 그 속장 두세 쪽을 넘기기도 전에 벌써 '분'이 터지면서 '이건 가만히 내버려 둬서는 안 되겠구나' 하는 생각을 가지게 되었다."고 했다. 『조선고적도보』는 조선총독부가 발행한 우리나라 고적의 도판(圖版)을 모아 엮은 책이다. 모두 15집을 발간했다. 1집을 1915년에 발간하기 시작해 1935년에 마지막 15집을 발간했다. 위당이 직접 본 것은 1915년에 발간한 1집을 말하는데, 1집은 낙랑 시대로부터 시작한다. 위당이 단군조선이 사라지고 낙랑부터 시작한 것을 보고 놀란 것이다. 또 다른 충격은 소위 '점제비(秥蟬碑)'사건이었다. 위당은 "점제비 사진이 최근 몇 년 내의 대표적인 대사건의 하나로 올라왔다… 그것을 보고 나는 일본 학자들의 조선사에 대한 고증이라는 것이 저들의 총독정책과 얼마나 밀접한 관계가 있는지 더욱 깊이 깨닫게 되었으며 그들의 음모를 '언제든지 깡그리 부셔 버리리라'라고 다짐" 하였다고 했다. '점제비(秥蟬碑)'란 소위 점제현신사비(秥蟬縣神祠碑)를 말한다. 1913년에 이마니시 류(今西龍)가 현재의 평안남도 용강군 온천읍에서 이 비를 발견했다고 발표하면서 알려졌다. 점제현은 낙랑군에 속한 25개의 속현 중 하나로 기록되어 있다. 이에 대해 위당은 "이 석각은 용강(龍岡)에서 처음 나왔다고 하여 용강을 점선(점제)[8]이라고 하고 점선은 한사군 낙랑군의 속현이었으므로 이로써 평양이 고(古)낙랑의 군치라고 떠드는 것"이라고 잘못을 지적했다. 위당은 비석은 자리가 어디냐가 중요한 것이 아니라, 그 비석을 세운 '주체가 누구냐' 하는 것이 중요하므로 그 세운 자리만을 보고 점제현이라고 주장할 수 있는 증거는 되지 못한다고 반박했다.

이처럼 한학자였던 위당이 본격적으로 역사연구에 나서는 데에는 『조선고적도보』, '평양낙랑설(平壤樂浪說)', '용강점제설(龍岡秥蟬說)'과 '광개토태왕비문 조작설' 등 일제의 관변학자들이 연출한 일련의 역사 날조극들이 직접적인 계기를 마련해 준 셈이다. 위당은 그 일련의 날조극들이 조선사를 왜곡, 조작하려는 일제의 식민정책과 밀접한 관계가 있다는 판단에 따라 1935년 1월 1일을 기하여 『동아일보』에 「오천년간 조선의 얼」이라는 제목으로 한민족의 역사를 소개하는 글을 연재하게 된다. 위당 정인보는 일제의 역사 조작에 맞서 이를 극복할 대안으로 5천년 역사에서 '조선의 얼'을 찾아냈다.

1946년에 출간된 『조선사연구』(「5천년간 조선의 얼」)에서 '얼'은 주체적인 자아이자, 보편적인 인간의 고도리(가장 중요한 본질)이며, 참과 거짓을 판단하는 가치의 척도라 정의하였다. "얼, 사람의 얼, 사람의 존재라는 것은 단순히 가죽만 사람인 존재를 말하는 것이 아니라, '얼'을 가지고 있는 존재를 가리킨다"고 강조했다. '얼'로써 고조선의 역사를 규명하였고, 한민족의 근본을 '얼'의 역사로 인식하였던 것이다. 그래서 그는 고조선의 단군역사를 신화가 아닌 인간의 주체적인 역사로 인식하였다. 또 단군조선→기자조선→위만조선이라

---

[8] 위당은 '점제'를 '점선'이라 읽었다. 『한서』의 주에 '蟬音提'로 나와 있다고 하여 지금은 선(蟬)을 제(提)로 읽고 있다.

는 식민사관의 체계를 부정하고, 고조선→부여→고구려라는 새로운 '얼'의 역사체계를 세웠다. 이것이 정인보 '얼사관'의 핵심이다.

여기서 주목할 곳은 기자 동래설(東來說)의 부정이다.

정인보는 기자의 무덤이 박현(薄縣), 몽현(蒙縣) 등 중국 하남성(河南省)에 있다는 것을 근거로 기자가 조선으로 건너왔다는 기자동래설을 정면으로 부정했다. 또 기자가 주나라 무왕(武王)의 책봉(冊封)을 받아 '조선후(朝鮮侯)'가 되고 입조했다는 책봉설을 모순되는 일로 실현 불가능하다고 판단했다. 또 지금까지 기자의 후예로 알려졌던 고조선의 비왕(丕王, 否王)과 준왕(準王)에 대해서도 은나라 기자의 후손이 아니라 단군조선의 적통을 계승한 조선인(朝鮮人)으로 고조선 내부에서 성장한 정치세력이라고 인식하였다. 그동안 왜곡된 기자의 실체를 잘 밝혀주었다고 평가할 수 있다.

특히 일본인들의 광개토태왕비문 해석의 오류를 지적하고, 정인보가 내놓은 고구려 중심론을 중국의 왕건군(王健群)이 비판하고 나섰다. 왕건군은 그의 저서『호태왕비연구』(1984년)에서 백잔 신라로부터 討利(토리)까지가 모두 44개 글자인데, 이 44개 글자 중에 6번이나 주어가 변하며 게다가 '渡海破(도해파)'처럼 무주어, 무목적어의 귀절과 '以爲臣民(이위신민)'처럼 주어, 위어(謂語)가 없어 불완전한 문장을 그 사이에 끼워 넣는다면 어떻게 읽어낼 수 있겠는가?라고 반문하면서 정인보의 견해를 비평하였다.

정인보의 목적은 "以爲臣民(이위신민)"의 주어를 고구려나 호태왕에게 옮겨 왜가 백제나 신라를 신민으로 삼은 적이 없다고 함으로써 일본의 '임나일본부'의 해석자들이 힘을 쓰지 못하게 만드는데 있었다. 왕건군의 비판에 대해 민영규가 다시 비판했다. 그는 「정담원(鄭薝園) 광개토경평안호태왕릉비문 석략(釋略): 교록병서」(1985년)에서 破(파)는 태왕이 천자의 권한으로 천벌을 그대로 집행할 때 쓰는 용어로써 '渡海破(도해파)'의 주어는 고구려가 분명하고, 구태여 목적어를 필요로 하지 않는다면서 왕건군을 비판했다. 다시 말해 정인보가 고구려를 중심 삼아 파(破)를 강조한 것은 광개토태왕이 가지고 있는 천자의 권한에 초점을 맞춘 것이라고 할 수 있다. 이런 면에서 고조선→부여→고구려로 이어온 역사체계는 중국에 대해 우리가 천자를 승계해왔다는 점을 강조한 것으로 이해해도 무방할 것이다.

저자는 단재와 위당(담원)을 통합적으로 이해해야 한다고 생각한다. 단재는 중국의 여순감옥 수감 중에도 『조선일보』에 조선사 원고를 연재 중에 있었으나, 1936년 2월 21일 감옥에서 뇌일혈로 서거하였다. 국내 언론들은 단재의 서거에 대단한 관심을 갖고 보도했다. 『동아일보』는 '옥중에서 영면', 『매일신보』도 '신채호 영면 여순감옥에서', 『조선일보』는 '여순형무소에서 위독중', '백골로 고국에'라고 보도하였다. 비보를 접한 위당은 『동아일보』에 두 차례 걸쳐 「단재와 사학」이라는 제목으로 추모의 글을 실었다.

첫째, 고증하는데 있어 뛰어난 혜안이 있다.

둘째, 복잡한 과거 내외의 기록을 일목요연하게 풀어낸다.

셋째, 여러 천년 동안 성쇠변천의 이유를 좇아 그 대관절의 요점을 잘 드러낸다는 등 세 가지 특장이 있다고 단재를 회고했다.

이은상은 단재사학을 평하기를, "민족의 본면목을 밝혀내고 그래서 민족의 사통(史統)을 바로 잡았다"고 말했다. 박성수는 단재와 담원 두 분에 대해 "담원 선생은 단재 선생과 더불어 한국사 왜곡의 주범인 일제 식민사학(植民史學)과 맞서 싸운 항일민족사학의 아성(牙城, 매우 중요한 근거지)이며 민족사학(民族史學)의 쌍벽(雙璧, 소중한 두 개의 구슬)"이라고 평한 바 있고, 담원(위당)사학을 평하기를, "역사를 정치이념의 도구로 만들지 않은, 순수한 한국적 민족주의자"였다고 했다.

그러나 이병도는 정인보의 '얼사관'에 대해 『역사가의 유향』(1991)에서 "'5천년 조선의 얼'이라는 글이 동아일보에 연재되었을 때 나도 읽어보았다. 너무나 민족주의적 사관에 입각해서 썼기 때문에 지나치게 과장적인 해설이라는 느낌을 가졌다."(224쪽)고 평했다. 어떻게 쓰면 과장(誇張)인 것인가? 만리장성이 황해도 수안까지 내려왔다는 이병도 자신의 논문은 과장 중의 과장이 아닌가. 이런 엉터리 주장이야말로 대한민국 역사상 최고의 과장 아닐까?

위당보다 3살 어린 이병도의 눈에는 정인보가 5000년이라고 표현한 것이 눈에 거슬렸을 것이고, 이것이 과장이라고 꼬투리를 잡는 빌미가 되었을 것이다. 이병도의 시각에서는 위만과 한사군으로부터 고조선 역사가 시작되었으므로 잘해야 2200년을 넘어갈 수 없는 것이다. 그러니까 역사 역년을 두 배로 늘린 정인보의 사관은 과장된 민족주의라고 말하는 것이 너무도 당연했다.

설상가상으로 강만길은 「일제시대의 反식민사학론」(1985년)에서 "우리가 알다시피 그것은 심한 정신주의적 역사인식에 빠져 있다"(209쪽)고 정인보의 얼사관을 비판했다.

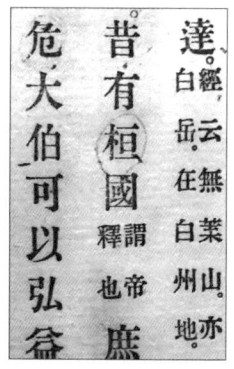

'석유환국'(昔有桓國)의 판본
동경대학 판본(1904년)

그러나 '얼사관' 5000년도 고고학의 도움으로 더 멀리 올라갈 수 있게 되었다. 다시 말해 고조선에서 신시(神市), 환국(桓國)까지 올라가 재해석을 할 수 있게 된 점이다. 때묻지 않은 도쿄(東京)대학의 『삼국유사』판본(1904년)에서 이미 확인되었음에도 불구하고 그 후 이마니시 류(今西龍)에 의해 철저하게 조작된 '석유환인'(昔有桓因)을 '석유환국'(昔有桓國)으로 바로 찾아 세워야 하는 과제를 우리들이 안고 있다.

일제가 국(國)자를 지워 '석유환인'으로 만든 이유에 대해 문정창은 『단군조선 사기연구』(1966년)에서 "㉠ 옛날에 환인(桓因)이라는 신이, 그 아들 웅(雄)을 태백산 단목하에 내려보내어 단군조선을 건설하였다 하니, 이것이 하나의 신화에 불과하다. ㉡ 단군이 하나의 신화인 이상, 기자조선도 확실하지 아니하며, 따라서 조선은 자고로 한수(漢水) 이북은 중국의 속지였고, 그 이남은 일본과 관계가 되는 깊은 삼한(三韓)의 땅으로서 그러므로 조선인의 참된 시조는 박혁거세"(2~3쪽)라며 그들이 이처럼 역사를 조작한 이유가 단군을 신화로 만들어 식민지를 합리화하는 데 있었다고 보았다.

이제 일제가 만들어 놓은 단군신화론을 극복하고 '5천년의 얼'을 회복하고 '9천년의 얼'로 확장하는 일이 우리가 지금 해야 할 과제이다. 일제가 만들어준 식민사관을 극복하는 일은 그들을 비난하는 일에만 있는 것이 아니라, 우리의 '9천년 얼사관'을 되찾아 다시 확립하여 세우는 데 있다. 이병도가 알면 까무러칠 일이지만, 땅속에서 나온 고고 유물들이 우리에게 외치고 있다. 귀 있고 눈 있으면 깨달으라고. 식민사관은 역사를 단절시키는 일을 자행했지만, 깨어있는 '얼사관'은 역사의 끊임없는 연속을 통해 인간 자아는 물론 역사의 완성을 이루어간다.

이제 역사학자들에만 의지하지 말고 시민들이 나서서 역사의 진실을 찾아내 지키는 수밖에 없다. 모름지기 역사의 정의는 문득 깨어난 시민의 힘으로 이루는 것이다. (2015.5.31. 및 2025.5. 수정)

악의 축, '국경선 축소'-새 철주(鐵州) 찾기

2022년 11월 17일(목) 대학입시를 위한 2023학년도 수학능력시험이 전국에서 시행되었다. 독립운동가들의 역사관이 담긴 문제는 차치하더라도 조선총독부 조선사편수회 위원들이 출제한 것이 아닌가 할 정도로 의심되는 문제가 출제되었다.

'다름 아닌 한국사 2번 문제'이다. 고려의 서희(徐熙)가 요(遼)나라 소손녕과 담판을 지어 획득한 영토가 강동 6주인데 그 강동 6주가 어디인가를 알아야 하고, 그 다음에 6주의 하나인 철주(鐵州)를 알아야 하고, 그와 연관된 사건을 골라내는 일이다. 이른바 1231년, 몽고군의 1차 침입당시의 철주성 전투가 그것이다.

강동 6주의 위치는 우리 사료뿐 아니라 중국의 모든 사료가 요동을 가리키고 있다. 조선사편수회 출신 쓰다 소키치(津田左右吉)가 철주(鐵州)를 평안도 철산(鐵山)으로 주장한 것을 지문에 버젓이 등장시키는 저의가 무엇인지 묻지 않을 수 없다. 이 나라 역사학자들은 강동 6주를 놓고 고민도 한 번 안 해보았는가? 고민이라도 해 봤다면 양심에 찔려서 차마 출제를 하지 못했을 것이다. 이러한 무관심으로 인해 사학계 전체가 식민사관 추종이라는 비난을 면치 못하고 있고, 퇴행 학문으로 전락해 대학에서 설 자리를 잃어가는 까닭이다.

이번 문제의 핵심은 철주가 평안도 철산이 아니라, 요동에서 정답을 찾아야 한다는 점이다.

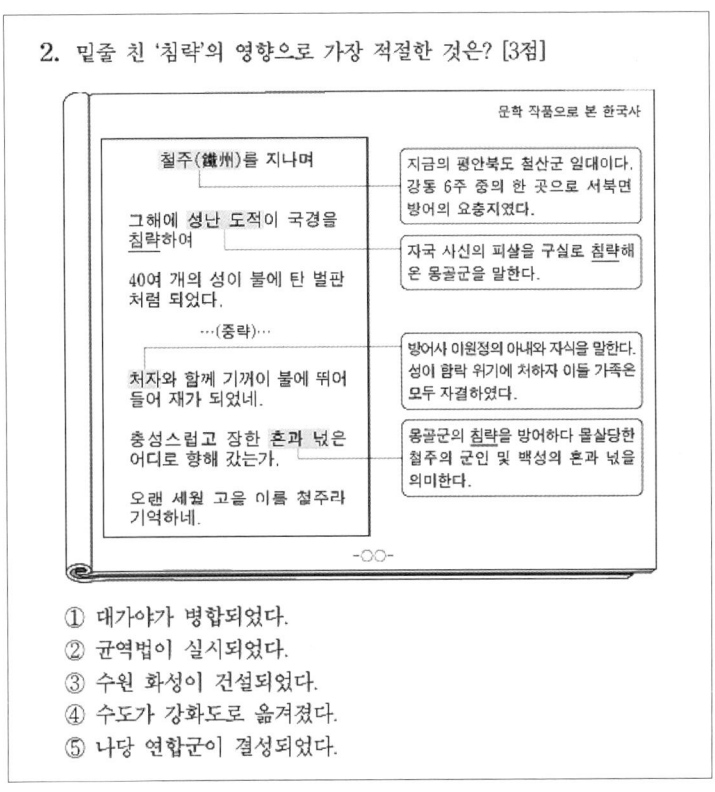

1. 문제풀이, '철주를 지나며' 한시의 배경

지포 김구(金坵)가 지은 「철주를 지나며」를 먼저 알아보겠다.

① 지포 김구 선생(1211~1278)
 -1232년 : 22세 과거 급제
 -1234~1239 : 24~29세 제주 판관
 -1240 : 30세 서장관(외교문서 작성 책임자)으로
전쟁을 외교적으로 해결하기 위해 원(元)의 수도 북경으로 감.
 -1264 : 우간의대부, 평장사

-1274 : 판관도사사

-본관은 부안[부령(扶寧)]이고 묘소도 부안에 있다.

② 한시 전문과 해설

과철주(過鐵州, 철주를 지나며)

金坵(김구)

當年怒寇闌塞門(당년노구란새문)
그 해에 성난 도적들로 국경 관문을 막았네.
四十餘城如遼原(사십여성여요원)
사십 넘는 성이 요원의 불길 같았네.
倚山孤堞當虜蹊(의산고첩당로혜)
산을 의지한 성가퀴에서 적을 맞아
萬軍鼓吻期一呑(만군고문기일탄)
만 명 적의 군사 북치고 나팔 불며 한번에 삼키려 했소.
白面書生守此城(백면서생수차성)
백면서생이 성을 지키며
許國身此鴻毛輕(허국신차홍모경)
나라에 바친 몸을 홍모와 같이 가볍게 여겼다네.
早推仁信結人心(조추인신결인심)
일찍이 어진 마음과 믿음으로 백성 마음 모았으니
壯士讙呼天地傾(장사환호천지경)
장사들 환호하니 천지가 기우뚱하였네.
相持半月折骸炊(상지반월절해취)
보름동안 버티며 해골로 밥을 짓고
晝戰夜守龍虎疲(주전야수용호피)
낮에는 공격 밤에는 수비에 병사들 지쳤지만
勢窮力屈猶示閑(세궁력굴유시한)

> 형세 다하고 힘이 꺾여도 여유를 보이니
> 樓上管絃聲更悲(누상관현성갱비)
> 누대의 관현악 소리 더욱 처절했다네.
> 官倉一夕紅焰發(관창일석홍염발)
> 관청의 창고가 하루 저녁에 불타올라
> 甘與妻孥就灰滅(감여처노취회멸)
> 기꺼이 처자와 함께 불에 타죽었지만
> 忠魂壯魄向何之(충혼장백향하지)
> 충성스럽고 장렬한 혼백 지금은 어디로 갔는가?
> 千古州名空記鐵(천고주명공기철)
> 천고에 고을 이름 공연히 철주라 했겠느냐.

〈과철주 한시 출처와 해설〉

칠언고시(七言古詩)로 『지포집(止浦集)』 권1에 실려 있고 그밖에 『동문선』 권6에도 실려 있다. 3차 몽고 침입(1235~1239) 후 몽골과 외교적으로 전쟁을 매듭짓기 위해 1240년 북경에 서장관(외교문서 작성 책임자)으로 가는 도중에 지은 한시이다.

그 내용은 1차 몽골침입(1231년) 당시, 철주의 수령으로 있던 이원정(李元禎)이 몽골장수 살리타이의 포위공격을 끝까지 막다가 결국 처자와 함께 목숨을 던진 충혼과 장한 넋을 수준 높은 시적 표현으로 묘사한 작품이다. 백면서생인 이원정이 40여 개의 성이 함몰당하는 처절한 전투 속에서도 장병들의 투혼을 한곳에 모아 투쟁할 수 있었던 것은 평소 사랑과 신의로 백성들을 다스려 온 치적에 있었다고 소개하고, 외로운 성가퀴(성 위에 나지막하게 쌓은 담) 위에서 한 몸을 깃털처럼 가볍게 버린 기개와 천지를 진동시킨 장사들의 함성을 철주라는 고을 이름에 은연중 빗대어 표출하였다.

2. 철주에 대한 각종 사료

① 『新五代史(신오대사)』 卷17 晉家人傳(진가인전) 5

후진(後晉)의 마지막 황제가 발해국 철주를 지나는 기사.
유주(幽州)에서 나와서 평주(平州)와 유관(楡關)을 지나서 금주(錦州 : 요녕성 서쪽)를 지나서 가던 중 아래 기사가 나온다.

> "다시 10여 일을 가서 요수(遼水)를 건너 발해국의 철주(鐵州)에 다다랐다. 또 7, 8일을 가서 남해부(南海府)를 지나 마침내 황룡부(黃龍府)에 도착했다[又行十餘日, 渡遼水, 至渤海國鐵州. 又行七八日, 過南海府, 遂至黃龍府]"

→ '요수를 건너 발해국 철주에 이른 것'은 철주가 요수에서 멀지 않은 곳에 있었다는 뜻.

② 『요사(遼史)』 卷38 志8 地理志(지리지)2 '동경도 철주(東京道 鐵州)'

"철주(鐵州), 건무군(建武軍). 자사(刺史)를 두었다. 본래 한(漢) 안시현(安市縣)인데, 고구려[高麗]가 안시성(安市城)으로 삼았다. 당(唐) 태종(太宗)이 이 성을 공격하였으나 항복하지 않자 설인귀(薛仁貴)가 흰옷을 입고 성에 올랐다는 곳이 바로 이곳이다.
발해가 주(州){철주}를 설치하였으며, 옛 현(縣)인 위성현(位城縣)·하단현(河端縣)·창산현(蒼山縣)·용진현(龍珍縣) 4개는 모두 폐지하였다. 호수는 1,000이다. 동경(東京)의 서남쪽 60리에 있다."
[鐵州, 建武軍. 刺史. 本漢安市縣, 高麗爲安市城. 唐太宗攻之不下, 薛仁貴白衣登城, 卽此. 渤海置州, 故縣四, 位城·河端·蒼山·龍珍皆廢. 戶一千. 在京西南六十里.]

→철주는 요동의 안시성에 있다. 안시성은 현재 해성의 영성자(英城子)라고 한다. 철주는 동경(요양)의 서남쪽 60리에 있다고 했으니, 이는 안산(鞍山)에 해당한다.

③ 『금사(金史)』卷82 列傳20 郭藥師(곽약사 열전)

곽약사(郭藥師)는 발해(渤海) 철주인(鐵州人)이다. 요나라[遼國]가 요동(遼東) 사람을 모집하여 군대를 만들어서 여진족[女直]에게 원망을 갚게 하려고 하였으므로 '원군(怨軍)'이라고 불렀는데, 곽약사는 그 거수(渠帥)가 되었다[郭藥師渤海鐵州人也. 遼國募遼東人爲兵, 使報怨于女直, 號曰'怨軍', 藥師爲其渠帥]

→ 발해 철주 사람 곽약사가 요동 사람을 모집해 그들의 지도자가 되었다는 것은 철주가 요동에 있었다는 뜻.

④ 『흠정만주원류고』의 안시성과 철주

1777년 청나라 황제의 명으로 편찬한 『흠정만주원류고』(권10)는 만주 일대의 지리역사를 잘 기록했으므로 우리가 참고할 필요가 있다. 이에 의하면, "(오대사) 금주(錦州)에서 5~6일을 지나면 해북주를 지나고 또 10여 일을 가서 요수(遼水)를 건너면 발해의 철주(鐵州)에 닿는다고 했다. 또 (요사) 철주는 한(漢)의 안시현 지역이다. 고구려의 안시성(安市城)으로 당나라 태종이 함락시키지 못한 곳"이라고 했다. 이에 대해 명일통지(明一統志)는 "안시성은 개주위(蓋州衛) 동북쪽 70리 거리에 있다…안시성 밖에는 주필산(駐蹕山)이 있다. 그 이름을 수산(首山), 수산(手山)이라고 하였는데, 요양성(遼陽城) 서남 15리 거리에 있는 해성현(海城縣) 경계와 닿는다."고 했다.

[按明一統志安市城在蓋州衛東北七十里…安市城外有駐蹕山考駐蹕山凡數處一爲首山唐書稱馬首山遼史稱手山在遼陽城西南十五里接海城縣界]

→ 철주(鐵州)는 안시성이 있는 요동반도의 해성(海城) 또는 개주(蓋州) 일대에서 찾을 수 있다. 지금의 철령(鐵嶺)과의 관계는 확실하지 않다. 따라서 철주는 해성(海城)과 동경(요양)의 서남쪽 60리에 있는 안산(鞍山) 사이에 있었다고 볼 수 있다. 김구 서장관의 또 다른

한시에서 철주를 찾아보겠다.

분수령도중(分水嶺途中)

杜鵑聲裏但靑山(두견성리단청산)
두견의 소리 속에 푸른 산뿐이구나
竟日行穿翠密間(경일행천취밀간)
종일토록 푸르고 빽빽한 풀을 뚫으며 걸어가네
渡一溪流知幾曲(도일계류지기곡)
한 시냇물을 건넜으니 몇 굽이나 남았을까
送潺潺了又潺潺(송잔잔료우잔잔)
흐르는 물 보내고 나면 또 흐르는 물이네

① 오늘날 학계는 이 시험문제의 해설문처럼 김구의 시 '과철주(過鐵州)'의 철주를 평안북도 철산(鐵山)으로 보고 있다. 또 제목에 있는 "분수령도중(分水嶺途中)"의 분수령을 강원도 평강(平康)으로 해석하고 있다. 그러나 북경에 가는 분이 강원도의 분수령을 거쳐 평북 철산을 갈 리가 없다. 그러므로 철주와 분수령의 바른 지명은 다른 곳

철주는 평안도 철산이 아니라 요동의 안산 일대 또는 철령 일대

에서 찾아야 한다.

② 그러면 분수령은 어디인가? 『흠정만주원류고』에 의하면, 분수령의 산맥이 네 곳에 있다고 했다. "해성현 동쪽 80리 있다(동분수령)", "해성현 동남쪽 95리에 있다(남분수령)", "철령현 동남쪽 180리에 있다", "봉황성 서북쪽 135리에 있다"고 했다. 또 다른 자료에 개평(蓋平) 동쪽 1백 여 리 거리에 분수령이 있고, 이를 주필산이라고 했다. 개평은 앞에서 말한 요동반도의 개주(蓋州)를 말한다.

③ 따라서 김구가 1240년에 서장관으로 북경에 가면서 지은 두 시에 나온 철주와 분수령은 오늘날 평안도가 아니라 요동반도에 있는 해성과 안산, 철령 일대로 볼 수 있다. 이제 구체적으로 살펴 보겠다.

3. 고려 국경과 강동 6주 조작과 본래의 국경선 찾기

역사학은 사료로 말하는 학문이다. 고려 시대에 대해서는 『고려사』(高麗史)와 『고려사절요』(高麗史節要)가 기본적인 사료이고, 고려와 같은 시대였던 나라들의 정사(正史)인 『송사』(宋史), 『요사』(遼史), 『금사』(金史), 『원사』(元史), 『명사』(明史) 등도 기본 사료다. 또한 고려 인종 원년(1123) 고려에 사신으로 왔던 서긍(徐兢)이 쓴 『고려도경』(高麗圖經)도 참고할 수 있다.

국사교과서에서 말하는 강동6주는 흥화진(의주), 곽주(곽산), 귀주(귀성), 통주(선주), 용주(용천), 철주(철산)로 평안도에 비정하고 있는데, 이는 일본 제국주의 황국사관을 추종하는 어용학자인 쓰다 소우키치(津田左右吉)의 비정을 무작정 추종한 결과에 불과하다.

쓰다는 『조선역사지리』(1913년)에서 강동 6주를 현재의 압록강 남쪽으로 비정했고 고려의 영토를 축소 조작했다. 그런데 해방된 대한민국이 식민사관을 아직도 추종한다는 것은 놀라운 일이다. 『한민족문화대백과사전』은 고려 천리장성에 대해, 그 너비와 높이가 각각 25척(尺), 약 6m에 이른다고 나와 있다. 쓰다는 1919년 「삼국사기 신라본기에 대하여」라는 논문을 통해 처음으로 '삼국사기 초기기록 불신론'을 제기했다. 이종욱은 이런 쓰다의 불신론에 대해 이종욱은 1세대 역사연구자인 이병도·손진태, 2세대인 김철준·이기백, 3세대인 이기동, 노태돈, 주보돈으로 계속 이어졌다고 구체적으로 거명했다. 이처럼 고구려, 백제, 신라의 역사를 은폐·말살·왜곡·축소시키고 나아가 고려의 역사까지도 철저히 은폐 조작하였는데도, 한국의 학자들이 이를 극복해내지 못하고 도리어 추종자가 되고 맹신자가 되었다는 것이 너무도 아쉬운 점이다.

영토문제는 학문의 영역에서 다루어야 할 사안을 넘어서는 일로 국가 차원에서 다룰 중차대한 일이다. 하지만 '역사는 학자에게 맡겨야 한다'는 일반적 논리가 적용되고, 국가는 이에 대해 무관한 것처럼 방관하고 있다. 학자의 일을 간섭하지 않는 것이 국가의 고상한 행동인 것처럼 착각하고 있다. 이는 역사적 책무를 방기하는 일이다. 잘못을 발견하지 못하고 그 잘못을 처리하지 못한 채 방치한 결과 오늘에 이르고 말았다. 이처럼 우리 영토를 붓끝으로 내어주는 행위는 국체(國體)를 유린하는 범죄행위이다. 이제 철주를 중심으로 고려의 바른 강역을 찾아보자.

① 『선화봉사 고려도경』에 나오는 고려 국경

『선화봉사 고려도경』은 송나라의 사신 서긍이 1123년 고려를 방문하여 저술한 기록이다. 『고려도경』에 의하면, 송나라에서 고려로 가는 길 두 개를 기록했다. 육로로 가는 길을 보자. 『고려도경』권3 봉경편에서 이렇게 말했다

"남쪽으로는 요해(遼海)로 막히고 서쪽인 요수(遼水)에 맞닿고…"

를 보면 요해와 요수가 나온다. 여기서 요해는 어디이고 요수는 어디인가?

고려는 남쪽으로는 요해로 막히고 서쪽인 요수에 맞닿고 북쪽은 거란의 옛 땅과 접하고 동쪽은 대금과 맞닿는다 [『선화봉사 고려도경』 권3 봉경편] 高麗南隔遼海, 西距遼水, 北接契丹舊地, 東距大金.

현재의 시각으로 보면, 요해는 지금의 발해이고 요수는 지금의 요하(혹은 대릉하)로 본다. 지금으로 해석한다면 남쪽으로는 발해에 막히고 서쪽으로는 요하(대릉하)에 맞닿는다고 해석할 수 있다.

② 압록강이 2개라는 최근의 연구성과(윤한택)

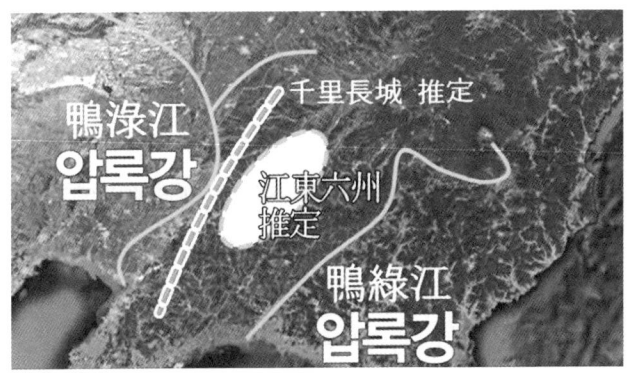

윤한택이 찾은 두 개의 압록강과 천리장성과 강동6주

『발해고』를 쓴 유득공은 해당 책에서 고려시대 "봉황성 서쪽에 압록강(鴨淥江)이 또 있다는 것인가?(豈鳳凰城以西復有一鴨綠江?)"라고 의아해했다

압록강은 두 개였다. 윤한택은 「고려 서북 국경에 대하여 요·금 시기의 압록(鴨淥)과 압록(鴨綠) 중심으로」라는 글에서 고려시대 압록강(鴨淥江)이 현재의 요하(遼河)였으며 여기가 고려의 서북계라고 주장했다. 고려의 서북 국경이 현 압록강이 아닌, 요하(遼河)의 압록강

이라는 것이다.

그는 압록강을 표기할 때 밭을 록의 '鴨淥江(압록강)'과 푸를 록의 '鴨綠江(압록강)'을 구분하지 못해 고려시대 국경선에 큰 혼란이 왔다며『고려사』,『요사』,『금사』등을 교차 검토해 고려시대 압록강(鴨淥江)을 확인했고, 현재 중국의 요하가 고려 전기의 압록강이 확실하다고 말했다.

실제『고려사』에 표기된 고려 서북 국경은 푸를 록 綠 자를 써 압록(鴨綠)이라고 되어 있다. 현재 압록강에서 원산만 이남 지역만 고려의 땅으로 본 것이다. 하지만 당시 고려와 국경을 맞댄 요나라의 역사책인『요사』(遼史)에 따르면 이는 현재의 압록강이 아니라 압록강(鴨淥江=요하(遼河)강의 지류)이다. 이렇듯이 압록강이 두 개임을 증명했다. 그동안 지리 비정의 모든 혼란이 압록강이 두 개임을 모른 것에서 비롯되었다.

③ 중국 사서의 압록수는 현재의 요하 (남의현)

남의현은「장수왕의 평양성, 그리고 압록수와 압록강의 위치에 대한 시론적 접근」에서 "사료들을 같이 검토하다 보면 '압록'이라는 단어가 많이 나타난다. 우리는 현재의 압록강 이외에 고대의 또 다른 압록강이 있을 수 없다고 생각하기 때문에 사료의 압록을 모두 동일한 압록, 현재의 압록강으로 해석해 왔다."며, 14세기 이전에 지금의 압록강이 압록강으로 불렸다는 기록이 없다고 했다. 이어 "15세기 이전 압록수나 압록강은 황하와 장강과 더불어 중국의 3대 강으로 표현되기도 하고, 압록강의 평균 강폭이 300보가 되며, 600여 리를 자연스럽게 배로 왕래한다는 등의 기록으로 본다면, 명대 이전 압록수와 압록강을 현재의 압록강으로 볼 수 없다.「봉천통지」를 보면 현재의 압록강은 구간구간 배가 다닐 수 있지만 수백 리를 올라 갈 수 있는 그런 강폭과 구조를 가지고 있지 못하다."(98쪽)며, 15세기 이전의 압록수(鴨綠水)나 압록강(鴨淥江)은 현재의 요하(遼河)를 가리키고 있다고 했다. 요하는 또 구려하(句驪河)라고도 했다.

④ 철령(봉집보)과 공험진(영안)의 고려 국경(이덕일)

윤관이 개척한 공험진과 선춘령의 위치에 대해서 17세기 초 한백겸은 함경도라고 보았다. 『동국지리지』(東國地理志)에서 마운령 진흥왕순수비를 윤관의 정계비로 잘못 보고 한 말이다. 조선 후기 사대주의 유학자들은 만주를 오랑캐의 땅으로 여기면서 고려·조선 강역이 아니라고 생각했다. 그러나 『세종실록·지리지』는 윤관이 '고려지경'이란 비석을 세운 공험진(公嶮鎭), 선춘령(先春嶺)을 '두만강 북쪽 688리'라고 쓰고 있고, 조선에서는 통상 700리라고 말했다.

조선 태종은 재위 4년(1404) 5월 예문관제학 김첨(金瞻)을 명나라 수도에 보내 "1356년 이래 공험진 이남은 본국(고려)에 환속시키고 관리를 정하여 관할해서 다스렸다"면서 조선과 명나라의 국경이 공험진이라고 말했다. 『태종실록』 5년(1405) 5월 16일조는 태종이 다시 김첨을 통해서 "공험진 이북은 요동으로 환속하고 공험진 이남에서 철령까지는 그대로 본국(조선)에 붙여달라'"는 태종의 요청을 명 태조가 받아들였다고 전하고 있다. 이는 고려 말 우왕이 명 태조 주원장에게 확인받았던 철령~공험진까지였던 고려의 국경선이 그대로 조선의 국경선이 되었음을 의미한다. 이때의 철령은 지금의 요녕성 심양 남쪽 진상둔진(陳相屯鎭, 奉集堡)이고, 공험진은 흑룡강성 영안(寧安, 목단강시 남쪽)부근이다. 이케우치 히로시(池內宏)가 한국사의 강역을 축소하기 위해 공험진을 함경남도 안변(安邊, 원산 남쪽)에 그린 것을 지금껏 강단사학계가 추종하고 있고, 각종 교과서에 왜곡되어 있다. (『이덕일 한국통사』 251~252쪽)

이상을 정리해보면,

㉠ 고려의 서북쪽은 압록강(현재의 요하)을 경계로 하였다.

㉡ 고려의 동북쪽은 공험진(선춘령)을 경계로 하였다. 선춘령에 윤관이 세운 비석에 '고려지경(高麗之境)'이라는 네 글자가 있었다.

㉢ 수능에 나온 철주는 현재의 평안도가 아니라, 압록강 밖인 요동반도에서 찾아야 한다. 요동의 해성(海城)과 안산(鞍山) 일대이거나 또 철주(鐵州)는 곧 동산(銅山)이라는 근거에 따라 철령과 개원 일대로 볼 수 있다.

㉣ 현재 교과서에 나오는 고려 국경선인 '압록강 입구~도련포(원산만)'은 총독부가 만든 가짜 국경선이다. 고려의 국경선도 현재의

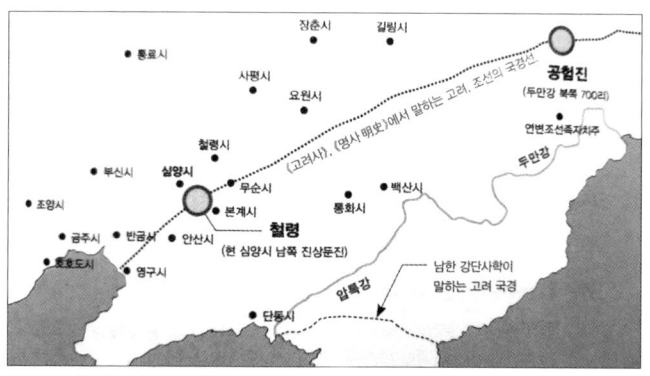

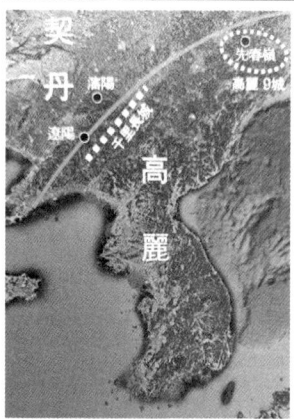

위 : 『고려사』와 『명사』에서 말한
  고려, 조선 북방 국경선(이덕일)
아래 : 『고려사』에 기록된
  요양~선춘령 고려국경선(복기대)

압록강(鴨綠江) 북쪽 요양(遼陽)에서 선춘령(先春嶺)으로 크게 올라가야 한다. (2022.11.21./2022.12.8./2025.5)

※ 추기

우리의 국경선을 되찾자는 학계의 운동은 만시지탄이지만, 매우 뜻깊은 작업이다. 일제가 자행한 악의 축의 세 번째가 국경선의 조작과 축소이다. 복기대는 「고려국경에 대한 새로운 비정」에서 고려 국경선은 확인 결과 "서북으로는 현재 요하를, 동북으로는 현재 중국 길림성 연변조선족자치주 북부에 이른다는 것을 알 수 있었다. 이런 고증은 『고려사』에 남아 있는 내용과 일치한다."(268쪽)고 주장했다.

한편 남주성은 「서희 개척 8주의 위치에 대한 재고찰」에서 철주를 요녕성 철령시 부근으로 보았고, 신민식은 『고려 서북계 지리적 위치에 관한 융합적 고찰』에서 『금사』에 철이 많이 나는 철주(鐵州)는 곧 동산(銅山)이라는 기사에 따라 『요사』의 기록을 살펴보니 "동산(銅山)에는 요나라 동주 진안군이 설치되었고… 남쪽으로는 시하(柴河)가 있고, 북쪽으로는 청하(淸河)가 있고, 서쪽으로는 요하가 있다."(58쪽)고 한 점에 따라 철주는 개원(開原)과 중고진(中固鎭, 현 철령시 북쪽) 근처로 보았다.

끝나지 않은 역사전쟁

큰 조선, 작은 조선

'분단시대'라는 말을 처음 사용한 강만길은 1985년 「일제시대의 反식민사학론」에서 "신채호 사학 역시 일본 어용사학의 역사왜곡에 정면으로 맞선 반식민사학으로써의 성격이 두드러지지만, 또 그 때문에 갖는 제약성도 많았다"면서 신채호의 사학을 낭가사상에 빠진 "관념적, 정신주의적 성격이 짙었다"(208쪽)고 비판하기 시작했다. 식민사학에 대항하기 위하여 신채호가 지나치게 단군을 받들어 민족의 신성성 등을 강조하였고, 그로 인한 실증성에도 문제가 있었다고 지적한 것이다. 이때부터 신채호가 주장한 민족사학의 상징인 '대륙고조선론'과 '한사군 한반도 부재론'도 진보진영에서 외면받으며 멀어지기 시작했다. 신채호를 사실상 역사학계에서 배제시키는 데 큰 역할을 했다.

강만길이 훗날 '친일반민족행위 진상규명위원회' 위원장으로 있을 때, 식민사학자인 이병도와 신석호가 정부의 친일행위자 명단에서 빠진 것에 어떤 연관이 있었는지 의문이 남는다. 강만길은 고려대 대학입시 면접 때 스승이 될 신석호를 면접관으로 만난 것을 '참 운이 좋았다'고 술회한 적이 있다. 어쩌면 신석호가 제자 강만길을 그때 만난 것이 더 운이 좋았는지도 모른다.

오늘날 강단사학계의 주류이론이라는 것이 모두 조선총독부에서 우리 민족을 영구히 지배하기 위해 만든 식민사학을 계승한 것이 대부분인데, 여기에 동조한 일부 학자들은 결과적으로 신채호의 민족사학을 짓밟았다. 신채호의 『조선상고사』를 주제로 한 박사논문이 희소한 것이 이를 방증하고 있다.

1. 신채호의 민족사학을 함께 짓밟은 진보와 강단사학

백남운은 『조선사회경제사』(1933년)에서 단군신화를 비판적으로 분석한 후 단군은 농업 공산사회의 붕괴기에 원시 귀족인 남계(男系) 추장에 불과하다면서 조선민족의 발전사는 단군신화에서 시작할 것이 아니라고 주장했다(22쪽). 다시 말해 단군신화에 환상을 가지면 안 되기 때문에 "단군신화는 결코 조선민족발전사의 본원이 아니라 비교적 후기의 것으로 원시적 생산관계의 붕괴과정을 보여 주며 나아가 문명기의 입구로 진출한 것을 나타내는 계급적 이데올로기임을 밝히기 위한 것"(23~24쪽)이라고 거듭 주장했다. 이런 관점에서 백남운은 "신채호와 최남선씨와 같은 이는 단군신화를 수호하는 본존(本尊)으로 하여 조선민족의 실재적 시조로서 그 특수문화사를 설명하지만, 단군은 씨족사회 말기에 해당하는 농업공동체 추장의 특수한 호칭"(446쪽)이라며 비과학성을 비판했다.

그러니까 백남운의 역사 발전단계에서 볼 때, 씨족사회 말기에 고조선과 같은 대(大) 제국의 국가는 출현할 수 없다고 보았기에 대고조선을 말한 신채호를 비판할 수밖에 없었다. 이를 다른 말로 하면 강만길이 지적한 대로 '관념적 역사관'이라는 뜻이다. 관념론이란 단순한 철학용어가 아니라 유물론의 반대 입장을 의미한다. 원시 공산사회에서 어떻게 거대한 나라, 고조선이 등장할 수 있느냐? 그런 대고조선은 상상에서만 가능한, 관념에서 나온 허구라는 인식이다. 그러므로 그런 상상적 관념론은 유물론의 관점에서 보면 타도의 대상이었다. 강만길은 대학교에 입학해서 백남운의 『조선사회경제사』를 읽고 '깜짝 놀랐다'고 『내인생의 역사공부』(2016)에서 회고한 바 있다.

당시 백남운과 같은 입장에서는 항일투쟁의 신채호보다 친일행적이 있더라도 과학적인 소(小)고조선=원시씨족사회를 말한 식민사학자들을 동지로 받아들였다. 항일이냐 친일이냐로 적과 동지를 구별하기보다는 관념론이냐 과학성이냐로 구별했다. 해방 이후에도 이런 관점이 크게 달라지지 않았다는 것을 강만길의 입장에서 알 수 있다. 그들은 '일본 어용사학자'들의 후예들이 한국사를 난도질하는 것을 보고 저지하기보다는 도리어 저들의 든든한 버팀목이 되어 주었다.

해방 후 한국사의 불행이 여기에서 비롯되었다.

이기백은 『한국사신론』(1999년판)의 서론에서 "현대의 한국사학은 일제 어용사가들의 식민주의적 한국사관을 타파하는 한편, 한국학자들 자신이 쌓아 올린 근대사학의 전통을 계승 발전시킴으로써 성장하였다."며 "일제의 식민통치라는 악조건 밑에서도 한국의 사학자들은 올바른 한국 사학을 키우기 위하여 피나는 노력을 계속해 왔다."(5쪽)고 역시 자화자찬을 하고 있다.

정작 본인은 어느 쪽인가에 대해 분명한 설명이 없이 식민사학들이 가지고 있는 특유의 두루뭉술한 어법으로 얼버무린다. 마치 본인은 식민주의 사학에 초연한 것처럼 유체이탈의 화법을 사용한다. 엉뚱하게도 서론 끝 부분에 "민족적인 입장에서 실증을 통하여 얻어진"이라는 문맥이 강조된 것으로 보아 본인은 '민족적 실증사학자'로 불리기를 원한 것 같다.

그러나 이기백은 식민주의적 사관을 타파하였다는 스스로의 자부에도 불구하고, 정작 식민사관을 타파한 근거를 찾을 길이 없다. 식민사관의 핵심은 '단군 부정과 고조선 강역의 축소', '위만조선의 고조선 계승설'과 '한사군의 한반도 내재설' 등인데, 과연 그는 이것을 어떻게 극복했는가? 이병도 이래 우리 민족사의 심장에 대못을 박은 것이 이 세 개의 독침인데, 이기백은 이를 얼마나 극복하였다는 말인가?

2. 신채호의 大고조선 vs 하야시·이병도의 小고조선

신채호는 『조선상고사』에서 상고시대에 우리역사가 웅혼(웅장하고 막힘이 없음)하였다고 부각했으며, 상고사의 역사무대를 중국 동북쪽 지역과 요서(遼西) 지역에까지 넓혔고, 단군시대에 산동(山東) 지역까지 경영했다고 밝혔다. 대국(大國)을 대국으로 써야 하지, 소국(小國)으로 쓰면 안 된다는 것이 그의 고조선 영토관이었다.

신채호의 대고조선론에 반대되는 소고조선론은 1892년 하야시 다이스케(林泰輔)의 『조선사-』를 지목할 수 있다. 그는 "조선은 '조그마한 나라'(小邦)로서 동양의 목구멍에 위치하고 있어 강대국들이 다툼을 벌이는 요충지"(11쪽)라고 설명하고, 이어 "단군 이야기는 황당(荒唐)하기에 믿을 수 없지만..."(57쪽)이라고 왜곡한다. 이것이 小고조선을 형성한 반도사관으로 총독부의 공식 사관이 되었다. 오늘날 한국 주류학계가 말하는 소고조선론의 기원이다. 이를 충실히 계승한 자가 이병도이다. 그는 하야시처럼 우리 고대사를 크게 한사군 설치 이전과 이후로 나누어 보았고, 실질적인 나라를 위만조선부터 인정했다. 이어 이병도는 고조선에 대해 "고조선의 중심지역은 서북해안지대인 대동강유역(평양)"이라고 못 박았다. 이처럼 현재의 압록강을 넘어가지 못하게 하고, 대동강변에 철저하게 가두었다. 이것이 이병도의 '소고조선론'이다. 대고조선의 100분의 1도 안 된다. 차라리 '극미(極微) 고조선'이라 해야 할 것 같다.

이병도는 『국사대관』에서 고조선 지도를 밝히지 않고, 『한국고대사연구』(1976)에 와서야 위만 지도인지 고조선 지도인지 알 수 없는 애매한 '고조선도'(69쪽)를 하나 실었다. 왕검성(평양)이라고 표기한 것을 보면 위만지도가 맞다. 하지만 위만을 고조선으로 보는 이병도식 사관에서는 고조선이 틀린 것도 아니다. 이 지도의 원본은 『국사대관』(1964년 수정판)에 실린 '위씨조선과 한의 동방 침략도'로, 이 지도에서 이름만 '고조선도'라 바꾼 것이다.

이병도는 대관에서 "중국은 역사적으로 우리보다 우월한 문화를 갖고, 과거의 일본은 이와 반대로 저급의 문화를 가졌던 까닭에 우리는 항상 중국문화를 흠앙하고 속히 받아드려 이를 소화시키면서 일

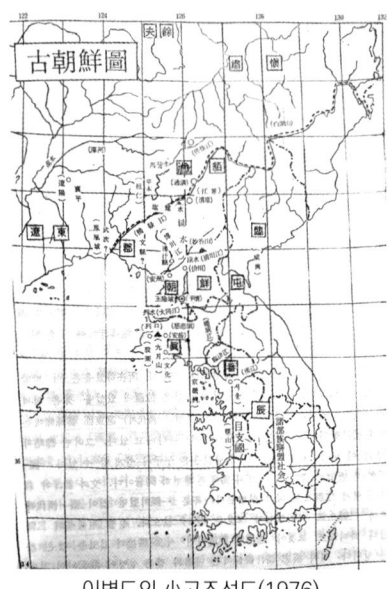
이병도의 小고조선도(1976)

방 일본에 매개 전파하는 역할을 하였다"(4쪽)고 중국에의 사대주의를 숨기지 않았고, 고조선에 대하여는 "고조선의 중심지역은 서북해안 지대인 대동강유역(평양)으로 즉 여기를 중심으로 하여 인구가 증가하고 산업이 발달하고 사회와 정치의 조직이 변천하였다"(20쪽)며, 여전히 대동강 중심의 반도(半島)사관과 '평양유일사관'을 언급했다. 기자조선을 한씨조선이라 칭한 그는 한씨조선 시기에 영토가 "대동강유역에서 요동의 요하(遼河)유역에 까지 뻗어 나갔다"(26쪽)고 허무맹랑한 주장을 했다.

이병도는 서울대 논문집에 투고한 「위씨조선흥망고」(1956)에서 위만(衛滿)이 『사기(史記)』 「조선열전(朝鮮列傳)」에 "연(燕)나라 장수 위만(衛滿)이 조선에 입국할 때 추결만이복(椎結蠻夷服)을 하였다"고 한 기록을 근거로 "추결만이복은 확실히 조선식의 결발(상투)과 의복을 지칭한 것임은 더 말할 것도 없다"(15쪽)고 단언했다. 사마천이 당시 만이(蠻夷)와 동이(東夷)도 구별 못 하지 않았을 텐데, 왜 이병도는 어설픈 해석으로 연(燕)나라 사람 위만을 구태여 조선사람으로 만들려고 했을까?

이미 신채호는 『조선상고사』에서 위만을 반란(叛亂)을 일으킨 자로 보았고, 『조선상고문화사』에서 "이족(異族)의 입구자(入寇者)니, 이 어찌 우리 역대(歷代)에 들어오리오"라 하여 도적의 무리가 일으킨 정권이니 우리나라 역사에 포함할 수 없다고 강조했다. 이같이 위만을 떠돌이 도적 떼(流賊)로 본 것은 『북부여기』인데, 이병도는 이런 민족사학에 반대하고 일제의 침략을 옹호하기 위한 논리로 위만을 우상화했다. 이병도는 일본 식민지뿐만 아니라 중국 식민지까지도 옹호한 '식민지 유일론자'였다. 특히 이병도의 뒤를 이은 이기백은 『한국사신론』(1999년)에서 "고조선 사람은 교만하고 잔인하다"(31쪽)는 말을 거리낌 없이 인용했고, 한(漢)의 식민정책에 빗대어 일제의 식민정책을 은연중에 옹호하는 서술을 보였다.

어느 날 이기백은 이병도와의 대담(『역사가의 유향』(1991년)에서 "최근에 와서 고대사를 하는 분들이 몇 분 있지요. 그동안 공백기가 길었다는 느낌이 듭니다"라며 고대사를 거론하자, 이병도는 "이교수와 김교수가 내 뒤를 이은 셈이지"(228쪽)라고 답한 적이 있다. 이교수은 이기백 교수이고, 김교수는 김철준 교수이다. 이렇게 당시에 이병도로부터 확실하게 인정받은 이기백이었다. 그는 앞서 『민족과 역사』(1971)에서 신채호와 같은 '민족주의사학'에 대해 "객관적인 타당성보다는 주관적인 신념을 중요시하는 경향이 강하였다"(28쪽)고 진보진영보다 앞서 비판함으로써 식민사학과 진보진영의 묘한 동거를 일찍부터 암시했다.

이기백의 고조선관은 어떤가. 기존의 대동강 중심설에 겨우 요하유역일대를 고조선의 영역에 마지못해 추가로 포함시킨 것 외에 여전히 위만조선이 그 자리에 들어선 대동강 유역을 크게 벗어나지 않고 있다. 그는 '고조선 지도' 하나 자신 있게 그리지 못했다. 고조선 지도는 총독부가 가장 싫어하는 지도이다. 역사학자가 고조선 지도 하나 못 그렸다는 것은 식민사학에 빠져 있다는 반증이다. 그가 마지 못해 그린 위만조선의 지도 한 장이 '고조선 지도'인 양 행세했다. 이기백의 위만조선 지도는 조선총독부와 이병도의 복사판에 불과했다.

반면에 이들 중에 군계일학처럼 나타난 학자가 서울대 교수 김용섭이다. 그는 신채호의 역사연구에 대해, "그(신채호)는 우리의 역사는 그것이 무엇을 대상으로 연구한 것이거나를 가리지 아니하고, 최소한 우리나라를 주체로 하고, 우리의 역사 사실을 충실히 서술해야 할 것으로 보고 있었다"(621쪽)고 말해 강만길, 이기백과는 다른 주체적 시각을 보였다.

또 김용섭은 한국사학의 과제에 대해, "왜곡된 사실의 부분적인 시정(是正)이, 한국사의 정당한 인식을 가능케 할 수는 없다. 근본적으로는 식민주의 역사관을 극복한 위에서, 새로운 한국사관의 수립이 있지 않으면 안 된다. 그러기 위해서는 역사를 대하는 자세, 문제를 설정하는 데서 가치관을 달리해야 한다."(536~537쪽)고 피력했다. 뼈대는 그대로 두고 살점을 몇 군데 붙이고 떼어냈다고 해서 새로운 한국사가 되는 것은 아니라는 통렬한 지적이다. 이기백의 『한국사신론』은 사관의 근본적인 변화가 없이 썼기 때문에 한국사의 신론(新論)이라 할 수 없다. 조선사편수회가 만든 친일 조선사를 완전하게 극복하지 못했고, 다만 겉만 화려한 칼라 복사본에 지나지 않은 것이다.

우리나라 강단사학계의 공통점은 고조선의 '넓은 영토에 대해 두려움'을 갖고 있다는 점이다. 이런 두려움은 이병도의 뒤를 이은 이기백으로부터 노골화되었다. 이기백은 1981년 11월, 국회 진술에서 "영토가 넓으면 위대하고, 영토가 좁으면 열등하다고 하는 식으로 국사교육을 시켜서는 안 된다는 것이다. 왜냐하면 그것은 일제의 식민주의 사관의 함정에 빠지는 것이다."(『한국사상의 재구성』(36쪽)라고 주장했다. 일제의 반도사관에 대한 신봉자가 그 반대의 사관을 "일제의 식민주의 사관의 함정에 빠지는 것"이라는 주장하는 것에 어안이 벙벙할 뿐이다. 없었던 영토를 과장해서 주장하는 것이 아니라, 중국 고대 사료에 거듭 나타나는 고조선의 넓은 강역을 사료대로 설명하는 것이 어떻게 일제 식민사관의 함정에 빠지는 것인지 그 자가당착의 논법에 기가 찰 일이다. 그러면 이기백은 그 함정에 빠지지 않으려고 소고조선론을 말한 것인가? 송호정도 『단군, 만들어진 신화』(2004년)에서 "재야사학자를 포함하여 단군신화의 실재성을 믿는 논자들은 고조선의 역사가 오래됐고, 영역 또한 광대하다고 보고 있다… 지나친 우월 의식으로 인해 한국사의 유구함과 영토의 광대함을 밝히고자 하는 의욕만이 앞서고 있다."고 재야사학의 주장을 얕잡아보았다.

3. 윤내현·신용하의 등장, 이병도·스에마쓰의 사망

1982년, 윤내현이 '기자(箕子)는 고조선 변방의 제후'라는 내용으로 기자 관련 신론을 발표하자, 역풍이 불기 시작했다. 1984년 무역회관 대강당에서 윤내현은 그 논문을 다시 발표했다. 어느 분이 책상을 마구 치면서 "영토만 넓으면 좋은 줄 아느냐. 터무니없는 주장을 한다"며 화를 냈다. 이때의 상황은 인터뷰에서 직접 밝힌바 있다.

"내 결론만이 전적으로 옳은 것은 아니지만, 기자(箕子)는 중국으로부터 고조선 서쪽 변경으로 이주해온 실제 인물이며, 그가 고조선 사회의 중심 세력이 된 것이 아니라, 작은 자치국가 형태의 소국(小

國)을 유지했다고 본다. 학술 발표회장에서 이런 내용을 발표했더니 원로 선배 사학자들이 막 화를 냈다. 영토만 넓어서 뭐 할 거냐고. 영토의 문제가 아니라 사료의 문제, 역사 연구의 문제였는데 말이다. 그 이후 자주 어울렸던 많은 분들과 거리가 멀어졌다. '윤내현이 이상해졌다'라고 학술 모임에도 부르지 않았다. 주류사학계로부터 멀어졌다" (교수신문 2012. 9.25.)

윤내현의 새 논문인 「기자신고」 발표는 가히 한국 사학계의 폭풍이었다. 『한국사연구』(1983년 6월)에 등재된 그의 논문은 신채호, 리지린도 밝히지 못한 기자(箕子)의 정체(正體)를 찾아내는데 기여했다. 그러나 역사학계의 폭풍은 역풍으로 변해 윤내현을 괴롭혔다. 그는 『우리 고대사, 상상에서 현실로』(2016)에서 새로운 학설을 발표한다는 것에 대해 "새로운 주장이 바로 동조자를 얻을 수 없다. 학자는 새로운 연구 결과를 발표한 뒤 그것을 이해하고 동조하는 학자가 나타날 때까지 홀로서기를 해야 한다."고 강조했다.

윤내현이 발표한 「기자신고」의 결론을 다시 요약하면, '기자조선'이라는 국명은 틀린 말이고, 고조선의 변방 거수국으로서 고조선의 200분의 1 크기 정도의 소국인 '기자국(箕子國)'이라 명명하고, 이어 "기자나 기자국은 한국 고대사의 주류에 위치할 수 없다"고 단언하였다. 맞는 말이다. 다만 '기자조선'이 아니고 '기자국'이라 칭한 것이 다행이지만, 기자는 제후(諸侯)보다는 평민의 학자로 살았을 가능성이 높다고 본다.

그럼에도 윤내현이 「기자신고」라는 명논문을 발표한 뒤에 이를 비롯하여 고조선, 기자국, 위만 및 관련 논문을 하나로 엮은 『한국고대사신론』(일지사)을 1986년에 출간하자, 강단사학계는 난리가 났다. 당시 상황에 대해 윤내현은 "「기자신고」의 내용은 고조선 위만조선

등의 한국 고대사의 구조와 전개에 관한 여러 가지 문제를 해결할 수 있는 관건이 될 것으로 믿고 있었다. 그리고 한국 고대사를 전공하는 학자들이 그것을 출발점으로 하여 지금까지 미궁에 빠져 있는 한국 고대사에 관한 많은 문제들을 해결하여 줄 것으로 기대하였다. 그러나 저자의 기대를 충족시켜 줄 만한 한국 사학계의 움직임을 저자는 느낄 수가 없었다."(7쪽)고 고백했다.

윤내현은 「기자신고」에 이어 「고조선의 강역」(1984)에서 학계를 다시 놀라게 했다. 전국(戰國)시대의 연(燕)은 고조선의 요동(遼東)과 국경을 접하고 있었는데 그 경계를 이룬 것이 요수(遼水)라고 보았고, 문제는 이 요수가 어디냐는 것이다. 이에 대해 『여씨춘추』의 주석(高誘)에 "요수는 요동의 서남에 이르러 바다로 들어간다"고 하였고, 요수의 시원지에 대해 『여씨춘추』의 주석은 지석산(砥石山)이라 했고, 『회남자』는 갈석산(碣石山)이라고 하였다.

지석산(砥石山)은 아직 고증이 안 되었으나, 윤내현은 "갈석산은 지금의 하북성 창려(昌黎)에 위치하고 있다. 갈석산은 발해의 해안으로부터 가까운 곳에 위치하기 때문에 요수의 시원지가 될 수는 없을 것이나 서로 가까운 지역에 있었기 때문에 착오를 일으켰을 것으로 본다면 고유가 주석한 요수(遼水)는 지금의 하북성 동북부에 있는 난하(灤河)일 것으로 상정"하고, 또 고유가 "요수는 새(塞)의 북쪽으로부터 동쪽으로 흐른다"고 하였으므로 지금의 난하(灤河) 하류의 흐름 방향과 일치한다. 따라서 "요수는 요동의 서남부 경계를 이루는 강이었으므로 고조선의 서남부 경계를 이루는 강이었다"고 판단했다. 이런 이유로 현재의 요하는 그 흐름방향이 반대이므로 요수가 아닌 것이 입증된다. 이런 검증 과정을 거친 윤내현은 현재의 난하를 요동의 서쪽 경계를 이룬 요수로 보고 고조선의 서쪽 강역을 찾아 '대고조선론'의 기초를 세웠다.(59~60쪽) 뿐만 아니라, 넓은 의미의 고조선은 청천강 이남의 한반도가 포함된다고 밝혀 한반도 전체를 고조선의 강역에 포함시켰다.

신용하는 「고조선 국가의 요동·요서 지역으로의 발전」(2011)에서 "고조선이 BCE 30세기~BCE 24세기 한반도의 강동(江東) 아사달에서 고대국가를 형성한 후, 고조선은 영역을 제1단계로 북으로는 압록강, 남으로는 한강 하류까지 넓혔다가, 제2단계에서는 현재의 압록강을 넘어 만주의 요동, 요서 지역으로 확대 발전되었다."며, 단계적 발전론을 언급했다.

또 신용하는 중국 고문헌에서 관련 자료를 찾아 입증했다. 먼저 『후한서』 동이열전 예(濊)조를 통해 "예 및 옥저·구려는 본래 모두 조선(고조선)의 땅이었다고 기록되어 있다. 예·옥저·구려가 모두 요동 지역에 있었으므로, 이 기록은 요동이 고조선의 영역이었음을 알려주는 기록"이라고 밝혔다. 이어 『요사(遼史)』권49 예지1(禮志)에는 "요(遼)나라는 본래 조선(고조선)의 옛 땅이었다.(遼本朝鮮故壤)라고 기록하였다. 요(遼)나라는 요동과 요서에 걸친 국가였음은 모두 알고 있는 사실"이라면서 고조선의 영토가 자연히 지금의 요동과 요서를 포함했다고 말했다. 또 『요사』 지리지 동경도(東京道)조에 있는 "동경 요양부는 본래 조선의 땅이었다"(東京遼陽府 本朝鮮之地)라는 기록도 제시했다.(220쪽) 이에 대한 물질자료로 요동의 정가와자 6512호등 출토 청동기, 요양 이도하자 석관묘의 비파형동검 등과 요서의 객좌현 남동구 석관묘 비파형동검들, 조양 십이대영자 1,2,3호 무덤의 청동기들을 예시로 들었다. (264~266쪽)

나아가 신용하는 「한국민족의 기원과 형성」(2000년)에서 古한반도에서 한·맥·예 3부족 결합설을 제시하였다. 이후 홍산문화를 맥족의 문화로 설명함으로써 고대사의 지평을 크게 넓혔고, 강단사학자들이 막아 놓은 홍산문화를 우리의 시각에서 바라볼 수 있는 길을 열어주었다. 신용하는 『고조선문명의 사회사』(2018년)에서 "맥족은 古한반도와 동일 바탕의 문화를 가지면서도 요서 지역 새 정착지에서 홍산문화 등 독자적인 신석기문화를 형성하면서 생활하였다."(59쪽)고 설명했다.

윤내현이 발표한 「기자신고」(1983년)가 학계에 충격을 주고 있을 즈음에 병실에 있던 이병도 1989년에 8월, 향년 93세로 사망했다. 사망 직전에 『조선일보』(1986년 10월 9일)에는 '이병도 특별기고문'인 '단군은 신화(神話) 아닌 우리 국조(國祖)...요(堯)와 함께 개국(開國)'이 실렸다. 그가 단군을 인정한 이 최후의 「기고문」을 그의 제자들은 노망으로 치부했다. 결국 이 기고문은 재야에서만 회자 되었을 뿐, 사학계에 아무런 영향을 주지 못했다.

이즈음 일본 극우는 어떠했을까? 일본 극우도 윤내현의 발표내용에 충격을 받았을 것이다. 조선총독부 시절 이병도 신석호와 함께 조선사편수회에서 활동한 스에마쓰가 해방 후에도 한국을 지나치게 사랑한(?) 나머지 서울대학교를 왕래했다고 하니 나름대로 임나일본부설 부활을 위해 노력했을 것이다. 그러나 '식민지 100년'의 아성이 한 학자의 도전에 의해 가짜 한사군설, 가짜 일본부설이 되어 무너지기 시작할 줄은 아무도 몰랐을 것이다. 스에마쓰는 해방 이후에도 특히 전라도를 중심으로 왜(倭)가 지배했다는 임나일본부설을 거짓으로 꾸민 장본인이다. 그도 1992년에 사망했다. 사망하기 직전까지 그가 품어 온 꿈이 있었다면 아마 "조선을 다시 지배하겠다"는 것이었으리라. 남들은 '제국주의 패망의 아픔'을 달래고 있을 때 스에마쓰는 홀로 '조선 재침의 꿈'을 꾸며 1949년에 『임나흥망사』를 완성했다. 조선사편수회의 세 동지 중에 두 사람이 이렇게 세상을 떠났다. 그러나 한국사회는 여전히도 이병도와 스에마쓰의 검은 그림자가 지워지지 않고 있다. 1949년 『임나흥망사』의 출간은 임나

일본부설의 부활을 알렸고, 임나일본부설이 해방 전이나 후나 변함 없는 극우의 논리임을 세상에 알렸다. 특히 한국 내 식민사학 추종 자들에게는 스에마쓰의 『임나흥망사』가 이병도의 『국사대관』을 능가하는 복음서처럼 보였다. 어느덧 스에마쓰는 일본 극우파의 우상이 되어 갔다.

4. '한민족을 살린 윤내현', 적수가 못된 이기백·서영수

그런데 앞서 윤내현의 대고조선 분위기에 위기를 느낀 이기백 등은 이에 강력 대응하기 위해 1987년 8월에 『한국사 시민강좌』를 창간하였다. 책임편집자인 이기백은 「간행사」에서 "한국사학은 진리를 어기면서 어떤 특정 세력의 이익을 위하여 봉사하는 시녀가 될 수 없다"고 선언하였고, 시민과 재야사학의 국사시정 요구를 '무척 시끄러운 논란'으로 치부하면서도 '시민'의 협조를 요구했다. 이어 1988년 제2집에서 이기백 「고조선의 국가형성」, 서영수 「고조선의 위치와 강역」 등의 논문이 발표되었다. 목적은 솔직히 '윤내현 죽이기'였다. 이기백은 이 논문을 통해 난하까지의 요서유역을 모두 고조선의 청동기문화로 보는 것이 힘들며, 고조선의 청동기 연대는 비파형동검을 기준으로 BCE 1000년을 넘을 수 없다는 이유로 고조선의 건국도 BCE 1000년경으로 추정했다.

이어 이기백은 "고조선은 건국의 연대가 오래고, 또 건국초기부터 방대한 영토를 지닌 존재였다"라고 말을 한 윤내현을 빗대어 놓고 자신의 논문 마지막 구절을 통해 "우리가 알고 싶은 것은 고조선의 '실상(實像)이지 결코 그 허상(虛像)'이 아니다. 그리고 고조선의 실상을 명확하게 밝히는 것만이 참말로 우리 민족의 영예를 드러내는 결과가 된다."(18쪽)고 주장했다. 맞는 말이다. 실상은 드러나고, 허상은 깨져야 한다. 하지만 이기백은 윤내현을 향해 고조선의 넓은 영토가 틀렸다며 허상이라고 비판했으나, 본인이 허상임을 알지 못했다.

이어 서영수는 윤내현의 영토관을 요약하여 "고조선의 강역은 거의 대부분의 기간 동안 서쪽으로는 난하, 남쪽으로는 청천강에 이르는 지역의 남북 만주(滿洲) 전부와 한반도 북부에 걸치는 것"이라고 소개하고, "이런 결과만을 보면, 고조선은 확대되고, 종래의 수치(羞恥)로 생각되었던 낙랑군 등이 한국사의 주류에서 제외되어 일반인의 관심을 끌기에 족하였다. 그러나 그(윤내현)의 이러한 견해는 연구를 도출한 사료해석에 비약이 심한 것으로 보여 많은 문제점을 안고 있다."(32~33쪽)고 지적했다.

한마디로 이기백, 서영수는 윤내현의 대고조선을 인정할 수 없을 뿐만 아니라, 그의 연구 결과를 비약이 심한 문제 있는 연구물로 비판하는데 치중했다.

하지만 이기백 서영수의 주장은 변명이고, 궤변이었다. 이기백은 한국사학 발전을 위해 시민들에게 협조를 요청했으나, 시민들은 그들을 철저히 외면했다. 그들이 기획한 '한국사 시민강좌'는 반(反)시민=친(親)이병도였다. 해방 이후의 한국사에 대한 진지한 반성이 없었다. 학문적으로 이병도를 밟고 일어나지 못했다.

그러나 윤내현은 학계에서 외면당해 온 민족사학자들의 주장을 수용하여 만주와 요서, 그리고 한반도를 아우르는 고조선의 넓은 영토를 논리적으로 밝혔고, 한사군이 북경쪽 요서(遼西)에 있었다는 것을 중국의 방대한 고대 사료를 가지고 사실로 입증하였다. 아직까지도 윤내현의 대고조선 강역설을 꺾을 강단사학계의 제대로 된 반론이 나온 것 같지는 않다. 이병도 바라기 식민사학의 거대한 군단은 윤내현 1인에 완패를 당했다.

식민사학의 패배는 오히려 민족 공동체를 위해서 다행스러운 일이다. 최근 '한반도는 실제로 (역사적으로) 중국 땅의 일부였다'는 중국 정부의 망언은 사실상 한국학자들이 재생산한 '낙랑군과 위만의 평양 대동강설'에서 나온 것인데, 아무도 이를 비판하지 않고 철옹성처럼 지키기에 몰두하는 중에, 중국이 이 문제를 거론하며 '한반도는 역사적으로 중국 땅의 일부였다'라고 말할 줄을 누가 알았겠는가. 중국에 조력하고 있는 일부 한국학자들(밀정?)의 입장을 난처하게 만들었다. 진실로 역사의 한 구절이 민족의 생사를 가를 수 있음을 알았다면, 그처럼 줏대 없이 논문을 재생산하지는 않았을 것이다. 결과적으로 윤내현 한 사람이 중국 측의 망언을 방어하고, 한민족을 지키고 살렸다고 말해도 과언이 아니다. 다음은 윤내현교수가 『한국고대사신론』(1986년)에서 고조선의 강역을 밝힌 소회이다.

「고조선의 위치와 강역」에서 필자(윤내현)는 고조선의 위치를 지금의 발해 북안(北岸)으로 보고 그 강역은 지금의 중국 하북성 동북부에 있는 난하(灤河)로부터 한반도 북부의 청천강에 이르렀을 것으로 보게 될 것이다.(중략) 고조선의 서쪽 국경을 난하로 본 견해는 일찍이 1916년에 장도빈(張道斌)에 의하여 제출되었다. 그리고 신채호, 정인보, 최동(崔棟) 등도 그 견해가 장도빈과 완전히 일치하지는 않았지만 고조선의 강역을 발해 북안으로까지 확대하여 보고자 하였다. 따라서 고조선의 강역을 발해 북안으로까지 확대하여 보려고 했던 견해는 민족사학자들에 의하여 이미 제출되었던 것이다.(10쪽 개정판 16~17쪽)

윤내현은 앞서 제기한 민족사학자들의 견해를 학계가 받아들이지 않는 현실을 직시하고, 이분들이 사료제시나 논리전개가 학계의 설득력을 갖기에 충분하지 않다는 점을 고려하여 이를 새롭게 보완하여 학계에 제출한 것에 지나지 않는다고 겸양과 신뢰를 표했다. 윤내현의 연구는 여기서 그치지 않았다. 1994년에 『고조선연구』(일지사)를 출간하여 다시 한번 세상을 크게 놀라게 했다. 고조선이 곧 단군조선임을 분명하게 밝혔으며, 이병도의 '위만조선 지도'가 고조선을 대표하던 때에 윤내현은 독자적인 '고조선 강역도'를 1986년 처음 그렸고, 1994년에 완성하였다. 그는 학문의 진실성에 대해 고백했다.

"고조선을 바르게 복원하고 보면 만주지역에 있었던 나라들이 한국사에 들어와야 한다는 것이 명백해진다. 고조선은 한반도와 만주 전 지역을 그 통치영역으로 하고 있었던 국가였고, 고조선의 뒤를 이어 등장하는 부여·고구려·읍루·동옥저·동예·최씨낙랑국·한(韓) 등은 모두가 고조선의 거수국(渠帥國)이었던 세력들이 독립하여 세운 나라들이었기 때문이다.
여기서 혹시 저자가 한국사의 영역을 만주까지 확대하기 위하여 그러한 의도에 맞추어 고조선을 재구성하였을 것으로 의심하는 사람이 있을는지 모르겠다.
이 점에 대해서는 학문연구는 진실 되어야 하고 합리적이어야 한다는, 앞에서 한 말로써 대답을 대신하겠다. 그리고 만약 저자가 어떤 의도를 가지고 고조선을 재구성했다면 그것은 역사왜곡으로써, 역사학자로서 큰 죄를 짓는 행위라는 것을 저자는 잘 알고 있다."(윤내현 『고조선연구』 일지사 15쪽, 만권당 판본 상권 20쪽)

윤내현이 참여한 「남북역사학자 공동보도문」은 "고조선은 오늘의 한반도와 동북아시아의 넓은 지역을 기본 영역으로 한 강대국이었다"고 선언하고 있다.

박성수는 「조선사와 일제식민사학의 후유증」에서 "일제는 일본사를 침소봉대(針小棒大)하고 조선사를 봉대침소(棒大針小)한 것이다.

일제는 (작은) 자기 역사를 크게 봉대(棒大)하는 한편, 우리나라는 역사를 커도 작게 축소하였다."(400쪽)고 지적했다.

5. 만주·난하·한반도를 아우른 大고조선에서 민족의식 형성

그러면 고조선은 어떤 형태의 나라였나?

윤내현은 『고조선연구』에서 "고조선은 제후국을 거느린 봉건제 국가"(426쪽)라고 했고, 신용하는 『고조선문명의 사회사』에서 "단군은 제왕이었으며, 고조선은 동아시아 최초의 고대 연방제국"(197쪽)이라고 보았다. 문정창은 『고조선사연구』(1969년)에서 "동방 천자국"(37쪽)이라 했고, 최태영은 『한국상고사』에서 "조선은 강대한 광역(廣域)국가"(25쪽)라고 했다.

그리고 윤내현은 겨레얼 초청 강연을 통해 "고조선 초기부터 청동기 시대였죠. 청동기 시대는 대개 국가다. 그런 일반론에 따르면 고조선은 초기부터 국가 단계의 사회입니다. 건국되면서부터. 우리민족이 청동기 문화를 가지고 살다가 만주, 한반도 사람들이 그러다가 국가를 건설했다. 그래서 민족이 출현한다. 이렇게 되는 거죠. 그러면 영토가 문젠데. 저는 영토가 만주, 난하 요서 서부에 난하유역, 갈석산이 있고, 거기까지가 고조선의 경계라고 보고 있습니다. 그렇게 보면 만주와 한반도에 살았던 모든 사람들이 고조선의 백성으로서 같은 정치공동체, 문화공동체 이루며 살면서 귀속의식을 가졌던 거죠."라며 고조선의 강역이 만주와 요서와 한반도 전역이라고 밝히고, 여기에서 비로소 우리에게 민족이라는 귀속(歸屬)의식이 형성된 것이라는 탁견을 내놓았다.

연변대학 이종훈(李宗勛)은 『동북아구역사연구(東北亞區域史研究)』(2024년)에서 윤내현에 대해 "윤내현의 『고조선 연구』는 900여 쪽의 두께로 이병도에 이어 한국에서 두 번째로 영향력이 큰 고조선 역사 연구 전문서적이다. 고조선 요녕(遼寧) 중심설을 주장하며 고조선이 바로 단군조선이라고 명확히 규정짓는 북한 학계의 1970, 80년대 관점과 비슷한 것이 그의 기본 관점이다. 그는 기자동래설을 완전히 부인하지는 않으나, 기자정권(箕子政權)이 고조선 시대에 변방의 소국이었다고만 생각하였을 뿐, 고조선 후기에 평양 일대로 통치의 중심이 옮겨갔다고는 생각하지 않았다."고 객관적으로 평했다. 이어 이종훈은 "이병도로 대표되는 한국의 전통적인 관점을 깨고 북한 학계의 관점을 일부 수용한 그의 일련의 관점은 한때 한국 강단학자들로부터 격렬한 비판과 비난을 받기도 하였다. 그러나 1990년대 중

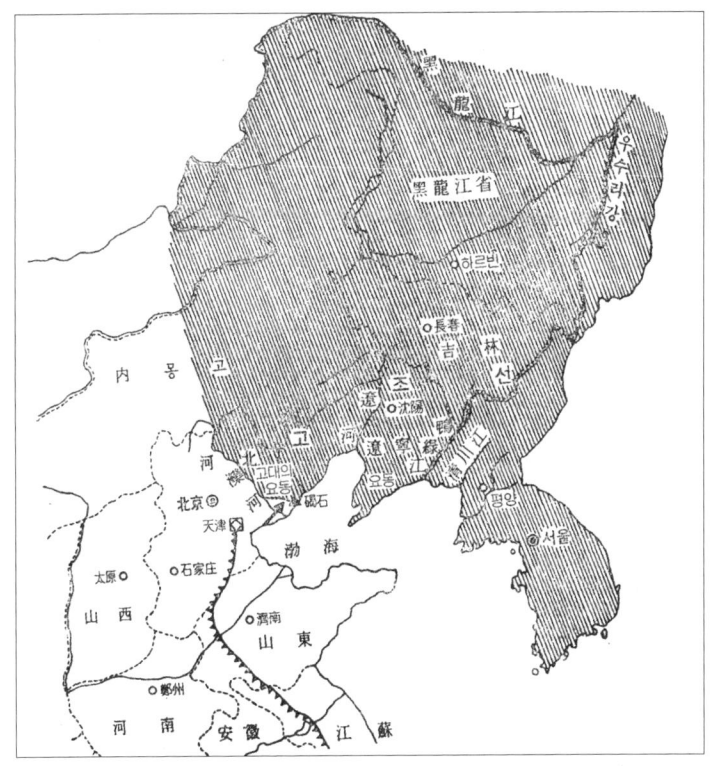

윤내현이 처음 그린 大고조선 강역도(『한국고대사신론』1986년)

반 이후 한국에 고조선 연구 열풍이 불면서 그(윤내현)의 학설 중 일부가 한국 주류 학파에 흡수되어 재야사학자와 민중의 환영과 찬사를 받게 되었다."(44쪽)고 예리한 분석을 내놓았다.

그러나 과거 신채호를 매장시켰던 좌파와 식민지 어용학자들이 다시 야합한 음모의 칼 끝이 이제는 대고조선의 윤내현을 향하였다. 윤내현을 삼키려고 거대한 먹구름이 몰려왔다. 저들은 끝내 '간첩 윤내현'이라는 혐의를 만들고 싶었다. 논문에 논문으로 대응하는 것이 아니라, 논문에 야만을 동원하였다. 저들의 거대한 음모를 홀로 감당할 수 없었을까. 85세인 그는 지금도 모 병원에 누워 있다. 역사를 모르면 미래가 없다. 우리가 만약 대고조선의 국경선을 지키지 못하면 삼국, 고려, 조선의 국경선도 지킬 수 없고, 오늘의 대한민국의 국경선도 지킬 수 없다. 지금이야말로 고조선 국경선에 대한 국민적 각성과 인식이 필요한 때이다. (2024.4.15.)

개천절과 단군 이해

우리 한국인들에게 개천절(開天節)은 참으로 뜻깊은 날이다. 개천절은 역사적으로 보면 단군왕검께서 조선(고조선)을 건국한 날이다. 건국한 날이면 건국절(建國節)이라 해야 하는데, 우리는 개천절이라고 한다. 그래서 우리에게는 개천절이 곧 건국절이다. 개천절을 건국절이라고 하는 나라는 우리밖에 없을 것이다.

건국절을 왜 개천절이라고 하느냐? 나라는 땅에 세운 것인데, 하늘이 우리에게 이 땅을 점지해주었다는 의미가 강하다. 그래서 하늘이 열렸다고 하고, 그 땅 위에 나라를 세웠다. 나라를 세우는데 천지가 함께 했다는 뜻이다. 우리 조상 대대로 하늘을 공경해온 경천사상이 천손의식과 개천사상으로 연결된 것이라고 본다. 지금은 개천절을

대종교의 개천절 선의식(강화 마니산 참성단, 년도 미상). (사진 / 대종교)

단군을 중심으로 말하지만, 본래 환인·환웅으로부터 전해온 것이라고 볼 수 있다.

그런데 일반인들은 개천절이 역사인지 신화인지를 궁금해한다. 단군를 신화로 보느냐, 역사로 보느냐 하는 혼란이 아직도 계속되고 있다는 것은 일제 식민사관이 남긴 폐해라고 생각한다. 일제가 단군역사를 말살하기 위해 맨 먼저 단행한 일이 단군역사를 신화로 조작하는 일이었다. 식민지 시기를 거치며 단군역사는 불교의 전설을 따다가 만들어낸 허구의 신화라는 말로 이해되었고, 여기서 나온 단군신화라는 말은 허구성을 지닌 부정적 개념으로 인식되었다. 지금까지도 한국 학계가 이런 의미를 그대로 답습하고 있다. 신화라는 말이 본래 좋은 의미이지만 단군(檀君)과 신화(神話)가 결합하는 순간에 이 네 글자는 독을 지닌 말로 변질되었다.

1. 단군역사의 기원 - 또 다른 이름 '압록강문명'

그러면 단군의 역사가 허구가 아니라는 증거가 있는가? 지금은 고

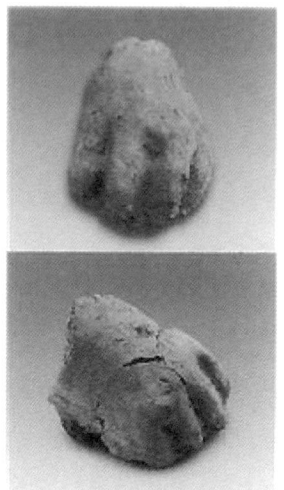
홍산문화의 우하량유적에서는 여신상(왼쪽)과 흙으로 빚은 곰발의 일부가 발굴되었다

고학이 발달해서 4~6천 년 전에 있었던 요녕성과 내몽고의 홍산문화, 길림성, 한반도 일대의 발달한 문화가 발굴되고 있다. 우리 역사를 소급해 올라가면 그 시대의 통치 지도자는 누구이겠는가 물으면 역사책에 나오는 대로 환인, 환웅, 단군이라고 말할 수밖에 없다. 함석헌은 「새윤리」에서 환인, 환웅은 우리 문화의 꼭지라고 했다. 역사의 퍼즐을 그렇게 맞추어 가면 먼 역사도 먼 것이 아니다. 그래서 고고발굴은 발굴대로, 문헌은 문헌대로 중요한 것이고, 나중에 둘을 서로 맞추면 수수께끼가 풀린다. 하가점하층문화는 물론이고 우하량유적과 홍산문화가 갈수록 중요해진다.

중국 학계와 한국 학계가 공동전선을 펴며 막고 있지만, 요하문명은 우리와 우리조상이 연결된 우리문명이라는 인식이 확산하고 있다. 『고려사』(14 세가, 예종1117년)에 요(遼)나라와 압강(鴨江)으로 국경선을 삼았다(以鴨江爲界)고 했고, 『삼국유사』(권3 흥법, 순도조려)에 요수(遼水)는 압록(鴨淥)이라고 했다. 요하의 옛 이름이 압록강

(鴨淥江)이었다. 저 멀리 있던 압록강이 평안도로 이동하여 지금의 압록강(鴨綠江)으로 고착되었다. 요하문명이 곧 우리의 또 다른 이름인 '압록강문명'이다.

요하문명(압록강문명)과 우리 역사	
*소하서문화 BCE 7000~ BCE 6500년	*환인의 환국 BCE 7197~ BCE 3897
*홍산문화 BCE 4500~ BCE 3000년	*환웅의 신시배달국 BCE 3897~ BCE 2333
*우하량유적 BCE 3500~ BCE 3000년	*웅씨의 여왕국 BCE 3240~ BCE 2333
*하가점하층문화: BCE 2300~ BCE 1600년	*단군의 조선 BCE 2333~ BCE 238

해마다 우리는 개천절이면 곰과 범(호랑이) 얘기를 귀가 아프게 듣는다. 아무런 맥락도 없이 곰과 범 이야기를 하는 순간에 우리의 의식은 혼란스럽고, 단군에게서 멀어져 간다. 그 시대 우리 조상들이 곰을 토템으로 숭배하는 곰토템족과 범을 토템으로 숭배하는 범토템족과 같이 살았다는 의미로 해석하면 이런 혼란은 극복될 것이다. 환웅족(새토템의 조이족)과 곰부족 여인이 결혼하여 단군을 낳았다고 말하면 그런 오해는 사라질 것이다. 환웅족과 곰부족이 만난 후로 단군을 낳고 고조선을 건국하기까지는 500~1000년의 역사가 흐른 것으로 이해하면 고대사가 긍정적으로 다가온다. 실제로 홍산문화의 우하량 유적에서는 여신상과 흙으로 빚은 새 날개와 곰발의 일부가 발굴되었다. 이는 그 시대의 토템문화를 반영한 것과 관련 있다. 그래서 이를 단군신화(檀君神話)라고 하지 않고 단군사화(檀君史話)라고 한다.

2. 단군조선(고조선) 건국… 천지인으로 나라를 세운 것

단군사화는 한민족이 체험한 태초의 사건에 대한 기록이다. 태초의 사건은 나라의 건국을 말한다. 조선의 건국은 역사적 사실이지만, 그 상징성이 너무 크기 때문에 신성을 빌려 거룩하게 기록에 남겼다. 다시 말해 원형으로서의 단군사화는 나라의 건국을 천지인의 합일 사상으로 함축하여 표현했다고 말할 수가 있다. 본래 우리 민족은 하늘, 땅, 사람의 조화를 중시했다는 뜻이다. 천지인(天地人) 조화사상은 시대를 초월한 민족의 원형사상이다.

잠시 개천절의 유래를 알아본다면, 문헌상으로는 고려 때의 글로 알려진 『삼성기』에 개천(開天)이라는 말이 나온다. 그 후에 조선시대에 와서는 신인이 박달나무 아래로 강림(降臨)했다고 적었다. 그런 강림을 개천의 의미로 받아들이기도 했다. 삼일운동 직후인 1920년에 대한민국임시정부에서 3·1절과 개천절을 국경일로 정하게 되었다. 처음에는 개천절을 '건국기원절'이라고 불렀다가 개천절로 통용되었고, 해방 후에 그대로 개천절이 오늘의 국경일로 결정되었다. 한때 건국(建國)이란 말에 대해 진영 간에 논란이 있었으나 우리에게는 개천이 곧 건국이다. 다른 말이 필요 없다.

개천절과 관련하여 빼놓을 수 없는 종교가 대종교이다. 일제시대에는 한민족의 구심점을 찾기 위해 민족지도자들이 단군을 중심으로 뭉쳤다. 단재 신채호는 역사 속의 단군을 찾았으며, 홍암 나철은 조상 속의 단군을 찾았다. 대종교는 1914년에 백두산 청파호 근방으로 이전했고, 항일 민족전선에 대종교가 적극 참여하게 된다. 1920년 청산리대첩은 대종교인을 비롯한 만주의 항일투사들의 희생으로 거둔 위대한 승리였음은 다시 언급할 필요가 없을 것이다. 임시정부 구성에도 역시 대종교인들이 주축이 되어 민족의 정통성과 국권을 지켜냈다. 임시정부는 '대한민국'이라는 이름과 '국회'라는 이름을 처음 만들어 우리에게 전해주었다. 그럼에도 오늘날 대종교에 대한 정부와 사회의 관심은 멀어져 가고 있다. 대종교에는 번듯한 회관 하나도 없다. 해방 80년이 부끄럽다.

개천절을 기념하는 것은 북한도 마찬가지이다. 평양의 단군릉은 1994년에 개건(改建)되었다. 이 단군릉으로 인해 민족이 하나로 모이기도 했다. 2002년, 2003년, 2014년에는 남북과 해외동포가 평양 단군릉에 모여 개천절민족공동행사를 가졌다. 단군릉이 있었기에 이런 개천절남북공동행사가 가능했다. 개천절로 민족의 동질성을 찾는 계기가 마련되었다는데 큰 의의가 있었다. 앞으로도 평양 단군릉은 마르지 않는 민족의 샘물이 될 것이다.

개천절을 맞이할 때마다 한 가지 아쉬운 것은 개천절에 대통령의 경축사가 없다는 점이다. 새 정부가 들어설 때마다 우리는 새 대통령의 개천절 경축사를 기다려왔다. 그러나 우리의 바람은 이루어지지 않았다. 정부행사에서 가장 중요해야 할 개천절이 홀대받는 것이 아닌가 걱정이 된다. 개천절을 일부 사람들이 종교행사로 폄하(貶下)하는 것은 용납될 수 없다.

그런데 오늘 정부가 주관한 제4354주년(단기 4355년, 2022년)개천절 기념식전에서 돌발 발언이 나왔다. 행사 중에 국사편찬위원장이 요임금을 성군(聖君)이라고 표현한 것이다. 개국기원 소개를 맡은 김인걸 국사편찬위원장은 소개 중에 "하늘의 신인 환인의 아들 환웅이 인간세상을 널리 이롭게 한다는 홍익인간의 뜻을 품고 있는 것을 알고 환웅을 내려 보내시어 단군왕검을 낳으시니 이 단군왕검이 나라를 세워 조선이라 이름하였다. 중국의 성군(聖君)인 요임금과 거의 같은 시기인 BCE 2333년"이라고 말했다. 성군이라는 칭송은 단군왕검에게 주어져야 하는데, 난데없이 요(堯)가 나왔다. 정신이 나갔다.

그런데 2020년 개천절 기념식에 나온 직전의 조광 국사편찬위원장은 같은 '개국기원 소개'에서 "환인의 아들 환웅이 널리 인간을 이롭게 한다는 홍익인간의 뜻을 품고 이 세상에 내려와 단군왕검을 낳으시니 그 단군왕검이 나라를 세워 조선이라 이름하였습니다. 이렇게 세워진 단군조선은 곧 우리 문명의 시작이며 역사의 시원이 되었습니다."라고 말했다. 이는 요(堯)부분을 과감히 생략하고 그 자리에 '우리 문명의 시작과 역사의 시원'을 언급하였다는 면에서 현격한 차이가 있다.

본래 개천절은 건국(建國)과 개천(開天)이라는 두 가지 중의적 의미로 사용되었다. 『삼국유사』(고조선기)에도 하늘에서 태백산 신단수로 강림한 분이 환웅이다. 이어 땅에서 나라를 세운 건국주는 단군왕검이다. 개천절 기념식의 결정적 순간은 '개국기원 소개'인데, 국사편찬위원장이 맡기 전에는 처음부터 계속 대종교 총전교가 맡아 진행했었다.

3. 경축식전에서 요(堯)를 성군이라 망언

그런데 인용된 『삼국유사』의 원문에는 요임금을 요왕(堯王)이라고도 않고, 그냥 요(堯, 高)라고 하였는데, 김위원장은 요(堯)를 성군(聖君)이라고 미화하는 원문에도 없는 극존칭을 덧붙였다. 이는 단군을 경축하는 자리에 요임금을 성군이라고 부른 것은 국민정서나 예의에도 심각히 어긋날 뿐만 아니라, 원문을 과대해석하였다는 지적을 면하기 어렵다. 경축식전이라는 의미에서 보면 위원장의 돌발 발언은 경축식전에 어울리지 않는, 국적을 의심케 하는 사대적 망언에 가까웠다. 요(堯)와 기자(箕子) 때문에 단군이 멸시와 천대를 받은 것을 생각하면 가슴이 터질 일이 아닌가?

단군의 역사유적지인 강화도 참성단 항공사진. ⓒ강화군청

최근 중국 국가박물관에 전시된 한국사 연표에 고구려 발해가 빠져서 국제적으로 문제가 된 바 있다. 그런데 한가지 눈여겨 볼 것은 고조선 연표이다. 중국 측은 고조선의 연표에 건국연대를 표기하지 않고 무시해버렸다. 매사 중국 측은 우리에게 이렇게 불량하게 대함에도 우리나라를 대표하는 국사편찬위원장이 민족 최고의 경축식전에서 요임금을 성군이라고 했으니 참으로 안타까운 일이다. 단군도 요임금처럼 성군이라고 강조하려고 했는지는 몰라도, 중국을 몰라도 너무 모른 발언이었다. 우리 조상들은 절대 혼동하지 않았다. 원문에 요(堯)는 요(堯)였지 다른 무엇도 아니었다.

지금 우리 자녀들이 현장에서 배우는 역사교육은 엉망에 가깝다. 우리 학생들이 배우는 한국사 교과서에서 기성세대들이 배웠던 단군영정이 사라진 것은 이미 오래되었고, '홍익인간'이란 말도 뒤따라 삭제되었다. 이런 참담한 교육현실을 외면한 채 국무총리나 국사편찬위원장이 국민 앞에서 홍익인간의 위대함을 강조한다. 한마디로 공염불이다. 홍익인간 없는 개천절이 무슨 의미가 있다는 말인가? 교과서에서 홍익인간을 부활해야 한다. 더욱이 교과서에서 단군조선(고조선)을 서술하는 문장이 열 줄 밖에 안된다. 너무도 초라한 교과서의 자화상이다. 이러고도 어떻게 세계중심을 지향하는 대한민국이 되겠는가? 바른 한국사 교과서 편찬을 위해 많은 분들의 관심과 성원이 필요하다는 것을 개천절에 다시금 생각해 본다. (2022.10.3)

단군조선(고조선)이 두려운 자들…다 망가뜨린 '춘천중도 유적지'

신성한 유적지 위에 어린이 놀이시설인 레고랜드를 건설한다는 당시부터 많은 논란을 불러왔던 춘천 중도유적지, 즉 하중도(下中島)에 대해 춘천시가 뒤늦게나마 사적지 지정을 추진했지만, 그 결과 발표가 너무 지체되고 있어서 불안은 여전하다.

하중도는 선사문화유적이 대량으로 매장된 곳으로 10년 가까이 중도를 지켜온 시민단체들이 수없이 사적지 지정을 요청했으나 지자체는 그때마다 낙후된 강원도 발전이라는 명분으로, 개발을 핑계로, 외자유치를 이유로 무시해 왔다.

1. 개발에 밀린 문화재구역… 이제야 '사적지 지정' 신청

2014년 매장문화재분과위원회(위원장 심정보)가 강원도에 국가사적(史蹟)으로 신청할 것을 권유했으나 거절되었다고 한다. 당시 강원도는 개발에 미쳐 있었다. 그러는 사이에 이곳에서 출토된 주먹도끼, 고인돌, 청동제 장신구, 비파형동검, 토기 등의 유물은 어느 창고에 어떻게 보관 중인지도 알 수 없다.

2023년 1월 19일, 강원도 문화유산과에 문의한 바에 의하면, 춘천시가 작년에 하중도 전체에 대한 자료수집 및 연구용역을 수행했으며, 작년 말에 춘천시로부터 사적지 지정 신청서를 제출받았고, 도에서 이를 검토한 후 부족한 사항에 대해 보완을 요청해 놓은 상태라고 답했다. 만약 보완 사항이 이루어지면 도내 문화재위원회 심의를 거치게 돼, 그 결과가 나올 것으로 기대된다. 도(道)가 춘천시에 요구한 보완사항의 내용을 문의하였지만, 비공개라는 이유로 춘천시는 구체적인 답변을 피했다.

춘천시는 강원도를 거쳐, 문화재청(국가유산청)에 국가지정문화재(사적) 지정을 신청하게 되고, '역사문화환경보존지역'으로 동시에 등록을 추진하게 된다. 2017년 문화재청은 이미 유적지 3곳을 청동기시대 환호보존구역(지도상 문화재구역 1: 청동기유적, 2: 원삼국시대, 3번: 적석총)으로 지정한 바 있다.

그러나 늦어도 너무 늦었다. 작년(2022년)부터 춘천시가 계획하고 있는 사적지정(안)을 살펴보면, 문화재청의 보존구역을 바탕으로 문화재가 다량 출토된 4곳을 '문화재구역'으로, 1곳은 '보호구역'으로 지정하는 방안이다. '현상변경 허용기준'을 3단계로 나눠 하중도 전체를 1구역, 외곽 호수와 맞은 편 마을을 2, 3구역으로 지정하게 된다. 그런데 시민단체들은 춘천시의 사적 지정안에 근본적인 문제가 있다고 보고 있다. 우선 하중도를 부분적으로 떼어서 '문화재구역'(지도상 1,2,3,4의 문화재구역)으로 정할 것이 아니라, 하중도 전체를 '문화재구역'으로 지정해달라는 것이다. 그래야 유적을 보존한다는 본래의 취지에 맞다는 것이다.

만약 그것이 현실적으로 어려우면 '문화재구역'에 반경 100m 정도라도 '문화재보호구역'으로 확대(지도에서 문화재구역 1,2,3,4에서 굵은 선으로 표시한 영역까지 추가로)해 달라고 요구하고 있다.

시민단체의 입장에서 이 요구는 너무도 간절하다. 10년 동안 지방정부와 중앙정부에 그렇게 호소해도 한결같이 소귀에 경 읽기였기 때문이다.

이런 요구의 밑바탕에는 지도상에 설정한 '허용기준' 1구역(하중도 전체), 2구역(의암호 양변), 3구역(현암리)이 사실상 의미가 없다고 본 것이다. 이런 거창한 '허용기준'보다는 실질적인 '문화재구역'이나 '문화재보호구역'이 더 값지다고 판단했기 때문이다. 시민단체들은 이를 직접 설명하기 위해 도(道) 문화재위원들과의 간담회를 요청해놓은 상태다.

강원도는 하중도(28만790㎡의 면적)에 레고랜드 시설물 외에 유적공원·유물전시박물관, 국제전시컨벤션센터, 40층 규모 민간 호텔, 휴양형 리조트 시설, 복합상가 등과 결합한 랜드마크 사업을 계획해 왔다. 결과적으로 강원도는 전임 단체장들이 개발을 용이하게 하기 위해 춘천시와 공모해 사적지 지정을 고의로 미뤄온 것을 알 수 있다.

그러면 1만년 선사(先史) 유적의 보고(寶庫)인 중도유적이 문화재청과 학계로부터 소외당한 이유는 어디에 있는가?

하중도에는 구석기유물인 주먹도끼와 주먹찌르개로부터 3,300여 기의 유구(遺構, 잔존물), 917기의 주거지, 170기의 돌무덤(고인돌), 석기, 토기, 옥기, 청동검, 청동 도끼, 금제 귀걸이 등 1만여 점의 상고시대와 고대의 유적과 유물이 쏟아져 나왔다. 가히 구석기, 신석기, 청동기, 철기를 한 눈에 볼 수 있는 고고학의 보고이다. 1가구당 10명이 살았다면, 중도의 917기의 주거지에는 9170명이 거주했다는 것을 알려 준다. 네모 난 환호(環壕, 해자)는 중도유적의 백미이다.

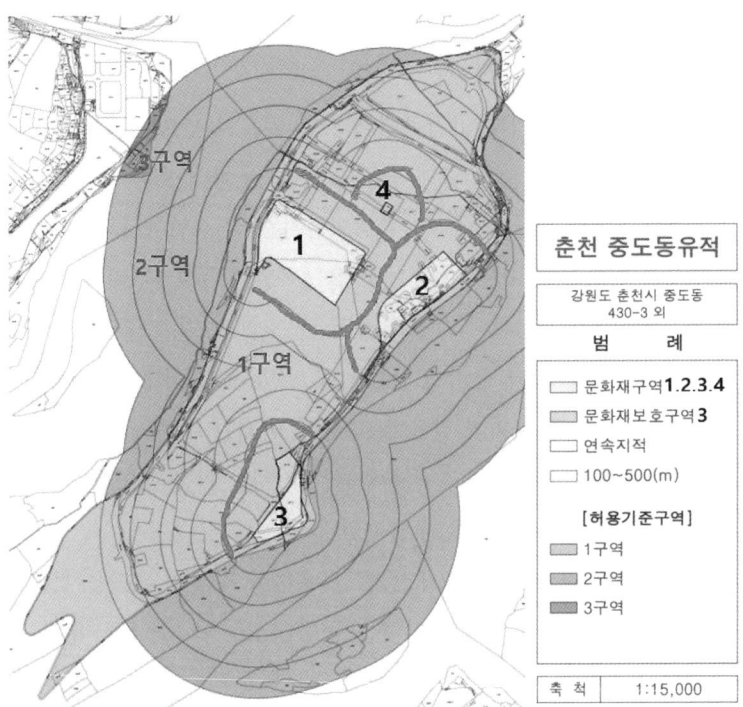

2022년 춘천시가 추진중인 사적 지성안에는 하중도를 부분적으로 떼어서 '문화재구역'(원본 지도상 1,2,3,4의 가는 선 내부)으로 정했으나 시민단체에서는 하중도 전체를 '문화재구역'으로 지정해달라는 것이며, 만약 어려우면 '문화재구역'(1~4번)에 반경 100m 정도로 '문화재보호구역'으로 확대(1,2,3,4에 굵은 바깥 선 영역까지 추가)해 달라고 요구하고 있다. (자료 /춘천시 공람자료에 필자가 숫자와 선을 추가했음)

2. 문화재 보존이냐 개발이냐 유치한 논쟁

그러나 이를 반가워해야 할 문화재청과 역사학계는 쉬쉬하며 감추기에 급급했다. 이유는 간단하다. 한국의 사학계와 고고학계가 그토록 부정해왔던 고조선 시대의 유적과 유물이 한 곳에서 대거 확인되자 그들은 충격을 받았다. 이렇게 두려운 유적지가 눈앞에 나타날 줄을 누가 알았겠는가. 자기들의 학문 성과가 거짓으로 드러날 위기에 처한 기성 학계는 문화재청과 지자체 공무원들의 눈을 가렸다. "고조선은 없다."라고 가르친 거짓말이 탄로 날까 봐 중도유적에 어린이 놀이터를 짓는 데 동의한 것이 아닌가.

대학교수나 전문가의 말이라면 선량한 것으로 믿어온 공무원들이었기에 고스란히 그들의 말에 속고 말았다. 문화재 보존이냐 개발이냐를 놓고 실랑이를 벌일 때, 원형보존기준 76점보다 월등히 높은 91.77점이 평가점수로 나왔음에도 불구하고 아무도 '우리 문화재를 지키자'는 양심선언 하나 없었다. 2014년 9월 26일, 그들은 '조건부 개발 허가'에 속아 다 같이 도장을 찍고 말았다. 말이 조건부 개발이지 그것은 문화재 파괴와 같은 말이었다. 미개한 수준의 문화의식이었다. 아프리카 사람들도 자기 문화를 그러지는 않을 것이다. 여기에는 권력이 개입됐다는 의혹이 남아있다.

비슷한 시기인 2013년 7월, 중국은 우하량 적석총 유적을 보존하기 위해 축구장 3배 크기에 달하는 돔(Dome) 공사를 완공했다. 중

2013년 7월, 중국은 우하량 적석총 유적을 보존하기 위해 축구장 3배 크기에 달하는 돔(Dome) 공사를 완공해 관람객을 받고 있다. 가운데 둥근 돌들이 우하량 2지점 3호총 원형제단이다.(사진/ 필자 2018년 5월 촬영)

국 요녕성 능원의 우하량에서 1980년대에 5천 여년 전의 유물 유적이 무더기로 발굴되자, 중국정부는 거대한 돔을 지어 보존 관리하기로 결정했던 것이다. 세계에서 오는 관람객들은 그곳을 보는 순간 유적 유물의 장구함에 고개를 숙인다. 그 현장이 고조선의 선(先)문화로 생각되고 있지만, 한국학자들은 말을 못하고 있다.

문화재 전문학자와 공무원 그리고 장밋빛 청사진으로 주민을 속이고 당선된 단체장, 여기에 해외의 거대 기업까지 들어와서 세계 최고의 역사유적지인 중도유적에 '개발'의 딱지를 붙이는 순간 하루아침에 3류 복마전이 되고 말았다. 앞에서 말한 '조건부 개발'의 하나로 복토(覆土)를 하는 조건이 있다. 복토를 허가했으나 그것을 사후에 확인하는 공무원도 없었다. 문화재가 땅속에서 썩어가도 아무 말을 하지 않았다. 고발을 해도 검사나 판사는 시민단체를 외면했다.

복토는 유적 위에 모래, 마사토, 굴착토를 겹겹이 쌓아 2.5m를 유

하중도에서 발굴된 고인돌이 잡석으로 처리돼 비닐 봉지에 묶여 야적장으로 옮겨졌다.
(사진 / 이형구 교수 자료)

지해야 한다. 그런 다음에 그 위에 시설물을 짓는 것인데, 과연 이를 제대로 지켰는지 전혀 알 수 없다. 그러는 사이 복토(覆土) 작업 중에 모래 대신에 쓰레기가 무더기로 들어갔다는 소문이 나오고, 유물들은 밖으로 내동댕이쳐지고 말았다. 먼 훗날 우리 후손들이 복토에서 생활 쓰레기를 발견하는 순간 무슨 생각을 할까?

3. 잡석 처리된 단군조선(고조선)의 고인돌들

지난 1980년 국립중앙박물관의 중도 발굴 이후 중도와 중도 인근에 대한 30차례 이상 발굴조사결과가 있었으나 별 관심을 끌지 못했다가 결정적인 계기가 된 것은 2014년 '고인돌' 발굴 보고서였다. 문화재청은 2014년 7월 28일, 레고랜드 코리아 조성 예정지 발굴조사에 대한 '강원도 춘천시 중도동에서 대규모 고인돌 발굴' 제하의 보고를 했다. 당시 언론은 매장문화재 1차 발굴조사(20만3127㎡)를 통해 고인돌(지석묘) 101기 등 총 1412기의 유구(遺構)가 발견되고, 이 중에 '둥근 바닥 바리모양토기'(圓底深鉢形土器)는 우리 민족의 기원을 밝히는 데 중요한 의미를 갖는 것이라고 호들갑을 떨었다.

그러나 고인돌은 아예 '잡석'(雜石)으로 분류돼 비닐 봉지에 묶인 채 야적장으로 옮겨졌다. 모두 170여기 중에 120기는 흙으로 덮었고, 나머지 55기는 허름한 비닐 하우스 안에 방치했다.

또 의암호 만수(滿水) 수위도 71.5m인데 72m라고 거짓말(안전한 고인돌을 물에 잠긴다고 협박하며)을 해서 고인돌을 강제로 옮기는 만행을 저질렀다. 발굴된 인골(人骨)은 어디에 있는지 알 수도 없다. 일설에는 화장하거나 불로 태웠다는 소문까지 나온 것을 보면 사실 확인이 필요한 일이다. 일일이 열거하기도 민망하다.

그동안 문화재를 관리하고, 문화재를 연구해서 생업을 유지하는 전문가들이 왜 이토록 안이한 생각으로 공무(公務)를 보았는지 도무지 알 수가 없다. 결과적으로 내국인들이 모두 자국 역사 유적지를 파괴한 주범과 종범이라는 오명을 영원히 지을 수 없게 되었다.

이번 춘천시의 중도유적지에 대한 사적(국가지정문화재) 지정 추진이 참으로 만시지탄이나 이 땅에 살아 있는 자들의 진심 어린 참회이길 두 손 모아 바란다. 더 이상 중도유적지를 망가뜨리지 말라. (2023.1.21)

※ 추기

강원도(문화유산과)의 '춘천 중도동유적' 사적 지정 신청(2023.12.19)에 대해 문화재청은 2024. 1. 16, '사적(史蹟) 지정신청자료 보완요청'을 강원도에 보낸 것으로 고운맘(청청) 스님의 민원제기(2025.3.31)로 확인되었다. 문화재청이 강원도에 요구한 보완이란 '사적으로 지정 신청한 범위의 설정근거 및 지정가치 설명자료'와 '향후 보존조치 이행계획서' 등을 추가 요구한 것이다. 1년 반이 지나도록 '자료 보완 중'이란다.

최근 춘천시의 민원 답변(2025.4.3)에 의하면, "현재 우리시는 하중도 유적에 대하여 사적 지정신청을 하였으며, 상중도 유적의 경우에는 사적 지정신청을 위해서 발굴조사 보고서의 발간 및 학계의 연구성과가 필요할 것으로 보인다"고 원론적인 답변만 했다. 이처럼 사적 지정신청은 요청→자료보완→재보완요청의 악순환 속에 세월만 가고 있고, 그 사이에 문화재는 훼손되고 있는 안타까운 실정이다. 이보다 더 급한 일이 어디 있는가. 춘천시에게 서류 보완만을 요구할 것이 아니라 이런 때일수록 문화재청(국가유산청)의 직권처리가 필요하지 않을까. 대통령의 행정명령이 발동되어야 해결될까?

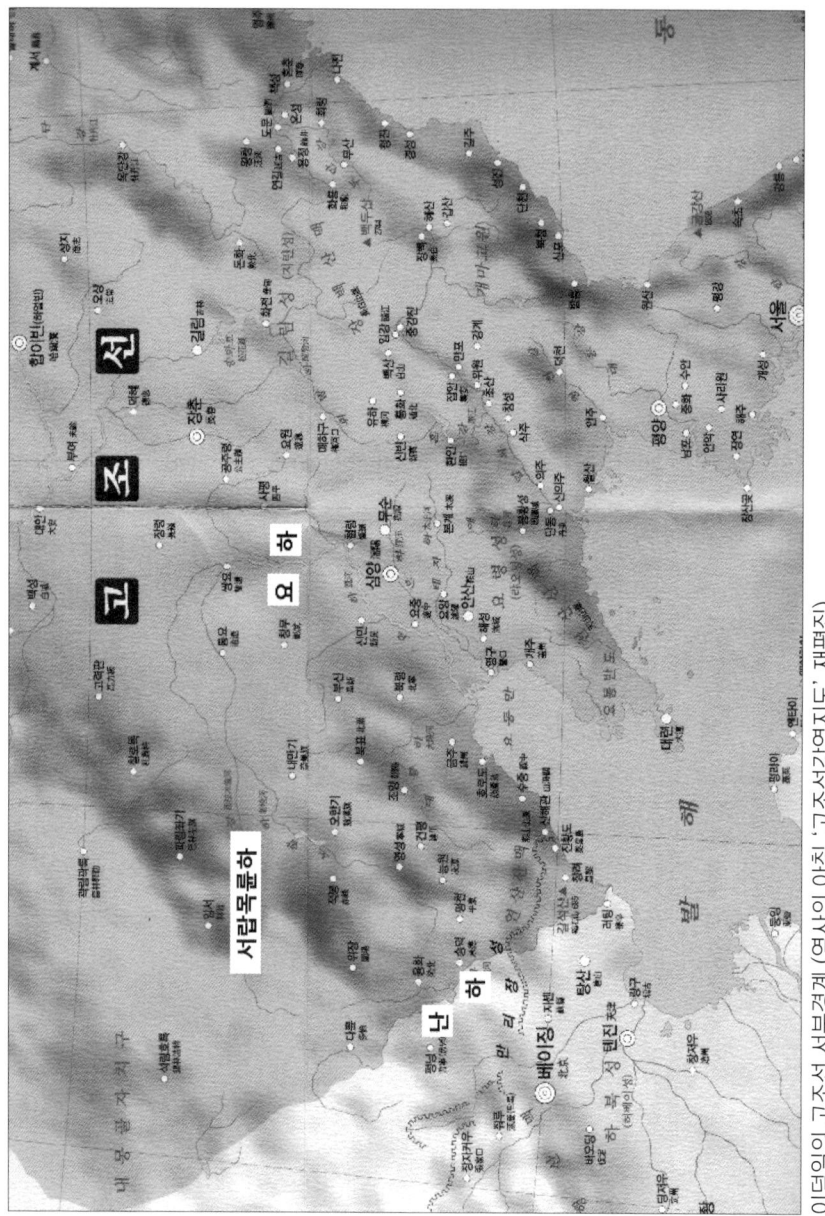

이덕일의 고조선 서부경계 (역사의 아침 '고조선강역지도' 재편집)

09
식민사학의 실제상황

임나 지명을 사용한 국립중앙박물관과 유네스코신청서(2019) · 553
유네스코, 등재 이후 '기문·다라 실체적 오류' 수용(2023) · 564
역사왜곡한 『전라도천년사』 폐기 투쟁(2022~) · 569
역사왜곡에 대한 공람의견서 제출과 답변 · 583
고조선(단군조선) 역사문화권 신설의 필요성 · 606

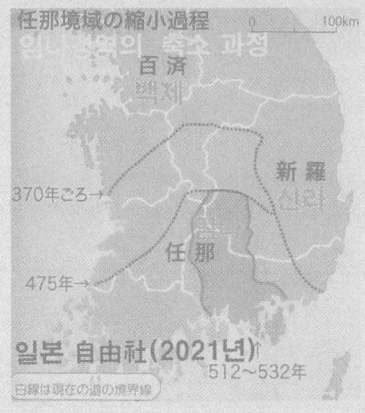

09
식민사학의 실제상황
- 조선총독부는 물러갔으나 그들이 남긴 식민사학은 1926년 이래 100년 간 한국사회를 지배하고 있다

임나 지명을 사용한 국립중앙박물관과 유네스코 신청서 (2019)

2019년 12월 3일, 국립중앙박물관이 28년만에 가야 관련 특별 전시를 가졌다. 이름도 특별한 '가야본성(加耶本性)-칼과 현'이었다. 저자는 여러 회원들과 함께 전시장을 둘러보고는 아연실색하지 않을 수 없었다.

가야본성 포스터(2019)

여기저기 치장한 연표, 안내문, 지도 등에서 일제 식민사관과 임나일본부 냄새가 물씬 풍겨 나왔다. 게다가 어렵게 서울까지 올라온 허왕후의 파사석탑은 검증 안 된 가짜요, 신화라는 이유로 갑자기 박물관에서 철수 당하는 불상사가 발생했다.

먼저 게시된 박물관 지도에는 기문(남원), 대사(하동)와 임나 7국인 가라(고령), 다라(합천), 가락(금관

가야)등이 포함돼 있다. 또 다른 지도에는 6세기 '임나일본부설'의 핵심인 임나 4현의 지명이 포함되어 있어 경악했다. 대한민국 국립중앙박물관이 일제 식민사관에 침탈당한 느낌이었다. 우리는 2020년 2월 25일, 미래로가는바른역사협의회가 주최하여 "국립중앙박물관 가야전시 역사왜곡 규탄 학술대회 및 토론회"를 한가람역사문화연구소에서 열고 당국의 맹성을 촉구했다. 이덕일 소장은 발표에서 "국민의 국고로 운영되는 국립중앙박물관에서 일본 극우파가 주장하는 정한론의 핵심인 임나일본부설을 추종하는 행태는 국민들에게 큰 충격을 주고 있다"고 지적했다. 나아가 미래로가는바른역사협의회 이름으로 가야본성의 문제점에 대해 감사원에 공익감사를 청구했고, 일본 전시회를 반대했다.

이전 정부가 국고 1조가 넘는 돈으로 이런 것을 만들려고 투입하였나 하는 의구심을 갖고 있던 차에 남원에서 또 다른 비보가 날아왔다. 남원 고분을 유네스코에 등재하는데 남원이 곧 '기문'이라는 『일

2019년 12월 국립중앙박물관이 가야 관련 특별 전시를 하며
일본서기의 지명을 인용해 그린 지도가 논란을 야기했다.
(사진 / 이찬구 재편집)

본서기』의 지명이 영문 설명서(2019년)에 들어갔다는 것이 시민단체(대한사랑)에 의해 뒤늦게 발견된 것이다. 국립중앙박물관의 지도가 그대로 유네스코 신청서에 들어간 것이다. 이제 큰일 났다고 생각했다. 곧바로 미사협 차원에서 대응책을 논의했다.

 2021년 7월 23일, 저자는 이덕일 교수, 이완영 선생과 함께 급히 남원에 내려가 남원신문이 마련한 시민특강에 참여했다. 강의가 진행되는 동안 여기저기서 탄식이 나왔다. "남원은 기문이 아니다", "합천은 다라가 아니다", "일본극우의 임나일본부설을 삭제하라"라고 외쳤다. 시민들은 이구동성으로 남원고분이 유네스코에 등재된다고 해서 좋아했으나 '이제까지 우리는 속았다'고 말했다. 저마다 가야사 복원이 아니라, 가야사를 망쳤다고 흥분했다. 이를 계기로 역사를 바로 세우자는 시민단체들이 남원, 김해, 서울 등지에서 자발적으로 일어났다. 나아가 정부와 문화재청과 식민사학자들에게 전면적으로 대응하기 위해 전국적 모임을 결성하였다. 2021년 10월 15일, "식민사관으로 왜곡된 가야사바로잡기전국연대"(대표 이용중)는 이렇게 탄생하였고, 이후 '임나지명 삭제운동'을 주도해 나갔다.

국가기관들이 주도한 기문·다라의 임나 지명

 문제의 핵심은 『일본서기』(日本書紀)의 '임나일본부설' 관련 지명을 대한민국의 국기기관인 국립중앙박물관과 문화재청(지금은 국가유산청)이 주도해 사용했다는 점이다. 아울러 국립중앙박물관의 가야본성 전시회와 문화재청의 가야고분군 신청이 서로 연계되어 주도면밀하게 기획되었다는 점이다.

 임나 지명은 국립중앙박물관의 임나 지도에 이미 기문과 다라가 공개되었으나, 우리가 모르는 사이에 '유네스코 7개 가야고분군 신청서' 가운데 남원과 합천의 이름이 '기문'과 '다라'라는 이름으로 올라갈 줄은 꿈에도 생각하지 못했다. 임나 이름으로 2019년 유네스코 본부에 잠정목록으로 제출된 영문설명서를 그로부터 2년 늦은 2021년에 시민단체에 의해 발각된 것이 그나마 다행이었다. 해당 공무원들은 그것이 일본 지명임을 알고 제출했을까? 아니면 국내 가야사 전공 학자들이 해당 공무원을 속인 것일까?

유네스코 잠정목록에 의하면, 남원 유곡리와 두락리 고분군은 "가야와 백제를 잇는 육로의 일부인 아영 분지에 있다. 이 고분은 아마도 일본 역사서인 『일본서기』에 이름이 나오는 기문국(Gimunguk)이라는 가야(Gaya) 정치체의 중앙 묘지일 것으로 추정된다."고 적고 있다. 당당하게 『일본서기Nihon Shoki』라고 다음과 같이 기록했다.

> The Namwon Yugok-ri and Durak-ri Tumuli is located in the Ayeong basin, which was part of the land route connecting Gaya with Baekje. This tumuli is presumably the central cemetery of a Gaya polity called Gimunguk, whose name can be found in the Japanese history Nihon Shoki (Chronicles of Japan). Out of the approximately 40 high-mound tombs in this tumuli, six have been subjected to research. The Yugok-ri and Durak-ri Tumuli shows the westward reach of the influence of Gaya. Tomb No. 32 of this cluster is a stone-lined tomb from the mid-fifth century that produced an animal-decorated mirror of Chinese origin and a pair of gilt-bronze shoes from Baekje. Tomb No. 34 was constructed in the mid-sixth century as a type of stone chamber tomb associated with the Baekje style.
> (유네스코 남원 유곡리 두락리 고분 신청서)

이처럼 『일본서기』에 나오는 기문(己汶)을 한국의 남원으로 지명 비정을 한 자가 이마니시(今西龍)였다. 1922년에 발표한 그는 「기문 반파고(己汶伴跛考)」(『사림』)에서 남원이 기문이라고 억지를 부렸다.

> 기(基)는 당(唐)의 음운에 '居之切'이라고 되어 있어서 음이 ki이지만 己(ko)와 통하는 것은 이론이 없다. 基汶이 己汶이 되는 것은 명백하다. 그 하구에 다사가 있는 섬진강의 옛 이름은 기문하(己汶河)였다. 이 강 이름에 의거하여 『일본서기』의 기문은 이 강의 유역에 있는 것이 명료하다. 汶을 빌려서 표시하는 말은 '水'의 방언과 말하는 소리가 같고 그 변이가 동일하므로 汶은 mil로도 될 수 있다. 조선에서 용(龍)을 mil(u)라고 부르는데 일본어의 '미츠치(ミッチ)'와 같은 말이다.
> 섬진강의 상류인 남원은 백제 시대에 고룡(古龍)으로 쓰였던 것이 『삼국사기』(지리지)에 보인다. 고룡은 ko-mil(u)로 큰 물이라는 뜻과 말하는 소리를 같이 하고 기문이라는 말과 같은 말이다. 기문은 고룡으로 쓰였고 다음에는 古를 대신해서 蛟(kyo)자를 썼다. 지금 남원의 산성을 교룡산성(蛟龍山城)이라고 써서 그 옛 이름의 자취를 남겼다. 己汶 즉 基汶이 남원인 것은 의심할 것 없다.(위가야 譯)

『삼국사기』는 모든 지명에 대해 고명(古名)과 금명(今名)을 밝혀주고 있는데, 『일본서기』는 고명과 금명의 변화에 대해 전혀 설명이 없다. 그래서 코에 걸면 코걸이, 귀에 걸면 귀걸이가 된다, 기문(己汶)이라는 말은 『일본서기』(권17, 계체)에서 "계체 10년(516) 여름 5월, 백제가 …物部連 등을 己汶에서 맞이하여 위로하고 입국시켰다"라는 구절 중에 기문(己汶)이 나온다. 기문(己汶)이 곧 남원이라는 근거는 『일본서기』에는 없다. 다만 이마니시가 특유의 고음(古音)을 비교하는 방법을 동원해 나름대로 유추했을 뿐이다. 만약 남원이 고룡

(古龍) 또는 기문(己汶)이었으면 『삼국사기』의 김부식은 동시에 같이 표기했을 것이다.

또 합천 옥전고분의 설명서에도 "이곳이 다라국(Darakguk)으로 알려진 가야 정치체의 주요 묘지였을 것으로 추정된다"고 다음과 같이 적었다.

> The Hapcheon Okjeon Tumuli was constructed along the Hwanggang River, a tributary of Nakdonggang River, on a hill that looked over large settlements of Darakguk. It is presumed that this was the primary graveyard of the Gaya polity known as Darakguk. This area grew in power after taking a leading role in the trade in the northern section of the Gaya confederacy. There are 28 high-mound tombs, 10 of which have been investigated. The Okjeon Tumuli displays a diverse range of tomb construction techniques spanning the entire Gaya period that were imported from the neighboring ancient Korean kingdoms of Silla and Baekje. This speaks volumes about Darakguk's position as a regional trade hub.(유네스코 합천 옥전고분 신청서)

합천(陜川)을 다라(多羅)라고 비정한 자는 스에마쓰(末松保和)였다. 그는 1949년 초판(1956년 재판) 발행한 『임나흥망사』(「기사년의 사실」)에서 합천 등 몇 군데 지명을 아래와 같이 비정했다. 여기서 기사(己巳)년은 369년을 말한다.

(1) 비자발(比自鉢)은 이 기사년 기사에만 나오는 지명인데 『삼국사기』의 비자화군(比自火郡) 또는 비사벌군(比斯伐郡)에 해당함이 확실하다. 지금의 경남 창녕(昌寧) 땅이다.
(2) 남가라는 아래 (7)의 가라와 대비되는 곳으로 『삼국사기』 김유신전(金庾信傳)에 보이는 '남가야(南加耶)'에 비정된다. 경남 김해 땅이다.
(3) 탁국은 『삼국사기』의 달구화(達句火), 달벌(達伐)로 보기 쉬우나 후술하듯 달구화는 탁순이다. 탁국은 그 남쪽 3리 정도 떨어진 압독군(押督郡)으로 봐야 한다. '압독'의 '독'은 '탁'과 통하며, '압'은 남쪽 또는 앞(前, 한국말 ap)을 뜻한다. 달구화의 지리에 어울리는 이름이다. 경북 경산군(慶山郡) 땅이다.
(4) 안라는 『위지(魏志)』 한전(韓傳)의 변진(弁辰) 안야국(安邪國), 『삼국사기』의 아시량국(阿尸良國), 아나가야(阿那加耶)이다. 〈호태왕비〉에는 그대로 '안라'라고 나온다. 경남 함안(咸安) 땅이다.
(5) 다라는 『삼국사기』의 대량주(大良州), 대야주(大耶州), 다벌(多伐)이다. 경남 합천(陜川) 땅이다.
(6) 탁순은 탁순(啄淳)이라 쓰기도 한다(긴메이 5년[543년] 조). 앞서 보았듯 일본군 집결지이고, 후술하나 백제가 일본에 보낸 최초 사신이 도래한 곳이다. 따라서 전술한 달구화로 보는 것이 가장 자연스럽다. 경북 대구 땅이다.
(7) 가라는 남가라와 상대되는 이름으로 생각되며, 『삼국사기』의 대가야 곧 경북 고령 땅이다.

다음으로 서쪽 정복지로서 '남만 침미다례'(일본명 도무다레)가 있다. 이를 하나의 지명으로 보면 중심은 '침미'(도무)이며, 후보지는 『삼국사기』 지리지의 무주(武州) 도무군(道武郡)과 그 속현인 동음현(冬音縣)이다. '도무와 동음'은 각각 군과 현으로 구별되지만 본디 '도무'에서 갈라진 곳으로 그 일대가 '도무' 땅이었음을 보여준다. 전남 서남단 강진(康津) 지방이다. 다만 '남만'이라는 수식어가 붙은 까닭에 '침미'는 다른 곳일 수도 있다. 그래서 두 번째 후보지를 찾는다면 제주도가 아닐까 생각한다. (김봉진 교수 번역 제공)

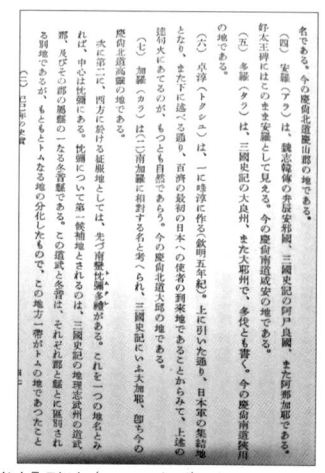

『임나흥망사』(1961년 판) 안라, 다라부분

스에마쓰는 위(5)와 같이 다라를 "『삼국사기』의 대량주(大良州), 대야주(大耶州), 다벌(多伐)이다. 경남 합천(陜川) 땅"이라고 보았다. 합천이 다라가 아니라 다라가 합천이라는 것이다. 기문과 다라 공히 국가의 문헌 자료에 없는 것을 20세기에 어느 학자가 임의로 비정한 것을 국가가 제출하는 유네스코 문서에 올릴 수 있겠는가. 그것도 내국인도 아니고 당시 침략자의 입장에 있었던 가해자의 주장을 인용한다는 것 자체가 성립되지 않는다.

사실 국내자료도 아니고 유네스코에 제출된 신청서에 지명이 틀렸다고 수정을 요청한다는 것은 국제적으로도 망신이지만, 거의 불가능한 일이다. 그러나 시민단체들의 요구는 단호했다. 임나 지명을 수정 삭제하든지 아니면 유네스코 신청 자체를 취소 철회하라고 요구하는 시민단체와 문화재청 간의 치열한 싸움은 2년 여 동안 계속되었다.

2021년 11월 15일, 남원시립도서관 4층 지리산소극장에서는 전북과 남원시 주최로 "남원가야유적의 역사적 성격"이라는 주제토론이 열렸다. 쌍방 간에 어떤 접점을 찾아보자는 취지였다.

남원 운봉의 기문국, 장수의 반파국을 강하게 주장해온 곽장근 교수는 "운봉고원은 철의 생산부터 주조기술까지 하나로 응축된 철의 테크노밸리로 추론했다. 현재까지 운봉고원에서 그 존재를 드러낸 제철 유적은 40여 개소에 달한다. 우리나라에서 단일 지역 내 제철유적의 밀집도가 가장 높다. 운봉고원 일대에 180여 기의 마한 분구묘와 가야 중대형 고총, 금동신발과 청동거울 등 위세품이 출토됨으로써 기문국의 존재를 고고자료로 뒷받침해 주었다."고 주장했고, "삼국의 위세품과 중국계, 왜계 유물이 함께 공존하는 곳은 모든 가야 영역에서 기문국이 유일하다"고 강조했다. 남원 유곡리와 두락리가 기문국의 마지막 도읍지라고 부연할 정도로 남원 기문국을 옹호했지만, 그곳이 왜 기문인지에 대하여는 설명하지 못했다. 심지어 곽 교수는 그날 가야의 42년 건국 사실을 묻는 박찬화 선생의 거듭되는 질의에 대해 답변하지 않았다.

반론에 나선 이덕일 소장은 "임나일본부설의 수립 근거인 『일본서기』 신공 49년조는 야마토왜에서 신라를 공격했다는 기사이지 가야를 공격했다는 기사가 아니다. 신라를 공격했는데 망한 것은 가야라는 기사다. 이른바 임나 7국의 위치는 일본 열도에서 찾아야지 한반도 남부에서 찾을 수 없다."면서 "만약 가야가 369년에 멸망했다면 금관가야의 왕통이 바뀌어야 하는데, 『가락국기』에는 가야의 이시품왕이 346년~407년까지 재위했다고 기록했다. 369년에 한반도 남부에 야마토왜가 이른바 임나 7국을 정벌한 사건 따위는 없었다."고 반박했다. 이어 "호남가야, 즉 호남임나의 논리를 만든 것은 이마니시 류, 아유카이 후사노신 등의 일본인 식민사학자들이다. 『일본서기』에 나오는 지명은 일본 열도에서 찾아야 하는데, 이들은 고대 야마토왜가 한반도 남부를 지배했다는 그릇된 결론을 가지고 한반도

기문국 지명을 삭제하라는 남원시민들의 가두행진(2021.9.9.)

남부에서 찾았다."며 강단사학계가 주장한 호남가야설을 원천적으로 부정했다.

또 2022년 6월 30일, 경남도의회가 주최한 "가야사쟁점학술토론회"도 찬반 토론이 격하게 계속되었는데, 모 교수가 '알에서 태어난 김수로왕, 그리고 허황후는 신화라서 믿을 수 없다'는 취지의 답변으로 토론장은 아수라장이 되었다.

한국 역사학자들의 공통점은 가야의 실존을 근본적으로 부정하고 그 빈 자리에 임나가 들어가야 한다는 신념에 가득 차 있는 것 같은 느낌을 두 번의 토론회장에서 목도했다. 국립중앙박물관의 가야연표에도 김수로왕이 누락되었는데, 이 문제가 국회에서까지 논란이 돼 뒤늦게 김수로왕의 건국이 수정 표기되는 어처구니없는 일도 있었다. 저자도 2022년 1월 15일, 남원가야역사바로알기시민모임의 초청으로 가야사의 왜곡을 중심으로 강의를 한 적이 있다. 거리 시위를 주도하고 있는 남원시민의 열정이 역사혁명을 이룰 기초가 되고 있다며 역사주권을 함께 회복하자고 강조했다.

한국이 신청한 7개 가야고분군의 유네스코 등재 발표가 우크라이나 전쟁 등으로 몇 차례 연기되는 우여곡절이 있었다. 이런 발표 연기가 시민단체에게는 유리하게 작용했다. 2023년 9월 확정 발표를 앞두고 문화재청과 시민단체가 〈국가의견서〉의 최종 작성을 위해 원만한 합의를 이끌려고 노력하고 있었지만, 혹시라도 잘못될까 봐 시민들과 시민단체들의 속마음은 타들어 갔고, 마음을 놓을 수가 없었다.

저자는 2022년 4월 윤석열정부 인수위에 가서 시민단체들과 함께 기문, 다라의 임나 지명을 삭제하는데 앞장섰다. 그 결과 당시 문화재청에서 이를 수정하여 유네스코에 보내기로 서로 간 합의를 극적으로 도출하는데 성과를 거두었다. 남원 기문은 '운봉고원 일대의 가야정치체'로, 합천 다라는 '쌍책지역 일대의 가야 정치체'로 용어를 수정하였다. 만약에 대비해 유네스코 본부에 영문 호소문을 발송하기도 했다.

마침내 가야 7개 고분군이 2023년 9월 17일, 유네스코 등재에 성공했다. 이날 제45차 세계유산위원회는 「가야고분군」을 세계유산으로 등재하면서 "주변국과 자율적이고, 수평적인 독특한 체계를 유지하며 동아시아 고대 문명의 다양성을 보여주는 중요한 증거가 된다는 점에서 '탁월한 보편적 가치'(Outstanding Universal Value, OUV)가 인정된다"고 평가했다. 감격적인 순간이었다. 최종 등재되기까지 국내는 물론 파리 현지에서도 김상태 박사를 비롯해 많은 동포분들의 헌신이 뒤따랐다. 막판에 지역 국회의원들의 지지 서명도 도움이 되었고, 문화재청 실무진들도 협조에 동참했다. 단지 아쉬운 것은 가야의 건국 연대를 CE 42년으로 명문화하지 못한 것이다. 물론 국제적 망신을 자초한 가야관련 학자들은 끝내 기문, 다라 지명 수정 운동에 참여하지 않았다.

유네스코에 등재된 고분군은 고령 지산동 고분군, 김해 대성동 고분군, 함안 말이산 고분군, 고성 송학동 고분군, 창녕교동 송현동 고분군, 합천 옥전 고분군, 남원 유곡리 두락리 고분군 등이다.(2023.10.6. 및 2025.5.)

유네스코, 등재 이후
'기문·다라 실체적 오류' 수용(2023)

시민단체가 승리했다. 역사운동 시민단체와 문화재청·학계가 첨예하게 대립되었던 임나일본부설의 '기문', '다라' 지명이 국제적으로 인정받지 못하고 삭제되었다.

그동안 시민단체는 기문, 다라의 두 지명이 일본 제국주의 침략용어인 동시에 이 지명의 근거가 된 임나일본부설 자체가 거짓이라는 이유로 삭제를 줄기차게 요구해왔고, 유네스코가 이를 수용한 것이 홈페이지 자료(WHC./23/45.COM/INF.8B4)에서 확인됐다.

2023년 9월 17일 한국의 7개 가야고분군이 유네스코 세계문화유

2023년 9월 유네스코에 등재된 남원 유곡리와 두락리 고분군
(南原 酉谷里와 斗洛里 古墳群) (사진 / 문화재청)

산으로 등재가 확정되었지만, 남원과 합천 고분의 경우는 일제 식민지 지명인 기문(기문국)과 다라(다라국)로 유네스코 잠정목록에 표기돼 논란이 끊이지 않았고, 등재확정 이후에도 이 두 지명이 실제로 삭제되었는지 여부를 놓고 관심이 고조되었는데, 결국 유네스코가 기문, 다라 지명에 '실체적(사실) 오류(FACTUAL ERRORS)가 있다'는 것을 수용하고, 편집 수정(편집 상의 변경)할 것을 권고했다.

이에 따라 당사국인 한국의 문화재청이 기문, 다라로 표기된 관련 문서들을 수정(삭제)하여 등록할 수 있게 되었다.

유네스코는 자체 홈페이지에 한국의 가야고분군에 대한 평가를 담은 '자문 기관 평가의 사실 오류 제출 양식(운영지침 제150조에 의거)'을 공개했다. 이 평가는 유네스코 자문 기구인 이코모스에서 한 것이다. 국제기념물유적협의회(ICOMOS)는 국제적인 문화재를 보호·보존하기 위해 세워져 세계유산위원회와 유네스코의 자문기관으로 활동하는 권위있는 비정부기구이다.

ICOMOS, 기문 다라의 '편집상의 변경'을 인정한다

한국의 가야고분군에는 오류가 몇 가지 있는데, 그 중에 기문, 다라 지명에 관한 지적 내용은 다음과 같다. 남원과 합천의 지명은 기문, 다라로 한정할 것이 아니라, '유연하게 설명할 것을 제안'하고 있다. 이에 대해 이코모스는 "(87페이지에서) 다라국과 기문국 정치체의 이름이 신청서 서류 전반에 걸쳐 다양한 경우(경우에 따라 다르게)에 사용되었다고 지적"하고, 이러한 이유로 "편집상의 변경을 인정한다"(ICOMOS acknowledges this editorial change)고 밝혔다.

2023년 10월 10일 취재에 의하면, 라자르 에룬두 아쏘모(Lazare EloundouAssomo) 유네스코세계문화유산센터 위원장도 "대한민국의 '가야고분' 지명 등록 제안 평가 과정에서 다라국과 기문국 명칭에 대해 여러분(한국의 시민단체)이 문제를 제기한 사실도 주목한다"고 언급한 바 있다. 유네스코 내에서 기문, 다라의 식민지 지명에 주목한 것은 침략 전쟁을 반대하는 유네스코의 정신에 기인한 것으로 해석할 수 있다.

그동안 기문과 다라의 삭제를 두고 문화재청과 시민단체간에 오랫동안 논의가 진행되어 왔다.

문화재청은 가야사전국연대 등 시민단체의 건의를 받아들여 "유네스코에 '다라국'을 '쌍책지역 일대의 가야 정치체'로, '기문국'을 '운봉고원 일대의 가야정치체'로 (수정)표현하겠다"고 공문(2022년 5월 9일)을 통해 밝힌 바 있으며, 이어 6월 2일에는 문화재청이 남원시청, 유네스코추진단과 시민사회연석모임(가야사전국연대, 전라도민연대 등)과의 면담에서 기문과 다라를 삭제해서 '최종국가의견서'를 제출하겠다고 약속한 바 있다.

Page 87, left column, paragraph 1, line 4	Research at approximately 780 burial grounds as well as the historical records point towards the existence of seven polities belonging to the Gaya Confederacy: Geumgwanaya, Aragaya, **Daraguk**, Daegaya, Sogaya, **Gimunguk**, and Bihwagaya.	Research at approximately 780 burial grounds as well as the historical records point towards the existence of seven polities belonging to the Gaya Confederacy: Geumgwangaya, Aragaya, Daegaya, Sogaya, Bihwagaya, and the Gaya polities respectively located in the present-day Ssangchaek area and Unbong Plateau area. * As explained in the documents the State Party has additionally submitted, names referring to the Gaya polities responsible for the formation of the	ICOMOS notes that the names of the Daraguk and Gimunguk polities have been used on different occasions throughout the nomination dossier. ICOMOS acknowledges this editorial change.
		Okjeon Tumuli and the Yugok-ri and Durak-ri Tumuli differ across historical records (because place names were variously described during the process of oral transmission and of producing manuscripts). Given this, the State Party proposes to describe these two polities more flexibly as suggested above. The State Party considers that the existence of diverse names for referring to the individual Gaya polities has no bearing on any attributes of the property that convey its Outstanding Universal Value.	

한국 가야고분군에 대해 유네스코가 밝힌 원문자료 일부 발췌부분이다.
(자료명 WHC./23/45.COM/INF.8B4)

하지만 시민단체 측에서는 이런 수정 제출안이 유네스코에서 제대로 받아들여질지에 관심이 집중되었고, 정부가 노력하는 한편으로 시민단체 차원에서도 이를 확실히 하기 위해 유네스코 본부에 지속적으로 수정건의를 진행한 결과 최종적으로 이코모스가 '수정을 인정'한 것으로 분석된다.

이에 따라 모든 유네스코 관련문서에서 기문은 '운봉 고원 지역의 가야 정치체'로, 다라는 '쌍책지역 일대의 가야 정치체'로 편집 수정할 것으로 보인다.

한편 식민사관청산가야사전국연대 등 시민단체는 기문, 다라 삭제에 관한 유네스코 등재 경과를 보고하고 향후 대책을 세울 예정이다. 현재 진행 중인 『전라도천년사』에도 이번 유네스코의 수용 권고가 상당한 영향을 줄 것으로 보인다.

다음은 한국 가야고분군에 대해 유네스코가 밝힌 원문자료(일부 발췌)와 번역이다.

> 〈원문1〉 Page 87, Research at approximately 780 burial grounds as well as the historical records point towards the existence of seven polities belonging to the Gaya Confederacy: Geumgwangaya, Aragaya, Daegaya, Sogaya, Bihwagaya, and the Gaya polities respectively located in the present-day Ssangchaek area and Unbong Plateau area.
> * As explained in the documents the and State Party has additionally submitted, names referring to the Gaya polities responsible for the formation of the Okjeon Tumuli and the Yugok-ri and Durak-ri Tumuli differ across historical records (because place names were variously described during the process of oral transmission and of producing manuscripts). (the rest is omitted)

▶ (87쪽) 약 780개 매장지 및 사료 조사 결과, 금관가야, 아라가야, 대가야, 소가야, 비화가야, 그리고 현재의 쌍책 지역과 운봉고원 지역에 각각 위치한 가야의 7개 세력이 가야연맹에 속해 있음을 알 수 있습니다.

* 당사국이 추가로 제출한 문서에 설명된 바와 같이, 옥전 고분군과 유곡리 고분군, 두락리 고분군을 조성한 가야 정치체를 지칭하는 명칭은 사료에 따라 다릅니다(구전과 필사 제작 과정에서 지명이 다양하게 기술되었기 때문이다).
이를 고려하여 당사국은 위에서 제안한 것처럼 이 두 정치체를 보다 유연하게 기술할 것을 제안합니다. 당사국은 개별 가야 정치체를 지칭하는 다양한 명칭이 존재했다고 해서 해당 유산의 탁월한 보편적 가치를 전달하는 속성에 아무런 영향을 주지 않는다고 생각합니다.

〈원문2〉 (Page 87), ICOMOS notes that the names of the Daraguk and Gimunguk polities have been used on different occasions throughout the nomination dossier.
ICOMOS acknowledges this editorial change.

▶ ICOMOS는 (87페이지에서) 다라국과 기문국 정치체의 이름이 등재 신청서 전반에 걸쳐 경우에 따라 달리 사용되었음을 지적합니다. ICOMOS는 이러한 편집상의 변경을 인정합니다. (2023.10.10.)

※ 후기

최근 유네스코본부 홈페이지에서 가야고분을 검색해보니, 본문에는 이상이 없으나 링크된 7개 고분군 상세설명문에는 끝내 기문, 다라가 삭제되지 않아 국가유산청(문화재청)에 수정을 촉구했다.

역사왜곡한 『전라도천년사』 폐기 투쟁(2022~)

유네스코 등재문제가 잠잠한가 했더니 더 큰 일이 터졌다. 고려 현종 9년(1018년)에 오늘날의 '전라도' 명칭이 정해진지 1천년을 기념하여 저술한 『전라도천년사』에 임나 지명사용이 드러나 논란이 되었다.

전북·전남·광주 등 호남권 3개 광역 지자체가 손잡고 24억원을 들여 2018년부터 5년 동안 추진해온 『전라도천년사』가 '임나일본부설'에 휘말리게 됐다.

일본이 한반도 남부를 지배했다는 임나일본부설의 근거로 이용돼 온 『일본서기』의 지명들이 『전라도천년사』에 서술되었다는 것이 시민단체(임승렬·양경남 등)가 요청한 행안부 정보공개청구 자료로 2022년 12월 16일 드러났다. 저자도 정보공개자료를 요청해 확인했다. 자료에 의하면 "남원지역은 양직공도에서 백제의 소국인 기문국으로 알려진 곳이었다"고 서술한 것이 드러난 것이다. 유네스코 사태와 같은 일이 반복 발생한 것이다. 이에 시민단체들은 12월 21일로 예정된 『전라도천년사』 출판기념식의 연기를 요청하였고, 주관 지자체인 전북도청이 이를 즉각 받아들였다. 문제가 된 『전라도천년사』를 E-북으로 먼저 공개해 제기된 문제에 대한 검증과 검토과정을 거쳐 의견을 수렴하는 단계를 추가하겠다고 밝혔다.

광주시와 전라남북도가 공동 발간예정인 『전라도천년사』에서 우리가 크게 우려한 것은 지명이다. 지명에 관해서는 그것이 자칫 한일관계에 있어서 지배와 피지배의 관계를 서술하는 데 악용될 소지가 있기 때문에 매우 민감하게 대응하는 것이다.

2023년 7월 26일, 바른역사시민연대와 500만전라도민연대 등 시민단체들은 광주에서 성명을 통해 "대한민국 역사학자가 대한민국

역사와 전라도 역사를 식민사관으로 왜곡하고 분절하였다. 식민사관이 차고도 넘치는『전라도천년사』를 목도하는 시민사회와 광주시민은 참담한 심정"이라며 "『전라도천년사』34권 전권을 즉각 폐기하고 편찬위원회는 국민과 호남민에게 공개사과하라"고 촉구했다.

이보다 앞서 TV토론도 열렸다. 2023년 5월 26일, 광주MBC 주관으로 전라도천년사편찬위원회(이근우, 이강래) 측과 시민단체(이덕일, 박형준) 측이 역사왜곡과 임나지명을 놓고 열띤 토론을 벌였다. 이어 6월 27일에는 전주KBS 주관으로 양측(조법종, 강봉룡/이찬구 박형준)의 토론이 벌어졌다.

『전라도천년사』34권 중에서 특히 문제가 된 곳은 선사·고대편의 3권이다. 내용 확인 결과 전라도를『일본서기』의 임나일본부 지명으로 바꾸는 결정판이 되고 말았다. 일본의 임나 지명이 망령처럼 되살아 난 것이다.

『전라도천년사』의 남원 기문(己汶)을 보자. "기문하가 섬진강이고 기문지역을 흘러가는 강을 기문하라고 한다면, 기문은 남원지역으로 비정되는 것이 확실하다"고 했다(3권, 57쪽). 이렇게 기문하가 섬진강이고 기문이 곧 남원이 확실하다는 신념적인 표현은『일본서기』에 기초한 것이지 학문적 검증을 거친 것이 아니다.

이어『전라도천년사』는 침미다례와 고해진을 강진(3권 21쪽)으로 보거나 또는 침미다례를 해남, 강진, 나주 등으로 보았다(3권, 255쪽).

또 침미다례와 관련된 4읍이 나온다. 비리(比利)·벽중(辟中)·포미지(布彌支)·반고(半古)의 위치에 대해 각각 정읍, 김제, 고부, 부안 일대를 4읍으로 보고 있다(3권, 401쪽). 벽중은 김제가 맞다고 강조한다(3권, 403쪽).

선사·고대 3권 곳곳에는 임나 4현인 상다리(上)·하다리(下哆唎)·

사타(娑陀)·모루(牟婁)가 나온다. 상다리는 여수반도, 하다리는 여수 돌산, 사타는 순천시, 모루는 광양시로 새롭게 비정하고 있다(3권, 225쪽). "순천 일대를 임나사현의 사타와 연결시키는 것은 문제가 없다고 판단한다"(3권, 227쪽). "임나4현의 하나인 모루의 중심지는 광양읍으로 비정하고 있다"(3권, 233쪽) 등등 모두『일본서기』에 기초하였으되, 어느 것도 국내 문헌과 일치하는 지명이 없었다.

처음에 스에마쓰가 광주-영암 일대를 '다리'라 하고, 구례를 '사타'라 하고, 영광-고창(함평) 일대를 '모루'라 한 것을『전라도천년사』의 집저자들이 여수, 순천, 광양으로 수정하였다. 집저자들은 대단한 것의 발견인 양 자화자찬하겠지만, 임나 지명을 한반도라는 공간 틀 안에서 A를 B로 바꾼들 무슨 의미가 있는가?

또 집저자들은 "동한(東韓)의 땅을 백제가 섬진강으로 나가는 진출로로 보고, 이림을 임실로, 고난을 진안으로, 감라는 용담(또는 곡성)으로…전라도 내륙의 요지로 추정하였다"(3권 28쪽)라고 기술하고 있다.

또『전라도천년사』선사고대 3권 266쪽을 보면『일본서기』신공 49년 기사의 임나 7국을 경상도로 비정하였다.

이처럼 인명이 중요한 만큼 지명이 얼마나 중요한지는 재론이 필요 없다. 지명에 관한 한『일본서기』는 우리의『삼국사기』를 따라올 수 없다.『삼국사기』는 철저하게 옛 지명(古名)과 지금 지명(今名)을 병기해 주고 있다. 그래서 혼동이 일어나지 않는다. 남원의 백제 시기의 옛 지명은 '고룡(古龍)'이다. 이 틈새에 기문이 들어올 자리가 없다. 남원 관련 지명에 기문은 있지도 않다.

일본 식민학자들과 여기에 동조한 국내학자들이 지명 비정에 사용한 방법은 문헌 근거가 아니라, '음상사(音相似)'다. 남원이 기문이 되는 근거도 음상사 비교법이 유일하다. 즉 '음이 비슷하면 서로 같

광주, 전라남북도가 공동 발간 예정인 『전라도천년사의 선사·고대 3권은
전라도를 일본서기의 임나일본부 지명으로 바꾸는 결정판이다.
(지도/이찬구 편집)

은 곳이다'라는 억지 발상이다. 거듭 말하지만 남원의 '고룡'이 일본인을 위해 '기문'으로 불려야 할 하등의 이유가 없다.

 차제에 우리는 같은 발음과 같은 한자의 지명이 한반도에서 왜 나타나지 않는가를 생각해야 한다. 예를 들어 일본 오사카의 백제를 보자. 백제궁, 백제신사, 백제교, 백제강, 백제소학교가 지금도 있다. 임나가 있었다면 예컨대, 임나 7국, 임나 10국, 임나 4현이 한반도에 존재했다면 같은 한자의 동일한 지명이 몇 개라도 나와야 하는 것이다. '임나'라는 지명이 하나라도 남아 있어야 한다. 물론 학계는 강수열전, 광개토태왕비문, 진경대사탑비의 임나를 들어서 임나가 한반도에 있었다는 주장도 했으나 설득력이 없었다.

 예를 들어 임나 4현 중 하나인 '모루'(牟婁) 역시 일본열도에서 동일한 한자 지명(和歌山縣 西牟婁郡)이 여러 곳에서 찾아진다. 이처럼 일본열도에서 먼저 찾아야 순서가 맞다. 그 찾아진 모루 주변에서 다른 3현을 찾아보는 노력이 우선시 되어야 한다. 이런 방법과 순서가 국고 지원을 받는 한국학자들이 수행해야 할 학문 자세라고 본다.

독도를 '다케시마'로 바꿔 부를 수 없는 것처럼 남원을 『일본서기(日本書紀)』에 나오는 '기문'이라고 말할 수는 없는 것이다. 마찬가지 이유로 장수를 '반파'라 해도 안 되고, 해남을 '침미다례'라고 해서는 안 된다는 것이 시민단체들의 주장이다.

이처럼 식민지를 체험한 국민들에게 『삼국사기』에도 없는 『일본서기』의 임나(任那) 지명을 억지로 끌어들이는 것은 분노를 넘어 매국행위로 비칠 수 있다. 일본지명을 써 놓고 우리 국민들에게 일본 지리 공부를 하라는 것은 한국학자들의 교만이며 망상이다. 일본 지명의 뿌리가 된 것은 『일본서기』에서 나온 '임나일본부설'이다. 그러면 임나일본부를 위한 임나 지명은 어떻게 조작되었는지 알아보겠다.

쓰다 소키치 - 경상도를 임나 지명으로 처음 바꾸다(1913)

조선을 침략한 일제가 맨 먼저 한 일은 역사를 바꾸는 일이었다. 단군을 부정해 위만을 강조하고, 한사군을 평양에 그려 최씨낙랑국을 가리고, 가야(加耶)를 덮어 임나를 그렸다. 우선 지명을 바꾸기 시작했다. 남해를 침미다례, 고성을 고차, 구포를 남가라로 고쳤다. 문제는 침미다례니 고차 등이 이전부터 있었던 지명이 아니라, 일제에 의해 1913년부터 그 지명이 처음으로 사용되기 시작했다는 점을 간과해서는 안 된다.

여기에 앞장선 자가 쓰다 소키치(津田左右吉:1873~1961)이다. 그는 처음에 "신공왕후 신라 침공설은 허위이다. 초대 신무(진무)천왕부터 9대 천왕까지는 역사에 없는 조작이다."고 강하게 주장했다. 그러나 그가 황국사관을 완전히 버리고 이런 양심고백을 한 것이 아니다. 그는 "왕실의 존엄과 일본 국체를 위해 『일본서기』를 비판했다"고 고백했다. 이 일로 출판법위반 유죄판결을 받았지만, 그가 받은 유죄판결은 학자로서의 양심을 보여준 것이 아니라, 천왕에 대한 충성심으로 받아들여졌다. 그의 처음 고백대로 일본 천왕들의 역사는 조작이었다.

그러나 이들은 거짓을 감추기 위해 조작과 조작을 반복했다. 소위 '신이 세운 일본'(神國日本)을 중심으로 고대사를 복원하여 역사를 서술한다는 황국사관(皇國史觀), 곧 '야마토왜 중심 사관'으로써 야마토왜(大和倭)가 한반도 남부 즉 경상도와 전라도를 과거 200년 동안 지배했다는 주장을 더욱 공고히 했다.

홍윤기 교수에 의하면, 『일본서기』의 기록이 개찬, 조작되었다는 것은 일본 학계의 통설이라고 했다. 19세기 말의 저명한 고대사학자로 『고대일본지명사전』을 남긴 요시다 도고(吉田東伍, 1864~1918)는 "『고사기』며 『일본서기』는 터무니 없다. 신무천왕 건국 문제뿐 아

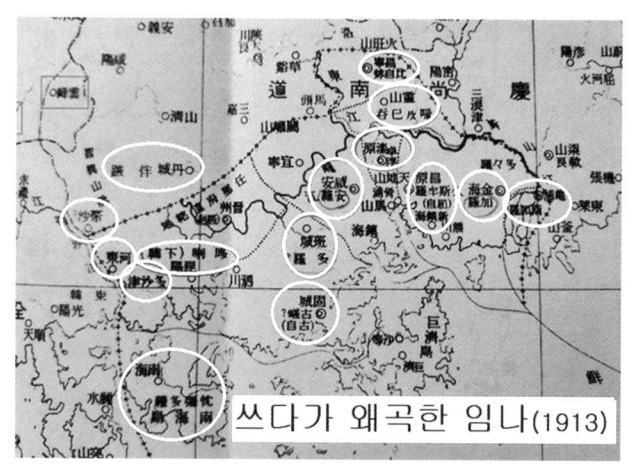

1913년 쓰다 소키치가 경상도 일대를 『일본서기』의 임나 지명으로 처음 고쳤다.
쓰다는 남해를 침미다례, 고성을 고차, 구포를 남가라로 고쳤다.
(출전 : 『조선역사지리』 上 1913, 이찬구 재편집)

니라 거기 쓴 것은 전부 거짓말이다."라고 주장했다.

황국사관(皇國史觀)은 학자들의 학술행동에서 나온 것이 아니라, 천왕을 숭배하는 집단의 충성기록이라는 것이다. 한국학자들은 이점을 신랄하게 비판하지 않고 쓰다의 말만 인용하여 논문을 쓴다. 일본인의 논문을 인용했기 때문에 국제적인 인증을 받았다고 자위하는 것일까.

쓰다는 1913년에 경상도 일대를 『일본서기』의 임나 지명으로 모조리 바꾸었다.

쓰다는 『삼국사기』 지명을 못 믿겠다는 것이고, 왜가 경상도 일대를 식민지 지배했다는 확증을 삼기 위해 『일본서기』에 있는 임나 지명만을 곳곳에 박아놓았다. 제국주의 망상에서 나온 지명이고, 천왕에게 봉헌하기 위해 고친 지명들이다. 쓰다가 임나 지명으로 변경, 조작한 경상도의 주요지명은 다음과 같다.

구포→남가라, 김해→가라, 함안→안라, 고성→고차, 창녕→비자발, 하동→다사진, 남해→침미다례 등이다.

조선총독부는 보통학교 『국사』 교과서에 '임나' 그려

조선총독부는 1937년 신공왕후가 신풍(神風)으로 삼한 정벌을 했다고 꾸미기 위해 당시 보통학교 『국사』 교과서에 변한(弁韓)의 가야(伽倻) 대신에 '임나(任那)'로 표기한 조선 지도를 가르쳤다. 다시 말해 신공이 재위 49년(249년)에 야마토왜의 왜군을 보내 신라를 공격하고, '비사벌, 남가라, 탁국, 안라, 다라, 탁순, 가라'를 점령했다는 것이다. 이것이 이른바 '임나일본부설'의 하나인 '임나 7국'의 근거가 된다. 가야는 없고 임나만 남은 것이다.

아울러 일제 군국주의자들은 '신라 천일창(天日槍)의 후손'인 신공(神功)을 통해 오히려 반(反)신라 정서를 고양시키기 위해 신공의 '신라 침공설'을 퍼뜨렸다. 천일창 설화는『일본서기』와『고사기』(天日之矛)에 자세히 전해 온 반면에 우리 측 사료에는 전혀 없다. 신라 사람 천일창은 일본에 무기 제작과 벼농사, 곰신단(熊神壇)을 전해주었다.

스에마쓰 야스카즈 … 전라도를 임나 지명으로 바꾸다(1949)

쓰다 이후로 임나의 강역이 넓어지기 시작했다. 경상도에서 전라도까지 임나 영역이 확대된 것이다. 소위 말해서 '전라도 임나' 또는 '호남 임나'가 새로 생긴 것이다.

명성황후 시해 사건에 어떤 연관이 있는지 정확하진 않지만 아유카이 후사노신(鮎貝房之進 : 1864~1946)이 임나의 지명 비정 범위를

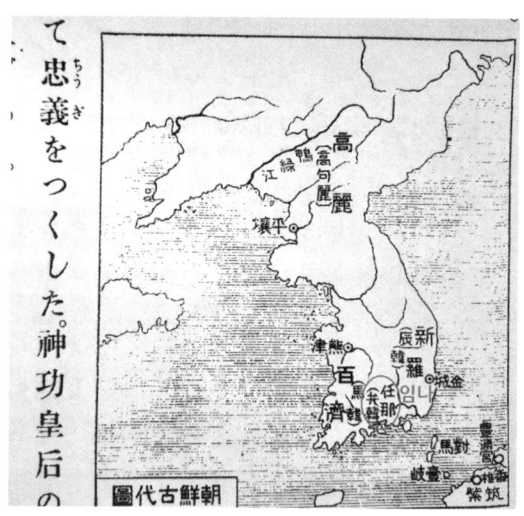

신공왕후가 신풍(神風)으로 삼한정벌을 했다고 꾸미기 위해
조선총독부가 제작한 1937년 보통학교 교과서의 임나 지도인 조선고대지도.
(출전 : 보통학교 교과서, 1937)

경남·경북 및 충남·전남까지 확장하여 멋대로 한반도 곳곳에 비정했다. 소위 남선(南鮮) 지배를 확실히 하기 위해서다.

그리고 해방 후에는 조선사편수회와 경성제국대학 교수 출신 스에마쓰 야스카즈(末松保和, 1904~1992년)가 앞장섰다. 그는 자신의 저서『임나흥망사』(1949 초간, 1956 재간)의 서문에서 아유카이를 언급하며, "아유카이 후사노신(鮎貝房之進)의 영전(靈前)에 바치는 책이기도 하다. 1949년 1월 23일"이라고 적었다. 이는 아유카이가 임나 지명 조작의 선구자임을 고백한 것이다.

아유카이는「잡고」(2권 상)에서 '임나가라'라는 지명에 대해 고유명사로 해석(또는 경상 우도)할 것인지, 아니면 '임나의 가라'라고 해석할 것인지 두 가지가 있다고 보고, 만약 전자로 해석한다면 '임나가라'는 남가라(김해)를 가리키게 되고, 후자로 해석한다면 가라(고령)를 가리키게 된다고 주장했다. 아울러 광개토태왕의 출병 시에 공격당한 '임라가라'가 어디냐에 대해 "임나일본부의 소재지인 임나(김해)의 도성까지 빼앗겼다고는 상상할 수가 없고, 아마도 고령(가라)까지 추격해 가라성을 빼앗은 것으로 해석함이 마땅하다"고 주장해 광개토태왕의 임라가라 공격을 고령으로 돌렸다. 김해의 임나일본부는 고구려의 침략을 받지 않았다는 것을 주장하고 싶었던 것이다.

그러나 일제는 1939년 4월 29일, 고령(高靈)이 임나라는 이마니시의 주장을 받아들여 고령에 '임나 대가야국성지(任那大伽倻國城址)'라는 거대한 고적비를 총독부 주도로 세우는 만행을 저질렀다.[9] 이 비석은 나중에 '임나'와 '총독 이름'을 지운 채 독립기념관으로 옮겨졌다. 정한론 이래 임나의 꿈은 허망하게 무너졌던 것이다.

스에마쓰의『임나흥망사』는 천왕에 대한 비판이나 상하의 복종 질

---

9)『부산일보』'임나일본부의 고적비 제막식'(1939. 6. 20)보도

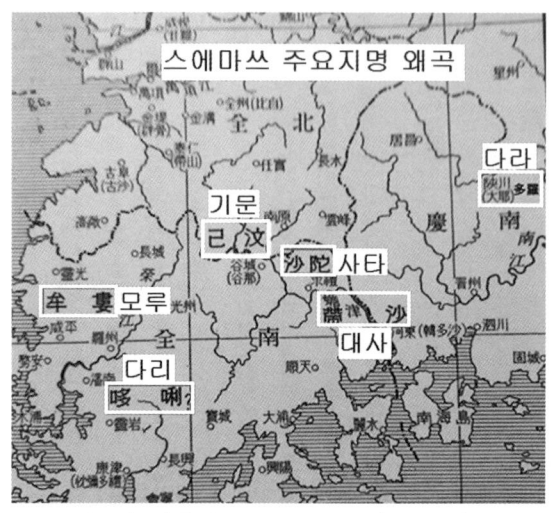

조선사편수회 출신 스에마쓰 야스카즈(末松保和)가
그의 저서 『임나흥망사』에 전라도를 '임나일본부설'의 지명으로 고쳐 표기했다.
(출전 : 임나흥망사, 이찬구 재편집)

서관계에 대한 비판 의식이 전혀 없이 『일본서기』를 일방적, 맹목적으로 받아들였다. 맹목적 군국주의, 무비판적 천왕 중심주의의 관점에서 역사를 서술했다는 지적을 면할 수 없다. 한국학자들이 『임나흥망사』를 논문에 인용할 때 이 점을 주의해야 한다.

그리고 스에마쓰는 백제와 신라의 역사를 다루면서도 『삼국사기』나 『삼국유사』를 인정하지 않고, 오직 『일본서기』의 보완재로서 『삼국사기』를 임의로 활용하였다.

스에마쓰는 쓰다가 손대지 못한 전라도 지역을 임나 지명으로 변경하였다. 주요 변경 지명은 다음과 같다.

강진→침미다례, 영산강 동쪽(광주,영암)→다리, 구례→사타, 섬진강 유역(남원)→기문, 전남서부, 영산강 서쪽(영광, 함평)→모루, 전주→비자, 김제→벽골, 성주→반파 등이다. 인접 지역인 하동→대사로 바꾸었다.

소위 『일본서기』에 나오는 것처럼 일본 왕이 백제 왕에게 떼어 주었다는 '상다리(上哆唎, 오코시타리), 하다리(下哆唎, 아로시타리), 사타(娑陀, 사다), 모루(牟婁, 무로)'라는 '임나 4현'(縣)설은 100년간 이어온 스에마쓰의 핵심적 주장이다. 이에 대한 『임나흥망사』의 '상다리(上哆唎) 이하 4현 할양'편의 해당 구절은 다음과 같다.

> 그러나 지도를 보면 알 수 있듯 다리(哆唎)를 아유카이처럼 비정한다 해도 상주를 사타에 비정함은 지나친 일이다. 그래서 다른 후보지를 찾아보니 (사타는) 전남 구례군(求禮郡) 지방이 아닐까 여겨진다. 『동국여지승람』(권40) 구례현 고적(古跡) 조의 "사등 마을은 부곡[하급민 거주지]이다. 또는 사도라고 하며 현의 동쪽 5리에 있다(沙等村部曲. 或云沙圖, 在縣東五里)."라는 기록의 사등, 사도가 사타의 음과 비슷한 까닭이다. 매우 미덥지 못한 후보지이긴 하나 그만한 곳이 없어서 비정해 봤을 따름이다.
>
> 끝으로 모루(牟婁)는 어디일까? 아유카이는 전북 진안군(鎭安郡) 용담(龍潭)의 옛 이름 물거(勿居, mur-ko) 현에 비정했다. 하지만 나는 따를 수 없다. 조사해 보니 『삼국사기』지리지의 무주(武州, 옛 광주)에 다음과 같은 세 개의 군, 현 이름을 찾을 수 있었다. 모루는 전남 서부, 영산강 서쪽 지대이다. 다리(哆唎)와 마찬가지로 애초 넓은 구역이었다가 훗날 위의 세 곳으로 나뉘게 되었을 것이다. 이렇게 비정한 것은 앞서 보류한 '다리의 후보지를 남, 북 어디로 잡을지'라는 문제에 유력한 암시를 준다. 나는 다리(哆唎)를 모루(牟婁)의 동쪽 곧 영산강 동쪽의 광주, 영암이라고 생각한다. (김봉진 번역 제공)

이처럼 스에마쓰는 전라도 땅에 정밀한 분석도 없이 아유카이가 그랬던 것처럼 지명 비정을 했다. 이런 스에마쓰의 임나 4현(다리→영산강 동쪽 광주, 영암, 사타→구례, 모루→영산강 서쪽)의 주장에 대하여는 한국학자들이 소극적으로 대했다.

다음은 『임나흥망사』의 '기문, 대사의 할양'편을 보겠다.

> 반파국(伴跛國)은 한국 사료에 나오는 '본피(本彼)'이며, 경북 성주(星州) 부근에 비정된다. 당시 임나 북부의 대표적 세력이었을 것이다. 아무튼 『일본서기』에 나오는 반파와 백제의 영토 분쟁은 실은 가라[가야] 나라들과 백제의 분쟁으로 봐야 한다. 그 대상지 기문은 이마니시 류가 고찰했듯 중국 사료(『한원(翰苑)』에 인용된 『괄지지(括地志)』의 일문[逸文])에 보이는 기문천(基汶川) 유역이다. 기문천은 지금의 섬진강에 비정된다.
> 백제의 요구에 따라 〈왜〉 조정은 '기문(己汶), 대사(帶沙)'를 주었다. 이로써 기문(己汶)은 섬진강 중류에서 하류에 걸친-전남 동남부와 경남의 경계를 이룬-지방임을 알 수 있다. 대사(帶沙)는 『삼국사기』 지리지에 강주(康州) 하동군(河東郡)의 옛 이름인 한다사(韓多沙) 또는 악양현(嶽陽縣)의 옛 이름인 소다사(小多沙)의 '다사'에 다름 아니다. 이때 '한(韓)'은 한국말의 '큼'을 뜻한다. 그 할양 요구에 관해서는 『일본서기』 게이타이 23년[529년] 조에 별전(別傳)이 실려 있다. (중략) 이렇듯 전남 서부의 4현 할양에 이어서 그 동부의 기문, 대사 곧 섬진강 중류와 하류 일대를 백제에게 할양한 것이다. 그 결과 배후를 잃게 된 가라 나라들이 〈왜〉의 방침을 원망하고 더욱 반항하게 될 것임은 당연하다. (김봉진 번역 제공)

이마니시 류의 '남원-기문'설을 추종한 한국학자들

그런데 남원을 '기문'이라고 한 자는 스에마쓰가 아니다. 그보다 조선사편수회 대선배인 이마니시 류(今西龍:1875~1932)가 전라도 남원을 처음으로 '기문'이라고 주장했다. 그는 1922년 뜬금없이 「기문반파고」에서 "『일본서기』에 나오는 기문(己汶)은 섬진강 유역에 있는 남원(南原)에 해당해야 할 일이다"라고 발표했다. 1922년 이전에 누구도 남원을 기문이라고 말한 적이 없다.

해방 이후 한국 역사학자들은 조선총독부 소속이었던 군국주의 어용학자이며 천왕숭배주의자인 이마니시 류의 학설을 비판하는 것이 아니라, 그의 학설을 옹호하며 경쟁을 벌였다. 이마니시 류의 뒤를 이어 남원(또는 남원 일대)이 곧 기문이라고 옹호 내지는 부분적으로 지지한 한국학자는 정중환, 전영래, 연민수, 김태식, 이영식, 이근우, 곽장근, 백승충, 박천수 등이다. 또 이마니시와 스에마쓰가 주장한 '대사(帶沙)→하동(河東)'을 옹호한 국내학자들은 김정학, 정중환 등이다.(백승옥의 '임나 4현(縣) 및 2지(地)에 대한 기존의 비정' 2006년 자료 인용). 스에마쓰도 남원→기문에 대해 의심스러웠던지 그냥 섬진강 유역으로 비정한 것을 보면 이마니시의 남원 비정설이 설득력이 없다는 방증일 것이다.

이처럼 야마토사관(大和史觀)에 입각한 『임나흥망사』에 동조하는 듯한 한국 가야사 연구의 주류학자들 가운데 일부가 『전라도천년사』의 고대사 부분 집저자나 편찬위원으로 참여하였다. 서론에서는 부정한다고 했다가 결론에 가면 『일본서기』를 따른다. 한국학자들은 『일본서기』에 관한 한 애초부터 기울어진 운동장이었다.

창씨개명과 같은 임나지명들

한국사람이 사용하는 지명을 낯선 한자로 바꾸는 것은 창씨개명보다 더 잔인하다. 한반도 남부에 임나 지명을 위치시키는 것은 문헌적 근거가 전혀 없다. 『일본서기』 어디에도 '기문'을 '남원', '침미다례'를 '해남', '강진'이라고 설명한 곳이 없기 때문에 임의로 해석하는 수밖에 없다. 그래서 사람마다 다른 주장이 나오는 것이다.

다만 군국주의 어용 앞잡이 학자인 쓰다 소키치, 이마니시 류, 스에

일본 자유사 발간 '임나지도'(2021)와 『전라도천년사』 표지

마쓰 야스카즈와 일부 한국 가야사전문 학자들이 기문을 남원, 대사를 하동이라고 일관되게 주장하고 있을 뿐이다.

일본 극우들이 2010년부터 주도하여 만든 『역사교과서』에 우리의 '가야'를 삭제하고 그 자리에 '임나'(任那)를 그려 넣은 '임나 지도'를 지금 일본 중학생들이 배우고 있다는 것을 아는가? 이는 마치 '최씨 낙랑국'을 지우고 '한사군 낙랑군'을 평양에 그려 넣어 한국사를 지우려는 것과 같다.

따라서 임나 지명을 거론하는 그 자체만으로도 일본 극우의 역사 왜곡과 그들이 노리는 군국주의 부활에 동조하고 있다는 사실을 자각해야 할 것이다. 일본은 절대로 정한론을 포기하지 않을 것이다. 일본은 절대로 임나일본부설을 포기하지 않을 것이다.(2023.06.06.)

※ 후기

최근 호남 3개 광역시도는 문제가 된 『전라도천년사』의 배부 문제에 대해, 고대사 부분은 폐기하는 방향으로 의견이 조정되고 있으나, 앞으로 진행 경과를 지켜 봐야 할 것 같다.

2019년 12월 3일, 국립중앙박물관의 '가야본성' 전시회 규탄 감사원 감사요구, 기문·다라 유네스코 등재 저지, 『전라도천년사』 폐기투쟁에 이어 2023년 9월 17일 기야고분군 유네스코 등재 확정시까지 5년간은 시민단체의 '바른역사지키기 운동사'에서 식민사학의 준동을 차단한 기념비적 승리로 기억될 것이다. 특히 서울, 부산, 광주, 김해, 전주, 남원, 춘천, 제주 등지에서 결성된 시민역사단체들의 자발적·조직적인 연대 활동이 빛났다. 불교계와 독립운동단체, 김해김씨종친회의 참여와 국회 상임위 질의도 돋보였다. 주관단체로는 미래로가는바른역사협의회(미사협), 한가람역사문화연구소, 대한사랑, 식민사관청산가야사전국연대, 바른역사시민연대, 500만전라도민연대, 역사정상화전국연대, 전북도민연대, 동학농민운동단체, 역사바로세우기불교연대, 춘천중도유적복원시민단체, 남원지역가야역사단체 등 50여 단체가 참여하여 우리 역사를 지켰다.

역사왜곡에 대한 공람의견서 제출과 답변

　앞서 지적한 대로 '전라도 정명(定名) 1000년'을 기념해 광주·전남·전북의 호남 3개 광역 지자체가 함께 추진한 『전라도천년사』의 집필사업이 시민들로부터 역사왜곡의 논란에 휩싸이면서 존폐의 기로에 서게 됐다. 이 사업을 맡은 전북연구원은 타개책의 일환으로 전체 34권, 2만쪽을 E-북 형태로 시민들에게 원문을 공개하고 왜곡된 곳에 대해 공람의견서를 제출해달라고 요청했다. 시민단체들이 문제 삼고 있는 부분은 주로 고대사로 ▽고조선의 강역축소와 시기 후퇴 ▽마한과 백제 역사의 왜곡 ▽임나일본부설의 기정사실화 ▽『삼국사기』에 없는 『일본서기』의 지명 사용 등이다.

특히 누누이 지적한 것처럼 고조선의 건국 시기를 기원전 8~7세기로 서술한 것과 그 강역을 한반도로 국한하고 만주지역을 고조선에서 분리해 산융, 동호의 역사로 우기는 것이 동북공정의 노선과 완전히 일치한다는 점에 시민들과 재야사학자들이 분노한 것이다. 또한 『일본서기』의 지명인 기문, 대사, 반파, 침미다례 등을 남원, 하동, 장수, 해남 등지에 비정한 점이다. 저자도 다음과 같이 공람의견서를 제출하였다.

당시 시민들의 공람의견서는 마감 결과 157건이 접수되었고, '전라도천년사편찬위원회'는 이를 모아 '공람의견'과 '답변'이라는 형식으로 별책을 2023년 12월에 발간하였다. 이 답변은 현 한국사학계의 공식 견해와 학문 수준을 의미한다. 국회 상임위까지 올라간 『전라도천년사』34권은 현재까지도 배포 중지상태인데, 최근 전남도는 '전라도천년사검수단'을 운영해 의견 수렴과정을 거치고 있다고 밝혔다. 아울러 『부산시사』와 『김해시사』도 같은 경우로 역사왜곡 논란에 빠졌다. 『김해시사』의 경우는 김수로왕을 위만조선의 유민(遺民)으로 비하하여 서술한 것이 드러났다. 여기에 저자가 제출한 공람의견서(원문)와 그들의 답변을 동시에 게재한다.

공람의견서1 : '단군조선'의 건국 연대의 축소에 대한 비판

대상범위: 『전라도천년사』 3권(고대2권) 42쪽

《의견내용》

1. 『전라도천년사』는 이름에 맞지 않게 대한민국 5천년사를 담고 있다. 전라도의 천년사라고 하면서 단군의 고조선을 포함시킨 것도 잘못되었지만, 설상가상으로 단군 고조선의 5천년 역사를 마음대로

기원전 8~7세기라고 낮게 규정(약 3천년 역사)하였고, 그 근거가 중국의 『관자』 책이라니 참으로 부끄럽고, 나아가 대단히 잘못되었다. 그 이유를 다음과 같이 지적한다.

   2. 『전라도천년사』는 학자들의 학술토론장이 아니다. 이 책은 도민과 시민들에게 우리 전라도 역사의 훌륭함을 소개하여 도민으로서의 자긍심을 갖도록 하는데 그 집필 목적이 있을 것이다. 그러므로 이 책을 서술함에 있어서 인용 자료들은 『삼국사기』, 『삼국유사』, 『제왕운기』, 『동국통감』 등 우리 사서가 우선적으로 적용되어야 마땅할 것이다. 고대사는 문헌 기록에 한계가 있을 수 있으므로 관련 고고학의 협조를 얻을 수도 있을 것이다. 그럼에도 중국의 『관자』, 일본의 『일본서기』를 기본으로 삼은 그 자체가 이 책 34권의 저술목적에 상치되는 것은 아닌지, 이 책의 서술목적에 불손한 의도가 개입된 것으로 의심하지 않을 수 없다.

   3. 현행 고등학교 국사(한국사) 교과서가 아직 일제 식민사관을 청산하지 못한 점이 많지만, 그래도 이 『전라도천년사』는 최소한 교과서 수준이나 그 이상으로 집필되었어야 옳다. 교과서에는 고조선에 대해 "청동기 문화를 바탕으로 한 고조선은 환웅집단과 결합하여 단군왕검이라는 지배자가 통치한 것"(비상)이라고 언급하고 있다. 고조선을 BCE 2000년경에서 BCE 1500년 경의 만주지역에서 발생한 청동기문화를 배경으로 서술하고 있는 현행 교과서와 달리 중국의 『관자』 책 하나만 근거로 고조선 역사를 2천 년이나 크게 축소시킨 것은 옳지 않다. 『동국통감』에 실린 BCE 2333년에 대한 특별한 반론이 없는 한 『관자』 책이 우리 역사 서술의 원전이 될 자격은 없다. 서울대 신용하 교수는 최근의 출토된 유물 중에 '청동합금덩어리'를

측정한 결과 BCE 31세기로 측정연대가 나온 것을 근거로 고조선의 건국 연대를 BCE 2333년보다 훨씬 앞선 BCE 30세기~BCE 24세기로 설명하고 있다. 또 윤내현교수도 전남 영암군 정천리 유적의 청동기 측정결과 BCE 2650년과 BCE 2365년이 나온 것을 근거로 고조선의 청동기 개시연대를 BCE 25세기로 보았다. 아울러 최근의 홍산문화의 발굴로 드러난 '하가점하층문화'의 연대도 BCE 2300~BCE 1600년의 초기 청동기문화와 일치한다는 결론을 얻고 있다. 이처럼 우리 고조선은 문헌상으로는 BCE 2333년이며, 고고학상으로는 그보다 더 올라간다는 것을 지적해둔다. 더 이상 우리 고대사를 중국의 정치인 관자(역사학자도 아닌)가 썼다는 『관자』라는 책에 의존해서 축소 왜곡해서는 안 될 것이다. (근거: 신용하 『고조선문명의 사회사』 36~39쪽/윤내현 『고조선연구 상권』 141쪽)

4. 같은 42쪽에는 또 "단군신화는 만들어진 신화이지 실재한 역사가 아니다"라고 서술했다. 단군역사를 만들어진 신화로 난도질 한 자는 일본군국주의의 어용학자 시라토리(白鳥庫吉)이다. 그는 1894년에 「단군고」라는 논문에서 단군신화는 불교의 전설을 기초로 '만들어진 신화'라고 규정했다. 이런 주장은 당시 군부의 정한론(征韓論)을 배경으로 한 정치목적의 어용학설이지 오늘날 우리가 말하는 학문으로서의 가치를 지니지 못한다. 그럼에도 한국의 몇몇 학자들은 우리나라를 침략하기 위해 만든 시라토리의 학설을 금과옥조로 모시며 신성시하고 있다. 어떤 한국학자는 이 이론을 책 제목으로 삼아 『단군, 만들어진 신화』라는 책을 내기도 했다. 반면에 항일독립전선에 나섰던 단재 신채호 같은 우리 학자들은 단군신화로 매도당한 단군을 역사로 재정립하여 한국사의 기초를 다져 놓았다. 신채호는 단군조선이 수도를 세 곳으로 나누어 통치했다고 보고, "大단군인

신한(진한)이 중앙을 다스리고, 부(副)단군인 말한(마한)과 불한(변한)이 각각 지방을 나누어 다스렸다고 했다. 이 삼한(三韓)의 아래에 돗가, 개가, 소가, 말가, 신가의 5가(加)를 두었다고 했다. 이것이 움직일 수 없는, 단군이 통치한 고조선의 정치체제이며, 그 통치강역은 한반도로 국한한 것이 아닌 만주와 요서지방까지 포괄하고 있다. 이런 의미에서 일본 군부의 어용학자의 거짓 학설인 '만들어진 신화'를 더 이상 선량한 우리 국민들에게 강요하지 말길 바란다. (2023.5.5. 이찬구 제출.)

▶ 전라도천년사편찬위원회의 답변1 : 고조선이 기원전 24세기에 세워졌다는 것은 『동국통감』의 견해로서, 그 시기에 단군이 나라를 세웠다고 추정하는 것이다. 『삼국유사』에서 승 일연은 단군조선의 건국시기가 중국의 시조 요임금과 같이 오래 되었다 한 것이다.

기원전 12세기에 존재했다는 기자조선은 동북공정과 함께 중국학계에서 특히 주장하는 것으로 남북한 학계 모두 부정하고 있다.

따라서 초기단계 고조선사회의 모습은 중국 동북지방에서 청동기문화가 번성한 기원전 10세기 초의 유적유물 자료와 신석기문화가 반영된 단군관련 전승을 기록한 문헌기록을 종합적으로 살펴보는 것이 가장 합리적이다.

『관자』는 기원전 4세기 경 중국 전국시대에 쓰인 책으로 기원전 8~7세기의 동북아시아 동쪽에 조선이라는 나라가 있었다고 기록하고 있다. 바로 『관자』에 기록된 고조선이 비파형동검을 쓰던 초기 단계의 고조선이라 할 수 있다.

신용하 선생이나 윤내현 선생의 견해는 초기 고조선을 과장되게 해석하는 하나의 견해일 뿐이다. (111쪽)

공람의견서2 : 고조선 없는 전라도의 청동기와 고인돌 비판

대상범위:『전라도천년사』2권(선사고대 1)
　　　　　10~304쪽 청동기문화 설명 및 310~321쪽 고인돌 설명

《의견내용》

1.『전라도천년사』총2권 선사고대 1권 210~304쪽 청동기문화 설명, 같은 책 310~321쪽 고인돌 설명은 화려한 문장으로 청동기시대 전라도의 자랑으로 설명하였지만, 정작 어느 시대인가에 대한 설명을 하지 않고 있다. 즉 고조선을 전혀 언급하고 있지 않다는 것이다. 그나마 고조선을 언급한 곳이 총설(1권 58쪽)의 '고조선 준왕(準王)' 관련 사항일 뿐이다. 전라도 사람들이 준왕(準王)의 후손이라는 말인가? 전라도 사람은 단군의 후손이라고 말할 자격도 없는가? 도대체 이 책이 누구를 위한 책인가?

이 책 2권 210쪽에는 "전라도의 이러한 지형과 지정학적 특징은 청동기시대의 문화의 형성과 발전에도 여실히 반영된다. 예컨대, 청동기시대 중기에는 송국리문화가 서부 일대에 그 꽃을 피우지만, 동부에서는 지석묘(고인돌)문화가 상대적으로 번창하게 된다"고 언급했다. 이 말과 같이 우리 전라도의 빼놓을 수 없는 문화가 또 하나 '고인돌'임은 주지의 사실이다.

같은 책 2권 312쪽에는 "고인돌은 BCE 1200년 무렵에서 BCE 200년을 전후한 약 1000년간 축조된 문화유산이다. 우리나라 선사문화의 아이콘인 고인돌은 청동기시대 문화를 대표한다고 할 수 있다."고 밝혔다.

2. 왜 청동기문화와 고인돌을 형성한 정치체인 '고조선'을 언급하

지 않는가? 고조선을 언급하지 않은 청동기 시대의 사람들은 단순히 '청동기인'에 지나지 않고, '고조선인'이 아니라는 말과 같다. 만약 '고조선인'이 아니라면, 다른 나라 사람인가? 그것도 아니면 청동기 시대의 '전라도인'들은 정치주체도 없는 무주공산에서 청동기 유물이나 만들고, 저 큰 고인돌을 쌓았다는 말인가? 전라도의 자랑인 저 거대한 고인돌이 정치체도 없이, 나라 없는 백성들이 만들었다고는 상상도 할 수 없다.

3. 고창 고인돌 공원에는 440여 기의 고인돌이 있으며, 세계 최대의 고인돌은 고창군 운곡리에 있다. 높이가 5미터, 길이가 7미터, 무게는 300톤이나 되는 대형 고인돌이다. 이보다 더 크다는 김해 구산동 고인돌은 포크레인 작업으로 훼손되었다. 이곳 고창 고인돌 군락과 전남 화순의 고인돌 군락과 강화도 고인돌군은 2000년에 유네스코에 등록되었다. 이 책 총설 55쪽에는 "전라도 지역에 분포된 지석묘는 전북에 2857기, 전남에 21528개 총 3342개 군집에 24385기가 분포되어 있다"고 자랑스럽게 기술했다.

이 책 같은 55쪽에서 고인돌과 제단(祭壇)에 대해 언급하였지만, 특이한 것은 바로 제사(祭祀)와 관련한 고인돌이다.

이완우씨의 현장 확인에 의하면, 전북 임실군 지사면 덕재산 계산리 옥산마을 주변에는 여러 기의 고인돌이 있다고 한다. 마을 위쪽의 고갯마루 도로에서 산줄기 능선으로 20여 미터 가까이에 천제단 고인돌이 있는데, 가로 3m, 세로 2m, 높이 50cm의 크기이다. 이 천제단 고인돌은 이름 그대로 마을 주민들이 집단적으로 국가의 행사일에 천제(天祭)를 지냈다는 것을 의미한다. 고인돌은 무덤일 뿐만 아니라, 무덤이 없는 큰 고인돌은 제사터의 기능도 했다는 것이 일반적인 견해이다. 청동기 시대이므로 제사도구도 자연히 생산되었을 것이다. 고인돌과 관련한 제사의례에 대하여는 이 책 368~369쪽에 일부 언급되었으나, 좀 더 상세히 서술했으면 하는 아쉬움이 있다.

4. 문제는 청동기 시대를 다스린 정치체인 고조선에 대한 언급이 전혀 없다는 점이다. 현행 한국사 교과서도 문제점이 많아 시정돼야 하지만, 그중의 하나가 고조선의 세력범위 또는 문화범위로 지도를 그릴 때마다 한강 이남을 제외시킨다는 점이다. 교과서는 "탁자식 고인돌과 비파형동검은 고조선의 문화범위를 짐작하게 해 준다"고 기술하고 있다. 교과서에서 인정하는 고인돌은 탁자식=북방식을 말한다. 주로 한강 이북에 분포돼 있다. 강원도 고성과 춘천이 경계선이고, 그 남쪽으로는 서해안 지대인 전남 고창에서 확인되었다. 이처럼 남방식=기반식(바둑판식) 고인돌은 고조선 문화권에서 인정받지 못하고 있다. 그래서 한동안 고인돌의 형식을 놓고 남북을 구별하여 서로 다른 문화권인 것처럼 오해를 만들었다. 그러나 그것은 정말 오해였다. 최근에 남북을 불문하고 서로 다른 형식이 골고루 분포되었다는 것을 확인하였다. 따라서 청동기 시대에 남과 북은 하나의 문화권이었고, 같은 고조선 영역이었다는 것을 의미한다. 사실 문화지도라는 말도 마땅치 않다. 정확히는 강역(疆域)지도여야 한다.

그렇다면 남북을 갈라놓은 문제의 고조선 문화지도도 수정되어야한다. 이를 위해 윤내현 교수 등이 공개토론을 요청하고 학계에 시정을 요구했지만 번번이 무시되었다. 그 이유는 무엇일까?

답변은 의외로 간단하다. 바로 일제의 식민사관 때문이다. 조선총독부 식민사학자들은 고조선의 지도를 일체 그리지 않는다. 그들은 한강 이남에 고조선은 없고, 겨우 삼한(三韓)시대부터 등장한 것으로 그린다. 그래서 북쪽에는 한사군을 그리는 것으로 고조선 시대를 대신하게 만들고, 남쪽에는 삼한을 그려서 남과 북을 서로 다른 나라로 갈라놓는 것이다. 해방 후에도 마찬가지이다. 이병도의 유명한 『국사대관』(1964년)에는 고조선 지도가 없다. 오로지 '위씨조선과 漢의 동방침략도' 지도가 전부일 뿐이다. 마찬가지로 이기백의 『한국사신론』도 말만 신론(新論)이지 고조선 지도를 그리지 않았다. 이기백도 첫 지도가 '위만 시대지도'가 있을 뿐이다. 고조선 지도를 완성한 것은 1994년 윤내현이 처음이다.[10]

왜 우리에게는 이런 지독한 일제 식민사관이 뿌리깊게 내려왔을까? 조선사를 식민사관으로 정립한 괴수 이마니시 류(今西龍)는 그의 『조선사 개설』에서 충격적인 말을 한다. 즉 "조선에서도 남조선의 석기시대 유물이 어느 민족의 손으로 이루어졌는지는 불분명하다. 혹은 한민족(韓民族)의 것인가 하는 것도 단정할 순 없다."라며 남한(남조선, 南鮮) 지방의 역사 주체가 누구인지 불분명하다고 꼬집어 말한다. 이 말의 속뜻은 남한 땅에는 반드시 한국사람만 산 것이 아니고 일본인도 거주했을 수도 있다는 말을 하고 싶은 것이다. 이어서 이마니시 류는 "북쪽의 조선국은 나라 형태를 갖추었으나, 나머지 남쪽은 나라명이라기 보다는 지방명이었을 것"이라며 삼한은 나라 취급도 하지 않는다. 이마니시 류의 꼼수는 북쪽에는 중국의 한사군이 점령해서 좋고, 이제 남쪽은 비어 두었다가 나중에 임나일본부

---

10) 이 단락은 '공람의견서'로 제출되었기 때문에 원본 그대로 게재한다. 다음과 같이 보완할 수 있다. 이기백의 『한국사신론』(1999년판)에는 고조선 지도를 그리지 않았고, 무명의 '청동기인들'이라는 이름으로 '비파형동검분포도'(26쪽)를 그렸다. 그의 첫 지도인 '위만 시대지도'(35쪽)가 있을 뿐이다. 우리나라에서 고조선 지도를 본격적으로 완성한 것은 1986년 윤내현의 『한국고대사신론』(일지사)에 실린 '고조선 강역도'(78쪽)가 처음이다. 1994년 윤내현이라 한 것은 『고조선연구』의 1994년 일지사 발간을 기준으로 말한 것이다.

가 들어서면 된다는 식이다. 그러니까 고조선 영역에서 한강 이남은 제외하고, 그 곳은 나라도 못 이룬 미개한 지역이니까 나중에 왜(倭)가 와서 식민지경영을 하게 된다는 논리이다. 이것이 '남선경영론(南鮮經營論)', '임나일본부설(任那日本府說)'이다.

현행 한국사 교과서가 식민사관을 극복하지 못한 채 남한의 충청도, 경상도, 전라도 땅을 무주공산(無主空山)으로 비워놓게 된 이유가 여기에 있다고 의심하지 않을 수 없다. 결국 왜가 남선지방을 지배했다는 것을 합리화하는 밑자리를 깔아놓기 위해 고조선 강역에서 남쪽을 통치권 밖으로 그린 것이다. 다시 말해 남쪽은 고조선의 통치영역이 미치지 못한 곳이라는 것을 미리 강조해 놓은 것이다.

설령 국사교과서가 이렇다 하더라도 우리『전라도천년사』는 그러면 안 된다. 과거에는 우리가 향토사(鄕土史), 향토사학자라는 말을 많이 사용한 적이 있다. 그런데 오늘날은 그 말이 너무 자기 소속된 향토에 대해 편향적인 시각을 갖고 있다는 비판이 일자 지방사(地方史)라는 말이 널리 사용되고 있다.

지방사라는 말을 통해 단순히 중앙에 예속된 지방이 아닌, 자체적인 역사발전의 주체로서 균형있게 바라보는 시각이라는 면에서 설득력이 있다고 본다. 지방사는 한 나라의 국사를 구성하는 데 있어서 중요한 사료로 역할을 할 것이기 때문이다.

이런 차원에서도 우리『전라도천년사』는 중앙 정부가 미흡하더라도 우리 지방 자체적으로 지방사를 주체적으로 서술하여 지방에서부터 식민사관을 혁파해나가는 절호의 기회를 맞게 된 것이다. 그럼에도 불구하고 이런 기회를 스스로 박차고 중앙정부보다 더 잔인하게 식민사관 옹호에 나선『전라도천년사』에 분노하지 않을 수 없다.

따라서 이제라도『전라도천년사』는 전라도의 청동기문화와 고인돌

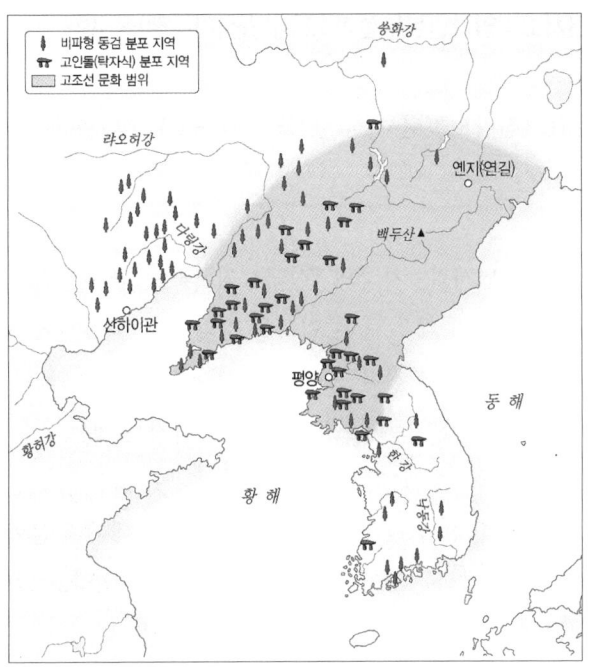

남과 북을 색깔로 갈라놓은 현행 고등학교 한국사 교과서의
고조선 문화지도(비상교육, 2020년판)

문화를 우리의 당당한 고조선문화로 서술해주기를 간청한다. 지방에서부터 이런 운동이 일어난다면 고조선 지도는 만주와 한반도 전체를 아우르는 명실상부한 역사지도가 될 것이고, 전라도 경산도 충청도 강원도(일부) 사람도 역사적으로 고조선 사람으로 대접을 받게 될 것이다. (2023.5.7. 이찬구 제출)

▶ 전라도천년사편찬위원회의 답변2 : 호남지역의 청동기와 고인돌을 서술하면서 고조선을 함께 언급하는 것은 집필분량이 한정되어 있어서 함께 서술되기 어려운 점이 있다. (113쪽)

공람의견서 3 : 임나일본부설과 그 지명(침미다례)들 비판

대상범위: 『전라도천년사』 4권(선사고대 3권), 27~28쪽

《의견 내용》

1. 『전라도천년사』는 자국의 『삼국사기』나 『삼국유사』보다도 『일본서기』에 의존도가 매우 높은 인상을 준다. 『삼국사기』에 비해 『일본서기』는 저작연대, 저작자 등등 여러 면에서 비교도 안 되는데 구태여 『일본서기』를 참고문헌으로 자주 등장시키는 데는 음흉한 흉계가 있다고 본다.

『일본서기』를 인용할 때마다 "임나일본부설에 대해 일본학자들은 전라도의 A라고 말하는데, 한국학자들은 전라도의 B라고 말한다"는 문투를 사용한다. 얼핏 보면 일본학자들과 견해를 달리하는 것 같아 애국자인 척하면서도 결론은 임나일본부설을 지지하는 그 범주 안에 있는 것으로 일종의 속임수 문장이다. A나 B나 임나일본부설을 부정하는 것이 아니라, 그 안에서 언급하는 것이기 때문에 둘 다 차이가 없다.

우리가 궁금한 것은 그 지명이 '전라도'가 아니라, (일본에 있는) '일본 땅'이 아닐까 하는 점이다. 전라도 도민들은 그 곳이 남원이냐 임실이냐를 놓고 따지고 싶지 않다. 그런데 『전라도천년사』 집저자들은 임나일본부설을 부정하고 전라도와 관계없다고 하면 그만인데도, A가 아니고 B라고 주장한다. 그것이 마치 학문적으로 큰 업적인 것처럼 자랑하고 있다. 세상에서 가장 못난 학자들이다.

2. 선사고대사 3권 27~28쪽에는 『일본서기』 「응신기」를 인용하면서 온갖 현란한 말을 동원해 독자들에게 A가 아니고 B라고 주장한다.

〈가〉 "8년 봄 3월 백제인이 내조하였다.(『백제기』에 말하기를 아화왕이 즉위하여 귀국에 무례하였다. 그래서 우리의 침미다례 및 현남, 지침, 곡나, 동한의 땅을 빼앗았다."(『일본서기』 권10, 「응신기」 8년)

위 〈가〉는 아화왕(백제의 아신왕)이 무례하자 왜가 백제의 땅(침미다례, 현남, 지침, 곡나 등)을 빼앗아 보복했다는 말이다. 이 구절이 과장되고 조작된 말이라는 것을 삼척동자도 알 수 있을텐데도, 한국학자들은 이 구절이 역사적으로 틀린 사실임을 지적하지 않고, 왜가 빼앗은 백제의 땅(침미다례 등)이 어디인가에만 집중해 연구하고 있다.

이 책 28쪽에는 〈가〉를 설명하기를, "일본학자는 지침(支侵)을 홍성방면, 곡나(谷那)를 곡성으로 파악하고~~침미다례와 함께 동한(東韓)의 땅을 전라도와 충청도를 아우르는 넓은 지역으로 파악하였다. 그러면서 임나일본부가 한반도 남부지방을 점령하고 있었다는 점을 염두에 두고~~이에 반해 우리(한국) 학자들은 동한의 땅을 백제가 섬진강으로 나가는 진출로로 보고, 이림을 임실로, 고난을 진안으로, 감라는 용담으로...전라도 내륙의 요지로 추정하였다."라고 기술하고 있다.

이를 한마디로 요약하면 일본이나 한국학자들이 임나일본부설을 인정하고, 전라도에서 그 위치를 찾고 있다는 것이며, 세세한 지명에서는 약간씩 차이가 있으나, 임나일본부의 영향을 받은 곳이 '전라도 내륙'이라는 점에서는 일치했다고 엉뚱한 결론을 유도하고 있다.

이에 대해 가야사 전문가인 김인배는 『임나신론』에서 위 〈가〉에 인용된 『백제기』는 『일본서기』과 아무 관계가 없는데도 본문과 억지로 맞추기 위해 삽입한 구절이라고 지적했다. 일본 15대 응신왕과 백제 17대 아신왕(392~405년)은 사건이나 연대상 아무 관계가 없다는 것이 그 이유이다. 또 인용된 침미다례 등도 한반도와 관계가 없고, 일본 큐슈에서 찾아야 한다면서, 이 책(고대사 3권) 42쪽에서 강진, 해남으로 비정한 침미다례(枕彌多禮)를 김인배는 큐슈의 시마바라 반도, 현남(峴南)은 큐슈의 흑목(黑木)지방, 지침(支侵)은 구마모토현의 칠역(七域)지방으로 추정했다. 결국 『일본서기』의 지명은 일본열도에서 찾아야 한다는 평범한 진리를 『전라도천년사』 집저자들은 망각하고 있었던 것이다.

이처럼 임나 관련 지명을 일본열도에서 찾아야 한다는 주장은 고려대 최재석 교수가 쓴 『일본고대사연구비판』이 대표적이며, 부산대 이병선 교수(『임나국과 대마도』)도 같은 주장이다. 심지어 최재석 교수는 여기에 등장하는 침미다례에 대해 "남만(南蠻)의 침미다례를 백제에 주었다"(신공 49년 기사)는 구절은 폭소를 자아내는 동화같은 기사라고 꼬집었다.

그럼에도 『전라도천년사』 집저자들은 자기들의 입맛에 맞는 학자들의 논문만 인용하고, 반대의 학설을 내놓은 최재석, 이병선 교수 등의 이론은 전혀 참고하지 않고 있다. 반대학설을 연구하지 않고, 자기가 좋아하는 편향된 주장에 매몰된 논문을 쓴 학자라는 비난을 면할 수 없다. 그것은 연구논문이 아니라 베끼기 논문에 지나지 않는다.

앞에 인용한 〈가〉의 구절이 응신 8년 기록인데, 그에 앞서 응신 7년에 관한 『일본서기』의 기사를 보자. 이를 〈나〉라고 하자.

〈나〉 "7년 가을 9월에 고구려, 백제, 임나, 신라인이 함께 내조(來朝)하였다"(『응신기』 7년)

고구려, 백제, 임나, 신라인이 왜의 조정을 찾아갔다니 무슨 말인가? 어안이 벙벙할 일이다. 이와 유사한 『일본서기』 구절이 또 나온다.

〈다〉 "고구려, 백제, 신라, 임나 등을 태중(胎中)의 응신천왕에게 주었다"(「계체기」 6년)

그러니까 일본의 응신왕은 태어나기 전에 이미 고구려, 백제, 신라, 임나를 복속했고, 또 즉위한 지 7년만에 고구려, 백제, 임나, 신라인의 알현을 받았으며, 이어 즉위 8년에 또 백제인의 알현을 받았다는 것이 이곳에 등장하는 응신왕과 관련한 『일본서기』의 주된 내용이다. 최재석 교수의 지적처럼 폭소를 자아내는 코미디 조작 기사에 지나지 않는다. 그럼에도 한국학자들은 여기에 대해 비판 한 마디 못하고, 전라도 땅에서 임나지명만 찾아다닌다.

혹시라도 일본왕이 고구려, 백제, 신라의 알현을 받았다면, 그것은 한반도의 고구려, 백제, 신라가 아니라, 이미 일본열도로 이주해서 살고 있는 고구려, 백제, 신라의 사람들이 아닐까? 그들도 조그만 분국(分國)이나 소국(小國)을 다스리는 나라 정도는 세우지 않았을까?

최근 새로운 연구결과에 의하면, 일본열도 기비(吉備) 오카야마(岡山) 지역에는 기내 야마토왜 정권과는 다른 별도의 독자적인 정치세력들이 있었다고 한다. 이것이 유명한 김석형과 조희승의 해석이다. 다시 말해 김석형은 한반도에서 일본열도로 이주한 사람들은 "유랑민들이 아니라, 황무지의 개척자로서 자기의 집단체제를 가지고 있었으며, 고국(故國)과 연계를 가지고 있었다"(『고대한일관계사』 188쪽)는 새로운 주장을 내놓은 것이다. 또 조희승은 "『일본서기』에 실린 임나관계 기사란 조선에서 벌어진 사건 사실을 적은 것이 아니라, 일본 렬도의 기비(吉備)지방에 있었던 조선 소국들에서 벌어졌던 사건 사실에 대한 기록"(『가야사연구』 374쪽)이라고 단언했다. 특히 '임나'는 가야 사람들이 일본열도에 건너가 세운 소국인 것이다.

이를 요약하면, 야마토왜가 일본 열도의 고구려 소국, 백제 소국,

신라 소국들을 접촉하며 일어난 사건의 기록이 『일본서기』라는 것이다. 처음에는 우리의 소국들이 더 강성했다가 어느 시점부터 왜(倭)의 세력이 강성해졌을 것으로 미루어 알 수 있다. 그러니까 침미다례처럼 『일본서기』에 나오는 지명들은 일본열도 안에서 벌어진 사건이므로 일본 열도 안에서 찾아 해석하는 것은 너무도 당연한 일이 아닐 수 없다.

결론은 침미다례는 해남이나 강진이 아니라, 일본의 큐슈 시마바라(島原) 반도이며, 지침(支侵)은 충남 홍성이 아니라 구마모토현의 칠역(七域)지방으로 추정하는 것이 맞다.

조선을 침략한 일제의 앞잡이 학자들은 누구보다도 먼저 김해에 도착해 임나일본부의 흔적을 찾고자 혈안이 되었다. 도쿄(東京)대학 구로이타 가쓰미(黑板勝美)는 자기 대학 총장(濱田耕作)에게 보낸 복명서(보고서)에서 "임나일본부에 관한 어떤 유적 유물도 김해에서 찾을 수 없었다"고 적었다.[11] 임나 관련 유물 유적은 한반도 남부가 아니라, 일본열도(주로 서부지방)에서 찾아야 함을 다시 한번 확인한다. 조선총독부가 만든 '임나=가야설'은 틀린 것이다.

1913년에 일제 식민사학의 기초를 놓았던 쓰다 소키치(津田左右吉)는 남해(南海) 지방을 '침미다례'라고 처음으로 점찍었던 자인데, 한국학자들은 그가 전문적으로 연구한 것도 아니고, 우연히 점찍은 것을 가지고 100년이 넘도록 그것을 극복하지 못하고 있다. 임나일본부에 대해 그는 다음과 같이 언급했다. 이 짧은 문장이 일제가 노린 '식민사관'의 목적인 것이다.

---

11) 후에 총장(濱田耕作)은 본인이 쓴 「조선의 고적조사」라는 논문에서 "소위 임나(任那)라는 것을 일본이 건국 후 세운 식민지였다고 하는 선입관을 버려야 한다"(『민족과 역사』6권 1호)고 고백했다.(『한민족독립운동사』 재인용). 참고 자료가 『부여 능산리 고분·사지, 지난 100년의 일기』(부여군 발행)에 실려 있다.

"자고로 조선은, 북(北)은 한(漢)의 식민지였고, 남(南)은 고대 일본의 통치지역이었으니, 현대에 와서 일본이 조선을 병합함은 역사발전의 필연적인 것이다"

이런 정신으로 임나를 연구한 식민사관의 우두머리 쓰다 소키치와 그의 후예들이 우글대고 있다니 통탄할 일이 아닐 수 없다. 언제까지 국민의 혈세가 이들의 연구비를 위해 낭비되어야 하는가? 일본 지명

연구자	任那 4縣의 비정				2地의 비정		출전
	上哆唎	下哆唎	娑陀	牟婁	己汶	帶沙	
今西龍	晉州	熊川	河東?	固城·泗川	南原	河東	今西龍 (1922)
末松保和	榮山江 東岸(光州-靈巖)		구례	전남 서부지방(영광,고창,무안)	섬진강 유역	河東	末松保和 (1956)
三品彰英						河東	三品彰英 (1962)
金廷鶴	咸陽·山淸				河東郡 일대		金廷鶴 (1977)
丁仲煥	경남의 서남 방면				南原	河東	정중환 (1978)
千寬宇	義城郡 多仁		漆谷郡 仁同	낙동강 상류의 醴泉	金陵郡 開寧	達城郡 多斯·河濱	千寬宇 (1991)
全榮來	麗水半島	여수 突山島	順天	光陽	南原	河東	全榮來 (1985)
延敏洙					남원·임실	河東	연민수 (1998)
田中俊明					長水郡 蟠岩(상기문) 南原(하기문)	河東	田中俊明 (1992)
金泰植					남원·임실		金泰植 (1993)
李永植					남원	河東	李永植 (1995)
李根雨	전남 장흥		순천	광양 또는 보성	남원	河東	李根雨 (1997, 2003)
郭長根	섬진강 상·중류지역				남강 수계 상류~남원시 동부지역	南原市 帶江面~ 谷城邑	郭長根 (1999)
白承忠	河東(哆唎=達已=帶沙)		남원?		남원	하동	白承忠 (2000)
金鉉球					김천시 開寧	대구시 달성군	金鉉球 (2000)
박천수	여수지역		순천	광양	구례,곡성,순창,남원,임실 중 어느 곳	河東	박천수 (2006)

임나4현과 2지에 대한 비정(백승옥 논문자료 인용2006)

연구는 일본 국고를 지원 받아 연구함이 합당할 것이다.

이 표를 보면 임나 지명의 비정이 제각각임을 알 수 있다. 이렇게 여러 학설이 중구난방으로 존재한다는 것은 학자들의 실력이 없어서 못 찾았던지, 아니면 그 지명이 가짜이기 때문이다. 이런 가짜 지명 연구에 국고를 낭비한 것이 얼마일까? 왜 우리가 남원, 임실이 '기문'이 아닌 것을 입증 해야 되나? 따라서 "남원, 임실은 '기문'이 아니다. 장수는 '반파'가 아니다. 전주, 부안은 '비리'가 아니다. 해남, 강진은 '침미다례'가 아니다. 강진은 '고해진'이 아니다. 구례, 순천은 '사타'가 아니다. 김제는 '벽중'이 아니다. 광양은 '모루'가 아니다. 여수는 '상다리'가 아니다. 돌산도는 '하다리'가 아니다. 부안, 태인은 '반고'가 아니다. 정읍은 '포미지'가 아니다. 홍성은 '지침'이 아니다. 곡성은 '곡나'가 아니다. 임실은 '이림'이 아니다. 하동은 '대사'가 아니다"

이제 이런 가짜 지명 '기문', '반파' 등을 몰아내자. (2023.5.6. 이찬구 제출)

▶ 전라도천년사편찬위원회의 답변3 : 공람인은 『일본서기』 등에 나오는 '침미다례'라는 지명을 『전라도천년사』에서 썼는데 이것이 임나일본부 지명이라고 이야기하고 있다. 그러나 『전라도천년사』에서 적은 '침미다례'는 『일본서기』에 기술된 내용 그대로 수용하여 인용하지 않았다. 『일본서기』란 어떤 책인가. 이 책은 일본 왕실의 권위를 높이려는 목적 아래 쓰여서 과장과 왜곡이 심하다. 한반도 여러 왕실은 모두 일본의 신하이고 마치 일본 왕실을 우러러보았던 것처럼 써 놓았다. 전쟁이나 외교 활동들도 그 주체를 일본이 했던 것처럼 바꿔놓았다. 그런데 중요한 것은 『일본서기』 편찬자가 덧칠과 변조를 자행했던 그 원전자료가 대부분 백제 유민들의 기록이었다는

사실이다. 따라서 변조 과정을 비판적으로 분석하면 한반도 역사를 복원하는데 빼놓을 수 없는 중요 정보들이 검출되어 나온다.

'침미다례' 등이 등장하는 『일본서기』 「신공기」 기록인 백제 근초고왕의 전라도 마한 병합 이야기도 「일본서기』가 변조한 전형적 기록이다. 『일본서기』는 이 군사활동을 지금의 전라도 지역 어딘가에 있었던 침미다례 등을 왜가 정벌하여 백제에게 넘겨준 것처럼 썼다. 그런데 왜가 주도했다는 이 『일본서기』 「신공기」 49년조의 기록은 변조가 허술했다. 왜가 건너와서 시작했다는 군사활동이 난데없이 경북 고령이라는 내륙에서부터 시작되고 낙동강을 따라 내려가다 다시 전라도 쪽으로 갔다는 것이다. 장수 이름 가운데 백제 사람이 있는 것도 수상했다. 『일본서기』는 우습게도 중국의 사이(四夷) 관념을 빌려와서 썼는데, 그렇더라도 왜가 주도한 군사활동이 사실이라면 침미다례를 '서융(西戎)'이라고 적었어야 했다. 일본에서 보면 여기는 서쪽이니까. 그런데 엉뚱하게 '남만(南蠻)'이라고 적었다. 이러한 정황들 모두가 백제의 군사활동을 왜가 자신들이 했던 것처럼 바꾼 증거들이다.

'침미다례'라는 지명은 우리의 고유지명이다. 이미 중국 진(晉)나라의 역사책인 『진서』(晉書)에 '신미제국'이 등장하고 중국 양(梁)나라의 기록인 「양직공도」에 '지미'라는 나라가 나온다. 옛 지명 가운데는 같은 이름이 서로 다른 글자로 기록되어 전해지는 경우가 많다. 기록이 쉽지 않았던 고대사회에서 입에서 입으로 구전되던 지명이 보다 후대에 기록되면서 유음동의어로 서로 다른 글자로 채록된 것이 많았던 것이다. 역사학의 한 연구영역인 '음상사(音相似)(발음은 비슷하지만 서로 다른 글자)의 지명들이다. 비판적 분석에 의하면 신미, 지미, 침미 등이 모두 한반도 남부에 있던 같은 나라의 이름이었음을 알 수 있다.

반파, 대사의 위치 비정에 대한 문제 : 첫째 백제와 대가야의 쟁탈지로 기록된 계체 7, 8, 9년조의 반파(伴跛)의 대사(帶沙) 또는 대사강(帶沙江)이 계체 23년조에서는 가라(加羅)의 다사진(多沙津)으로 표기되었다. 대사(帶沙)=다사(多沙)이고, 다사는 『신증동국여지승람』이 기록한 한(韓)다사로 경남 하동이다. 일본 아니고 한국이다. 백제와 대사(다사) 곧 섬진강하구 하동지역 쟁탈전을 전개했던 주체가 각각 반파와 가라로 기록되었으니, 동일 정치체가 분명하고, 가라는 「남제서」에 왜국과 구별되어 기술된 가라국과 같은 것이다. (104~105쪽)

남원을 기문으로 본 근거는 다음과 같다.

● 『한원』의 기록 : 기문하가 나라의 남쪽에서 발원하여 동남쪽으로 흘러 큰 바다로 들어갔다는 기록은 기문하가 섬진강임을 알려준다. 섬진강으로 영토를 넓히려는 무령왕의 의도로 볼 때 기문은 남원이 거의 확실하다.

● 「양직공도」의 기록 : 「양직공도」에는 분명히 기문(己汶)이 아닌 사문(巳文)으로 되어있다. 그러나 「양직공도」 기록은 무령왕대 상황을 보여주고 있다. 무령왕의 영토 확장 방향으로 보았을 때 사문(巳文)은 기문의 오기로 보여진다. (109쪽)

공람의견서 4 : 임나가라를 김해로 보는 설과 고령으로 보는 설 비판

대상범위: 『부산시사』 제1~4권 중 제1권 77쪽

《의견 내용》

광개토태왕비문에 나오는 '임나가라'는 어디일까? 『부산시사』는 1

권 77쪽에서 김해로 보는 설과 고령으로 보는 설에 대해 후자의 고령의 가라국으로 보려는 견해를 강하게 피력하고 있다. 이는 한반도 남부의 가야지역으로 비정하여 임나일본부설에 편승하는 일이다.

그러나 임나가라는 한반도 남부가 아니라 대마도이거나 북큐슈지역이라는 주장이 설득력있게 대두되고 있다. 이런 오래전에 나온 학설을 전혀 참고하지 않고 일방적인 주장만을 되풀이 하고 있다. 박덕규의 「임나일본부와 백제, 왜의 관계에 대한 소고」도 참고할만하다.

'임나가라'에 대해서는 경자년(400년) 기사에 나온다. 광개토대왕이 보병과 기병 5만을 보내서 신라를 구원하는데 왜군이 퇴각하여 급히 뒤를 쫓아 가 항복시킨 곳이 임나가라의 종발성이어서 이 문구가 임나가라설의 근거가 되었다.

> "十年庚子 敎遣步騎五萬 往救新羅. 從男居城至新羅城 倭滿其中官軍方至 倭賊退□□□□□□□□倭背急追 至任那加羅從拔城卽歸服. 安羅人戍兵(10년(400년) 경자(庚子)에 왕이 보병과 기병 5만 명을 보내 신라를 구원하게 하였다. (고구려군이) 남거성(男居城)을 통해 신라성(新羅城)에 이르렀는데 그곳에 왜가 가득하였다. 관군(軍)이 바야흐로 도착하자 왜적이 퇴각하였다. □□ 그 뒤를 급히 추격하여 임나가라(任那加羅)의 종발성(從拔城)에 이르니 성이 곧 항복하였다.

지금까지 '종발성'이 있는 '임나가라'를 한반도 남부 가야지역으로 비정해 왔다. 구체적으로 금관가야로 보기도 했다.[12]

그러나 □□倭背急追...왜의 등뒤에서 급히 추격하였다는 말은 육지의 상황이 아니고 바다의 상황을 설명한 말로 볼 수 있다. 육지에

---

12) 종발성(從拔城)을 고유명사가 아니라 '쫓아가 성을 친다'로 해석하기도 한다(도명).

서 왜를 추격하는데 急追(급히 추격)할 필요가 없다. 육지 안에서는 이미 무적의 고구려 군인데, 왜가 어디로 도망갈 수 있겠는가? 도망 갔다면 바다로 건너 간 것이다. □□는 바다를 건너 급히 왜적을 추격한다는 설명으로 이해할 수 있다.

이병선은 이 구절의 '임나가라'는 대마도의 '계지 가라'로 추정했다.

또 「광개토왕태왕비」의 '임나가라(任那加羅)'와 『삼국사기』 「강수열전」의 '임나가량(任那加良)', 그리고 창원에서 발굴된 「진경대사탑보월능공탑비」의 '임나왕족(任那王族)'이란 기록과의 비교를 통해 임나가라를 추정할 수 있다.

이완영은 「강수열전(强首列傳) '본(本)'의 재해석을 통한 임나가량(任那加良) 위치비정」에서 「강수열전」에 나오는 강수의 성(姓)씨가 본래 석씨로 석탈해 18세손임을 논증하여 관련된 문헌을 토대로 「강수열전」의 임나가량은 가야와는 일체 관련성이 없으며, 그 결과 임나가량은 『삼국사기』에 다파나국으로, 『삼국유사』에는 용성국 혹은 완하국으로 추정했다. 이 지역은 일본열도에 있는 지역으로 가야 지역과는 별개이다.

다시 말하면 석강수의 조상은 석탈해이고 석탈해는 '다파나국'에서 왔다는 것이다. 석강수가 말한 '신은 본관(本貫)이 임나가량입니다'라는 말은 '신의 조상은 신라 땅이 아니라 왜국의 동북 1,000리에 있는 다파나국에서 왔습니다.'라는 말이 된다. 따라서 석강수가 말한 '임나가량'은 금관가야와는 아무 상관이 없으며, 현재의 큐수로 추정된다.

이처럼 '임나가라'는 한반도 내 뿐만 아니라 해외의 대마도, 큐수로도 추정할 수 있기 때문에 임의로 임나가라는 김해나 고령으로 한정해서 추정하는 것은 무리라고 본다. (2023.9. 이찬구 제출)

▶ 부산시의 답변 : 『부산시사』에서 「광개토대왕릉비」의 임나 위치를 김해 또는 고령으로 서술한 것은 고등학교 역사교과서 및 국사편찬위원회 편찬 한국사 개설서 내용과 동일한 것으로 현재 역사학계에서 다수의 지지를 받는 학설이기 때문이다.

여러 차례 답변드린 바와 같이 『부산시사』 고대사 내용은 관련 분야 전문가의 감수와 시민의견에 대한 시사편찬위원회 심의(2023. 10. 20.)를 통해서 식민사관 등과 같은 왜곡된 사관을 수용한 사실이 없음을 충분히 검토하였으며, 시민 제안 사항(2024. 2. 29.)을 시사편찬 자문회의(2024. 3. 22.)에서 검토하여 『부산시사』 원고 작성 지침에 어긋하지 않는 범위에서 최대한 수용하였다.

발간 준비 중인 『부산시사』는 현행 고등학교 국사 교과서의 내용을 따르고 있다. 『부산시사』 원고작성 지침에서도 다수의 연구자들이 동의하는 학설 위주로 서술할 것을 밝혀 두었다. 따라서 2024년 발간되는 『부산시사』에는 현재 역사학계에서 다수의 지지를 얻는 학설을 중심으로 서술될 수 밖에 없음을 양해해 주시기 바란다. (부산시의회가 시민단체에 밝힌 내용임. 2024.7.11.)

고조선(단군조선) 역사문화권 신설의 필요성

'9대 역사문화권 정비법' 개선 방향과 고조선(단군조선)역사문화권 신설
제안자 : 이찬구

일제 식민사관에 기반을 둔 현행 특별법

- '역사문화권 정비법'에는 곳곳에 대일항전기 조선총독부가 한국을 영구히 지배하기 위해서 만든 식민사관이 바탕에 깔려 있음
- 특히 일본 극우파의 '임나일본부설'의 부활 논리가 곳곳에 포진
- 우리는 역사문화권의 강역을 통해 지방이 왜 균형적 발전을 이루어야 하는가를 알 수 있음
- 역사문화권 설정을 일부에서는 지역 관광개발사업으로 착각하고 있음

현 역사문화권의 총론적 문제와 개선방향

1) 백제역사문화권: 전남이 삭제되어 있음
2) 신라역사문화권: 통일신라시대 유적이 경북지역에 국한됨
3) 가야역사문화권: 경상도뿐만 아니라 전남, 전북 등 과도하게 포함
4) 마한역사문화권: 마한이 충청, 광주, 전남, 전북지역을 지배한 것으로 그릇 설정
5) 중원역사문화권: '중원역사문화권'이라는 생소한 개념 사용
6) 예맥역사문화권: 강원도에만 예맥지역이 있는 것처럼 잘못 설정
  * 고구려역사문화권과 탐라역사문화권은 논외로 함

● 9대 역사문화권의 가장 큰 문제점은 조선총독부 역사관이 바탕이 되어 구획되었다는 점. 9대 문화권을 관통하는 두 핵심은 조선총독부의 임나일본부설과 신라, 백제 역사 및 강역 축소 및 고조선 말살 목적

● '가야=임나'라는 논리에서 가야 강역은 크게 확대시키고, 한반도 내 마한은 크게 확대시켰으며, 상대적으로 백제와 신라, 고구려 강역은 크게 축소. 특히 가야 강역이 경상도는 물론 전라도 및 충청도 일부까지 차지하고 있는 것은 전형적인 일본 극우와 식민사학자들의 논리 추종

● 현행 9대 역사문화권 지도는 신라, 백제가 서기전 1세기에 건국되었다는 사실을 부인하고, 가야가 서기 1세기 건국되었다는 사실도 부인하는 게 목적임

● 논리의 타당성을 검토하기 위한 공청회나 학술대회 한 번 진행한 적이 없음. 학술적 토론 과정을 거치지 않고 막대한 국고가 먼저 투입되어 큰 문제 야기

● 국회의원과 담당 공무원들의 역사에 대한 전문성 결여를 악용해서 이런 법을 입안하고 통과시킨 국내 세력에 대한 조사와 대책 필요. 일본 극우파와 내통하는 세력은 국내에 막강한 카르텔을 형성해서 조선총독부 역사관 고착화 및 확대 재생산, 이에 속수무책

● 막대한 예산을 들여 가야사를 임나일본부설로 변질시킨 것, 국립중앙박물관을 비롯해 전국의 각 지방 박물관마다 국민이 경악할 내용으로 역사왜곡 자행 : 반민족, 반국가적 행태를 통합적으로 조사 감독할 수 있는 국가기구 설립 절실

● 아울러 식민사학이 지배하고 있는 국가 역사기관(국사편찬위, 동북아역사재단, 문화재청, 중앙박물관, 한국학중앙연구원)들의 예산 낭비를 관리 감독하고, 바른 역사교육을 지원할 수 있도록 독립운동

가 단체, 민족사학자들과 시민단체가 함께 하는 "역사재정립 특별위원회" 국회 내에 상설 설치
● 참된 역사교육은 지역의 현장에서 이루어짐. 역사와 지역의 균형 발전으로 지역민의 화합과 자긍심을 되살려 국민통합 달성
● 지자체는 각 문화권의 관광사업화를 지양(止揚)하고, 진정성 있고 고유성 있는 역사 마을을 조성할 것을 권유함. 고구려문화권에는 고구려 역사마을, 백제문화권에는 백제 역사마을, 신라문화권에는 신라 역사마을, 가야문화권에는 가야 역사마을 등을 조성하여 교육과 관광을 병행

고조선(단군조선)역사문화권 신설이 필요한 이유
-22대 국회에서 "10대 역사문화권"으로 개편해야

● 역사문화권에서 누락된 "고조선역사문화권"을 반드시 신설하여 대한민국 역사의 정통성 계승 발전 - 경제는 선진국이 되었으나 역사의식은 조선총독부의 식민사관에 지배당하고 있음. 북쪽은 중국의 한사군 지배, 남쪽은 일본의 임나일본부가 지배했다는 식민지 예속론 하루속히 청산해야 함
● 고조선역사문화권 신설은
 1) 전국 17개 시도의 신석기, 청동기 시대의 유적 유물---주거지, 묘지, 고인돌 등 유적이 분포되어 있는 지역 2) 특히 고인돌이 호남에만 250여 곳에서 2만기가 분포되어 있어 세계적으로 그 밀집도가 가장 높음
 3) 고조선 유적지인 춘천중도유적은 사적지로 지정조차 안 되고 있음
 4) 현행 고등학교 한국사 교과서는 한강 이남을 '고조선의 문화강

역도'에서 제외한 실정임

5) 고조선역사문화권의 전국적 통합관리를 위해 '고조선역사문화 총괄센터(연구재단)'를 두며, 향후 '고조선 역사대학원'을 부설함

● 왜 고조선역사문화권인가?

1) 우리 민족의 정치적 정체성의 근원이며, 문화적 민족의식의 귀속처

2) 고구려, 백제, 신라, 가야가 한뿌리임을 확인할 수 있는 동질성

3) 남과 북이 한뿌리로서의 동일성을 영구히 유지할 수 있는 원동력

4) 현행 역사교과서의 고조선 인식을 수정할 수 있는 법적 근거 마련

● 역사왜곡에 대한 경고

"한민족 문화의 원형(原型)은 한국의 고대사회 특히 고조선에 있는데, 그것을 바르게 알지 못한다면 한민족의 정체(正體)를 바르게 인식할 수 없다. 어떤 이유로도 역사가 왜곡되어서는 안 된다."(윤내현)

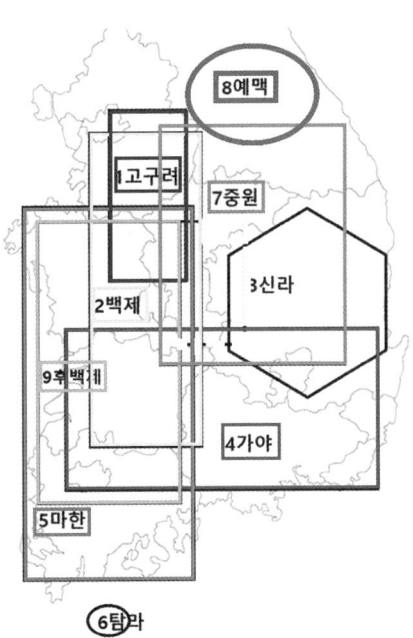

첨부1
'역사문화권 정비 등에 관한 특별법'의 개요(약칭 역사문화권정비법)

[제정 법률 제17412호, 2020. 6. 9. 제정/ 최종 법률 제19215호, 2023. 1. 17., 일부개정]

목적 및 기본용어 정리-(현행법)

제1조(목적) 이 법은 우리나라의 고대 역사문화권과 그 문화권별 문화유산을 연구·조사하고 발굴·복원하여 그 역사적 가치를 조명하고, 이를 체계적으로 정비하여 그 가치를 세계적으로 알리고 지역 발전을 도모하는 것을 목적으로 한다.

제2조(정의) 이 법에서 사용하는 용어의 뜻은 다음과 같다. 〈개정 2022. 1. 18., 2023. 1. 17.〉

1. "역사문화권"이란 역사적으로 중요한 유형·무형 유산의 생산 및 축적을 통해 고유한 정체성을 형성·발전시켜 온 권역으로 현재 문헌기록과 유적·유물을 통해 밝혀진 다음 각 목의 권역을 말한다.
   - 가. 고구려역사문화권: 서울, 경기, 충북지역 등을 중심으로 고구려 시대의 유적·유물이 분포되어 있는 지역
   - 나. 백제역사문화권: 서울, 경기, 충청, 전북지역을 중심으로 백제 시대의 유적·유물이 분포되어 있는 지역
   - 다. 신라역사문화권: 경북지역을 중심으로 신라와 통일 신라 시대의 유적·유물이 분포되어 있는 지역
   - 라. 가야역사문화권: 경남, 경북, 부산, 전남, 전북지역을 중심으로 가야 시대의 유적·유물이 분포되어 있는 지역

마. **마한역사문화권**: 충청, 광주, 전남, 전북지역을 중심으로 마한 시대의 유적·유물이 분포되어 있는 지역

바. **탐라역사문화권**: 제주지역을 중심으로 탐라 시대의 유적·유물이 분포되어 있는 지역

사. **중원역사문화권**: 충북, 강원, 경북, 경기지역을 중심으로 고구려·백제·신라 시대의 유적·유물이 분포되어 있는 지역

아. **예맥역사문화권**: 강원지역을 중심으로 예맥 시대의 유적·유물이 분포되어 있는 지역

자. **후백제역사문화권**: 충북, 충남, 전북, 광주, 전남, 경북지역을 중심으로 후백제 시대의 유적·유물이 분포되어 있는 지역

2. "역사문화환경"이란 역사문화권의 생성·발전의 배경이 되는 자연환경과 고유한 정체성을 형성하는 유형·무형 유산 등 역사문화권을 구성하는 일체의 요소를 말한다.

3. "역사문화권정비사업"이란 역사문화환경을 조사·연구·발굴·복원·보존·정비 및 육성함으로써 지역의 문화발전 및 지역경제 활성화 등 지역 발전에 기여하는 사업을 말한다.

4. "역사문화권정비구역"이란 역사문화권정비사업을 시행하기 위하여 제14조에 따라 지정·고시된 지역을 말한다.

제정 및 개정 과정

1) 2019.6.24.문광위 : "역사문화권 정비 등에 관한 특별법안" 발의 (민홍철 의원 대표발의) (민홍철·김정호·정인화·주승용·정성호·강훈식·이학재·기동민·전현희·최도자·안규백·홍의락·함진규·서형수·이동섭·윤후덕·안호영·여영국·추미애 의원 발의, 2019.4.11.)

(1) 제안설명 : 역사문화권 개념 도입

고구려문화권, 백제문화권, 신라문화권, 가야문화권 등 4개 권역으로. 단, 시도지사의 요청으로 추가 권역 신설 가능

(2) 발의안 : "역사문화권"이란 역사적으로 중요한 유형·무형 유산의 생산 및 축적을 통해 고유한 정체성을 형성·발전시켜 온 권역으로 현재 문헌기록과 유적·유물을 통해 밝혀진 다음의 각 목 및 제10조에 따라 지정된 권역을 말한다.

가. **고구려역사문화권**: 한반도 중북부 및 만주지역을 중심으로 고구려 시대의 유적·유물이 집중되어 있는 지역(대한민국의 실효적 지배가 미치는 지역에 한정한다)

나. **백제역사문화권**: 서울, 경기, 충청, 전북지역을 중심으로 백제 시대의 도읍지 공주, 부여, 익산과 백제 유적·유물이 집중되어 있는 지역

다. **신라역사문화권**: 경북지역을 중심으로 신라와 통일 신라 시대의 도읍지 경주와 인근 신라 유적·유물이 집중되어 있는 지역

라. **가야역사문화권**: 기원 전후부터 6세기 중엽까지 존속한 고대 가야국이 위치한 김해, 고령 등 가야 제국의 도읍지를 중심으로 경남·경북·전남·전북 등 가야 유적·유물이 분포되어 있는 지역

　＊ 고구려 문화권에 만주가 포함된 것 신중히, 공청회 요청(조훈현 의원 지적)

2) 2019.11.18. : 마한역사문화권 제안 (서삼석 의원)

제2조(정의) "마한역사문화권"이란 기원전 2세기부터 서기 4세기까지 마한이 존재하였던 지역으로서 나주, 담양, 화순, 영암, 무안, 함평, 장성, 해남, 그 밖에 제10조의 절차를 거쳐 대통령령으로 정하는 지역을 말한다.

3) 법률 제17412호, 2020. 6. 9. 제정 [시행 2021. 6. 10.]
---6대 문화권

* 마한, 탐라문화권 추가됨

가. 고구려역사문화권: 서울, 경기, 충북지역 등을 중심으로 고구려 시대의 유적·유물이 분포되어 있는 지역

나. 백제역사문화권: 서울, 경기, 충청, 전북지역을 중심으로 백제 시대의 유적·유물이 분포되어 있는 지역

다. 신라역사문화권: 경북지역을 중심으로 신라와 통일 신라 시대의 유적·유물이 분포되어 있는 지역

라. 가야역사문화권: 경남, 경북, 부산, 전남, 전북지역을 중심으로 가야 시대의 유적·유물이 분포되어 있는 지역

마. **마한역사문화권**: 영산강 유역을 중심으로 전남 일대 마한 시대의 유적·유물이 분포되어 있는 지역

바. **탐라역사문화권**: 제주지역을 중심으로 탐라 시대의 유적·유물이 분포되어 있는 지역

4) 2020. 10.12~21.5.13 6개 개정안 제출(윤영덕, 이상직, 문진석, 도종환, 이종배, 허영 등)

이에 문화체육관광위원회(2021. 12. 9.)는 위 6건의 법률안을 심사한 결과 이를 본회의에 부의 않고 위원회 대안(代案)으로 제안하기로 함.

(▶마한역사문화권의 범위를 충청·광주·전북지역으로 확대하고, 역사문화권의 종류에 중원역사문화권과 예맥역사문화권을 추가)

- **중원역사문화권은 충북·강원·경북·경기지역으로**,
- **예맥역사문화권은 강원지역으로 범위를 정함**(안 제2조).

5) 2022. 1. 11. 개정---8대문화권

가. 고구려역사문화권: 서울, 경기, 충북지역 등을 중심으로 고구려 시대의 유적·유물이 분포되어 있는 지역

나. 백제역사문화권: 서울, 경기, 충청, 전북지역을 중심으로 백제 시대의 유적·유물이 분포되어 있는 지역

다. 신라역사문화권: 경북지역을 중심으로 신라와 통일 신라 시대의 유적·유물이 분포되어 있는 지역

라. 가야역사문화권: 경남, 경북, 부산, 전남, 전북지역을 중심으로 가야 시대의 유적·유물이 분포되어 있는 지역

마. 마한역사문화권: 충청, 광주, 전남, 전북지역을 중심으로 마한 시대의 유적·유물이 분포되어 있는 지역

바. 탐라역사문화권: 제주지역을 중심으로 탐라 시대의 유적·유물이 분포되어 있는 지역

사. 중원역사문화권: 충북, 강원, 경북, 경기지역을 중심으로 고구려·백제·신라 시대의 유적·유물이 분포되어 있는 지역

아. 예맥역사문화권: 강원지역을 중심으로 예맥 시대의 유적·유물이 분포되어 있는 지역

* 마한역사문화권 범위 확대: 영산강 유역을 충청, 광주, 전남, 전북지역으로

* 지방자치단체는 역사문화권 정비 및 역사문화환경의 조성과 관련된 각종 활동의 체계적 수행 및 연속성 보장을 위하여 역사문화권 연구재단을 둘 수 있다.

* 이 법은 공포 후 6개월이 경과한 날부터 시행한다.
(2022.7.19.)

6) 법률 제19215호, 2023. 1. 17., 일부개정 :
'후백제역사문화권' 신설---총 '9대 역사문화권'으로

  이제 고조선 역사문화권 법안 발의가 하루빨리 이루어지길 바라면서 그 초안을 만들어 보았다.

첨부2
"고조선 역사문화권" 법안 발의안 (발의제안 : 이찬구)

역사문화권 정비 등에 관한 특별법 일부개정법률안(제안)

  [제안이유 및 주요내용]
  현행법은 우리나라의 고대 역사문화권과 그 문화권별 문화유산의 역사적 가치를 조명하고 이를 체계적으로 정비하고자, 우리나라의 "역사문화권"을 고구려역사문화권, 백제역사문화권, 신라역사문화권, 가야역사문화권, 마한역사문화권, 탐라역사문화권, 중원역사문화권, 예맥역사문화권, 후백제역사문화권 등 9개 역사문화권으로 구분하여 정의하고 이에 대한 연구·조사 및 발굴·복원을 통해 그 가치를 세계적으로 알리는 것은 물론 지역 발전을 도모하고자 지난 2020년 6월 9일 제정되어 2025년 월 일 현재까지 시행되고 있음.
  하지만 현행법 제2조 제1호에서는 고구려 백제 신라 등 삼국시대 중심으로 역사문화권만을 다루어 그런 모든 역사문화권의 원류이자 원형이 되고 있는 "고조선역사문화권"이 누락되어 있음. "고조선역사문화권"이 우리 역사와 문화의 출발점이며, 정체성 형성의 근원임에도 삼국시대 이후에 비해 역사문화적으로 중요한 가치를 인정받지

못하고 제외되어 있음.

  그동안 고구려, 백제, 신라, 가야 역사문화권 등은 이미 「고도(古都) 보존 및 육성에 관한 특별법」, 「신라왕경 핵심유적 복원·정비에 관한 특별법」, 「풍납토성 보존 및 관리에 관한 특별법」 등에 의하여 지역별로 정책적 지원을 받아 왔고, 여기에 역사문화권의 확대로 지역별로 고르게 국가적 지원과 보호를 받게 되었음에도 "고조선역사문화권"은 지역의 역사문화권과 달리 국가적인 지원과 관심에서 소외되어 왔고, 교과서에서 조차 한강 이남지역은 고조선 문화강역으로 인정받지 못했음.

  현재 전국에는 신석기 또는 청동기시대의 유적 유물들이 널리 분포되어 있으나 법의 보호를 제대로 받지 못하고 있으며, 특히 고조선시대를 대표하는 고인돌이 호남에만 250여 곳에서 2만기가 분포되어 있어 세계적으로 그 밀집도가 가장 높다는 면에서 향후 특정 지역뿐만 아니라 전국적으로 고조선 역사문화의 보존과 발굴·복원은 시급한 실정임.

  지금 동북아는 자국의 역사보존과 문화홍보를 위해 치열하게 경쟁하고 있다는 이유에서 고구려 백제 신라 가야의 뿌리인 "고조선역사문화권"은 우리나라 정체성의 근원이며 미래 문화창조의 근간으로써 국가의 적극적인 보호가 절대적으로 필요함.

  이에 전국을 중심으로 하는 "고조선역사문화권"을 설정하여 삼국 이전부터 발전해 온 고조선 고유문화에 대한 인식을 높이고, 관련 유적·유물에 대해 보다 더 체계적이고 통합적인 연구와 정비를 실시하고자 함(안 제2조 제1호 차목 신설).

역사문화권 정비 등에 관한 특별법 일부개정법률안

법률 제17412호 역사문화권 정비 등에 관한 특별법 일부를 다음과 같이 개정한다.

제2조제1호에 차목을 다음과 같이 신설한다.

차. 고조선역사문화권: 전국을 중심으로 고조선 시대와 그 이전 시대의 유적·유물이 분포되어 있는 지역

첨부3

『배달족역사』(대한민국임시정부 교과서, 1922)

-일부 영인-

※ 편집자 주(註) : 『배달족역사』는 배달족의 역사 교과서 이름이다. 대한민국 임시정부가 1922년 1월 상해(上海)에서 간행하였다. 초등학교 역사 교과서로 사용하기 위하여 편집·제작하였다. 저자는 김헌(金獻)이다. 모두 74쪽 분량이다. 신시(神市)시대, 배달(倍達)시대, 부여(夫餘)시대, 상고문화(上古文化), 열국(列國)시대, 남북조(南北朝)시대, 중고문화(中古文化), 여요(麗遼)시대, 여금(麗金)시대, 고려(高麗)시대, 근고(近古)문화, 조선(朝鮮)시대, 조청(朝淸)시대, 근세문화(近世文化) 등 14장으로 구성되었다. 이곳에는 신시시대부터 열국시대까지만 게재하였다. 현재 국립중앙도서관과 국회도서관이 소장하고 있다.

倍達族教科書 上古歷史

第一章 神市時代

第一課 民族의 散居

上古에우리民族이 黑水南쪽과 瀚海北편에 散居하야 草를 衣하고 木實을 食하며 夏에는 巢를 構하고 冬에는 穴에 處하야 俗尚이 愚昧하며 智識이 幼穉하므로 善을 棄하고 暴戾를 專事하더라

第二課 神人의 化降

開天子卯歲上月에 上帝께서 一符와 三印을 持하시고 風伯과 雨師와 雲師와 雷公을 率하시며 人으로 化하야 太白山(今 白頭山) 神檀樹아래에 나리샤 人類를 化育하시며 神道로 教를 設하시니라

第三課 神人의 能力

神人이 穀과 命과 病과 刑과 善惡의 五事를 主하시며 人間三百六十六事를 治하시니 於是에 男女와 父子와 君臣의 別과 飲食과 衣服과 居處의 制가 定하며 髮을 編하고 首를 蓋하는 事가 行하더라

第四課 圜部의 政治

神人이 方區內에 자조 巡行하샤 散居하는 民族을 聚居게 하야 團部를 編成하시니 區內의 團部가 凡三千이오 神人의 儉勤하샤 政은 蓬亭과 柳闕에 御하시며 索을 綯하시거나 牛를 跨하시고 治하시더라

第五課　神市의 名稱

時에 國名과 君位는 無하나 神人이 區內에 民을 統治하던 代는 神化에 歸來함이 市에 會함과 如하야 神市氏라 稱하니 神人降世로 自此建國하기 前까지 年은 神市時代라 稱하더라

第二章　倍達時代

第一課　檀君의 建國

戊辰歲 十月에 人民이 神人을 推戴하야 大君主를 삼고 國號를 建하야 檀(倍達)이라 하며 都를 太白山下에 定하얏다가 二十二年를 歷하야 大君主를 訪(倍達)이라 하며 都를 太白山에 移하야 國號를 朝鮮으로 改하니라

第二課　徒都와 治水

壬戌歲에 洪水가 汎濫하야 都를 唐莊京(今文化地)으로 徒하시며 水를 治하실새 北은 黑水로 自하야 南은 牛首(今春川地)에 至하며 東西는 大海에 抵케 導하고 道를 通하야 民居를 便케하시니라

第三課　築城과 設壇

丙寅歲에 皇子 三人을 命하야 穴口(今江華)에 山城을 築하시며 摩尼山(江華山名)에 壇을 設하시고 天帝께 祭케하야 本을 報하는 事를 行케하시니 壇祠는 上方下圓하고 石으로 累하얏스며 歷代로 守護하야 尙存하니라

第四課　國界를勘定

甲戌歲에太子扶婁를派遣하야 敗國使臣夏禹를兩國交界되는 澄山(直隸內地)에서會하야國界를勘定하니朝鮮의疆域이東은大海오西는與安嶺을挾하고南은瀛海에至하며北은黑水를越하야 其極이荒邈을限하더라

第五課　名臣과碩輔

元輔彭吳는土地를奠하고 史官神誌는書契를撰하고 農官高矢는田事를治하고 樂官持提는歌舞를協하고 君長余守己와 上長裴天生은各其民産을制하고 肅愼氏는弓矢를作하고 沃沮氏는矛를造하니라

第六課　神后와賢子

匪西岬神后는紡織을勸하시고 太子扶婁는陶를治하야 器用을備하시고 皇子扶蘇는藥을營하야 疾苦를救하고 皇子扶虞는獵을掌하야 獸害를遠케하고 皇子扶餘는賓禮를主하야 俗尙을敦厚케하니라

第七課　郡國의制度

檀朝의政治가內事는元輔가總管하고 外事는君長과上長과民長이主掌하는대 郡邑으로國을삼아 君長이職을世襲케함은諸侯와如하고 稅賦를納케함은後世郡縣과如하니 此를郡國制度라謂하더라

二

第八課 郡國의 君長

扶餘와 肅愼과 沃沮와 貊과 韓은 皆郡國의 君長으로 其國內에 郡國君長은 又皆하게되야 無數한 小國이 産出하고 小君長의 名을 扶餘는 大加라 濊貊肅愼은 大人이라 沃沮는 三老라 韓은 千이라 稱하더라

第九課 檀君의 御天

庚子歲三月에 檀君께서 阿斯達(今九月山)에 入하사 다시 神이 되사 天에 御하시니 君位에 在하심이 九十三年이오 人間에 留하심이 凡二百十七年이러라 今九月山頂에 石臺가 有하야 檀君御天臺라고 指稱하더라

第十課 稱號의

扶婁帝는 賢하시고 福이 多하사 邦內가 安泰하며 子孫이 繁盛하고 世世로 仁惠가 有하야 檀君의 稱號를 襲用하니 政化가 醇美하야 靈瑞가 見하더니 鳳凰이 出함으로 漢土人이 欽羡하야 東方君子國이라 謂하더라

第十一課 民長의 治才

朝鮮建國四百五十五年 壬寅에 一 土山(平壤地) 八王朝明이 泊(九月山治海地) 民長이 되야 治績이 著하며 栗을 種하야 器를 作하고 또 民으로 하여금 茅를 拔하야 屋上에 苫케 하니 民이 便好라 하야 其法을 相

傳하야不聲하더라

第十二課 外地의 殖民

濊國君長이 殷主小乙의 衰弊함을 乘하야 徐州地를 占領하고 揚子江沿岸에 絶大한 土地를 廣拓하며 都를 徙하고 國號를 徐라 改稱하며 民을 移하야 生聚를 繁殖케하니 此는 우리 民族이 外地活動의 始이니라

第十三課 濊人의 遷徙

濊의 一種은 濊水(今嫩江) 東西로 湖沿하야 雜居하며 東北으로 黑水를 跨하야 土地를 開拓하니 此는 塞濊니라 稱하고 又 一種은 東海沿岸으로 南徙하야 邑落을 成하며 國이라 稱하야 東濊(今江陵)와 不耐濊(今咸興)의 名이 有하니라

第十四課 扶餘의 變稱

扶餘의 君長이 濊의 舊地(今開原) 가 空虛하야 主가 無함을 乘하야 都邑으로 其地에 徙하고 濊의 遺民을 安撫하니 地名으로 因하야 國號가 自然히 濊도 變改되되 扶餘의 國名이 遂絶하야 扶餘의 舊都(今阿勒楚喀地)도 空廢하더라

第三章 扶餘時代

第一課 後檀君의 北遷

怡達族歷史

朝鮮後檀君의子孫들이 北疆을 統治키 爲하야 扶餘舊都에 圓柵을 樹하고 乙未歲에 都를 徙하니 地名으로 因하야 國號를 扶餘라 稱하얏고 朝鮮의 國名은 庚寅으로 始하야 是에 至하기까지 凡 一千二十六年을 歷하얏더라

第二課　箕子의 東來

己卯歲에 殷(支那)이 亡함애 殷의 遺臣 箕子가 周를 避하야 殷의 遺民을 率하고 遼水西 平壤(今廣寗)空地에 居하며 地名으로써 國號를 朝鮮(平壤總名)이라 하니 此는 他族 來化의 始러라 其子孫이 漸强하야 都를 遼水東 平壤(今遼陽)에 移徙하니라

第三課　假王의 伐周

徐君 偃王이 仁德이 有하니 時에 來朝하는 者가 五十餘國이라 周穆王이 大懼하야 和親乙하고 東西로 分하야 東方諸侯는 徐가 主하고 周國을 伐하야 西로 河上에 至하니 周穆王이 大懼하야 徐의 屬國을 侵하거늘 偃王이 仁德에 有하야 戈로 相交하면 民衆에 楚王이 申에 會함새 徐가 其盟에 預하얏소

第四課　徐國의 歷年

後에 徐가 周와 並立하야 主鼎과 戈로 相交하더니 周衰에 楚王이 申에 會함새 徐가 其盟에 預하얏소 後에 徐가 都를 鄲郰로 遷하며 旁近小郏을 侵滅하다가 畢竟에 楚와 戰하야 敗亡한 바이되니 徐의 國號가 一千餘

年을歷하얏더라

第五課　箕氏의國土

箕氏가土地를大拓하야東은肅愼沃沮와界하고西는幽薊에至하고西北은濊貊과連하고北은挾倈와接하고南은猪灘에及하야韓과對하얏더니季世에至하야幽薊의地二千里를燕將秦開에게戰失하고國이遂弱하얏더라

第六課　濊貊의勇强

濊의力士黎道令은支那人張良의仇를報하야쑤기로諾하고一百二十斤鐵椎를暴하야秦皇嬴政을博浪沙中에서擊하다가副車를誤中하고貊의驍騎는漢王劉邦의請을應하야西楚霸王項羽를廣武野에서擊破하니라

第七課　衛滿의竊據

朝鮮王箕準(箕子四十一世)時에燕人衛滿이衆을率하고椎髻와蠻服으로來見하거늘圭封(地名)百里를劃與하얏더니滿이兵을引하야準을襲하고其地를據하며國號를朝鮮이라仍稱하얏고箕氏의朝鮮은九百二十九年을歷하얏더라

第八課　三韓의分立

四

箕準이 遂히 被하야 海에 浮하야 南으로 韓의 地에 至하야 金馬渚(今益山)에 都城을 築하고 國號를 馬韓이라 稱하니 於是에 韓의 地가 西와 南으로 分하야 西의 地는 馬韓이 되고 南의 地는 辰韓과 弁韓이 되니 是를 三韓이라 謂하니라

第九課 濊貊의 變革

濊가 南閭가 衛氏와 不和하야 二十八萬口를 擧하고 漢에 詣하야 內屬하니 漢主武帝가 其地(開原西北)로 蒼海郡을 삼고 彭吳를 遣하야 貊의 地를 取하야 蒼海道를 穿하며 通하니 工役이 浩大하야 燕齊의 間이 騷然發動하더라

第十課 衛氏의 國革

衛滿의 孫右渠가 漢兵에 敗滅하 바 되야 衛氏의 國號가 八十七年에 止하야고 其地는 樂浪과 玄菟와 臨屯과 眞蕃의 四郡이 되니라

第十一課 四郡의 分裂

漢이 四郡을 合하야 平州와 東部의 二府를 置하고 其邑治를 遼西로 僑移하니 本地는 空棄를 因하야 無數한 部落이 各自國邦을 建設하며 扶餘는 此機를 乘하야 濊의 地와 衛氏故地를 占領하고 肅愼과 沃沮는

舊疆을 回復하더라

第四章 上古文化

第一課 神敎의 拜天

檀君께서 拜天의 事를 行하신 後로 歷代가 相襲하야 每年 十月과 三月에 國中이 大會하야 天에 祭하고 歌舞鼓吹하니 其會를 扶餘는 迎鼓라 謂하고 濊와 貊은 舞天이라 謂하고 辰韓과 弁韓은 禊飮이라 謂하며 禮儀가 甚盛하더라

第二課 神敎의 九誓

扶餘古俗에 敎徒가 春秋로 序謝禮를 行하며 誓辭를 讀하니 其誓辭는 不孝者ㅣ오 不友者ㅣ오 不信者ㅣ오 不忠者ㅣ오 不進者ㅣ오 勉德業하며 規過失하며 恤患難하며 成禮俗하야 同歸于厚라 하니라

第三課 神敎의 五戒

敎의 戒律이 嚴하야 敎徒가 師의 戒命을 違하고 敎徒ㅣ라 謂하야 里閭을 同치아니하니 其戒가 男女와 職業을 隨하야 有異하나 後世에 盛行한 者는 事君以忠과 事父以孝와 交友以信과 臨陣無退와 殺傷有擇이러라

第四課 神敎의 八關

歷代事神할時에 誠潔히 齊戒할 意로 誓式을 行하고 福을 祈하난대 其名을 八關會라 하니 八關은 八罪를 禁關 하자함이오 八罪는 人殺生과 偸盜와 淫泆과 妄語와 飮酒와 高大床에 坐함과 香華를 着함과 觀聽을 自樂함이러라

第五課 文學과 技藝

檀君時에 神誌가 秘詞一卷을 撰著하니 此는 上古文藝의 始라 우리 民族의 文明이 此를 籍賴함으로 是後에 王受兢은 法學으로 進하고 少連大連은 禮學으로 開하고 麗王은 音樂으로 名하고 曹元理난 數學으로 人을 驚服하니라

倍達族
敎科書 中古歷史

第一章 列國時代

第一課 南北의 諸國

開天二千四百年 以後로 七百年間은 豬灘과 竹嶺을 南北으로 分하야 南은 新羅와 百濟와 駕洛의 國이 有하고 北은 高句麗와 扶餘와 沮裴와 鮮卑의 國이 有하야 各其 旁近 小國을 攻取하야 郡縣을 삼고 互相競爭하니 此를 列國時代라 하니라

第二課 挹婁와 鮮卑

肅愼은 南部地를 收復하고 挹婁山(白頭山東北麓)下로 都를 徙하니 國號나 挹婁로 變하고 貊人은 部落을 各立하야 鮮卑山(大興安嶺) 東과 西에 居한 者는 鮮卑라 總稱하고 其 南徙者는 梁(梁谷) 貊과 句麗(高句驪縣) 貊과 小水(西安平地小水) 貊과 牛首(牛首州今春川) 貊의 國이 有하니라

第三課 東北의 扶餘

扶餘東明大帝解慕漱는 天帝子라 稱하며 檀君이라 號하야 子의 名을 夫婁라 하고 河伯女 柳花를 娶하야 子를 生하니 名을 朱蒙이라 하다 夫婁가 東으로 水濱을 相하야 國都를 迦葉原(今額穆地)에 遷하니 此는 東扶餘오 舊都는 北扶餘라 稱하더라

第四課 徐菀의 扶餘

扶餘帝室女婆蘇(東神聖母)가 辰韓地에 居하야 神仙術을 修하야 子를 生하니 名이 赫居世라 辰韓六千 이赫居世를 推戴하야 居西干(方言總王)을 삼고 都邑(慶州)을 徐菀斯盧라 稱하니 徐菀은 都의 名이오 斯盧는 扶餘의 音轉이러라 後에 國號를 新羅로 改하니라

第五課 卒本의 扶餘

扶餘太子帶素가 朱蒙을 猜하야 害로 저 하거늘 朱蒙이 難을 逃하야 卒本(今興京)에 至하니 扶餘宗室優

倍達族歷史   六一

의 族을 統治하니라

　第二課　滿洲의 始末

滿洲의 先은 金과 同하니 鷄林金氏의 裔로 金의 遺族布庫里雍順이 俄漠惠野의 額多力城(敦化縣)에 居하야 貝勒이라 稱하니 海古塔貝勒의 稱으로 始하야 國號를 滿珠라 하고 又其와 에 呼蘭哈達의 赫圖阿喇(興京)로 遷居하고 覺昌安(景祖)에 至하야 其部下尼堪外蘭이 明兵을 引하고 覺 昌安과 其子塔克世를 殺하니라

　第三課　淸의 太祖

淸太祖努兒哈赤의 姓은 愛新覺羅氏오 顯祖塔克世의 子라 年二十五에 顯祖의 遺甲十三副로써 尼堪外 蘭을 襲한대 外蘭이 明에 遁하거늘 太祖가 明을 侵하니 明이 外蘭을 執付하야 鎭과 綾을 輸하야 過를 謝하 더라 太祖가 國政을 定하며 隣近各部를 收服하야 滿洲를 一을 作하며 八旗兵制를 創하며 帝位에 卽하고 明 을 伐하더라

　第四課　滿州의 變戰

明이 遼東經略楊鎬로 하야금 兵二十四萬을 瀋陽(奉天)에 集하고 四路로 分하야 滿洲를 攻할새 朝鮮에 請兵하니 朝鮮元帥姜弘立과 金景瑞 等이 兵二萬을 率하고 明을 助하더라 淸太祖가 明의 中路兵을 先破

六一

第九課　馬韓의國廢

馬韓이波弱하거늘百濟太祖가出獵한다稱하고潛師로掩襲하야滅하니馬韓의國號가二百二年을歷하얏더라馬韓舊將周勤과孟召와蘇馬諟等이各其兵을起하야故國을復코자하다가百濟에게戰敗한바이되며周勤은自殺立節하더라

第十課　高句麗의神宗

高句麗大武神宗無恤은琉璃明宗의子이라太子時에兵을將하고遼西漢兵을破하야며東扶餘軍을摧折하며梁貊과句麗貊과小水貊의國을攻滅하고君位에卽하야黃龍과蓋馬와句茶와樂浪을滅하고漢兵을破하며扶餘와戰하야勝하니라

第十一課　駕洛의太祖

駕洛太祖金首露는容貌가雄偉하고身長이九尺이라幷韓九干이天에祭하며禊飮하다가見하고推戴하야總王을삼으니太祖가金官(今金海)에都城을築하며宮室을營하고國號를駕洛이라稱하며事에明透하야凡爭詰을一言에決斷하더라

第十二課　昔氏의得國

脫解尼斯今(方言帝王)의姓은昔氏라風神이秀朗하고才識이特異하니新羅第二世南解次次雄(方

言神聖帝王)이長女로써妻하고臨崩하야遺言하되朴昔兩姓이年長으로位를嗣하라한대脫解는南

解의子儒理에게讓하고儒理는位를脫解에게傳하더라

第十三課　鷄林의國號

脫解가宮西始林에鷄聲이有함을聞하고往視하니金樻이樹에掛하고樻內에小兒가在하야姿貌가奇

偉라脫解가宮中에서養育하며名을閼智(貴小兒)라하고姓을金氏라하며始林의地名을鷄林으로改

하고因하야國號를鷄林이라稱하니라

第十四課　高句麗의太祖

高句麗太祖宮은大武神宗의任이라賢良을任用하야東沃沮를攻滅하며曷思와藻那와朱那의諸國을

牧降하고漢과大戰하야玄菟遼東二城을襲하니齒州刺史馬煥과玄菟太守姚光은單騎로先走하고遼

東太守蔡諷은全軍이陷沒하더라

第十五課　鮮卑의檀石槐

鮮卑에檀石槐가勇健하고智略이有하니衆이推尊하야大人을삼고各部를統一하며凶奴地(東蒙古)

를奄有하야漢의雲中을側하고北으로丁을討하며西으로烏孫을逐하며東으로扶餘와東으로高

句麗를拒하고絶大한國邦을建設하니라

第十六 東川의 復國

高句麗東川太王이 遼東西安平을 襲破 하야스니 魏將毋丘儉이 決死來戰하야 馬를 束하며 車를 懸하야써 九都城(今紅石項子)을 쑴하난지라 東部人 細由가 魏營에 往하야 其先鋒을 刺하니 魏軍이 亂이라 東川이 이에 魏兵을 破하고 九都를 收復하니라

第十七課 金氏의 得國

新羅第十三 尼斯今 昧鄒는 金閼智의 七世孫이라 助賁尼斯今의 婿로서 寶位에 登하야 親히 政刑을 視하며 貧窮을 賑恤하야 人民의 勞苦를 念하야 宮室을 建치 아니하더라 新羅의 金氏가 비로소 國을 得하야스고 自此로 朴昔金 三姓이 相傳하니라

第十八課 廣開土太王

高句麗廣開土太王 談德은 東川의 七代孫이라 武勇으로 領土를 擴張할새 時에 揭婁가 七部로 分하야 勿吉이라 稱하다가 高句麗에 屬하고 또 百濟 五十八城을 取하며 燕의 平州民하야 其刺史 慕容歸를 逐하고 또 燕主 慕容熙의 勁兵을 摧折하니라

第十九課 扶餘의 歷年

扶餘가 燕과 失和하야 慕容皝이 來侵을 被하고 後로 國勢가 逐弱하야 能히 自立지 못하더니 高句麗文咨明

太王甲戌歲에國이革하야高句麗의郡縣이되니扶餘의國號가俊檀君乙未北遷으로始하야是에至하기까지一千七百八十年을歷하니라

第二十課 駕洛의歷年

駕洛의建國할時에太祖의弟五人이各其國을立하니其國名은은阿羅伽倻(咸安)와古寧伽倻(咸昌)와星山伽倻(星州)와大伽倻(高靈)와小伽倻(固城)라駕洛이新羅法興太王에게滅한바이되니駕洛의國이四百九十年을歷하얏고五伽倻도다新羅에入하니라

第二十一課 乙支文德의略

高句麗乙支文德이隋將楊諒을破한대隋主楊廣이兵二百萬을率하고入寇라文德이其軍을疲斃코저하야七戰七走하니隋兵이平壤에至하야飢疲라文德이出兵하야隋將辛世雄을斬하고隋軍이咸沒하니生還者가겨우二千七百人이러라

第二十二課 金庾信의志

新羅金庾信은駕洛의裔라慨然히百濟와高句麗를削平할志가有하야中嶽(慶州斷石山)石窟에入하야齋戒鍊하고誓를作하야天에告하얏더니忽然이老人이來하야秘訣을傳授하난지라自此로智略이金廣하야맞合내新羅의統一을佐成하니라

(끝)

첨부4
남북역사학자 공동보도문

공동보도문 발표하는 남북. 남측(右) 윤내현 회장, 북측(左) 허종호 회장
(사진/ 만권당 제공)

「**공동보도문**」

 역사적인 6·15 남북공동선언의 정신에 기초하여 민족의 화해와 단합, 통일을 이룩하려는 7천만 겨레의 지향과 열망이 높아지고 있는 때에 개천절을 맞으며 남의 단군학회와 북의 력사학회의 공동 주최로 평양에서 '단군 및 고조선에 관한 역사학자들의 공동학술토론회'를 가졌다.
 토론회에는 남과 북의 역사학자들과 고고학자들, 대학 교원들, 개천절 행사에 참가하고 있는 남과 북의 대표들이 참가했다.
 토론회에서는 단군조선의 건국 연대와 사회 성격, 중심지와 영역, 단군 관계 고고학과 문헌 자료 검토, 단군신화에 대한 역사적 고찰 등의 문제들이 논문 발표와 좌담회 형식으로 진지하고 허심탄회하게 논의되었으며 다음과 같은 문제들에서 인식을 같이 했다.

첫째, 단군은 실재한 역사적 인물이며 우리 민족의 첫 국가인 단군조선을 세운 건국 시조이다.

둘째, 우리 민족은 유구한 역사를 가진 단군민족이며 우리는 『삼국유사(三國遺事)』를 비롯한 여러 사서들에 고조선의 중심지가 평양이라고 기록되어 있는 것을 중시한다.

셋째, 고조선은 오늘의 한반도와 동북아시아의 넓은 지역을 기본 영역으로 한 강대국이었다.

넷째, 남과 북의 역사학자들은 반만년의 유구한 민족사를 빛내고 우수한 민족성을 고수하기 위한 학술적 유대를 강화하고 협조를 공동으로 활발히 벌인다.

다섯째, 남과 북의 역사학자들은 민족 앞에 지닌 사명감을 깊이 간직하고 남북 역사학자들의 연대를 강화하며 애국애족의 입장에서 민족사 연구를 심화해나감으로써 우리 민족끼리 힘을 합쳐 조국을 통일하는 위업에 적극 이바지해 나갈 것이다.

남측 단군학회 윤내현, 북측 력사학회 허종호
2002년 10월 3일 평양

색인

ㄱ

가라(加羅), 가야 182, 344, 377, 418, 420, 421, 422, 424, 446, 490, 493~495, 554, 566, 573, 575, 577, 580~583, 595, 597, 598, 602~604, 606~616

가림토, 가림다문 81, 84, 124, 126, 154, 164, 165, 177, 178, 182, 184

가야본성(加耶本性) 553~555, 583

갈석산(碣石山) 198, 207, 273, 295, 321, 525, 532, 462

갑골문(甲骨文) 25~27, 33~38, 45~49, 55~69, 88, 103~110, 183, 199, 207, 223, 224, 259, 278

강동 6주 424, 502, 509

강화도 참성단 541

개읍불개정도(改邑不改井圖) 248

개천절 534~538, 542

개천절민족공동행사 539

객좌(喀左) 97, 123, 204, 211, 466, 526

거수국 50, 320, 327, 460, 480, 485, 524, 529, 531

고구려 43, 80, 108, 113, 150, 159, 160, 171, 172, 183, 223, 224, 243, 257, 274, 278, 289, 295~297, 303~305, 307~318, 320~326, 328~332, 344, 347, 348, 350, 351, 364, 369, 370, 372, 376, 377, 380, 411, 412, 415, 417, 418, 422~424, 427, 428, 430, 432, 458, 460, 474, 478, 479, 482~485, 486~497, 506, 507, 510, 531, 541, 577, 596, 597, 603, 604, 606~616

고금문(古金文) 27, 38, 50, 60, 64~66

고대화폐 79, 82, 83, 85, 90, 134, 142, 166, 178, 189

고두막한 488

고려문자 80, 157, 158, 160, 165, 166, 183

고모토(甲元眞之) 32

고인돌 307, 437, 464, 468, 542, 544, 547, 548, 588~590

고전자(古篆字) 85, 150

고조선(古朝鮮) 4, 5, 15, 18, 25, 26~28, 31, 32, 43, 51~53, 60~68, 81~85, 90, 92, 119, 131~133, 137~142, 155, 159, 161, 171, 177, 179, 182, 202~219, 220, 230, 237, 240, 241, 250~253, 257~261, 264, 269, 271~278, 289, 291, 292, 300, 305~308, 314, 322, 325~327, 330~332, 320, 345~349, 354, 357, 367, 372~375, 412~418, 444~461, 464, 466~470, 476, 487, 492~501, 516~565, 583~592, 606~609, 615

고조선문명 32, 54, 64, 150, 179, 274, 276, 527, 532, 586

고조선문자 64, 67, 81, 82, 137, 139, 142, 183

고조선문화 138, 139, 164, 202, 274, 482, 593
고조선역사문화권 608, 609, 615~617
고죽(孤竹), 고죽국(孤竹國) 64, 85, 99, 113, 118, 119, 123, 138, 139, 177, 241, 317, 479, 480, 485, 486
古한글 143, 149, 153, 168, 170
고힐강(顧頡剛) 198, 199, 227
곰토템 202, 216, 218, 228
곰토템족 537
공법(貢法) 237, 245, 244, 269
공전(公田) 242~244, 247
과철주(過鐵州) 504, 505, 508
곽대순(郭大順) 27, 30, 31, 33, 51, 63, 64, 215, 268, 273
곽박(郭璞) 40~42, 45, 55, 66
광개토태왕 43, 412, 413, 417, 418, 426, 305, 479, 482~484, 488, 490~492, 497, 498, 572, 577, 602
구로이타 가쓰미(黑板勝美) 347, 351, 354, 420, 421, 598
구루봉(岣嶁峰) 278, 279
구이(九夷) 429, 480
구정도(邱井圖) 261, 262, 273, 279
구정법(邱井法) 263
구정제(邱井制) 262~264, 266~268, 279~281
구정제벽돌, 정전벽돌 258, 264, 267, 268, 272,~275, 279~281
구혁법(溝洫法) 260
국립중앙박물관 548, 553~555, 562, 583, 607
국제기념물유적협의회(ICOMOS) 565
국통맥(國統脈) 432, 433

국혼(國魂) 388, 427
기문(己汶), 기문국 354, 421, 437, 553~558, 560~573, 578, 580, 588, 600, 602
기자(箕子) 238, 257, 280, 362, 364, 414, 426, 485, 523, 524, 540
기자동래설 414, 498, 533
기전도(箕田圖) 257
기준(箕準) 481
기후(夔候) 123
김석진(金碩鎭) 245, 246
김석형 423, 424, 597
김악(金岳) 31, 33
김용섭 239, 260, 355, 456, 457, 522
김정배 454, 464
김현구 470~473, 475, 476
「고구려 광개토대왕비기(碑記)」 422
「기자신고」 523~525, 527
「기전도설」 239
『가락국기』 419, 561
『갑골문합집』 36, 37, 55~59, 69
『계림유사』 109, 166, 168
『고려도경』 509~511
『고려문사전』 151, 185
『고려사』 238, 239, 257, 348, 509, 512, 514, 515, 536
『고사기』 351, 361, 417, 574, 576
『고조선연구』 27, 51, 53, 54, 91, 200~202, 220, 241, 273, 290, 415, 452, 460~462
『고조선문명의 사회사』 32, 54, 61, 72, 87, 150, 179, 527, 532, 586
『고조선문명의 기원과 요하문명』 54, 531, 634
『고천회』 87, 97, 104, 106, 112, 114~117

『관자』 273, 367, 585~587
『국사교본』 434, 435
『국사대관』 357, 451, 477, 519, 528, 591
『규원사화』 218, 452

ㄴ

나사대(那斯台) 208~211, 217, 223~227
나진옥(羅振玉) 25, 39, 55
나철(羅喆) 426, 538
낙랑 291~331, 414, 416, 421, 477, 487, 490, 530
낙랑국(樂浪國) 291~331, 476
낙랑군(樂浪郡) 291~331, 573, 582
난하(灤河) 113, 139, 257, 273, 275, 295, 307, 414, 416, 441, 444, 454, 461~463, 477, 479, 480, 485, 487, 525, 528~530, 532, 533
남원시민 437, 582
「남북역사학자 공동보도문」 531, 634
내선일체 405
『네이처』 429
뉴라이트 358, 413

ㄷ

다라(多羅), 다라국 418, 421, 437, 558, 565, 566, 568
단간문(檀簡文) 67
단군(檀君) 54, 348, 434, 435
단군사화(檀君史話) 478, 537
단군신화 258, 369, 370, 372, 410~412, 476, 478, 479, 482, 501, 516, 517, 523, 535, 537,
586
단군왕검 53, 228, 229, 237, 258, 261, 279, 281, 331, 434, 479, 534, 539, 540, 585
단군조선 25, 47, 53~55, 64, 79, 80, 82, 137, 189, 190, 228, 237, 258, 260, 279, 331, 344, 352, 364, 372, 376, 431, 435, 462, 465, 482, 483, 496~498, 501, 524, 531, 533, 538, 542, 548, 549, 584, 586, 587, 606, 608
단지회(斷指會), 단지동맹 393
단폐문 67
대고조선 462, 464, 467, 468, 517, 519, 525, 528, 529, 534
대금비(大金碑) 489
대동강 290, 292, 293, 296, 297, 306, 317, 324, 332, 354, 366, 414, 415, 424, 434, 435, 437, 443, 456, 477, 480, 481, 487, 519, 520~522, 530
대종교 426, 447, 448, 538, 535, 539, 540
대한민국임시정부, 임시정부 191, 412, 427, 430~433, 435, 539, 617
대한제국 136, 378, 389, 397, 425, 426
도방남(島邦男) 35, 57, 60
도사유지(陶寺遺址) 48
도산(塗山) 275, 280, 428
도이(島夷) 198
도폐(刀幣) 82, 83, 85, 86, 87, 90, 97
동북공정 228, 445, 467, 477, 480, 483~486, 488, 584, 587
동북이(東北夷) 253, 273, 280
동산취(東山嘴) 203

동이(東夷), 동이족(東夷族) 26, 61, 140, 141, 201, 202, 272, 279, 310, 428, 437,
동이문화 27, 207, 269
동호(東胡) 119, 201, 230
두패자(頭牌子) 25, 26, 28, 33, 64
「단군고(檀君考)」 369, 411
「동이열전」 205, 272, 297, 309, 482, 487, 526
『단군세기』 57, 58, 62, 63, 105, 221, 222, 227, 228, 260~263, 273, 280, 281, 308, 331
『대한매일신보』 363, 364, 368, 382
『독사신론』 363, 364, 365, 368, 371
『동국통감』 297, 361, 362, 585, 587
『동북아구역사연구』 452, 482, 532
『동사강목』 302

ㄹ

라가(喇家) 277
류열 131, 132, 138, 144, 155
리지린 51, 200, 202, 219, 227, 200, 273, 290, 291, 295, 297, 305, 309, 310, 317, 318, 320, 330, 415, 524

ㅁ

마한(馬韓) 299, 307
만선(滿鮮) 442, 458
말로국(末盧國) 492, 494, 495
맥족(貊族) 230
명도전(明刀錢) 82, 90
무면조(無面鳥) 214
무정(武丁) 58, 63, 360

문숭일(文崇一) 201, 202, 230
문정창(文定昌) 403, 415, 493, 494, 501, 532
문화재청 438, 543~545, 548, 549, 555, 560, 563~566
미래로가는바른역사협의회, 미사협 453, 470, 554, 555, 583
민족사관 412, 427, 433, 469
민족사학 290, 355, 379, 410, 416, 423, 428, 430, 433, 450, 451, 453, 490, 499, 516, 521, 529, 530, 607
민족독립사학 379, 433
민족주의 342, 364, 365, 368, 379, 388, 420, 431, 436, 450, 455, 457, 470, 499, 500, 521
『맹자』 110, 237, 241~243, 245, 246, 253~255, 263, 269, 279

ㅂ

박은식(朴殷植) 382, 427
「반도사」, 「조선반도사」 343~345, 381~384
반도사관 425, 458, 519, 523
반식민사학 449, 516
반파국 561, 580
발해 53, 80, 159, 160, 198, 199, 201, 428~430, 432, 433, 454, 484, 506, 507, 511, 525, 530, 541
『배달족역사』 430, 432, 435, 451, 452, 617
백남운 516, 517
백문보(白文寶) 348
번조선 307, 313, 481
범토템족 537
변한(卞韓) 299, 300, 575, 587

우리 문자 우리 역사 · 639

복기대 265, 311, 415, 425, 458, 515
복골(卜骨) 51, 266, 274
봉기자(封箕子) 479~481
부루(夫婁) 62, 240, 258, 275, 276, 280
부사년(傅斯年) 273, 241
부산주신지공(釜山州愼之功) 251, 259
부엉이 206, 208, 211, 214, 215, 217, 220~223, 225, 226, 227, 229, 230
부하문화 213
『북부여기』 289, 291, 305, 307, 312, 328~330, 488, 521
분국설(分國說) 420, 423, 424
『브리태니커』 413
비파형동검 241, 291, 461, 464, 465, 526, 528, 542, 587, 590, 591
빗살무늬(之자형), 살무늬 91, 208, 211, 227

ㅅ

사이비(似而非) 441, 445~449
사전(私田) 242~244, 247, 263
사해문화 213
산미증식계획(産米增殖計畵) 400
산융(山戎) 96, 118, 119, 124, 138, 198
살수(薩水) 297, 298, 322
삼공기(三孔器) 216
삼관전자(三官甸子) 211
삼위산(三危山) 222
삼조선 294, 331, 376, 380
상주(商周) 26, 34, 62, 120, 579
새 토템 52, 197, 201, 202, 208, 216, 218, 222, 223, 227, 228, 230, 537
서랍목륜하(西拉木倫河) 28, 63
서요하(西遼河) 28, 50, 429
서중서(徐中敍) 35, 105, 125
석유환국(昔有桓國) 501
선상(先商)문화 64
선조후맥 230
선춘령(先春嶺) 513~515
소고조선 517, 519, 523
소병기(蘇秉琦) 466
소하서문화 213
소하연문화 29, 265
소혁(蘇赫) 27, 29, 30~34, 50, 53, 63, 64
속용문자 134, 151, 158, 161, 162, 179, 181
손수도(孫守道) 30
솟대 220, 221, 227
수구법(遂溝法) 267
수리부엉이 217, 220~223
수풍정(水風井) 245
숙신(肅愼) 27, 241, 253, 259, 273, 280
스에마쓰, 스에마쓰 야스카즈(末松保和) 351, 354, 355, 421, 457, 471, 472, 523, 527, 528, 558, 560, 571, 576~580, 582
시라토리, 시라토리 구라키치(白鳥庫吉) 342, 350, 351, 353, 369, 372, 411, 412, 444, 449, 478, 479, 586
식민사관 66, 349, 364, 365, 368, 412, 413, 426, 430, 433, 445, 446, 452, 453, 456, 458, 471, 472, 477, 486, 498, 501, 502, 509, 518, 523, 535, 553~555, 567, 570, 583, 585, 590~592,

598, 599, 605, 606, 608
식민사학(殖民史學), 식민지사학 341, 441~446, 449, 450, 452, 455, 457, 459~461, 463, 467, 470, 476, 478, 479, 481, 484, 485, 487, 490, 491, 499, 516~518, 521, 522, 528, 529, 531, 553, 555, 561, 583, 590, 598, 607
식민사학자 294, 367, 412, 419, 443, 446, 449, 450, 452, 457, 463, 467, 470, 478, 484, 491, 516, 517, 555, 561, 590, 607
식민지 비판학 341, 359, 381, 389, 397, 410
식민지근대화론 413
신경준(申景濬) 80, 151, 161, 162
신단수(神壇樹) 218, 222, 227, 540
신사참배 405~409
신시(神市) 434, 476, 501
신시씨(神市氏) 218
신용하(愼鏞廈) 27, 32, 51, 54, 64, 65, 132, 142, 150, 179, 230, 253, 342, 349, 352, 368, 448, 527, 532, 585~587
신일철 378, 450
신채호(申采浩) 62, 138, 158, 159, 240, 258, 259, 273, 279~280, 290, 293, 307, 330, 342, 349, 359, 361~365, 367, 368, 371, 375, 376~380, 382, 416, 427~429, 449~452, 456, 457, 476, 482, 485, 496, 499, 515, 516, 517~519, 521, 522, 524, 530, 534, 538, 586
쌍웅상(雙熊像) 216, 217
쌍효수(雙鴞首) 213, 214, 216
쓰다, 쓰다 소키치(津田左右吉) 342, 351, 354, 420, 422, 424, 425,

444, 502, 573, 574, 581, 598, 599
「식화지」 245
「신지비사」(神誌祕詞) 80, 249
『사기』 5, 51~53, 65, 197~199, 249, 252, 255, 256, 270, 272, 273, 275, 292, 295, 306, 367, 374, 480, 486
『산해경』 217, 219, 221, 222, 227, 367
『삼국사기』 103, 107, 113, 162, 172, 175, 257, 289, 291, 295, 298~304, 309~312, 316, 322, 323, 324, 327~330, 348, 351, 354, 375~377, 411~413, 419, 426, 444, 490, 510, 557~560, 571, 573, 575, 578~580, 583, 585, 594, 604
『삼국유사』 53, 104, 107, 108, 113, 114, 218, 223, 228, 291, 307, 342, 369, 370, 411, 413, 419, 427, 430, 464, 478, 480, 483, 485, 486, 501, 536, 540, 578, 585, 587, 594, 604
『서전』 45
『설문』 39, 57, 176, 224, 225, 437
『설문해자』 39~42, 49, 103, 105~107, 126
『설원』 199
『속천회』 84, 104, 112, 114~117, 120, 126
『순화각첩』 132, 133, 137
『시경』 47, 60, 61
『신단민사』 429, 432

ㅇ

아(我)와 비아(非我) 377, 378, 428

아래 아(ㆍ) 173, 184
아사달 53, 226, 306, 360, 526
아유카이, 아유카이 후사노신
  (鮎貝房之進) 352, 561, 576, 577
안라(安羅) 418
안중근(安重根) 385, 392
압록강(鴨綠江) 514, 517
압록강(鴨淥江) 511~513, 537
압록강문명 535, 537
야마토 왜(大和倭) 417, 419, 420, 475
얼사관 498, 500, 501
여신묘(女神廟) 203, 204, 213, 216
연추(煙秋) 389, 394
연합토템 218
염사읍(廉斯邑) 291, 295, 297, 321, 324, 328~331
예맥(濊貊) 67, 119, 484
예봉도(銳鋒刀) 85, 98, 122~126, 166
오가(五加) 219, 221, 230
오경룡(吳慶龍) 276
오카야마(岡山) 424, 597
오행치수법 240, 259, 260, 279, 280
옥봉(玉鳳) 212, 214, 215
옥인(玉人) 214
옥조(玉鳥) 197, 207, 214
옥효(玉鴞) 206, 208, 211, 216, 217, 223, 227
옹우특기(翁牛特旗) 16, 26, 28, 30~33, 50, 64
왕래정정(往來井井) 245
왕부지(王夫之) 238, 246~248, 253
왕혜덕(王惠德) 27, 31, 52, 54, 63, 64, 272
요동(遼東) 52, 98, 113, 371, 377, 413~415, 507, 525

요서(遼西) 25, 65, 197, 275, 290, 415, 444, 461, 518, 529
요수(遼水) 506, 507, 511, 525, 526
요시다 쇼인(吉田松陰) 352, 353
요양(遼陽) 415, 506, 507, 514, 515, 526
요코이, 요코이 다다나오(橫井忠直) 351, 417, 422, 490, 491
요하문명 227, 275, 280, 536, 537
용(埇) 32, 35~37, 40~44, 47, 66
용산문화(龍山文化) 48, 204
용음합자(用音合字) 123, 182
우하량(牛河梁), 우하량유적 4, 17, 30, 62, 201, 203~207, 209, 211~217, 223, 226, 227, 230, 265, 266, 268, 272~275, 536, 537, 546, 547
웅상(雄常), 웅상나무 216, 217, 219~222
웅씨(熊氏) 228
원시(原始) 한글 84
원시형태 한글 79, 84, 109, 178
원형사상 68, 538
원형제단 203, 204, 214, 546
유국상(劉國祥) 218
유네스코 4, 437, 553~556, 558, 560, 563~567, 569, 583, 589
윤내현(尹乃鉉) 5, 27, 53, 54, 91, 118, 138, 142, 167, 228, 257, 271, 273, 290, 291, 295, 296, 306, 314, 317, 320, 322~324, 330, 331, 342, 372, 416, 444, 452, 454, 458~462, 464, 478, 479, 492, 495, 497, 523~525, 527~529, 530~534, 586, 587, 590, 591, 609
융적(戎狄) 52, 84, 92, 117, 119, 138, 241, 255, 256, 271, 279

을미사변(乙未事變) 390
이기(李沂) 240, 281
이기백 342, 372, 374, 415, 442, 453, 454, 455~458, 460, 477, 510, 518, 521~523, 528, 529, 591,
이나바, 이나바 이와키치(稻葉岩吉) 292, 293, 346, 351, 353, 354, 444, 486
이달(李達) 246, 248, 259
이덕일 290, 416, 461, 470~472, 484, 513, 514, 554, 555, 561, 570, 550
이두(吏讀) 149, 150, 161, 165, 168, 181
이마니시, 이마니시 류(今西 龍) 342, 343, 346, 348, 350, 351, 354~356, 369, 420, 430, 478, 479, 491, 496, 501, 557, 561, 577, 580, 581, 591
이민(李民) 203, 204, 229, 230, 273
이병도(李丙燾) 293, 296, 305, 318, 324, 332, 342, 346, 350, 352~358, 366, 413, 415, 422, 435, 443, 444, 450, 451, 456, 458, 470, 477, 487, 500, 501, 510, 516, 518~523, 527~529, 531~533, 591
이승휴 240
이유립 379, 453, 468
이토, 이토 히로부미(伊藤博文) 384, 385, 389, 390, 393~396, 549
일본부, 임나일본부(任那日本府) 344, 349, 350, 352, 413, 417, 418, 420~423, 441, 470, 472, 490, 492, 498, 553, 570, 573, 577, 591, 595, 598, 600, 608
임나 4현 554, 570, 572, 579

임나 7국 365, 553, 561, 571, 572, 575
임나가라(任那加羅) 421, 492, 603, 604
임나일본부설 350, 365, 413, 416~424, 471~473, 475, 490, 492, 527, 528, 554, 555, 561, 564, 569, 573, 575, 582, 583, 592, 594, 595, 603, 606, 607
임나지명 삭제운동 555
임운(林澐) 29
「우공도」 198
「임나강역고」 301, 420
『안응칠 역사』 389
『안중근과 일본, 일본인』 393, 396
『영변지』 131, 133, 137
『예기』 26, 34, 43~47, 66, 243
『오월춘추』 240, 249, 250, 252, 253, 258, 260, 276, 279
『요서지역의 청동기시대 문화연구』 51, 72
『우리고대사, 상상에서 현실로』 524
『우리안의 식민사관』 472
『은주금문집성』 33, 37, 68, 125, 126
『이아』 39, 41~43, 66
『일본고대사연구비판』 418, 596
『일본서기』 347, 361, 410, 413, 418~420, 424, 555~557, 573~581, 583~585, 594~598, 600, 601
『임나흥망사』 421, 527, 528, 558, 560, 577~581

ㅈ

자방고전(字倣古篆),자방고전설 79, 80, 129~131, 137, 150,

154~158, 181~184
재야학자 443, 445, 449, 452
재요동설 415
재평양설 414~416
저(宁) 36, 37, 39~44, 55, 56
저용(宁墉) 31, 33
적봉, 적봉시(赤峰市) 16, 25, 26~31, 33, 50, 61~64, 66, 68, 151, 200, 274, 461, 466
적봉홍산후(赤峰紅山後) 200
적석총(積石塚) 203, 214, 265, 543, 546, 547
정(井) 62, 238, 239, 242~248, 261, 263, 264, 267, 268, 281
정약용(丁若鏞) 239, 240, 257, 280, 292, 293
정인보 271, 342, 346, 349, 422, 430, 487, 489, 490, 496~500, 530
정전제(井田制) 237~250, 252, 253~273, 275~281
정지(井地) 242, 237, 253
정체성(停滯性) 354, 409, 413, 495, 609~612, 615, 616
정한론(征韓論) 350, 352, 353, 361, 362, 410, 413, 554, 577, 582, 586
제국주의 341, 342, 378, 386, 396, 397, 401, 405, 406, 411, 414, 446, 447, 509, 527, 564, 575
제단(祭壇) 589
조근례(朝覲禮) 44, 36, 47, 66
조법(助法) 237, 243, 244, 269
조보구문화 213
『조선반도사』 343, 381, 383, 426
조선사편수회 341~343, 346, 347, 349, 350, 354, 355~358, 362, 413, 322, 426, 436, 477, 502,

522, 527, 577, 578, 580
조선사편찬위원회 293, 345, 356
조선의 얼 496, 497, 500
조선총독부 258, 290, 341, 345, 356, 357, 381, 382, 398, 406, 450, 451, 456, 457, 481, 490, 496, 502, 516, 522, 527, 575, 581, 590, 598, 606~608
조이(鳥夷), 조이족(鳥夷族) 51, 197~207, 217~219, 223, 225, 227, 229~231, 273, 537
조이피복(鳥夷皮服) 51, 205, 219
조정시민(造井示民) 259
종북(從北)학설 464
주신(州慎) 251~253
주활(朱活) 85, 90, 98, 111
중도(中島) 302, 437
중산국(中山國) 84, 86, 92, 119
지석묘 463, 464, 548, 588, 589
진몽가(陳夢家) 61, 223
진융문(陳隆文) 93, 95, 96, 117
진한(辰韓) 299, 319~321
「전제망언」 280
「조선반도사편찬요지」 343
「조선열전」 292, 306, 319, 374, 480, 486, 520
「조선혁명선언」 359, 378, 428
『전라도천년사』 4, 567, 569~572, 581~585, 587, 588, 592~594, 596, 600
『제왕운기』 240, 260~262, 273, 585
『조선사』 307, 343, 346~349, 359, 379, 380, 426
『조선사-』 349, 352, 359, 361~366, 519
『조선사론』 371
『조선사연구』 349, 430, 497

『조선역사지리』 422, 509, 574
『조선유기』 228, 476
『주례』 34, 43, 44, 46, 66, 260, 261, 267, 281
『중국전폐대사전(선진편)』 84

ㅊ

창수사자(蒼水使者) 250, 252, 253, 258, 259
창씨개명 405, 581
창힐 132, 133, 137,
천부인(天符印) 218
천손의식 534
천일창(天日槍) 575, 576
천자(天子) 43~47, 50, 54, 55, 61, 65~68, 220, 221, 319, 498, 499
천자국 44, 56, 61, 64~66, 532
천제자(天帝子) 483
천지인(天地人) 130, 538
철법(徹法) 237, 243, 244, 255, 269, 279
철주(鐵州), 철주성 502~507, 510, 514, 515
첨수도(尖首刀) 4, 79, 83, 84, 86, 88~97, 113, 115~131, 134, 138~143, 189, 190
청동기시대 30~32, 64, 307, 429, 454, 543, 588, 589, 616
청동시루(청동언) 20, 25~34, 41, 42, 45, 50, 60, 63~65, 68
청산리대첩 538
초기기록 불신론(不信論) 413, 419, 426,
510
최리(崔理) 289~291, 295, 298, 303~306, 311, 313~323, 327, 329, 331

최만리 131, 133, 151, 154, 156~158, 181~183
최숭(崔崇) 291, 305~308, 313~315, 325, 326, 329, 330
최숭낙랑국 306
최씨낙랑국 159, 289~292, 301, 305, 313~315, 321, 322, 327~330, 460, 531, 573, 582
최재석 347, 418, 424, 444, 475, 596, 597
최재형(崔在亨) 392~394
최태영 138, 532
추모, 주몽 412, 479, 483, 488
춘천 중도 437, 542, 549
칠회력(七回曆) 261
침미다례 418, 419, 559, 570, 573, 575, 578, 581, 584, 594~600, 601
침수도(針首刀) 83, 85, 86, 90, 91, 98, 121~123, 134, 138, 139, 178

ㅋ

『커발한』 191, 453

ㅌ

타습오해 149, 151~153, 168, 170, 173~175, 177, 179, 181~184, 185
타율성(他律性) 347, 354, 413, 441
탁순(卓淳) 418, 559, 575
태백광노(太白狂奴) 382, 388, 389
태백산(太伯山) 218, 222, 223, 434, 501, 540
태양토템 218, 228
토성리(土城里) 293

토지 조사령 398
토지조사 397~400
토템폴(Totem pole) 220, 221, 227
트랜스유라시아어족 429
『태백일사』 164, 165, 289, 291, 310, 311, 315~318, 323, 328~331, 490

ㅍ

패수(浿水) 307
포폐(布幣) 85~87, 89, 92
『파친코』, PACHINKO 397, 399~401, 403, 405, 407, 408
『포박자』 80, 132

ㅎ

하가점하층문화(夏家店下層文化) 15, 25~29, 30~32, 47, 50~53, 62, 64~66, 241, 258, 264~266, 268, 272~275, 279~281, 466, 482, 536, 586
하은주(夏殷周) 50, 52, 53, 237, 238, 240, 242, 243, 247, 249, 254~255, 263, 264, 268~271, 275, 279, 280
하중도(下中島) 542,~545, 549
한글 79, 81~84, 105, 109~112, 115~117, 124~128, 131, 133, 134, 137, 139~141, 151~154, 156, 158, 161, 166, 168, 170, 175, 178, 183, 184, 189~191, 384, 397
한사군 19, 26, 66, 159, 167, 289, 290~295, 287, 298, 303~305, 314, 320~330, 348, 352, 354, 365, 375, 377, 413, 414, 416,

422, 424, 437, 441~446, 450, 453, 456, 476, 477, 479, 482, 483, 485~488, 497, 500, 516, 518, 519, 527, 529, 573, 582, 590, 591, 608
한송정곡 80, 159, 163, 164
한자(漢字) 25, 26, 28, 34, 39, 48, 62, 63, 66, 67, 81, 83, 84, 91, 100, 109, 111, 124, 131, 133, 137~141, 151~175, 180~183, 225, 267, 281, 311, 572, 581
한타부 151, 152, 168~171, 173~180, 182, 183
해모수 108, 305, 306, 488
해성(海城) 294, 306, 307, 310~313, 317, 321, 331, 507, 514
향찰(鄕札) 80, 150, 161, 163, 168, 181
현이(玄夷) 250, 252, 253
호남가야 418, 561, 562
홍범도(洪範圖) 391
홍산문화 5, 17, 29, 31, 197, 201~208, 210~243, 265, 273, 274, 527, 536, 537, 586
홍익인간 218, 260, 264, 539~542
환국(桓國) 427, 430~433, 501
환웅(桓雄) 197, 202, 218~230, 347, 373, 434, 435, 483, 535, 536, 539, 585
환웅신화 218
환웅족(桓雄族) 219, 537
환인(桓因) 175, 228, 430, 501, 535, 536, 539, 540
환족(桓族) 476
황국사관(皇國史觀) 347, 349, 354, 396, 412, 509, 573~575
황국신민서사 405

황하문명 64, 65, 227, 275
획구정(劃邱井) 262
후(後)식민사학 436, 457, 459
훈민정음 79~81, 84, 109, 123,
　　　124, 129~140, 149~155, 157,
　　　158, 161~166, 168, 170, 171,
　　　173~175, 177~184
『한국고대사신론』 524, 530, 533, 591
『한국사신론』 372, 455, 457, 477,
　　　518, 521, 522, 591
『한국통사』 290, 343, 349,
　　　381~386, 388, 395, 427, 514
『한요부』(寒窯賦) 149, 151~3, 158,
　　　159, 170, 181, 185
『환단고기』 179, 306, 311, 450, 451
『황성신문』 363, 382
『회남자』 120, 525
『후한서』 205, 259, 263, 270, 271,
　　　289, 297, 308, 309, 316~319,
　　　482, 487, 526
『흠정만주원류고』 294, 331, 507, 509
『흥륭와문화』 213

※ 연대, 숫자

BCE 4500년 218
BCE 2300년 27, 31, 34, 206, 281
BCE 2333년 218, 372, 435, 539,
585, 586
BCE 2500년 372
BCE 1600년 31, 64, 268, 466, 586

8조법금(法禁) 257
100묘(百畝) 237, 242, 243

우리 문자 우리 역사
© 이찬구, 2025

초판 1쇄 발행 2025년 8월 15일

지은이_이찬구
펴낸이_하영권
펴낸곳_글마루(유)
   출판등록. 2024년 7월 17일 (제2024-000095호)
   주소. 서울특별시 영등포구 영신로32길 28 지하1층(영등포동4가)
   전화. 010-5556-4141
   이메일. foolfool2@naver.com
   홈페이지. www.gomunja.kr

보급처_고문자연구소
디자인_로컬퍼스트

ISBN 979-11-993417-0-8 03900

* 책값은 뒤표지에 있습니다.
* 파본은 구입하신 서점에서 바꾸어 드립니다.